I0048383

INVESTICIONO ODLUČIVANJE

Autor
Dr Dimitraki Zipovski

tel. 063 770 2939
dzipovski@yahoo.com
d.zipovski@energoprojekt.rs

Izdavač
IP „RAD" a.d. Beograd - u restrukturiranju

Dizajn korice
Miodrag Jović

Tehnička priprema i štampa
Energoprojekt Energodata a.d.

Tiraž
500

Beograd, 2012.

ISBN: 978-86-09-01050-7

Dr Dimitraki Zipovski

INVESTICIONO ODLUČIVANJE

Beograd, 2012.

PREDGOVOR

Uopšteno se za investicije može reći da su osnovni izvor razvoja ljudske civilizacije. Pojedinci, preduzeća i globalna civilizacija, odricanjem od tekuće potrošnje zarad kvalitetnijeg života u budućnosti ostvaruju svoju društvenu misiju, odnosno budućim generacijama „ostavljaju" kvalitetniju polaznu bazu od one koja je njima predstavljala inicijalnu osnovu.

Sa aspekta preduzeća, investiranje, kao aktivnost alokativne funkcije finansijskog upravljanja, predstavlja uslov opstanka preduzeća. Neophodnost investiranja, široka lepeza mogućih investicionih alternativa, ali, istovremeno, ograničenost kapitala i potencijalne opasnosti neuspešnih investicija, uslovile su da odluke o investicijama predstavljaju jednu od najkritičnijih preokupacija finansijskog upravljanja. Kompleksnost investicionih odluka je očigledna jer se odluke donose u sadašnjosti, a efekti ostvaruju u budućnosti. Međutim, sigurno je da ako je analiza adekvatno urađena mogu se očekivati manja odstupanja ostvarenih od projektovanih veličina. Otuda, adekvatnim pristupom investicionom odlučivanju se aktivno upravlja investicijama i poboljšavaju se finansijske performanse preduzeća. Posledično, poboljšanjem kvaliteta investicionih odluka u preduzećima se ubrzava razvoj regiona, država i globalne civilizacije.

Značaj investicija je uslovio stvaranje i stalno usavršavanje adekvatne metodologije za valorizaciju potencijalnih investicionih alternativa, odnosno investicionih projekata. Formalno gledano, postoji veliki broj metodologija koje se tokom godina menjaju. Stoga se pred donosiocima investicionih odluka nameću pitanja o izboru metodologije koju treba primeniti, kao i o valjanosti samih metodologija.

Osnovne metodologije koje se koriste pri valorizaciji investicionih projekata su:

- metodologija Svetske banke i
- metodologija Ujedinjenih Nacija[1].

U osnovi se gotovo sve korišćene metodologije naslanjaju na Osnovne metodologije. Kako ni između Osnovnih metodologija ne postoje značajne suštinske razlike uočljiva je standardizacija u valorizaciji investicionih projekata.

Na prostorima bivše SFRJ, metodologija koja se najviše koristi prilikom ocene investicionih projekata je **„Zajednička metodologija za ocenjivanje društvene i ekonomske opravdanosti investicija"**, koja u suštini predstavlja metodologiju Svetske banke. Činjenica da se Metodologija više od dve decenije masovno primenjuje u praksi

---

[1] U literaturi poznata kao UNIDO metodologija.

zahteva da joj se posveti naročita pažnja. Ideja da Metodologija predstavlja smernicu autorima u izradi projekata nije sporna. Međutim, dimenzija problema se uočava kada se ustanovi da pojedini aspekti Metodologije, a time implicitno i smernice, kao i pojedini aspekti drugih metodologija, pored toga što su *nedosledni i nedovoljno određeni, sadrže i veći broj suštinskih nepravilnosti.*

S jedne strane, razlike i promene metodologija tokom vremena, a s druge strane, greške u aktuelnim metodologijama, ukazuju na nepotpunu determinisanost analizirane tematike, a time i na slobodan prostor za dalji razvoj naučne misli.

Istraživanje u ovoj knjizi je prevashodno usmereno teorijskim i praktičnim doprinosima valorizaciji investicionih projekata. Uzevši u obzir veliki broj radova iz ove oblasti, u istraživanju je bilo najpodesnije koristiti *metod koji se zasniva na analizi pisanih izvora.* Kako je nauka delatnost koja teži saznanju objektivne istine i raspolaže postupkom za sticanje takvog saznanja,[2] primenjen metod je omogućio da se srž teorijsko metodološkog aspekta valorizacije investicionih projekata spozna analizom, verifikacijom i opovrgavanjem postojećih izvora.

Potreba da knjiga bude iscrpna i da predstavlja celovitu studiju o jednom problemu[3] uslovila je fokusiranje na najkompleksnije investicione projekte. To su investicioni projekti proizvodnih preduzeća sa većinskim privatnim kapitalom, izrađeni za potrebe kreditnih institucija. Objašnjenje primenjenog pristupa treba tražiti u nepobitnoj činjenici da razumevanje komplikovanih investicionih projekata implicira razumevanje jednostavnijih projekata. Takođe, za razliku od javnih preduzeća, kod preduzeća sa dominantnim privatnim kapitalom je lakše prepoznatljiv njihov osnovni zadatak, odnosno maksimiziranje vrednosti vlasnika kapitala. Drugačije iskazano, lako je prepoznati povezanost investicionih odluka u navedenim preduzećima sa ekonomskom naukom uopšte.

Struktura knjige je komponovana na način da, pored predgovora, dodatka i zaključka; njegovu okosnicu čine četiri osnovna dela. U prvom delu se prevashodno razmatraju opšte teorijska, a u ostala tri dela teorijsko-metodološka i aplikativna pitanja valorizacije investicionih projekata.

---

[2] Pečujlić, M., Milić, V., - *Metodologija društvenih nauka*, Vizartis, Beograd, 2003, str. 3.

[3] O osobinama naučnog dela videti u: Šamić, M., - *Kako nastaje naučno djelo*, Svjetlost, Sarajevo, 1977, str. 17-22.

Osnovni delovi su:

1. Teorijski pristup investicionom odlučivanju,
2. Operativni deo investicionog projekta,
3. Marketing deo investicionog projekta i
4. Finansijski deo investicionog projekta.

U okviru dodatka je prikazan praktičan primer izrade investicionog projekta,[4] čija je svrha da se pored akademskog konteksta, odnosno elaboriranja metodoloških osnova na kojima se bazira rad na izradi pojedinih delova investicionog projekta, pruži odgovor na pitanje: Kako u realnosti treba da bude izrađen investicioni projekat?[5]

Osnovna **namena** ove knjige je da, kroz nova saznanja i predložena rešenja, pomogne menadžerima, analitičarima kao i drugim licima koji se u praksi sreću sa problematikom investicionog odlučivanja. U tom kontekstu, struktura knjige sa sadržajućim praktičnim primerom je osmišljena sa ciljem da se omogući sagledavanje primene novih naučnih saznanja u praksi, odnosno pri konkretnoj izradi investicionih projekata.[6]

Prilikom **odabira teme**, autor je imao na umu određene karakteristike koje tematiku valorizacije investicionih alternativa izdvaja od ostalih delova ekonomske misli. Prvenstveno treba istaći sveobuhvatnost investicionih projekata, čime predložena rešenja omogućavaju primenu u širokom spektru finansijskih analiza, pa i u delovima ekonomske teorije koji nisu neposredno tema ove knjige. Osim toga, nedovoljna determinisanost i posledična neegzaktnost, odabranu temu čini posebno atraktivnu u kontekstu „profesionalnog izazova" i potrebe za daljom naučnom razradom. Atraktivnost odabrane teme se može uočiti iz sledećeg citata: „Po našem mišljenju ne postoji nijedna stvar koja je uzbudljivija, interesantnija i korisnija od investiranja".[7]

---

[4] Kao primer je korišćeno hipotetičko investiciono ulaganje u preduzeće za proizvodnju plastičnih zatvarača „Energoplast" d.o.o. Beograd.

[5] Postoje mišljenja da je ekonomska teorija manjkava po pitanju teorijskih priručnika kojima se objašnjava način izrade investicionih projekata. Kao primer, navešće se mišljenje jednog od eksperata iz ove oblasti. „Profesionalno opredeljenje i zadaci koje sam dobijao na svojim radnim mestima usmerili su me na rad na izradi studija ove vrste, pa sam, po prirodi stvari, bio primoran da koristim odgovarajuću referentnu literaturu, a pre svega priručnike iz ove oblasti. Umesto očekivanih instrukcija i uputstava za konkretne korake u radu na programima, susretao sam se sa iscrpnim teoretisanjem... Jednom rečju: mnogo ZATO na, u osnovi, suvišna ZAŠTO. Ono što je... u praktičnom radu... zaista potrebno je pre svega odgovor na pitanje KAKO uraditi određenu stvar", u: Brnjas, Z., - *Kako pripremiti biznis plan?*, Privredni pregled, Beograd, 2002, str. 6.

[6] Osnovna funkcija naučnih saznanja je u njihovoj primenjivosti u praktičnim ljudskim delatnostima. Detaljnije o funkciji naučnih saznanja videti u: Pečujlić, M., Milić, V., - *Op. cit.*, str. 17.

[7] Fuller, R. J., Fareell, J. J. Jr., - *Modern Investments and Security Analysis,* Mc Graw Hill, 1987, predgovor.

Poznato je da se svaki stručni rad može povezati sa biografijom autora.[8] Tako, ovu knjigu treba razumeti kao rezultat istraživačkog napora i profesionalnog rada dužeg od jedne decenije. U tom periodu je autor izradio preko pedeset finansijskih delova, kao i desetak marketing delova studija i prethodnih studija opravdanosti.[9] Pojedini od njih su izrađeni za potrebe kreditnih zahteva najvećih preduzeća u Republici Srbiji, gde su osnovni korisnici investicionih projekata bile najznačajnije domaće i inostrane finansijske institucije.

Potrebno je istaći da su za ovladavanje „zanatom" koji rezultira ovom knjigom zaslužne mnoge kolege i korisnici za čije je potrebe autor izrađivao investicione projekte. Svojim pitanjima i komentarima su stimulisali autora da dublje pronikne u tematiku koja je predmet ove knjige. U konačnom oblikovanju knjige, svojim primedbama i sugestijama je naročito pomogao prof. dr Blagoje Paunović. Svima njima pripada svo autorovo poštovanje i zahvalnost.

Na kraju, jedna intimna ispovest. Ova knjiga nastala je kao rezultat višegodišnjeg rada autora, gde je značajnu podršku i razumevanje autor imao od svih članova svoje porodice. U navedenom kontekstu, posebna zahvalnost i poštovanje pripada supruzi Ljiljani i ćerci Maši.

AUTOR

Napomena: Ova knjiga predstavlja modifikovanu **doktorsku disertaciju autora**, koja je 23. marta 2012. godine, pred Komisijom (Prof. dr Dragana Pokrajčić - Mentor, Prof. dr Blagoje Paunović - član Komisije i Prof. dr Stevo Janošević - član Komisije), **odbranjena na Ekonomskom fakultetu, Univerzitet u Beogradu.**

---

[8] „Jednom je jedan mudri filozof rekao da je svaka teorija jedna biografija", u: Maister, D. H., - *Upravljanje profesionalnim firmama*, Jugoslovenska asocijacija za naftu i gas - YUNG, Beograd, 1997, uvodni deo.

[9] Kao što Ivo Andrić ispravno primećuje - ne biraju autori temu već tema bira autora. „Mnogi pisci se grčevito drže izvesnih tema, produbljuju ih i vraćaju se na njih. Tako pažljiv čitalac lako uviđa da pisac nije mogao da ne uzme tu temu, da je morao da je uzme, jer nije on birao temu nego ona njega", u: Andrić, I., - *Sveske*, Svjetlost, Sarajevo, 1982, str. 157-158.

SADRŽAJ

II

DEO I

TEORIJSKI PRISTUP INVESTICIONOM ODLUČIVANJU

U osnovi svakog investicionog projekta se nalazi konkretna investicija sa specifičnostima koju ovu vrstu novčanih izdataka izdvaja od drugih (neinvesticionih) novčanih izdataka. Iz tog razloga je neophodno na samom početku se pozabaviti nekim opštim, teorijskim pitanjima investicija, u kontekstu pojmovnog definisanja, kao i u kontekstu podela i značaja investicija. Takođe, potrebno je sagledati odnos, s jedne strane, investicija, a s druge strane, investicionog odlučivanja. Konkretnije, potrebno je sagledati vezu između investicija i investicionih projekata, za šta je najpodesnija analiza kompletnog investicionog procesa.

Osim same investicije, značajno je razmotriti teorijske i metodološke aspekte investicionih projekata, odnosno dokumenata na osnovu kojih se donosi investiciona odluka. Najznačajniji aspekti razmatranja investicionih projekata su vezani za pojmovno definisanje, vrste, formu, sadržaj, izradu i ciljne (željene) karakteristike. Pored toga, obzirom na njihov značaj prilikom izrade i/ili njihov značaj kao sastavnih delova investicionih projekata, u ovom delu će se detaljnije objasniti podržavajuće studije.

Sve napomenuto biće tema ovoga dela, koji se sastoji od sledeće dve glave:

- Opšte karakteristike investicija i
- Investicioni projekti.

GLAVA I
OPŠTE KARAKTERISTIKE INVESTICIJA

Termin investicija potiče od latinske reči „investitio" koja označava ulaganje, u najširem smislu te reči. Ulaganje može da ima raznovrsne oblike. Tako se ulaganje spominje kada državni organi izdvajaju novčana sredstva za zaštitu životne sredine, opremanje bolnica ili izgradnju škola; kada preduzeće proširuje objekat ili kupuje dugoročne obveznice, ali i kada pojedinac finansira školovanje svojih potomaka.

Iako je svako ulaganje povezano sa odlivom finansijskih sredstava, svaki odliv sredstava ne predstavlja istovremeno i investiranje. Važno je razumeti da je neophodno ispuniti određene uslove da bi se novčani izdatak mogao tretirati ulaganjem. U suprotnom, ne radi se o investiranju već o potrošnji. Suštinski, osnovna razlika između potrošnje i investiranja je u vremenskom horizontu posmatranja potreba, odnosno u motivu investitora koji prouzrokuje novčani izdatak. Potrošnja je usmerena trenutnim, a investiranje budućim potrebama. Stoga, za razliku od potrošnje čiji je motiv zadovoljenje sadašnjih potreba,[1] investiranjem se očekuje da se uložena sredstva oplode, odnosno da se u budućnosti vrati uvećan iznos novčanih sredstava, koji će omogućiti zadovoljenje uvećanih budućih potreba.

I pored činjenice da u stručnoj javnosti ne postoji suštinsko razmimoilaženje u razumevanju termina, ipak se zbog velikog broja mogućih pojavnih oblika javljaju dileme vezane za usvajanje, s jedne strane, jedinstvene definicije, a s druge strane, klasifikacije kojom bi se na najbolji način sintetizovale sve vrste mogućih investicionih ulaganja.

Značaj investicija se na različite načine interpretira. Osnovna razlika nastaje u zavisnosti od činjenice da li se investicije posmatraju sa makro ili sa mikro nivoa.

Posmatranje investiranja isključivo kroz aktivnost izdvajanja finansijskih sredstava zarad realizacije određene investicije odražava simplifikovani pristup analiziranom pojmu. Naime, aktivnostima investiranja prethode aktivnosti u kojima se razmatraju investicione alternative, a slede aktivnosti u kojima se ostvaruju i prate efekti konkret-

---

[1] „Kada Pera Perić kupi kartu za fudbalsku utakmicu, onda, po pravilu, razmišlja jedino o tome da li će mu uloženi novac pružiti zadovoljstvo koje očekuje. Da li će vreme biti lepo i da li će igrači „Borca" igrati onako dobro kako znaju? Slično razmišlja i kada kupuje nova kola, bundu za svoju ženu, ili bilo koju drugu stvar za potrošnju, nezavisno od nivoa njene cene", u: Cvijetičanin, D., - *Upravljanje portfeljom* (skripta sa seminara za brokere održanog u Banjaluci 2002. god.), str. 1.

ne investicije. Zato je ispravnije sve navedene aktivnosti posmatrati holistički, odnosno kao delove jedinstvenog investicionog procesa.

U nastavku će se detaljnije razložiti napomenute dileme vezane za definisanje, podelu i značaj investicija. Pored toga, detaljnije će se objasniti aktivnosti investicionog procesa. Sve navedeno biće tema razmatranja u sledećim poglavljima:

- Pojmovno definisanje investicija,
- Vrste investicija,
- Značaj investicija i
- Faze investicionog procesa.

1. POJMOVNO DEFINISANJE INVESTICIJA

Univerzalna **definicija pojma investicije** ne postoji. Za sam pojam su vezana različita tumačenja u zavisnosti od aspekta kojim mu se prilazi. Drugačija definisanja se sreću u poslovnoj komunikaciji osoba inženjerske i ekonomske struke, svakodnevnom govoru pojedinaca, računovodstvenoj interpretaciji itd. Ono što je za predmetnu tematiku najinteresantnije su različita tumačenja koja se mogu sresti u stručnoj literaturi.

U nastavku, ukazaće se na gledišta i tretman navedenog pojma od strane pojedinih autora.

Malkiel investiranje definiše kao metod kupovine aktive koji omogućava ostvarivanje profita kroz neki od mogućih formi prihoda, a koji može da se ispolji i kroz uvećanje vrednosti aktive tokom određenog vremenskog perioda. Osnovni cilj investiranja je bogaćenje, ali ne preko noći, već sporije, ali mnogo izvesnije.[2]

Fuler i Farel vezuju proces investiranja za vremensko alociranje potrošnje, odnosno odricanje od sadašnje zarad veće buduće.[3]

Slično prethodno navedenom, Pol Samjuelson investiciju definiše kao oblik štednih aktivnosti kojom se odustaje od sadašnje radi veće potrošnje u budućnosti.[4] Samuelson, kao primer činjenice da se u praksi investiranje može sresti na svakom koraku, navodi farmera koji meliorizuje polje umesto da seje i ubire žetvu. Meliorizacijom farmer štedi jer odustaje od sadašnje potrošnje, ali istovremeno on i investira jer je cilj

---

[2] Malkiel, B. G., - *Winning Investment Strategies*, Norton & Company, New York, 1982, str. 18.

[3] Fuller, R. J., Fareell, J, J, Jr., - *Modern Investments and Security Analysis*, Mc Graw Hill, 1987, str. 4.

[4] Samuelson, P. A., - *Ekonomija*, Savremena Administracija, Beograd, 1969, str. 225.

meliorizacije povećanje prinosnog kapaciteta farme, odnosno povećanje potrošnje u budućnosti.[5]

Rob Dikson se prilikom definisanja pojma investicije fokusira na gotovinu kao osnov potencijalne potrošnje. Po njemu, investiranje je trenutno odustajanje od gotovine zbog očekivanog povraćaja investiranog iznosa i ostvarivanja ekstra prinosa, to jest ekstra gotovine.[6]

Karl Marks se, takođe, fokusira na novac kao osnovno merilo vrednosti. Po njemu, investicija je deo vrednosti koji kapitalista ne troši za sebe kao dohodak već ga upotrebljava kao kapital.[7] Osnovni motiv investiranja je u stvaranju viška vrednosti, a koji se ogleda u činjenici da po završetku reprodukcionog procesa kapitalisti ostane veći iznos gotovine nego u momentu investiranja, odnosno na početku reprodukcionog procesa.

Van Horn investiciju definiše kao terećenje tekućih likvidnih novčanih sredstava zarad koristi koje će biti ostvarene u budućnosti.[8]

Pjer Mase pod investicijom podrazumeva akt pretvaranja finansijskih sredstava u realna dobra, ali, istovremeno, i rezultate tog akta, odnosno samo investirano dobro. To je, dakle, pojam kojim se interpretira finansijski izdatak za nabavku, kao i nabavljena realna trajna dobra sa kojima će se preduzeće koristiti više godina u cilju ostvarenja svojih ciljeva. Mase ističe neophodnost razlikovanja finansijskih izdataka koji se smatraju investicijama i finansijskih izdataka koji se smatraju potrošnjom, kao što su kupovina: nakita, parfema, karti za pozorište i dr.[9]

Po Maseu, proces investiranja neizostavno uključuje:

- subjekat investiranja,
- predmet investiranja,
- cenu lišavanja i
- vrednost očekivane nade.

---

[5] *Ibid.*, str. 226.

[6] Dixon, R., - *Investment Appraisal - A Guide for Managers* (revised edition), The Chartered Institute of Management Accountants, Great Britain, 1994, str. 21.

[7] Marx, K., - *Kapital* (treće izdanje), Prosveta, Beograd, 1979, str. 521.

[8] Van Horne, J. C., - *Finansijsko upravljanje i politika* (deveto izdanje), Mate, Zagreb, 1993, str. 138.

[9] Maseov, kao i pristup drugih autora, detaljnije se može videti u: Kljusev, N., - *Investicije* (drugo izdanje), Književne novine, Beograd, 1984, str. 14-24. Istovremeno, u navedenom delu, Kljusev je investiciju definisao krajnje jednostavno, kao novčana ulaganja u konkretna realna dobra, to jest u osnovna sredstva.

Subjekat investiranja - investitor je pravno ili fizičko lice (pojedinac, preduzeće, lokalna samouprava, ministarstvo i dr.) koje investira. *Predmet investiranja* ili objekat investiranja je sredstvo u koje se investira. Moguć je veliki broj predmeta investiranja, što se najbolje uočava uvidom u raznovrsne mogućnosti njihove podele.[10] *Cena lišavanja* je „vrednost žrtve", koja se u finansijskim analizama iskazuje kroz diskontnu stopu. *Vrednost nade* je sadašnja kvantifikacija budućih rezultata investicije. Obzirom na raznolikost mogućih pokazatelja efikasnosti ulaganja, oblik kvantifikacije vrednosti nade zavisi od konkretnog odabira autora.[11]

Diferencijaciju trošenja sredstava koji se, s jedne strane, smatraju investicijom, a s druge strane, potrošnjom, potencira i Zdravko Brnjas. Po njemu, investicija je specifičan način trošenja sredstava iza čije realizacije slede poslovne aktivnosti koje donose konkretne finansijske efekte. Ukoliko nešto od navedenog izostane, posmatrani finansijski izdatak se ne može smatrati investicijom.[12]

Sve navedeno, odnosno finansijska ulaganja, poslovne aktivnosti i očekivani finansijski efekti; su u uzročno-posledičnom i logičkom odnosu,[13] a koji ilustruje sledeći dijagram.

Dijagram 1.1. - *Proces investiranja*

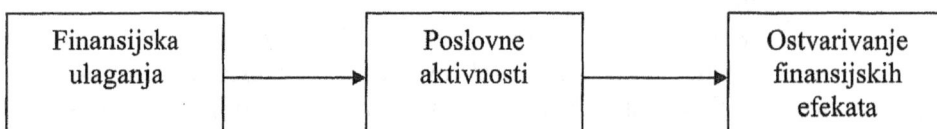

Finansijska ulaganja	→	Poslovne aktivnosti	→	Ostvarivanje finansijskih efekata

Peumans pri definisanju pojma investicije konstatuje da se investiranje javlja onda kada je neki izdatak učinjen sa ciljem da se kasnije otuda ostvari dovoljan prihod da se utrošeni iznos vrati i da preostane izvestan višak, odnosno profit.[14]

Depalans konstatuje da investiranje ne obuhvata samo ulaganje u nepokretnost, već i sve operacije koje predstavljaju pretvaranje jednog novčanog iznosa u neki elemenat, namenjen stalnom korišćenju u preduzeću tokom nekog dužeg ili kraćeg perioda.[15]

---

[10] Detaljno objašnjeno u sledećem poglavlju („Vrste investicija").

[11] Detaljnije opise Maseovog pristupa subjektu investiranja, predmetu (objektu) investiranja, ceni lišavanja i vrednosti očekivane nade, videti u: Masse, P., - *Optimal Investment Decisions*, Prentice Hall, 1962, str. 1-39.

[12] Brnjas, Z., - *Kako pripremiti biznis plan?*, Privredni pregled, Beograd, 2002, str. 17.

[13] *Ibid.*, str. 18.

[14] Kljusev, N., - *Op. cit.*, str. 16.

[15] Depallens, G., - *Gestion financiere de l'Entreprise*, Paris, 1963, str. 466., u: Kljusev, N., - *Op. cit.*, str. 15.

Dejvid Pirs investiciju definiše kao tok izdataka namenjen povećanju ili održavanju realnog fonda kapitala. To su ulaganja koja predstavljaju „dograđivanje" fizičkog i ljudskog kapitala, kao i zaliha.[16]

Sa nacionalnog aspekta, investicije se mogu posmatrati kao upotreba društvene akumulacije, odnosno upotreba društvenog proizvoda koji nije potrošen, a s ciljem njegovog uvećanja u budućnosti.[17]

I pored uočenih razlika kod definisanja pojma investicije, postoje određeni zaključci zajednički za sve autore i to:

- investicija uvek podrazumeva ulaganje koje se može posmatrati kao odricanje (žrtva) od sadašnje potrošnje i
- investira se zbog nade da će efekti ulaganja omogućiti veću buduću potrošnju od moguće sadašnje.

Shodno navedenom, investicija se kao specifičan proces trošenja finansijskih sredstava može prikazati na način kako je urađeno u sledećem dijagramu.

Dijagram 1.2. - *Investicija*

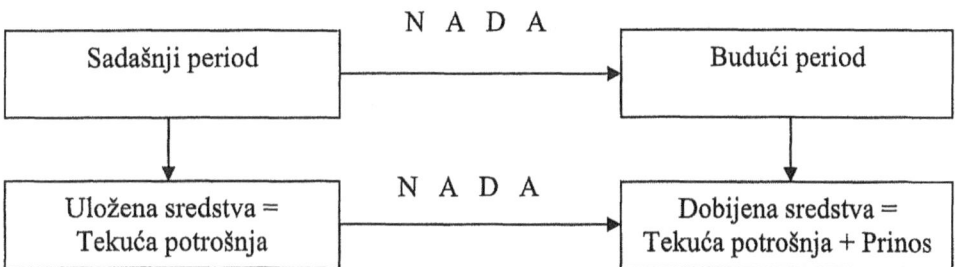

Uvažavajući do sada izneto, usvaja se sledeća, najopštija definicija investicija:

Investicija predstavlja ulaganje (odricanje od potrošnje) u sadašnjosti uz nadu u pozitivne rezultate (povećanu potrošnju) u budućnosti.[18]

---

[16] Pirs, D., - *Mekmilanov rečnik - Moderna ekonomija*, Dereta, Beograd, 2003, str. 168.

[17] *Priručnik za primenu Zajedničke metodologije za ocenjivanje društvene i ekonomske opravdanosti investicija i efikasnosti investiranja u SFRJ - 1 metodološki vodič*, Udruženje banaka Jugoslavije, Beograd, 1988, str. 5.

[18] Slična, uopštena definicija data je i na „sajtu pojmovnika" (www.wikipedia.org). „Investicija je akumulacija u sadašnjosti sa nadom dobitka u budućnosti."

Logika oplođavanja investiranih sredstava je u razmeni nečeg izvesnog, odricanje od neposrednog i sigurnog zadovoljenja jedne potrebe, za niz nada raspoređenih u vremenu.[19] Žrtve koje se podnose u sadašnjosti i nade očekivane u budućnosti označavaju **vremensku dimenziju svake investicije**, odnosno investiranje kao vremensku sponu između sadašnjosti i budućnosti.[20] „Jednokratna ili višekratna žrtva koja se podnosi danas, i najčešće serija efekata koje se očekuju u budućnosti, su osnovne karakteristike procesa investiranja i najvažnije veličine neophodne za efikasno sagledavanje i upravljanje investicijama."[21]

Kako su nade potencijalna, a ne egzaktna kategorija, **neizvesnost**[22] je jedna od osnovnih karakteristika investicionog procesa. Za neku odluku, kao što je i investiciona, se kaže da je neizvesna kada postoji više mogućih, odnosno potencijalnih ishoda. Neizvesnost nastaje kao posledica nesigurnosti i neznanja koja će se od potencijalnih okolnosti realizovati.[23] Kao što je već napomenuto, investitor prilikom ulaganja finansijskih sredstava ima samo nadu da će se u budućnosti ostvariti pozitivni efekti konkretnog ulaganja, dok će se stvarni efekti pokazati u budućnosti, koja je sama po sebi neizvesna. Zato investitor predviđanju budućnosti mora da prida veliki značaj.[24] Značaj neizvesnosti kao jedne od osnovnih karakteristika investiranja najbolje se uočava iz Malkielovog stava po kome je fascinantna stvar kod investiranja činjenica da rezultati investiranja, odnosno efekti ulaganja, zavise od uspešnog predviđanja različitih aspekata neizvesne budućnosti.[25]

---

[19] Peumans, H., - Theorie et practique des calculs d'investissements, Dunod, Paris, 1959. Preuzeto iz: Jovanović, P., - *Upravljanje investicijama*, Grafoslog, Beograd, 1997, str. 4.

[20] Jovanović, P., - *Upravljanje investicijama*, Op. cit., str. 4.

[21] *Ibid.*, str. 4.

[22] U ovoj knjizi će se pojmovi „rizik" i „neizvesnost" smatrati sinonimima. Iako oba pojma ukazuju na istu situaciju - nemogućnost egzaktne procene ostvarenja budućih događaja, između njih postoji semantička razlika. Kod rizika je poznata verovatnoća ostvarenja budućeg događaja (na primer, kada se igra rulet i stavi žeton na određeni broj tada se rizikuje jer je poznata verovatnoća ostvarenja potencijalnog dobitka), dok kod neizvesnosti verovatnoća nije eksplicitno precizirana. U suštini, iako se kod investicionih projekata javlja samo neizvesnost, zbog lakšeg razumevanja „odomaćenog izraza" - rizik, autori često iz praktičnih razloga vrše zamenu na način kako je to urađeno i u ovoj knjizi.

[23] Paunović, B., - *Investicione odluke preduzeća u uslovima grupnog upravljanja*, Ekonomski fakultet u Beogradu, Beograd, 1994, str. 136.

[24] Oskar Vajld konstatuje da u životu i u poslovnim aktivnostima osobe koje zanemaruju predviđanje, to jest osobe koje su zaokupljene svojom prošlošću, ne zaslužuju da ispred sebe imaju budućnost. O navedenom, detaljnije videti u: - *Delfin 8/96*, Menadžer »Delfin« agencija, Beograd, 1996, str. 1. Figurativno, investitor u poslovanju treba da se pridržava pravila koja važe prilikom vožnje - neophodno je gledati u retrovizore, ali pretežnu pažnju treba usmeriti u pravac kretanja.

[25] Malkiel, B. G., - *Op. cit.*, str. 19.

2. VRSTE INVESTICIJA

Shodno kriterijumu razvrstavanja, razlikuju se više vrsta investicija. Investicije se, između ostalog, mogu posmatrati u zavisnosti od:

- obima investicija,
- delatnosti u koju se investira,
- nameni investiranja,
- tokovima ulaganja i ostvarivanja efekata,
- vrsti investirane aktive i
- veze sa drugim investicijama.

Jedna od podela koja potiče sa makroekonomskog stanovišta, mada se može koristiti i na mikroekonomskom nivou, je shodno **obimu investicija**. Ukupna investiciona ulaganja se dele na deo koji služi za potrebe zamene dotrajalih sredstava i na deo koji služi za uvećanje osnovnih i obrtnih sredstava.[26]

Shodno navedenoj klasifikaciji, osnovna podela investicija je na bruto investicije i neto investicije. *Bruto investicije* predstavljaju ukupna ulaganja, odnosno u okviru njih su sadržani svi izdaci koji oslikavaju kako elemente proste, tako i elemente proširene reprodukcije. *Neto investicije* predstavljaju deo ukupnih ulaganja kojim se uvećava sadašnja, to jest neotpisana vrednost sredstava. Ova vrsta investicija sadrži samo elemente proširene reprodukcije.[27]

Kako se u bilansu uspeha utrošena sredstva iskazuju kroz amortizaciju, posmatranje investicija samo u domenu realne aktive opredeljuje izračunavanje neto investicija na sledeći način:

$$NI = BI - Am$$

gde je:
NI - neto investicije,
BI - bruto investicije i
Am - amortizacija.

---

[26] Lang, R., Blagojević, S., Gorupić, D. (red.), i dr., - *Investicije u poduzeću*, Informator, Zagreb, 1963, str. 51.

[27] U teoriji se može sresti i pojam novih investicija, koji predstavljaju deo bruto investicija koji dovodi do povećanja nabavne, inicijalne vrednosti sredstava. Prema tome, za razliku od neto investicija, nove investicije u sebi sadrže i elemente proste reprodukcije. Detaljnije o bruto, neto i novim investicijama videti u: Kljusev, N., - *Op. cit.*, str. 28-37.

Pol Samjuelson naročito ističe značaj posmatranja neto investicija, apostrofirajući ih kao osnovu rasta nacionalnog bogatstva određenog društva. Njegovo shvatanje je da bruto investicije predstavljaju samo analitičku kategoriju, odnosno da je osnovni smisao izračunavanja bruto investicija mogućnost izračunavanja „dodate vrednosti", odnosno mogućnost izračunavanja neto investicija. Nezavisno posmatranje bruto investicija je apsurdno. Samjuelsnon svoj stav potkrepljuje upoređivanjem statističara koji se fokusira na bruto investicije, zanemarujući neto investicije, sa statističarom koji u proceni promene broja stanovništva uzima u obzir samo rađanja, zanemarujući smrtnost.[28]

Sledeća podela, koja takođe potiče sa makroekonomskog stanovišta, je sa aspekta **delatnosti investiranja.** Najuopštenija podela je na:

- investicije u privredne delatnosti i
- investicije u neprivredne delatnosti.

Analitički, svaka delatnost se može razložiti na oblasti, grane, grupe i podgrupe.[29]

Prema **nameni investiranja** se vrši podela na:

- *investicije u zamenu* - podrazumevaju zadržavanje obima proizvodnje na postojećem nivou;
- *investicije u modernizaciju* - uvođenje nove, modernije opreme sa ciljem snižavanja troškova i povećanja produktivnosti; i
- *investicije u proširenje* - kupovina nove opreme, proširenje objekta i dr., sa ciljem kvantitativnog povećanja proizvodnje.[30] [31]

Gotovo identičnu podelu vrši i Gitmen, po kome se investira radi zamene, modernizacije i pribavljanja fiksnih sredstava.[32] Ove vrste investicija se često u praksi među-

---

[28] Samuelson, P. A., - *Op. cit.*, str. 204-205.

[29] Na primer, u Republici Srbiji, shodno Zakonu o klasifikaciji delatnosti i o registru jedinica razvrstavanja. Videti sajt: webrzs.stat.gov.rs

[30] O navedenoj i ostalim podelama investicija opširnije videti u: Jovanović, P., - *Upravljanje investicijama,* Op. cit., str. 5-13.

[31] Sličnu klasifikaciju vrši i američki autor Din, s tim što kao kriterijum razvrstavanja koristi motivaciju investitora. Osim investicija za zamenu, modernizaciju i proširenje, autor kao zasebnu grupu izdvaja strateške investicije. Ova vrsta investicija se preduzima sa ciljem zaštite od konkurencije (na primer, investicije u vertikalnu integraciju) ili sa ciljem tehničkog progresa (na primer, investicije u istraživanje i razvoj). Detaljnije videti u: *Ibid.*, str. 12-13.

[32] Gitman, L. J., - *Principles of Managerial Finance*, Harper and Row Publishers, New York, 1976, str. 235. Preuzeto iz: Krasulja, D., Ivanišević, M., - *Poslovne finansije*, Ekonomski fakultet u Beogradu, Beograd, 2001, str. 260.

sobno prepliću tako da je njihovo razlikovanje teško. Zamena se najčešće ne sprovodi bez modernizacije, a uz modernizaciju se obično uvode dodatni kapaciteti i vrši proširenje.

Uočljiva je veza koja postoji između investicija klasifikovane sa aspekta obima i investicija klasifikovane sa aspekta namene. Tako, investicije u modernizaciju i proširenje (pribavljanje) fiksnih sredstava spadaju u neto investicije, a dodatno, sa investicijom u zamenu čine bruto investicije.

Po Fridrihu i Veri Luc, u zavisnosti od **tokova ulaganja i ostvarivanja efekta**, sve investicije se javljaju u sledeća tri oblika:

- *ulaganje i efekti u jednom trenutku* - „point input - point output";
- *kontinuelna ulaganja i efekti u jednom trenutku* - „continuous input - point output";
- *ulaganje u jednom trenutku i kontinuelni efekti* - „point input - continuous output".[33]

Prvi oblik se odnosi na investicije gde se ulaganja (I) vrše u jednom vremenskom trenutku (t_0), dok se efekti ulaganja (E) ostvaruju kasnije, ali isto u jednom vremenskom trenutku (t_n). Kao primer se može navesti ulaganje u podizanje (zasađivanje) šumskih fondova gde se efekti ostvaruju u jednom trenutku, prodajom drvne mase.

Dijagram 1.3. - *Ulaganje u jednom trenutku i efekti u jednom trenutku*

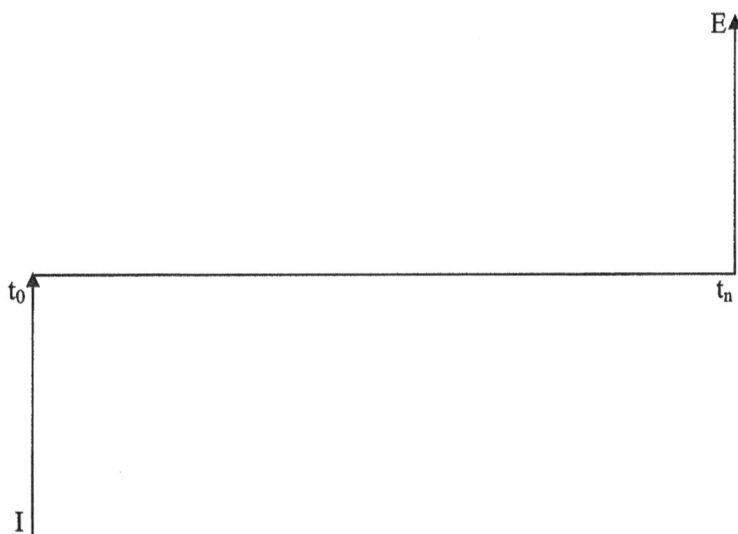

[33] Lutz, F., Lutz, V., - *The Theory of Investment of the Firm*, Princeton University Press, Princeton, 1951, str. 5.

Drugi oblik se odnosi na investicije gde se ulaganja (I_0, I_1, I_2, I_3, I_4,...I_m) vrše u više vremenskih trenutaka (t_0, t_1, t_2, t_3, t_4 ...t_m), dok se efekti ulaganja ostvaruju u jednom vremenskom trenutku (t_n). Kao primer se mogu navesti ulaganja u izgradnju kuće, koja se dešavaju tokom više godina, a efekti se ostvaruju u jednom momentu, prodajom.

Dijagram 1.4. - *Kontinuelna ulaganja i efekti u jednom trenutku*

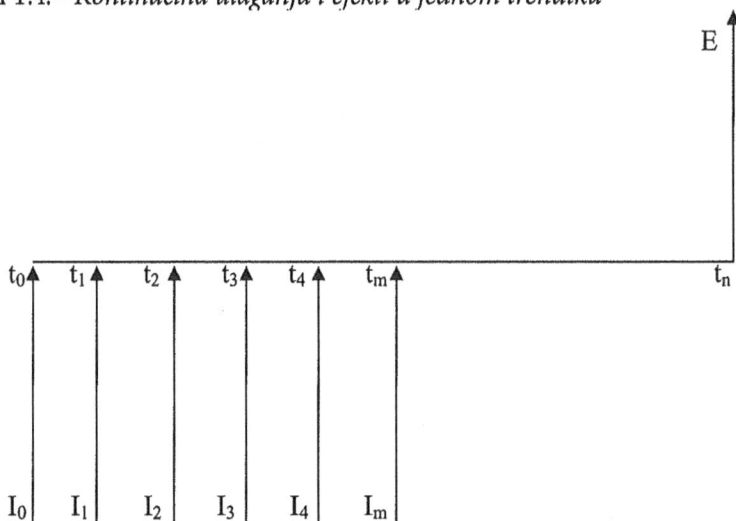

E

t_0 t_1 t_2 t_3 t_4 t_m t_n

I_0 I_1 I_2 I_3 I_4 I_m

Treći oblik se odnosi na investicije gde se ulaganja vrše u jednom trenutku (t_0), a efekti ulaganja (E_1, E_2, E_3, E_4,...E_n) u više vremenskih trenutaka (t_1, t_2, t_3, t_4, ...t_n). Kao primer se može navesti kupovina opreme sa ciljem ostvarivanja efekata za svo vreme njene eksploatacije.

Dijagram 1.5. - *Ulaganje u jednom trenutku i kontinuelni efekti*

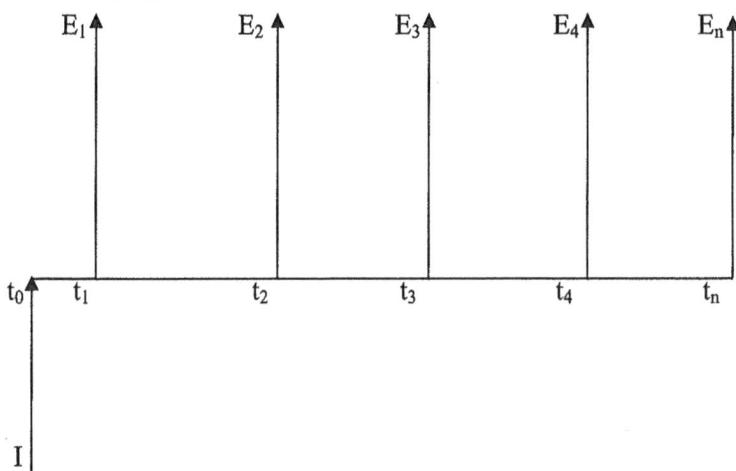

E_1 E_2 E_3 E_4 E_n

t_0 t_1 t_2 t_3 t_4 t_n

I

Pored navedenih oblika, razumljivo je da su moguće investicije gde su i ulaganja (I_0, I_1, I_2, I_3, I_4,...I_m) i efekti (E_1, E_2, E_3, E_4,...E_n) kontinuirani; "continuous input - continuous output". Šta više, to su uobičajeni oblici investicija u proizvodnim preduzećima. Kao primer se može navesti investicija u izgradnju proizvodnog objekta sa ciljem ostvarivanja višegodišnjih efekata, to jest za sve vreme za koje je objekat u proizvodnoj funkciji.

Dijagram 1.6. - *Kontinuelna ulaganja i kontinuelni efekti*

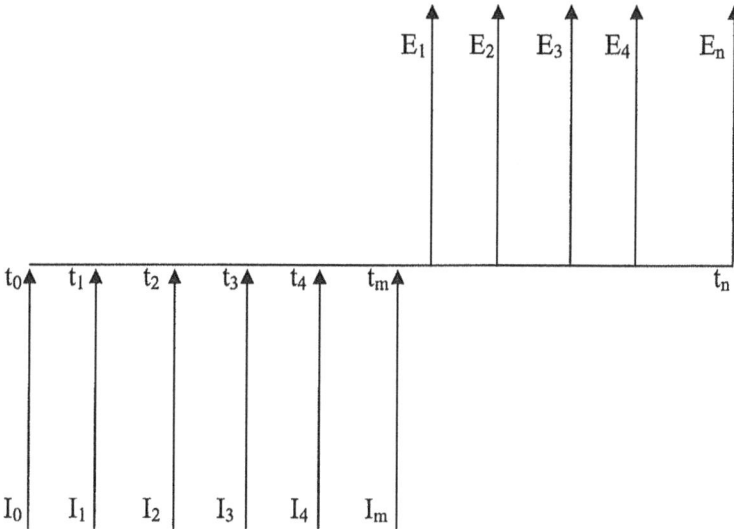

Podela investicija sa aspekta **investirane aktive** je najkompleksnija jer se ukupna sredstva, odnosno ukupna aktiva može klasifikovati na različite načine.

Shodno odredbama „Pravilnika o sadržini i formi obrazaca finansijskih izveštaja za privredna društva, zadruge, druga pravna lica i preduzetnike" i „Pravilnika o Kontnom okviru i sadržini računa u Kontnom okviru za privredna društva, zadruge, druga pravna lica i preduzetnike",[34] ukupna aktiva[35] se pri izradi finansijskih izveštaja u Republici Srbiji razvrstava na: nematerijalna ulaganja; *nekretnine, postrojenja, opremu i biološka sredstva;*[36] dugoročne finansijske plasmane; zalihe; kratkoročna potraživanja,

---

[34] „*Službeni glasnik RS",* br. 114/2006 i 5/2007.

[35] Uz apstrahovanje stavki koje su, po pravilu, irelevantne sa aspekta investicionog odlučivanja, i to: neuplaćeni upisani kapital, goodwill, stalna sredstva namenjena prodaji i sredstva poslovanja koje se obustavlja, odložena poreska sredstva i vanbilansna aktiva.

[36] Za ovu grupu sredstava se koristi i naziv realna aktiva, kao i naziv osnovna sredstva, koji u Republici Srbiji, uvođenjem Međunarodnih standarda finansijskog izveštavanja (2004. godina), ne postoji kao stavka u Zvaničnom bilansu stanja.

plasmane i gotovinu. Moguća je i detaljnija sintetička klasifikacija tako što bi se nematerijalna ulaganja, nekretnine, postrojenja, oprema, biološka sredstva i dugoročni finansijski plasmani zamenili nazivom stalna imovina. Pravilnici su doneti na osnovu „Zakona o računovodstvu i reviziji"[37], tako da je pri izradi finansijskih izveštaja razvrstavanje aktive u Srbiji usaglašeno sa Međunarodnim standardima finansijskog izveštavanja i sa Međunarodnim računovodstvenim standardima.[38]

Kada se govori o podeli investicija shodno investiranoj aktivi, a uzevši u obzir različite definicije samog termina, investicije se mogu podeliti na: investicije u realnu aktivu, investicije u ostalu aktivu i ostale investicije koje obuhvataju ulaganja u predmete investiranja koji se sa aspekta računovodstva ne smatraju aktivom (na primer, radna snaga). Navedena podela je opredeljena stavom različitih teoretičara po pitanju ulaganja finansijskih sredstava koja se smatraju investicijama. Tako, investicije u užem smislu oslikavaju stav autora koji investicijama smatraju isključivo ulaganje u realnu aktivu. S druge strane, investicije u širem smislu uključuju i ulaganja u ostalu aktivu, kao i ostale investicije.

Investicije u užem smislu se mogu razgraničiti po tehničkoj strukturi na građevinske objekte, opremu i ostalo. Investicije u građevinske objekte obuhvataju izgradnju novih objekata (proizvodne hale, magacini, kotlarnice, administrativne zgrade i dr.), kao i rekonstrukciju i proširenje postojećih objekata. Investicije u opremu obuhvataju ulaganja u mašine, uređaje, postrojenja, instalacije, vozila i dr. Ostale investicije mogu imati raznovrsne oblike (osnovno stado, višegodišnji zasadi i dr.).[39]

Razumljivo, jasnije razgraničenje *investicija u širem smislu* je znatno teže. U literaturi se sreće čitav niz klasifikacija, a u nastavku će se prezentirati podele pojedinih autora.

Jednu od najdetaljnijih klasifikacija uradio je nemački autor Ludvig Pak, koji je sve investicije podelio na sledeći način:

- prema kvantitativnim efektima

    1. u raznim sektorima preduzeća
    - investicije u opremu,
    - investicije u eksploataciona dobra, odnosno u reprodukcioni materijal; i

---

[37] *„Službeni glasnik RS", br. 46/2006.*

[38] Prvi Međunarodni standard finansijskog izveštavanja (u nastavku: MSFI) je donet u junu 2003. godine. Pre pojave MSFI su u primeni bili samo Međunarodni računovodstveni standardi (u nastavku: MRS). Pojedini MSFI nastaju ukidanjem pojedinih MRS usled značajnijih izmena računovodstvenog tretmana poslovnog segmenta na koji se odnose, a koji su inicijalno bili regulisani ukinutim MRS, ili usled potrebe da se uvede standard koji bi regulisao određenu tematiku koja nije u dovoljnoj meri bila tema nijednog MRS. Stoga, pri sastavljanju finansijskih izveštaja treba uvažiti i MSFI i važeće MRS.

[39] Jovanović, P., - *Upravljanje investicijama*, Op. cit., str. 8-9.

- investicije u organizaciju preduzeća;
2. investicije u realna - konkretna dobra
- inicijalne (početne) investicije,
- realne bruto investicije,
- realne dezinvesticije,
- investicije za zamenu i
- investicije za proširenje;
3. sa gledišta finansijskih sredstava
- nove investicije,
- bruto investicije,
- dezinvesticije,
- neto investicije,
- reinvestiranje ili kumulativno reinvestiranje,
- granične - limitirajuće investicije,
- marginalne investicije i
- komplementarne investicije;

- prema kvalitativnim efektima

  1. investicije za zamenu sa kvalitativnim efektima,
  2. investicije radi poboljšanja,
  3. investicije za racionalizaciju i
  4. investicije socijalnog karaktera;

- prema vremenskim efektima

  1. kontinuirana investiranja (takozvane bezvremenske investicije, odnosno ne-zavisne od vremena i kratkoročne investicije) i
  2. diskontinuirana investiranja (srednjoročne i dugoročne investicije).[40]

Depalans je sve investicije razvrstao u sledeće grupe:

- ulaganja u nepokretnosti (zemljište, zgrade, opremu i dr.),

- kupovina hartija od vrednosti,

- zalihe za normalno funkcionisanje preduzeća,

- stalno angažovana potraživanja od kupaca,

- intelektualne investicije (usavršavanje radne snage),

- „sive investicije" (naučna i tehnološka istraživanja),

- tehničke investicije (istraživanja i realizacija novih proizvodnih procesa i tro-

---

[40] Pack, L., - *Betribliche Investition*, Wiesbaden, 1959. Preuzeto iz: Kljusev, N., - *Op. cit.*, str. 25-26.

škovi prototipova) i

- komercijalne investicije (razvoj sopstvene trgovinske mreže).[41]

Petar Jovanović je sva investiciona ulaganja podelio na:

- ulaganja u objekte, opremu, instalacije, postrojenja, sredstva, uređaje i dr.;
- ulaganja za obezbeđenje trajnih obrtnih sredstava,
- ulaganja u hartije od vrednosti,
- ulaganja u nove konstrukcije i prototipove, i uopšte ulaganja u poboljšanja postojećih i razvoj novih proizvoda;
- ulaganja u nova tehničko-tehnološka rešenja i poboljšanje tehnološkog procesa,
- ulaganja u poboljšanje organizacije i uvođenje novih organizacionih rešenja,
- ulaganja u obuku i usavršavanje kadrova,
- ulaganja u nabavku patenata, licenci i drugih prava;
- ulaganja u naučna istraživanja,
- ulaganja u razvoj trgovačke mreže, servise, reklamu;
- ulaganja u dugogodišnje zasade i šume i
- ulaganja u osnovno stado.[42]

Pokušaj preciznijeg lingvističkog razgraničenja investicionih aktivnosti je naročito prepoznatljiv u anglo-saksonskom govornom području, gde se primenjuje podela na ulaganja u realnu i finansijsku aktivu. Za investicije u realnu aktivu (građevinski objekti, oprema i dr.) se koriste termini „Capital Investment", „Capital Expenditure" i dr.; dok se za ulaganje u finansijske plasmane koristi termin „Investment".[43] [44] U okviru realne i finansijske aktive je moguće izvršiti dodatne klasifikacije. Jedna od podela realne aktive je već napomenuta kroz klasifikaciju shodno tehničkoj strukturi.

---

[41] Depallens, G., - *Gestion financiere de l'Entreprise*, Paris, 1963, str. 466. Preuzeto iz: Jovanović, P., - *Upravljanje investicijama*, Op. cit., str. 5.

[42] Jovanović, P., - *Upravljanje investicijama*, Op. cit., str. 6.

[43] Milojević, D., - *Leksikon bankarstva*, Megraf, Beograd, 2003, str. 311.

[44] Ovu podelu, krajnje neargumentovano, koriste pojedini autori za razlikovanje interpretacije investicija u ekonomiji i u finansijama. Ako bi se taj stav prihvatio, tada se, na primer, kupovina opreme sa aspekta finansija ne bi smatrala investicijom.

Obzirom na sveobuhvatnost, najpoznatija podela finansijske aktive je na:

- ulaganja sa poznatim prinosom i
- ulaganja sa nepoznatim prinosom.[45]

Ulaganja sa poznatim prinosom su ulaganja gde je precizno određen, kako nominalni iznos, tako i vremenski rok priliva gotovine. Ulaganja sa poznatim prinosom se mogu klasifikovati na ulaganja sa jednim utvrđenim prinosom i na ulaganja sa više prinosa. Tipičan primer ulaganja sa jednim utvrđenim prinosom su obveznice, a kao primer ulaganja sa više prinosa se može navesti plasman sredstava u poslovnu banku uz fiksnu kamatu, gde se na kraju svake godine podiže pripadajuća kamata, a na isteku roka oročavanja se osim kamate podiže i glavnica.[46]

Ulaganja sa nepoznatim prinosom su ulaganja gde se ne može precizno odrediti iznos budućeg priliva gotovine. U okviru ove grupe je moguće razgraničiti ulaganja bez i sa eksplicitno određenim vremenskim rokom priliva. Tipičan primer ulaganja bez eksplicitno određenog roka priliva su akcije, dok se kao primer ulaganja u finansijsku aktivu sa nepoznatim prinosom, ali sa poznatim rokom priliva, može navesti plasman sredstava uz promenljivu kamatnu stopu (na primer, Libor[47] + 2%).

I na kraju, shodno investiranoj aktivi, u investicionim projektima se ukupna investiciona ulaganja dele na:

- ulaganja u stalnu imovinu i
- ulaganja u trajna obrtna sredstva.[48]

Najznačajnija podela investicija sa aspekta valorizacije investicionih projekata, koja potiče sa mikroekonomskog nivoa, je shodno **vezi konkretne investicije sa drugim investicijama**. U navedenom kontekstu se razlikuju:

- nezavisne investicije i
- zavisne investicije.[49]

---

[45] Detaljnije o investicijama sa poznatim i nepoznatim prinosom videti u: Vasiljević, B., - *Osnovi finansijskog tržišta*, Zavet, Beograd, 2002, str. 54-57.

[46] Uvažavajući koncept oportunitetnih troškova, pogrešno bi bilo shvatanje da ova ulaganja nisu neizvesna. Naime, moguća promena relevantnih faktora kao što su stopa inflacije, kretanje deviznog kursa, mogućnosti na finansijskom tržištu i drugi mogući prinosi alternativnih ulaganja; do perioda dospeća, utiču na neizvesnost realne valorizacije efekata konkretnih ulaganja.

[47] LIBOR (London Interbank Offer Rate) je prosečna kamatna stopa na kratkoročnom međubankarskom tržištu u Londonu po kojoj najznačajnije banke međusobno nude novac.

[48] U „anglo-saksonskom" govornom području, ovako iskazana ulaganja ukazuju na investiranje u realnu aktivu za čiju se ocenu koristi naziv „Capital Budgeting".

[49] Detaljnija objašnjenja nezavisnih i zavisnih investicija, odnosno nezavisnih i zavisnih investicionih projekata, data su u sledećoj glavi, poglavlje 6 („Ciljne karakteristike investicionih projekata").

U slučaju da postoji više investicionih alternativa, po tipu međusobnih odnosa se razlikuju:

- ekonomski nezavisne investicije i
- međusobno isključive investicije.

Investicija je *ekonomski nezavisna* kada odluka isključivo zavisi od rezultata analize pojedinačno posmatrane investicione alternative. Dakle, to su one investicione alternative koje ne konkurišu jedna drugoj na način da prihvatanje jedne eliminiše druge iz daljih razmatranja i analiza.[50] Tako, ako preduzeće razmatra dve alternative, od kojih je jedna izgradnja fabrike automobila, a druga izgradnja fabrike sokova, moguće je aktivirati obe investicije, pod pretpostavkom da obe investicione analize pokažu da se radi o isplativim projektima i da je preduzeće u stanju da obezbedi potrebna finansijska sredstva. Nasuprot tome, *međusobno isključivi* projekti su oni projekti gde prihvatanje jedne investicione alternative automatski povlači odbacivanje ostalih. Osim zbog limitiranosti raspoloživih finansijskih sredstava, odbacivanje ostalih alternativa se javlja u slučaju kada svaka od njih predstavlja samo varijantu rešavanja istog problema. Tako, ako preduzeće razmatra rešavanje problema klimatizacije prostora, a moguće je problem rešiti „split sistemima" ili klima komorama, odabrana alternativa eliminiše drugu.[51]

3. ZNAČAJ INVESTICIJA

Gotovo je nemoguće naći drugu sferu privrednog i društvenog života koja zaokuplja pažnju stručne javnosti i pojedinaca koliko teorija investiranja[52], što ukazuje na činjenicu da je **značaj investicija** neprocenjiv.

Odricanjem od tekuće potrošnje zarad veće buduće, investitori stvaraju osnovne preduslove za rast i razvoj[53]. Generalno, odricanjem od trenutne, današnje potrošnje se omogućava kvalitetnija potrošnja u budućnosti, kako sadašnjih, tako i budućih gene-

---

[50] Krasulja, D., Ivanišević, M., - *Op. cit.*, str. 262.

[51] Shodno tipu odnosa između investicionih alternativa moguće je izvršiti i dodatne klasifikacije. Jedna od podela zavisnih projekata je na supstitutivne i komplementarne. Videti detaljnije u: Paunović, B., - *Op. cit.*, str. 42.

[52] Predmet teorije investiranja je proučavanje zakonitosti koji vladaju u domenu investicija, kako sa aspekta politike investiranja, tako i sa aspekta definisanja i utvrđivanja ciljeva koji se žele postići od datih investicija za određeni period vremena. Detaljnije videti u: Kljusev, N., - *Op. cit.*, str. 8-9.

[53] „Razvoj je kompleksniji od rasta i on bi obuhvatio, pored odgovarajućeg povećavanja vrednosti proizvodnje, poboljšanje proizvodne tehnike, tehnologije i organizacije; poboljšanje metoda rada u drugim oblastima poslovanja; poboljšanje ukupne organizacije; razvoj pojedinih službi i otvaranje novih; razvoj proizvoda i poboljšanje proizvodnih programa; poboljšanje uslova rada, itd.", u: Jovanović, P., - *Upravljanje investicijama*, Op.cit., str. 18.

racija. Ako je prihvaćeno da su investicije osnove rasta i razvoja, implicitno, investicije su osnovna pokretačka snaga svakog društva, preduzeća i pojedinaca, to jest pomoću njih se zadovoljava potreba čovečanstva za progresom. U osnovi svih navedenih grupa se nalazi potreba da se u budućnosti raspolaže kvalitetnijim performansama u odnosu na sadašnje. Podsetivši se usvojene definicije investicija, sve relevantne performanse se kvantifikuju mogućom, odnosno potencijalnom potrošnjom. Svaka od navedenih grupa se ekonomski može razvijati samo ako deo tekućih resursa koristi za povećanja kapaciteta uz čiju pomoć će potpunije zadovoljavati svoje potrebe u budućnosti.[54]

Sledeći tradicionalnu podelu ekonomske nauke na pojedinačni (pojedinci, preduzeća domaćinstva i pojedinici) i na društveni nivo analize, značaj investicije se može posmatrati sa:

- makro nivoa i
- mikro nivoa.

Sa **makro nivoa**, posmatranje investicija se može razložiti na:

- globalni nivo i
- nacionalni (državni) nivo.

Posmatrajući na globalnom nivou, Karl Marks investiciju, preko akumulacije koja predstavlja osnovni izvor finansiranja investicija, vidi kao osvajanje sveta društvenog bogatstva.[55]

Uvažavajući demografski aspekt, investicije predstavljaju osnov stvaranja materijalnih uslova za upošljavanje priraštaja stanovništva. Investicije se, takođe, posledično javljaju kao rezultat neophodnosti racionalnog korišćenja raspoloživih materijalnih resursa, potrebe za naučno tehničkim inovacijama i sl.[56]

Pjer Mase u investicijama na globalnom nivou vidi preduslov za redukciju dva antagonistička efekta, povećanje broja ljudi i potrebe za njihovim boljim životom.

---

[54] Paunović, B., - *Op. cit.*, str. 1.

[55] Marx, K., - *Op. cit.*, str. 521. Međutim, opterećen potrebom kritike tada aktuelnog društvenog sistema, Marks u osnovi akumulacije nalazi deo „otkinute" radnikove najamnine, a što je, po njemu, osnova kapitalističkog privrednog sistema. To se najbolje uočava iz sledećeg citata: „Dok se staro plemstvo, kako Hegel tačno veli, držalo načela da troši ono što ima, a naročito se baškarilo u raskoši ličnih činidaba, dotle je za buržoasku ekonomiju bilo od odlučujućeg značaja da akumulisanje kapitala proglasi prvom građanskom dužnošću i da neumorno propoveda: ne može se akumulisati ako se sav svoj dohodak pojede umesto da se dobar njegov deo izda za dobavljanje dodatnih proizvodnih radnika koji više unose nego što staju", u: *Ibid.*, str. 519.

[56] Kljusev, N., - *Op. cit.*, str. 9.

U uslovima prirasta stanovništva, stavljanjem društvenog proizvoda po glavi stanovnika u fokus posmatranja, investicije kao osnov dodate vrednosti predstavljaju preduslov za zadovoljenje potreba na nivou proste reprodukcije. U tom kontekstu, investicije predstavljaju oružje protiv nezaposlenosti. Dodatno, uključivanjem socioloških i psiholoških faktora, potreba za kvalitetnijom potrošnjom u budućnosti investicijama dodeljuje novu ulogu, koja se može precizirati kao oružje protiv nemotivisanosti.[57]

Sa nacionalnog aspekta, investicije predstavljaju osnov za povećanje nacionalnog bogatstva, odnosno povećanje društvenog proizvoda određene države. Po pravilu, u državama sa višim društvenim proizvodom po glavi stanovnika se veći procenat društvenog proizvoda usmerava u investicije nego što je u siromašnijim državama.

Na mikro nivou, identično kao i sa aspekta društva, investicije u preduzeću predstavljaju osnov za njegovo poboljšanje, nezavisno od načina kojima se to poboljšanje valorizuje. Uzevši u obzir rastuću konkurenciju, o investicijama se ne može govoriti samo kao o uslovu rasta i razvoja, već i o uslovu opstanka preduzeća. U suprotnom, preduzeća koja ne akumuliraju i ne investiraju bi, pre ili kasnije, „nevidljivom rukom" bila „proterana sa tržišta" od strane preduzeća koja permanentno poboljšavaju kvalitet svojih proizvoda, modernizuju i usavršavaju tehničko-tehnološke procese, povećavaju produktivnost, snižavaju troškove i dr.

Značaj investicija na mikro nivou je posebno istaknut u istraživanju srpskih eksperata čiji je osnovni cilj bio definisanje stanja konkurentnosti privrede Srbije i predlog smernica za poboljšanje stanja. Fokusiranje u rešavanju problema na mikro nivo *versus* makro nivo se može zaključiti iz sledećeg citata: „Ekonomsko bogatstvo je rezultat strategije i operativne prakse kompanija, kao i kvaliteta nacionalnog mikroekonomskog poslovnog okruženja u okviru koga kompanije posluju i konkurišu jedna drugoj. Prema tome, bez odgovarajućih poboljšanja i reformi na mikroekonomskom nivou, same makroekonomske, političke, pravne i društvene reforme neće dati odgovarajuće rezultate."[58]

Na kraju, kada bi u jednoj rečenici trebalo najjasnije ukazati na značaj investicija, najprikladnije bi bilo, kao i u predgovoru rada, *investicije posmatrati kao osnovu razvoja ljudske civilizacije*. Sam razvoj civilizacije je nezaustavljiv proces, tako da se investicije pred investitorima ne postavljaju kao izbor, već kao neophodnost. U tom kontekstu, potpuno je nevažno da li se radi o preduzećima ili društvima, kao što je nevažna i vrsta privrednog sistema i nivo dostignutog ekonomskog razvoja.

---

[57] Masse, P., - *Op. cit.*, uvodni deo.

[58] Stamenković, S., Savin, D., Kovačević, M., Petković, G., Kozomara, J., i dr., - *Konkurentnost privrede Srbije*, East West Institute, Beograd, 2003, str. 228.

4. FAZE INVESTICIONOG PROCESA

Ulaganje u sadašnjosti koje donosi nadu u pozitivne efekte u budućnosti, odnosno investicija, predstavlja samo jednu od faza investicionog procesa. Investicioni proces uključuje sve aktivnosti koje dovode do ulaganja, samo ulaganje, kao i eksploataciju ulaganja. To je, dakle, proces koji vremenski obuhvata sve aktivnosti vezane za konkretnu investiciju, počevši od identifikovanja investicionih mogućnosti, a zaključno sa krajem njenog životnog ciklusa. Kompletan investicioni proces se razlaže na faze shodno činjenici da li se aktivnosti dešavaju pre, za vreme ili posle konkretnog investiranja. Usvojenom podelom su definisane sledeće faze investicionog procesa:

- predinvesticiona faza,
- investiciona faza i
- operativna (eksploataciona) faza.

Dijagram 1.7. - *Faze investicionog procesa*

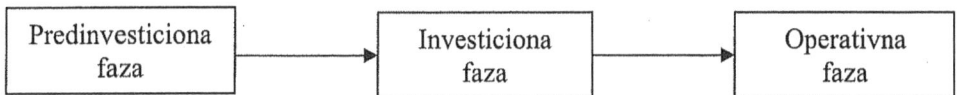

Predinvesticiona faza je početna faza investicionog procesa koja obuhvata identifikovanje investicionih mogućnosti, analizu projektnih alternativa, selekciju projekata koji su atraktivni za detaljniju analizu, ocenu odabranih projekta i investicionu odluku.[59] Sve aktivnosti u okviru ove faze se mogu podeliti na:

- identifikaciju,
- preliminarnu selekciju i
- formulaciju.[60]

Polazni korak investicionog ciklusa je *identifikovanje* investicionih mogućnosti, shvaćenih kao izraz želja i mogućnosti za korišćenjem određenih resursa, tehničkih operacija, tehnoloških dostignuća i dr.; ili, jednostavnije, kao izraz želje za proizvodnjom određenog proizvoda[61], koji može da se ponudi potencijalnim kupcima. Identi-

---

[59] Behrens, W., Hawranek, P. M., - *Manual for the Preparation of Industrial Feasibility Studies* (II edition), UNIDO, Vienna, 1995, str. 9-10.

[60] *Priručnik za vrednovanje industrijskih projekata*, UNIDO, Evropski centar za mir i razvoj Univerziteta za mir Ujedinjenih Nacija, Beograd, 1988, str. 9-10.

[61] U pojedinim delovima knjige naziv „output", odnosno pojmovi „roba", „usluga" i „proizvod" će biti zamenjeni zajedničkim nazivom „proizvod":

fikacija investicionih mogućnosti je početna, odnosno startna tačka u seriji povezanih investicionih odluka.[62]

Po izvršenoj identifikaciji se vrši *preliminarna selekcija*, to jest od ukupnog seta investicionih mogućnosti se izdvajaju one koje se smatraju atraktivne. Preliminarnom selekcijom se donosi odluka, s jedne strane, koje investicione mogućnosti se mogu u startu odbaciti, a s druge strane, koje investicione mogućnosti su dovoljno atraktivne da zavređuju pažnju za detaljnijom razradom, kao i šta treba da bude predmet narednih analiza.

Iako pouzdanija u odnosu na fazu kada su definisane investicione mogućnosti, preliminarna selekcija se isto vrši na osnovu šturih informacija o inputima i outputima. Iz tog razloga je ocenjivanje obično fragmentarno i obuhvata samo određene aspekte projekta.[63]

Formulacija obuhvata proučavanje svih relevantnih aspekata ostvarivanja projektne ideje, te prezentaciju rezultata i podataka na sistematičan način. U suštini se prezentira detaljna kvalitativna (tehnička, upravljačka i dr.) i kvantitativna analiza, koje su značajne za vrednovanje projekta. Završna aktivnost formulacije projekta je investiciona odluka koja se prvenstveno donosi na osnovu stručne ocene projekta, odnosno preporuke o prihvatanju odnosno odbacivanju investicione alternative.

Investiciona faza (faza implementacije) podrazumeva praktičnu realizaciju donete investicione odluke. Sama investiciona faza u mnogo čemu zavisi od vrste investicione aktivnosti. Tako će se, na primer, vremenski značajno razlikovati investicione faze kod preduzeća koje planira izgradnju hidro centrale i kod preduzeća koje planira da poveća transportne kapacitete.

U slučaju da se radi o ulaganju u industrijske objekte, investiciona faza se može podeliti na sledeće etape:

- izrada glavnih projekata,
- traženje ponuda i ugovaranje (uključujući konsalting i nadzor, ili kompletan inženjering),
- gradnja,
- obuka i
- puštanje u rad.[64]

---

[62] Behrens, W., Hawranek, P. M., - *Op. cit.*, str. 11-12.

[63] *Priručnik za vrednovanje industrijskih projekata*, Op. cit., str. 22.

[64] *Priručnik za pripremu industrijskih studija izvodljivosti*, UNIDO, Evropski centar za mir i razvoj Univerziteta za mir Ujedinjenih nacija, Beograd, 1988. str. 13.

Operativna (eksploataciona) faza obuhvata vremenski period u kojem je investicija aktivirana, odnosno u kojoj se valorizuju efekti konkretnog ulaganja, i može se posmatrati sa kratkoročnog i sa dugoročnog aspekta.[65] *Kratkoročni aspekt* isključivo obuhvata početni period aktiviranja investicije. To je period kada se brzo i efikasno mogu uočiti i korigovati nedostaci vezani za primenjenu tehniku proizvodnje, funkcionalnost opreme, prostorni raspored, adekvatnost radne snage i dr. *Dugoročni aspekt* obuhvata kompletan životni vek investicionog ulaganja u kojem se, pored ostalog, valorizuju efekti i daje ocena realizovane investicije.

Iako vremenski postoji jasno razgraničenje i precizni sled pojedinih faza, u suštini postoji **interaktivan odnos** svih faza investicionog procesa. Tako, ako su polazni inputi na osnovu kojih je doneta investiciona odluka bili pogrešni, male su šanse da rezultati u operativnoj fazi budu uspešni, nezavisno od kvaliteta odrađene investicione faze. S druge strane, rezultati operativne faze i nova saznanja stečena u investicionoj fazi mogu da prestavljaju značajni input, odnosno „feedback" za nova investiciona ulaganja, to jest za buduće predinvesticione faze.

Gledano sasvim uopšteno, proces upravljanja bilo kojim procesom, pa i procesom investiranja, se može razložiti na tri osnovne faze i to:

- planiranje,
- organizovanje i
- kontrola.

U *fazi planiranja* se definišu postavljeni ciljevi, preciziraju aktivnosti, putevi i resursi za njihovo ostvarenje. U ovoj fazi se vrši predviđanje budućih stanja i događaja bez kojih se ne bi mogli formulisati ciljevi koji se investiranjem žele postići. Preduzeća koja posluju u turbulentnim okruženjima imaju najveću potrebu za kvalitetnim i odgovornim planiranjem. Ona su jednostavno na to prinuđena.[66] Procesom planiranja neprestano se preispituju i stalno iznova vrednuju poslovne aktivnosti radi pronalaženja novih i boljih puteva za obavljanje posla.[67]

---

[65] *Ibid.*, str. 15.

[66] *Delfin 17/97*, Menadžer »Delfin« agencija, Beograd, 1997, str. 1.

[67] Ponekad se u praksi čak i značajne investicione odluke donose bez ozbiljnog planiranja. Ovakva situacija je naročito karakteristična za mala preduzeća sa koncentrisanim vlasništvom u rukama osoba koje ne razumeju sve prednosti planiranja. Osnovna prednost planiranja se ogleda u činjenici da planiranjem preduzeće radi bolje nego bez planiranja. U jednom istraživanju sprovedenom u Sjedinjenim Američkim Državama, koje je obuhvatilo 67 akcionarskih preduzeća, uvođenje i poboljšanje procesa planiranja je u kratkom periodu povećalo prihod od prodaje za 38%, dobit po akciji za 64%, a tržišnu cenu akcije za 56%. Videti u: Howard, D. F., - *Dinamic Planning and Management in the Securities Industry*, New York Institute of Finance, New York, 1987, str. 64.

Faza organizovanja se u kontekstu veze sa investicionim procesima, po pravilu, zamenjuje prikladnijim nazivima kao što su faza realizacije ili faza implementacije. Ova faza obuhvata konkretno izvođenje izabrane alternative. Ulaz u fazu realizacije čine informacije iz faze planiranja sa kojom je povezana direktnom vezom. Izlaz iz faze realizacije je direktnom vezom povezan sa fazom kontrole.[68]

U *fazi kontrole* se prvenstveno vrši upoređivanje ostvarenih rezultata sa očekivanim, odnosno planiranim veličinama. Cilj ove faze je preduzimanje aktivnosti kojima će se eventualna negativna odstupanja od plana otkloniti ili smanjiti. Konačne izlaze iz faze realizacije kontrola prima, upoređuje ih i šalje ih ponovo u fazu planiranja. Tako je faza kontrole povratnom vezom povezana sa fazom planiranja jer je omogućeno da se novim planiranjem, odnosno korekcijom, utiče na odstupanja u realizaciji. [69]

Analizom faza procesa upravljanja i faza investicionog procesa se može zaključiti da postoji jasna prepoznatljivost investicionog procesa u kontekstu upravljačkog procesa. Tako, predinvesticiona faza nije ništa drugo nego planiranje investicionog procesa, dok je u investicionoj i operativnoj fazi, pored organizovanja, sadržana kontrola, kao i dodatno i/ili ponovno planiranje investicionog procesa.

---

[68] Jovanović, P., - *Upravljanje investicijama*, Op. cit., str. 34. Inače, u navedenoj knjizi su data detaljnija objašnjenja povezanosti investicionog i upravljačkog procesa.

[69] Kontrolu poslovanja ne treba posmatrati kao poželjnu, već kao neophodnu upravljačku funkciju. „Potreba za kontrolom i ocenom obavljanja aktivnosti nameće se kao neophodnost u svim organizacijama koje poseduju ograničene resurse sa kojima moraju postići određene ciljeve. U tom smislu, kontrola je podjednako važna u najkompetitivnijim tržišnim kompanijama, dobrotvornim neprofitnim organizacijama, sportskim klubovima, kao i u upravljanju porodičnim budžetom", u: - *Delfin 20/97*, Menadžer »Delfin« agencija, Beograd, 1997, str. 1.

Dijagram 1.8. - *Veze faza investicionog procesa i faza procesa upravljanja*

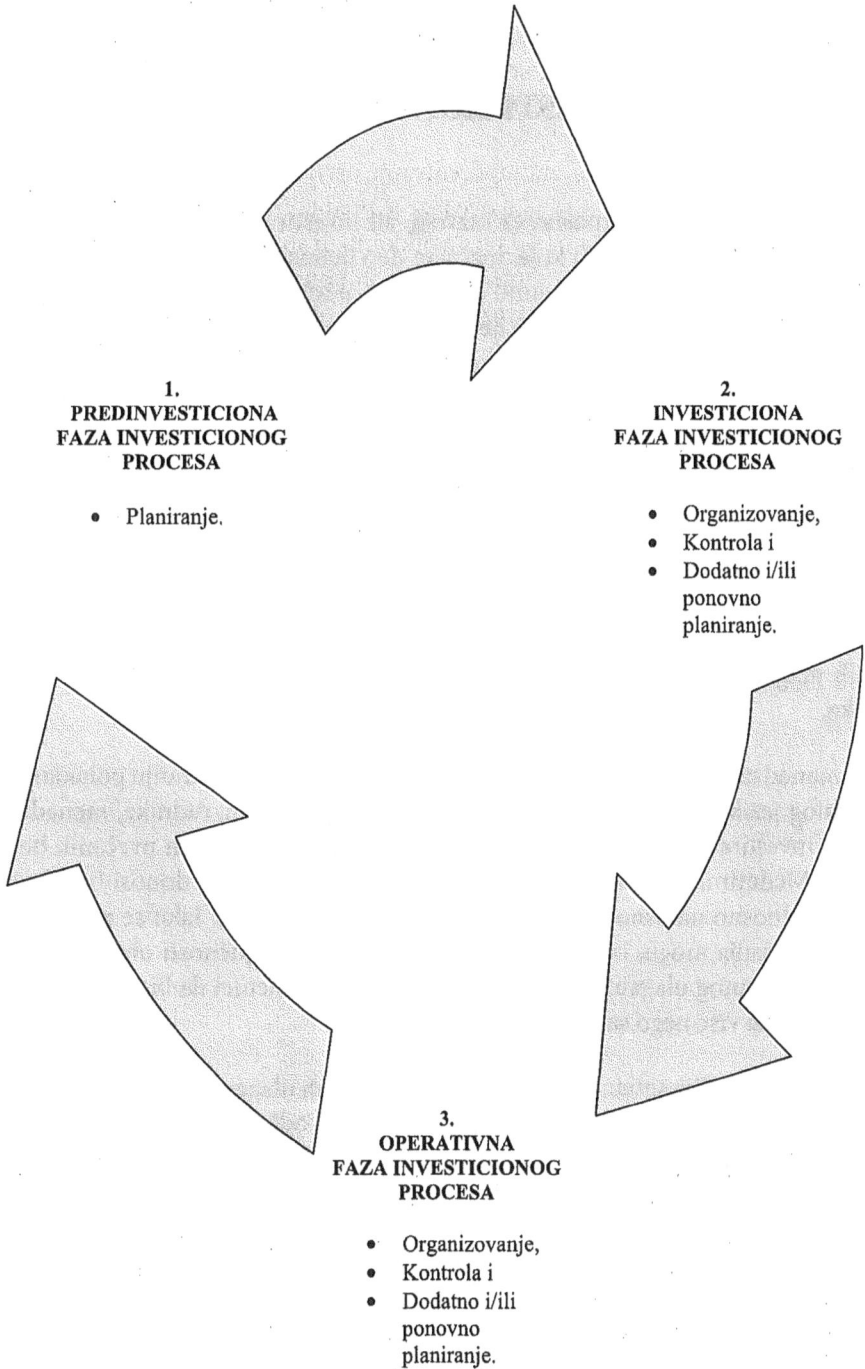

1.
PREDINVESTICIONA
FAZA INVESTICIONOG
PROCESA

- Planiranje.

2.
INVESTICIONA
FAZA INVESTICIONOG
PROCESA

- Organizovanje,
- Kontrola i
- Dodatno i/ili
  ponovno
  planiranje.

3.
OPERATIVNA
FAZA INVESTICIONOG
PROCESA

- Organizovanje,
- Kontrola i
- Dodatno i/ili
  ponovno
  planiranje.

GLAVA II
INVESTICIONI PROJEKTI

Investicije su osnovna pretpostavka razvoja, ali investirati, samo po sebi ne znači i razvijati se. Naime, preduzeća koja značajan deo finansijskih sredstava usmeravaju u investicije će rasti i razvijati se samo ako budući period pokaže da se radilo o isplativim investicijama. Dakle, investicije imaju opravdanje ako prouzrokuju pozitivne rezultate. U suprotnom, one se pretvaraju u suprotnost svoje osnovne namene. Nisu retka preduzeća koja su nestala sa tržišta zbog pogrešnih investicija. Pitanje je da li bi njihova, bar kratkoročna sudbina bila drugačija da, drastično rečeno, uopšte nisu investirala.

Uvažavajući neophodnost investiranja, kao i opasnosti koje neuspešne investicije sa sobom nose, na donosiocima investicionih odluka leži teška odgovornost, koja se ogleda u zahtevu da donete odluke budu valjane. Na kvalitet odluka značajno utiče kvalitet informacija na bazi kojih su donete. Vrsta investicija, kao i visina investicionih ulaganja, opredeljuje informacije kojima je potrebno da raspolaže donosioc odluka.

Kada menadžment preduzeća donese pozitivnu odluku o finansiranju pohađanja kursa stranog jezika, odnosno stručnog usavršavanja pojedinog radnika, menadžment, takođe, investira jer u sadašnjosti ulaže sredstva zbog očekivanih uvećanih budućih efekata. Međutim, ovakva i slična vrsta odluka se, po pravilu, donosi bez dodatnih analiza, odnosno na osnovu takozvanog „filinga" menadžera. Iako se razlozi naznačenog ponašanja mogu, između ostalog, tražiti u (ne)mogućnosti objektivne valorizacije spomenutog ulaganja, dovoljno se zadržati na činjenici da bi troškovi ozbiljne analize koštali više nego sam kurs.[70]

Potpuno je drugačija situacija kod ozbiljnih, strateških ulaganja, od čijih efekata može da zavisi egzistencija preduzeća. Tada se investicione odluke donose na osnovu kompleksnih dokumenata, poznatih kao investicioni projekti. U investicionim projektima su sadržani svi relevantni aspekti koji su neophodni da na osnovu njih menadžment preduzeća donese investicionu odluku. Kako se u zvaničnoj, zakonskoj interpretaciji, za ova dokumenta koristi naziv „studije", a kako se semantički pod projektovanjem

---

[70] Vulgarizovano, na banalnom primeru se uočava osnovna relacija (koristi-troškovi) koju menadžment preduzeća koristi prilikom donošenja investicionih odluka.

najčešće razume osmišljavanje, pravljenje planova i sl.; u praktičnoj komunikaciji se još, kao sinonimi, koriste sledeći nazivi:

- investicione studije i
- investicioni planovi.

Investicioni projekti su homogena celina, koji se u zavisnosti od prevashodnog predmeta posmatranja mogu podeliti na sastavne delove. Pre nego što se pređe na detaljnija objašnjenja pojedinačnih delova, teorijski će se razmotriti pitanja vezana za pojmovno definisanje, vrstu, formu i sadržaj, korisnike, ciljne (željene) karakteristike i izradu investicionih projekata. Pored toga, daće se detaljnija objašnjenja vezana za podržavajuće studije.

Sve navedeno biće izloženo u sledećim poglavljima:

- Pojmovno definisanje investicionog projekta,
- Vrste investicionih projekata,
- Podržavajuće studije,
- Korisnici investicionih projekata,
- Forma i sadržaj investicionih projekata,
- Ciljne karakteristike investicionih projekata i
- Izrada investicionih projekata.

1. POJMOVNO DEFINISANJE INVESTICIONOG PROJEKTA

U svakodnevnom izražavanju pojedinci prave ozbiljne greške kod razumevanja **pojma investicionog projekta**, a koje su prevashodno izražene u dva domena.

Prva vrsta grešaka je da se dokumenta koja sadrže pojedine aspekte finansijskih analiza, ili dokumenta koji imaju oblik (pomoćnih) podržavajućih studija, tretiraju investicionim projektima. U stvari, podaci iz navedenih dokumenata najviše mogu da predstavljaju deo investicionih projekata, dok je samo za njih neispravno koristiti naznačeni naziv.

Druga vrsta grešaka je u razumevanju pojma „investicioni projekat" i pojma „poslovni (biznis) plan" sinonimima. Ako se „poslovni plan", najuopštenije, razume kao dokument u kojem je preciziran način realizacije definisanih ciljeva,[71] onda je jasno pre-

---

[71] Detaljnija teorijska razmatranja pristupu definisanja poslovnih planova videti u: Paunović, B., Zipovski, D., - *Poslovni plan - vodič za izradu*, Centar za izdavačku delatnost Ekonomskog fakulteta u Beogradu, Beograd, 2005, str. 8-9.

poznatljiva veza između investicionih projekata i poslovnih planova. Ali, da u praksi između ova dva pojma ne stoji znak jednakosti može se uočiti iz hipotetičkog primera. Pretpostaviće se da menadžment preduzeća analizom poslovanja ustanovi za jedan poslovni pogon da je neisplativ te, shodno tome, odluči da ga proda. Dokument koji ukazuje na isplativost predloženog akta se tretira poslovnim planom jer je usmeren ka ostvarivanju ciljeva, s tim što se ti ciljevi ne ostvaruju investiranjem, već, potpuno suprotno, dezinvestiranjem. Dakle, osnovna greška u izjednačavanju ovih pojmova je u tome što su poslovni planovi sveobuhvatniji dokumenti od investicionih projekata, ili, konkretnije, dok je svaki investicioni projekat istovremeno i poslovni plan, dotle svaki poslovni plan ne mora da bude i investicioni projekat. "Investiciona studija... se može smatrati samo jednom specifičnom vrstom biznis plana, koja je pri tome, zbog šireg konteksta njegove primene, u metodološkom smislu mnogo detaljnije razrađena."[72]

Za razliku od interpretacije u praksi, kod stručne javnosti suštinski ne postoje značajna odstupanja po pitanju dokumenata koji se smatraju investicionim projektima.[73] U nastavku će se ukazati na tretman navedenog pojma kako od strane pojedinih autora, tako i od strane pojedinih institucija.

Zvonko Brnjas investicioni projekat razume kao dokument u kojem je sadržana ideja o specifičnom načinu trošenja sredstava i u kojem su definisana i precizirana sva pitanja koja su od značaja za ostvarenje ciljeva investiranja. Investicioni projekti su najvažniji instrumenti putem kojeg se investicije realizuju.[74]

Drago Gorupić ističe da bi neispravno bilo posmatrati investicione projekte kao autohtone dokumente, već oni nastaju kao rezultat procesa u kojem se prepliću uzročno-posledične veze razvojne (dugoročne) politike, investicione politike i investicionih projekata preduzeća. Ove veze se manifestuju tako što se razvojna politika preduzeća ostvaruje kroz investicionu politiku, koja je kraća i vremenski određena rokovima aktiviranja, dok se određena investiciona politika ostvaruje parcijalnim investicionim projektima.

Dijagram 2.1. - *Veze razvojne politike, investicione politike i investicionih projekata*

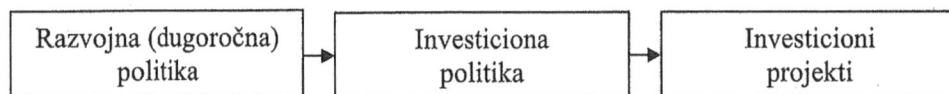

Razvojna (dugoročna) politika	→	Investiciona politika	→	Investicioni projekti

---

[72] Brnjas, Z., - *Op. cit.*, str. 11.

[73] Različita interpretacija je prevashodno opredeljena različitim tumačenjem pojma investicije, a što je detaljno objašnjeno u glavi I („Opšte karakteristike investicija").

[74] Brnjas, Z., - *Op. cit.*, str. 17.

Investicioni projekat se može razumeti kao dokument u kome je sistematizovanom analizom spoljnih i unutrašnjih uslova privređivanja, a uzevši u obzir investicionu politiku preduzeća, koja predstavlja profilisanje dugoročne razvojne politike, konkretizovan određeni investicioni zadatak. Konkretizacija obuhvata više aspekata, kao što su izbor i određivanje: ciljeva investiranja, potrebnih sredstava za ostvarenje ciljeva, valorizacije efekata i dr.[75]

U „Priručniku za vrednovanje investicionih projekata"[76], ova vrsta dokumenta se definiše kao predlog investicije za stvaranje, proširenje i/ili razvoj određenih potencijala, a sve sa ciljem povećanja proizvodnje tokom određenog vremenskog perioda. Sa stanovišta vrednovanja, pojedinačni investicioni projekat je zasebna investiciona jedinica koja se od ostalih investicionih projekata jasno može razdvojiti sa tehničkih, komercijalnih i ekonomskih aspekata.[77]

U skripti koja sadrži Metodologiju za izradu investicionog elaborata zahtevanu od strane Fonda za razvoj Republike Crne Gore, investicioni projekat se definiše kao skup podataka koji investitoru treba da ukažu na isplativost ulaska u određeni investicioni poduhvat. Investicioni projekat se sastoji iz investiciono tehničke dokumentacije koja sadrži sve potrebne elemente ideje koja namerava da se realizuje, tako da omogućava samom preduzetniku da ideju pretvori u stvarnost, a potencijalnim investitorima i finansijerima kvalitetno razmatranje prezentirane ideje i efikasnije donošenje odluke o eventualnom finansiranju, odnosno učešću u realizaciji programa.[78]

Iz do sada iznesenog je uočljivo da, iako postoje različite definicije, svaka od definicija sadrži sledeće:

- investicioni projekat je dokument u kome je na sistematičan način prezentirana određena investiciona ideja i
- investicioni dokument ukazuje na investicionu odluku[79].

Dijagram 2.2. - *Investicioni projekat*

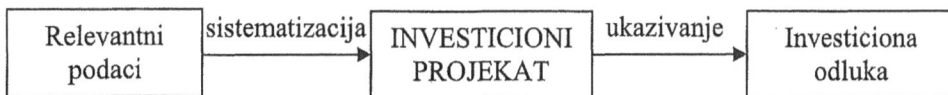

Relevantni podaci	sistematizacija →	INVESTICIONI PROJEKAT	ukazivanje →	Investiciona odluka

---

[75] Lang, R., Blagojević, S., Gorupić, D. (red.), i dr., - *Op. cit.*, str. 76.

[76] U suštini predstavlja objašnjenje Metodologije Ujedinjenih Nacija (UNIDO).

[77] *Priručnik za vrednovanje industrijskih projekata*, Op. cit., str. 5.

[78] *Metodologija izrade investicionog elaborata* (skripta), Fond za razvoj Republike Crne Gore, str. 2. Navedena skripta, kao i detaljnije informacije o zahtevanoj Metodologiji, se mogu naći na sajtu Fonda za razvoj Republike Crne Gore, www.frzcg.co.me

[79] Investicioni projekat treba da ukaže menadžmentu na investicionu odluku, ali je konkretna odluka stvar ličnog izbora subjekta odlučivanja.

Usvaja se sledeća definicija koja u potpunosti odražava suštinu investicionog projekta:

> **Investicioni projekat je dokument u kojem su na sistematizovani način prezentirani svi relevantni podaci određene investicione ideje i koji predstavlja osnov (ukazuje) za donošenje investicione odluke.**

Kako se radi o dokumentu, značajna karakteristika investicionih projekata je *pisana forma*. Takva forma ukazuje na eksplicitno definisanje, odnosno eksplicitno formulisanje investicionih projekata.[80]

2.   VRSTE INVESTICIONIH PROJEKATA

Podelu investicionih projekata je najbolje učiniti spoznajom dokumenata u kojima su na sistematizovani način sadržani svi relevantni podaci određene investicione ideje, na osnovu kojih se u *praksi* donosi investiciona odluka.[81] Pogrešno bi bilo razumevanje investicionih projekata samo dokumenata koji sadrže, do detalja razrađene, sve elemente analizirane investicione ideje. Tako, kada preduzeće „aplicira" za kredit kojim planira da finansira investiciju, po pravilu, dostavlja dokument koji sadrži sve relevantne aspekte, ali manje detaljno razrađene. U navedenom kontekstu, na primer, kreditoru se može dostaviti dokumentacija izrađena na bazi generalnog projekta, dok se izrada idejnog projekta i dalja razrada ostavlja za period kada su sredstva već obezbeđena. Međutim, kako su u dostavljenom materijalu sadržani svi relevantni aspekti investicione ideje na osnovu kojih je doneta investiciona odluka, taj dokument se smatra investicionim projektom.

Shodno nivou kompleksnosti, odnosno nivou detaljnosti, investicioni projekti su u Republici Srbiji prepoznatljivi po sledećim nazivima:

- Studija opravdanosti i
- Prethodna studija opravdanosti.

---

[80] Brnjas ističe da, osim eksplicitnog definisanja, postoji i implicitno formulisani investicioni projekti. „..... i kada investitor investiciju realizuje vlastitim sredstvima ne može se izbeći formulisanje projekta - razlika je međutim u tome što u ovom slučaju on ne mora da bude eksplicitno formulisan. Dovoljno je da ga menadžment ima u svojoj „glavi", tj. da se njegovo prisustvo implicitno podrazumeva", u: Brnjas, Z., - *Op.cit.*, str. 17.

[81] „Reč teorija dolazi od grčkog naziva „txeoria", što označava razmatranje, raspravu o suštini neke stvari. Zato teorija u naučnom smislu predstavlja debatu o prirodi pojava, koje se zasnivaju na utvrđenim zakonitostima. Svakako da samo logikom i **praksom** potvrđene zakonitosti ulaze u njen sastav", u: Pečujlić, M., Milić, V., - *Metodologija društvenih nauka*, Vizartis, Beograd, 2003, str. 18.

Iskustveno, odstupanja ostvarenih veličina realizacijom investicije, s jedne strane, od iznosa projektovanih kroz investicione projekte, s druge strane, su aproksimativno: 10% u studijama opravdanosti i 20% u prethodnim studijama opravdanosti.[82]

Prema Zajedničkoj metodologiji za ocenjivanje društvene i ekonomske opravdanosti investicija i efikasnosti investiranja u SFRJ,[83] **studija opravdanosti** je dokument na osnovu kojeg se donosi investiciona odluka. Pouzdanost kvantitativne osnove, argumentovanost, te potpunost svih relevantnih informacija, temeljni su principi izrade ovog dokumenta.[84] Što se tiče istorijata naziva, termin „studija opravdanosti" se vezuje za period donošenja Zajedničke metodologije. Pre toga, do kraja 80-ih, su se koristili termini koji se i danas sreću, i to: „studija izvodljivosti" i „fizibiliti studija". Naziv „studija izvodljivosti" nastao je prevodom najsveobuhvatnijih investicionih projekata, koji se u „anglo-saksonskom" govornom području nazivaju „Feasibility Study". Razloge za promenu naziva treba tražiti u činjenici da se u zemljama gde se originalni termin koristi, izvodljivost tretira sveobuhvatno. Ona obuhvata, kako fizičku (tehničku) izvodljivost, tako i finansijsku i ekonomsku, ali i opravdanost, racionalnost, kao i konačnu smislenost realizacije neke investicione ideje. Stoga, izvodljivost je samo približni, ali nedovoljno obuhvatni prevod izraza „Feasibility".[85]

Teorijski, **prethodna studija opravdanosti** je dokument koji pruža analitičko-dokumentacionu osnovu za prethodnu ocenu investicionih varijanti, kako bi se odabrale varijante za detaljniju analizu na nivou investicionih studija. Prethodna studija opravdanosti naglašenu pažnju poklanja rentabilnosti projekta[86] i sadrži podatke koji predstavljaju informacionu bazu ostalim subjektima iz okruženja (na primer, poslovnim bankama) koji mogu biti uključeni u dalji proces investicione realizacije. U praksi, kao što je već napomenuto, na osnovu ove vrste investicionih projekata se često donosi investiciona odluka. Identično objašnjenje istorijata naziva dato za studiju opravdanosti važi i za prethodnu studiju opravdanosti, s tim što su se pre donošenja Zajedničke metodologije koristili termini „prethodna studija izvodljivosti" i „prifizbiliti studija", od naziva „Prefeasibility Study", koji se koristi u „anglo-saksonskom" govornom području.

---

[82] *Priručnik za pripremu industrijskih studija izvodljivosti*, Op. cit., str. 32.

[83] U nastavku će se koristiti termin Zajednička metodologija. Detaljnije o njenom nastanku i obavezujućoj strukturi videti u glavi II, poglavlje 5 („Forma i sadržaj investicionih projekata").

[84] *Priručnik za primenu Zajedničke metodologije za ocenjivanje društvene i ekonomske opravdanosti investicija i efikasnosti investiranja u SFRJ - 3 operativno uputstvo za izradu investicijske studije - programa*, Udruženje banaka Jugoslavije, Beograd, 1988, str. 3-4.

[85] Cvetković, M., Hinić, M., „Fizibiliti *studije i razvoj telekomunikacija u Srbiji*", u: *Zbornik radova sa VIII telekomunikacionog foruma „Telfor 2000."*, 2000, str. 1.

[86] *Priručnik za primenu Zajedničke metodologije za ocenjivanje društvene i ekonomske opravdanosti investicija i efikasnosti investiranja u SFRJ - 2 operativno uputstvo za izradu predinvesticijske studije*, Udruženje banaka Jugoslavije, Beograd, 1988, str. 3-4.

U Srbiji, razlikovanje studija i prethodnih studija opravdanosti je opredeljeno kompariranjem konkretnih projekata sa obavezujućim elementima koje po **Pravilniku o sadržini, obimu i načinu izrade** mora **za izgradnju objekata** da sadrži studija, odnosno prethodna studija opravdanosti. Navedeni Pravilnik je obavezujući za sve objekte za čiju je realizaciju potrebna saglasnost nadležnog ministarstva iz oblasti građevinarstva. Pravilnikom je definisano da se *studijom opravdanosti* naročito određuje prostorna, ekološka, društvena, finansijska, tržišna i ekonomska opravdanost investicije za izabrano rešenje, razrađeno idejnim projektom, na osnovu kojeg se donosi odluka o opravdanosti ulaganja i pokretanju postupka za izdavanje odobrenja za izgradnju. *Prethodnom studijom opravdanosti* se naročito utvrđuje prostorna, ekološka, društvena, finansijska, tržišna i ekonomska opravdanost investicije za varijantna rešenja definisana generalnim projektom, na osnovu kojih se može doneti planski dokument, kao i odluka o opravdanosti ulaganja u prethodne radove za idejni projekat i izradu studije opravdanosti i idejnog projekta.[87]

Prethodna studija opravdanosti i studija opravdanosti se obavezno izrađuje za:

1. nuklearne objekte i druge objekte koji služe za proizvodnju energije, nuklearnog goriva, radioizotopa, ozračivanja, uskladištenje radioaktivnih otpadnih materija za naučno istraživačke svrhe; objekte bazne i prerađivačke hemijske industrije, crne i obojene metalurgije, objekte za preradu kože i krzna, objekte za preradu kaučuka, objekte za proizvodnju celuloze i papira i objekte za preradu nemetalnih minerala; objekte u granicama nacionalnog parka, kulturnih dobara od nacionalnog i međunarodnog značaja i objekte u njihovoj zaštićenoj okolini i drugih zaštićenih dobara od nacionalnog i međunarodnog značaja, u skladu sa zakonom; postrojenja i uređaja za uklanjanje otpada spaljivanjem i hemijskim postupcima; objekte za proizvodnju, skladištenje i uništavanje opasnih materija i skladištenje i uništavanje štetnih materija i otpada koji ima svojstvo opasnih materija; aerodrome za javni vazdušni saobraćaj; i mehanizovana teretna i javna putnička pristaništa;

2. objekte za proizvodnju i preradu nafte i gasa, međunarodne i magistralne gasovode i naftovode za transport, gasovode nazivnog radnog natpritiska preko 16 bara ako prelaze preko teritorije najmanje dve opštine, skladišta nafte, gasa i naftnih derivata kapaciteta preko 500 tona i magistralnih i regionalnih toplodalekovoda; međuregionalne i regionalne objekte vodosnabdevanja i kanalizacije, gradske sisteme za vodosnabdevanje i kanalisanje otpadnih voda, kao i postrojenja za prečišćavanje voda; magistralne i regionalne puteve, putne objekte i saobraćajne priključke na magistralne i regionalne puteve; javne železničke infrastrukture i priključke; regulacione radove na plovnim putevima, plovne kanale i brodske prevodnice koje nisu u sastavu hidroenergetskog sistema;

---

[87] *„Službeni glasnik RS", br. 80/2005*, član 2.

3. hidroelektrane i termoelektrane snage 10 i više MVA, i dalekovode i trafostanice napona 110 i više kV; i telekomunikacione objekte u sistemima veza koji su međunarodnog i magistralnog značaja i telekomunikacione objekte koji se grade na teritoriji dve ili više opština, zaključno sa glavnim kapacitetima;

4. visoke brane i akumulacije ispunjene vodom, jalovinom ili pepelom za koje je propisano tehničko osmatranje; i regulacione radove za zaštitu od velikih voda gradskih područja i ruralnih površina većih od 300 ha.[88]

3. PODRŽAVAJUĆE STUDIJE

Podržavajuće studije[89] su dokumenti koji sadrže informacije koje su baza podataka za izradu investicionih projekata ili su sastavni delovi investicionih projekata. Podržavajuće studije se javljaju u sledeća dva osnovna oblika:

- studije mogućnosti i
- funkcionalne studije.

Studije mogućnosti su, po pravilu, globalne i pružaju informacije o mogućnostima koje se mogu razviti u investicione projekte. Predmet studija mogućnosti može da bude širok spektar aktivnosti, kao što su:

- prirodni resursi sa potencijalom pogodnim za proizvodnju (na primer, drvo za drvnu industriju),
- postojeći poljoprivredni resursi koji služe kao osnova za prehrambenu industriju,
- potencijal rasta buduće tražnje za određenim proizvodima koji je posledica rasta broja stanovništva, povećanja kupovne moći, ili potrebe za korišćenjem savremenijih proizvoda, kao što su, na primer, mobilni telefoni;
- analiza uvoza u cilju identifikacije područja za eventualnu supstituciju,
- uspešni proizvodni sektori u drugim zemljama na sličnom nivou razvoja, sa sličnom radnom snagom, prirodnim resursima i ekonomskom prošlošću;
- mogućnosti povezivanja sa drugim industrijama, u zemlji i inostranstvu;
- mogućnosti proširenja vertikalnom i horizontalnom integracijom,

---

[88] *„Službeni glasnik RS", br. 80/2005*, član 4. Pravilnik je usaglašen sa „Zakonom o planiranju i izgradnji". O Zakonu videti: *„Službeni glasnik RS", br. 47/2003* i *„Službeni glasnik RS", br. 34/2006.*

[89] Ovaj „rogobatan" naziv se može se povezati sa karakteristikom ovih dokumenata, za koje se često ističe da predstavljaju preduslov ili **podršku** investicionim projektima.

- mogućnosti proširenja postojećih industrijskih kapaciteta kako bi se došlo do ekonomičnih veličina,

- opšta investiciona klima,

- industrijska politika,

- troškovi i raspoloživost proizvodnih faktora,

- izvozne mogućnosti i dr.[90]

U razvijenim zemljama postoje zvanične državne agencije koje identifikuju investicione koristi koje mogu postojati u različitim fazama društvenog razvoja. Razumljivo je da je lakše usmeriti aktivnosti ka konkretnom investicionom projektu ako postoje zvanični dokumenti na osnovu kojih je moguće sagledati ekonomske pokazatelje i sektorske prioritete bazirane na jasno definisanim kriterijumima.

Za razliku od razvijenih zemalja, u zemljama u razvoju je broj ovakvih studija znatno manji. Jedna od studija mogućnosti urađena je u Srbiji od strane eminentnih stručnjaka. Naručioc izrade studije bila je Narodna banka Srbije. Cilj studije je, kao što je ranije napomenuto, bio analiza konkurentnosti privrede Srbije radi ukazivanja smernica koje treba da pospeše dalji razvoj.[91]

Studije mogućnosti se dele na:

- opšte studije mogućnosti i

- specifične studije mogućnosti.

Opšte studije mogućnosti su prevashodno orijentacionog karaktera. Postoje tri osnovna tipa opštih studija mogućnosti i to:

- *studije prostora* - identifikuju mogućnosti datog područja, kao što su administrativne procedure, zaposlenost u regionu, energetski kapaciteti, infrastruktura i dr.;

- *podsektorske studije* - identifikuju mogućnosti u određenom podsektoru-grani (na primer, građevinski materijal); i

- *studije bazirane na resursima* - identifikuju mogućnosti bazirane na korišćenju prirodnih, poljoprivrednih ili industrijskih resursa, kao što su: šumska industrija, industrija vode, petrohemijska industrija i dr. [92]

---

[90] *Priručnik za pripremu industrijskih studija izvodljivosti*, Op. cit., str. 16.

[91] Stamenković, S., Savin, D., Kovačević, M., Petković, G., Kozomara, J., i dr. - *Op. cit.* Sama analiza je uključila i terenska istraživanja (anketirana 193 preduzeća) gde je analiza konkurentnosti nacionalne privrede rađena prema Porterovom modelu, odnosno rangiranje shodno indeksu mikroekonomske konkurentnosti i indeksu konkurentnosti rasta (str. 88-89.).

[92] *Priručnik za pripremu industrijskih studija izvodljivosti*, Op. cit., str. 16.

Specifične studije mogućnosti se logično nadovezuju na opšte studije mogućnosti i kroz njih se konkretnije objašnjavaju glavni investicioni aspekti mogućeg proizvodnog programa (na primer, proizvodnja plastičnih upaljača u Srbiji). Osnovni cilj ovih studija je da se zainteresuju potencijalni investitori koji bi kroz investicione projekte detaljnije razradili investicionu ideju.

Funkcionalne studije su dokumenta koja sadrže informacije koje pokrivaju pojedine, ali ne sve aspekte investicionog projekta. Ove studije su, de fakto, involvirane u same investicione projekte.

Postoji više načina klasifikacija, a jedna od njih sve funkcionalne studije deli u sledeće grupe:

- *studije tržišta prodaje* - uključuju projekciju tržišne tražnje zajedno sa anticipiranim prodorima na tržište;

- *studije tržišta nabavke* - između ostalog, uključuju predviđanja obezbeđenja materijala bitnih za projekat, kao i sadašnje i buduće trendove cena tih materijala;

- *studije kvaliteta* - uključuju, kako laboratorijska, tako i prototipska ispitivanja, koja se smatraju neophodnim da bi se ustanovili, s jedne strane, potrebni tehničko-tehnološki postupci za dobijanje proizvoda željenog kvaliteta, a s druge strane, mogućnosti upotrebe određenih materijala koji se alternativno mogu koristiti kao input;

- *studije lokacije* - uključuju analizu mikro i makro lokacije; i

- *studije selekcija opreme* - rade se uglavnom kao deo studija izbora tehnologija i posebno su značajne kada se radi o velikim pogonima sa brojnim odeljenjima i gde su, kako izvori za nabavku, tako i troškovi, veoma divergentni.[93]

U stvari, funkcionalne studije sadrže sve pojedinačno rastavljene delove investicionog projekta. Tako se, pored navedenih studija, funkcionalnim studijama smatraju i ekološke studije, studije protivpožarne zaštite, studije adekvatnosti organizacione strukture i dr.

4. KORISNICI INVESTICIONIH PROJEKATA

Investicioni projekat se kao dokument sa sadržajućim informacijama izrađuje za korisnike koji na osnovu tih informacija treba da preduzmu konkretnu poslovnu aktiv-

---

[93] *Ibid.*, str. 20.

nost. Bez argumentovanih informacija korisnik ne može da donese argumentovanu odluku.[94] [95]

Investicioni projekat ima svojstvo multikorisnosti jer različite grupe mogu da koriste informacije sadržane u projektima. I pored toga, adekvatno profilisanje investicionog projekta (u kontekstu forme, sadržaja i dr.) zahteva da se pre početka izrade znaju odgovori na sledeća pitanja:

- Ko su osnovni korisnici investicionog projekta?
- Koja je osnovna namena investicionog projekta?

Svi **korisnici investicionog projekta** se mogu podeliti u dve grupe:

- interni korisnici - subjekti iz preduzeća; i
- eksterni korisnici - subjekti van preduzeća.

Dijagram 2.3. - *Korisnici investicionog projekta*

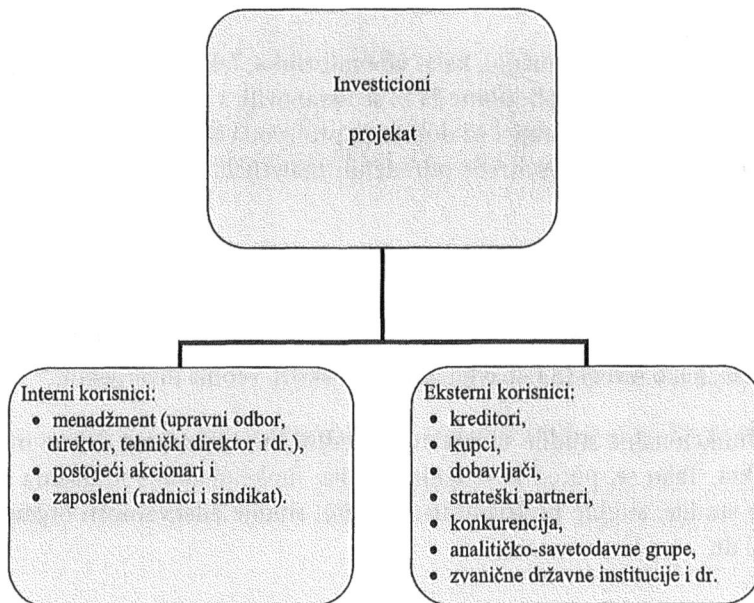

---

[94] Revsine, L., Collins, D. W., Johnson., B. W., - *Financial Reporting and Analysis* (third edition), Prentice Hall, United States of America, 2005, str. 2-3.

[95] Po Janu Carlzonu, predsedniku SAS-a (Skandinavska Avio Kompanija), informacija može da bude takvog značaja da ne ostavlja slobodu donosiocu odluke, već na osnovu nje korisnik mora da reaguje. „Čovek koji nema informaciju ne može da preuzme odgovornost. Čovek koji ima informaciju nema izbora sem da preuzme odgovornost", u: *Delfin 83/2002*, Menadžer »Delfin« agencija, Beograd, 2002, str. 1.

Osnovni **interni korisnici** su menadžeri preduzeća, odnosno donosioci investicione odluke. Interni korisnici mogu biti i postojeći akcionari. Tako, na primer, kroz investicioni projekat se može vlasnicima ukazati na opravdanost predloga uprave o usmeravanju neraspoređene dobiti u investicije umesto isplate dividende, kao i argumentovati predlog interne dokapitalizacije. Zaposleni, kao interni korisnici investicionih projekata, po pravilu, preko sindikalnih udruženja, mogu da zaključe o pozicijama koje treba postaviti u procesu pregovaranja kao i o sigurnosti svojih radnih mesta.[96]

Investicioni projekat, posebno za investicije shvaćene u užem smislu, po pravilu, predviđa angažovanje značajnih finansijskih sredstava za koje je pored sopstvenih neophodno obezbediti i spoljne izvore finansiranja. Iz tog razloga su *finansijeri* najznačajniji **eksterni korisnici**. U okviru ove grupe se po značaju izdvajaju kreditori. Osim njih, finansijeri mogu biti strateški partneri, kao i drugi potencijalni investitori. Od ostalih eksternih korisnika, investicioni projekat može da bude značajan postojećim kupcima po pitanju sigurnosti u kvalitet proizvoda, budućim kupcima u odabiru strateškog dobavljača, postojećim dobavljačima u odobrenju odloženog plaćanja, konkurenciji u komparinju parametara zarad formulisanja sopstvene strategije, analitičko-savetodavnim grupama za savetovanje drugih grupa (na primer, akcionara ili zaposlenih), državnim ministarstvima sa aspekta zagađenja ili očekivanih fiskalnih prihoda itd. Praktično, eksterni korisnici mogu da budu svi sadašnji i potencijalni subjekti koji sa preduzećem imaju ili mogu da imaju poslovne odnose. Shodno tipu poslovnih odnosa, svaka od navedenih grupa na osnovu informacija iz investicionog projekta ima mogućnost da prema subjektu investiranja formira ili koriguje postojeću poslovnu strategiju.

Značaj osnovnih korisnika se dodatno ističe jer od njihove prepoznatljivosti zavise i drugi aspekti investicionog projekta. U nastavku će se detaljnije prikazati uticaj osnovnih korisnika na:

- namenu investicionog projekta i
- diferencijalne karakteristike investicionog projekta.

Osnovna **namena investicionog projekta** može da bude dvojaka i manifestuje se u omogućavanju:

- upravljanje rastom i razvojem preduzeća i
- obezbeđenju neophodnih finansijskih sredstava.

Investicioni projekat je u funkciji *rasta i razvoja* kada su njegovi osnovni korisnici osobe iz menadžmenta preduzeća. Kao i svaka druga analiza, tako i investiciona

---

[96] Alexander, D., Britton, A., Jorissen, A., - *International Financial Reporting and Analysis and Management* (fourth edition), Thomson Learning, Great Britain, 2003, str. 3.

analiza, odnosno investicioni projekat treba da obezbedi neophodne, blagovremene i potpune podatke za potrebe efikasnog rukovođenja, optimalnog upravljanja i što tačnijeg projektovanja adekvatnog rasta i razvoja preduzeća.[97]

Investicioni projekat je u funkciji *obezbeđenja neophodnih finansijskih sredstava* kada su njegovi osnovni korisnici subjekti van preduzeća, pre svih kreditori. Tada, investicioni projekat ima svojstvo dokumenta koji treba da ubedi kreditore da će preduzeće biti u stanju da izmiruje dospele obaveze. Dakle, neophodno je kroz projekat argumentovano pokazati da je preduzeće identifikovalo tržišne mogućnosti, da ima koherentan i uverljiv program ostvarenja planiranog prihoda i troškova u predviđenom vremenskom periodu, ali, takođe, da raspolaže ili može da obezbedi adekvatnu radnu snagu za realizaciju programa.[98]

Diferencijalne karakteristike se odnose na generalne razlike opredeljene osnovnim korisnicima informacija i ne treba ih mešati sa opštim karakteristikama koje je poželjno da svaki investicioni projekat poseduje. Ove karakteristike se ispoljavaju u:

- detaljnosti,
- istinosti i
- obaveznosti forme.

Investicioni projekti namenjeni internim korisnicima su manje *detaljni* nego kada su namenjeni eksternim korisnicima. Razloge treba tražiti u činjenici da menadžment preduzeća u potpunosti raspolaže određenim opštim informacijama, tako da bi njihovo involviranje u projekat moglo da bude samo kontraproduktivno.[99] Kako eksterni korisnici treba bolje da se upoznaju sa samim preduzećem, neophodne su im informacije o analizi dosadašnjeg razvoja, osnovnim i sporednim delatnostima preduzeća, posedovanjem verifikovanih atesta i standarda, postojećoj i planiranoj organizacionoj strukturi, referencama ključnih osoba itd.

Teoretski, svaki investicioni projekat bi trebao da bude *istinit*, odnosno u njemu bi trebalo da budu sadržane tačne informacije. Naime, nezavisno od korisnika informacija, investiciona odluka će imati reperkusije na budućnost samog preduzeća. Međutim, „praksa nas uči" da su investicioni projekti namenjeni internim korisnicima znatno tačniji nego što je u slučaju projekata koji su namenjeni eksternim korisnicima, posebno ako se radi o finansijerima. Kod internih korisnika, investicioni projekat je

---

[97] Pejić, L., Radovanović, R., Stanišić, M., - Ocena boniteta preduzeća, Privredni pregled, Beograd, 1991, str. 78.

[98] Timons, J. A., - New Venture Creation: Enterpreneurship in the 1990s, Irwin, 1990, str. 329.

[99] Pregledni i sažeti dokumenti nepobitno sa sobom povlače veću efikasnost.

isključivo usmeren ka rastu i razvoja preduzeća, te je, između ostalog, njegova svrha da donosiocu odluka realno ukaže na sva ograničenja i rizike. Kod investicionih projekata namenjenih finansijerima često se radi o „marketinškom dokumentu", koji može stvarati optimističku i donekle subjektivnu sliku o preduzeću i projektu.[100] Neophodnost kritičkog sagledavanja investicionih projekata namenjenih eksternim korisnicima potvrđuje se apsurdnošću jedne od glavnih parola koju treba imati na umu kod dostave dokumenata kojima se traži finansijska pozajmica: „Da biste dobili kredit morate da dokažete da vam nije potreban".[101] [102]

Eksterni korisnici često zahtevaju obavezujuću, *standardizovanu formu investicionih projekata*. Kod internih korisnika ne postoje navedena ograničenja, tako da autori imaju znatno raznovrsnije mogućnosti u izboru prezentirane forme.[103]

Uslovljenost, s jedne strane, primarne namene, a s druge strane, karakteristika investicionih projekata, od osnovnih korisnika se uočava uvidom u sledeći dijagram.

---

[100] Stevenson, H., H., Roberts, M. J., Grousbeck, H. I., - *New Business Ventures and the Enterpreneur*, Mc Graw Hill, str. 64.

[101] *Delfin 84/2002*, Menadžer »Delfin« agencija, Beograd, 2002, str. 2.

[102] Ivo Andrić, književnik, ali i dugogodišnji diplomata, ističe da je u životu i poslovanju poželjno da osoba koja traži određenu uslugu, ponekad, daje lažnu sliku o svom realnom stanju. „Niko ne voli čoveka koji se vajka. Čoveku koji izgleda kao da nema potreba, svak hoće da pomogne. Kad se ipak desi da ti je nešto potrebno, traži tako kao da bi i bez toga što tražiš tvoja egzistencija mogla biti savršena i harmonična.", u: Andrić, I., - *Sveske*, Svjetlost, Sarajevo, 1982, str. 26-27.

[103] Detaljna objašnjenja forme investicionih projekata prikazana su u sledećem poglavlju („Forma i sadržaj investicionih projekata").

Dijagram 2.4. - *Uslovljenost primarne namene i diferencijalnih karakteristika od osnovnih korisnika investicionog projekta*

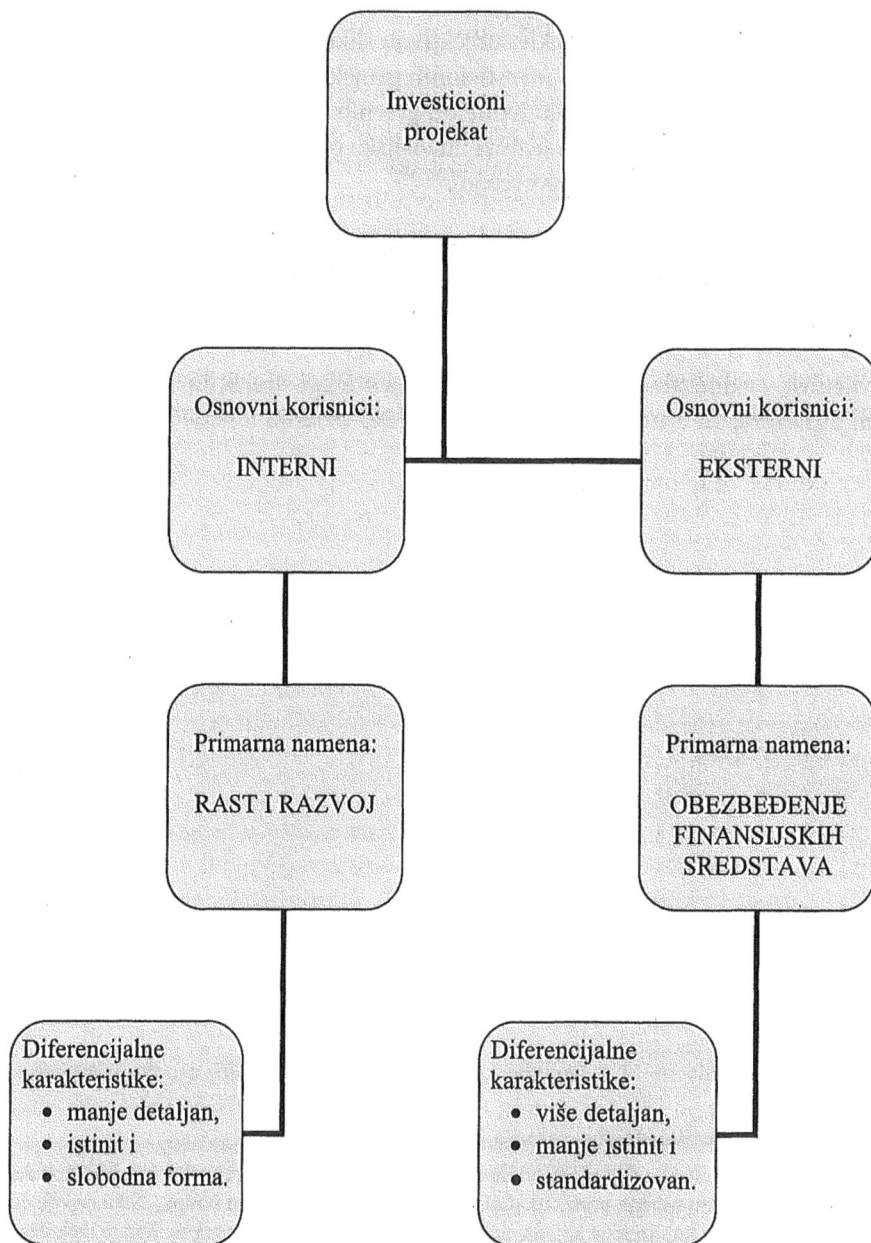

```
                    ┌─────────────────┐
                    │   Investicioni  │
                    │     projekat    │
                    └─────────────────┘

  ┌─────────────────┐              ┌─────────────────┐
  │ Osnovni korisnici:│            │ Osnovni korisnici:│
  │     INTERNI      │             │     EKSTERNI     │
  └─────────────────┘              └─────────────────┘

  ┌─────────────────┐              ┌─────────────────┐
  │ Primarna namena: │             │ Primarna namena: │
  │  RAST I RAZVOJ   │             │   OBEZBEĐENJE    │
  │                  │             │   FINANSIJSKIH   │
  │                  │             │    SREDSTAVA     │
  └─────────────────┘              └─────────────────┘

  ┌─────────────────┐              ┌─────────────────┐
  │ Diferencijalne   │            │ Diferencijalne   │
  │ karakteristike:  │            │ karakteristike:  │
  │ • manje detaljan,│            │ • više detaljan, │
  │ • istinit i      │            │ • manje istinit i│
  │ • slobodna forma.│            │ • standardizovan.│
  └─────────────────┘              └─────────────────┘
```

5. FORMA I SADRŽAJ INVESTICIONIH PROJEKATA

5.1. Forma investicionih projekata

Forma investicionih projekata zavisi od velikog broja faktora, kao što su: vrsta investicije, visina ulaganja, vlasnička struktura, delatnost preduzeća, predviđeni izvori finansiranja itd. Jasno je da će detaljnost investicionog projekta biti različita kod preduzeća koje planira da iz sopstvenih izvora finansira manja povećanja kapaciteta postojećeg programa i kod preduzeća koje iz pozajmljenih izvora planira finansiranje diversifikacije proizvodnih aktivnosti, izgradnjom novog pogona. U trgovinskom preduzeću koje planira uvođenje nove robe u prodajni asortiman, pod pretpostavkom slobodnih postojećih skladišnih kapaciteta, tehničko-tehnološka analiza će biti manje detaljna nego kad se radi o kupovini nove opreme od strane proizvodnog preduzeća. Kod preduzeća sa većinskim vlasništvom jednog akcionara koje planira da ulaganje finansira iz sopstvenih izvora, investicioni projekat može da bude samo u glavi donosioca odluke, te je formu apsurdno komentarisati. Drugačiji je slučaj kada većem broju vlasnika treba argumentovati predloženu investiciju.

I pored svih naznačenih opredeljujućih faktora, kao što je ranije napomenuto, forma je prvenstveno opredeljena osnovnim korisnicima. Kod internih korisnika autor ima mnogo veću slobodu kod odabira forme nego kada su osnovni korisnici subjekti van preduzeća. Naime, kreditori kao osnovni eksterni korisnici uz kreditne zahteve dobijaju veliki broj projekata. Kada bi dostavljeni projekti imali raznolike forme nemoguće bi bilo na adekvatan način izvršiti njihovu komparaciju. Adekvatnost ne treba razumeti samo u kontekstu odabira najboljih (kroz pojedinačnu valorizaciju), već i u kontekstu minimiziranja vremena i troškova. Samo ako su projekti unificirani moguće je uz niske troškove i pravovremeno od više investicionih alternativa odabrati najbolje. Zato svaka kreditna institucija unapred zahteva izradu investicionih projekata shodno postavljenim *standardima*. Iako je svaka institucija slobodna u izboru zahtevane forme, sve su one, manje ili više, zasnovane na najpoznatijim metodologijama za izradu investicionih projekata, koje su poznate kao:

- metodologija Svetske banke i
- UNIDO (Organizacija Ujedinjenih Nacija za industrijski razvoj) metodologija.

„One su postale opšte prihvaćeni standardi u svetu, što je i razumljivo jer je posredstvom ovih institucija (direktno ili indirektno uticajem na odgovarajuće institucije u svetu) odobren najveći broj investicionih kredita.“[104]

---

[104] Brnjas, Z., - *Op. cit.*, Beograd, 2002, str. 39.

Neophodnost da se i na našim prostorima standardizuje forma investicionih proje-kata je uslovila stvaranje **Zajedničke metodologije**, koja je nastala kao rezultat dvo-godišnjeg „koordiniranog napora naučnih i stručnih institucija, ekspertskih timova i posebno formiranih tela na definisanju i usvajanju jedinstvenih pravila i objektivi-ziranog instrumentarija za racionalnu alokaciju sredstava društvene akumulacije u investicije".[105]

Iako se radi o posebnoj metodologiji, u njenoj osnovi se nalazi metodologija Svetske banke, tako da su u konačnom njenom uobličavanju uvažene relevantne sugestije ekspe-rata ove finansijske institucije. Zato, kada se u nastavku bude spominjala Zajednička me-todologija treba razumeti da se istovremeno misli i na metodologiju Svetske banke.[106]

Osnovna karakteristika Metodologije je njena celovitost koja se ogleda u činjenici da je, pored predinvesticione faze, njen predmet razmatranja investiciona i operativna faza investicionog procesa.

Po značaju se izdvaja *predinvesticiona faza* u kojoj je cilj Metodologije da se investi-torima ponudi primenljivo i usaglašeno pomagalo za što potpunije razmišljanje pri samoj izradi investicionih projekata. Pored toga, Metodologija daje uputstva za izradu izveštaja o proveri urađenih investicionih projekata. Same izveštaje ne treba shvati-ti kao dodatnu, administrativnu obavezu, već kao argumentovano stručno mišljenje meritornih organizacija, koje u saradnji sa investitorom proveravaju ključne elemente planiranog investicionog poduhvata, radi njegovih poboljšanja, otklanjanja mogućih manjkavosti i grešaka, i time minimiziranja rizika investiranja.[107]

---

[105] *Priručnik za primenu Zajedničke metodologije za ocenjivanje društvene i ekonomske opravdanosti inve-sticija i efikasnosti investiranja u SFRJ - 3 operativno uputstvo za izradu investicijske studije -programa,* Op. cit., str. 8.

[106] Iako je u knjizi prihvaćen stav Brnjasa i pojedinih drugih eksperata o ekvivalentnosti Zajedničke me-todologije i metodologije Svetske banke, ipak, ovakav pristup treba uzeti sa rezervom. Naime, i pored toga što je „pečat" eksperata „Svetske banke" jasno utisnut u Zajedničkoj metodologiji, osnovna di-lema proizilazi iz pitanja da li postoji zvanična metodologija Svetske banke. Za razliku od UNIDO metodologije, ne postoji pisani trag od strane navedene finansijske institucije koji ukazuje na oficijelni sadržaj metodologije Svetske banke. Sam autor ove knjige je izradio dva projekta koje su kreditirale dve različite institucije Svetske banke. U jednom slučaju je zahtevano da se uradi po Zajedničkoj me-todologiji, a u drugom slučaju (Projekat hitne obnove - revolving kreditna linija) zahtevani sadražaj se suštinski nije značajno razlikovao od Zajedničke metodologije, ali su formalno gledano postojale razlike. Naime, zahtevano je da investicioni projekat sadrži 10 obavezujućih glava i to: podaci o inve-stitoru, rukovodstvo, tržište, proizvodnja, plan investiranja, plan implementacije, očekivani efekti in-vesticije, obezbeđenje zaloga, sumarna procena rizika i mere zaštite od rizika, i finansijski podaci; što se, kako po broju glava, tako i po sadržaju, razlikuje od Zajedničke metodologije.

[107] *Priručnik za primenu Zajedničke metodologije za ocenjivanje društvene i ekonomske opravdanosti inve-sticija i efikasnosti investiranja u SFRJ - 4 operativno uputstvo za izradu izveštaja o proveri investicione studije - programa,* Udruženje banaka Jugoslavije, Beograd, 1988, str. 4.

U *investicionoj fazi*, Metodologija predviđa izradu kvartalnih, godišnjih i završnog izveštaja. U svakom od predviđenih izveštaja, investitor daje pregled ključnih investicionih aktivnosti predviđenih investicionim programom i sprovedenih aktivnosti od početka izvođenja do dana izrade izveštaja. Na taj način se ostvaruje kontinuirani uvid u moguća odstupanja ostvarenog od planiranog, i to sa aspekta vremena, sredstava i kvaliteta.[108] Tako, na primer, kroz ove izveštaje se prezentiraju podaci vezani za investiciona ulaganja, kao što su: stepen završenosti investicije, nastala prekoračenja, predviđena novelirana konačna vrednost investicije i dodatno potrebna sredstva za završetak investicije.[109] Izveštaje o realizaciji investicije je najbolje razumeti kao dodatni podsticaj investitorima za ponovnim analizama, korekcijama i sl.

Sastavni deo Metodologije su izveštaji o praćenju efekata u *operativnoj fazi*, koji su predviđeni da se izrađuju u saradnji investitora i banaka, kao osnovnih kreditora. Predviđeno je da se ovi izveštaji izrađuju istovremeno sa godišnjim završnim računom, odnosno u momentu kada su poznati rezultati ostvareni u prethodnoj godini.[110] Njihova primarna namena je:

- kontinuelno sagledavanje odstupanja ostvarenih od projektovanih parametara pojedinačnog projekta i ocena uzroka odstupanja radi pravovremenih intervencija u vidu korektivnih mera za približavanje stvarnih kretanja projektovanoj putanji;

- sistematsko praćenje svih realizovanih investicija, agregiranjem podataka i njihovom komparativnom analizom, čime se u višegodišnjem periodu praćenja sagledavaju i otkrivaju opšte karakteristike investicija, identifikuju kretanja teško predvidivih parametara, što može predstavljati korisnu informacionu osnovu za pouzdanije programiranje i vođenje novih investicija; i

- testiranje i provera jedinstvenih rešenja u pripremi, oceni i praćenju izvođenja i efekata investicija, koja su institucionalizovana Zajedničkom metodologijom i operativno razrađena u pratećim priručnicima za njenu primenu, radi utvrđivanja nedostataka i definisanja potrebnih korekcija i dopuna.[111]

Pored celovitosti, značajna karakteristika Metodologije je njena tržišna orijentisanost, odnosno prevashodna primenjivost kod investitora koji deluju u tržišnim uslovima

---

[108] *Priručnik za primenu Zajedničke metodologije za ocenjivanje društvene i ekonomske opravdanosti investicija i efikasnosti investiranja u SFRJ - 5 operativno uputstvo za izradu izveštaja o izvođenju investicionog projekta*, Udruženje banaka Jugoslavije, Beograd, 1988, str. 8.

[109] *Ibid.*, str. 12.

[110] *Priručnik za primenu Zajedničke metodologije za ocenjivanje društvene i ekonomske opravdanosti investicija i efikasnosti investiranja u SFRJ - 6 operativno uputstvo za izradu izveštaja o efektima realizovane investicije*, Udruženje banaka Jugoslavije, Beograd, 1988, str. 53.

[111] *Ibid.*, str. 53.

privređivanja, to jest u onim delovima privrede u okviru kojih se tržište pojavljuje kao temeljni mehanizam alokacije društvenih resursa.[112]

Sadržaj Zajedničke metodologije je inicijalno objavljen u Službenom listu SFRJ 1987. godine, dok je celokupna metodologija objavljena 1988. godine. Metodologija je, shodno pripadajućim sastavnim celinama, objavljena u sledećim pojedinačnim priručnicima:

- Metodološki vodič,
- Operativno uputstvo za izradu predinvesticione studije,
- Operativno uputstvo za izradu investicione studije,
- Operativno uputstvo za izradu izveštaja o proveri investicione studije,
- Operativno uputstvo za izradu izveštaja o izvođenju investicionog projekta i
- Operativno uputstvo za izradu izveštaja o praćenju efekata realizovane investicije.

Napomenuti priručnici kroz koje je Metodologija prezentirana vremenom nisu izgubili na aktuelnosti. Oni se i danas u Srbiji smatraju „esnafskom biblijom"[113], nezavisno od toga što je od momenta objavljivanja Metodologije do danas, zvaničan sadržaj prethodne i studije opravdanosti, u par navrata, pretrpeo određene izmene.

5.2. Sadržaj investicionih projekata

Sadržaj investicionih projekata predstavlja konkretizaciju usvojene forme. Stoga, sva zapažanja data za formu važe i za sadržaj projekata. U nastavku će se prezentirati zahtevani sadržaji različitih korisnika, gde je prilikom odabira uvaženo sledeće:

- najkompleksniji i najzahtevniji investicioni projekti su namenjeni eksternim korisnicima, prevashodno kreditorima, koji prilikom njihovog razmatranja zahtevaju određeni nivo standardizovanosti;
- značaj Zajedničke metodologije na našim prostorima uslovljava da joj se posveti naročita pažnja, tako da će se, pored prikaza aktuelnih zvaničnih sadržaja studije i prethodne studije opravdanosti, prikazati promena zvaničnih sadržaja studije opravdanosti, počevši od perioda usvajanja Metodologije;
- osim Zajedničke, u Osnovne metodologije spada i UNIDO metodologija;

---

[112] *Priručnik za primenu Zajedničke metodologije za ocenjivanje društvene i ekonomske opravdanosti investicija i efikasnosti investiranja u SFRJ - 1 metodološki vodič*, Op. cit., str. VII (uvodni deo).

[113] Brnjas, Z. - *Op. cit.*, str. 39.

- najznačajnija državna kreditna institucija u našoj državi je Fond za razvoj Republike Srbije i

- s jedne strane, stalne svetske tendencije ka regionalnom povezivanju, a s druge strane, činjenica da je primena Zajednička metodologije bila obavezujuća u svim državama bivše SFRJ, uslovljava potrebu za osvrtom na zahtevane sadržaje investicionih projekata pojedinih kreditnih institucija iz regiona.

Konkretno, prikazaće se zahtevani sadržaji:
A. studije opravdanosti prema Zajedničkoj metodologiji iz 1987. godine,
B. studije opravdanosti važeći u Republici Srbiji u periodu 1999-2005. godine,
C. aktuelne studije opravdanosti,
D. aktuelne prethodne studije opravdanosti,
E. UNIDO metodologije,
F. Fonda za razvoj Republike Srbije, investicioni projekti preduzeća;
G. Fonda za razvoj Republike Srbije, investicioni projekti preduzetnika;
H. Fonda za razvoj Republike Crne Gore, investicioni projekti preduzeća;
I. Fonda za regionalni razvoj Republike Hrvatske, investicioni projekti preduzetnika; i
J. Nove Banjalučke banke.

A - Sadržaj studije opravdanosti prema Zajedničkoj metodologiji iz 1987. godine[114]
1. Sažetak investicione studije
2. Analiza razvojnih mogućnosti i sposobnosti investitora
3. Analiza tržišta prodaje
4. Tehničko-tehnološka analiza
5. Analiza tržišta nabavke
6. Analiza uže i šire lokacije
7. Analiza zaštite čovekove okoline i zaštite na radu
8. Organizacioni aspekti investicije
9. Analiza izvodljivosti i dinamika radova
10. Ekonomsko-finansijska analiza
11. Ocena finansijske i tržišne efikasnosti projekta
12. Društveno-ekonomska ocena projekta
13. Analiza osetljivosti
14. Zbirna ocena

---

[114] *„Službeni list SFRJ", br. 50/1987.*

B - *Sadržaj studije opravdanosti važeći u Republici Srbiji u periodu 1999-2005. godine*[115]
1. Uvod
2. Opis objekta
3. Analiza i ocena razvojnih mogućnosti investitora
4. Analiza prodajnog tržišta
5. Prikaz idejnih projekata
6. Analiza nabavnog tržišta
7. Prostorni i lokacijski aspekti
8. Analiza životne sredine i zaštite na radu
9. Analiza organizacionih i kadrovskih aspekata
10. Analiza izvodljivosti i dinamika realizacije projekta
11. Ekonomsko-finansijska analiza
12. Finansijska (komercijalna) ocena
13. Društvena ocena
14. Ocena u uslovima neizvesnosti
15. Zaključak

C - *Sadržaj aktuelne studije opravdanosti*[116]
1. Podaci o naručiocu i autorima studije
2. Uvod
3. Ciljevi i svrha investiranja
4. Opis objekta
5. Analiza razvojnih mogućnosti investitora
6. Metodološke osnove izrade studije
7. Tehničko-tehnološko rešenje u idejnom projektu
8. Tržišni aspekti
9. Prostorni aspekti
10. Ekološki aspekti
11. Ekonomski troškovi
12. Dobiti-koristi
13. Finansijska efikasnost sa ocenom rentabilnosti i likvidnosti

[115] *„Službeni glasnik RS", br. 39/1999.* Pored obavezujućih glava, u naznačenom Službenom listu (za Zajedničku metodologiju) i u naznačenim Službenim glasnicima (za ranije važeću, kao i za aktuelnu studiju i prethodnu studiju opravdanosti) su objavljena i obavezujuća poglavlja.

[116] *„Službeni glasnik RS", br. 80/2005.* Pravilnik o studiji i prethodnoj studiji opravdanosti je pripremljen od strane Komisije koju je obrazovao Ministar urbanizma i građevine, a kasnije i Ministar za kapitalne investicije. U njegovoj izradi su učestvovali stručnjaci različitih profila, zaposleni kako u javnim preduzećima, tako i u institucijama koje se bave realizacijom objekata za čiju izgradnju odobrenje izdaje ministarstvo nadležno za poslove iz oblasti građevine (NIS „Energogas", EPS, JP za prenos električne energije „Elektroistok", Telekom Srbija, Mobtel, Institut za vodoprivredu „Jaroslav Černi", Republička direkcija za puteve Srbije, Saobraćajni institut CIP, Građevinski fakultet u Beogradu, Viša građevinsko-geodetska škola u Beogradu i Ministarstvo za kapitalne investicije).

14. Društveno-ekonomska efikasnost
15. Analiza osetljivosti i rizika investiranja
16. Analiza izvora finansiranja, finansijskih obaveza i dinamike
17. Analiza organizacionih i kadrovskih mogućnosti
18. Zaključak o opravdanosti investicije

D - Sadržaj aktuelne prethodne studije opravdanosti[117]
1. Uvod
2. Analiza postojećeg stanja
3. Tržišni aspekt - analiza i projekcija
4. Prikaz tehnološko-tehničkih rešenja u generalnom projektu
5. Analiza nabavnog tržišta
6. Prostorni aspekt
7. Prethodna analiza uticaja na životnu sredinu
8. Finansijska analiza i ocena
9. Društveno-ekonomska analiza i ocena
10. Analiza osetljivosti i rizika investiranja
11. Prethodna analiza izvora finansiranja i finansijskih obaveza
12. Prethodna analiza organizacionih i kadrovskih mogućnosti
13. Zaključak o prethodnoj studiji opravdanosti

E - Sadržaj studije opravdanosti prema UNIDO metodologiji[118]
1. Osnovni zaključak
2. Prethodne informacije i istorijat projekta
3. Tržište i kapacitet pogona
4. Ulaz materijala
5. Lokacija i položaj
6. Projektni inženjering
7. Organizacija pogona i troškovi režije
8. Radna snaga
9. Realizacija projekta
10. Finansijsko i ekonomsko vrednovanje

F - Sadržaj investicionog projekta preduzeća zahtevan od strane Fonda za razvoj Republike Srbije[119]
1. Opis projekta i svrha investiranja
2. Analiza razvojnih mogućnosti i sposobnosti investitora

---

[117] *„Službeni glasnik RS", br. 80/2005.*

[118] *Priručnik za pripremu industrijskih studija izvodljivosti*, Op. cit., str. 34. Identičan sadržaj UNIDO metodologije se može naći u: Jovanović, P. - Op. cit., str. 284-285.

[119] Videti sajt: www.fondzarazvoj.gov.rs

3. Analiza tržišta
4. Tehničko-tehnološke osnove
5. Analiza lokacije
6. Mere zaštite
7. Oblici i nivo organizovanosti
8. Ocena izvodljivosti projekta i dinamički plan gradnje
9. Ekonomsko-finansijska analiza
10. Finansijsko-tržišna efikasnost projekta
11. Društveno-ekonomska efikasnost projekta
12. Analiza osetljivosti
13. Zbirna ocena

G - Sadržaj investicionog projekta preduzetnika zahtevan od strane Fonda za razvoj Republike Srbije[120]
1. Osnovni podaci o preduzetničkoj radnji
2. Tržišni aspekt
3. Osnovni podaci o poslovanju; uključujući iznos potrebnih ulaganja;
4. Plan obezbeđenja novih sredstava
5. Ukupan prihod
6. Ocena ekonomskih efekata plana
7. Zaključak

H - Sadržaj investicionog projekta preduzeća zahtevan od strane Fonda za razvoj Republike Crne Gore[121]
1. Osnovni podaci
2. Analiza tržišta
3. Proizvod, proizvodni program
4. Zaposlenost i kvalifikaciona struktura
5. Lokacija
6. Predračun investicionih ulaganja
7. Izvori finansiranja
8. Amortizacioni plan otplate kredita
9. Rashodi poslovanja
10. Ekonomsko finansijska analiza i ekonomsko-finansijski pokazatelji
11. Analiza osetljivosti projekta
12. Zaključak i prateća dokumentacija

---

[120] Videti sajt: www.fondzarazvoj.gov.rs
[121] Videti sajt: www.fzrcg.co.me

I - Sadržaj investicionog projekta preduzetnika zahtevan od strane Fonda za regionalni razvoj Republike Hrvatske[122]
1. Podaci o preduzetniku
2. Nastavak poslovne ideje i vizije
3. Lokacija
4. Tehnološko-tehnički elementi ulaganja
5. Tržišna opravdanost
6. Finansijski elementi poduhvata
7. Zaključna ocena projekta

J - Sadržaj investicionog projekta Nove Banjalučke banke[123]
1. Podaci o investitoru
2. Delatnost preduzeća
3. Vlasništvo i rukovodstvo
4. Investiciono ulaganje
5. Projekcija bilansa stanja, uspeha, i tokova gotovine za period trajanja kredita
6. Tržište nabavke i prodaje
7. Obezbeđenje kredita i
8. Profakture od ponuđača ili ponude izvođača radova ili isporučioca opreme

U nastavku će se dati određeni komentari i zaključci do kojih se došlo detaljnijom analizom prezentiranih sadržaja, koji će se prevashodno odnositi na:

- standardizovanost osnovnih i ostalih metodologija,
- razlike sadržaja u zavisnosti od oblika pravnih lica,
- zahteve poslovnih banaka za garancijama i
- promene sadržaja zvaničnih studija opravdanosti i sadržaj aktuelne prethodne studije opravdanosti.

Na prvi pogled, uvidom u broj zahtevanih sadržajnih glava, može da se učini da postoji značajna razlika, odnosno da ne postoji **standardizovanost Osnovnih metodologija**. UNIDO metodologija ima 10, a Zajednička metodologija 14 obavezujućih glava. Radi lakše komparacije, a uzevši u obzir obavezujuća poglavlja, kao i predviđene predmete analize pojedinačno posmatranih glava i poglavlja, Brnjas je izvršio rekompoziciju sadržaja UNIDO metodologije, uvažavanjem sledećeg:

- 1. osnovni zaključak, 2. prethodne informacije i istorijat projekta, 3. tržište i kapacitet pogona, 4. ulaz materijala, 5. lokacija i položaj, 6. projektni inženjering,

---

[122] Videti sajt: www.fondrr.hr

[123] Videti sajt: www.novablbanka.com. Nova Banjalučka banka je „ćerka" „Bank Austria Creditanstalt", koja je u sastavu „UniCredit Group".

7. organizacija pogona i troškovi režije, 8 realizacija projekta i 9. finansijsko i ekonomsko vrednovanje; mogu, respektivno, da se zamene sledećim nazivima: 1. uvod - koncept programa, 2. osnovni podaci o investitoru, 3. tržište plasmana 4. tržište nabavke[124], 5. lokacija, 6. tehničko-tehnološka analiza, 7. organizacija, 8. dinamika implementacije projekta i 9. ekonomsko- finansijska analiza;

- logično je da se radna snaga razmatra u okviru glave čiji je predmet razmatranja organizaciona struktura i troškovi režije,

- obzirom na značaj zaštite životne sredine, ekološki aspekti trebaju da budu predmet zasebne glave (u UNIDO metodologiji je predviđeno da se razmatraju u okviru tehničko-tehnološke analize); i

- kako je u UNIDO metodologiji značajna pažnja posvećena analizi osetljivosti, navedena problematika treba da bude predmet razmatranja u zasebnoj glavi, a ne u okviru ekonomskog i finansijskog vrednovanja, što je predviđeno UNIDO metodologijom.

Uvažavajući izneto, rekomponovani sadržaj UNIDO metodologije je sledeći:[125]
1. Uvod - koncept programa
2. Osnovni podaci o investitoru
3. Tržište plasmana
4. Tržište nabavke
5. Lokacija
6. Tehničko-tehnološka analiza
7. Organizacija
8. Ekologija
9. Dinamika implementacije projekta
10. Ekonomsko-finansijska analiza
11. Analiza osetljivosti

Upoređivanjem rekomponovanog sadržaja UNIDO metodologije i Zajedničke metodologije uočava se da su jedine razlike sledeće:
- u Zajedničkoj metodologiji se ekonomsko finansijska analiza razmatra u tri glave (ekonomsko finansijska analiza, ocena finansijske i tržišne efikasnosti projekta i društveno ekonomska ocena projekta), a u UNIDO metodologiji u jednoj[126]; i

---

[124] Što je prikladniji naziv od „Ulaza materijala", koji u suštini predstavlja analizu tržišta nabavke, obzirom da se predviđena obavezujuća poglavlja UNIDO metodologije nazivaju „Materijali" i „Program nabavke".

[125] Brnjas, Z. - *Op. cit.*, str. 50.

[126] U okviru ove glave predviđena su sledeća obavezujuća poglavlja: ukupni izdaci za investiciju, finansiranje projekta, troškovi proizvodnje, komercijalna profitabilnost i nacionalno vrednovanje.

- za razliku od UNIDO metodologije, u Zajedničkoj metodologiji postoji posebna glava u kojoj se daje zbirna ocena investicionog projekta.[127]

Dakle, razlike su isključivo formalne, a ne suštinske prirode. Stoga, u slučaju da se po bilo kojoj od metodologija izradi investicioni projekat, izrada po drugoj Osnovnoj metodologiji će se svesti na „prepakovanje" pojedinih delova i glava u nešto drugačiji raspored.[128] Isti zaključak se može dati ako je potrebno izraditi projekat po metodologiji zahtevanoj od konkretnih kreditora. Naime, ne može se naći nijedan suštinski aspekt investicionog projekta koji ne sadrže Osnovne metodologije, a zahtevane su drugim metodologijama. Šta više, Osnovne metodologije su najkompleksnije, tako da značajno vreme prilagođavanja strukture investicionog projekta može da nastane samo kada druge metodologije treba prilagođavati Osnovnim metodologijama.

Značaj Osnovnih metodologija za izradu investicionih projekata se dodatno ističe analizom poslovnih planova koji se odnose na neinvesticione poslovne aktivnosti. Zvonko Brnjas ispravno primećuje da kada govorimo o pitanju razlike investicione studije i poslovnog plana, ma koliko se konkretno zahtevana metodologija za izradu poslovnog plana od neke finansijske institucije ili banke razlikuje od neke od navedenih (oficijelnih) metodologija za izradu investicionih studija, one se uvek svode na drugačiju prezentaciju iste sadržine.[129]

Uvažavajući standardizovanost investicionih projekata, u Srbiji, iako postoji obavezna forma (za objekte za koje je neophodna saglasnost nadležnog ministarstva iz oblasti građevine), ona se ne mora uvek poštovati. Revizionoj komisiji se na stručnu kontrolu može dostaviti u originalnom obliku prethodna ili studija opravdanosti izrađena po propisima drugih zemalja, odnosno po metodologiji inostranih finansijskih organizacija (kreditora, banaka i sl.) ili koja je odobrena od inostranih finansijskih institucija.[130] U praksi, primena navedene mogućnosti je više retkost nego pravilo i koristi se za projekte gde se kao kreditori javljaju inostrane finansijske institucije.

Razlike sadržaja u zavisnosti od oblika pravnih lica je povezana sa razlikama u zahtevanim formama shodno visini ulaganja. Detaljniji sadržaji, koji impliciraju više vremena, znanja i troškova prilikom izrade projekata, zahtevaju se od pravnih lica organizovanih kao preduzeća - društva kapitala, kod kojih je logično očekivati veće iznose kreditnih zahteva, nego što je to slučaj sa preduzetnicima.

---

[127] Brnjas, Z. - *Op. cit.*, str. 53

[128] *Ibid.*, str. 53.

[129] *Ibid.*, str. 53.

[130] „*Službeni glasnik RS*", br. 80/2005, član 5.

Garancija predstavlja instrument obezbeđenja čiji je osnovni cilj minimiziranje kreditnog rizika. Garancija se aktivira kada dužnik nije u stanju da u preciziranom roku izmiri dospele obaveze, tako da kreditor alternativno naplaćuje potraživanje.

Postoje dva osnovna oblika garancija i to:

- finansijske garancije i
- imovinske garancije.

Finansijske garancije su najkvalitetnije garancije, naročito kada kreditoru za odobreni kredit garantuje drugi, siguran kreditor. Tada je mnogo lakše odobriti kredit jer se sa velikom izvesnošću može očekivati naplata potraživanja, nezavisno od subjekta od kojeg će se izvršiti naplata. Kao primer iz prakse se može navesti odobrenje kratkoročnih kredita od strane Fonda za razvoj Republike Srbije. Kao obavezujući dokument kreditnog zahteva, investitor Fondu mora da dostavi „pismo o namerama" poslovne banke kojim se garantuje za traženi iznos kredita. U slučaju pozitivne odluke Fonda, sredstva se uplaćuju preduzeću tek po dostavljenoj garanciji.

Imovinske garancije su instrument obezbeđenja gde dužnik imovinom garantuje izmirenje obaveza. Postoji više oblika imovinskih garancija koje se međusobno razlikuju po kvalitetu. Tako se, do pojave globalne ekonomske krize (od druge polovine 2008. godine), kvalitetna imovinska garancija smatrala nekretnina u centru Beograda čija je trenutna tržišna cena pokrivala iznos kreditnih obaveza. Obzirom na očekivani rast cena nekretnina i konstantnu tražnju, realno je bilo očekivati da će poverilac moći u kratkom roku da prodajom nekretnine naplati potraživanje. Potpuno je drugačiji slučaj kada se garantuje imovinom za kojom je mala tražnja (na primer, specifična oprema ili zemljište na neatraktivnoj lokaciji) i za koju je neizvesno, s jedne strane, vreme potrebno za prodaju, a s druge strane, cene koja će se moći ostvariti prilikom prodaje. Dodatna opasnost je kada garanciju predstavlja oprema koja je u funkciji ili koja će biti u funkciji (uobičajeno se javlja kod namenskih kredita gde se traži kredit za kupovinu opreme koja je predviđena da istovremeno bude i sredstvo obezbeđenja). Naime, tada su zbog smanjenja vrednosti usled eksploatacije moguće značajne razlike između trenutne tržišne i očekivane cene u momentu dospelosti kredita. Zbog navedenih razloga, kreditori, po pravilu, kod nekvalitetnih imovinskih garancija uslovljavaju odobrenje kredita garancijama čija je trenutna tržišna cena dva, pa i tri puta viša od iznosa budućih kreditnih obaveza.

U Srbiji je skoro nemoguće dobiti kredit ako zajmoprimac nema garanciju koju može da ponudi kao sredstvo obezbeđenja. Zato je sve više onih koji garanciju razumeju kao obavezni element investicionog projekta.[131] Naime, u prepoznatim razlikama

---

[131] Što je i potvrđeno aktuelnim sadržajem prethodne i studije opravdanosti. Opis garancije po izvorima finansiranja je obavezujuće poglavlje u okviru glave u kojoj se razmatraju izvori finansiranja, finansijske obaveze i dinamika priticanja sredstava. Videti: *„Službeni glasnik RS", br. 80/2005.*

u volumenima kreditne ponude i tražnje, poslovna banka može između više dobrih projekata da se odluči za finansiranje samo onih koji su obezbeđeni kvalitetnim garancijama. Ako je poslovnoj banci sigurnost važnija od sagledavanja budućeg prihoda usled dugoročne saradnje sa preduzećem koje ima vidljive potencijale rasta, mogući si i drastični primeri. Nisu retki primeri iz prakse gde se odobrava kredit za nekvalitetne projekte sa kvalitetnom garancijom, a ne odobrava za kvalitetne projekte zbog nedostatka garancije. Stoga, sve više investicionih analitičara u Srbiji iznosi mišljenje da su investicioni projekti namenjeni obezbeđenju finansijskih sredstava „pro-forme", odnosno da garancija dominantno utiče na odluku kreditora.

Od donošenja Zajedničke metodologije, **zvanični sadržaj studija i prethodnih studija opravdanosti** je u Republici Srbiji menjan dva puta, i to: 1999. godine, kojim je prestao da važi Pravilnik iz 1987. godine; i 2005. godine, koji je i trenutno aktuelan.

Prvom izmenom, osim formalnih, izvršene su i dve suštinske promene. Jedna se odnosi na uvođenje zasebne glave koja uslovljava potrebu za detaljnom analizom objekta, a druga na ocenu u uslovima neizvesnosti gde su, pored analize osetljivosti, uvedene i druge tehnike (metod praga rentabilnosti i analiza verovatnoće).

Drugom izmenom, odnosno usvajanjem aktuelnog „Pravilnika o sadržaju, obimu i načinu izrade prethodne i studije opravdanosti za izgradnju objekata", pored promena formalne prirode, prepoznaje se i veći broj promena od suštinskog značaja.

Aktuelnom prethodnom studijom opravdanosti izvršene su izmene koje se prevashodno ogledaju u različitim obavezujućim sadržajima. Konkretno, u zavisnosti od vrste investicionog projekta[132] precizirana su različita obavezujuća poglavlja koje prethodna studija opravdanosti mora da sadrži.

Aktuelnom studijom opravdanosti, između ostalog, su izvršene sledeće promene:

- aspekti koji su se ranije razmatrali u okviru glave pod nazivom „uvod" podeljeni su na četiri sledeće glave: „uvod", „podaci o naručiocu i autorima studije", „ciljevi i svrha investiranja" i „metodološke osnove izrade studije";

- ranije glave „analiza prodajnog tržišta" i „analiza nabavnog tržišta" su integrisane u okviru jedinstvene glave pod nazivom „tržišni aspekti",

- uočljiva je formalna promena pojedinih naziva glava; na primer, ranija glava pod nazivom „prostorni i lokacijski aspekti" je promenjena u glavu pod nazivom "prostorni aspekti", „analiza zaštite životne sredine i zaštite na radu" je

---

[132] Investicioni projekti su podeljeni po grupama shodno vrsti objekta u kojem je planirano ulaganje. Prikaz objekata po grupama prezentiran je u glavi 2, poglavlje 2 („Vrste investicionih projekata"). Detaljnije o navedenom videti u: *„Službeni glasnik RS", br. 80/2005.*

promenjena u „ekološke aspekte"; „ocena u uslovima neizvesnosti" je prome-
njena u „analiza osetljivosti i rizika investiranja", itd; i

• predviđena je zasebna glava „dobiti - koristi", koja je ranije pod nazivom „cost
benefit analiza" razmatrana u okviru „ocene u uslovima neizvesnosti".

Osim potrebe za usaglašavanjem sa novim Zakonom o planiranju i izgradnji, kao argu-
ment za donošenje novog Pravilnika se navodi mišljenje da je stari Pravilnik bio previše
uopšten, tako da je odgovarao komercijalnim objektima visokogradnje, a nije bio prime-
ren objektima infrastrukture. Novi Pravilnik je, između ostalog, imao za cilj da težište
stavi na razradu varijantnih rešenja. Pored toga, postoje mišljenja da su starim pravilni-
cima efekti valorizovani čisto ekonomskim kategorijama investicije, dok je tendencija da
se buduća investicija posmatra celovitije. „Tendencija je da se buduća investicija posma-
tra sa sveukupnim budućim efektima (i tehnološkim, organizacionim), pri čemu treba
težište staviti na uređenje prostora, ekološke parametre, način realizacije, itd"[133].

Aktuelni Pravilnik o sadržaju prethodne i studije opravdanosti bi mogao da se kriti-
kuje sa više aspekata. U nastavku će se dati komentari vezani za: fokusiranje na kvali-
tativne pokazatelje, destandardizaciju forme, i semantičke i suštinske greške.

Stavljanjem težišta na kvalitativnim pokazateljima na uštrb kvantitativnih (ekonom-
skih), u svakom slučaju se povećava mogućnost arbitrarnosti, odnosno subjektivno-
sti pri donošenju odluka. Sam komentar da u investicionim projektima treba težište
stavljati na uređenje prostora, ekologiju i dr., je u suprotnosti sa osnovnim načelima
koje se primenjuju prilikom valorizacije investicionih projekata. Fokusiranje na nee-
konomskim pokazateljima bi bilo prihvatljivo kada bi se raspolagalo neograničenim
kapitalom, što je daleko od realnosti. Banalizovano, doslednim uvažavanjem iznetog,
odluka o ulaganju u izgradnju bolnice, nove škole ili hidrocentrale, bi se donela pro-
cenom koja će od analiziranih alternativa aktiviranjem manje zagađivati životnu sre-
dinu, estetikom pozitivnije uticati na okruženje i sl.

Destandardizacijom forme, autorima investicionog projekta „život neće biti lakši". Ali,
kako prihvatiti argumentaciju eksperata tehničke struke da, obzirom na specifičnosti
različitih vrsta objekata, različite obavezujuće sadržaje treba razumeti kao neophod-
nost, kada Pravilnik taj zahtev iskazuje samo u prethodnoj, a ne i u studiji opravdano-
sti, u kojoj su predviđena univerzalna poglavlja za sve vrste objekata?

Semantičke i suštinske greške su uočljive samim uvidom u nazive obavezujućih „eko-
nomskih" glava i poglavlja studije opravdanosti.

---

[133] Ćirović, G., Đalović, M., „Novi pravilnik o sadržini, obimu i načinu izrade prethodne studije opravda-
nosti i studije opravdanosti za izgradnju objekata", u: - *Izgradnja 59/2005*, Savez građevinskih inženje-
ra i tehničara Srbije i dr., Beograd, str. 463-466. Interesantno je da je jedan od citiranih autora (Ćirović,
G.,) predsednik Komisije koja je pripremila Pravilnik.

Prva semantička greška je vezana za zamenu naslova glave „analiza u uslovima neizvesnosti" glavom pod nazivom „analiza osetljivosti i rizika investiranja". Osim što je semantički neispravno i u zvaničnim pravilnicima ne bi trebalo mešati rizik (kojeg, de fakto, nema u investicionim projektima) i neizvesnost[134], nerazumljivo je zašto je osetljivost odvojena od neizvesnosti investiranja. Analiza osetljivosti nije ništa drugo nego deo analize u uslovima neizvesnosti, to jest deo analize neizvesnosti ostvarenja projektovanih rezultata u slučaju promene relevantnih ulaznih parametara.

Druga semantička, u kojoj je sadržana i suštinska greška, je frapantna i vezana je za promenu naziva poglavlja kojim se preciziraju iznosi potrebnih ulaganja. Za razliku od prethodnog Pravilnika kojim je u poglavlju 11.1. trebalo definisati „potrebna ulaganja u osnovna i obrtna sredstva", u novom Pravilniku, ne samo da je termin obrtnih sredstava „izbačen", već su i ulaganja u glavi 11. podeljena na: 11.1. troškovi izgradnje objekata; 11.2. troškovi nabavke i ugradnje opreme i dr. Iako neobjašnjivo, doslovno interpretiranim Pravilnikom, s jedne strane, se u zvaničnim dokumentima kojima se ukazuje na opravdanost investicione ideje ne razlikuje pojam „ulaganja" od pojma „troškovi", a s druge strane, investiciona odluka treba da se donese apstrahovanjem ulaganja u trajna obrtna sredstva.

Na kraju, na osnovu analize aktuelnog sadržaja prethodne i studije opravdanosti, očigledno je da novi Pravilnik odiše duhom eksperata tehničke struke. Međutim, za mnoge ekonomske aspekte on je, blago rečeno, *neadekvatan*. Čuđenje pojedinim rešenjima je još upečatljivije kada se zna da su od 15 članova Komisije koja je izradila Pravilnik, trećinu članova činili ekonomisti.

6. CILJNE KARAKTERISTIKE INVESTICIONIH PROJEKATA

Osnov za valorizaciju investicionih projekata su projektovani sintetički finansijski izveštaji. Stoga, postoji povezanost ciljnih, željenih karakteristika, koje je neophodno da po MSFI[135] ispunjavaju osnovni zvanični finansijski izveštaji i željenih karakteristika investicionih projekata.

---

[134] U stručnim radovima je moguće „neizvesnost" i „rizik" smatrati sinonima. S tim, što je poželjno, kao što je to na početku ove knjige učinjeno, ukazati na činjenicu da autor razume razliku navedenih pojmova.

[135] Odbor za međunarodne računovodstvene standarde (IASB; International Accounting Standards Board) ima autorska prava nad MSFI, kao i nad MRS, što podrazumeva sastavljanje, odgovornost za prevod, vršenje izmena, objavljivanje i ukidanje. Odbor je počeo da posluje 2001. godine i sedište mu je u Londonu. Sastav Odbora čine 14 članova, a za objavljivanje određenog standarda ili nacrta standarda potrebna je saglasnost minimum 8 članova. Za detaljnije upoznavanje sa radom i aktivnostima Odbora videti: www.iasb.org

Po MSFI, pravno lice sastavlja finansijske izveštaje da bi korisnicima prezentirali na istinit, fer način, informacije o finansijskom položaju, rezultatima i tokovima gotovine (novčanim tokovima). Sve navedeno, između ostalog, važi i za investicione projekte. U stvari, osnovna razlika je u vremenskom horizontu posmatranja. Dok osnovni finansijski izveštaji opisuju prethodno poslovanje (bilans uspeha i izveštaj o tokovima gotovine) i stanje na dan izveštaja (bilans stanja),[136] dotle je u investicionim projektima fokus posmatranja buduće stanje. Ili, osnovna razlika je u ulozi informacije. Dok je u finansijskim izveštajima informacija potvrđujuća, dotle je u investicionim projektima informacija predviđajuća. Iako postoji uočena razlika, predviđajuća i potvrđujuća uloga informacije su međusobno povezane.[137] Tako, informacija o tekućem nivou i strukturi posedovane imovine je predviđajuća kada korisnici predviđaju sposobnost preduzeća da iskoristi prilike ili da pravovremeno reaguje na uočene opasnosti. Ista informacija može da bude potvrđujuća u odnosu na predviđanja iz prethodnog perioda.

Željene kvalitativne karakteristike su one osobine koje čine da informacije obezbeđene u finansijskim izveštajima budu upotrebljive za korisnike.[138] Po MSFI, osnovne ciljne kvalitativne karakteristike informacija u finansijskim izveštajima, odnosno ciljne karakteristike investicionih projekata su:

- razumljivost,
- relevantnost,
- pouzdanost i
- uporedivost.

Iz osnovnih ciljnih karakteristika se izdvajaju više izvedenih, sporednih karakteristika. Pri izradi investicionih projekata su najznačajnije izvedene karakteristike pouzdanosti, i to: verno predstavljanje, neutralnost, opreznost i potpunost.

Relevantne osnovne i izvedene ciljne karakteristike investicionog projekta su prikazane u sledećem dijagramu.

---

[136] Od svih finansijskih izveštaja opšte namene jedino je zanemaren „Izveštaj o promenama na kapitalu" koji se, po pravilu, ne nalazi u investicionim projektima. O planiranim promenama na kapitalu može se saznati uvidom u projektovani bilans stanja. Po MSFI, potpuni skup finansijskih izveštaja se sastoji od svih navedenih finansijskih izveštaja i Napomena, koje sadrže kratak pregled računovodstvenih politika i objašnjenja u vezi sa određenim stavkama koje su u finansijskim izveštajima samo kvantitativno iskazane.

[137] *Međunarodni standardi finansijskog izveštavanja - Prva knjiga*, International Accounting Standards Board, Savez računovođa i revizora Srbije, Beograd, 2004, str. 28.

[138] Detaljnija objašnjenja kvalitativnih karakteristika finansijskih izveštaja videti u: *Ibid.*, str. 28-32.

Dijagram 2.5. - *Ciljne karakteristike investicionih projekata*

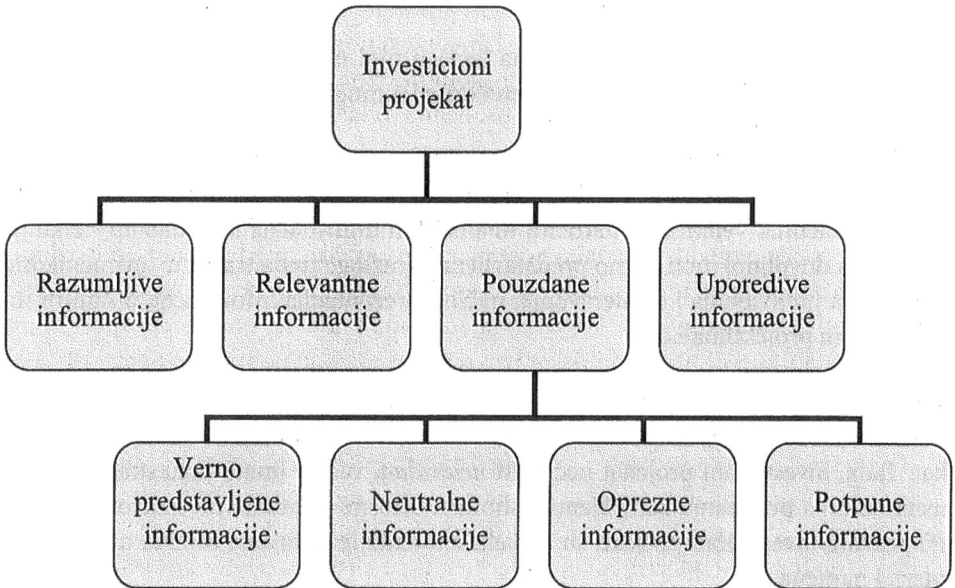

```
                    ┌─────────────┐
                    │ Investicioni│
                    │   projekat  │
                    └─────────────┘
                           │
   ┌───────────┬───────────┼───────────┬───────────┐
┌──────────┐┌──────────┐┌──────────┐┌──────────┐
│Razumljive││Relevantne││ Pouzdane ││Uporedive │
│informacije││informacije││informacije││informacije│
└──────────┘└──────────┘└──────────┘└──────────┘
                           │
        ┌───────────┬──────┴──────┬───────────┐
   ┌──────────┐┌──────────┐┌──────────┐┌──────────┐
   │  Verno   ││          ││          ││          │
   │predstavljene││Neutralne ││ Oprezne  ││ Potpune  │
   │informacije││informacije││informacije││informacije│
   └──────────┘└──────────┘└──────────┘└──────────┘
```

U nastavku će se dati detaljnija objašnjenja navedenih osnovnih i izvedenih ciljnih karakteristika.

Razumljivost je osobina koja se ogleda u pravilnoj korisnikovoj interpretaciji informacija sadržanih u investicionom projektu. Pri izradi investicionog projekta poželjno je da autori imaju na umu nivo znanja osnovnih korisnika informacija. Tako, na primer, ako se projekat radi za interne potrebe, a menadžment, odnosno donosioci odluke su osobe tehničke struke, termin „diskontna stopa" se može zameniti terminom „zahtevana stopa prinosa".[139]

Da bi informacija pomogla pri donošenju investicione odluke ona mora da bude **relevantna**, odnosno značajna. Informacija je relevantna kada utiče na ekonomske odluke korisnika time što mu olakšava procenu prošlih, sadašnjih ili budućih događaja; ili time što potvrđuje ili ispravlja prethodne procene. Za informaciju se kaže da je značajna ako njeno izostavljanje može uticati na ekonomske odluke korisnika. Dru-

---

[139] „... donosilac odluke ja taj koji - u krajnjem slučaju - mora da razume informacije i da ih koristi u procesu odlučivanja. Preciznije, donosilac odluka je taj koji mora da prosudi koje informacije da koristi, kako da ih koristi i šta one zaista znače" u: Milojević, D. S., „Konceptualni okvir međunarodnih standarda za finansijsko izveštavanje" u: Martić, S. (red.) i Stojiljković, S. (red). - *Primena međunarodnih računovodstvenih revizorskih standarda u funkciji harmonizacije sa Evropskom Unijom* (Zbornik radova sa šestog simpozijuma časopisa „Revizija" održanog na Zlatiboru od 24-27. septembra 2003.), D.S.T., Beograd, 2003, str. 10.

gim rečima, da korisnik ne raspolaže konkretnom informacijom, odluka bi mogla da bude drugačija od donete.[140]

Za informaciju se kaže da je **pouzdana** kada u njoj nema materijalnih i računskih grešaka, predrasuda i sl.; i kada se na nju korisnici mogu osloniti da objektivno predstavlja opisane podatke.

Da bi investicioni projekat bio pouzdan on mora da bude baziran na *verno prezentiranim* podacima. Veliki broj, naročito finansijskih informacija je podložno riziku da ne budu u dovoljnoj meri verno predstavljene, a razloge treba tražiti u primenjenim tehnikama predviđanja i odmeravanja, načinu prezentacija informacija u samim investicionim projektima i dr.

Investicione projekte rade autori koji pri samoj izradi mogu da budu manje ili više objektivni. Problem je kada se predrasude ili interesi samih autora prenesu u projekat. Tada, investicioni projekat neće biti *neutralan*, već će imati dozu subjektivnosti usmerenu ka postizanju zamišljenog ishoda, odnosno rezultata investicione odluke. Po pravilu, investicioni projekti su subjektivni kada je dobijanje kredita njihova primarna namena.

Opreznost je karakteristika investicionih projekata koja se prožima kroz sve priznate metodologije. U osnovi se svodi na zahtev da, kada god postoji dilema, kalkulaciju inputa i investicionih ulaganja treba raditi sa višom, a kalkulaciju outputa sa nižom alternativom. Međutim, to ne znači da uvažavanjem principa opreznosti usvojene veličine treba značajno da odstupaju od očekivanih. Ako je cilj valorizacije odabir najbolje moguće alternative, onda je nerazumljivo zašto se ne bi kalkulacija radila usvajanjem realno očekivanih veličina. U najmanju ruku je svaki investicioni projekat rizičan, a njegova valorizacija uzima u obzir i diskontnu stopu u kojoj je sadržan i rizik samog projekta. Dakle, princip opreznosti treba da se manifestuje u eventualno minimalnim korekcijama, a nikako na način da se njegovim uvažavanjem iskažu rezultati sa značajnim iznosom involviranih latentnih rezervi.

Da bi informacija bila pouzdana ona mora da bude i *potpuna*. Zahtev za potpunošću se nalazi u osnovi usvojene definicije investicionog projekta i to u domenu sagledavanja *svih* relevantnih aspekata. Ako određeni relevantni aspekt nije, ili bar ne u dovoljnoj meri sagledan, može se desiti da kompletan investicioni projekat svojim informacijama stvara obmanjujuću sliku sa negativnim reprekusijama u kontekstu donošenja odluka.

---

[140] Detaljnije o relevantnosti informacija videti u: *Međunarodni standardi finansijskog izveštavanja - Prva knjiga*, Op. cit., str. 28-29.

Uporedivost je karakteristika koja se ogleda u zahtevu da se pri izradi investicionih projekata uvažava mogućnost upoređivanja više investicionih alternativa,[141] kao i mogućnost kontrole i pravovremenog reagovanja u operativnoj fazi investicionog procesa. Potreba za kontrolom implicira potrebu za što većim uvažavanjem MSFI i MRS i kod same izrade investicionih projekata.[142] Konkretan zahtev nije usmeren samo od internih korisnika, već i od kreditora koji tokom trajanja projekta kontrolišu preduzeće, to jest vrše monitoring radi pravovremenog reagovanja na prepoznate negativne tendencije, odnosno na povećanje rizika nenaplativosti potraživanja.

Da bi investicioni projekat sadržao podatke koje zadovoljavaju ciljne karakteristike postoje određene specifičnosti koji su vezane za samu izradu projekata i to:

- korišćenje konvertibilne valute kao merne jedinice,
- izrada u stalnim cenama,
- adekvatni rok trajanja projekta i
- analiza »sa projektom« i »bez projekta«.

Gotovo sve navedene specifičnosti se na neki način mogu povezati sa svakom od ciljnih karakteristika investicionog projekta. Ipak, može se konstatovati da se korišćenjem konvertibilnih valuta, kao i izradom u stalnim cenama, prvenstveno zadovoljava zahtev za uporedivošću, dok je adekvatni odabir roka trajanja projekta i analiza »sa projektom« i »bez projekta« usmerena ka zadovoljavanju zahteva za pouzdanošću.

Bitna pretpostavka na kojoj se bazira tradicionalno računovodstvo je stabilnost jedinica novčane mere. Odnosno, smatra se da su promene monetarne, to jest računovodstvene jedinice zanemarljive. Ova pretpostavka je u pojedinim zemljama, kao što je Srbija, čista fikcija.[143] Neophodnost lakšeg upoređivanja ostvarenih sa planiranim veličinama je uslovila potrebu da se u inflatornim privredama investicioni projekti ne izrađuju u domaćoj, već u čvrstoj, **konvertibilnoj valuti**. Konkretan odabir zavisi od valute koja je u svakodnevnoj komunikaciji opšte prihvaćena, odnosno valute koju većina stanovništva uzima u obzir prilikom razumevanja monetarnih iznosa.[144] U Srbiji se, po pravilu, investicioni projekti rade u evrima (EUR). U retkim slučajevima

---

[141] Mogućnost komparacije više investicionih alternativa je razlog standardizacije investicionih projekata, što je detaljno objašnjeno u Glavi II, poglavlje 5.1. („Forma investicionih projekata").

[142] Razumljivo, obzirom na specifičnosti i razlike knjigovodstvenog tretmana u zvaničnim finansijskim izveštajima i tretmana pojedinih pozicija pri oceni investicionih alternativa, MSFI i MRS se pri izradi investicionih projekata ne mogu u svim slučajevima dosledno uvažiti.

[143] Radovanović, R., - *Računovodstvo preduzeća III*, Savremena administracija, Beograd, 1996, str. 35.

[144] *Međunarodni standardi finansijskog izveštavanja - Druga knjiga*, International Accounting Standards Board, Savez računovođa i revizora Srbije, Beograd, 2004, str. 56.

se investicioni projekti izrađuju u drugim valutama usled imperativa postavljenog od strane kreditora, kada se kao merna vrednost koristi valuta u kojoj je odobren kredit.[145]

Izrada investicionih projekata u **stalnim cenama** je predviđena, kako Osnovnim, tako i drugim metodologijama koje se koriste pri izradi investicionih projekata. Smisao stalnih cena se najbolje može razumeti kroz hipotetički primer. Pretpostaviće se da je etiketa input preduzeća i da je cena ovog inputa u narednih pet godina projektovana u iznosu od 2 EUR po komadu, što je cena etikete u momentu izrade projekta. Pod pretpostavkom da će u narednih pet godina godišnja inflacija iznositi 10%, i pod pretpostavkom da će se u tom periodu zadržati isti relativni nivo cena, cena etikete će za godinu dana iznositi 2,2 EUR (2 x 1,1), ali će za taj iznos moći da se kupi ista količina dobara kao i momentu izrade projekta za 2 EUR. Dakle, iako je uočljiva promena monetarnog iznosa, realni iznos je ostao nepromenjen. To su, dakle, cene koje izražavaju vrednosti iste kupovne moći kao i u momentu izrade investicionog projekta. Iskazivanjem stalnih cena u čvrstim, konvertibilnim valutama, ostvarena je mogućnost efikasnije kontrole realno ostvarenih nominalnih veličina sa projektovanim nominalnim veličinama.

Dodatno pitanje koje zahteva odgovor je koje cene prihvatiti kao stalne? Zajednička metodologija predlaže da se ova problematika reši tako što će se stalne cene razumeti kao aktuelne cene u vreme izrade investicionog projekta.[146] Razumljivo, ako postoje izraženi dispariteti i indicije da će se u kratkom roku dispariteti otkloniti, kao stalne cene ne treba prihvatiti tekuće cene. Krajem prethodnog i početkom ovog veka, prihvatanje aktuelnih cena električne energije u Srbiji za stalne cene rezultiralo bi lošijim rezultatima u realnosti od onih koji su kroz investicioni projekat planirani. Naime, uz apstrahovanje ostalih aspekata, povećanje cene inputa preduzeća, odnosno električne energije, uticalo bi na neplanirano povećanje ukupnih troškova.

Potreba za obezbeđenjem pouzdanih podataka zahteva adekvatno definisanje **roka trajanja projekta**[147], to jest vremenskog perioda za koji se vrši projekcija. U investicionim projektima se može projektovati kraći i duži rok trajanja projekta.

---

[145] U praksi postoje i izuzeci kada se investicioni projekti izrađuju u američkim dolarima (USD), iako taj zahtev nije kao imperativ postavljen od strane kreditora. To su, po pravilu, investicioni projekti vezani za naftnu industriju, gde se u komunikaciji, u svetskim razmerama, USD koristi kao uobičajena merna jedinica.

[146] *Priručnik za primenu Zajedničke metodologije za ocenjivanje društvene i ekonomske opravdanosti investicija i efikasnosti investiranja u SFRJ - 3 operativno uputstvo za izradu investicijske studije -programa,* Op. cit., str. 7.

[147] U ekonomskoj literaturi se koriste i drugi termini, kao što su: životni vek trajanja projekta, ekonomski vek trajanja projekta, tehničko-tehnološki vek trajanja projekta i vek trajanja projekta.

Kraći rok trajanja projekta opravdanje nalazi u turbulentnom okruženju. Zbog rapidnih promena, kretanja određenih vrednosti se pouzdano mogu projektovati samo u kratkom roku. Međutim, kratak rok trajanja projekta je limitiran bar sa dva aspekta. Prvi aspekt se ogleda u činjenici da je ovakva projekcija nerealna, obzirom da je uobičajeno da preduzeće planirano ulaganje eksploatiše dugi niz godina. Drugi aspekt je suštinski značajan jer je vezan za rezultate na osnovu kojih se donosi investiciona odluka. U tom kontekstu, kratak rok daje nerealne rezultate jer se u kratkom roku, završetkom roka trajanja projekta, naplaćuje rezidualna vrednost, odnosno ostatak vrednosti investicije u stalnu imovinu i iznos ulaganja u trajna obrtna sredstva.

Duži rok trajanja projekta rezultira podacima koji neće sadržati napomenuta ograničenja kratkog roka trajanja projekta. Ali se zato, za razliku od kratkog roka, postavlja pitanje pouzdanosti projektovanih veličina. Dužina roka se menja u zavisnosti da li se rok određuje shodno fizičkom životu projekta, tehnološkom životu projekta ili ekonomskom veku trajanja projekta. *Fizički život projekta* je najduži rok i izražava se brojem godina u kojima fiksna sredstva, koja predstavljaju suštinu investicije, mogu da budu korišćena u preduzeću za obavljanje predviđenih tehničkih operacija. *Tehnološki život projekta* je determinisan vremenom za koje se veruje da će proteći pre nego što se pojave nova i produktivnija fiksna sredstva, koja će sredstva u koje je planirano da se investira učiniti moralno zastarelim i pre isteka njihovog fizičkog života.[148] *Ekonomski vek trajanja projekta* je uglavnom najkraći i završava se projektovanim periodom posle koga efekti investicije ne mogu da se predvide sa iole prihvatljivom pouzdanošću, odnosno posle koga efekti postaju krajnje neizvesni.

Shodno iznetim ograničenjima, prilikom praktične izrade investicionih projekata se obično kao standardni rok koristi period od 10 godina. Navedeni rok uključuje samo operativnu, odnosno fazu eksploatacije. U praksi, pored investicionih projekata sa standardnim rokom trajanja, sreću se i projekti sa dužim i kraćim rokom.

Duži rok od standardnog se primenjuje kod investicionih projekata koji se delom finansiraju iz pozajmljenih izvora, a u kojima se period otplate ne završava posle 10 godina eksploatacije (po pravilu, značajna ulaganja u infrastrukturne objekte). Kako rok trajanja projekta minimum treba da pokrije kreditne obaveze po osnovu konkretne investicije, kod ovakvih investicija je rok trajanja opredeljen krajnim rokom otplate.

Kraći rok od standardnog je vezan za tri slučaja. Prvi slučaj je karakterističan za projekte u kojima početak eksploatacije nije planiran početkom godine. Kako se projekcije finansijskih izveštaja vrše za svaku zasebnu kalendarsku godinu, rok se skraćuje za vreme koje protekne od početka godine do početka perioda eksploatacije. Drugi slučaj je redak i karakterističan je za projekte u kojima kraj veka tranja projekta nije

---

[148] Krasulja, D., Ivanišević, M., - *Op. cit.*, str. 276-277.

planiran krajem kalendarske godine, kada se rok skraćuje za period od kraja godine do kraja roka trajanja projekta. Treći slučaj je karakterističan za projekte u kojima se ulaganja prevashodno vrše u opremu čiji je vek trajanja kraći od 10 godina. Kako je za većinu opreme minimalni rok trajanja 7 godina, maksimalno skraćenje po ovom osnovu može da iznosi 3 godine. Ako i u ovom slučaju želi da se uvaži standardni rok, moguće je posle 7 godina planirati nabavku identične, nove opreme.

U osnovi investicione odluke se nalazi analiza na osnovu upoređivanja finansijskih vrednosti (prihodi, rashodi, ulaganja i dr.):

- **„sa projektom"** - u slučaju da investitor realizuje razmatranu investiciju; i
- **„bez projekta"** - u slučaju da investitor ne realizuje razmatranu investiciju.

Konkretna analiza polazi od nezavisnih i zavisnih investicionih projekata, što je osnovna podela u kontekstu međusobne valorizacije projekta.

Nezavisni investicioni projekti su oni čijom se realizacijom ne utiče na rezultate postojećeg proizvodnog programa. Tada se valorizacija svodi na analizu samo vrednosti konkretne investicije, odnosno na „analizu sa projektom". Tipičan primer nezavisnog projekta se javlja kod osnivanja novog preduzeća jer u tom slučaju, sa aspekta preduzeća, analiza „bez projekta" ne postoji. Mogući su i drugačiji primeri. Ako preduzeće koje se bavi proizvodnjom bombona razmatra investiciju u kapacitete za trgovinu naftom, navedena dva projekta se smatraju nezavisnim. Takođe, na primer, kao nezavisni projekat može se posmatrati kada sistem „Delta" otvara novo prodajno mesto na znatno udaljenoj lokaciji od postojećih „Deltinih" prodavnica.[149]

---

[149] U praksi nisu retki slučajevi da se, de fakto, nezavisni projekti kombinuju sa rezultatima postojećeg programa, što rezultira pogrešnu analizu, odnosno, po pravilu, pogrešnu investicionu odluku. Greške su često banalne i lako uočljive, a kao primer se može navesti iskustvo iz prakse koje je autor imao učestvujući u izradi prethodne studije opravdanosti za jedno veliko preduzeće iz Srbije. Inače, prethodna studija opravdanosti je rađena shodno pozivnoj oceni „grube" finansijske analize eksternog konsultanta, angažovanog od strane preduzeća. Nerazumevanje u komunikaciji sa investitorom se pojavilo kada rezultati prethodne studije nisu ukazivali na isplativost investicione ideje, iako su polazne veličine bile bolje (viši outputi i niži inputi) nego što je to bio slučaj sa finansijskom analizom eksternog konsultanta. Uvidom u odrađenu analizu eksternog konsultanta ustanovljeno je da je predlog o pozitivnoj investicionoj odluci nastao kao rezultat pogrešnog pristupa. Konkretnije, umesto da se projekat posmatra kao nezavistan, u njega su involvirani rezultati postojećeg programa. Tako, iako je u prethodnim godinama preduzeće prosečno ostvarivalo 3 miliona evra godišnjeg profita i nisu postojale indicije o smanjenju profita u budućnosti, aktiviranjem investicije, kumulativni profit posle 10 godina iznosio je 10 miliona evra. Dakle, pod pretpostavkom zadržavanja profita postojećeg programa na istom nivou, ne samo da, aktiviranjem, nezavisno posmatrana analizirana investicija ne bi ostvarila kumulativnih 10 miliona evra profita, već bi ostvarila gubitak od 20 miliona evra (10 x 3 - 10).

Zavisni investicioni projekti su oni čijom se realizacijom utiče na rezultate postojećeg proizvodnog programa. Ovakve projekte je teže analizirati jer osim analize novog programa zahtevaju projekcije poslovanja postojećeg programa i to sa aspekta vrednosti koje bi se ostvarile realizacijom investicije i sa aspekta vrednosti koje bi se ostvarile da se investicija ne realizuje. Navedene razlike „sa" i „bez projekta" se dodaju vrednostima novog programa. Kod zavisnih projekata, novi program može da snižava ili povećava vrednosti postojećeg programa. Na primer, ako preduzeće pored postojeće flaširane prirodne vode, asortiman planira da proširi novim tipom istog proizvoda (supstitutom) realno je očekivati smanjenje tržišnog učešća postojećeg proizvoda. Nasuprot tome, preduzeće može vertikalnom integracijom (na primer, sadašnji asortiman proizvodnje etiketa planira da proširi proizvodnjom flaša), razvojem strateškog partnerstva sa proizvođačem finalnog proizvoda, da značajnije poveća prodaju postojećeg programa nego kada investiciju ne bi realizovao.

Na kraju, važno je napomenuti dva prožimajuća ograničenja koja mogu da relativiziraju potpunost zahtevanih ciljnih karakteristika investicionog projekta. To su:

- blagovremenost i
- uravnoteženost koristi i troškova.[150]

U kontekstu zahteva za relevantnošću i pouzdanošću informacija, kao prožimajuće ograničenje se javlja potreba za *blagovremenošću*. Blagovremenost se svodi na uspostavljanje adekvatnosti balasta dva protivrečna zahteva. S jedne strane, pouzdanost i relevantnost mogu da se obezbede tek poznavanjem svih relevantnih aspekata potencijalnog investicionog projekta. S druge strane, potrebno je pravovremeno reagovati, a i značajno trošenje vremena na skupljanje podataka može da utiče na promenu i nepouzdanost inicijalno spoznatih informacija.

Uravnoteženost koristi i troškova je ograničenje koje se ogleda u zahtevu da koristi informacije treba da nadmaše troškove njenog dobijanja. Ovo ograničenje, iako razumno, realno je kontraverzno jer se nameće pitanje mogućnosti objektivne procene koristi i troškova svake pojedinačno posmatrane informacije. Stoga je moguće govoriti samo o troškovima izrade kompletnog investicionog projekta. Ne postoje precizirani normativi troškova pošto se oni razlikuju od projekta do projekta, a zavise i od takvih faktora kao što su: veličina i priroda projekta, potrebnog vremena i napora za prikupljanje podataka i izradu projekta i dr. Generalno je moguće prihvatiti da se troškovi utvrđuju množenjem broja potrebnih čovek meseci sa vrednostima čovek mesec, ali se i tada postavlja pitanje realnog sagledavanja potrebnih kapaciteta. Stoga se pokušavaju naći drugi parametri na osnovu kojih se procenjuju troškovi izrade investicionih projekata. Prema UNIDO metodologiji, na osnovu iskustva je moguće troškove izra-

---

[150] Behrens, W., Hawranek, P. M., - *Op. cit.*, str. 39.

de studija mogućnosti i investicionih projekata odrediti kao procenat od ulaganja u stalnu imovinu. Aproksimativno, procenti su sledeći:

- 0,20 - 1,00% za studije mogućnosti,
- 0,25 - 1,50% za prethodne studije opravdanosti i
- 1,00 - 3,00% za studije opravdanosti.[151]

7. IZRADA INVESTICIONIH PROJEKATA

Samim uvidom u zahtevane forme i sadržaje najkompleksnijih investicionih projekata se može zaključiti da se radi o ozbiljnom poslovnom poduhvatu. Stoga se njegovoj izradi mora posvetiti značajna pažnja. Kvalitet investicionog projekta, koji predstavlja osnov za donošenje investicione odluke, između ostalog, zavisi od:

- adekvatnog odabira autora investicionog projekta i
- korišćenih naučno-tehnoloških dostignuća.

Autori investicionog projekta, u osnovi, određuju njegov kvalitet. Zato je formiranje projektnog tima, odnosno odabir autora projekta, vrlo osetljiv deo posla. Pri tome se mora obratiti naročita pažnja na sledeće bitne faktore:

- zastupljenost svih potrebnih struka i specijalnosti,
- kompetentnost izabranih članova tima i
- sinhronizovanost tima, odnosno njegova osposobljenost da funkcioniše kao uigrana i usklađena celina.[152]

Investicioni projekat je multidisciplinarni dokument, pa je poželjno da u njegovoj izradi učestruju eksperti *svih potrebnih struka i specijalnosti.* Kod kompleksnih investicija, najpoželjniji tim bi činila sledeća grupa stručnjaka: mašinski inženjer, inženjer tehnologije, hidro inženjer, elektro inženjer, arhitektonski inženjer, građevinski inženjer, saobraćajni inženjer, stručnjak za protivpožarnu zaštitu, stručnjak za zaštitu na radu, stručnjak za ekologiju, finansijski analitičar, analitičar tržišta, stručnjak za računovodstvo i pravnik. Usled nedostatka sredstava ili nemogućnosti obezbeđenja stručnjaka određenog profila, projektni tim može biti reduciran. U tom slučaju se kvalitet investicionog projekta može dovesti u pitanje. Tako, na primer, ekonomista će bez pomoći inženjera imati pro-

---

[151] *Priručnik za pripremu industrijskih studija izvodljivosti,* Op.cit., str. 31. Prethodno citirani autori (Behrens i Hawranek) navode da se kod projekata sa visokim iznosima ulaganja, troškovi izrade studije opravdanosti snižavaju i da se kreću u rasponu od 0,20% do 1,00% ulaganja u stalnu imovinu.

[152] Brnjas, Z., - *Op. cit.,* str. 35.

blema u definisanju tehničkih i tehnoloških aspekata investicionog projekta, a inženjer bez pomoći ekonomiste neće moći na adekvatan način da izvrši finansijsku analizu.

Zastupljenost svih specijalnosti, samo po sebi, ne garantuje kvalitet projekta. Kako se autori međusobno razlikuju po znanju, veštinama, iskustvu i dr.; tako i kvalitet investicionih projekata zavisi od *kompetentnosti izabranih članova*. Investitor alternativno može da se opredeli za sledeće mogućnosti:

- da celokupnu izradu projekta prepusti svojim kadrovima,
- da za pojedine delove angažuje eksterne stručnjake - konsultante, ili
- da van preduzeća angažuje drugo (pravno) lice koje bi u potpunosti bilo odgovorno za izradu projekta.

Kao osnovna prednost internog angažovanja radne snage se navode niži troškovi. Zagovornici internog angažmana iznose tezu da i kod eksternog angažovanja, radnici iz preduzeća, takođe, makar konsultativno moraju da učestvuju u izradi projekta. Naime, interni subjekti najbolje poznaju specifičnosti investicione ideje, posebno što su je, po pravilu, već delimično razradili kroz dokumenta koja prethode investicionim projektima. Zato se u praksi prepoznaju slučajevi kada eksterni subjekti samo prodaju »know how«, u smislu strukture i forme prezentacije investicione ideje, ili kada se oni angažuju zbog želje investitora da se pečatom »zvučnog konsultanta« eksternim korisnicima ukaže na ozbiljnost investicionog projekta.

Angažovanje eksternih subjekata je realnost pri izradi kompleksnih investicionih projekata. Osnovni razlog je u veoma malom broju preduzeća koji raspolažu kadrovima koji mogu da zadovolje sve suštinske i formalne zahteve investicionog projekta. Čak i kada preduzeće raspolaže svim neophodnim kadrovima, nije neuobičajeno je da se angažuju eksterni subjekti. Razlog za angažovanje je snižavanje troškova izrade i poboljšavanje efekata tokom eksploatacije.

Snižavanje troškova izrade se može objasniti hipotetičkim primerom u kome preduzeće raspolaže kadrom koji potpuno poznaje metodološke zahteve i tehnike koje treba primeniti za kvalitetnu analizu tržišta. Međutim, verovatno će subjektu iz preduzeća trebati više vremena za prikupljanje podataka, ili će postojati drugi oportunitetni troškovi zbog nemogućnosti istovremenog obavljanja drugih poslovnih aktivnosti. Stoga bi realni trošak internog angažovanja bio veći nego kada bi se za obavljanje konkretnog posla angažovala institucija koje se bavi analizom tržišta.

Angažovanje eksternih subjekata sa ciljem poboljšavanja efekata tokom eksploatacije je prvenstveno vezano za projekte namenjene internim korisnicima. Iako investitor poznaje sve relevantne aspekte investicione ideje, angažovani eksperti mogu svojim pitanjima, predlozima, sugestijama i sl., da utiču na promenu pojedinih aspekata inicijalnih rešenja. Samo manja poboljšanja poslovanja u operativnoj fazi, nastali kao rezultat predloženih promena, ukazaće na isplativost eksternog angažovanja. Naime, prilikom upošljavanja eksperata sa strane ne treba smetnuti sa uma da trošak njihovog angažovanja predstavlja mali procenat investicionih ulaganja, a da se od efekata očekuje da znatno nadmaše nominalnu visinu ulaganja.

Prilikom odabira eksternih autora investitor može da bira između pojedinačnih autora, kao i između manje i više poznatih preduzeća ili institucija. Ključni faktori koji opredeljuju konkretan odabir su očekivani kvalitet i troškovi eksternog angažovanja. Po pravilu, ozbiljniji investitori koji ulaze u značajne investicije težište stavljaju na kvalitet i izbegavaju »eksperimente« sa manje poznatim, jeftinijim konsultantima. Nasuprot tome, manja preduzeća za izradu projekata namenjenih eksternim korisnicima, zbog nižih troškova, često angažuju manje zainteresovane, manje motivisane, ili jednostavno manje nadarene konsultante. Posledica ovakvog angažmana mogu da budu promašeni, loše urađeni investicioni projekti.[153]

Troškovi eksternog angažovanja, pored napomenutih faktora (potreban obim rada, vrsta projekta i dr.) koji su vezani za troškove izrade investicionog projekta, zavise i od visine cena konsultantskih usluga u zemlji iz koje je konsultantska organizacija, konkurencije između konsultanata i njihove zauzetosti, umešnosti u pregovaranju i dr.[154] Takođe, na cenu može da utiče i interes za dalji rad na projektu, što je karakteristično za slučajeve kada, pored kadrova koji učestvuju u izradi investicionih projekata, konsultant raspolaže i resursima za izvođenje objekta. Tada je moguće da konsultant, dugoročno sagledavši sopstveni interes, prihvati cenu koja u uobičajenim okolnostima (samo za izradu investicionog projekta) ne bi bila zadovoljavajuća.

Prezentiranje podataka o autorima investicionih projekata[155] zavisi od toga da li se težište stavlja na pojedince ili na preduzeće sa kojim je preduzeće sklopilo ugovor o izradi investicionog projekta.[156] Ako je investitor poverio izradu projekta eminentnom

---

[153] Brnjas napominje da se u praksi susretao sa investicionim projektima koji ne samo da su bili loši, već su sadržali i anegdotske forme. Na primer, »naučno« projektovanje »stope rasta« zemljišnog fonda u regionu, predlog da se Lajkovcu obezbedi pruga (uprkos činjenici da je »lajkovačka pruga« već deo folklora), projektovanje višespratnica bez lifta i stepeništa i dr. Videti: Brnjas, Z., - *Op. cit.*, str. 7.

[154] *Priručnik za pripremu industrijskih studija izvodljivosti*, Op. cit., str. 31.

[155] Što je, shodno aktuelnom Pravilniku o studiji i prethodnoj studiji opravdanosti, obavezujuća informacija u studiji opravdanosti. Sam naziv prve glave studije opravdanosti (»Podaci o autorima i naručiocima studije«) dovoljno ukazuje o prepoznatom značaju autora za kvalitet investicionog projekta.

[156] Kod investicionih projekata gde odobrenje izdaje nadležno ministarstvo iz oblasti građevinarstva, odnosno koji podležu reviziji državnih organa, bar „formalno", studiju i prethodnu studiju moraju da potvrde ovlašćena preduzeća. „Izradu prethodne studije opravdanosti i studije opravdanosti može obavljati preduzeće, odnosno drugo pravno lice koje je upisano u odgovarajući registar za obavljanje delatnosti projektovanja i inženjeringa i koje ispunjava uslove u pogledu stručnog kadra i druge uslove utvrđene za preduzeća koja izrađuju tehničku dokumentaciju za tu vrstu objekta«, u: »Zakon o planiranju i izgradnji«, član 102.

preduzeću (Energoprojekt Industrija, Mašinoprojekt itd.) očekuje se da iza pečata tih preduzeća stoje autori koji poznaju svoj posao. S druge strane, naročito kada su kao eksterni konsultanti angažovani pojedinci[157], neophodno je detaljnije prezentirati njihovu biografiju, kako bi korisnik informacija mogao biti siguran u njihovu kompetentnost. Minimum podataka koji se dostavlja sačinjavaju raniji poslovi na kojima je autor bio angažovan, kao i deo investicionih projekata koje je autor izradio.

Potreba za diferencijacijom kvaliteta je naročito učinjena od strane Inženjerske komore Srbije koja izdaje licencu za odgovornog projektanta. »Licencu za odgovornog projektanta može da stekne lice sa visokom stručnom spremom odgovarajuće struke, odnosno smera, položenim stručnim ispitom i najmanje tri godine radnog iskustva sa stručnim rezultatima na izradi tehničke dokumentacije i sa preporukom najmanje dva odgovorna projektanta ili Inženjerske komore.«[158] Stoga je za svaki pojedinačno posmatran inženjerski deo (arhitektonski, građevinski, mašinski, elektrotehnički, hidrotehnički, protivpožarnu zaštitu i dr.) neophodno da, pored potpisa, odgovorni projektant svojim pečatom, u kome su sadržani podaci iz licence, potvrdi svoju kompetentnost. Inače, svaka pojedinačna licenca ima svoj zaseban broj i obnavlja se svake godine. Pored licenci za odgovornog projektanta uvedene su i licence za poslovne planere i licence za izvođenje.

Zakon o planiranju i izgradnji je znatno povećao obim dela investicionog projekta u kojem se daju informacije o autorima studije. Od usvajanja Zakona, podaci o autorima mogu da obuhvate više desetina stranica investicionog projekta koje sadrže:

- izvod o registraciji privrednog subjekta kojim su definisane delatnosti za koje je preduzeće registrovano,

- rešenje nadležnog ministarstva kojim se potvrđuje da preduzeće ispunjava uslove za dobijanje licence za izradu tehničke dokumentacije,

- fotokopije licenci svih odgovornih projektanata i

- potpise i pečate inženjera koji su odgovorni za svaki pojedinačni deo investicionog projekta.

Jedan od značajnih aspekata koji mogu da opredele kvalitet investicionog projekta je *sinhronizovanost tima*, koja se ostvaruje kada autori međusobno funkcionišu kao uigrana i usklađena celina. Kako su svi suštinski delovi investicionih projekata me-

---

[157] Kolokvijalno, za angažman pojedinačnih eksternih eksperata se koristi termin „tezgarenje". Brnjas ističe da ovaj termin ima dosta pežorativnih konotacija, kao posledica činjenice da u praksi, ponekad i najkompetentniji i najrenomiraniji stručnjaci „otaljavaju posao", fokusirajući se na zaradu. Detaljnije videti u: Brnjas Z. - *Op. cit.*, str. 31.

[158] „Zakon o planiranju i izgradnji", član 109.

đusobno uslovljeni, neophodna je koordinacija svih autora koji učestvuju u izradi pojedinačnih delova. Tako, tehnolog kod odabira opreme mora da sagleda mogućnost plasmana preciziran od strane analitičara tržišta, građevinski inženjer prilikom odabira materijala za gradnju treba od ekonomiste da sazna budžet sa kojim raspolaže itd. U praksi su često rokovi za izradu projekta vrlo kratki, tako da se od autora očekuje intenzivan napor. Zato, prilikom izbora tima treba respektovati i psihološke faktore, odnosno odabrati autore koji, s jedne strane, mogu da svoje kvalitete iskažu i pod »vremenskim pritiskom«, a s druge strane, imaju u sebi izražen »timski duh«.

Sinhronizovanost tima u mnogo čemu zavisi od adekvatnog odabira rukovodioca projekta[159]. Svaki projekat ima svog rukovodioca koji koordinira celokupan rad i neposredno je odgovoran za kvalitet investicionog projekta.

Tokom izade investicionog projekta potrebno je u kratkom vremenskom roku obraditi veliki broj ulaznih podataka za različite segmente projekta. Osim same obrade, kombinuju se razne ulazno-izlazne varijante sa ciljem odabira onih rešenja koji će dovesti do optimalne investicione odluke.[160] Sve navedeno je veoma teško izvršiti bez primene **naučno-tehnoloških dostignuća**. Pod navedenim se prevashodno misli na kompjutere, odnosno kompjuterske programe, bez čije se primene u današnje vreme ne može zamisliti izrada ni najednostavnijih investicionih projekata. Svi kompjuterski programi, u zavisnosti da li je njihova primena namenjena širokom spektru poslovnih aktivnosti ili je fokusirana na izradu investicionih projekata, se mogu podeliti u dve sledeće grupe:

- standardizovani softveri i
- programski paketi.

Najpoznatiji standardizovani softveri koji se, između ostalog, koriste i pri izradi investicionih projekata su:

- *„Excel"* - za izradu ekonomsko finansijske analize;
- *„Word"* - za deskriptivni deo investicionog projekta; i
- *„Autocad"* - za crtanje projekata (mašinski deo, građevinski deo i dr.).[161]

Primenom standardizovanih softvera, autor ima slobodu u profilisanju modela za ocenu investicionih projekata, ali se zato od njega očekuje adekvatno poznavanje, kako navedenih programa, tako i investicione teorije.

---

[159] Umesto rukovodioca projekta koriste se i termini „šef projekta" i „vođa projekta".

[160] *Zbornik radova: Upravljanje razvojnim i investicionim projektima* (red. Jovanović, P.), Fakultet organizacionih nauka, Beograd, 1997, str. 101.

[161] „Excel" i „Word" su programi kompanije „Microsoft", a „Autocad" kompanije „Autodesk". Prilikom izrade investicionog projekta, „linkovanjem podataka" u „Microsoft" programima omogućava se da se promenom jednog nezavisnog podatka istovremeno promeni veći broj zavisnih.

Programski paketi su specijalizovani softveri u kojima je involvirana metodologija za valorizaciju investicionih projekata. Unosom manjeg broja traženih podataka, „softver" sam obrađuje i izračunava različite pokazatelje efikasnosti ulaganja.

Postoji veći broj programskih paketa koji su izrađeni od strane raznih organizacija, institucija i pojedinaca.[162] Najpoznatiji programski paket koji se koristi prilikom valorizacije investicionih projekata je COMFAR III (**C**omputer **M**odel for **F**easibility **A**nalysis and **R**eporting), kreiran od strane eksperata Ujedinjenih nacija, u čijoj osnovi se nalazi UNIDO metodologija. Prva verzija je izrađena 1983. godine, koja je vremenom usavršavana da bi svoju aktuelnu verziju dobila 1995. godine kroz paket „Comfar III Expert". Sam programski paket kupljenim licencama danas koristi više od 2.000 korisnika iz 130 zemalja sveta.[163]

Po pitanju praktičnosti programskih paketa, važno je razobličiti zabludu koja je, pre svega, izražena kod osoba sa malim iskustvom u izradi investicionog projekata, a koja se ogleda u mišljenju da se i najkompleksniji investicioni projekti mogu izraditi samo korišćenjem programskih paketa. Naime, gotovi programi mogu da predstavljaju korisno pomagalo jer se u njihovoj osnovi nalaze rešenja iz investicione teorije i prakse. Ali, ovakav pristup u svakom slučaju propagira rutinu, na uštrb kreativnosti i fleksibilnosti.[164] Svaki investicioni projekat je „priča za sebe" sa specifičnostima koje ga razlikuju od ostalih projekata. Zato su znanje i veština autora opredeljući faktori koji utiču na kvalitet projekta i nikakvi programski paketi ih ne mogu zameniti.

Na kraju, potrebno je istaći da sam investicioni projekat često doprinosi formiranju prvog utiska o preduzeću, što je naročito značajno kod projekata namenjenih eksternim korisnicima. Zato, prilikom izrade, osim suštinskih delova projekta, treba obratiti pažnju i na ostale aspekte, kao što su, na primer, naslov[165], izgled naslovne strane,

---

[162] Mogućnosti korišćenja jednog od njih videti u: Osgood, W. R., Curtin, D. P., - *Preparing Your Business Plan with Lotus 1-2-3*, Prentice Hall, 1984. Dobar prikaz drugih programskih paketa kao što su: Inc. Business Plan (Inc. magazine), How to Write a Business Plan (American Institute of Small Business), Business DISC Entrepreneur's Kit (Maryland Institute Technologies) i Biz Plan Builder: Strategic Business & Marketing Plan Software (South-Western Publishing), videti u: Longenecker, J. G., Moore, C. W., Petty, J. W., - *Small Business Management: An Entreprenurial Emphasis*, South Western College Publishing, 1997, str. 134-135.

[163] Za detaljnije informacije videti sledeće sajtove: www.unido.org i www.ipsoseoul.org

[164] „Negativna osobina rutine i iskustva je u njihovoj neelastičnosti jer je prethodno iskustvo često nemoćno da reši nove probleme ili poznate probleme koji se javljaju u novim okolnostima, jer oni u drugim prilikama predstavljaju novi unutarnji sadržaj i kvalitet. Pokušaj da se takvi problemi reše rutinom često vodi neuspehu", u: Mihailović, D., - *Metodologija naučnih istraživanja*, Fakultet organizacionih nauka, Beograd, 1999, str. 24.

[165] Pojedini stručnjaci posebno ističu značaj naslova. Mišljenje jednog od njih, koji naslov razume kao „lični pečat dokumenta", videti u: Kastratović, E., „Analiza obara investitora", u: - *Biznis (regionalne poslovne novine) 2/2007*, Press Publishing Group, Beograd, 2007, str. 21.

forma oblikovanja teksta,[166] prezentacija strukture rada (sadržaja), odabir podataka za rezime i tehnička obrada.[167] Sam kvalitet investicionog projekta adekvatne sadržine i forme može da bude relativiziran ako sadrži veliki broj slovnih ili lingvističkih grešaka. Profesionalnom izgledu investicionog projekta doprineće gramatička i stilska besprekornost teksta i savršena tehnička obrada.[168]

---

[166] Prored, "font", "bold", "italik", "underline" i dr.

[167] O značaju naslova, rezimea, strukture i ostalih formalnih delova, kao i pravila kojih se treba pridržavati prilikom njihove izrade, detaljnije videti u: Paunović, B., Zipovski, D., - *Op. cit.*, str. 23-39.

[168] *Ibid.*, str. 22.

DEO II

OPERATIVNI DEO
INVESTICIONOG PROJEKTA

Investicioni projekat je multidisciplinaran dokument kod kojeg je izrada parcijalnih delova uslovljena informacijama iz drugih pojedinačno posmatranih delova. I pored međusobne uslovljenosti svih delova investicionog projekta, pojedinačno posmatrani delovi se mogu sintetizovati shodno zahtevanim strukama autora koji su neposredno odgovorni za njihovu izradu. Tako se svi suštinski delovi investicionog projekta mogu podeliti na delove za koji su odgovorni ekonomisti (finansijski deo i marketing deo) i na delove za koji su odgovorni inženjeri.

Ovaj deo će se baviti pitanjima inženjerske struke, a kako su njihov predmet interesovanja operativni aspekti planiranog ulaganja, najprikladniji naziv ovog dela investicionog projekta je "operativni deo" Veliki je broj aspekata koji se razmatraju u okviru operativnog dela, koji će detaljno biti objašnjeni u sledećim glavama:

- Tehničko-tehnološka analiza,
- Kadrovski i organizacioni aspekti,
- Lokacija i
- Zaštita čovekove okoline i zaštita na radu.

GLAVA III
TEHNIČKO-TEHNOLOŠKA ANALIZA

U kontekstu investicionog odlučivanja, prema nivou kompleksnosti se razlikuje tehničko-tehnološka analiza koja se prezentira u okviru:

- projekata i
- sažetka tehničko-tehnološke analize.

1. PROJEKTI

Projekti sadrže detaljnu tehničko-tehnološku analizu i deo su zasebnog materijala koji zajedno sa investicionim projektom čini celinu koja se dostavlja korisnicima. Kako njihovu osnovu prvenstveno čini grafička interpretacija, projekte je moguće definisati kao „crteže" u kojima se pomoću šema i dijagrama, na celovit i detaljan način, tretiraju tehničko-tehnološki aspekti projekta. Tipovi i vrste šema i dijagrama zavise od veličine i tehničke složenosti projekta. Tipične funkcionalne šeme i dijagrami su sledeći:

- *opšti funkcionalni rasporedi* - pokazuju međuodnose između tehnološke opreme, objekata i dr;
- *dijagrami materijalnih tokova* - pokazuju tok inputa i outputa;
- *dijagrami tokova količina* - prikazuju količine koje ulaze i izlaze iz proizvodnog procesa;
- *dijagrami linija proizvodnje* - detaljno pokazuju, za svaki sektor, napredovanje proizvodnje, lokaciju, zahteve za prostorom, opis i dimenzije glavne opreme i njeno odstojanje od sledećeg sektora; zahteve za energijom i instalacijama, dimenzije temelja i montažnih elemenata i sl.;
- *dijagrami vremenske implementacije* - preciziraju planirane rokove za realizaciju pojedinačnih faza realizacije;
- *rasporedi transporta* - pokazuju rastojanja i načine transporta unutar i izvan proizvodnih linija;
- *rasporedi instalacija* - pokazuju glavna mesta potrošnje energije, vode, gasa i dr., dnevnu potrošnju, kao i mesta spajanja sa potrebnom mrežom;

- *rasporedi telekomunikacija* - pokazuju povezanost svih prostora sistemom telefona, telefaksa, računara i sl.;

- *rasporedi radne snage* - pokazuju raspored proizvodnih radnih mesta; i

- *crteži fizičkih rasporeda* - pripremaju se za uklapanje funkcionalnog dijagrama u stvarne uslove na određenom položaju, koji, osim objekata, uključuju pruge, auto puteve i ostalu komunikacionu infrastrukturu.[1]

Iako dimenzije crteža zavise od vrste investicije, generalno se može prihvatiti da se raspon razmere kreće od 1:50 do 1:1000.[2]

Postoji više **vrsta projekata**, koji se shodno sadržini i nivou detaljiteta međusobno razlikuju. U Srbiji su Zakonom o planiranju i izgradnji precizirani sadržaji:

- generalnih projekata,

- idejnih projekata,

- glavnih projekata,

- izvođačkih projekata i

- projekata izvedenih objekata.[3]

Generalni projekat sadrži podatke o: makrolokaciji objekta, opštoj dispoziciji objekta, tehničko-tehnološkoj koncepciji objekta, načinu obezbeđenja infrastrukture, mogućim varijantama prostornih i tehničkih rešenja sa stanovišta uklapanja u prostor, prirodnim uslovima, proceni uticaja na životnu sredinu, istražnim radovima za izradu idejnog projekta, zaštiti prirodnih i nepokretnih kulturnih dobara, funkcionalnosti i racionalnosti rešenja.[4]

Idejni projekat sadrži: situacioni plan[5], crteže koji određuju objekat u prostoru (osnove, karakteristične preseke, izglede), tehnički opis i planiranu investicionu vrednost objekta. Preciznije, u idejnom projektu je neophodno prezentirati podatke o: mikro-

---

[1] *Priručnik za pripremu industrijskih studija izvodljivosti*, UNIDO, Evropski centar za mir i razvoj univerziteta za mir Ujedinjenih Nacija, Beograd, 1988, str. 111-112.

[2] Za pojedina investiciona ulaganja su razmere zakonski definisane. U Srbiji su *Nacrtom pravilnika o sadržini i načinu izrade tehničke dokumentacije za objekte visokogradnje* (www.ingkomora.org.yu), za osnove temelja, krova i sve etaže, predviđene u glavnom projektu razmere 1:100 ili 1:200.

[3] Iako su samo pojedini projekti sastavni deo investicionih projekata potrebno ih je celovito sagledati jer, pored ostalog, svaki od njih utiče na određivanja ukupnog iznosa ulaganja u projektovanje.

[4] "Zakon o planiranju i izgradnji", član 100., u: *„Službeni glasnik RS", br. 47/2003 i br. 34/2006.*

[5] „Situacioni plan sadrži dužine pojedinih strana građevinske parcele, visinske kote postojećeg zemljišta i nivelacije, regulacione i građevinske linije i položaj i spratnost objekta, položaj i brojeve susednih katastarskih parcela i zgrada, kao i naziv ulice", u: *Ibid.*, član 93.

lokaciji objekta, tehničko-tehnološkim i eksploatacionim karakteristikama objekta, preliminarnom proračunu stabilnosti i sigurnosti objekta, rešenju temeljenja objekta, tehničko-tehnološkim i organizacionim elementima građenja objekta, merama za sprečavanje ili smanjenje negativnih uticaja na životnu sredinu, idejnom rešenju infrastrukture, uporednoj analizi varijantnih tehničkih rešenja sa stanovišta svojstava lokacije i tla, funkcionalnosti, stabilnosti, proceni uticaja na životnu sredinu, prirodnim i nepokretnim kulturnim dobrima, racionalnosti izgradnje i eksploatacije, troškovima izgradnje, transporta, održavanja, obezbeđenja energije i drugim troškovima.[6]

Glavni projekat sadrži: podatke geotehničkih i drugih potrebnih istražnih radova, razradu tehničko-tehnoloških karakteristika objekta sa opremom i instalacijama, proračun građevinskih konstrukcija, stabilnosti i sigurnosti objekta; podatke potrebnih geodetskih radova, rešenje temeljenja objekta, tehničko rešenje infrastrukture sa načinom priključenja i uređenja slobodnih površina, uslove zaštite susednih objekata, situacioni plan, predmer i predračun.[7]

Izvođački projekat sadrži sve detalje neophodne za gradnju i izrađuje se u slučaju da svi relevantni aspekti nisu razrađeni u okviru glavnog projekta.[8]

Projekat izvedenog objekta sadrži sve podatke kao i glavni projekat, i izrađuje se u slučaju kada se u toku građenja objekta odstupi od glavnog projekta.[9]

Svaki od navedenih vrsta projekata ima svoju funkciju u investicionom procesu. Veza između faza investicionog procesa, vrste investicionih projekata i vrste projekata, bi vremenski trebala da bude koncipirana na sledeći način:

- Po završetku dela predinvesticione faze u kojem je izvršena identifikacija i preliminarna selekcija odabira se jedna ili više investicionih alternativa koje će se razraditi prethodnim studijama opravdanosti, u okviru kojih je generalni projekat obavezan sadržajući dokument.

- Na osnovu rezultata prethodne studije opravdanosti se vrše dodatne analize, korekcije i dr., čija je finalna razrada prezentirana u okviru studije opravdanosti. Obavezan sadržajući dokument najkompleksnijih investicionih projekata, odnosno studija opravdanosti, je idejni projekat.

- Kako je kroz studiju opravdanosti već doneta investiciona odluka, izrada glavnih projekata je sastavni deo investicione faze.[10] Sama izrada bi trebala da bude

---

[6] *Ibid.*, član 101.

[7] *Ibid.*, član 103.

[8] *Ibid.*, član 104.

[9] *Ibid.*, član 105.

[10] *Priručnik za pripremu industrijskih studija izvodljivosti*, Op.cit., str. 13.

na početku investicione faze jer je početak gradnje uslovljen dobijanjem građevinske dozvole za šta je, između ostalog, nadležnom organu neophodno dostaviti glavni projekat.

- Izrada izvođačkih projekata neposredno prethodi gradnji objekta.

- Na kraju se izrađuje projekat izvedenog stanja koji je neophodan za prelazak u operativnu fazu proizvodnog ciklusa, obzirom da je obavezan dokument koji se nadležnom organu dostavlja uz zahtev za upotrebnu dozvolu.

Dijagram 3.1. - *Veza između faza investicionog procesa, vrste investicionih projekata i vrste projekata*

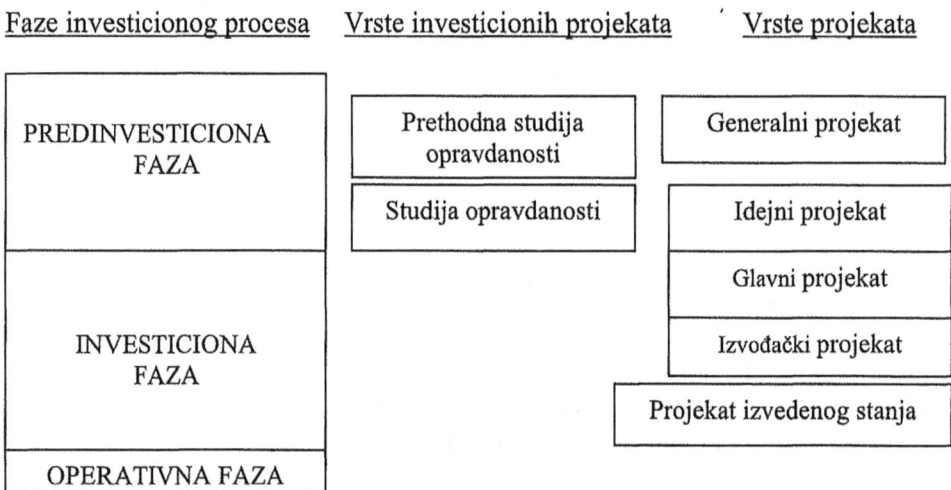

Faze investicionog procesa   Vrste investicionih projekata   Vrste projekata

Faze investicionog procesa	Vrste investicionih projekata	Vrste projekata
PREDINVESTICIONA FAZA	Prethodna studija opravdanosti	Generalni projekat
	Studija opravdanosti	Idejni projekat
INVESTICIONA FAZA		Glavni projekat
		Izvođački projekat
		Projekat izvedenog stanja
OPERATIVNA FAZA		

U Srbiji se, u praksi, navedeni teorijski sled dosledno ne primenjuje u svim slučajevima. Kao što se investicione odluke donose na bazi prethodnih, umesto na bazi studija opravdanosti, tako i gradnja počinje pre dobijanja građevinske dozvole, a nisu retke ni situacije kada operativna faza počinje pre dobijanja upotrebne dozvole.

U kontekstu investicionog razmatranja, prilikom sagledavanja projekata mogu se korististi standardi **FIDIC**[11] udruženja. FIDIC[12] je međunarodno udruženje konsultanata (pre svih, menadžera - inženjera, koji se bave menadžmentom projekata). Udruženje je osnovano 1913. godine u Belgiji, danas okuplja preko 80 zemalja članica, preko 1 milion članova pojedinaca, a sedište mu je u Lozani.

---

[11] Naziv FIDIC potiče od početnih slova naziva udruženja na francuskom jeziku: Federation Internationale Des Ingénieurs-Conseils).

[12] Detaljnije informacije o FIDIC udruženju, uključujući aktivnosti, seminare, treninge i sl., mogu se videti na sajtu Udruženja: www.fidic.org.

Osnovna preokupacija FIDIC udruženja je uspostavljanje standarda i saradnje sa lokalnim organizacijama. Standardi se odnose na izbor konsultanata, osiguranje, podele odgovornosti, menadžment projekta, menadžment rizika, kvalitet i sl.[13]

FIDIC standardi su objavljeni u šest knjiga i to:

- „Žuta knjiga" iz 1987. godine - sadrži uslove ugovora za izvođenje elektro i mašinskih radova;

- „Narandžasta knjiga" - sadrži uslove ugovora po sistemu projektuj - izgradi i ključ u ruke;

- „Crvena knjiga" - sadrži uslove ugovora za izgradnju;

- „Žuta knjiga" iz 1999. godine - sadrži uslove ugovaranja i projektovanja za postrojenja;

- „Bela knjiga" - pored ostalog, sadrži modele konsultantskih ugovora; i

- „Zelena knjiga" - sadrži kratke (osnovne) forme ugovora.

Obzirom na predmet navedenih knjiga, može se zaključiti da su Standardi prvenstveno namenjeni za projekte iz oblasti građevinske delatnosti. FIDIC ugovore preporučuje Svetska banka, Inter-američka banka za razvoj, Organizaciju Ujedinjenih nacija za industrijski razvoj, kao i najveće komercijalne i investicione banke.[14]

Korišćenje FIDIC standarda, po raznim relevantnim aspektima, utiče na kvalitet predinvesticione i investicione faze investicionog projekta. Otuda, FIDIC standardi su u poslednje vreme počeli da se koriste i u Srbiji. Pojedini od projekata na kojima su Standardi primenjeni su:

- Auto put Novi Sad - Beograd (korišćena „Crvena knjiga" za izgradnju leve trake autoputa i za rekonstrukciju mosta Beška);

- Izgradnja obilaznice oko Novog Sada i izgradnja novog mosta kod Beške (korišćena „Žuta knjiga"),

- „Airport City" i

- Pijaca „Zeleni venac".[15]

---

[13] Đuričin, D., Lončar, D., - *Menadžment pomoću projekata*, Centar za izdavačku delatnost Ekonomskog fakulteta u Beogradu, Beograd, 2010, str. 120.

[14] *Ibid.*, str. 120.

[15] Detaljnije o navedenom, kao i drugim pitanjima, kao što su, na primer, razlike u uslovima izvođenja prema FIDC standardima i prema trenutnoj praksi u Srbiji, ukazivanje na trenutne probleme uslova ugovaranja u Srbiji i mogućnosti njihovog otklanjanja primenom FIDIC standarda i dr., može se videti na sajtu: www.inwestserbia.com.

2. SAŽETAK TEHNIČKO-TEHNOLOŠKE ANALIZE

Stručna terminologija i grafička interpretacija su jedne od osnovnih karakteristika projekata. Stoga, njihovo sagledavanje i analizu mogu da obavljaju samo kadrovi koji raspolažu usko stručnim znanjem. Kako su pojedini aspekti tehničko-tehnološke analize neophodni ostalim autorima investicionog projekta, a i kako je potrebno da se sa osnovnim tehničko-tehnološkim aspektima upoznaju korisnici različitih struka, u investicionim projektima se prezentira sažetak tehničko-tehnološke analize.

Nijedna od Osnovnih metodologija eksplicitno ne definiše redosled informacija u sažetku tehničko-tehnološke analize, jer je to, kao i sadržaj projekata, uslovljeno vrstom investicije. Prema Zajedničkoj metodologiji, pri koncipiranju sažetka tehničko-tehnološke analize se mora voditi računa o tome da se opišu i na jednostavan grafički način prikažu tehnička i tehnološka rešenja projekta, te da se na pregledan način, pomoću tablica, prezentiraju one fizički merljive količine koje su važne za obradu u finansijskoj analizi. Stoga, rezime tehničko-tehnološke analize treba da nastane kao rezultat saradnje većeg broja autora investicionog projekta.[16]

U nastavku, sažetak tehnološko-tehničke analize će se objasniti u sledećim poglavljima:

- Prikaz varijanti tehničko-tehnoloških rešenja,
- Prikaz odabranog tehnološkog rešenja,
- Prikaz odabranih tehničkih rešenja,
- Radna snaga povezana sa tehnološkim procesom i
- Grupno iskazana ulaganja, rok trajanja i trošak investicionog održavanja.

2.1. Prikaz varijanti tehničko-tehnoloških rešenja

Proizvodnja velikog broja proizvoda može da se obavlja na različite načine, koji međusobno mogu da se u manjoj ili većoj meri razlikuju. Konkretni postupci su uslovljeni odabranom opremom, koja je, s druge strane, determinisana odabranim tehnološkim rešenjem. Dodatno, pored opreme i tehnike, odabrano tehnološko rešenje može da determiniše i ostale aspekte tehničko-tehnološke analize, kao što su: odabrano građevinsko rešenje, utrošak materijalnih inputa, broj i struktura radnika uslovljenih proizvodnim procesom i dr. Zbog svega navedenog, naročito kod osnivanja ili diver-

---

[16] *Priručnik za primenu Zajedničke metodologije za ocenjivanje društvene i ekonomske opravdanosti investicija i efikasnosti investiranja u SFRJ - 3 operativno uputstvo za izradu investicijske studije - programa*, Udruženje banaka Jugoslavije, Beograd, 1988, str. 69.

sifikacije proizvodnih preduzeća, odabir tehnološkog rešenja je jedan od osnovnih zadataka koji se obavlja u predinvesticionoj fazi.

Izbor tehničko-tehnoloških rešenja treba da nastane kao rezultat sveobuhvatne analize većeg broja mogućih varijanti, koje su velikim delom prezentirane kroz ponude dobijene od strane ponuđača. Pri tome treba nastojati da se ponuđačima pruži mogućnost da i sa svoje strane prenesu svoja iskustva, odnosno da daju predloge za izmenu projektnih ideja kojima bi se unapredilo inicijalno projektno rešenje.[17]

U ovom delu investicionog projekta se prezentiraju kritični pokazatelji čijom komparacijom je konkretan odabir izvršen. Komparacija tehničko-tehnoloških rešenja se vrši sučeljavanjem očekivanih efekata u periodu eksploatacije, s jedne strane, i očekivanih troškova u periodu eksploatacije uvećanih za visinu investicionih ulaganja, s druge strane. Teoretski, veći količnik (što veći efekti, a što manji troškovi i ulaganja) znači prednost za određenu tehnologiju. Pored toga, u praksi se moraju uzeti u obzir i drugi faktori, kao što su: poznavanje određene tehnologije od strane investitora, da li su u starije tipove tehnologija već uložena značajnija sredstva, raspoloživa sredstva za finansiranje tehnologija i dr. Tek kada se sve navedeno razmotri, moguće je doći do konačne odluke.[18]

Predmet analize varijantnih rešenja mogu da budu različita vrsta ulaganja, kao što su:

- tehnološka oprema, procesne instalacije, licence, oprema za kontrolu kvaliteta;
- skladišna, transportna i oprema prateće infrastrukture;
- građevinski radovi, instalacije i građevinska infrastruktura (spoljni priključci vodovoda, električna energija, plin, kanalizacija i dr.), zaštita čovekove okoline;
- pripremni radovi, inženjering, nadzor izgradnje i dr.[19]

U investicionim projektima se težište stavlja na najkritičnija ulaganja, to jest, po pravilu, vrednosno najveća ulaganja. Najpraktičnije je varijantna rešenja prikazati pomoću više tablica čija je sadržina uslovljena dominantnim parametrima koji uslovljavaju konkretan odabir. Na primer, pregled varijantnih rešenja tehnološke opreme se može prikazati na način kako je urađeno u sledećoj tabeli.

---

[17] Kljusev, N., - *Investicije* (drugo izdanje), Književne novine, Beograd, 1984, str. 190.

[18] Brnjas, Z., - *Kako pripremiti biznis plan?*, Privredni pregled, Beograd, 2002, str. 85.

[19] *Priručnik za primenu Zajedničke metodologije za ocenjivanje društvene i ekonomske opravdanosti investicija i efikasnosti investiranja u SFRJ - 3 operativno uputstvo za izradu investicijske studije - programa,* Op. cit., str. 3-4.

Tabela 3.2. - *Pregled varijantnih rešenja tehnološke opreme*

	Proizvođač		
	„A"	„B"	„C"
Nabavna vrednost (u EUR)			
Tehnički kapacitet (u jedinicama)			
Optimalni kapacitet (u jedinicama)			
Vek trajanja opreme (u godinama ili u proizvedenim jedinicama)			
Rok isporuke (u mesecima)			
Godišnji trošak direktnog materijala (u EUR)			
Godišnji trošak energetskih resursa - voda, električna energija i dr. (u EUR)			
Godišnji trošak investicionog održavanja (% nabavne vrednosti)			
Broj potrebnih radnika za rad sa tehnološkom opremom			

2.2. Prikaz odabranih tehnoloških rešenja

U investicionim projektima se odabrano tehnološko rešenje obrazlaže u domenu:

- opisa tehnološkog procesa,
- predviđenog iskorišćenja kapaciteta i
- normativa inputa i ostalih proizvodnih troškova.

Opis tehnološkog procesa sadrži sažet prikaz hodograma proizvodnog procesa i informacije o vrstama i rasporedu opreme koji treba da omogući da se proizvodni proces nesmetano odvija. Praktično, neophodno je opisati kompletan proizvodni proces, kao i odabranu opremu u svakoj pojedinačno posmatranoj proizvodnoj fazi. U ovom delu se, osim informacija o opremi, prezentiraju podaci o:

- načinu skladištenja sirovina i repromaterijala,
- danima potrebnim za proizvodnju proizvoda, odnosno danima vezivanja nedovršene proizvodnje;
- proizvodnom škartu (u procentima od proizvedenih gotovih proizvoda),
- rasturu koji nastaje u proizvodnji ili pri pakovanju (kafa, so i sl.),
- kontroli kvaliteta i načinu skladištenja gotovih proizvoda i dr.

Predviđena iskorišćenost kapaciteta se izračunava kao količnik:

- predviđenog obima proizvodnje i
- tehnoloških kapaciteta.

Informacija o predviđenom obimu proizvodnje se dobija na osnovu podataka iz plana prodaje, kao i podataka o škartu i rasturu koji nastaje prilikom pakovanja (iz opisa tehnološkog procesa).

Tehnološki kapaciteti se iskazuju na godišnjem nivou i odnose se na: nominalni i optimalni kapacitet.

Nominalni kapacitet je tehnički moguć i odgovara instalisanom kapacitetu koji garantuje isporučilac opreme u slučaju rada bez zastoja, proizvodnje u tri smene itd. Osim što je u realnom poslovanju tehnički kapacitet nemoguće ostvariti, proizvodnja blizu tehničkog maksimuma prouzrokuje odstupanje od optimalne potrošnje rezervnih delova i potrošnog materijala, a i skraćuje vek trajanja opreme.

Optimalni kapacitet je moguće ostvariv pod normalnim radnim uslovima, uzevši u obzir instalisane kapacitete, ali i praznike, godišnji remont, očekivane zastoje i dr.

Iako predviđena iskorišćenost kapaciteta može da se prikaže i kao procenat iskorišćenosti tehničkog kapaciteta, najznačajnija informacija je o procentu iskorišćenosti optimalnog kapaciteta. U tom domenu, investitor prilikom izbora opreme na optimalan način treba da zadovolji dva suprostavljena zahteva. S jedne strane, zahtev za nižim procentom je vezan sa potrebom za većom „komotnošću", koja se ogleda u činjenici da u slučaju nepredviđenog uspešnog poslovanja preduzeće neće imati tehnoloških prepreka da proizvede veću količinu proizvoda nego što je investicionim projektom planirano. S druge strane, logično je da je skuplja tehnološka oprema sa većim kapacitetom, tako da je ekonomski isplativo da optimalni kapacitet opreme bude približno jednak predviđenom maksimalnom obimu proizvodnje.

Razdvajanje informacija o proizvodnim troškovima na one koje se prezentiraju kroz **normative** i na one koje se prezentiraju kroz godišnji iznos **ostalih proizvodnih troškova** je uslovljeno konstantnošću troškova, odnosno njihovoj (ne)promenjivosti shodno promeni obima proizvodnje.[20] Za varijabilne materijalne troškove koji se proporcionalno menjaju sa promenom obima proizvodnje prezentiraju se normativi, dok se za fiksne materijalne troškove prezentiraju podaci o godišnje planiranim utrošcima.

---

[20] „Bliže upoznavanje troškova zahteva njihovu klasifikaciju prema nekom od kriterijuma, čiji je izbor prvenstveno uslovljen ciljem izučavanja", u: Ilić, G., Radovanović, R., Škarić-Jovanović, K., - *Finansijsko računovodstvo*, Savremena administracija, Beograd, 1994, str. 235.

Normativi su standardne količine materijala, energenata, vode i dr., koji se, uz uvažavanje ostalih tehničko-tehnoloških aspekata, moraju utrošiti za proizvodnju jedne jedinice određenog proizvoda. U zavisnosti od vrste planiranih inputa, normativi utrošaka se iskazuju u različitim jedinicama mere. Veličina normativa je opredeljena različitim karakteristikama, kao što su karakteristike: finalnih proizvoda, tehnološkog procesa, sredstva za rad, materijala, načina organizovanja i dr.[21]

Ostali proizvodni troškovi se prvenstveno odnose na troškove električne energije koja nije uslovljena tehnološkim procesom (na primer, osvetljenje), troškove lož ulja (ako je predviđeno za grejanje) i na troškove vode (za piće, čišćenje i dr.)

Normative i ostale proizvodne troškove je, kao i većinu kategorija u sažetku tehnološko-tehničke analize, najpodesnije prikazati pomoću tabela.

Tabela 3.3. - *Normativi*

Normativi	Jedinica	Iznos u jedinicama
Materijal „A"		
Materijal „B"		
Materijal „C"		
Električna energija		

Tabela 3.4. - *Ostali proizvodni troškovi*

Ostali proizvodni troškovi	Jedinica	Godišnja potrošnja u jedinicama
Električna energija		
Lož ulje		

2.3. Prikaz odabranih tehničkih rešenja

Na osnovu odabrane tehnološke opreme se razrađuju ostala tehnička rešenja od kojih su najznačajniji:

- građevinski objekti i
- instalacije, netehnološka oprema i infrastrukturne komunikacije.

Građevinski objekti predstavljaju nosioce ostalih elemenata u koje se smešta oprema, instalacije, postrojenja, uređaji; a, takođe, i ljudi, te su neophodni za odvijanje poslovnog procesa. Kompleksni projekti mogu da sadrže više različitih objekata, a grube informacije o rasporedu i dimenzijama svakog od njih se mogu jednostavno grafički prezentirati, kao što je to urađeno na sledećem dijagramu.

---

[21] Detaljno o faktorima koji uslovljavaju visinu trošenja materijala videti u: Kukoleča, S., - *Ekonomika preduzeća* (knjiga I, sveska I), Savremena administracija, Beograd, 1978.

Dijagram 3.5. - *Prostorni raspored i dimenzije građevinskih objekata*[22]

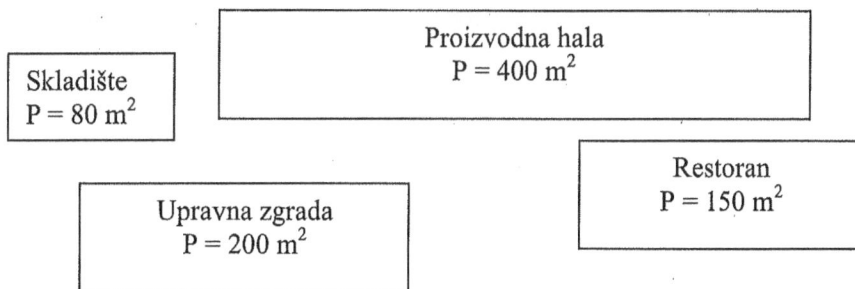

| Skladište P = 80 m² | Proizvodna hala P = 400 m² |
| Upravna zgrada P = 200 m² | Restoran P = 150 m² |

Pored gabarita i prostornog rasporeda, za svaki od objekata se mogu navesti predviđeni materijali za gradnju (drvo, armirani beton, metal itd.), zaštitni materijali[23] i dr.

Informacije o **instalacijama, netehnološkoj opremi i infrastrukturnoj komunikaciji** se, takođe, prezentiraju od strane inženjera, s tim što su oni različite struke od građevinskih i arhitektonskih inženjera, koji su prevashodno zaduženi za informacije o gradnji objekta. Konkretnije, *mašinski inženjeri* treba da obezbede informacije o grejanju, hlađenju i ventilaciji; *elektroinženjeri* o napajanju kompleksa električnom energijom, instalaciji tehnoloških potrošača, instalaciji netehnoloških potrošača (osvetljenje, gromobran, uzemljenje), telekomunikacijama (telefonski sistem, računarska mreža, sistem dojave požara) itd.; *hidroinženjeri* o vodovodu, fekalnoj kanalizaciji i sl.; *saobraćajni inženjeri* o saobraćajnicama, platoima i sl.[24] Svaki od navedenih stručnjaka treba na koncizan način da obuhvati sve relevantne aspekte. Na primer, što se tiče mašinske opreme dovoljno je ukratko:

- navesti planiranu opremu, kao što su klima uređaji, kompresori, hladnjak itd.;

- opisati osnovne karakteristike planirane opreme (dimenzije, težine i dr.) i

- argumentovati infrastrukturne zahteve, kao što su, na primer, potrebni električni kapaciteti shodno snazi motora i dr.[25]

---

[22] Osim građevinskih objekata, dijagram može da obuhvati i druge prostore. Jedan od načina grafičkog izražavanja, koji pored građevinskih objekata uključuje i interni parking, magistralni put, lokalni put i poslovni plac; videti u: Radovanović, T., - *Osnivanje i vođenje malog biznisa*, Nacionalna služba za zapošljavanje, Beograd, 2003, str. 74.

[23] Kao što su, na primer, sulfatni cementi, površinski premazi i dr., kojima se štiti armirani beton od korozije. Videti detaljnije u: Radosavljević, Ž., - *Armirani beton - knjiga I* (drugo izdanje), Građevinska knjiga, Beograd, 1978, str. 59.

[24] Paunović, B., Zipovski, D., - *Poslovni plan - vodič za izradu*, Centar za izdavačku delatnost Ekonomskog fakulteta u Beogradu, Beograd, 2005, str. 61.

[25] Milošević, M., „Identifikacija elemenata sistema za klimatizaciju, grejanje i hlađenje", u: - *21. kongres o grejanju, hlađenju i klimatizaciji*, Savez mašinskih i elektrotehničkih inženjera i tehničara, Beograd, 1990, str. 83.

2.4. Radna snaga povezana sa tehnološkim procesom

Osnovne informacije o radnicima povezanim sa tehnološkim procesom se odnose na:

- broj i kvalifikacionu strukturu i
- predviđenu obuku.

Broj proizvodnih radnika i zahtevana kvalifikaciona struktura se tabelarno prikazuju, a podaci se odnose na godinu maksimalno predviđenog kapaciteta.

Tabela 3.6. - *Broj i kvalifikaciona struktura zaposlenih na tehnološkim radnim mestima*

Radno mesto	Broj radnika po stepenima stručne spreme								
	I	II	III	IV	V	VI	VII-1	VII-2	VIII

Novi poslovni poduhvati su povezani za potrebom *za obukom radnika*. U ovom delu se prezentiraju informacije o tome ko će vršiti obuku i koliko će obuka trajati, kao i za koja radna mesta (prikazana u prethodnoj tabeli) će se radnici obučavati.

2.5. Grupno iskazana ulaganja, rok trajanja i investiciono održavanje

Sva grupno iskazana ulaganja je neophodno „prepakovati" u formu pogodnu za finansijsku analizu, što podrazumeva grupisanje ulaganja shodno šire definisanim celinama, kao što su objekti, tehnološka oprema itd. Za svako od ulaganja se definiše visina ulaganja, rok trajanja i godišnji trošak investicionog održavanja.

Tabela 3.7. - *Grupno iskazana ulaganja, rok trajanja i investiciono održavanje*

Vrsta ulaganja	Iznos ulaganja u EUR	Rok trajanja	Godišnji troškovi investicionog održavanja (% od vrednosti ulaganja ili vrednost u EUR)
1. OBJEKAT			
Građevinski deo			
Mašinski deo			
Hidro deo			
Elektro deo			
2. TEHNOLOŠKA OPREMA			
Oprema za proizvodnju			
Oprema za pakovanje i sortiranje			
3. NETEHNOLOŠKA OPREMA			
Klima uređaji			
Kompresori			
4. TRAFO STANICA			
UKUPNO			

GLAVA IV

KADROVSKI I ORGANIZACIONI ASPEKTI

„Od ljudi zavisi potencijal kompanije, od odnosa među ljudima njen moral,
od organizacije njena veličina, od vizije njen pravac, a od liderstva njen uspeh."[26]

Uspeh poslovanja preduzeća, pa i pojedinačno posmatrane investicione aktivnosti je u mnogo čemu opredeljen subjektivnim faktorima preduzeća, odnosno ljudskim resursima. Shvatajući značaj ljudskog faktora, u mnogim preduzećima su formirane zasebne organizacione celine čiji je osnovni zadatak optimalno upravljanje kadrovima. Uopšteno, upravljanje kadrovima je složen proces koji pored obezbeđenja neophodnih radnika obuhvata delegiranje zadataka unutar kojih će se najbolje iskoristiti individualni potencijali, kao i usmeravanje poslovanja svih radnika ka zajedničkim ciljevima.[27]

U investicionim projektima, shodno predmetu posmatranja, informacije o ljudskim resursima se dele na informacije kadrovskog karaktera (kadrovski aspekti investicionih projekata) i na informacije organizacionog karaktera (organizacioni aspekti investicionih projekata).

Kadrovski aspekti investicionih projekata su prvenstveno opredeljeni korisnicima informacija i dele se na:

- kadrovske aspekte opšte namene i
- kadrovske aspekte posebne namene.

Kadrovski aspekti opšte namene predstavljaju informacije koji su sastavni deo svih investicionih projekata, nezavisno od osnovnih korisnika. To su informacije o neophodnim radnicima za realizaciju investicionog projekta i o načinu njihovog obezbeđenja.

Kadrovski aspekti posebne namene se prvenstveno odnose na dokazivanje kompetentnosti ključnih osoba i sastavni su deo investicionih projekata namenjenih eksternim korisnicima.

---

[26] Izjava Džona Maksvela, jednog od vodećih američkih konsultanta iz oblasti liderstva. Preuzeto iz: - *Delfin 62/2001*, Menadžer »Delfin« agencija, Beograd, 2001, str. 1.

[27] Baca, M., "Upravljanje ljudskim potencijalima u tijelima državne uprave pomoću ekspertskih sustava", u: - *Zbornik radova Pravnog fakulteta u Splitu 1/2006*, Split, 2006, str. 138.

Osim individualnog kvaliteta radnika, uspešnost investicije zavisi i od planiranog načina organizovanja radnika, odnosno od **organizacionih aspekata** investicionog projekta.

U nastavku će se najznačajniji kadrovski i organizacioni aspekti investicionog projekta detaljnije obrazložiti u okviru sledećih poglavlja:

- Potrebna radna snaga i način njenog obezbeđenja,
- Ključne osobe i
- Organizaciona struktura.

1. POTREBNA RADNA SNAGA I NAČIN NJENOG OBEZBEĐENJA

Informacija o **potrebnoj radnoj snazi** je drugačiji naziv za informaciju o strukturi i ukupnom broju radnika koji su potrebni za realizaciju investicije. Način prezentiranja je sličan onom koji je za radnike povezane sa tehnološkim procesom urađen u okviru tehničko-tehnološke analize. Dakle, u tabeli se prezentiraju informacije o radnom mestu, stručnoj spremi i broju potrebnih izvršilaca. Ako se radi o projektu sa manjim brojem radnika može se prikazati svako pojedinačno radno mesto, dok se kod projekata sa većim brojem planiranih radnika zaposleni grupišu po vrstama radnog mesta.

Za projekciju troškova radne snage je značajno po godinama izvršiti projekciju potrebnih radnika jer je uobičajeno da se pun kapacitet, a time i ukupan broj zaposlenih, dostigne posle određenih godina eksploatacije. Informacije o potrebnoj radnoj snazi se za svaku pojedinačnu godinu trajanja projekta prezentiraju tabelarno, a broj tabela odgovara broju godina u kojima se razlikuje broj potrebnih radnika.[28]

Način obezbeđenja potrebne radne snage je naročito značajan kod novih poslovnih poduhvata, mada sa aspekta finansijske analize može da bude relevantan i kod pojedinih preduzeća koji investicijom samo povećavaju obim aktivnosti ili modernizuju proizvodni proces. U suštini, investitor prilikom obezbeđenja radne snage ima mogućnost kombinovanja jedne od sledećih alternativa:

- upošljavanje novozaposlenih radnika,
- stalno angažovanje spoljnih saradnika,
- povremeno (sezonsko) angažovanje dodatne radne snage i
- preraspodelu postojeće radne snage.

---

[28] Na primer, ako je planiran rok trajanja projekta od 2010. do 2019. godine, a 2012. godine je planirano dostizanje punog kapaciteta, izrađuju se sledeće tri tabele: potrebna radna snaga 2010. godine, potrebna radna snaga 2011. godine i potrebna radna snaga 2012-2019. godine.

Novozaposleni radnici su neminovnost kod osnivanja novih preduzeća. Ovakav oblik angažovanja, uzevši u obzir poreze i doprinose, je najskuplji. Međutim, upošljavanje novih radnika, pored prednosti stalnog raspolaganja radnicima, može da prouzrokuje i druge beneficije, kao što su, na primer, poreska oslobađanja kojim država stimuliše preduzeća da zapošljavaju nove radnike.

Kod manjih preduzeća, za pojedine „periferne" poslovne aktivnosti (obezbeđenje, čišćenje i sl.), investitoru može da bude isplativije *stalno angažovanje spoljnih saradnika* nego upošljavanje radnika na neodređeno vreme.

Kod *sezonske proizvodnje*, dodatna potreba za radnom snagom se u sezoni, po pravilu, obezbeđuje angažovanjem radnika sa kojima se sklapaju vremenski limitirani ugovori.[29]

Preraspodela postojeće radne snage je najkompleksnija sa aspekta finansijske analize. Kao i kod svake druge investicione analize, potrebno je izvršiti analizu „sa projektom" i „bez projekta", i u trošak uključiti samo diferencijalne razlike. Konkretna situacija je u Srbiji naročito izražena kod preduzeća koja su privatizovana, uz zabranu otpuštanja radnika. Tada je, između ostalog, svrha investicija stvaranje „realnih" radnih mesta za neuposlene radnike. Pretpostaviće se da 10 radnika koji nisu radno angažovani godišnje koštaju preduzeće 80.000 EUR, a da će se aktiviranjem investicije oni radno angažovati uz godišnji trošak od 100.000 EUR. U tom slučaju, u valorizaciji projekta kalkulisaće se sa 20.000 EUR godišnjeg troška radne snage jer je to razlika koja će nastati realizovanjem investicije.

2. KLJUČNE OSOBE

> *„U izboru između prvorazrednog preduzetničkog tima i drugorazredne ideje,*
> *i drugorazrednog tima i prvorazredne ideje, preferiram prvu alternativu."* [30]

Bez ljudi sa odgovarajućim kvalitetima ni najbolja ideja neće biti realizovana. Stoga se ključnim osobama od kojih zavisi uspešnost planirane investicije mora posvetiti posebna pažnja, što je naročito izraženo kod projekata namenjenih kreditorima. Naime, finansijeri ulažući u određeno preduzeće praktično ulažu u njegov upravljački i

---

[29] U Srbiji se ovakav vid angažovanja realizuje kroz ugovore o privremeno - povremenim (PP) poslovima. To je ona vrsta poslova koji spadaju u registrovanu delatnost preduzeća, ali su privremenog ili povremenog karaktera. Pri odabiru oblika angažovanja radnika potrebno je razmotriti fiskalne izdatke svakog od alternativnih oblika. Detaljnije o fiskalnom tretmanu PP poslova, kao i troškova po autorskim ugovorima, po ugovoru o delu i po osnovu ostalih ugovora fizičkih lica, videti u: Prokopić, B., Ljubičić, V., Trninić, O., Ilić, G., Stevanović, N., - *Priručnik za primenu kontnog okvira za preduzeća, zadruge i preduzetnike u skladu sa MRS*, Cekos In, Beograd, 2005, str. 325-327.

[30] Izjava Džordža Doriota, „oca" američke industrije "smelog kapitala". Preuzeto iz: Timons, J. A., - *New Venture Creation: Enterpreneurship in the 1990s*, Irwin, str. 16.

ekspertski tim, te ih je neophodno ubediti da ključne osobe znaju svoj posao, kao i da su motivisani da zadatke obavljaju na savestan način.

Značaj ključnih ljudi se ističe poslednjih decenija, a kao osnovni razlog se navodi stalni pomak radno intenzivne industrije ka industriji koja se zasniva na znanju. Piter Draker konstatuje da su od 1975. do 1990. godine fizički radnici smanjili svoje učešće u industrijskoj proizvodnji sa više od trećine na manje od petine američke radne snage. Predviđanja iz 1990. godine su da će se navedeni trend nastaviti, tako da će 2010. godine fizički radnici činiti samo dvadeseti deo ukupne radne snage u razvijenim zemljama, što nije više od, u vreme predviđanja, udela zemljoradnika. „Pad broja fizičkih radnika nije u vezi sa konkurencijom, politikom vlade, poslovnim ciklusom niti sa uvozom." To je strukturalan i bespovratan proces, te će se uticaj ključnih osoba vremenom povećavati.[31]

Iako u zavisnosti od karaktera investicije u ključne osobe mogu da se uključe stručnjaci različitih profila (glavni inženjer, tehnolog i dr.), po značaju se izdvajaju menadžeri, odnosno grupa ljudi koja ima određena ovlašćenja u upravljanju izvršenjem određenih poslova.[32]

U razmatranom kontekstu, zainteresovanost investitora se može se formulisati kroz potrebu da se u investicionim projektima pruži argumentovan odgovor na sledeća pitanja:

- Da li menadžeri imaju potreban kvalitet?
- Na koji način su menadžeri motivisani da zadatke obavljaju na najbolji način?

Menadžeri se međusobno razlikuju po svom znanju, iskustvu, veštinama i dr. Jedan od načina sagledavanja **kvaliteta menadžera** je uvid u njihove reference, što je razlog prezentiranja njihovog »CV«[33] u investicionim projektima. Pored toga, odobravanju većih kreditnih iznosa prethode razgovori finansijera sa glavnim menadžerima čija je svrha da finansijeri, uvažavajući psihološke faktore, sagledaju da li su karakteristike glavnih menadžera one na osnovu kojih se mogu svrstati u uspešne, kao što su:

- *samopostignuće* - ambiciozni pojedinac koji ima snažnu potrebu za uspehom i afirmacijom, te shodno tome prihvata odgovornost za svoje odluke;

---

[31] Drucker, P., - *Menadžment za budućnost - devedesete i vreme koje dolazi*, Poslovni sistem "Grmeč", Beograd, 1995, str. 118.

[32] Skip Bornhiter, generalni direktor fabrike duvana iz Niša (DIN - u sastavu Philip Morris International), posebno ističe značaj menadžera u turbulentnim okruženjima kao što je Srbija. "U svim slučajevima, a naročito u okruženju koje se tako brzo menja kao u Srbiji, u upravljanju poslovanjem najbitnije je predvideti budući razvoj događaja i imati unapred spremne odgovore. Zato je neophodno imati snažan rukovodeći tim. Samo tako je moguće stalno biti korak ispred." Citat preuzet iz: - *Vreme broj 868*, NP Vreme, Beograd, 2007, str. 41.

[33] CV, koji se u praksi najčešće koristi kao naziv za opis, prvenstveno radne biografije, je skraćenica od "Curriculum vitae", što na latinskom jeziku znači "tok života" ili "životopis".

- *preuzimanje rizika* - sklonost ka akciji iako negativni rezultati preduzetih aktivnosti mogu da ugroze profesionalnu karijeru;

- *liderstvo* - svojim autoritetom utiču, vode druge ljude da ih slede u ostvarenju postavljenog cilja i potrebnih promena;

- *posedovanje vizije* i dr.[34] [35]

Od napomenutih karakteristika, pojedini autori posebno ističu neophodnost da menadžeri poseduju *viziju*.[36] To je slika o budućnosti organizacije i u skladu sa tim stvaranje neophodnih procedura i sprovođenje aktivnosti kako bi se ta slika pretvorila u stvarnost.[37]

Motivisanost ključnih osoba da rade u najboljem interesu preduzeća se kao problem ne postavlja u preduzetničkim preduzećima gde je menadžer istovremeno i vlasnik. Nasuprot tome, navedena problematika je naročito izražena u velikim preduzećima, kojima je uobičajeno da upravljaju profesionalni menadžeri.[38]

Odnos između menadžera i akcionara se naziva agencijski (posrednički) odnos gde je vlasnik unajmio drugog subjekta da na najbolji način predstavlja njegove interese.

---

[34] Slične karakteristike preduzetnika, shvaćenih kao ličnosti u kojoj su sjedinjeni elementi vlasništva i menadžera, prezentirane u: Pokrajčić, D., "Karakteristike uspešnih preduzetnika", u: - *Ekonomski anali 162*, Ekonomski fakultet u Beogradu, Beograd, 2004, str. 30-32. Pored navedenih, dodatno se navode sledeće željene karakteristike: *inovativnost* - nadareni ljudi sposobni da uvode novine; *kreativnost* - sposobnost povezivanja prethodno nepovezanih pojmova ili ideja u celinu; i *autonomnost* - zadovoljstvo rezultata ličnog postignuća, a koje izostaje kada se radi za drugog.

[35] Džon Kenedi je znao da kaže da je za kvalitetnog predsednika značajna fizička energija. U tom kontekstu, postoje mišljenja da kvalitetan menadžer treba da poseduje značajan nivo fizičke energije da bi mogao dug period da provede na radu. To ne znači da menadžeri treba nedeljno da rade između 60 i 70 sati, jer bi usled konstantnog umora bili neefikasni. »Ali minimum je potrebno posedovati energije za 50-60 sati nedeljno i 48-50 nedelja godišnje«, u: Howard. D. F., - *Dinamic Planning and Management in the Securities Industry*, New York Institute of Finance, New York, 1987, str. 253.

[36] "Vizija je u srcu teorijskih epoha, to je gravitaciona tačka, centralno mesto teorijskih konstrukcija koja uvećava objašnjavajuću moć ekonomije", u: Jakšić, M., "Vizije, institucije i privredni razvoj", u: - *Ekonomski anali 163*, Ekonomski fakultet u Beogradu, Beograd, 2004, str. 63-64.

[37] Pojedinci greše u razumevanju pojma vizije, poistovećujući je sa misijom. Za razliku od vizije, misija ima izražen društveni kontekst. Ona oslikava: razloge postojanja organizacije, ulogu i funkciju koju organizacija želi da ispuni, definisanje osnovnih potrošača, metode pomoću kojih organizacija namerava da ispuni svoj cilj i sl. Tako, na primer, "za Radović Company, misija je da se putem zastupanja uglednih međunarodnih kompanija obezbedi što većem krugu potrošača, prvenstveno ženi i deci, lepši i jednostavniji život korišćenjem savremenih proizvoda vrhunskog svetskog kvaliteta; a vizija je da ostvari IDEAL savremene, profitabilne i dugoročno uspešne kompanije, koja permanentno brine o svojim kupcima, zaposlenima i sredini u kojoj se nalazi", u: *Delfin 14/1997*, Menadžer »Delfin« agencija, Beograd, 1997, str. 2-3.

[38] Haley, C. W., Schall, L. D., - *The Theory of Financial Decisions* (second edition), Mc Graw Hill, Aucklang, 1979, str. 4.

Da li u praksi menadžer dosledno predstavlja interese akcionara? Kao primer nepodudarnosti interesa se može navesti razmatranje nove investicije za čije aktiviranje akcionari mogu da budu zainteresovani jer pozitivni efekti dovode do povećanje vrednosti akcija. S druge strane, ako investicija krene neželjenim tokom menadžer može da izgubi posao, pa svojim postupcima deluje u pravcu izbegavanja investicione aktivnosti. Navedeni primer predstavlja indirektni oblik nepodudarnosti interesa i manifestuje se potencijalnim izgubljenim dobitkom vlasnika jer menadžment štiteći svoje interese nije preuzeo razumnu akciju. Postoje i vidljivi direktni oblici nepodudarnosti interesa, kao što je, na primer, bespotrebna kupovina luksuznog automobila od strane menadžmenta, o trošku preduzeća.[39]

Dva su osnovna načina za usklađivanje menadžerovih poslovnih aktivnosti i interesa akcionara, i to:

- sankcionisanje i
- stimulisanje.

Sankcionisanje je u neposrednoj vezi sa činjenicom da menadžment u upravljanju preduzećem ne bi trebao da smetne sa uma da ih vlasnici, posredno, preko upravnog organa (upravni odbor ili skupština), biraju, ali i otpuštaju.

Stimulativne mere se manifestuju u bonusima menadžerima, dodeli besplatnih akcija i drugim oblicima „beneficija", koje se odobravaju u slučaju ostvarenja ili prebačaja planiranih rezultata. Ovaj oblik motivisanosti sve više dobija na značaju, tako da je fiksna plata kao jedini oblik kompenzacije za najznačajnije menadžere velikih preduzeća više retkost nego pravilo. Inače, stimulacija bonusima u pojedinim preduzećima dostiže astronomske iznose. Tako je samo u 2001. godini Sanford Weill (generalni direktor „Citi" grupacije) zaradio 216 miliona dolara, dok je u periodu 1996-2001. godine njegova zarada iznosila 750 miliona dolara. U istom periodu Michael Eisner (generalni direktor „Walt Disney") je zaradio 738 miliona dolara.[40] [41]

Visoka primanja pojedinih menadžera u odnosu na ostale zaposlene su karakteristična i za manje razvijene sredine, a razlog je izraženi nesklad između tražnje i ponude

---

[39] Ross, S. A., Westerfield, R. W., Jordan, B. D., - *Fundamentals of Corporate Finance* (sixth edition), Mc Graw Hill, New York, 2003, str. 14-15.

[40] *Ibid.*, str. 15.

[41] Stimulativne mere kojima se pospešuje identifikovanje sa rezultatima preduzeća nisu vezane samo za ključne osobe. Kao primer iz prakse da se stimulativne mere primenjuju i na radnike nižeg hijerarhijskog nivoa se može navesti najprofitabilniji svetski proizvođač automobila „Porsche", u kojem je 2007. godine 8.000 radnika primilo specijalni bonus u iznosu od 5.200 EUR po radniku. Razlog za stimulativne mere je povećanje prodaje i profita u odnosu na 2006. godinu, kada je isti broj radnika dobio bonus, s tim što je bonus iznosio 3.500 EUR po radniku. Videti detaljnije u: www.ekapija.com, (broj 748).

kvalitetnih rukovodioca. U jednom istraživanju, sprovedenom početkom 21. veka u Srbiji, konstatovano je da je deficit kvalitetnih menadžera jedan od glavnih problema koji može da uspori tranzicione procese. »Evidentna je inertnost menadžmenta za profesionalno obavljanje posla, efikasnost je vrlo oslabljena, te se stiče utisak da upravni odbori bolje funkcionišu nego operativni menadžment. Tržišna ekonomija zahteva suprotno ponašanje, da operativni menadžment bude nosilac efektivnosti.«[42]

3. ORGANIZACIONA STRUKTURA

„Značaj dobre organizacije je u njenom svojstvu da generiše rezultate koji prevazilaze potencijale raspoloživih materijalnih i kadrovskih resursa. U dobro organizovanim sistemima i prosečan pojedinac postiže izuzetne rezultate, oslanjajući se na jedinstvo napora sa preostalim članovima organizacije. S druge strane, i izuzetni pojedinci nisu dovoljni da obezbede prosečne rezultate organizacije, ako deluju kao samostalni pregaoci." [43]

Sve organizacije se shodno kvalitetu funkcionisanja mogu svrstati u jednu od sledećih grupa:

- nekvalitetne organizacije,
- organizacije sa kratkovidim pristupom i
- organizacije sa vizijom.[44]

Nekvalitetne organizacije su one gde su zaposleni nemotivisani i nezainteresovani za lično usavršavanje, imaju nisku produktivnost jer nemaju neophodna znanja i veštine, samo slede naređenja i ne pokazuju inicijativu, međusobno ne komuniciraju na konstruktivan način, izbegavaju ili poslove odlažu u nedogled. Kod ovih organizacija su prigovori kupaca redovna pojava, a problemi se ponavljaju i uvećavaju.[45]

Organizacije sa kratkovidim pristupom su organizacije koje se smatraju uspešnim, ali čije su poslovne aktivnosti isključivo usmerene na postizanje trenutnih rezultata, kao što su dobijanje porudžbina, njihovo procesuiranje i što brže otpremanje robe ili izvršenje usluga. Zaokupljene kratkoročnim profitom, u ovim organizacijama se na pravi način ne uočavaju naziruće opasnosti, promene i trendovi.[46] [47]

---

[42] Stamenković, S., Savin, D., Kovačević, M., Petković, G., Kozomara, J., i dr. - *Konkurentnost privrede Srbije*, East West Institute, Beograd, 2003, str. 57.

[43] Dulanović, Ž., Jaško, O., - *Organizaciona struktura - metode i modeli*, Fakultet organizacionih nauka, Beograd, 2002, str. 5.

[44] *Delfin 86/2003*, Menadžer »Delfin« agencija, Beograd, 2003, str. 1.

[45] *Ibid.*, str. 1

[46] *Ibid.*, str. 1

[47] Isak Adižes konstatuje da su u ovakvim organizacijama aktivnosti usmerene ka kratkoročnoj efektivnosti, često zanemarujući viziju, odnosno dugoročnu efektivnost. Detaljnije o navedenom videti u: Adižes, I., - *Upravljanje promenama*, Prometej, Novi Sad, 1979, str. 18-19.

Organizacije sa vizijom imaju strateški pristup. To su organizacije koje uče[48] jer su usmerene stalnim unapređenjem u svim sferama poslovanja. Ovaj tip organizacija u napredovanju vidi jedinu šansu za opstanak u budućnosti. Ideja koja stoji iza koncepta organizacija koje uče je jasna i razumljiva, i ogleda se u pristupu da je jedini način da organizacija stekne i zadrži konkurentsku prednost u većem učenju od svoje konkurencije, i to u svim oblastima svog delovanja. U središtu ovog koncepta je kvalitet subjektivnog faktora, odnosno verovanje da u svim organizacijama leži delimično zaključan ili uspavan ljudski potencijal, koji bi, kada bi ga svi članovi organizacije razvili, iskoristili i primenili, omogućio ostvarenje, kako pojedinačnih ljudskih vizija, tako i realizaciju zajedničkih vizija organizacije.[49] Da li i u kojoj meri će se potencijal iskoristiti najviše zavisi od ključnih ljudi koji vode organizacije.[50]

Tabela 4.1. - *Razlike kratkovidog i strateškog pristupa*[51]

Kriterijumi	*Kratkovidi pristup*	*Strateški pristup*
Dugoročna strategija	Nije formalno izražena ili ne postoji	Postoji kao dokument, raspravljen u organizaciji
Konkurentska prednost	Slediti druge, ne brinuti o konkurentskoj prednosti	Biti prvi, postići i zadržati konkurentsku prednost
Organizaciona struktura	Rigidna, hijerarhijska, usmerena na „status kvo"	Fleksibilna, prilagodljiva, usmerena na promene
Istraživanje i razvoj	Kupovina tehnologija, ideja i gotovih znanja	Sopstveni razvoj proizvoda i usluga, stalno inoviranje
Finansijska korist	Težnja da se ostvari što veća kratkoročna dobit	Težnja da se širi tržište i ostvari dugoročna dobit
Kadrovska politika	Radna snaga je roba, koja se po potrebi kupuje na tržištu, lako se otpušta	Dugoročni razvoj zaposlenih, ljudi se smatraju najvažnijim resursom
Pristup problemima	Otklanjanje posledica, traženje krivca	Usmerenost na uzroke, opšta inicijativnost
Stil menadžmenta	Gašenje požara, uklanjanje kriznih žarišta	Razmišljanje o dugoročnim posledicama svake odluke

Kvalitet organizacije u mnogo čemu zavisi od kvaliteta **organizacione strukture**. Organizacija može da bude strukturirana na više načina, što je prevashodno opredeljeno

---

[48] "Učenje obuhvata saznavanje, menjanje, interakciju pojedinca i preduzeća, pomeranje granica mogućeg", u: Jakšić. M. - *Op. cit.*, str. 64-65.

[49] „Kada vas motiviše neki veliki cilj, vaše misli kidaju stege koje ih sputavaju, vaš um prevazilazi granice, vaša svest se širi u svim pravcima. Uspavane snage, sposobnosti i talenti dolaze do izražaja", u: Šarma, R. S., - *Kaluđer koji je prodao svoj Ferari*, Mono & Manana, Beograd, 2004, str. 68.

[50] *Delfin 86/2003, - Op. cit.*, str. 1.

[51] *Delfin 14/1997, - Op. cit.*, str. 1.

osnovnim faktorima organizacione strukture, odnosno specijalizacijom (podelom rada) i decentralizacijom. Osnovni modeli organizacione strukture su:

- linijski model,
- funkcionalni model i
- divizioni model.

Pored navedenih, obzirom na njegov značaj u predinvesticionoj, a posebno u investicionoj fazi proizvodnog ciklusa, u nastavku će se detaljnije objasniti projektni model organizovanja.[52]

Linijski model se često naziva vojni model i karakteriše ga jasna hijerarhijska razdvojenost. Kod ovog modela se odnosi zasnivaju na nadređenosti viših i podređenosti nižih položaja u organizaciji, tako da čine jedinstven lanac komande, koja ide od vrha organizacije do njenog dna.[53] U privredi je ovaj model karakterističan za mala preduzeća gde u ekstremnom slučaju „lanac" može da bude veoma kratak. To su slučajevi kada generalni menadžer, koji je istovremeno i vlasnik preduzeća, vrši neposredan uvid i nadzor u kompletan poslovni proces, često se baveći problemima najnižeg nivoa.

Dijagram 4.2. - *Linijski model organizacione strukture*

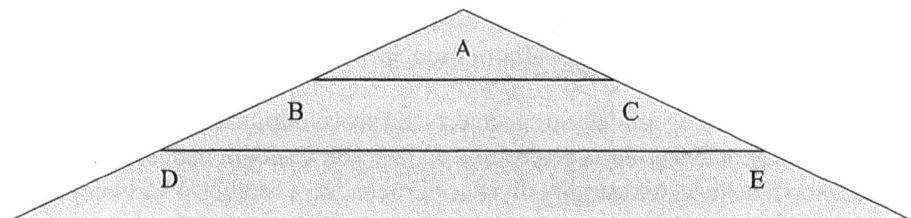

Funkcionalni model je najrasprostranjeniji model kod srednjih preduzeća. Karakteriše ga jasna segmentacija organizacije prema poslovnim funkcijama. U funkcionalnoj organizaciji se svi poslovi jedne funkcije međusobno povezuju u jednu samostalnu organizacionu jedinicu za koju se najčešće koristi naziv sektor. Sektorom neposredno upravlja rukovodilac, koji ispod sebe ima niže rukovodioce (upravljaju službama), a sam je neposredno odgovoran generalnom direktoru preduzeća.

---

[52] Detaljnu razradu tipskih modela organizacione strukture videti u: Dulanović, Ž., Jaško, O., - *Organizaciona struktura - metode i modeli*, Op. cit., str. 99-164. Pored navedena 4 modela, autori u osnovne modele ubrajaju i: linijsko-štabni model, centri kontrole (profitni centri, investicioni centri i dr.) kao elemente decentralizovane organizacione strukture, matrični model, strategijske poslovne jedinice i inovativni model.

[53] *Ibid.*, str. 99.

Dijagram 4.3. - Funkcionalni model organizacione strukture[54]

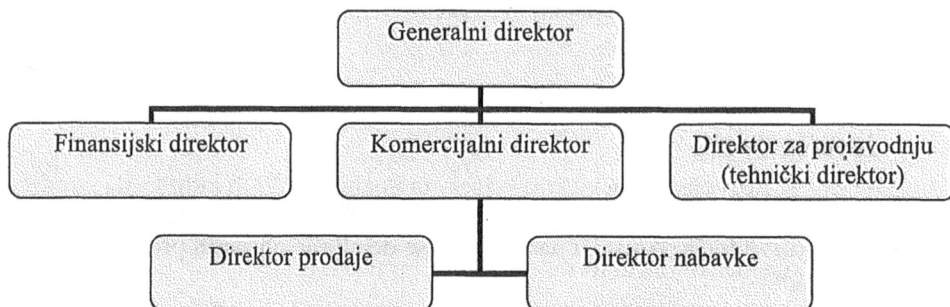

```
                    ┌─────────────────────┐
                    │  Generalni direktor  │
                    └─────────────────────┘
     ┌───────────────────────┼───────────────────────┐
┌──────────────────┐ ┌──────────────────────┐ ┌────────────────────┐
│ Finansijski      │ │ Komercijalni direktor│ │ Direktor za        │
│ direktor         │ │                      │ │ proizvodnju        │
│                  │ │                      │ │ (tehnički direktor)│
└──────────────────┘ └──────────────────────┘ └────────────────────┘
          ┌──────────────────┴──────────────────┐
    ┌──────────────────┐              ┌──────────────────┐
    │ Direktor prodaje │              │ Direktor nabavke │
    └──────────────────┘              └──────────────────┘
```

Divizioni model je karakterističan za velika preduzeća, a naziva se još i višelinijski model. Ovaj model je razvijen dvadesetih godina 20. veka (Du Pont i General Motors), a veća njegova primena se vezuje za period posle drugog svetskog rata. „Ona je povezana sa povećanjem nestabilnosti i kompleksnosti okruženja i tehnologije i, s tim u vezi, rastom i razvojem preduzeća na bazi strategije diversifikacije."[55]

Za razliku od funkcionalnog modela, kod divizionog modela se primarna organizaciona struktura komponuje shodno drugim opredeljućim aspektima, kao što su: predmet proizvodnje, teritorija tržišta prodaje i dr. Svaki od primarno formiranih organizacionih delova se može posmatrati kao zasebna jedinica, gde je moguće, na primer, organizaciju profilisati na funkcionalnom modelu.

Dobre strane divizionog modela su specijalizacija proizvodnih aktivnosti, puna odgovornost menadžera diviziona za poslovanje divizija i dr. Osnovni nedostatak je u tome što stvara tendenciju ka fokusiranju divizionih menadžera isključivo ka svojoj diviziji, što ne mora da bude adekvatno sa stanovišta kompanije kao celine.[56]

Iz napomenutih prednosti i nedostataka je jasno da će kvalitet divizionog modela u mnogo čemu zavisiti od kvaliteta divizionih menadžera. Masao Nemoto, koji je krajem 20-og veka bio na funkciji generalnog direktora Tojote, proklamovao je 10 principa koji se tokom poslovanja trebaju uvažiti od strane menadžera diviziona i to:

- kontinuirano treba poboljšavati kvalitet zaposlenih,
- rad u okviru i između diviziona se mora koordinirati,

---

[54] Iako je u dijagramu prikazana samo razdvojenost komercijalnog sektora, razumljivo da je moguća podela i ostalih sektora. Na primer, u okviru proizvodnog sektora je moguće izvršiti razdvajanje na službu kvaliteta, službu proizvodne operative i dr.

[55] Malinić, D., - *Divizionalno računovodstvo*, Ekonomski fakultet Beograd, Beograd, 1996, str. 33.

[56] Dulanović, Ž., Jaško, O., - *Organizaciona struktura - metode i modeli*, Op. cit., str. 111.

- neophodno je u određenim vremenskim intervalima organizovati grupne sastanke menadžera i radnika, gde svakom treba dopustiti mogućnost da iznese svoje stavove;
- izbegavati svađe,
- svoje aktivnosti treba obavljati na način da druge osobe mogu da prepoznaju kvalitet tog rada,
- ne sme se dozvoliti situacija koja odgovara iluziji pojedinih radnika da se određene poslovne aktivnosti ne bi mogle obavljati bez njih,[57]
- upravljanje bez limitiranih rokova[58] nije upravljanje,
- da bi prezentacija bila efikasna neophodno je da bude na adekvatan način pripremljena,
- menadžeri diviziona moraju aktivno da se uključe u rešavanje identifikovanih većih problema i
- potrebno je što frekventnije postavljati sledeće pitanje podređenima: „Šta je to što mogu da učinim za vas?"[59]

Od svih napomenutih principa, Nemoto je kao najvažniji princip potencirao neophodnost saradnje između diviziona. Isticanje tog principa, ali i potreba za iskazivanjem superiornosti u odnosu na najznačajnije konkurente, se može uočiti iz sledeće njegove izjave date na sastanku sa menadžerima diviziona: „Jedna od najznačajnijih funkcija menadžera diviziona je da koordiniraju rad između sopstvenih i drugih diviziona. Ako to niste u stanju, molim vas da pređete u američko preduzeće".[60]

Dijagram 4.4. - *Divizioni model - predmetni (proizvodni) model organizacione strukture*

---

[57] Navedeni princip uslovljava neophodnost organizovanja preduzeća na sistemskom, a ne na personalnom principu.

[58] Za jasno limitirane rokove se i na našim prostorima sve više koristi "anglo-saksonski izraz" - "dead line".

[59] Hindle, T., - *Business Terms*, Harvard Business School Press, United States of America, 1993, str. 172-173.

[60] *Ibid.*, str. 173.

Dijagram 4.5. - *Divizioni model - teritorijalni model organizacione strukture*

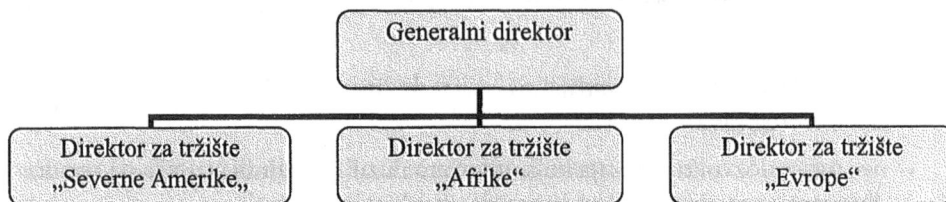

```
                    ┌─────────────────────┐
                    │  Generalni direktor │
                    └─────────────────────┘
         ┌──────────────────┼──────────────────┐
┌──────────────────┐ ┌──────────────────┐ ┌──────────────────┐
│ Direktor za tržište│ │ Direktor za tržište│ │ Direktor za tržište│
│  „Severne Amerike„│ │      „Afrike"     │ │      „Evrope"     │
└──────────────────┘ └──────────────────┘ └──────────────────┘
```

Upravljanje složenim projektima je nemoguće ostvariti poznatim upravljačkim metodama i klasičnim konceptima organizacije, pre svega funkcionalnim, jer one ne omogućavaju da se usklade mnogobrojne aktivnosti koje u okviru projekta obavlja veliki broj učesnika. Stoga se za realizaciju određenog projekta njegovi učesnici organizuju u posebnom, projektnom timu, što odgovara *projektnom modelu organizovanja*.[61]

Osnovne karakteristike projektne organizacione strukture su: određivanje rukovodioca projekta, formiranje projektnog tima, usmeravanje aktivnosti tima ka ciljevima izrade projekata i raspuštanje tima po izradi projekata, odnosno po ostvarivanju njegovih ciljeva.[62]

Svrha projektnog modela organizovanja je adekvatno usmeravanje i koordinacija ljudskih i materijalnih resursa da bi se projekat realizovao u planiranom vremenu, sa planiranim kvalitetom i planiranim troškovima. Ovi ciljevi se postižu sistematskim procesima upravljanja u sledećim osnovnim funkcionalnim oblastima:

- *upravljanje obimom projekta* - usmeravanje projekta prema njegovim ciljevima, počev od koncipiranja, definisanja i razrade projekta, sve do njegove realizacije i završetka;

- *upravljanje vremenom* - planiranje i kontrola vremenskog perioda realizacije projekta;

- *upravljanje troškovima* - planiranje i kontrola troškova realizacije projekta;

- *upravljanje kvalitetom* - osiguranje kvaliteta kroz procese koji obezbeđuju standarde izvođenja i kontrolu kvaliteta koja se ostvaruje ispitivanjem usklađenosti realizacije pojedinih aspekata projekata sa zahtevanim standardima;

- *upravljanje ljudskim resursima* - usmeravanja i koordinacija ljudskih resursa da bi se postigli zacrtani ciljevi;

---

[61] *Zbornik radova: Upravljanje razvojnim i investicionim projektima* (red. Jovanović, P.), Fakultet organizacionih nauka, Beograd, 1997, str. 1

[62] Dulanović, Ž., Jaško, O., - *Organizaciona struktura i promene*, Fakultet organizacionih nauka, 2005, Beograd, str. 149.

- *upravljanje ugovaranjem* - ugovaranje nabavki svih potrebnih resursa za realizaciju projekta; i

- *upravljanje rizikom projekta* - skup upravljačkih metoda i tehnika koje se koriste u identifikaciji, analizi, proceni i planiranju odgovora na moguće rizične događaje u realizaciji projekta.[63]

Na kraju, poželjno je dati par praktičnih saveta vezanih za grafičku interpretaciju i deskriptivni opis organizacione strukture u investicionim projektima namenjenih eksternim korisnicima.

Što se tiče *grafičke interpretacije* organizacione strukture, najjasniji uvid je prikazom strukture pomoću organizacione šeme. Kod kompleksnih investicionih projekata šema obuhvata samo najvažnije organizacione celine, dok kod manjih projekata može da obuhvati svako pojedinačno radno mesto. Pored naziva funkcije ključnih menadžera za koje je u okviru „ključnih osoba" prezentiran CV, može se upisati njihovo ime i prezime. Kako određene strateške investicije sa sobom povlače i kvalitativni pomak u organizacionoj strukturi, osim planirane buduće, moguće je prikazati i opisati postojeću organizacionu strukturu. Za preduzeća koja tokom veka trajanja projekta planiraju promenu, kako broja zaposlenih, tako i predviđene organizacione strukture, pored inicijalne (na početku aktiviranja projekta), prikazuje se i organizaciona struktura u budućnosti. Jedan od mogućih načina grafičkog izražavanja je prikaz inicijalne organizacione strukture punim linijama, a buduće strukture isprekidanim linijama.[64]

Deskriptivni opis organizacione strukture sadrži opis poslova koji se obavljaju u okviru najvažnijih organizacionih celina, kao i objašnjenja odnosa između organizacionih celina na istom i na različitim hijerarhijskim nivoima (vertikalni i horizontalni tokovi informacija).[65]

---

[63] *Zbornik radova: Upravljanje razvojnim i investicionim projektima* (red. Jovanović, P.), Op. cit., str. 3-10.

[64] Paunović, B., Zipovski, D., - *Op. cit.*, str. 71.

[65] *Ibid.*, str. 70-71.

GLAVA V
LOKACIJA

U investicionim projektima se pod **lokacijom** podrazumeva prostor gde se poslovanje obavlja ili je planirano da se obavlja. Napomenuto razgraničenje je veoma značajno jer od činjenice da li preduzeće već posluje ili tek planira da posluje na predviđenoj lokaciji zavisi nivo pažnje koji je potrebno posvetiti lokacijskim aspektima.

Kada preduzeća planira investiciju na lokaciji gde duži vremenski period posluje, investitor gotovo da u tom poslovnom segmentu nema slobodu izbora. Tada, investicioni projekti sadrže samo informacije o osnovnim karakteristikama postojeće lokacije, koje treba da ukažu na njenu adekvatnost planiranoj investicionoj aktivnosti. Šta više, u investicionim projektima namenjenim internim korisnicima, ako nije planirano dislociranje, uobičajeno je da se uopšte ne tretiraju lokacijski aspekti.

Potpuno je drugačiji je slučaj kada se planira poslovna aktivnost na novom prostoru, što je posebno karakteristično kod osnivanja preduzeća. Tada, prostor gde će se investicija realizovati nije egzaktno determinisan, već zavisi od odabira investitora. Kod ovakvih investicija se lokacijskom aspektu mora posvetiti značajna pažnja jer konkretan odabir može da opredeli uspeh poslovnog poduhvata.

Uobičajeno je da se pri izboru lokacije pođe od analize šireg geografskog položaja, *makrolokacije*. Obzirom na geografsku sveobuhvatnost, makrolokacija predstavlja neiscrpno vrelo mogućih varijanata izbora.[66] U zavisnosti od primenjenih kriterijuma, adekvatnost države, regiona, grada (naselja); za planiranu investicionu aktivnost, može biti ocenjivano različitim merilima.[67] Krajnji rezultat makroanalize treba da bude odabir manjeg broja alternativnih položaja. Shodno karakteristikama svakog potencijalnog položaja, odnosno shodno rezultatima *mikroanalize*, investitor vrši finalni odabir. Otuda se izbor lokacije može razumeti kao proces u kome se kontinuirano donosi niz odluka. Svaka od njih omogućava investitoru da suzi izbor, kako bi pronašao najbolju lokaciju za svoj posao.

---

[66] Lang, R., Blagojević, S., Gorupić, D. (red.), i dr. - *Investicije u poduzeću*, Informator, Zagreb, 1963, str. 180.

[67] U stručnoj literaturi se može sresti veliki broj radova koji se odnosi na faktore koje treba uzeti u obzir prilikom analize makrolokacije. U jednom od njih, koji se bavi relevantnim faktorima prilikom izbora regiona, naglašena pažnja je posvećena analizi blizine kupaca, blizine dobavljača, ponudi neophodne radne snage, poslovnoj klimi i sveukupnom stanju privrednog života. Videti detaljnije u: Scarborough, N. M., Zimmerer, T. W., - *Effective Small Business Management*, Prentice Hall, 1996, str. 581-595.

U suštini, prilikom odabira lokacije, investitor je, s jedne strane, limitiran nizom ograničenja, a s druge strane, podstaknut nizom stimulansa, koji proizilaze iz:

- tehničko-tehnološke analize,
- analize tržišta i
- analize društvenog okruženja.

Stoga, cilj analize lokacije je na osnovu napomenutih analiza odabrati prostor koji svojim karakteristikama minimizira uočena ograničenja, uz istovremeno iskorišćavanje prednosti izabrane lokacije.

Radi lakšeg razumevanja, izbor lokacije se može prikazati na ilustrativan način.

Dijagram 5.1. - *Izbor lokacije*

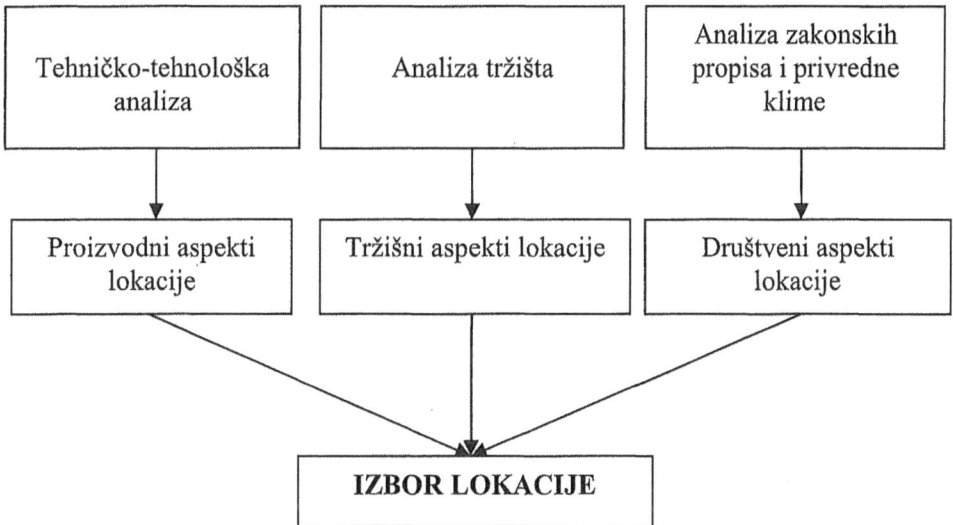

U nastavku, u zavisnosti od dela iz kojeg proizilaze, lokacijski aspekti će se objasniti u sledećim poglavljima:

- Proizvodni aspekti lokacije,
- Tržišni aspekti lokacije i
- Društveni aspekti lokacije.

1. PROIZVODNI ASPEKTI LOKACIJE

Kod proizvodnih preduzeća se prilikom odabira lokacije moraju uvažiti karakteristike proizvodnog procesa, koje su prezentirane u okviru tehničko-tehnološke analize. Najznačajniji proizvodni aspekti su:

- uticaj prirode na proizvodni proces,
- neophodni energenti i
- potrebna radna snaga.

Shodno *uticaju prirode na proizvodni proces* razlikuju se lokacijski nezavisni i lokacijski zavisni investicioni projekti. Za razliku od lokacijski nezavisnih, lokacijski zavisni projekti karakterišu proizvodnju koja se neposredno oslanja na prirodne izvore ili zavisi od prirodnih uslova. To su, po pravilu, one privredne delatnosti gde se input ili output obezbeđuje direktno iz prirode, što je naročito karakteristično za poljoprivrednu, šumarsku i rudarsku industriju. Ako preduzeće želi da se bavi proizvodnjom uglja mora se skoncentrisati na prostor gde se raspolaže sirovinom koje ima dovoljne količine, adekvatnog kvaliteta, zadovoljavajuće kalorične vrednosti, zahtevanog hemijskog sastava i dr. Takođe, proizvodnja flaširanih voda se može obavljati samo na lokacijama gde postoje kvalitetna izvorišta prirodne vode.[68]

Prirodni uslovi, osim na rezultate u periodu eksploatacije, mogu da budu značajni i za druge poslovne aspekte. Visina investicionih ulaganja u objekat, između ostalog, zavisi i od geomehaničkih karakteristika tla (podzemne vode, mogućih klizišta i sl.).

Kada *energenti* u znatnoj meri utiču na cenu koštanja, prilikom izbora lokacije treba uzeti u obzir potencijale relevantnih vidova energije (električne energije, vode i sl.) za obavljanje određenog proizvodnog procesa.[69] Ako postojeća lokacija nije u stanju da svojim kapacitetima u potpunosti „akceptira" novog potrošača mogu da nastanu ozbiljni problemi u fazi eksploatacije. Pored toga, ulaganja mogu značajno da se razlikuju u zavisnosti od činjenice da li je aktiviranje proizvodnje uslovljeno finansiranjem izgradnje nove trafo stanice ili se moguće „prikačiti" na postojeću. Po UNIDO metodologiji, prilikom izbora lokacije za energetski intenzivnu proizvodnju neophodno

---

[68] Uticaj prirodnih uslova nije vezan samo za proizvodna preduzeća. Od ostalih delatnosti, uticaj prirodnih, prvenstveno klimatskih faktora je naročito izražen u turizmu. Kao primer se može navesti odabir lokacije za skijaške centre, kada se jedna od najznačajnijih informacija odnosi na broj snežnih dana i broj dana kada temperatura ne prouzrokuje otopljavanje snega.

[69] Detaljnija specifikacija faktora koje treba uzeti u obzir prilikom analize energenata je prezentirana u: *Priručnik za primenu Zajedničke metodologije za ocenjivanje društvene i ekonomske opravdanosti investicija i efikasnosti investiranja u SFRJ - 1 metodološki vodič*, Udruženje banaka Jugoslavije, Beograd, 1988, str. 76-77.

je da investitor minimum raspolaže sa sledećim informacijama: raspoloživa količina električne energije, stabilnost snabdevanja, mesta priključenja u određenom regionu i cena za različite nivoe potrošnje.[70]

Kod radno intenzivnih delatnosti, izbor lokacije je u tesnoj vezi sa mogućnostima obezbeđena *potrebne radne snage*. U navedenom kontekstu posebnu pažnju treba obratiti na činjenicu da, usled potrebe izgradnje smeštajnih kapaciteta, odabrana lokacija može da uslovi visinu ulaganja. Naime, ulaganja će biti veća ako „na licu mesta" radnici ne raspolažu sopstvenim smeštajnim kapacitetima, a preduzeće je primorano da im kapacitete obezbedi. Kod pojedinih investicija je izgradnja smeštajnih kapaciteta neophodna i investitor u tom domenu nema izbora. Tako, ako se na nenaseljenom području otvara rudnik, neophodno je izgraditi smeštajne kapacitete koje će radnici koristiti duže vreme, to jest za svo vreme eksploatacije.

Postoje i drugi proizvodni aspekti koji mogu uticati na izbor lokacije, a što je opredeljeno karakteristikama projekta. Kao primer se može navesti projekat u kojem tehničko-tehnološka analiza ukazuje na znatne količine čvrstog otpada ili otpadnih voda. Tada je poželjno da postojeća infrastrukturna rešenja omogućavaju adekvatno skladištenje (otpadne deponije) ili mogućnost odvoda (kanalizacionim cevima).

2. TRŽIŠNI ASPEKTI LOKACIJE

Izbor lokacije je u mnogo čemu opredeljen tržišnim aspektima lokacije, odnosno informacijama dobijenim analizom tržišta. Veliki broj tržišnih informacija koje, između ostalog, utiču i na izbor lokacije su predmet zasebnog, marketinškog dela investicionog projekta. Stoga se u ovom delu težište stavlja samo na osnovne informacije koje se neposredno mogu povezati sa problematikom izbora lokacije.

U zavisnosti od dela u kome su relevantne informacije sadržane, razlikuju se:

- lokacijska ograničenja nabavnog tržišta i
- lokacijska ograničenja prodajnog tržišta.

Lokacijska ograničenja nabavnog tržišta proistekla iz analize tržišta se prevashodno odnose na analizu mogućnosti teritorijalno bliske nabavke osnovnih inputa koji se koriste za proizvodnju određenog proizvoda. Naime, kada je određeni input kvantitativno dominantan u ceni koštanja, ako drugi aspekti ne ograničavaju, poželjno je proizvodne pogone locirati blizu izvora nabavke, odnosno u neposrednoj blizini dobavljača. To je posebno izraženo kod inputa koji svojim količinama i/ili gabariti-

---

[70] *Priručnik za pripremu industrijskih studija izvodljivosti*, Op. cit., str. 90.

ma prouzrokuju visoke transportne troškove. Pored navedenog, snižavanje troškova transporta može da bude uslovljeno raspoloživošću pojedinih transportnih kapaciteta. Tako, kada su stručnjaci iz preduzeća „Lukoil" razmatrali „kupovinu lokacija" u Srbiji za skladištenje većih količina nafte, u obzir su uzimali samo prostore u čijoj se neposrednoj blizini može izvršiti transport železnicom. Naime, ovaj vid transporta je znatno jeftiniji od alternativnih, a raspoloživost železničke infrastrukture prouzrokuje niža investiciona ulaganja nego u slučaju neophodnosti njene gradnje.

Lokacijska ograničenja prodajnog tržišta zavise od vrste delatnosti kojom se preduzeće bavi, veličine prodajnih kapaciteta, konkurencije, disperzije kupaca i dr. Kod malih trgovinskih prodavnica i ugostiteljskih preduzeća je veoma značajna „frekventnost mesta", tako da su uža gradska područja najpodesnije lokacije. Pored navedenog, u obzir se mora uzeti postojeća, pa i potencijalna konkurencija. Kao primer relevantnosti sagledavanja konkurencije mogu se navesti mali „korner marketi" koji su u Srbiji prepolovili promet i nestali sa tržišta kada su se u njihovoj blizini otvorili supermarketi velikih trgovinskih preduzeća („Delta" i dr.). Za razliku od malih trgovinskih radnji, veliki trgovinski lanci sa pratećim adekvatnim parking prostorom mogu svoje kupce očekivati i sa udaljenih područja, pa se pojedini od njih smeštaju na periferijama velikih gradova (na primer, lokacije „Metroa" u Beogradu). Proizvodna preduzeća koja planiraju da celokupnu ili veći deo svoje proizvodnje plasiraju jednom poznatom kupcu, ako je to moguće, poželjno je da svoje proizvodne objekte lociraju u njegovoj neposrednoj blizini. Naime, nezavisno da li „padaju" na teret kupca ili prodavca, sigurno da će pri nižim transportnim troškovima moći da se ostvari cena sa kojom će obe strane biti zadovoljnije. Tako, što je i poželjno kod proizvodnje sa izraženim rizikom „glavnog kupca", minimiziranjem transportnih troškova, koji se javljaju kao oblik ulazne barijere, preduzeće se štiti se od potencijalne konkurencije.

Iz iznetog se može zaključiti da je veliki značaj transportnih troškova kod izbora lokacije. Zato i ne čudi što su prve teorije lokacije (A. Vebera) pokušale ocenjivati povoljnost i atraktivnosti konkretnih prostora na bazi troškova prevoza. Veberova teorija je nastala u 18. veku kada su u mnogim industrijskim granama transportni troškovi predstavljali najznačajniju vrstu troška.[71] Danas, transportni troškovi su i dalje izraženi u proizvodnim preduzećima, a njihov udeo u ceni koštanja je najznačajniji u crnoj metalurgiji (10,3%), staklarskoj industriji (8,9%), hemijskoj industriji (7%), keramičkoj industriji (5,9%), industriji nemetala (5%) i proizvodnji papira (4,1%).[72]

---

[71] Razloge treba tražiti u slaboj saobraćajnoj infrastrukturi, tako da su plovne reke i kanali bile glavne saobraćajnice za industriju. Bitno poboljšanje i snižavanje transportnih troškova se vezuje za pojavu železnice. Vremenom se stanje dodatno poboljšavalo, odnosno saobraćajna mreža je postajala gušća, kapaciteti prevoznih sredstava su povećavani, motorizacija je učinila dostupnim udaljene krajeve, konkurencija među prevoznicima je uticala je na snižavanje cena prevoza i dr.

[72] Preuzeto iz „Geografija industrije", www.ekof.bg.ac.rs

3. DRUŠTVENI ASPEKTI LOKACIJE

Društveni aspekti lokacije odražavaju društvene faktore koji utiču na izbor lokacije. Pogrešno bi bilo ove faktore vezati samo za normativne akte jer je osim zakonskih rešenja važno sagledati praktičnu efikasnost „sistema", kao i nivo zastupljenosti pojedinih oblika društvenih anomalija. Dakle, društveni aspekti lokacije se odnose na celokupnu društvenu klimu, tako da, shodno njoj, investitori ocenjuju atraktivnost određenog područja. Investiciona atraktivna područja oslikavaju društvenu klimu koja je stimulativna za involviranja na ta tržišta. Elementi takve klime uključuju stimulativne regulacije za ulaz i izlaz, efikasnu administraciju, zakonodavstvo koje predstavlja opasnost za korupciju i dr.[73]

Svi društveni aspekti lokacije se mogu podeliti u sledeće dve grupe:

- društveno destimulativni aspekti lokacije i
- društveno stimulativni aspekti lokacije.

Društveno destimulativni aspekti lokacije mogu biti zvaničnog i nezvaničnog karaktera, te se, shodno tome, razlikuju zvanični destimulativni aspekti lokacije i nezvanični destimulativni aspekti lokacije.

Zvanični destimulativni aspekti lokacije svoje uporište nalaze u zakonskim propisima i reflektuju se u prostornoj, estetskoj i sektorskoj limitiranosti. Prostorna i estetska limitiranost se prvenstveno ogleda u zahtevu da planirana investicija mora biti u skladu sa urbanističko-tehničkim planovima, dok sektorska limitiranost proizilazi iz ograničenja javne politike po pitanju uslova za bavljenje određenim delatnostima.

Prostorna limitiranost se objašnjava činjenicom da se određeni oblici proizvodnje mogu obavljati samo u jasno definisanim industrijskim zonama. Ovaj oblik limitiranosti se tokom godina povećava, tako da se može govoriti o svetskoj tendenciji. Osnovni cilj jasnog razgraničavanja industrijskih oblasti je u potrebi zaštite životnih uslova u gusto naseljenim područjima. Limitiranost lokacijskog odabira ne mora biti vezana samo za zaštitu životne sredine, već ograničenja mogu da nastanu i po osnovu drugih razloga. Kao primer se može navesti prostorna limitiranost u oblasti radio difuznih predajnika koji rade na istim frekvencijama. Kod ovakvih oblika investicionih projekata, jedan od ciljeva ulaganja se može definisati kroz maksimiziranje broja „pokrivenih" korisnika, uz zadovoljenje zakonskog ograničenja u pogledu minimalne dopuštene udaljenosti između predajnika.[74]

[73] Collie, P., Dolar, D., - „Globalization, Growth and Poverty Building an Inclusive World Economy", World Bank and Oxford University Press, 2002, preštampano u: - *South Eastern Europe Journal of Economics 1/2004*, University of Macedonia Press, Greece, 2004, str. 114.

[74] Dimitrijević, B., „Primena jedne klase anti-covering problema za izbor lokacija radio-difuznih predajnika", u: - *Telfor 2006*, str. 257.

Estetska limitiranost se manifestuje na identičan način kao i prostorna limitiranost, s tim što njene uzroke ne treba tražiti u bezbednosnim i funkcionalnim, već u aspektima koji su vezani za vizuelizaciju, odnosno estetiku određenog područja. Tako, pojedini prostori mogu urbanističkim planovima do detalja biti definisani, na primer, uključujući kod gradnje: spratnost, površine stambenih i poslovnih prostorija, fasadu, krovove, dozvoljene materijale i dr.

Sektorska limitiranost je opredeljena merama javne politike kojima je onemogućen samostalan ulazak novih proizvođača u pojedine sektore. Tako su u Srbiji samo četiri preduzeća dobila mogućnost za proizvodnju duvana. Veliki duvanski giganti koji su želeli da proizvode duvan na navedenom tržištu praktično nisu imali izbora, odnosno morali su da se odluče za kupovinu jednog od njih.[75] Slična situacija je i na bankarskom tržištu, gde veliki broj multinacionalnih poslovnih banaka nisu imale mogućnost „greenfild" investicija, već je njihov ulazak na tržište Srbije bio uslovljen kupovinom poslovnih banaka koje su već posedovale dozvolu Narodne banke Srbije.

Nezvanični destimulativni aspekti lokacije su napomenuti i odnose se na neefikasnost sistema u primeni zakona, administrativnim preprekama, korupciji i dr.

Društveno stimulativni aspekti lokacije, isto kao i društveno destimulativni, mogu biti zvaničnog i nezvaničnog karaktera.

Zvanični stimulativni aspekti lokacije mogu imati razne forme koje su prevashodno opredeljene ciljevima kojima su mere javne politike usmerene. U Srbiji, pojedini od ciljeva koji prouzrokuju stimulativne mere su:

- *podsticanje razvoja nerazvijenih područja* - Fond za razvoj Republike Srbije je namenio posebne kredite sa godišnjom kamatnom stopom od 1% (za najnerazvijenije opštine) i 2% (za ostale nerazvijene opštine), kao podsticaj za razvoj preduzeća u manje razvijenim opštinama;[76]

- *podsticanje preduzetništva* - Fond za razvoj Republike Srbije je predvideo da novoosnovana pravna lica kroz „start-up" kredite mogu da obezbede određeni iznos za finansiranje početnih ulaganja, uz godišnju kamatnu stopu od 1%;

- *podsticanje međunarodne razmene sa određenom državom* - za Republiku Srbiju je posebno značajan bilateralan sporazum o slobodnoj trgovini sa Rusijom, kojim je precizirano da prilikom izvoza proizvoda koji su poreklom iz jedne od država u drugu državu, troškovi carine sa carinskom evidencijom iznose samo 1%;

---

[75] British American Tobacco je kupio Duvansku industriju Vranje, Japan International Tobacco je kupio Duvansku industriju Sentu, a Philip Morris je kupio Duvansku industriju Niš. Osim navedenih, Invej je četvrti proizvođač koji može da se bavi proizvodnjom duvana na tržištu Srbije.

[76] www.fondzarazvoj.gov.rs

- *podsticanje investicija u stalnu imovinu* - shodno „Zakonu o porezu na dobit preduzeća", obračunati porez na dobit se umanjuje po osnovu ulaganja u osnovna sredstva; i

- *rešavanje problema nezaposlenosti određenih starosnih grupacija* - „Zakonom o porezu na dohodak građana" su predviđene olakšice kod plaćanja poreza i doprinosa za obavezno socijalno osiguranje koje poslodavac može da koristi kod zapošljavanja pripravnika, lica mlađih od 30 godina i lica starijih od 45 godina.[77]

Nezvanični stimulativni aspekti lokacije odražavaju društvenu klimu sa specifičnostima koje su različite od društveno destimulativnih oblika nezvaničnog karaktera. Dakle, to su područja gde se zakoni dosledno primenjuju, korupcija nije izražena, administrativni problemi se lako i brzo rešavaju i dr.

---

[77] „Službeni glasnik RS", br. 65/2006.

GLAVA VI

ZAŠTITA ČOVEKOVE OKOLINE I ZAŠTITA NA RADU

Tendenciju povećanja značaja zaštite čovekove okoline i zaštite na radu je najbolje razumeti kao civilizacijsku tekovinu, koja se ogleda u potrebi da se na globalnom nivou poboljšavaju uslovi života i rada.

Sa poslovnog aspekta, osnovna karakteristika zaštitnih aspekata je *visok nivo zakonske regulative*. Neophodnost da se putem zakonskih rešenja aktivno uključe državni organi je posledica činjenice da se kod primene zaštitnih mera lako uočavaju i valorizuju troškovi i/ili ulaganja, što se ne može reći za koristi. Stoga, kada njihova primena ne bi bila obavezujuća, pitanje je koliko bi poslodavci ovom „društvenom aspektu" pridavali pažnje, ili, konkretnije, koliko bi na uštrb ostvarenog profita izdvajali finansijskih sredstava za primenu zaštitnih mera.

U nastavku, u zavisnosti od oblasti zaštite na koji se odnose, ova glava će se detaljnije razraditi u sledećim poglavljima:

- zaštita čovekove okoline i
- zaštita na radu.

1.   ZAŠTITA ČOVEKOVE OKOLINE

Početkom 2005. godine doneta je deklaracija Ujedinjenih nacija pod nazivom „Milenijumska procena Eko sistema". Osnovni zaključak koji proizilazi iz Deklaracije je da će nastavak sadašnjeg tempa uništavanja resursa prirode ozbiljno ugroziti opstanak ljudi na zemlji. Sav dosadašnji napredak neće moći da se očuva ukoliko većina eko sistema na koje se čovečanstvo oslanja za život bude i dalje degradirano. Postojeći tempo uništavanja prouzrokovaće redukcije izvorišta voda za piće,[78] promene klime, stvaranja dodatnih "mrtvih zona", kao i pojave novih bolesti. Bez drastičnih promena stvoriće se ozbiljni problemi za čovečanstvo jer je dosadašnja dobrobit ostvarena na račun uništenja prirodnih resursa.

---

[78] U izveštaju grupacije "International Alert" se navodi primer Perua, gde se sveža voda uglavnom dobija topljenjem glečera. Do 2015. godine najveći deo peruanskih glečera će nestati zbog globalnog zagrevanja i 27 miliona ljudi te zemlje će skoro u potpunosti ostati bez sveže vode. Videti detaljnije u: - *Biznis (regionalne poslovne novine) 22/2007*, Press Publishing Group, Beograd, 2007, str. 12.

Period naglog pogoršanja stanja životne sredine se vezuje za period značajnog rasta privredne aktivnosti, odnosno za period od industrijske revolucije. Uvećana proizvodnja uslovljava uvećanu potrebu za energentima, koja se 90% podmiruje sagorevanjem fosilnih goriva, što dovodi do prekomerne emisije grupe gasova od kojih je najzastupljeniji ugljen dioksid, sa učešćem od 80%. Prekomerna emisija gasova je, pored seče drveća, u najvećoj meri odgovorna za pojavu efekata „staklene bašte", odnosno veštačkog zagrevanja zemljine površine.[79] Stoga se redukcija navedenog efekta stavlja na listu međunarodnih prioriteta.

Efekat „staklene bašte", kao i svaki drugi oblik zagađenja, se u ekonomiji posmatra kao oblik negativne eksternalije. Eksternalije su efekti pozitivnog ili negativnog karaktera, koje za jedan subjekat proizilaze iz aktivnosti drugog subjekta, bilo da se radi o proizvodnji ili potrošnji, a da pri tome nisu rezultat delovanja mehanizma cena. Osnovne standarde teorije eksternalija, uvođenjem termina „eksterni učinak", postavio je britanski teoretičar Artur Pigu u svom radu[80] objavljenom 1912. godine. Po njemu, neophodna je aktivna uloga države, to jest državna intervencija koja bi trebala da obezbedi da tržišne cene odražavaju pun društveni trošak. Posmatrano sa teorijskog stanovišta, kako bi se izbeglo prenošenje ekonomskih troškova na celokupnu društvenu zajednicu neophodna je njihova internalizacija, odnosno uključivanje troškova zagađenja u cenu proizvoda. Jedan od načina internalizacije eksternalija je uvođenje poreza po jedinici proizvodnje, koji bi bio jednak troškovima zagađenja. Danas se u literaturi sreću različiti termini za obeležavanje poreza na eksternalije, kao što su: ekološki porez, eko porez, porez na zagađenje i zeleni porez. Podsticajna uloga ekoloških poreza se ogleda u tome da se stimulišu proizvođači i potrošači da efikasnije upotrebljavaju oskudne prirodne resurse. Oporezivanjem ekološki nepodobnih proizvoda (fosilna goriva, veštačka đubriva i sl.), njihova cena se uvećava, tako da se ohrabruje upotreba adekvatnih supstituta koji su sa ekološkog stanovišta poželjniji.[81]

Uvođenje različitih oblika ekoloških poreza nije značajno uticalo na poboljšanje globalnog stanja životne sredine, tako da je postalo jasno da se problem zagađenja ne može rešiti samo indirektnim metodama, preko uvećanja troškova proizvođača. Stoga se međunarodna zajednica okrenula drugim, direktnijim metodama za rešavanje problema zagađenja.

Na okvirnoj konferenciji UN, održanoj 1997. godine u japanskom gradu Kjotu, doneta je odluka da se u periodu 2008-2012. godine redukuje emisija gasova koji doprinose efektu „staklene bašte", u proseku za 5,12% u odnosu na nivo emisije iz 1990 go-

---

[79] Filipović, S., "Ekološki porezi u pojedinim evropskim zemljama", u: - *Ekonomski anali 162*, Ekonomski fakultet u Beogradu, Beograd, 2004, str. 209-213.

[80] "Wealth and Welfare"

[81] Filipović, S., - *Op. cit.*, str. 210-212.

dine. „Kjoto sporazum" je stupio na snagu 16. februara 2005. godine, a do kraja 2007. godine ga je „ratifikovala" 171 država, među kojima i Evropska Unija, s tim što su se članice Unije obavezale na primenu još oštrijih kriterijuma, kako po pitanju vremena implementacije, tako i po pitanju procenta zagađenja. Konkretno, članice Evropske Unije su se obavezale da do 2010. godine smanje emisiju štetnih gasova za 8% u odnosu na 1990. godinu. Krajem 2007. godine sporazum je ratifikovala i Srbija, i očekuje se da će se njegovom primenom smanjiti zagađenje vazduha u industrijskim zonama kao što su Beograd, Bor, Pančevo i dr.[82] Osnovni nedostatak Kjoto sporazuma je što ga nisu potpisale pojedine države koje su najveći zagađivači planete. Jedna od njih je SAD, čiji su zvaničnici obrazlagali nepotpisivanje sporazuma opasnostima njegove primene na privredni rast i životni standard stanovništva. Stoga je krajem 2007. godine u Montrealu održana konferencija u kojoj je donet zaključak da se po isteku Kjoto sporazuma moraju uvesti još strožiji propisi koji će biti obavezujući za sve države na planeti.[83]

Postoje i drugi direktni oblici kojima se proizvođači obavezuju na primenu savremenih ekoloških standarda. Tako, izvoz pojedinih kategorija proizvoda u pojedine zemlje je uslovljen posedovanjem međunarodnih sertifikata, za čije je dobijanje neophodno ispuniti i u kontinuitetu primenjivati određene precizirane ekološke standarde.

Pored navedenog, kao primer iz prakse jednog drugog direktnog oblika pomoću kojih državni organi utiču na regulisanje nivoa zagađenja se može navesti privatizacija pojedinih preduzeća u Srbiji. Tako su se novi vlasnici Fabrike cementa Beočin („Lafarge") i Fabrike cementa Novi Popovac („Holcim"), u ugovorima potpisanim sa Agencijom za privatizaciju Republike Srbije, između ostalog, obavezali da će realizovati investiciona ulaganja kojima će znatno smanjiti nivo otpadnih gasova koji nastaje u proizvodnom procesu.

Nivo pažnje koji se posvećuje *ekološkim aspektima u investicionim projektima* zavisi od vrste investicija, koje sa ekološkog aspekta mogu biti:

- ekološki nerizične i
- ekološki rizične.

Pojedina investiciona, *ekološki nerizična ulaganja*, kao, na primer, manja proširenja skladišnih kapaciteta trgovačke radnje, neće ni sadržati „ekološke podatke", odnosno u jednoj rečenici će se navesti da planirana investicija ni u kom aspektu neće negativno uticati na čovekovu okolinu.

---

[82] O Kjoto sporazumu su korišćene informacije sa "sajtova": www.tanjug.rs i www.pregled.rs

[83] www.voanews.com

S druge strane, kod *ekološki rizičnih ulaganja,* slično kao i kod tehničko-tehnološke analize, ekološki elaborat je deo zasebne „sveske", a u investicionim projektima se prezentira samo njen sažetak (rezime). U sažetku ekološkog elaborata se daje **ocena o ekološkoj podobnosti,** komparacijom:

- potencijalnih negativnih uticaja investicije na životnu sredinu i
- predviđenih mera za zaštitu životne sredine.

Kod proizvodnih preduzeća, *osnovni potencijalni negativni uticaji na životnu sredinu* su:

- otpadne vode (sanitarne, tehnološke i atmosferske),
- čvrsti otpad (proizvodni škart, rastur i sl.) i
- buka (rad tehnološke opreme, kretanje vozila i dr.).

Za svaki od prepoznatih potencijalnih negativnih uticaja je neophodno *precizirati mere zaštite životne sredine* kojima će se ovi uticaji otkloniti, ili bar minimizirati. Na primer, otpadne vode se mogu organizovano sakupljati posebno izgrađenim sistemom interne kanalizacije koji je povezan sa sistemom gradske kanalizacije; čvrst otpad se može sakupljati, seći, presovati i odlagati u kontejnere; a proizvodna buka blizu naseljenog mesta se može eliminisati izgradnjom objekta sa dobrom zvučnom izolacijom.

Što se tiče alokacije planiranih novčanih sredstava za zaštitu životne sredine, po pravilu, ovi izdaci se ne smatraju tekućim troškom, već su kroz investiciona ulaganja uključena u pojedinačnu vrednost stalne imovine (izolacija i interna kanalizacija u vrednost građevinskog objekta, filteri za prečišćavanje u vrednost tehnološke opreme i dr.).

2. ZAŠTITA NA RADU

U Srbiji je zaštita na radu regulisana posebnim normativnim aktom („Zakon o bezbednosti i zdravlju na radu"). Ovim Zakonom, čije se odredbe moraju uvažiti i prilikom izrade investicionih projekata, uređuje se sprovođenje i unapređivanje bezbednosti i zdravlja na radu lica koja učestvuju u radnim procesima, kao i lica koja se zateknu u radnoj okolini.[84]

Zaštita na radu je prvenstveno usmerena na opasnosti, odnosno na okolnosti i stanja koje mogu ugroziti zdravlje ili izazvati povredu zaposlenih, od kojih su najznačajniji:

- požari,

---

[84] „Zakon o bezbednosti i zdravlju na radu", član 1., u: *„Službeni glasnik RS", br. 101/2005.*

- profesionalna oboljenja i
- povrede obavljanjem radnih procesa.

Podatak da je pozitivno mišljenje „Protivpožarne policije" na dostavljeni protivpožarni elaborat neophodan uslov za dobijanje upotrebne dozvole dovoljno ukazuje na značaj koji se i pri samoj izradi investicionih projekata mora posveti *zaštiti od požara*. U uslovima dinamičnog razvoja, sve veće korišćenje opasnih materija zahteva i odgovarajuće ponašanje, adekvatnu primenu i preduzimanje mnogih mera predostrožnosti da bi se sprečile štetne posledice i bespovratno uništavanje materijalnih dobara, i nadasve da bi se što bolje zaštitili životi i zdravlje zaposlenih.[85] Kako u primeni mera za sprečavanje, tako i kod predviđenih postupaka za gašenje požara, koriste se znanja prirodnih nauka i to u prvom redu fizike i hemije. Tu se prvenstveno misli na fizičke i hemijske aspekte toplote i toplotnih pojava, paljenja i sagorevanja različitih materija i dr.[86]

Pojedini poslovni procesi, odnosno prvenstveno rad u određenom proizvodnom okruženju, prouzrokuje *profesionalna oboljenja*. Višegodišnji rad u rudniku, livnici, valjaonici i sl., će u svakom slučaju negativno uticati na zdravlje ljudi. I pored toga, neophodno je, što je moguće više, minimizirati negativne uticaje, što se može postići postavljanjem određenih kriterijuma koje radnik mora da ispuni da bi bio primljen na određeno radno mesto, zdravstvenom proverom u kraćim vremenskim intervalima radnika koji rade na rizičnim radnim mestima[87] i sl.

Povrede obavljanjem radnih procesa nastaju kao posledica nedovoljne obučenosti, nedisciplinovanosti ili umora radnika koji obavljaju pojedine poslovne, uglavnom proizvodne operacije. Stoga je neophodno predvideti i, još važnije, dosledno primenjivati sve mere kojima će se ove opasnosti minimizirati (obaveza nošenja zaštitnih odela, inicijalna i naknadna obuka pri svakoj kompleksnijoj promeni tehnološkog procesa, jasno obeležena mesta na kojima je moguć strujni udar i dr.)

Identično kao i kod zaštite životne sredine, nivo pažnje koji u investicionim projektima treba posvetiti zaštiti na radu zavisi od vrste investicije. Za razliku od nerizičnih investicija sa aspekta zaštite na radu, koje sadrže samo konstataciju da njihovo aktiviranje neće uticati na zdravlje i bezbednost zaposlenih, kod rizičnih investicionih

---

[85] *Priručnik za polaganje stručnih ispita radnika koji rade na poslovima zaštite od požara 1* (rec. Jovanović, Ž.), Poslovna politika, Beograd, 1984, str. 5. (predgovor).

[86] Kostić, V., - *Osnovi preventivne zaštite od požara* (drugo izdanje), Vatrogasni savez Jugoslavije, Beograd, 1979, str. 9.

[87] "Poslodavac je dužan da zaposlenom na radnom mestu sa povećanim rizikom pre početka rada obezbedi prethodni lekarski pregled, kao i periodični lekarski pregled u toku rada", u: „Zakon o bezbednosti i zdravlju na radu", član 43.

projekata se daje **ocena o adekvatnosti predviđenih mera zaštite na radu**. Ocena se donosi komparacijom:

- mogućih opasnosti na bezbednost i zdravlje zaposlenih i
- predviđenih mera za otklanjanje, odnosno minimiziranje opasnosti.

Moguće opasnosti na bezbednost i zdravlje zaposlenih se taksativno nabrajaju, a za svaki od prepoznatih mogućih opasnosti je neophodno predvideti mere za njihovo otklanjanje, odnosno minimiziranje. [88] Sve predviđene mere zaštite na radu se dele na:

- preventivne mere i
- interventne mere.

Preventivne mere deluju u pravcu da se izbegnu okolnosti koje mogu da budu opasne za zaposlene. Ovim merama se mora posvetiti posebna pažnja jer su ulaganja u prevenciju znatno manja nego troškovi saniranja posledica negativnih događaja. Tako, protivpožarna preventiva uključuje adekvatnu izgradnju, korišćenje i održavanje objekata, tehnološke opreme i ostalih sredstava za rad; adekvatno informisanje radnika o aktivnostima koji mogu da prouzrokuju požar,[89] itd.

Interventne mere su aktivnosti i postupci koji su planirani da se preduzmu u slučaju dešavanja okolnosti koje predstavljaju opasnost za zaposlene. Ako se ponovo u središte posmatranja postavi opasnost od požara, cilj interventnih mera se može definisati kao smanjene štetnih posledica u slučaju da do požara dođe. To će se postići osiguranjem dovoljno sredstava i uređaja za gašenje požara, obučavanjem ljudstva, kako u rukovanju sa uređajima i sredstvima, tako i u ispravnom načinu ponašanja u uslovima vatre; i dr.[90]

Za razliku od sredstava za zaštitu životne sredine, većina izdataka za zaštitu na radu se, zbog male pojedinačne vrednosti ili kratkog roka trajanja, računovodstveno treti-

---

[88] Pored navedenog, u realnom poslovanju se za svaku prepoznatu potencijalnu opasnost vrši procena štete koje bi njeno nastajanje prouzrokovalo. To je predmet "Akta o proceni rizika" koji je poslodavac dužan da „donese" u pismenoj formi i to za sva radna mesta u radnoj okolini. Videti detaljnije u: *Ibid.*, član 13.

[89] U strukturi uzroka požara čovek je uglavnom najveći krivac. Od ukupnog broja požara koji su se u SFRJ dogodile u periodu 1945-1986. godine u 75% slučajeva uzročnik je bio ljudski faktor. "Greške se manifestuju u vidu nepažnje, neznanja ili nepoštovanja zakonskih i drugih propisa, neodgovornosti, nediscipline i javašluka. Ljudi izazivaju požare otvorenim plamenom, električnim instalacijama, opušcima od cigareta, zavarivanjem i na još mnogo načina." Detaljnije videti: Međedović, S., "Zaštita društvene imovine od požara", u: - *Zaštita od požara 5/6 1986*, Vatrogasni savez Jugoslavije, Beograd, 1986, str. 5-6.

[90] *Priručnik za polaganje stručnih ispita radnika koji rade na poslovima zaštite od požara 2* (rec. Redžić, D.), Poslovna politika, Beograd, 1985, str. 7.

raju tekućim troškom (šlemovi, HTZ oprema, vatrogasni aparati i sl.). Postoje i izuzeci kada se pojedini izdaci za zaštitu na radu računovodstveno tretiraju investicionim ulaganjem, kao što su, na primer, požarne stepenice, koje se smatraju sastavnim delom objekta i uključeni su u njegovu vrednost.

DEO III

MARKETING DEO INVESTICIONOG PROJEKTA

Iako je u tržišnim uslovima privređivanja jasan uticaj marketinga na poslovanje preduzeća, ne postoji univerzalno tumačenje[1], kao ni univerzalna definicija navedenog pojma. Filip Kotler pod marketingom podrazumeva društveni i upravljački proces kojim putem stvaranja, ponude i razmene proizvoda od vrednosti s drugima, pojedinci i grupe dobivaju ono što im je potrebno ili što žele.[2] Momčilo Milisavljević, takođe, marketing prvenstveno razume kao društveni proces zadovoljavanja potreba razmenom, koji obuhvata pojedince koji hoće da podmire svoje potrebe i organizacije koje obavljaju aktivnosti kojima se te potrebe zadovoljavaju.[3] Mek Donald i Moris marketing definišu kao upravljačku funkciju koja služi da se razume tržište da bi se kvantifikovale potrebe određenih ciljnih grupa na tom tržištu, i da bi se te potrebe iskomunicirale sa svim zaposlenima sa ciljem zadovoljavanja prepoznatih potreba na način koji će preduzeću omogućiti ostvarivanje najboljeg mogućeg rezultata.[4]

Iako su navedene, kao i druge definicije, relevantne za sagledavanje značaja samog termina, one su uglavnom uopštene, što je uticalo na problematiku definisanja poslovnih segmenata koji treba da budu predmet marketing dela investicionog projekta. U Osnovnim metodologijama je marketing plan površno razmatran, a predviđen je da se razmatra u dve odvojene glave i to: u Zajedničkoj metodologiji u okviru "analize prodajnog tržišta" i „analize nabavnog tržišta"; a u UNIDO metodologiji u okviru „tržišta plasmana" i „tržišta nabavke". Shodno navedenom, semantička zamerka može da se uputi Zajedničkoj metodologiji jer je analiza tržišta bitna, ali samo jedna od funkcija marketinga.[5] Navedeni nedostatak je ispravljen sadržajem aktuelne studije opravdanosti, gde je novi termin („tržišni aspekti") sveobuhvatniji i prikladniji za objašnjenje tematike koja je predmet ovog dela projekta. Ipak, iako se u osnovi termina marketing nalazi tržište (market), sufiks „ing" se ne može adekvatno prevesti na naš jezik.[6] Stoga je reč marketing i na našem govornom području široko prihvaćena, te se ne može smatrati „tuđicom", pa je najispravnije ovaj deo investicionog projekta nazvati „marketing plan".

U nastavku, marketing plan će biti izložen u sledećim glavama:

- Plan prodaje i
- Plan nabavke.

---

[1] „Izrecite reč marketing u prostoriji punoj profesionalaca i različiti ljudi pomisliće na različite stvari", u: Maister, D. H., - *Upravljanje profesionalnim firmama*, Jugoslovenska asocijacija za naftu i gas - YUNG, Beograd, 1997, str. 53.

[2] Kotler, F., - *Upravljanje marketingom* (deveto izdanje), Mate, Zagreb, 2001, str. 9.

[3] Milisavljević, M., - *Marketing* (jedanaesto izdanje), Savremena administracija, Beograd, 1990, str. 3.

[4] McDonald, M., Morris, P., - *Marketing u stripu*, Communis, Novi Sad, 2006, str. 2.

[5] Tričković, V., Hanić, H., - *Istraživanje tržišta* (četvrto izdanje), Ekonomski fakultet Beograd, Beograd, 1996, str. 9.

[6] Milisavljević, M., - *Op. cit.*, str. 3.

GLAVA VII
PLAN PRODAJE

Plan prodaje je najznačajniji deo marketing plana, koji jačanjem tržišne konkurencije sve više dobija na značaju. Savremene tendencije u poslovanju utiču na prelazak sa proizvodne logike, po kojoj je zadatak proizvesti što kvalitetniji i jeftiniji proizvod, na tržišnu logiku, odnosno na proizvodnju samo onih proizvoda koji mogu da se prodaju uz istovremeno ostvarivanje zadovoljavajućeg iznosa profita.[7] Dakle, marketinški orijentisana preduzeća u fokus posmatranja stavljaju potrebe kupaca, a tek po njihovom sagledavanju usmeravaju poslovne aktivnosti ka zadovoljavanju prepoznatih potreba.

Krajnji rezultat plana prodaje je projektovana količina proizvoda koju će investitor u veku trajanja projekta, po određenim cenama, prodati na ciljnom tržištu. Da bi se projektovane vrednosti mogle prihvatiti kao pouzdane neophodno je argumentovano odgovoriti na veliki broj pitanja, od kojih se po značaju izdvajaju sledeća: „Kakva je struktura asortimana investitora i koje su njegove osnovne karakteristike? Na kom tržištu investitor planira da prodaje svoje proizvode i koje su njegove osnovne karakteristike? Kolika je projektovana tražnja i ponuda proizvoda, i na osnovu kojih parametara su određene? Koje su karakteristike ostalih instrumenata marketing mixa (promocija, distribucija i cena)? Koje su osnovne prednosti i slabosti investitora u odnosu na konkurenciju, a koje su šanse i opasnosti u okruženju?"[8]

Prilikom koncipiranja strukture ove glave uvažila su se metodološka rešenja Zajedničke metodologije u kojoj je „analiza prodajnog tržišta" podeljena na:

- osnovne karakteristike proizvoda ili usluga,
- analiza i procena tražnje,
- analiza i procena ponude,
- prognoza moguće prodaje i
- prognoza prodajnih cena.

---

[7] „Cilj posla nije da se pravi novac. Cilj posla je da zadovoljite svoje potrošače. Kao rezultat toga dolazi novac (Džon Frejzer Robinson)", u: *Delfin 27/1998*, Menadžer »Delfin« agencija, Beograd, 1998, str. 1.

[8] Paunović, B., Zipovski, D., - *Poslovni plan - vodič za izradu*, Centar za izdavačku delatnost Ekonomskog fakulteta u Beogradu, Beograd, 2005, str. 104.

Uvažavajući navedenu strukturu, ali i potrebu da se izvrši rekompozicija kojom bi se na pregledniji i tačniji način iskazala suština plana prodaje u investicionim projektima, razmatranja u ovoj glavi su razvrstana na sledeća poglavlja:

- Asortiman i njegove osnovne karakteristike,
- Ciljno tržište,
- Analiza i procena tražnje,
- Analiza i procena promocije, distribucije i cene;
- Analiza i procena ponude,
- SWOT analiza i
- Projekcija plasmana proizvoda.

1. ASORTIMAN I NJEGOVE OSNOVNE KARAKTERISTIKE

Sa aspekta investicionog projekta, **asortiman** sačinjavaju proizvodi koji su realizacijom razmatranog ulaganja planirani da se prodaju potencijalnim kupcima. U zavisnosti od karaktera investicije, asortiman može da se sastoji od jednog ili od više različitih proizvoda.

Osnovne informacije o proizvodima koji čine asortiman preduzeća se mogu podeliti u dve grupe. Prva grupa informacija se odnosi na karakteristike koje su zajedničke za sva preduzeća koje se bave proizvodnjom istovrsnog proizvoda na određenom ciljnom tržištu, dok se druga grupa informacija odnosi na specifičnosti proizvoda investitora.

Prva grupa informacija je pretežno tržišnog karaktera i odnosi se na:

- kupce čije potrebe proizvod zadovoljava,
- životni ciklus i
- komplementarnost i supstitutivnost.

Što se tiče **kupaca**, proizvod investitora može da zadovoljava različite potrebe, služi za finalnu ili za reprodukcionu potrošnju, i da se proizvodi za poznatog ili za nepoznatog kupca.

Sa aspekta proizvoda koji zadovoljavaju finalne potrebe, da bi kupac bio motivisan da kupi određen proizvod neophodno je da postoji *potreba* koju konkretan proizvod zadovoljava.[9] Kotler navodi da marketing počinje sa ljudskim potrebama i željama. Potreba je stanje u kojem nisu ispunjeni neki od osnovnih ljudskih zahteva koji su prisutni u samoj biti ljudske biologije. Ljudi imaju potrebe za hranom, odevanjem, stanovanjem, samopoštovanjem i dr. Želja je potreba za specifičnim zadovoljenjem određene potrebe i menja se pod uticajem različitih faktora. Tako, kao rezultat društvenih aspekata, Amerikanac može potrebu za hranom da želi da zadovolji hamburgerom, a Kinez pirinčom.

Tražnja je specifičan oblik želje iza koje stoji kupovna moć, odnosno mogućnost i spremnost da se određeni proizvod kupi po određenoj ceni.[10]

Dijagram 7.1. - *Početak osnovne marketinške koncepcije po Kotleru*

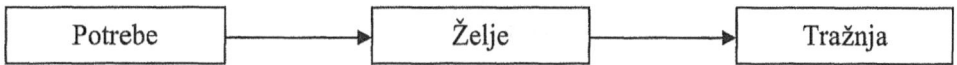

| Potrebe | ⟶ | Želje | ⟶ | Tražnja |

Jasno prepoznavanje potrebe koje proizvod zadovoljava je veoma bitno za definisanje ostalih aspekata plana prodaje. Tako, iako proizvode isti proizvod, proizvođač Mercedesa i proizvođač Juga će imati drugačije marketing strategije jer se, suštinski, njihovom kupovinom zadovoljavaju različite potrebe ljudi.

Diferencijacija *proizvoda na one koje služe finalnoj i one koje služe reprodukcionoj potrošnji* je značajna jer je, između ostalog, tražnja za reprodukcionim materijalom izvedena iz tražnje za finalnim proizvodom. U pojedinim slučajevima je problematično precizirati proizvod po navedenom kriterijumu jer, na primer, papir može da služi kao finalni proizvod (na primer, za sveske), a može da predstavlja i reprodukcioni materijal kod izdavača štampanih izvora (novine i dr.)

Prema prepoznatljivosti kupaca, razlikuje se *proizvodnja za poznatog i za nepoznatog kupca.* Proizvodnja za poznatog kupca je uglavnom vezana za proizvodnju repromaterijala gde je na ciljnom tržištu mali broj proizvođača koji proizvode finalni proizvod u kojem je konkretan repromaterijal input. Tako, ako preduzeće planira da specifičnu vrstu zatvarača za jogurt plasira na srpskom tržištu, a jedini potencijalni kupac je Imlek, važno je sagledati perspektivu razvoja kupca, prirodu odnosa koji potencijalni kupac ima sa postojećim dobavljačima i dr. Proizvodnja za nepoznatog kupca je karakteristična za slučajeve kada na ciljnom tržištu postoji veliki broj potencijalnih kupaca, tako da se ne mogu precizno definisati. Osim kod proizvoda koji služe final-

---

[9] „Motivacija je unutrašnji podsticaj zbog kojeg se ljudi ponašaju upravo onako kako se ponašaju. Bez obzira na sva moguća i različita ponašanja ljudi, iza svih tih ponašanja stoje njihove potrebe. Ako su potrebe ljudi nezadovoljene, oni svesno ili nesvesno postavljaju cilj i preduzimaju akcije da bi taj cilj postigli." Preuzeto iz: *Delfin 16/1997*, Menadžer »Delfin« agencija, Beograd, 1997, str. 1.

[10] Kotler, F., - *Op. cit.*, str. 9.

noj potrošnji, proizvodnja za nepoznatog kupca je karakteristična i za proizvode koji služe reprodukcionoj potrošnji, pod uslovom da se proizvod može ponuditi velikom broju potencijalnih proizvođača finalnog proizvoda.

Faza životnog ciklusa proizvoda je značajna jer različite faze zahtevaju različite marketing strategije. Postoje četiri osnovne faze životnog ciklusa proizvoda i to: uvođenje, rast, zrelost i opadanje. U fazi uvođenja rast prodaje je spor, a usled visokih troškova promocije, profit gotovo da ne postoji. U fazi rasta dolazi do značajnijeg osvajanja tržišta i rasta profita. U fazi zrelosti dolazi do usporavanja rasta i opadanja profita, koji je opet prouzrokovan značajnim troškovima promocije kojima se proizvođač štiti od konkurencije. U fazi opadanja dolazi do pada prodaje i profita.[11]

Potreba za realnim sagledavanjem životnog ciklusa proizvoda i pravovremenim reagovanjem se može uočiti iz dva primera iz prakse. Pozitivan primer je dugogodišnji lider u proizvodnji fotografskih aparata i filmova „Kodak", koji je pravovremeno uočio kraj životnog veka klasičnog proizvoda i preorijentisao se na proizvodnju digitalnih foto aparata. Negativan primer je srpsko preduzeće „Bel Pagete", koji je krajem prošlog veka bio monopolista u proizvodnji pejdžera na srpskom tržištu. Neadekvatan odgovor na očiglednu opasnost od pojave mobilnih telefona prouzrokovao je „gašenje" preduzeća.

Komplementarnost i susptitutivnost su karakteristike finalnih proizvoda koje odražavaju uticaj promene potrošnje jedne vrste na potrošnju druge vrste proizvoda. Komplementarni proizvodi su oni čijom se kombinacijom određena potreba zadovoljava, kao što su , na primer, slikarske četke i slikarske boje, benzin i motorna vozila i dr. Isto kao i kod proizvodnje reprodukcionog materijala, komplementarnost proizvoda je prvenstveno značajna za sagledavanje tražnje, koja može da se izvede iz tražnje za komplementarnim proizvodom. Supstitutivni proizvodi zadovoljavaju istu potrebu, tako da, pri konstantnoj tražnji, povećana potrošnja za jednom vrstom proizvoda prouzrokuje smanjenje tražnje za drugom vrstom proizvoda. Za razliku od komplementarnih proizvoda, supstitutivni proizvodi su prvenstveno značajni sa aspekta analize ponude, to jest sa aspekta sagledavanja konkurencije.

Druga vrsta informacija je prvenstveno tehničko-tehnološkog karaktera i odnosi se na konkurentsku poziciju investitora uslovljenu kvalitetom proizvoda. Upoređivanje kvaliteta proizvoda se može ostvariti, na primer, kod montažnih proizvoda analizom sastavnih delova,[12] kod vode analizom hemijskog sastava, kod kafe sastavom sirove kafe što utiče na ukus, miris ili na efekat konzumiranja; i sl. Kako kvalitet treba treti-

---

[11] *Ibid.*, str. 346.

[12] Omae, K., - *Kako razmišlja strateg - umetnost japanskog poslovanja*, Privredni pregled, Beograd, 1982, str. 55.

rati sveobuhvatno, osim navedenih direktnih, postoje i druge karakteristike proizvoda koje se mogu upoređivati. Tako, dodatni relevantni kvalitativni faktori koji utiču na tražnju su lakoća upotrebe, vek trajanja, sigurnost, pouzdanost, servisiranje, mogućnost nabavke rezervnih delova i dr.

Proizvod investitora može da bude kvalitetniji, identičnog ili lošijeg kvaliteta u odnosu na konkurenciju. Razumljivo je da u poslednja dva slučaja investitor neće moći da ostvari konkurentsku prednost i da privuče kupce na osnovu kvalitativnih aspekata proizvoda, već se mora fokusirati na druge aspekte, kao što je, na primer, cena. Na tržištima sa visokom platežnom moći stanovništva, kvalitet sve više postaje ključni element marketing mixa na osnovu kojeg se kupci opredeljuju za kupovinu određenog proizvoda. Ovakva tržišta se nazivaju „tržišta kvaliteta", dok se tržišta siromašnih država gde je cena dominantni faktor koji utiče na kupovinu nazivaju „cenovnim tržištima". To ne znači da se na „tržištima kvaliteta" zanemaruje cena, već se ona posmatra integralno, pri tome smatrajući da ona ne izražava samo troškove proizvodnje već i one troškove koji su nastali kao rezultat brojnih napora da proizvod dostigne niz osobina koje ga razlikuju od istovrsnog proizvoda drugih proizvođača.[13]

Značaj kvaliteta se može sagledati primerom iz prakse. Kada je sedamdesetih godina dvadesetog veka Dozef Juran, poznati američki autor i konsultant u oblasti kvaliteta, prognozirao da će intenzivna ulaganja u oblast kvaliteta učiniti Japan ekonomskom velesilom njegovo zapažanje je među industrijski najrazvijenijim zemljama Zapada, uključujući i SAD, ostalo skoro nezapaženo.[14] Međutim, samo petnaest godina kasnije su se njegova predviđanja obistinila, tako da su ekonomski i politički lideri SAD postali svesni da ako ne žele da izgube „trku" sa Japanom moraju svojim kupcima da obezbede vrhunski kvalitet. Motivisan ovim saznanjem, američki Kongres je 1987. godine doneo zakon kojim je pokrenut projekat pod nazivom „Baldridžov nacionalni program kvaliteta", u okviru kojeg je ustanovljena „Nagrada za kvalitet Malkolm Baldridž". Nagrada je dobila ime po ministru trgovine SAD u periodu 1981-1987. godine, koji je tokom svoje profesionalne karijere bio vatreni pobornik i promoter kvaliteta u američkoj privredi. Inače, godišnji budžet za Baldridžovu nagradu iznosi preko 120 miliona dolara.[15]

[13] Stamenković, S., Savin, D., Kovačević, M., Petković, G., Kozomara, J., i dr. - *Konkurentnost privrede Srbije*, East West Institute, Beograd, 2003, str. 189-190.

[14] „Japanci su ideje Amerikanaca, pre svega Deminga, Jurana i Fingenbauma primenili u praksi i postigli to što su danas. Proročanski zvuče reči W. E. Deminga koje je izgovorio na jednom seminaru, održanom 1950. godine, na kome je bilo prisutno 45 ključnih japanskih industrijalaca: Slušajte me, i za pet godina bićete konkurentni Zapadu. Nastavite da slušate, i ubrzo će Zapad tražiti zaštitu od vas", u: Vujanović, N., - *Priručnik kursa za interne provere kvaliteta*, Q Expert International, Beograd, 1999, str. 9.

[15] *Delfin 66/2001*, Menadžer »Delfin« agencija, Beograd, 2001, str. 1-2.

Kvalitet nikada nije proizvod slučajnosti već je rezultat osmišljenih napora. Pored to-ga, kvalitet nije statička kategorija, već je tokom godina podložan promenama. Stoga je potrebno planirati, a u investicionim projektima naznačiti postupke kojim inve-stitor planira da posveti pažnju ovom poslovnom aspektu. Pri tome, polazna osnova može da predstavlja podela pristupu kvaliteta, po kojoj se razvojno gledano razlikuju sledeće tri faze:

- kontrola kvaliteta,
- osiguranje kvaliteta i
- celovito upravljanje kvalitetom.[16]

Kontrola kvaliteta je evolutivno posmatrano najstariji oblik kontrole, prema kome se neki proizvodi podvrgavaju kontroli u međufazama ili na kraju proizvodnog procesa, kako bi se utvrdilo da li odgovaraju utvrđenim specifikacijama. Kontrola kvaliteta je tehničke prirode, a uključuje kontrolu sirovina i repromaterijala, nedovršenih i go-tovih proizvoda. Kontrola se svodi na eliminisanje nekvalitetnih inputa, nedovrše-nih proizvoda i outputa. Eventualne ispravke se sprovode nakon što je greška nastala. Ovakav oblik kontrole sve više gubi na značaju jer su predmet kontrole posledice, a ne uzroci problema.[17]

Osiguranje kvaliteta predstavlja aktivniji pristup kvalitativnim aspektima u koji su uključeni elementi planiranja i razvoja kvaliteta. Pasivna tehnička kontrola se zame-njuje bavljenjem kvalitetom u svim fazama nastanka, razvoja, proizvodnje i upotrebe proizvoda ili usluge. Uspostavlja se takav sistem kontrole koji u sebi uključuje sve re-levantne faktore od kojih zavisi kvalitet proizvoda ili usluge, a među njima se uspostav-lja raspodela dužnosti i odgovornosti. U ovom segmentu se poseban značaj pridaje ISO standardima u kojem postupci za obezbeđene kvaliteta[18] imaju izražen značaj.[19]

Celovito upravljanje kvalitetom predstavlja integraciju svih funkcija i procesa u pred-uzeću sa ciljem da se u kontinuitetu ostvari stalno poboljšanje kvaliteta proizvoda. Ovakav pristup kvalitetu se zasniva na ideji da se svaki proizvod, usluga ili proces

[16] U anglo-saksonskoj literaturi se: za kontrolu kvaliteta koristi skraćenica QC, od početnih slova reči „Quality Control"; za osiguranje kvaliteta koristi skraćenica QA, od početnih slova reči „Quality As-surance"; a za celovito upravljanje kvalitetom koristi skraćenica TQM, od početnih slova reči „Total Quality Management".

[17] *Delfin 35/1998*, Menadžer »Delfin« agencija, Beograd, 1998, str. 1.

[18] „Postupci za obezbeđenje kvaliteta su direktive koje izdaju organizacije za obezbeđenje kvaliteta u cilju da saopšte utvrđene metode za izvođenje i izvršavanje rada koji se odnosi na obezbeđenje i kontrolu kvaliteta proizvoda u kompaniji", u: Mitrović, Ž., - *Priručnik sistema kvaliteta*, Institut za istraživanje u poljoprivredi, Beograd, 1996, str. 4.

[19] *Delfin 35/1998*, Op.cit., str. 1.

u okviru preduzeća može poboljšati, i zbog toga uključuje razmišljanje o kvalitetu u svim funkcijama organizacije i na svim njenim nivoima. Konačni cilj celovitog upravljanja kvalitetom je zadovoljstvo kupaca, što će se na najbolji način ostvariti ako se kontrola posmatra kao strateška aktivnost, a ne samo kao operativna akcija.[20]

2. CILJNO TRŽIŠTE

Ciljno tržište je tržišni segment na kojem preduzeće planira da prodaje svoje proizvode, odnosno na kojem planira da zadovoljava potrebe kupaca.

Svako tržište se sastoji od kupaca koji se mogu podeliti, odnosno segmentirati na različite načine. *Segmentacija tržišta* se zasniva na pretpostavci da su kupci različiti u svojim zahtevima i motivima, i da te razlike ispoljavaju u tražnji za proizvodima i uslugama. Dakle, osnovni razlog da se preduzeće odluči za segmentaciju tržišta je prihvatanje činjenice da tržište nije homogeno i da potrošači ne samo da se razlikuju među sobom, već te razlike ispoljavaju svojim ponašanjem na tržištu. Osnovne karakteristike tržišnih segmenata su sledeće:

- *homogenost unutar* - ljudi u okviru tržišnog segmenta treba da budu slični;
- *heterogenost između* - ljudi u različitim tržišnim segmentima treba da se razlikuju;
- *značajan* - tržišni segment treba da bude dovoljno veliki da bi zadovoljavanje kupaca omogućilo rentabilno poslovanje; i
- *operacionalan* - osnov za segmentaciju treba da bude precizan kako bi se omogućila jasna identifikacija potencijalnih kupaca.[21]

U osnovi segmentacije tržišta se nalazi odgovor na pitanje: Ko su kupci proizvoda koje investitor proizvodi ili planira da proizvodi? Tek po definisanju odgovora na postavljeno pitanje, odnosno po definisanju tržišnog segmenta ili tržišnih segmenata koje će kupac da »napadne«, preciziraju se ostali marketinški aspekti. U osnovi razmatranog pristupa se nalazi segmentirani marketing, odnosno prilagođavanje marketing mixa prosečnom potrošaču sa odabranog, odnosno odabranih tržišnih segmenata.[22]

---

[20] *Ibid.*, str. 1.

[21] Milisavljević, M. - *Op. cit.*, str. 110-111.

[22] Pojedini „giganti" su tokom svog istorijskog razvoja sebi mogli da dozvole luksuz da globalno tržište posmatraju kao jedan tržišni segment i da, shodno tome, primenjuju masovni marketing. Njegovo osnovno obeležje je najveće potencijalno tržište, usled čega su najniži troškovi, niže cene i više profitne stope u odnosu na konkurenciju. „Henri Ford je simbolizovao ovu marketinšku strategiju sa svojom ponudom T-modela koji je bio dostupan svim kupcima na tržištu „u svakoj boji samo da je crna". Coca Cola je takođe u praksi primenjivala masovni marketing dugi niz godina prodavajući piće pakovano u veličine boce od 6,5 unci", u: Kotler, F., - *Op. cit.*, str. 250.

Prema Zajedničkoj metodologiji, primarna podela kupaca je shodno geografskoj pripadnosti gde se, najuopštenije, tržište može posmatrati kao domaće i kao inostrano. Iako je navedena podela u suprotnosti sa globalizacijom[23] kao jednom od osnovnih karakteristika savremenog društva, dok god postoji insistiranje na suverenosti pojedinih država sve dotle će postojati razlozi za isticanje navedene podele. Uvažavanje različitih karakteristika nacionalnih tržišta uslovio je potenciranje značaja »međunarodnog marketinga« čiji su predmet interesovanja one marketing aktivnosti koje imaju određene međunarodne efekte i posledice.[24]

Međunarodni marketing predstavlja tržišno usmeravanje i koordinaciju poslovnih aktivnosti preduzeća radi što uspešnije internacionalizacije privrednih subjekata i njihovog adekvatnog uklapanja u međunarodnu sredinu. Branko Rakita konstatuje da su četiri elementa karakteristična i opredeljujuća u navedenoj definiciji, i to:

- *tržišno usmeravanje* - zasnovano na sveobuhvatnom istraživanju međunarodnih tržišta, analizi tržišnih mogućnosti i identifikovanju najpovoljnijih alternativa;[25]

- *koordinacija poslovnih aktivnosti* - svoj konačni odraz ima u profilisanju svih elemenata marketing mixa, na način da se bude konkurentan i tržišno uspešan u međunarodnim razmerama;

- *uspešna internacionalizacija* privrednih subjekata - u sebi sadrži jasan poslovno razvojni cilj strategijskog karaktera, koji polazi od objektivne pretpostavke da je uspešna internacionalizacija značajan cilj svih preduzeća; i

- *adekvatno uklapanje u inostranu sredinu* - uvažavanjem svih specifičnosti kao što su: ekonomske, političke, tehnološke, razvojne, pravne, sociološke i dr.[26]

Prvi i drugi element se odnose na informativnu i akcionu ulogu. Bez adekvatnih informacija o međunarodnom okruženju i tržištu teško je doći do pravog programa međunarodnih marketinških aktivnosti, ali lošoj ponudi i neadekvatnom upravljačkom timu neće pomoći ni najbolje informacije. Treći i četvrti element se javljaju kao

---

[23] Po Li Kun Hiju, prvom čoveku »Samsunga«, globalizacija ili ekonomija bez granica predstavlja fleksibilnost da se nađe najbolje mesto za obezbeđivanje sirovina, da se potom ode drugde da bi se od tih sirovina napravili finalni proizvodi, a zatim da se ti proizvodi prodaju na trećem mestu.

[24] Rakita, B., - *Međunarodni marketing*, Ekonomski fakultet u Beogradu, Beograd, 1993, str. 17.

[25] Prema UNIDO metodologiji, pri izradi investicionih projekata se svim navedenim aktivnostima koje opredeljuju tržišno usmeravanje i, s tim u vezi, mogućnosti proširenja na tržišta drugih zemalja, mora posvetiti značajna pažnja. Kako različiti proizvodi mogu da imaju različite geografske regione mogućeg izvoza, neophodno je sistematski, korak po korak, proučiti sva potencijalna tržišta. Između ostalog, planirana izvozna prodaja može da utiče na dimenzije objekta, kapacitete tehnološke opreme i dr. Videti detaljnije u: Priručnik za pripremu industrijskih studija izvodljivosti, UNIDO, Evropski centar za mir i razvoj Univerziteta za mir Ujedinjenih nacija, Beograd, 1988, str. 55-56.

[26] Rakita, B., - Op. cit., str. 19.

osnovni ciljevi koji treba da se ostvare marketing aktivnostima. I kod ova dva elementa postoji međusobna povezanost jer adekvatno uklapanje u inostranu sredinu pretpostavlja neophodnost uspešne internacionalizacije, ali nema ni uspešne internacionalizacije bez uvažavanja sredine i okruženja.[27]

Po izvršenoj primarnoj segmentaciji na osnovu geografskog kriterijuma, kupci se dodatno segmentiraju shodno različitim obeležjima kao što su: ekonomska snaga, demografska, psihološka i dr.[28] Za proizvođača koji planira da prodaje kafu na tržištu Srbije, ciljno tržište su svi konzumenti kafe, odnosno skoro svi punoletni građani. Proizvođač muških cipela se mora fokusirati na mušku populaciju, isto kao što se proizvođač karmina mora fokusirati na žensku populaciju. Međutim, ako se radi o cipelama izuzetnog kvaliteta i, shodno tome, visokoj prodajnoj ceni, potencijalni kupci su samo kupci sa najvišim nivoom dohotka. Mogući su i suprotni primeri. Tako, za proizvođača najjeftinijih cigareta najnižeg kvaliteta koje planira da posluje isključivo na tržištu Srbije, ciljno tržište predstavljaće kupci pušačke populacije iz Srbije sa najnižim nivoom dohotka.

3. ANALIZA I PROCENA TRAŽNJE

Jedan od najkritičnijih delova investicionog projekta je procena tražnje proizvoda na ciljnom tržištu u vremenskom periodu koji odgovara roku trajanja projekta. Prema UNIDO metodologiji, procena tražnje, odnosno procena „tržišnog kolača" na koji će se usredsrediti investitor i njegovi konkurenti treba da prethodi „formulaciji projekta". Dakle, tek na osnovu izvršene procene tražnje je moguće projektovati ostale aspekte planiranog investicionog ulaganja.[29]

Buduća tražnja za proizvodom može ispravno da se proceni tek po:

- definisanju tražnje u prethodnom i sadašnjem periodu,
- identifikovanju relevantnih faktora tražnje,
- ustanovljavanju uzročno - posledičnih veza između relevantnih faktora tražnje, s jedne strane, i protekle i sadašnje tražnje, s druge strane; i
- projekciji promene relevantnih faktora tražnje.[30]

[27] Ibid., str. 20.

[28] Sva obeležja koja utiču na prepoznatljivost kupaca, odnosno na njihovu segmentaciju, se analiziraju kroz relevantne faktore tražnje. Detaljna objašnjenja navedenih faktora su prezentirana u sledećem poglavlju („Analiza i procena tražnje").

[29] Priručnik za pripremu industrijskih studija izvodljivosti, Op.cit., str. 43.

[30] Paunović, B., Zipovski, D., - Op. cit., str. 109.

Pod definisanjem tražnje u prethodnom i sadašnjem periodu se podrazumeva preciziranje ukupne količine proizvoda koji je u određenom vremenskom periodu potrošen na ciljnom tržištu. Dakle, potrošnja se izjednačava sa tražnjom, iako na određenim tržištima potrošnja ne mora da bude uslovljena samo tražnjom. Naime, posebno na manje razvijenim tržištima, kao posledica uvoznih kvota, deviznih ograničenja, monopola i dr., realna tražnja može da bude nezadovoljena.[31]

Na globalnom nivou se tražnja proizvoda u određenom periodu izračunava kao zbir svih proizvedenih proizvoda uz korekciju za promenu stanja zaliha na početku i na kraju posmatranog perioda. Sužavanjem ciljnog tržišta, prilikom izračunavanja tražnje se moraju uključiti uvozno-izvozni efekti. Pod pretpostavkom da je kao ciljno tržište definisano određeno nacionalno tržite (na primer, tržište Srbije), tražnja određenog proizvoda u određenom vremenskom periodu se izračunava na sledeći način:

$$T = P + (U - I) + (SZpp - SZkp)$$

gde je:
T - tražnja proizvoda,
P - proizvodnja proizvoda,
U - uvoz proizvoda,
I - izvoz proizvoda,
SZpp - stanje zaliha na početku perioda i
SZkp - stanje zaliha na kraju perioda.

Navedeni način izračunavanja tražnje odgovara količinskom načinu iskazivanja, što je uobičajeni postupak u investicionim projektima. Pored navedenog, tražnja se u prethodnom i sadašnjem periodu može iskazati i vrednosno, ali takav način iskazivanja zahteva određena prilagođavanja, što je posebno izraženo kod investicionih projekata gde je prikazana potrošnja u dužem vremenskom periodu na tržištima inflatornih privreda.

Broj faktora na ciljnom tržištu koji mogu da utiču na tražnju određenog proizvoda je veliki. Istraživanjem tržišta treba da se identifikuju glavni, **relevantni faktori tražnje**, shvaćeni kao faktori kojima se može objasniti nivo i promena tražnje, i na osnovu kojih se može projektovati buduća tražnja. Svi relevantni faktori tražnje mogu biti:

- ekonomskog karaktera i
- neekonomskog karaktera.

Za ekonomske faktore se smatra da su kod velikog broja proizvoda najznačajniji faktori tražnje jer se određeni proizvod može kupiti samo ako potrošač raspolaže ade-

---

[31] *Priručnik za pripremu industrijskih studija izvodljivosti*, Op. cit., str. 52.

kvatnom količinom novca. Sa nacionalnog aspekta, najbolji pokazatelj kupovne moći stanovništva je iznos i kretanje prosečne neto plate, iako i drugi faktori mogu uticati na količinu raspoloživog dohotka, kao što su: ušteđevina, zaduženost, doznake iz inostranstva, dividende itd. Takođe, u obzir se mora uzeti i društveni proizvod po glavi stanovnika jer, dugoročno posmatrano, od visine ovog pokazatelja zavisi kupovna moć potrošača. Osim globalnih pokazatelja, za pojedine proizvode je veoma značajna i raspodela prihoda među pojedincima.[32] Po Kotleru se razlikuju države sa pet različitih modela raspodele prihoda i to: 1. vrlo niski prihodi; 2. većinom niski prihodi; 3. vrlo niski, vrlo visoki prihodi; 4. niski, srednji i visoki prihodi; i 5. većinom srednji prihodi. Ako se pogleda tržište Lambordžinija, tržište će biti vrlo malo u državama sa modelima 1., 2. i 5., dok će države sa modelom 4., a naročito sa modelom 3., biti vrlo interesantne. Konkretno, ova marka automobila se značajno prodaje u Portugalu, koja, iako jedna od najsiromašnijih zemalja Zapadne Evrope, ima značajan broj bogatih ljudi koji sebi mogu priuštiti kupovinu skupih automobila.[33]

Od neekonomskih faktora najznačajniji uticaj imaju:

- demografski faktori,
- regulatorni (zakonski) faktori,
- kulturološki faktori,
- psihološki faktori i
- kreditiranje kupaca.

Demografski faktori se odnose na osnovne karakteristike populacije na ciljnom tržištu, kao što su: broj stanovnika, polna, starosna, nacionalna, rasna, obrazovna i verska struktura; i dr.

Zakonski propisi kojim država na direktan ili indirektan način utiče na tražnju određenog proizvoda se nazivaju *regulatorni faktori*. Jedan od oblika direktnog uticaja je već napomenut i odnosi se na uvozne kvote usled kojih tražnja može da bude nezadovoljena. Indirektni uticaji su raznovrsni i mogu biti posledica spoljnotrgovinskog režima, zaštite životne sredine itd. Kao oblik indirektnog uticaja se može navesti povećanje carina, uvođenje dodatnih akciza, pooštravanje propisa po pitanju korišćenja opreme koja negativno utiče na životnu sredinu i dr. Ako proizvođač želi da zadrži nivo profitne stope na postojećem nivou, svaki od navedenih dodatnih troškova će se preko cene prevaliti na potrošače, što će sniziti nivo tražnje.

---

[32] U investicionim projektima se ukupan broj zaposlenih može grupisati u određene segmente, gde će se kao osnov za segmentaciju koristiti prosečna godišnja neto plata.

[33] Kotler, F., - *Op. cit.*, str. 156.

Kulturološki faktori su opredeljeni sistemom vrednosti potrošača sa određenog ciljnog tržišta. Pod kulturom se podrazumeva obrazac mišljenja, osećanja i delovanja koje svaka osoba stekne u detinjstvu i zatim primenjuje kroz čitav život.[34] Ponašanje ljudi u svakodnevnom životu i radu, uključujući i tražnju za specifičnim proizvodima, je u velikoj meri determinisano kulturološkim vrednostima.[35] „Ne treba biti stručnjak za istraživanje tržišta da bi se zaključilo da je otvaranje u Avganistanu lanca prodavnica specijalizovanih za prodaju ženskih modernih haljina poslovni poduhvat koji je na samom početku osuđen na neuspeh".[36]

U kontekstu međunarodnog marketinga, kao značajan kulturološki faktor koji se prilikom nastupa na određeno inostrano tržište mora uzeti u obzir je razmatranje odnosa potrošača prema proizvodima koji dolaze iz drugih zemalja. Ovaj odnos se u marketinškoj literaturi izučava kroz koncept etnocentrizma. Etnocentrizam se pojavljuje kao težnja da se kupac pre opredeljuje za kupovinu domaćeg nego stranog proizvoda. Prema određenim istraživanjima je ustanovljeno da stariji, žene, neobrazovani i osobe koje manje putuju pokazuju viši stepen etnocentrizma.[37]

Psihološki faktori ističu značaj podele kupaca shodno stilu života. Kako je stil života dominantno opredeljen ekonomskom snagom pojedinca, psihološki faktori se mogu povezati sa motivacijom za kupovinom proizvoda koji kupcu zadovoljavaju potrebu za priznanjem, poštovanjem ili pripadanjem. Stoga, kod psiholoških faktora je više nego kod svih ostalih istaknuto iracionalno ponašanje kupaca. Malkolm Mek Donald i Piter Moris kao primer iracionalnog ponašanja navode kupca u poznoj životnoj dobi koji kupuje trkački automobil. Racionalno ponašanje posmatra auto kao prevozno sredstvo, ali se kod navedene kupovine ispoljavaju psihološki faktori, odnosno iracionalni koncept mladosti koji se reflektuje psihološkim stanjem kupca gde se on u momentu kupovine oseća 20 godina mlađim.[38]

Kao konkretan primer iz automobilske industrije koji ukazuje na značaj uvažavanja psiholoških faktora kod koncipiranja marketing strategije, Piter Draker navodi slučaj Kadilaka. Nikolas Drajštat, koji je preuzeo Kadilak za vreme velike ekonomske krize 1930-ih, konkurenciju Kadilaku nije video u drugim automobilima, već u dijaman-

---

[34] „Ne postoji opšte prihvaćena definicija kulture...., ja se pridružujem onima koji kulturu vide kao sintezu tradicija, običaja, moralnih vrednosti, verskih ubeđenja i svih drugih normi ponašanja jednog društva, normi koje... povezuju naraštaje", u: Pejović, S., „Diferencijacija rezultata institucionalnih promena u Centralnoj i Istočnoj Evropi: uloga kulture", u: - *Ekonomski anali 163*, Ekonomski fakultet u Beogradu, Beograd, 2004, str. 11-12.

[35] Stamenković, S., Savin, D., Kovačević, M., Petković, G., Kozomara, J., i dr. - *Op. cit.*, str. 129.

[36] Paunović, B., Zipovski, D., - *Op. cit.*, str. 115.

[37] Stamenković, S., Savin, D., Kovačević, M., Petković, G., Kozomara, J., i dr. - *Op. cit.*, str. 134-135.

[38] McDonald, M., Morris, P., - *Op. cit.*, str. 2.

tima i bundama od nerca. „Kupci Kadilaka ne kupuju prevozno sredstvo, već statusni simbol". Ovakav pristup je Kadilak doveo do najprofitabilnije kompanije u okviru Dženeral Motorsa, iako je samo dve godine ranije postojala realna opasnost od prestanka njegove proizvodnje.[39]

Kreditiranje kupaca je faktor kojim se pospešuje tražnja jer doprinosi razdvajanju momenta kupovine i momenta plaćanja proizvoda. Ovakav vid uticaja na tražnju gde u određenom periodu prodavac kreditira kupca omogućavanjem odloženog plaćanja je u savremenim privredama svojstven gotovo svakom poslovanju.[40]

Celokupni postupak **ustanovljavanja uzročno - posledičnih veza između relevantnih faktora tražnje**, s jedne strane, **i protekle i sadašnje tražnje**, s druge strane, treba razumeti kao vrstu faktorske analize gde se tražnja posmatra kao zavisno promenljiva veličina, čiji je nivo prouzrokovan relevantnim faktorima tražnje, koji se u navedenom kontekstu posmatraju kao nezavisno promenljive veličine.[41]

Kako kod određenih proizvoda samo jedan relevantni faktor može uticati na tražnju proizvoda na ciljnom tržištu, a kod drugih više njih, razlikuje se:

- jednodimenzionalna faktorska analiza i
- višedimenzionalna faktorska analiza.

Kao primer jednodimenzionalne faktorske analize se može navesti slučaj gde je analizom tržišta ustanovljeno da se godišnja potrošnja čaja na ciljnom tržištu dugi niz godina kreće na nivou od 30 kesica po glavi stanovnika. Dakle, u tom slučaju je broj stanovnika jedini relevantni faktor tražnje.

Kao primer višedimenzionalne faktorske analize može da se pretpostavi situacija u kojoj je analizom tržišta ustanovljeno da 20% visoko obrazovanih ljudi sa najvišim nivoom dohotka kupuju određenu vrstu stručnog časopisa. U navedenom slučaju na

---

[39] Drucker, P., - *Moj pogled na menadžment*, Adizes Southeast Europe, 2003, str. 28.

[40] Kreditiranje kupaca, između ostalog, u velikoj meri utiče i na određivanje iznosa poslovanjem uslovljenih trajnih obrtnih sredstava. I pored prepoznatog značaja na različite aspekte valorizacije investicionog ulaganja, u teoriji i praksi ne postoji opšta saglasnost kom poslovnom aspektu, odnosno u kom delu investicionog projekta treba analizirati kreditiranje kupaca. Zajednička metodologija kreditiranje kupaca vezuje za analizu cena, pojedini autori kreditiranje kupaca razmatraju u okviru promocije, a drugi u okviru anlize relevantnih ekonomskih faktora koji opredeljuju nivo tražnje. Detaljnije o navedenom videti u: Paunović, B., Zipovski, D., - *Op. cit.*, str. 116-117.

[41] „Osnovni zadatak faktorske analize... sastoji se u tome da se iz većeg broja posmatranih, među sobom povezanih varijabli ekstrahuje (izdvoji) manji broj novih, latentnih, među sobom nezavisnih varijabli (faktora), kojima možemo da objasnimo korelaciju posmatranih (originalnih) varijabli", u: Tričković, V., Hanić, H., - *Op. cit.*, str. 348.

visinu tražnje utiču dva relevantna faktora i to: broj obrazovanih ljudi i ekonomski faktori.[42]

Kada je ustanovljena veza između tražnje (zavisno promenljiva) i relevantnih faktora tražnje (nezavisno promenljive), buduća tražnja se procenjuje na osnovu **projekcija promene relevantnih faktora tražnje**, što je, takođe, predmet analize tržišta.

U osnovi svih navedenih aktivnosti vezanih za preciziranje tražnje u prethodnom i sadašnjem periodu, kao i definisanje svih aspekata relevantnih faktora tražnje, nalaze se informacije dobijene istraživanjem tržišta. Stoga je, pre svega, neophodno pravilno razumeti pojam tržišta i koncept istraživanja tržišta.

Tradicionalno se **tržištem** smatralo mesto gde se sreću kupci i prodavci i razmenjuju svoja dobra, odnosno mesto gde se razmenjuju proizvodi za određenu novčanu protivvrednost. Razvojem marketinškog koncepta i stavljanjem kupca u fokus posmatranja dolazi do promene definicije, tako da se u današnje vreme tržište razume kao grupa potrošača ili potencijalnih kupaca koji imaju kupovnu moć i nezadovoljene potrebe. Iz toga sledi da postoje tri sastavna delova tržišta i to: kupci, kupovna moć i nezadovoljene potrebe.[43]

Istraživanje tržišta, kao i svako drugo istraživanje, obuhvata tri faze. Prva faza predstavlja konceptualizaciju istraživanja, odnosno definisanje predmeta i ciljeva istraživanja, druga faza obuhvata prikupljanje podataka, a u trećoj fazi se objašnjavaju prikupljeni podaci.[44]

---

[42] Faktorska analiza može biti izuzetno kompleksna, naročito u slučajevima kada postoji veliki broj relevantnih faktora tražnje, kao i u slučajevima kada postoje različiti ponderi, odnosno različiti uticaj svakog pojedinačno posmatranog faktora. Detaljnije o problematici faktorske analize videti u: *Ibid.*, str. 343-355.

[43] Videti detaljnije u: Longenecker, J. G., Moore, C. W., Petty, J. W., - *Small Business Management: An Entreprenurial Emphasis*, South Western College Publishing, 1997, str. 170.

[44] Francis, J. C., - *Investments: Analysis and Management* (fourth edition), Mc Graw Hill, 1987, str. 69-73.

Dijagram 7.2. - *Postupak istraživanja tržišta*

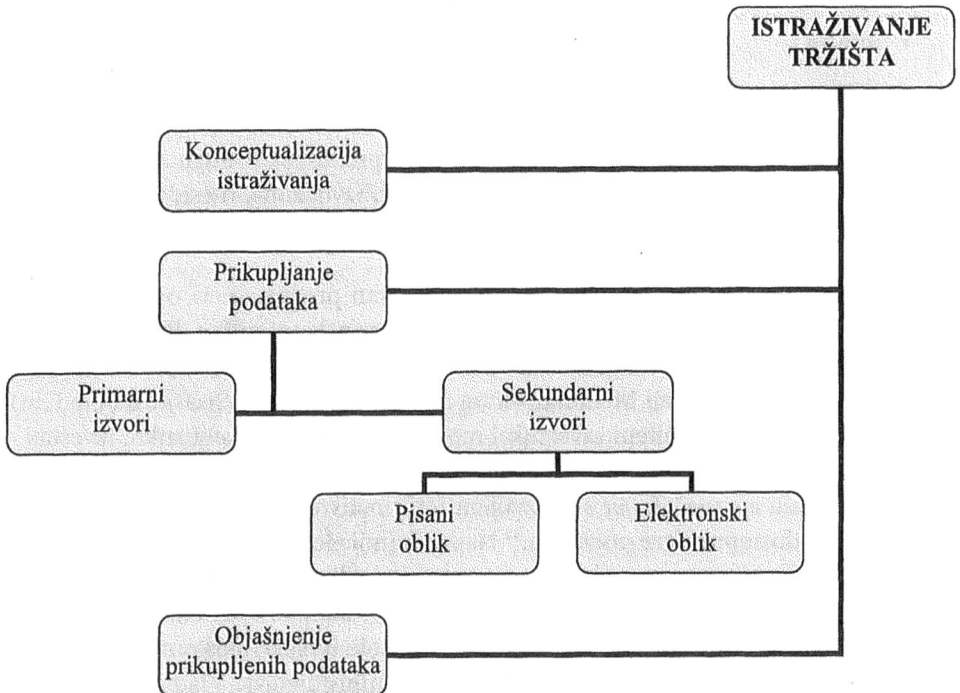

»Istraživanje tržišta se može definisati kao sakupljanje, obrada, izveštavanje i tumačenje tržišnih informacija."[45] Postoje i preciznije definicije. Po Beriju i Vilsonu, to je proces prikupljanja informacija koje govore o karakteristikama ciljnog tržišta, kao i o ključnim faktorima koji utiču na potrošače prilikom donošenja odluke o kupovini.[46]

Ključni aspekt istraživanja tržišta su **tržišne informacije** koje se mogu prikupljati iz različitih izvora. U zavisnosti od toga da li su informacije već postojale ili su prikupljene kroz konkretno tržišno istraživanje, izvori informacija se dele na:

- sekundarne izvore informacija i

- primarne izvore informacija.

Sekundarni izvori informacija su postojeći izvori informacija, to jest informacije koje su ranije prikupljene za neku drugu svrhu. Istraživanje tržišta bazirano na ovoj vrsti informacija se često naziva kabinetskim istraživanjem ili „desk metodom"[47] jer se

---

[45] Longenecker, J. G., Moore, C. W., Petty, J. W., - *Op. cit.*, str. 163.

[46] Berry, T., Wilson, D., - *The Book on Marketing Plan*, Palo Alto Software, 2001, str. 69.

[47] Naziv potiče od engleske reči „desk", što znači pisaći sto.

može obaviti za stolom. U zavisnosti od toga da li informacije potiču iz preduzeća ili izvan njega, sekundarni izvori informacija mogu biti:

- interni i

- eksterni.

Interni sekundarni izvori informacija su podaci iz preduzeća i mogu se prikupiti iz: zvaničnih bilansa, internih izveštaja o kupcima i dobavljačima, mesečnih izveštaja o prodaji i stanju zaliha, ranijim investicionim analizama itd.

Eksterni sekundarni izvori informacija su podaci van preduzeća. U ovu grupu spadaju različiti izvori koji mogu biti u pisanom i elektronskom obliku. Pisani izvori su: publikacije međunarodnih organizacija i finansijskih institucija (statistički izveštaji Ujedinjenih nacija, izveštaji Međunarodnog monetarnog fonda, Svetske banke i dr.), nacionalne publikacije (bilteni saveznih i republičkih zavoda za statistiku, izveštaji o popisu stanovništva i dr.), knjige, finansijske novine i dr.[48] Elektronski izvori podataka sve više dobijaju na značaju jer su razvojem informativne tehnologije stvorene operativne i lako dostupne baze podataka.[49] Najznačajniji elektronski izvori su podaci sa Interneta čija je pojava omogućila veću dostupnost i efikasnost u prikupljanju podataka. Osim pojedinih ili celih izvora koji se objavljuju u štampanom obliku, sa Interneta se mogu „skinuti" informacije koje isključivo postoje u elektronskom obliku. Tu se prvenstveno misli na informacije sa „web sajtova" ministarstava, Vladinih institucija, pojedinačnih preduzeća i dr.[50] [51]

Sekundarni izvori informacija su polazna tačka kod svakog tržišnog istraživanja jer su jeftiniji, a i do njih se brže stiže. Međutim, ovi podaci u pojedinim istraživanjima nisu dovoljni iz razloga njihove zastarelosti, nedovoljne pouzdanosti i sl. U tim slučajevima se mora sprovesti i takozvano „terensko istraživanje" koje ima za cilj prikupljanje

---

[48] Detaljnije videti u: Deakins, D., Freel, M., - *Entrepreneurship and Small Firms*, Mc Graw Hill, 2003, str. 330-332.

[49] Takozvani „fundusi znanja". Videti detaljnije u: *Delfin 44/1999*, Menadžer »Delfin« agencija, Beograd, 1999, str. 1.

[50] Detaljan prikaz preko 50 sajtova (www.fasb.org, www.ftc.gov, www.amex.com, www.nasdaq.com, www.bloomberg.com, www.smartmoney.com itd.) koji pri izradi investicionih projekata mogu biti značajan sekundarni izvor informacija videti u: Revsine, L., Collins, D., W., Johnson, B., W., - *Financial Reporting and Analysis* (third edition), Prentice Hall, United States of America, 2005, str. 1054-1057.

[51] Uloga Interneta je mnogo veća od izvora podataka. „Internet je pokretačka snaga koja dovodi do promena u privredi u celini i svim granama pojedinačno. Između ostalog, on dovodi i omogućava bolje kombinovanje strategija niskih troškova i diferenciranja. Naime, Internet olakšava upravljanje pojedinim pokretačima troškova olakšavajući učenje..., smanjenje troškova zaliha na osnovu on-line veza sa dobavljačima i kupcima itd.", u: Kaličanin, Đ., „O hibridnoj generičkoj strategiji: niski troškovi i diferenciranje istovremeno", u: - *Ekonomika preduzeća 7/8 2007*, Savez ekonomista Srbije, Beograd, 2007, str. 268.

podataka iz „prve ruke". U literaturi se ovaj metod istraživanja kojim se podrazumeva prikupljanje informacija iz primarnih izvora naziva „field metod"[52].

Primarni izvori informacija, odnosno primarne informacije se mogu prikupiti:

- posmatranjem,
- istraživanjem pomoću fokus grupa,
- anketiranjem i
- eksperimentisanjem.[53]

Posmatranje je najstariji metod koji podrazumeva prikupljanje informacija „snimanjem" marketinškog okruženja. Kotler navodi primer istraživača u American Airline-su koji se mogu „motati" oko aerodromskih kancelarija i putničkih agencija da čuju šta putnici govore o različitim avio kompanijama.[54]

Istraživanje pomoću fokus grupa obuhvata manji skup ljudi, koje u razgovoru usmerava moderator i koji izražavaju mišljenje o karakteristikama određenog proizvoda. Kako je uzorak mali, treba biti oprezan sa usvajanjem zaključaka na osnovu istraživanja pomoću fokus grupa. Zato, obično ovakva istraživanja imaju za cilj da se na osnovu ustanovljenih indicija adekvatnije koncipira znatno ozbiljnije istraživanje.

Anketiranje je metod prikupljanja informacija na osnovu odgovora na postavljena pitanja. Iako su vrste anketa mnogobrojne, mogu se sistematizovati i to:

- *prema formalnoj standardizaciji* - na slobodne (potpuna sloboda odgovora) i zatvorene (odabirom jednog od alternativnih odgovora);
- *prema organizaciji* - na organizovane (poštovanjem redosleda i utvrđene formulacije pitanja) i neorganizovane (elastičan plan u kojem se sve prilagođava ispitanicima);
- *prema obimu pitanja* - na malog i velikog obima;
- *prema vremenu* - na jednovremene i ponovljene;
- *prema načinu odgovora ispitanika* - na lično i grupno;
- *prema načinu prikupljanja informacija* - na anketiranje poštom, telefonom i lični intervju; itd.[55]

---

[52] Naziv potiče od engleske reči „field", što znači „polje", ili figurativno „područje".

[53] Kotler, F., - *Op. cit.*, str. 118-123.

[54] *Ibid.*, str. 118.

[55] Pečujlić, M., Milić, V., - *Metodologija društvenih nauka*, Vizartis, Beograd, 2003, str. 138-139.

Eksperiment je način prikupljanja informacijama gde se proučavaju određeni činioci nastali „izazivanjem" određene pojave. Tako se određeni proizvod može dvadeset dana prodavati u zelenoj, a dvadeset dana u crvenoj ambalaži, i na osnovu rezultata eksperimenta ustanoviti reakcija kupaca na boju ambalaže.

Prikupljanje primarnih informacija se sprovodi na **uzorku**, tako da od kvaliteta uzorka zavisi kvalitet informacija. Na osnovu informacija dobijenih od uzorka treba da se ustanovi pravilnost u ponašanju celog skupa. Da bi prikupljene informacije bile kvalitetne, marketinški istraživač mora doneti plan uzrokovanja u čijoj osnovi se nalazi odgovor na tri ključna pitanja:

- • Koliki uzorak treba da bude?
- • Kako odabrati uzorak?
- • Kako ga ispitati?[56]

Što se tiče *veličine uzorka*, usled delovanja zakona velikih brojeva, logično je da je veća verovatnoća da će veći uzorci dati pouzdanije rezultate, odnosno da će osobine uzorka odgovarati osobinama kupaca sa ciljnog tržišta. Međutim, veliki uzorak je povezan sa negativnim konotacijama po pitanju efikasnosti i ekonomičnosti. Pretpostaviće se da vlasnik pekare razmatra mogućnost diversifikacije svog asortimana, tako što bi osim proizvodnje hleba i peciva počeo i sa proizvodnjom pica, koja je uslovljena dodatnom investicijom u polovnu opremu u iznosu od 3.000 EUR. U tom slučaju bi bilo krajnje neefikasno da vlasnik angažuje petoricu anketara koji bi par meseci skupljali podatke ispitivanjem par hiljada građana koji uđu u pekaru. Osim što bi se izgubilo vreme koje implicira potencijalnu opasnost da odluka bude neblagovremena, samo ispitivanje bi koštalo više nego celokupna investicija. Racionalnije ponašanje sugeriše kratku analizu tržišta ili kupovinu opreme bez prethodne analize, pa u slučaju da se radi o promašenoj investiciji, da se ista proda.

Prilikom *odabira uzorka*, najbolji rezultati će se dobiti ako uzorak reprezentuje ciljno tržište. U slučaju da proizvođač prodaje cigarete, nelogično bi bilo anketirati osobe mlađe od 14 godina. S druge strane, upravo bi to bila ciljna grupa kod izbora između više alternativnih video igrica u zabavnom parku. Kotler navodi primer istraživanja u American Airlinesu gde u zavisnosti od svrhe istraživanja treba precizirati: Da li uzorak sačinjavaju poslovni putnici, turistički putnici, ili oboje? Da li treba intervjuisati i supругu i supruga? Da li treba intervjuisati osobe mlađe od 21 godine? itd. Kada se jednom definišu odgovori na postavljena pitanja treba se načiniti „okvir" uzorkovanja tako da svako u ciljnoj populaciji ima šansu da bude obuhvaćen uzorkom.[57]

---

[56] Videti detaljnije u: Kotler, F., - *Op. cit.*, str.122.

[57] *Ibid.*, str. 122.

Način ispitivanja uzorka podrazumeva odabir jedne od već ranije opisanih metoda. Najbolja metoda je ona koja uz najniže troškove omogućava najbrže prikupljanje pouzdanih podataka na osnovu kojih se mogu utvrditi zakonitosti, to jest pravilno analizirati tražnja i projektovati uspešna marketing strategija.

Iako je već napomenuto da su, obzirom na trošak i potrebno vreme, u praksi retka terenska istraživanja kojima se prikupljaju primarne informacije, postoje mišljenja da se samo na osnovu njih može izvršiti pouzdana analiza tržišta. «Nema alternative direktnog razgovora sa ljudima i spoznajom kako oni vide stvari, nezavisno od toga da li se radi o potencijalnim potrošačima, konkurentima, distributerima ili drugim potencijalnim saradnicima».[58]

4. ANALIZA I PROCENA PROMOCIJE, DISTRIBUCIJE I CENE

Marketing mix predstavlja kombinaciju instrumenata marketinga kojom se preduzeće prilagođava zahtevima i karakteristikama ciljnog tržišta. Osim proizvoda, u instrumente marketing mixa spadaju promocija, distribucija i cena. Kao i za proizvod, u investicionim projektima je u prethodnom i sadašnjem periodu neophodno analizirati svaki od pojedinačno posmatranih instrumenata i to, kako samih preduzeća, tako i njihovih konkurenata. Shodno ustanovljenim promenama relevantnih faktora tražnje potrebno je u veku trajanja projekta predvideti i precizirati sve relevantne aspekte za svaki instrument marketing mixa.[59]

4.1. Promocija

Promocija predstavlja proces komuniciranja između preduzeća i kupaca sa ciljem pospešivanja tražnje za proizvodima preduzeća. Svaka komunikacija uključuje pošiljaoca (preduzeće), poruku i primaoca (potencijalni kupci), a promocija definisana kao proces ukazuje na kontinuirano komuniciranje.

Preduzeće može da preduzima veliki broj aktivnosti putem kojih komunicira sa potencijalnim kupcima, koji se shodno karakteristikama komuniciranja svrstavaju u određene osnovne oblike. Postoji veći broj podela osnovnih oblika promotivnih aktivnosti, a u stručnoj literaturi je najčešće korišćena podela na:

- ličnu prodaju,
- unapređenje prodaje,

---

[58] Forsyth, P. - *Business Planning*, Capstone Publishing, London, 2002, str. 34.

[59] Paunović, B., Zipovski, D., - *Op. cit.*, str. 118.

- privrednu propagandu i

- odnose sa javnošću.

Lična prodaja[60] je oblik promotivnih aktivnosti u kojem dolazi do neposrednog komuniciranja između proizvođača i potencijalnih kupaca. Ovaj oblik promotivnih aktivnosti spada u direktne metode uticaja na kupca, kada prodavac kupcu objašnjava traženi proizvod, daje mu informacije o ceni, uslovima plaćanja i dr.[61] Lična prodaja je uobičajena kod proizvoda specifičnih sa aspekta cene, tehničke kompleksnosti, kupovine na osnovu specifikacije i dr. Tako, na primer, lična prodaja je neophodna kod kupovine specifične opreme za pravljenje zatvarača. Tada, proizvođač u neposrednom kontaktu sa kupcem treba da ga upozna, stimuliše i ubedi da se opredeli za kupovinu proizvoda konkretnog proizvođača. Takođe, shodno potrebama kupca, potrebno je prilagoditi proizvod po pitanju kapaciteta, „broja gnezda" i dr. Iz navedenog primera se može zaključiti da je lična prodaja karakteristična kod proizvoda za poznatog kupca, odnosno kod proizvoda gde postoji mali broj potencijalnih kupaca. Mada ređe, lična prodaja se primenjuje i kod proizvođača gde je broj kupaca kvantitativno značajan, ali gde se sa najznačajnijim kupcima, direktnim pregovorima, mogu ugovarati povoljniji uslovi za kupovinu proizvoda, nego što je to slučaj sa drugim, manje značajnim kupcima.

Unapređenje prodaje se definiše na različite načine jer je teško ovaj oblik promocije precizno razgraničiti od ostalih. Zato je u nekim definicijama sadržana negacija, u smislu da se pod unapređenjem prodaje razumeju aktivnosti koje ne spadaju u ostale oblike promotivnih aktivnosti. „Takva je dobrim delom definicija američkog udruženja za marketing: Unapređenje prodaje obuhvata one marketing aktivnosti sem lične prodaje, privredne propagande i publiciteta[62], koje stimuliraju kupovinu potrošača i efikasnost posrednika, kao izlaganja, prikazivanja, izložbe, demonstracije i druge pojedinačne mere unapređenja prodaje koje se ne koriste regularno."[63] Blatberg i Neslin unapređenje prodaje definišu kao podsticajna, uglavnom kratkoročna sredstva, koja se primenjuju da bi potrošači ili trgovci više kupovali određeni proizvod.[64]

Unapređenje prodaje uključuje sredstva za podsticanje: potrošača, trgovaca i prepoznatljivosti preduzeća. *Potrošači* se mogu podsticati besplatnim uzorcima, specijalnim

---

[60] U stručnoj literaturi se koristi i naziv „prodaja licem u lice", koji nije najprikladniji jer svi oblici lične prodaje ne podrazumevaju direktan fizički kontakt između kupca i prodavca (na primer, prodaja putem telefona i „mail-ova").

[61] Ilić, S., - *Psihologija potrošača - od želje do zadovoljenja*, MK Panonia, Novi Sad, 2001, str. 26-28.

[62] Iako uži pojam, u navedenoj definiciji se publicitet smatra sinonimom sa „odnosima sa javnošću".

[63] Milisavljević, M., - *Op.cit.*, str. 380.

[64] Blattberg, R. C., Scott, N. A., - *Sales Promotion: Concepts, Methods and Strategies*, Prentice Hall, 1990. Preuzeto iz: Kotler, F., - Op. cit., str. 661.

kuponima koji kontinuiranom kupovinom obezbeđuju određene beneficije,[65] nagradnim igrama, demonstracijama na mestima kupovine i dr. *Trgovcima* se mogu dati specijalni popusti za kupovinu van sezone čime se oni stimulišu da kupe određeni proizvod, koji pod uobičajenim uslovima ne bi kupili. Osim toga, najboljim prodavcima se mogu dati specijalne nagrade kao što su raznovrsni tehnički uređaji, besplatna putovanja i dr.[66] Podsticajna sredstva kojima se utiče na *prepoznatljivost preduzeća* obuhvataju nastupe na izložbama i sajmovima, sponzorisanja i dr.

Privredna propaganda ili oglašavanje je plaćeni oblik masovne prezentacije koji se vrši pomoću različitih medija. Obzirom na veliki broj kupaca na koji je usmeren, ovaj promotivni oblik se smatra najznačajnijim. Stoga, a i kako pojedini oblici oglašavanja zahtevaju značajna finansijska sredstva, neophodno mu je ozbiljno pristupiti.

Kotler navodi da se u razvijanju programa oglašavanja mora uvažiti jasno definisano ciljno tržište i motivi kupaca. Tek po spoznaji navedenog, donosi se pet glavnih odluka u razvoju programa oglavašavanja, poznatih kao 5M, kojima se daje odgovor na pet ključnih pitanja i to:

- *misija* (mission) - koji su ciljevi oglašavanja?
- *novac* (money) - koliko sredstava može biti potrošeno?
- *poruka* (message) - kakva bi poruka trebala biti preneta?
- *medij* (media) - koji bi se mediji koristili?
- *merenje* (measurement) - kako bi se vrednovali rezultati oglašavanja?[67]

Privredna propaganda se može vršiti putem novina, časopisa, televizije, radia itd. Svaki od navedenih vrsta medija je specifičan i postoje određena pravila kojih se treba pridržavati prilikom oglašavanja u svakom od njih.[68] Tako, ako se preduzeće opredeli za oglašavanje na televiziji korisna su sledeća pravila:

- *što manje detalja u okolini proizvoda koji se oglašava,*
- *što pogodnija pozicija proizvoda,*

---

[65] Na primer, kod svake kupovine se dobija kupon, a po sakupljenom određenom broju kupona se omogućava dobijanje jednog besplatnog proizvoda. Pored proizvodnih, ovakav vid pospešivanja prodaje koriste i uslužna preduzeća, kao što su: perionice kola, igraonice za decu i dr.

[66] Paunović, B., Zipovski, D., - *Op. cit.*, str. 121.

[67] Kotler, F., - *Op. cit.*, str. 637.

[68] Ova pravila proizilaze iz analize koju Hauard Raifa, teoretičar odlučivanja, naziva deskriptivnom. Za razliku od normativne i preskriptivne analize, deskriptivna analiza se bavi načinom na koji ljudi stvarno donose odluke. Detaljnije videti u: Kahnerman, D., Ripe, M., „Aspekti psihologije investitora", u: - *Ekonomisti Nobelovci 1990-2003.* (red. Pelević, B.), Centar za izdavačku delatnost Ekonomskog fakulteta u Beogradu, Beograd, 2004, str. 509-510.

- *kratak period ekspozicije* - puna, nepromenjena pažnja se može zadržati na jednom predmetu samo nekoliko sekundi, a posle toga dolazi do slabljenja ili do prekidanja pažnje;

- *ponavljanje poruke u jednakim intervalima* - od načina kako se pažnja privlači zavisi koliko dugo će se ona zadržati u svesti potrošača (pri dužem zadržavanju pažnje je izvesnije da se pokrenu „faktori izazivači potreba"); i

- *dobro izabran trenutak emitovanja poruke* - poruka je efikasnija uveče nego danju, uspešnija je praznikom nego radnim danom, jer ostaje u dužem pamćenju, obzirom da je tada psihička aktivnost čoveka najmanja.[69]

Odnosi sa javnošću predstavljaju stalnu i osmišljenu komunikacijsku politiku preduzeća, podjednako okrenutu spoljnom svetu i internim strukturama, čiji je cilj stvaranje kvalitetnog identiteta preduzeća i njegovog pozitivnog „imidža" u javnosti, koji će omogućiti postizanje strateških ciljeva.[70] Kotler definiše javnost kao grupu ljudi koja ima stvarni ili potencijalni interes za preduzeće ili može uticati na sposobnost preduzeća da postigne svoj cilj.[71]

Postoji veći broj načina kako se može uticati da javnost ima pozitivnu sliku o preduzeću, odnosno da preduzima aktivnosti kojima će se povećati sposobnost preduzeća da ostvari svoje ciljeve. Pojedini od njih su sledeći:

- *publicitet* - objavljivanje pozitivnih informacija o preduzeću i njegovim proizvodima koji nisu plaćeni od strane preduzeća (na primer, dobri odnosi između novinara i proizvođača mleka mogu da doprinesu objavljivanju stručnog teksta o pozitivnom uticaju mleka na zdravlje stanovništva);

- *lobiranje* - saradnja i uticaj na osobe iz zakonodavne i izvršne vlasti sa ciljem povlačenja ili uvođenja određenih zakona (na primer, određeni proizvođač može da popravi tržišnu poziciju ako bi lobiranjem, potenciranjem „zaštite domaćih proizvođača", uspeo da izdejstvuje povećanje carine na uvozne konkurentske proizvode); i

- *korporativna komunikacija* - pravila ponašanja u komunikaciji sa dobavljačima, kupcima i drugima od kojih neposredno ili posredno zavisi uspešnost poslovanja.

---

[69] Ilić, S., - *Op. cit.*, str. 28.

[70] Odnosi sa javnošću („public relations") su „kao vožnja u magli - morate da imate uključena svetla, ne da bi videli gde idete, već da bi drugi videli vas", u: *Delfin 26/1998*, Menadžer »Delfin« agencija, Beograd, 1998, str. 1.

[71] Kotler, F., - *Op. cit.*, str. 671.

4.2. Distribucija

Distribucija je instrument marketing mixa koji obuhvata sve aktivnosti koje je neophodno preduzeti da bi se proizvod preduzeća transferisao potrošačima. Dakle, sa aspekta preduzeća osnovni zadatak distribucije je da obezbedi »most« između centralizovane proizvodnje i manje ili više decentralizovane potrošnje. Problematika distribucije najčešće podrazumeva izbor:

- dužine kanala distribucije,
- politike kanala distribucije i
- organizatora fizičke distribucije.[72]

Kotler definiše marketinške kanale kao grupu međusobno zavisnih organizacija uključenih u proces koji će proizvode učiniti raspoloživim za korišćenje ili potrošnju.[73] **Dužina kanala distribucije** je opredeljena brojem organizacija uključenih u proces. Shodno tome, razlikuju se:

- kratki kanali distribucije,
- srednji kanali distribucije i
- dugi kanali distribucije.

Kratki kanal distribucije[74] karakteriše direktna prodaja proizvođača krajnjem potrošaču. *Srednji kanal distribucije* karakteriše postojanje jednog posrednika između proizvođača i kupca, kao što je, na primer, trgovina na malo. *Dugi kanal distribucije* karakteriše više od jednog posrednika[75] između proizvođača i prodavca, kao što su, na primer, trgovina na veliko i trgovina na malo.

Dijagram 7.3. - *Kanali distribucije*

Kratki kanal
proizvođač ⟶ kupac

Srednji kanal
proizvođač ⟶ trgovina na malo ⟶ kupac

Dugi kanal
proizvođač ⟶ trgovina na veliko ⟶ trgovina na malo ⟶ kupac

---

[72] Paunović, B., Zipovski, D., - *Op. cit.*, str. 122. U navedenoj knjizi se umesto „organizatora fizičke distribucije" koristi naziv „subjekta koji vrši distribuciju".

[73] Kotler, F., - *Op. cit.*, str. 530.

[74] Kotler ga naziva kanalom nultog nivoa ili kanalom direktnog marketinga. Videti: *Ibid.*, str. 533.

[75] Kotler navodi da, iako retki, postoje i slučajevi sa velikim brojem posrednika. U Japanu je kod pojedinih prehrambenih proizvoda uobičajeno da se između proizvođača i potrošača nalazi 6 distributivnih kanala. Videti detaljnije u: *Ibid.*, str. 533.

Proizvođač može da se opredeli za jedan, a može alternativno da koristi više od napomenutih kanala. Po pravilu, kratak kanal distribucije se koristi pri proizvodnji za poznatog kupca, to jest pri ličnoj prodaji kao obliku promotivnih aktivnosti. Takva distribucija omogućava da prodajna cena ne bude opterećena posredničkom maržom.

Srednji i dugi kanal distribucije se uobičajeno koriste pri proizvodnji za nepoznatog kupca, odnosno kod prodaje proizvoda koji se mogu ponuditi velikom broju potencijalnih kupaca. Međutim, deo asortimana se i kod takvih proizvoda može distribuirati kratkim kanalom. Tako, na primer, proizvođač kafe će zbog tržišnih karakteristika proizvoda i disperzije kupaca najveći deo asortimana prodavati trgovinskim preduzećima, odnosno koristiće srednje i duge kanale distribucije, ali, ako uspeju da ugovore direktnu prodaju sa velikim finalnim kupcima (državne institucije, bolnice itd.), određeni deo asortimana će prodavati i kratkim kanalima.

Izbor politike kanala distribucije predstavlja određivanje broja posrednika koji će učestvovati u okviru odabranih srednjih ili dugih kanala prodaje. Preduzeće se opredeljuje između tri glavne politike distribucije, poznate kao:

- intenzivna politika distribucije,
- selektivna politika distribucije i
- ekskluzivna politika distribucije.

Intenzivnu politiku distribucije karakteriše mogućnost ulaska u kanale distribucije svakom distributeru koji to želi i uobičajena je kod proizvoda koji zadovoljavaju opšte potrebe (hrana, higijena, odeća i sl.) *Selektivnu politiku distribucije* odlikuje izbor distributera shodno postavljenim kriterijumima, kao što su: prikladnost lokacije, prodajni asortiman distributera ili politika koju vodi distributer. *Ekskluzivna politika distribucije* se odlikuje, po pravilu, jednim, ekskluzivnim distributerom koji ima pravo da na određenom ciljnom tržištu distribuira određeni proizvod.[76] Ova politika je uobičajena za luksuzne proizvode, kada od karakteristika distributera zavisi i imidž samog proizvođača. Stoga, na primer, proizvođač Mercedesa ekskluzivnu distribuciju na određenom ciljnom tržištu može da poveri samo distributeru koji ima pozitivnu reputaciju, ispunjava kriterijume po pitanju sopstvenog raspolaganja i izgleda prodajnih salona i dr.

Fizička distribucija obuhvata aktivnosti fizičkog pokretanja robe od proizvođača do kupca.[77] Fizička distribucija može biti organizovana od strane:

- proizvođača i
- kupca.

---

[76] Paunović, B., Zipovski, D., - *Op. cit.*, str. 124.

[77] Milisavljević, M., - *Op. cit.*, str. 352.

Fizička distribucija *organizovana od strane proizvođača* implicira prodajnu cenu na paritetu »franko kupac«, dok se kod fizičke distribucije *organizovane od strane kupca* prodajna cena ugovara na paritetu »franko prodavac«. Iako dopremanje proizvoda može da bude organizovano angažovanjem transportnih preduzeća, kod frekventne prodaje i nabavke je uobičajeno da se distribucija obavlja vozilima proizvođača ili vozilima kupca. Sigurno da je povoljnije za proizvođača da ima mogućnost da samostalno, svojim kapacitetima organizuje transport jer u tom slučaju postoji mogućnost pravovremenog reagovanja na zahteve tržišta, lakša je prodaja direktnim kanalima prodaje onim kupcima koji ne raspolažu svojim voznim parkom itd. Osim navedenih prednosti, organizovana fizička distribucija kapacitetima proizvođača ima i nedostatke koji se prevashodno manifestuju u višim ulaganjima (za nabavku vozila) i višim troškovima (gorivo, održavanje, osiguranje, plate vozača itd.).

4.3. Cena

Iako **cena** predstavlja samo jedan instrument marketing mixa koji u kombinaciji sa ostalim instrumentima treba da omogući ostvarivanje ciljeva preduzeća, opšte prihvaćena podela na cenovne i necenovne instrumente ukazuje na specifičnost cene u odnosu na proizvod, promociju i distribuciju. Te specifičnosti se prvenstveno odnose na: neposredni uticaj na prihod, fleksibilnost i osetljivost potrošača. *Promena cene neposredno i u kratkom roku utiče na prihod*, to jest na promenu prihoda se znatno brže reflektuje promena cene u odnosu na promenu ostalih instrumenata. *Cena je najfleksibilniji instrument* jer je mnogo manje vremena potrebno za njenu promenu nego za promenu promotivnih aktivnosti, a naročito za promenu kanala distribucije i kvaliteta proizvoda. Iako osetljivost zavisi od platežne sposobnosti, vrste proizvoda i dr., smatra se da su *potrošačevi receptori najosetljiviji na promenu cene.*

Na cenu proizvoda utiče veliki broj faktora (tražnja, troškovi, konkurencija, odabrani metod formiranja cene i dr.) koji se moraju uzeti u obzir prilikom formulisanja **politike cena**, pod kojom se podrazumevaju principi i kriterijumi, odnosno načela i stavovi koji usmeravaju donošenje pojedinačne odluke o cenama proizvoda i usluga.[78] Kako je analiza nekih od faktora predmet drugih delova investicionog projekta, u ovom delu će se detaljnije razmotriti samo pojedini faktori i to:

- cenovni ciljevi,
- faktori koji opredeljuju cenovnu elastičnost,
- politika unificiranosti cena i
- uzajamne veze sa ostalim elementima marketing mixa.

---

[78] *Ibid.*, str. 274.

Kotler razlikuje 6 osnovnih **cenovnih ciljeva** i to:

- *opstanak* - na primer, snižavanje cena usled nagomilanih zaliha;

- *maksimalni sadašnji profit* - procenom tražnje i troškova vezanih za alternativne cene odabiraju se cene koje donose maksimalni sadašnji profit;

- *maksimiziranje sadašnjeg prihoda* - određivanje cena kojima se maksimizira sadašnji prihod karakteristično je za uverenje da se na taj način dugoročno maksimizira profit i obezbeđuje rast tržišnog učešća;

- *maksimalan rast prodaje* - određivanje niskih cena, odnosno cenovnom tržišnom penetracijom se dugoročno, s jedne strane, obeshrabruje postojeća i potencijalna konkurencija, povećava tržišno učešće čime se snižavaju proizvodni i distributivni troškovi i dr., a s druge strane, obezbeđuje profit;

- *maksimalno »skidanje kajmaka« na tržištu* - na tržištu se postepeno uvode različiti tipovi istog proizvoda držeći se pravila da se poslednji uvode tipovi najnižeg kvaliteta i cena (»Polaroid« primenjuje ovu strategiju tako što prvo na tržište uvodi skupu verziju svoje kamere i »skida kajmak«, a potom uvodi jednostavnije, jeftinije modele da bi privukao cenovno osetljive segmente); i

- *vođstvo u kvalitetu proizvoda* - visoke cene koje opravdanje nalaze u visokom kvalitetu proizvoda (»Maytag« je prodavao mašine za veš po višoj ceni od konkurentskih proizvoda koristeći slogan »napravljen da traje duže«, a u oglasima je prikazivao servisera koji spava kraj telefona jer ga niko ne zove u vezi popravki).[79]

Ako se zanemari cenovni cilj vezan za „golu egzistenciju", to jest za opstanak preduzeća, svi ostali cenovni ciljevi su zasnovani na želji za ostvarenjem osnovnog zadatka preduzeća, to jest dugoročnim maksimiziranjem profita. Uvidom u moguće cenovne ciljeve se može zaključiti da menadžmentu preduzeća stoje na raspolaganju dve osnovne strategije kojim se putem cena ostvaruje njihov osnovni zadatak. Prvu strategiju karakteriše određivanje cena kojima se ne uočava konflikt između kratkoročnog i dugoročnog profita, to jest dugoročni profit planira da se maksimizira ostvarenjem maksimalnog mogućeg kratkoročnog profita. Drugu strategiju karakteriše prepoznat konflikt između kratkoročnog i dugoročnog profita, to jest formiranje cena kojima se odustaje od dela trenutnog profita zarad povećanja dugoročnog tržišnog učešća i smanjenja snage konkurencije.

Na odluku o ceni proizvoda u značajnoj meri utiče **cenovna elastičnost tražnje** koja predstavlja odnos procentualne promene tražnje i procentualne promene cene jednog proizvoda. Matematički, cenovna elastičnost tražnje izražava odnos između relativne

---

[79] Kotler, F., - *Op. cit.*, str. 496-497.

promene tražnje (prodaje proizvoda) i relativne promene cena, i pokazuje promenu procenta tražnje pod uslovom da se cena promeni za 1 %.

$$E = \frac{(\Delta Q / Q_1)}{(\Delta C / C_1)} = \frac{(Q_1 - Q_2) / Q_1}{(C_1 - C_2) / C_1}$$

gde je:

E - cenovna elastičnost tražnje,

Q_1 - tražnja (prodaja) pre promene cene,

Q_2 - tražnja (prodaja) posle promene cene,

C_1 - cena pre promene i

C_2 - cena posle promene.

Iako na cenovnu elastičnost tražnje utiče veliki broj faktora, postoje određene empirijski utvrđene pravilnosti. Tako, tražnja za određenim proizvodom će biti manje osetljiva na promenu cene ako:

- je proizvod kvalitetniji u odnosu na konkurentske,
- proizvod zadovoljava luksuzne potrebe,
- su kupci manje svesni o postojanju supstituta,
- njegovo pribavljanje predstavlja niži izdatak u odnosu na raspoloživi dohodak kupaca,
- se proizvod upotrebljava zajedno s prethodno kupljenim proizvodima,
- je proizvod takvih karakteristika da nije pogodan za duže skladištenje i dr.[80]

Politika unficiranosti cena odražava sličnosti i razlike po kojima preduzeće isti proizvod prodaje različitim kupcima. Preduzeće može pojedinim kupcima da odobrava popuste, a najznačajniji oblici popusta su: kasa skonto, količinski (vrednosni) rabat i sezonski rabat. *Kasa skonto* je snižavanje cene za kupce koji avansno, po isporuci ili do određenog perioda plate određeni proizvod. *Količinski (vrednosni) rabat* je snižavanje cene usled kupovine veće, naturalno ili vrednosno iskazane količine. *Sezonski rabat* se odobrava kupcima koji van sezone, to jest u periodima koje karakteriše niska tražnja, kupuju određeni proizvod.[81]

Prilikom formiranja finalne cene moraju se uzeti u obzir **uzajamne veze ostalih elemenata marketing mixa i cene**. Prema jednom istraživanju čiji je bio cilj ustanovljavanje odnosa između odgovarajućih cena, kvaliteta i oglašavanja, koje je sprovedeno na 227 proizvoda, prepoznate su sledeće pravilnosti:

- potrošači su bili spremni da plate višu cenu za proizvod prosečnog kvaliteta koji je bio praćen adekvatnom promocijom,

---

[80] *Ibid*, str. 498.

[81] Paunović, B., Zipovski, D., - *Op. cit.*, str. 126.

- proizvodi visokog kvaliteta i visokog intenziteta oglašavanja su na tržištu ostva-rivali najviše cene i

- pozitivna korelacija između visokih cena i visokih troškova oglašavanja je naj-više dolazila do izražaja u kasnijim fazama životnog ciklusa proizvoda.[82]

Ako se apstrahuje promocija i distribucija, preduzeću na raspolaganju stoji devet mo-gućih strategija cene i kvaliteta, koje su prikazane u sledećoj tabeli.

Tabela 7.4. - *Moguće strategije cena/kvalitet*[83]

		Cena		
		Visoka	*Srednja*	*Niska*
Kvalitet	*Visok*	1. Strategija visoke cene	2. Strategija visoke vrednosti	3. Strategija najveće vrednosti
	Srednji	4. Strategija precenjivanja	5. Strategija srednje vrednosti	6. Strategija primerene vrednosti
	Nizak	7. Strategija obmane	8. Strategija lažne uštede	9. Strategija uštede

Strategije 1, 5 i 9 su uobičajene i karakteristične su za preduzeća koja nude proizvod visokog kvaliteta po visokoj ceni, prosečnog kvaliteta po prosečnoj ceni i najnižeg kvaliteta po najnižoj ceni. Strategije 2, 3, i 6 predstavljaju napad na dijagonalne pozi-cije i primenjuju ih preduzeća koja se odriču mogućeg kratkoročnog profita, zarad ve-ćeg dugoročnog. Strategija 2 »kaže«: naš proizvod je istog kvaliteta kao proizvod 1, ali jeftiniji; strategija 3 »kaže« isto, nudeći još veću uštedu; dok strategija 6 ima isti odnos prema strategiji 5, kao i strategije 2 i 3 prema strategiji 1. Strategije 4, 7 i 8 karakterišu cene koje precenjuju proizvod u odnosu na njegovu konkurenciju. U suštini, prime-nom ovih strategija se pokušava ostvariti kratkoročni profit obmanom potrošača, što je na duže staze pogrešno jer će posle određenog vremena kupci shvatiti da su preva-reni i žaliće zbog izvršene kupovine. Stoga, ove strategije treba izbegavati.[84]

Prilikom praktične izrade investicionih projekata korisnike treba detaljno upoznati sa planiranom politikom cene. Potrebno je detaljno analizirati kretanje cene konku-rencije, kao i sve bitne aspekte njihove politike cene. Pored toga, treba se osvrnuti na stepen uvozne penetracije na osnovu koje se može ustanoviti uticaj uvozne ponude na nivo cena na ciljnom tržištu.[85]

---

[82] Kotler, F., - *Op. cit.*, str. 509.

[83] *Ibid.*, str. 496.

[84] *Ibid.*, str. 495-496.

[85] Paunović, B., Zipovski, D., - *Op. cit.*, str. 127.

5. ANALIZA I PROCENA PONUDE

Predmet analize i procene ponude je raspodela „tržišnog kolača" između preduzeća i drugih konkurentskih preduzeća koji će se u veku trajanja projekta boriti da prigrabe što veći deo procenjene tražnje na ciljnom tržištu.

Postupak analize i procene ponude je u mnogo čemu sličan analizi i procene tražnje, s tim što se fokus ne stavlja na kupce, već na konkurenciju. Buduća ponuda za proizvodom može ispravno da se proceni tek po:

- analizi ponude u prethodnom i sadašnjem periodu,
- identifikovanju relevantnih faktora ponude i
- proceni uticaja relevantnih faktora na buduću ponudu.

Dijagram 7.5. - *Postupak analize i procene ponude*

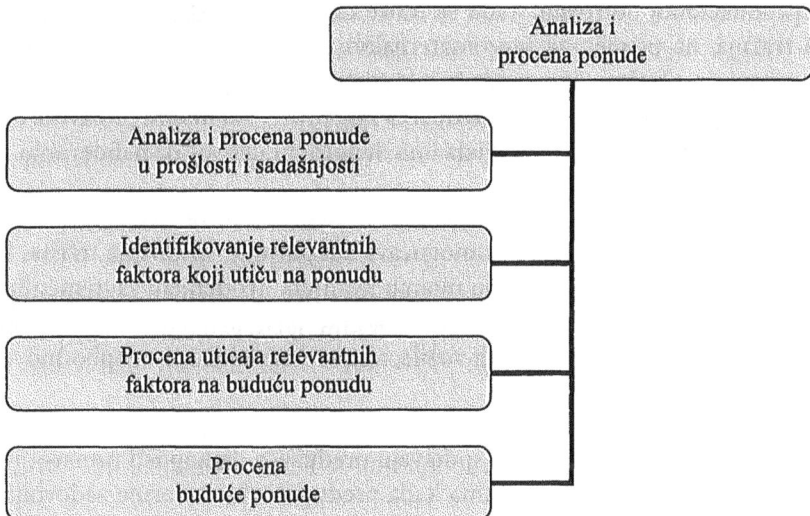

Pod **analizom ponude u prethodnom i sadašnjem periodu** se podrazumeva, s jedne strane, kvantitativni prikaz istorijskih podataka dobijenih analizom tržišta o prodaji proizvoda od strane pojedinih preduzeća, a s druge strane, kvalitativna argumentacija kvantitativnih podataka.

Relevantni faktori ponude koji mogu da utiču na buduću ponudu su raznovrsni. Svi oni se mogu podeliti na:

- faktore koji utiču na ponudu postojeće konkurencije i
- faktore koji utiču na ponudu potencijalne konkurencije.

149

Faktori koji utiču na ponudu postojeće konkurencije su:

- trenutna iskorišćenost kapaciteta,
- postojanje dugoročnih ugovora sa kupcima,
- finansijska snaga,
- izlazne barijere i dr.

Ako konkurentsko preduzeće ima *nisku iskorišćenost kapaciteta*, to jest znatno veće instalisane od trenutno iskorišćenih kapaciteta, ono će predstavljati „opasnijeg protivnika". Naime, ako se u budućnosti poveća tražnja za određenim proizvodom, konkurentsko preduzeće će moći u kratkom roku i bez angažovanja finansijskih sredstava za uvećanje kapaciteta, da konkuriše za zadovoljavanje uvećane tražnje.

Postojanje dugoročnih ugovora sa kupcima je naročito značajno na tržištima gde postoji mali broj velikih kupaca, što je posebno izraženo kod pojedinih proizvoda koji služe reprodukcionoj potrošnji. Tada se može desiti paradoksalna situacija da iako ukupna tražnja, na primer, za repromaterijalom raste, stvarna „nezadovoljena tražnja" se smanjuje. Ovakva situacija je karakteristična za slučajeve kada je rast tražnje vezan za povećanje tržišnog učešća preduzeća koji proizvodi finalni proizvod, a koji sa pojedinim dobavljačem repromaterijala ima dugoročni ugovor o snabdevanju.

Finansijska snaga postojećih konkurenata može značajno da utiče na buduću ponudu, jer adekvatan finansijski potencijal omogućava adaptiranje zahtevima tržišta. Preduzeće može da odgovori zahtevima po pitanju kvaliteta uvođenjem savremenije opreme, bolje da komunicira sa kupcima intenzivnijim oglašavanjem, poboljša distribuciju kupovinom dodatnih transportnih vozila, a za sve navedeno je neophodno da ima odgovarajuću finansijsku snagu.

Izlazne barijere su ograničenja koja sputavaju preduzeća da napusti proizvodnju određenog proizvoda, čak i u situacijama kada preduzeće ne ostvaruje zadovoljavajući prinos. Izlazne barijere prvenstveno mogu da nastanu kao rezultat zakonskog ograničenja i zaštite reputacije. Zakonska ograničenja koja sputavaju izlazak su vezana za monopolsku tržišnu situaciju i cilj ovih ograničenja je zagarantovan vremenski rok koji će kupcima omogućiti da se preorijentišu na nove dobavljače. Kao primer se može navesti slučaj gde na tržištu postoji samo jedno preduzeće koje se bavi servisiranjem liftova. Stoga, lokalna komunalna preduzeća za održavanje stambenog fonda insistiraju da se dobavljač ugovorom obaveže da ih znatno ranije obavesti o eventualnom napuštanju tržišta. Na taj način, iako preduzeće planira da napusti tržište, ono se obavezuje da ugovorom precizirani naredni period servisira liftove i proizvodi rezervne delove za njih.

Zaštita reputacije kao oblik izlazne barijere nastaje u slučajevima kada preduzeće ne napušta tržište sa nezadovoljavajućim prinosom usled opasnosti da bi takva odluka mogla negativno da deluje na imidž preduzeća, a time i na poslovanje na drugim poslovnim aktivnostima. Kao primer se može navesti veliki poslovni sistem kojem televizija koja je članica sistema stvara gubitke. I pored toga, poslovni sistem neće izaći sa tržišta komunikacija jer bi mogao da nastane veći gubitak na ostalim poslovnim aktivnostima usled pogoršanja renomea prouzrokovanog gašenjem ili prodajom televizije.

Najznačajniji faktori koji utiču na ponudu od strane potencijalne konkurencije su:

- ulazne barijere
- horizontalne integracije,
- vertikalne integracije i
- nivo globalizacije.[86]

Ulazne barijere su ograničenja kojima se sputava novo preduzeće da otpočne sa proizvodnjom određenog proizvoda iako postoji mogućnost ostvarivanja privlačnog prinosa. Lako je otvoriti novi kiosk, ali je teško ući na tržište proizvodnje aviona. Ulazne barijere mogu biti: zahtevan visok nivo ulaganja, nestabilni izvori snabdevanja, neophodnost posedovanja atesta, patenata i licenci; nedostatak adekvatnih lokacija i dr.

Horizontalna integracija je širenje proizvodnog programa proizvodima iste privredne grane ili novih tipova postojećih proizvoda. Realno je očekivati da preduzeću koje proizvodi prirodnu flaširanu vodu, u budućnosti, značajnu konkurenciju predstavlja sadašnji lider u proizvodnji mineralne vode koji trenutno ovu vrstu proizvoda nema u asortimanu.

Vertikalna integracija je širenje asortimana proizvodima koji se nalaze u istom lancu proizvodnje finalnog proizvoda. Tako, proizvođaču etiketa za flaše potencijalni konkurent može da predstavlja proizvođač flaširanih voda, naročito ako je u svom poslovanju već bio sklon vertikalnoj integraciji (na primer, asortiman koji se sastojao samo od proizvodnje flaširanih voda je proširio proizvodnjom flaša).

Nivo globalizacije određuje stepen potencijalne konkurencije shodno delatnosti preduzeća. Tako su pojedine delatnosti izrazito lokalne (čišćenje poslovnih prostora, održavanje zelenih površina i dr.), pa je mala opasnost ulaska na ciljno tržište drugih uspešnih preduzeća, ali koja posluju na drugim područjima. Drugačiji je slučaj sa globalnim proizvodima (pivo, duvan itd.) gde je realno očekivati da će na potencijalno interesantnom ciljnom tržištu konkurisati svi značajni svetski proizvođači.

---

[86] Kotler, F., - *Op. cit.*, str. 231-232.

Procena uticaja relevantnih faktora na buduću ponudu je finalni korak koji prethodi proceni ponude. Iako od kvaliteta ove procene umnogome zavisi i objektivnost procene tržišnog učešća investitora, ma koliko metodološki ispravno bila urađena, teško je uraditi procenu za koju se sa visokim stepenom pouzdanosti može pretpostaviti da će se ostvariti u budućnosti. Naime, osim što je u mnogim privrednim granama broj potencijalnih konkurenata neograničen, tako je i buduća marketinška strategija postojećih konkurenata teško predvidiva. Kao što investitor prilagođava instrumente marketing mixa očekivanim promenama na strani tražnje, slične se adaptivne promene očekuju i od konkurenata. I upravo od uspešnog sagledavanja budućih poteza konkurencije, u mnogo čemu zavisi i uspeh planiranog ulaganja.[87]

Procena buduće ponude, po pravilu, sadrži kvalitativnu argumentaciju. Naime, u investicionim projektima nije uobičajeno da se ponuda kvantifikuje po konkretnim proizvođačima. Osnovni razlog je vezan za problem koji relativizira pouzdanost celokupnog postupka analize i procene ponude, to jest za nemogućnost da se pouzdano projektuju međusobni odnosi konkurenata, jer prvenstveno zavise od njihovih budućih marketing strategija, a koje su prilikom procene u velikoj meri nepoznanica.[88]

6. SWOT ANALIZA

SWOT[89] analiza predstavlja metod kvalitativne analize kojom se identifikuju:

- snage i slabosti preduzeća - interni faktori; i
- mogućnosti i pretnje iz okruženja u kojem preduzeće posluje - eksterni faktori.

Interni faktori se odnose na unutrašnje karakteristike preduzeća i sačinjavaju ih faktori koji su u velikoj meri u neposrednoj kontroli preduzeća.

Snaga preduzeća može da bude rezultat:

- posedovanja jasne vizije, misije i ciljeva;
- pozitivnog mišljenja kupaca,
- potvrđenog tržišnog liderstva,
- zadovoljavajuće likvidnosti,

---

[87] „Biznis je kao šah: da biste bili uspešni neophodno je da anticipirate nekoliko poteza unapred" (uključujući i poteze konkurencije - Op. aut.), u: Sahlman, W. A., "How to Write a Great Business Plan", u: - *Harvard Business Review Jul/August 1997.*, 1997, str. 98-108., preštampano u: Price, R. - *Entrepreneurship 00/01*, Dushkin/McGraw-Hill, 2000, str. 114-121.

[88] Paunović, B., Zipovski, D., - *Op. cit.*, str. 131.

[89] Naziv SWOT potiče od početnih slova engleskih reči: Strenghts, Weaknesses, Opportunities i Threats; sa značenjem, respektivno: snage, slabosti, mogućnosti i pretnje.

- visokog iskorišćenja kapaciteta,
- visokog kvaliteta proizvoda,
- razvijene saradnje sa distributivnom mrežom,
- dokazanog menadžmenta i dr.

Slabosti preduzeća mogu da budu rezultat:

- zastarele tehnologije,
- malih proizvodnih kapaciteta,
- lošeg dizajna i pakovanja proizvoda,
- lošeg sistema kvaliteta,
- prisustva operativnih problema,
- lošeg imidža i dr.

Eksterni faktori su faktori koji nisu u neposrednoj kontroli preduzeća, to jest retke su situacije kada preduzeće na njih može da utiče (na primer, lobiranjem). Dakle, to su faktori kojima preduzeće treba da se adaptira.

Mogućnosti iz okruženja mogu biti posledica:

- povećanja tražnje za komplementarnim proizvodima,
- povećanja kupovne snage postojećih i potencijalnih kupaca,
- povećanja carine na konkurentske i supstitutivne proizvode i dr.

Opasnosti iz okruženja mogu biti:

- nepovoljna politička situacija,
- restriktivna ekonomska politika - viši troškovi eksternih izvora finansiranja;
- nepovoljne demografske promene,
- povećanje prodaje supstituta,
- očekivano povećanje rizika nenaplativnosti potraživanja i dr.[90]

Osnovna svrha SWOT analize je da se pravovremeno reaguje, odnosno da se na osnovu prepoznatih relevantnih faktora (pre)formuliše marketinška, pa i celokupna poslovna strategija, sa ciljem da se iskoriste snage i redukuju slabosti preduzeća, kao i da se iskoriste šanse i izbegnu opasnosti iz okruženja.

---

[90] Detaljna lista pitanja koja može da pomogne u preciziranju internih i eksternih faktora SWOT analize prezentirana u: Forsyth, P., - *Op. cit.*, str. 86-89.

SWOT analiza se u investicionim projektima uobičajeno grafički iskazuje u matričnom obliku sa sažetim, taksativno nabrojenim karakteristikama svakog od elemenata analize. Cilj ovakvog prikazivanja je da se korisnici investicionog projekta na jednostavan i upečatljiv način upoznaju sa najvažnijim kvalitativnim obeležjima preduzeća i okruženja.[91]

Dijagram 7.6. - *Matrični prikaz SWOT analize*

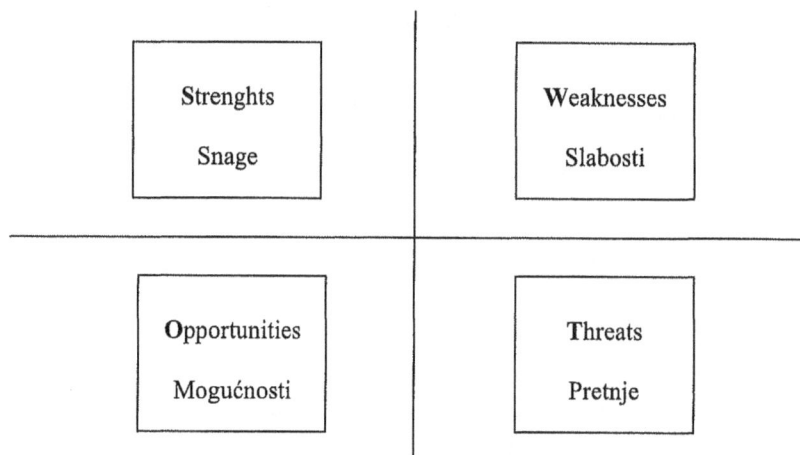

Iako je smisao SWOT analize proaktivno delovanje, Hajnc Vajnih je istraživanjem utvrdio da se SWOT analiza u preduzećima, po pravilu, sprovodi u kriznim situacijama, to jest u situacijama kada je preduzeće izloženo opasnostima. Shodno tome, Vajnih je razvio **TOWS matricu**, koja analizira iste faktore kao i SWOT analiza, s tim što je fokus stavljen na faktorima koji iniciraju analizu, to jest na pretnjama iz okruženja i slabostima preduzeća. Na osnovu TOWS matrice preduzeće treba da se opredeli za jednu od četiri sledeće alternativne strategije poslovanja:

- *WT strategija* - fokusiranje na maksimalnom smanjenju slabosti preduzeća i izbegavanju pretnji iz okruženja;

- *WO strategija* - teži se smanjenju slabosti i maksimalnom iskorišćenju mogućnosti;

- *ST strategija* - opasnostima koje dolaze iz okruženja preduzeće se suprotstavlja svojom snagom;

- *SO strategija* - snagom preduzeća iskorišćavaju se mogućnosti iz okruženja.

Ukoliko menadžment uspe da je razvije, od svih navedenih, najbolji se rezultati postižu poslednjom (SO) strategijom.[92]

---

[91] Paunović, B., Zipovski, D., - *Op. cit.*, str. 133. Pored navedenog, moguće je na koncizan način obrazložiti svaki prepoznati relevantni faktor iz SWOT matrice (Op. aut.).

[92] Jovanović, M., - *69 lekcija o menadžmentu*, Megatrend, Beograd, 1994, str. 79-80.

7. PROJEKCIJA PLASMANA PROIZVODA

Funkcija dela investicionog projekta u kojem se vrši projekcija plasmana proizvoda se može uporediti sa funkcijom koji ima deo pod nazivom „Grupno iskazana ulaganja, rok trajanja i investiciono održavanje", koji se razmatra u okviru sažetka tehničko-tehnološke analize. Dakle, na osnovu zaključaka koji proizilaze iz ranijih delova analize prodaje, potrebno je kvantitativno iskazati one vrednosti koje su značajne za finansijsku analizu.

Pod relevantnim vrednostima se prvenstveno smatraju vrednosti na kojima se temelji proračun ukupnog prihoda po razdobljima veka trajanja projekta, što podrazumeva projekciju plasmana:

- u naturalnim vrednostima i
- po prosečnoj neto ceni.

Najpraktičnije je osnovne podatke prikazati u tabelarnom obliku, na način kako je to urađeno u sledećoj tabeli.

Tabela 7.7. - *Prikaz projekcije plasmana proizvoda*

Vrsta proizvoda	*Plasman od 1-2. godine u jedinicama*	*Plasman od 3-10. godine u jedinicama*	*Prosečna cena po jedinici u EUR*
Proizvod „A"			
Proizvod „B"			
Proizvod „C"			
Proizvod „D"			
Proizvod „E"			

Pored navedenog, projektuju se i druge vrednosti koje nisu direktno vezane za ukupni prihod, ali proizilaze iz plana prodaje, kao što su troškovi promocije i prosečan broj dana odloženog plaćanja.

Osim kvantitativne projekcije, u ovom delu se daju kvalitativne ocene, opisi i komentari vezani za:

- cene (da li je cena data na paritetu „franko kupac" ili „franko prodavac"?; kakva je planirana politika unificiranosti cena"? i dr.),
- promotivne aktivnosti (planirani oblici promotivnih aktivnosti) i
- distribuciju (planirana dužina kanala distribucije, distributivne politike i organizatora fizičke distribucije).[93]

---

[93] Paunović, B., Zipovski, D., - *Op. cit.*, str. 134.

155

Kod investicionih projekata namenjenih eksternim korisnicima, projekcija plasmana može da bude subjektivna, te su kreditori skeptični u prihvatanju projekcija. Stoga je najbolji način da se skepsa otkloni postojanje predugovora o budućoj prodaji proizvoda, koja naročito dobija na težini ako je predugovorima »pokriven« veći deo planiranog plasmana, ako su dugoročnog karaktera i ako su sklopljeni sa renomiranim kupcima.[94]

---

[94] *Ibid.*, str. 134.

GLAVA VIII
PLAN NABAVKE

Stvaranje proizvoda kojim se zadovoljavaju potrebe kupaca je uslovljeno angažovanjem elemenata proizvodnje: predmeta rada, sredstava za rad i radne snage. Dakle, svakoj proizvodnji outputa prethodi utrošak inputa, koji u zavisnosti od elemenata proizvodnje na koji se odnose mogu biti u materijalnom[95], proizvodnom i ljudskom obliku. Uticaj pojedinih inputa na visinu cene koštanja zavisi od niza faktora kao što su karakteristike samog proizvoda, stepen tehničke opremljenosti, vid organizacije procesa proizvodnje i sl. Tako, materijalni i proizvodni inputi su najznačajniji trošak stolarskog preduzeća sa visoko automatizovanim procesom proizvodnje. Nasuprot tome, trošak radne snage može u istoj delatnosti da bude dominantan trošak pod uslovom da preduzeće ne raspolaže adekvatnom tehnološkom opremom ili u slučaju izraženog problema sa viškom zaposlenih.

Nabavka i upravljanje elementima proizvodnje je predmet posebnog dela ekonomske teorije koji se, iz razloga što se angažovanje svakog od elemenata proizvodnje direktno reflektuje na rashodnu (troškovnu) stranu bilansa uspeha, naziva menadžment troškova. Osnovni cilj menadžmenta troškova je kvalitetno upravljanje troškovima na bazi menadžerskih odluka koje su kompatibilne sa strategijskim ciljevima. Adekvatan menadžment troškova usmerava preduzeće do profitabilnih rešenja, poboljšava kvalitet proizvoda i povećava njegovu vrednost za potrošače, uz istovremeno minimiziranje troškova.

Obzirom na značaj, neophodno je da se pre donošenja investicione odluke razmotre, a u investicionim projektima prezentiraju svi relevantni aspekti pojedinačno posmatranih elemenata proizvodnje. Kako se analiza ljudskih inputa razmatra u okviru analize organizacionih i kadrovskih aspekata, a analiza proizvodnih aspekata u okviru tehničko-tehnološke analize, predmet plana nabavke su isključivo relevantni aspekti koji se odnose na materijalne inpute.

Broj materijalnih inputa koja preduzeća troše tokom procesa poslovanja je veliki, što implicira da svi materijalni inputi ne mogu da budu predmet plana nabavke. Tako, svako preduzeće u poslovanju troši papir, spajalice, hemijske olovke i druge kancelarijski materijal. Ovi troškovi, posebno u proizvodnim preduzećima, predstavljaju ve-

---

[95] Pod materijalnim inputima se ne podrazumevaju samo opipljivi inputi, kao što su troškovi materijala za izradu, već i drugi troškovi, kao što su, na primer, troškovi energenata.

oma mali procenat od ukupnih troškova. Shodno tome, iznos ovih troškova ne može da bude opredeljujući prilikom donošenja investicione odluke. Pored toga, postoje i određeni troškovi koji sa aspekta iznosa mogu da budu relevantni, ali kako preduzeće ne može da ih snizi u pregovorima sa dobavljačima, niti ima mogućnosti za alternativna rešenja, ovi troškovi se detaljnije ne razmatraju u okviru plana nabavke. Pod navedenim troškovima se mogu smatrati troškovi električne energije koji utiču, na primer, kod izbora tehnološke opreme, ali koji se po izvršenom izboru ne mogu sniziti pregovorima, a i preduzeće nema mogućnost odabira alternativnih dobavljača.

Dakle, predmet plana nabavke prvenstveno treba da budu inputi kojima preduzeće može da „upravlja", a koji su relevantni sa aspekta ostvarivanja poslovnih rezultata. To su, po pravilu, najznačajniji varijabilni materijalni inputi.

Slično kao i kod plana prodaje, svi faktori koji determinišu plan nabavke se koncipiraju u okviru pitanja na koje je neophodno odgovoriti, kao što su:

- Koji su neophodni inputi?
- Ko su potencijalni dobavljači?
- Na kojim su lokacijama smešteni?
- Kako su pozicionirani na tržištu?
- Koju politiku cena vode?
- Na koji način distribuiraju svoje proizvode?
- Da li i koliko kreditiraju svoje kupce? i dr.

Svrstavanje odgovora na ova pitanja u određene grupe shodno faktorima koje determinišu, odnosno formiranje adekvatne strukture plana nabavke je jedno od teorijskih i praktičnih problema za koje ne postoji univerzalno rešenje. Jedno od najrenomiranijih svetskih revizorskih preduzeća (Ernst & Young) strukturu plana nabavke koncipira na sledeći način: identifikovanje kritičnih inputa, dužina vremena trajanja nabavke, analiza rizika zbog eventualnog nedostatka potrebnih inputa i opis postojećih i projekcija budućih uslova nabavke.[96]

Zajedničkom metodologijom je, u studiji opravdanosti, plan nabavke, odnosno analiza nabavnog tržišta (kako se u Metodologiji naziva), planiran da se razmatra u sledećim poglavljima: opis i karakteristike potrebnih inputa, podaci o proizvodnji i potrošnji potrebnih inputa kod nas i u svetu, procena mogućnosti nabavke potrebnih inputa, ocena mogućnosti supstitucije potrebnih inputa i prognoza nabavnih cena.[97]

---

[96] Detaljnije videti u: Price, R. W., Ernst & Young LLP: "Outline for a Business Plan", u: - *Entrepreneurship 00/01*, Global Entrepreneurship Institute, 2000, str. 122-129.

[97] *»Službeni glasnik RS"*, br. 39/1999, član 6.

Uzevši u obzir strukturu plana nabavke iz Zajedničke metodologije, ali i potrebu delimične usaglašenosti sa predloženom strukturom plana prodaje, plan nabavke će se detaljnije razmotriti u okviru sledećih poglavlja:

- Karakteristike osnovnih inputa,
- Mogućnost nabavke inputa i ocena njihove supstitucije,
- Analiza i procena uslova nabavke inputa i
- Projekcija uslova nabavke inputa.

U nastavku će plan nabavke karakterisati znatno manje teorijskih objašnjenja nego što je to slučaj sa planom prodaje, a što se može opravdati bar sa tri logična razloga. Prvo, mnogo je teže definisati kupce nego potencijalne dobavljače. Iako nabavna funkcija može da bude limitirajući faktor, ipak je uspešnost poslovanja prevashodno povezana sa problematikom kupaca. Drugo, osim kod projekata koji se baziraju na specifičnim, retkim inputima, mnogo je lakše napraviti plan nabavke nego plan prodaje. Treće, ne postoje posebne tehnike koje se diskreciono primenjuju u planu nabavke, a ne primenjuju se u planu prodaje, tako da je bespotrebno ponavljati objašnjenja istih termina.

1. KARAKTERISTIKE OSNOVNIH INPUTA

Kao što analiza prodajnog tržišta započinje definisanjem i klasifikacijom asortimana investitora, tako i analiza nabavnog tržišta započinje definisanjem i klasifikacijom osnovnih inputa. Svi osnovni inputi se najčešće klasifikuju u jednu od sledećih grupa:

- sirovina,
- repromaterijal i
- ambalaža.

Za svaki osnovni input se analiziraju njegove **osnovne karakteristike** uz isticanje onih karakteristika, upoređujući ih sa karakteristikama osnovnih inputa konkurentskih proizvođača, koje utiču na postojanje komparativnih razlika. Te karakteristike mogu da rezultiraju stvarnu vrednost za potrošače, odnosno da budu sadržane u samom finalnom proizvodu, te su već posredno obrazložene u planu prodaje. Kao primer stvarne vrednosti se može napomenuti kvalitetniji duvan koji će se kao input koristiti za proizvodnju cigareta, ili kvalitetnija sirova kafa koja će se kao input koristiti u proizvodnji pržene kafe. Nasuprot tome, karakteristike pojedinih inputa mogu da predstavljaju prednost ili nedostatak u odnosu na konkurenciju usled iracionalne vrednosti za potrošače. Tipičan primer za stvaranje komparativne prednosti na osnovu iracionalne vrednosti je pomoću ambalaže. Naime, pored uloge da zaštiti proizvod od udara, vlage, prašine itd.; ambalaža treba da potvrdi karakteristike proizvoda. Drugim rečima, dobro osmišljena i privlačna ambalaža pospešuje prodaju.[98]

2. MOGUĆNOST NABAVKE INPUTA I OCENA NJIHOVE SUPSTITUCIJE

Da bi se na adekvatan način mogla analizirati nabavka inputa neophodno je raspolagati podacima o kvantitativnim potrebama investitora. Stoga je pre detaljnije analize neophodno kvantifikovano, u naturalnim jedinicama, iskazati potrebu za inputima u veku trajanja projekta. Tek tada podaci o raspoloživosti određenih inputa, upoređujući ih sa kvantitativnim potrebama investitora, dobijaju analitički smisao. Uzevši u obzir različite moguće aranžmane između kupaca i dobavljača, kvantifikovano iskazane potrebe imaju i drugu analitičku vrednost jer omogućavaju preciziranje cena i uslova prodaje, koji u znatnoj meri zavise od količine nabavke.[99]

Za analizu **mogućnosti nabavke inputa** potrebno je prikupiti informacije o njihovoj proizvodnji u tekućem i prethodnom periodu. Na osnovu ustanovljenih tendencija i analizom kretanja određenih relevantnih faktora ponude inputa vrši se projekcija proizvodnje u narednom vremenskom periodu. U investicionim projektima se projekcija, po pravilu, završava na deskriptivnom opisu, ali ako se analizom ustanove budući problemi prilikom nabavke poželjno je kvantifikovati buduću proizvodnju zbog mogućnosti upoređivanja sa kvantitativno iskazanim potrebama investitora.

U slučaju da je planirano da se input nabavlja od domaćih proizvođača kojih ima u dovoljnom broju, analiza se ograničava na domaće tržište. Građevinsko preduzeće koje razmatra mogućnost izgradnje građevinskog objekta na lokaciji u Srbiji dovoljno je da se pri analizi nabavke cementa fokusira na domaće dobavljače. Naime, kako na ciljnom tržištu svetski renomirana preduzeća proizvode cement, nerealno je očekivati da će postojati problemi oko buduće nabavke, kao i da će od inostranih dobavljača moći da se obezbedi kvalitetniji input ili po povoljnijoj ceni.

Analiza i projekcija proizvodnje od strane inostranih dobavljača se vrši u svim slučajevima kada ima smisla razmatrati nabavku određenog inputa van teritorije ciljnog tržišta, odnosno van određene države. Logično je da analiza nabavke iz inostranstva mora da se vrši u slučaju kada zbog klimatskih faktora (sirova kafa, banane, pomo-

---

[98] „Žene mogu da kupuju kreme kod apotekara za nekoliko desetina dinara. Zašto one plaćaju čak i pet puta više proizvode upakovane u privlačnu ambalažu? Naprosto zato što ambalaža transformiše ovaj jednostavan hemijski proizvod u neku vrstu eliksira. Žene ne žele samo kremu, one traže i poverenje u sebe, sigurnost, mladost, lepotu. Svojim estetskim izgledom ambalaža može dati proizvodima kvalitet mladosti, ženstvenosti, luksuza, čistoće, snage«, u: Ilić, S., - *Op. cit.*, str. 26-28.

[99] Paunović, B., Zipovski, D., - *Op. cit.*, str. 152-153.

randže i dr.), ili iz drugih razloga (nedovoljna tražnja, visok iznos investicije, nepo-sedovanja atesta i dr.), ne postoji proizvodnja na domaćem tržištu. Takođe, pojedini proizvođači sa lokalnog tržišta su zbog kvaliteta, nedovoljnog kvantiteta, visokih ce-na, nesigurnosti u kontinuitet poslovanja i dr., razlog nabavke inputa sa inostranog tr-žišta. Pored toga, treba razmotriti mogućnost inostrane nabavke i kada trenutni uslovi upućuju na odabir domaćeg dobavljača, ali se u budućnosti može očekivati niža cena ili povoljniji uslovi od strane inostranog dobavljača.[100]

Ocena supstitucije predviđenih inputa se svodi na varijantno proučavanje zame-njivosti inputa. Jednostavno se orijentisati na jednu inputnu bazu, a ne ispitati mo-gućnost njene zamene drugom mogućom, znači da se nedovoljno ozbiljno pristupa planu nabavke.[101] Postoje dva osnovna razloga zbog kojeg je Osnovnim metodologija-ma predviđeno detaljno razmatranje mogućnosti supstitucije predviđenih inputa i to zbog: buduće deficitarnosti i buduće profitabilnosti.

Redovna proizvodnja zahteva kontinuiranu nabavku inputa. Kod određenih proizvo-da su osnovni inputi takvih karakteristika da se u budućnosti, odnosno u roku traja-nja projekta, ne mogu prepoznati limitirajući faktori njihove raspoloživosti. Ukoliko preduzeće analizira realizaciju investicije u kojoj bi finalni proizvod bio hleb, nerealno je očekivati probleme sa nabavkom vode, brašna, ulja, soli ili kvasca. S druge stra-ne, postoje proizvodi čije je stvaranje uslovljeno trošenjem inputa koji u budućnosti mogu biti *deficitarni* i koji mogu da se jave kao ograničavajući faktor realizacije celo-kupnog projekta. Deficit za pojedinim inputima posebno postaje izražen poslednjih godina usled hroničnog manjka raznih vidova sirovina i energenata. „Dramatično upozorenje istraživača (Rimski klub i predviđanja drugih institucija i pojedinaca) da je na vidiku nestašica velikog broja materijala i energije, sa svoje strane potenciraju značaj nabavke u sistemu poslovnih planova. Takozvana nova racionalnost koja se sve više zagovara pod uticajem ovih predviđanja i zaoštrenih uslova privređivanja, tradicionalnu parolu marketinga „više i bolje" transformiše u zahtev „manje i bolje", potencirajući ekonomsku dimenziju marketinga u smislu racionalnijeg upravljanja potrebama i čvršćeg povezivanja sa nabavnom funkcijom".[102]

Ocena supstitucije predviđenih inputa drugim iz razloga *buduće profitabilnosti* vezana je za situaciju kada trenutni tržišni uslovi opredeljuju odabir jednih inputa, ali se u bu-dućnosti mogu očekivati promenjeni uslovi, koji će rezultirati promenom inicijalno prihvaćenih inputa. Tako, trenutni uslovi mogu da uslovljavaju korišćenje običnog di-zela jer je zbog nedovoljne ponude biodizel skuplji, a i ne postoji garancija po pitanju

[100] *Ibid.*, sr. 154.

[101] Kljusev, N. - *Investicije* (drugo izdanje), Književne novine, Beograd, 1984, str. 177.

[102] Todorović, J., Đuricin, D., Janošević, S., - *Strategijski menadžment* (četvrto izdanje), Ekonomski fakul-tet u Beogradu, Beograd, 2003, str. 523.

sigurnosti obezbeđenja neophodnih količina. Međutim, ocena moguće supstitucije se treba detaljno analizirati jer se u perspektivi može očekivati porast cene običnog dizela (na primer, zbog povećanja fiskalnih opterećenja usled potrebe za zašitom životne sredine), kao i pad cene biodizela, usled očekivanog povećanja broja proizvođača.

Problematika ocene supstitucije predviđenih inputa je u mnogo čemu opredeljena karakteristikama proizvodnog procesa i (ne)postojanjem supstitutivnih inputa. Za razliku od proizvoda koji se mogu proizvoditi alternativnim inputnim rešenjima, postoje proizvodi gde su inputi precizno determinisani i ne postoji mogućnost supstitucije. Tako se pržena kafa mora praviti od sirove kafe i analiza mogućnosti supstitucije je beskorisna jer se, kako trenutno, tako ni u budućnosti, ne može očekivati da će se osnovni input moći zameniti supstitutivnim.

3. ANALIZA I PROCENA USLOVA NABAVKE INPUTA

Prilikom nabavke inputa od strane kupaca istovremeno se dešava prodaja od strane dobavljača. Uslove pod kojima će dobavljač prodavati proizvode definiše svojim planom prodaje, koji se na tržištu sučeljava sa kupčevim planom nabavke, odnosno sa planiranim uslovima pod kojim kupac planira da kupuje proizvode. U osnovi planova kupca i prodavca se nalaze različiti ciljevi. Dok je osnovni cilj prodavca da određeni proizvod proda što skuplje uz što kraći vremenski period naplate i dr., osnovni cilj dobavljača je kupovina proizvoda po što je moguće nižoj ceni uz sve dodatne beneficije. Krajnji rezultat sučeljavanja planova kupca i planova prodavca je poslovna transakcija kojom se preciziraju uslovi prodaje, odnosno uslovi nabavke određenog proizvoda.

U ovom delu investicionog projekta se vrši globalna projekcija uslova pod kojim će se u veku trajanja projekta prodavati (kupovati) analizirani inputi. Isticanje da se radi o globalnoj projekciji je uslovljeno činjenicom da se cene pojedinih proizvođača međusobno razlikuju, a i sam proizvođač može pod drugačijim uslovima da prodaje isti proizvod različitim kupcima.

Postupak analize i procene uslova nabavke je metodološki identičan analizi i proceni uslova prodaje izrađenoj od strane dobavljača jer ono što je za dobavljača procena uslova prodaje, to je za kupca procena uslova nabavke. Konkretan postupak se sastoji iz sledećih faza:

- definisanje ponude u proteklom i sadašnjem vremenu,
- identifikovanje relevantnih faktora ponude,
- ustanovljavanje uzročno - posledičnih veza između, s jedne strane, relevantnih faktora ponude, a s druge strane, protekle i sadašnje ponude;

- projekcija budućih promena relevantnih faktora ponude i
- projekcija buduće ponude.

Kako je već izneta konstatacija o manjem fokusiranju na probleme nabavke nego na probleme prodaje, prethodno izlaganje ne treba razumeti tako da je pri analizi nabavke svih potrebnih materijalnih inputa potrebno detaljno izanalizirati sve parametre koje analizira prodavac prilikom prodaje. Tako se, na primer, analiza nabavke plastičnih kesa, obzirom da postoji veliki broj proizvođača i da se u budućnosti ne očekuju značajnije promene, može zadržati na analizi trenutnih uslova nabavke, naročito se fokusirajući na cene, fizičku distribuciju i uslove prodaje.

S druge strane, za inpute za koje se sa dovoljnom dozom sigurnosti ne mogu projektovati budući uslovi nabavke, potrebno je primeniti celokupan, ranije opisan postupak. Osim trenutnih uslova ponude, analiziraju se uslovi ponude karakteristični za prethodni period sa ciljem spoznaje o postojanju određenih tendencija. U sledećem koraku se utvrđuju relevantni faktori na strani ponude. Upoređivanjem promena uslova ponude konkretnog proizvoda sa promenama relevantnih faktora ponude utvrđuje se postojanje uzročno - posledičnih veza. Po utvrđivanju veza, projekcijom kretanja relevantnih faktora se omogućava projekcija uslova nabavke konkretnog inputa. Radi lakšeg razumevanja, celokupan postupak analize će se objasniti na hipotetičkom primeru proizvođača flaširanih voda.

Pretpostaviće se da su pretforme koje služe za naduvavanje flaša značajan input u preduzeću koje proizvodi flaširanu vodu. Upoređivanjem prethodnih i tekućih uslova prodaje ustanovljen je rast cene pretformi od 25% u odnosu na cenu od pre pet godina. Analizom tržišta, nafta je prepoznata kao relevantni faktor ponude jer dominantno učestvuje u ceni koštanja proizvedene pretforme. Ako su kod proizvođača pretformi, pre rasta cene nafte (za 50%), troškovi nafte predstavljali 50% od prihoda od prodaje pretformi, moguće je prepoznati uzročno - posledičnu vezu, odnosno prepoznati činjenicu da, zanemarivanjem ostalih faktora koji utiču na cenu koštanja, proizvođači pretformi prilikom formiranja svojih cena polaze od ciljnog kontribucionog dobitka. Taj zaključak se može prihvatiti jer rast cene pretforme nije uticao na promenu kontribucionog rezultata proizvođača pretformi, odnosno u potpunosti je pokrio rast cene koštanja (50% x 50% = 25%). Na osnovu informacija o dugoročnom kretanju nafte moguće je projektovati kretanje cene pretformi. U slučaju da postoje predviđanja da će cena nafte u narednih 10 godina prosečno porasti za 40%, u istom periodu se projektuje rast cene pretformi za 20% (40% x 50% = 20%).[103]

Na osnovu podataka iz primera je jasno da je u određenim slučajevima neophodno utrošiti značajno vreme, pa i ne mali iznos finansijskih sredstava, za analizu i procenu

---

[103] Paunović, B., Zipovski, D., - *Op. cit.*, str. 156.

uslova nabavke pojedinih inputa. Informacije iz ovog dela treba da pruže osnov za ustanovljavanje rizika nabavnog tržišta, da daju smernice za profilisanje mera zaštite od rizika, a i pojedini drugi delovi investicionog projekta (bilans uspeha, izračunavanje trajnih obrtnih sredstava i dr.) zavise od informacija dobijenih kroz navedenu analizu. Pored toga, značaj analize i procene uslova nabavke inputa se najbolje uočava kada se zna da adekvatno upravljanje troškovima predstavlja jedan od osnovnih preduslova poslovanja sa pozitivnim finansijskim rezultatom. Naime, sagledavanje profitabilnosti programa, pored tržišne propulzivnosti, pod značajnim je uticajem uslova i mogućnosti nabavke elemenata na strani inputa, jer kao što se rezultat može poboljšati povećanjem prihoda, isto tako se može poboljšati i snižavanjem troškova.

4. PROJEKCIJA USLOVA NABAVKE INPUTA

Kao što se sublimacijom kvalitativnih i kvantitativnih aspekta iz plana prodaje vrši projekcija plasmana proizvoda, tako se sublimacijom relevantnih aspekata plana nabavke projektuju konkretni uslovi obezbeđenja inputa od strane investitora.

Uslovi nabavke prezentiraju se kroz projekciju:

- organizatora fizičke distribucije,
- neto nabavne cene, uz apstrahovanje fiskalnih izdataka;
- kreditiranja od strane dobavljača i
- zavisnih troškova nabavke.[104]

Izvršene projekcije predstavljaju temeljne podatke za proračun najznačajnijih materijalnih rashoda u veku trajanja projekta. Razumljivo, u slučaju da se u celom veku trajanja projekta predviđaju identični uslovi nabavke prezentiraju se podaci samo za jednu (tipsku) godinu, dok se u slučaju promenjenih uslova nabavke prezentiraju podaci za svaku godinu kada je predviđena promena uslova.

Osim same projekcije, potrebno je upoznati korisnike sa prihvaćenim pretpostavkama na osnovu kojih je projekcija izvršena, kao što su:

- slobodno delovanje konkurencije,
- snižavanje uvoznih opterećenja,
- stabilan devizni kurs,
- značajan broj mogućih dobavljača i sl.

---

[104] *Ibid.*, str. 157.

Kao što korisnik informacija, naročito kada se radi o kreditorima, može da bude skeptičan prilikom prihvatanja pouzdane projekcije plasmana, na isti način skeptičnost može da se ispolji i u domenu projektovanih uslova nabavke. U slučaju da određeni materijalni input preovlađuje u ceni koštanja, bankarski sektor može da traži na uvid ponude bar trojice »ozbiljnih« dobavljača.[105] Iako upoređivanje projektovanih veličina sa ponudama može da predstavlja dobar argument za iznete uslove, to ne znači da u budućnosti neće doći do promene uslova. Iznesena konstatacija je posebno izražena kod investicionih projekata koji se odnose na poslovanje u turbulentnom okruženju i nestabilnim uslovima privređivanja. Promene u ekonomskoj politici (restriktivna i ekspanzivna monetarna politika, spoljnotrgovinska politika i sl.) menjaju uslove privređivanja, odnosno povećavaju rizik neočekivanih promena uslova nabavke, a time mogu da ugroze realizaciju celog projekta. Stoga je najlakše argumentovati projektovane veličine potpisanim predugovorima kojima se reguliše nabavka određenog materijalnog inputa. Dugoročnost uslova nabavke koji su precizirani predugovorima i kvalitet dobavljača sa kojima su predugovori potpisani su dodatni parametri koji utiču na realnost projekcija.[106]

---

[105] Zajedničkom metodologijom je, takođe, predviđeno da se projekcija uslova nabavki glavnih sirovina i materijala mora temeljiti na bar tri ponude dobijene od strane dobavljača. Detaljnije videti u: *Priručnik za primenu Zajedničke metodologije za ocenjivanje društvene i ekonomske opravdanosti investicija i efikasnosti investiranja u SFRJ - 3 operativno uputstvo za izradu investicijske studije - programa*, Udruženje banaka Jugoslavije, Beograd, 1988, str. 95.

[106] Paunović, B., Zipovski, D., - *Op. cit.*, str. 156-157.

DEO IV

FINANSIJSKI DEO INVESTICIONOG PROJEKTA

Iako je prilikom investicionog odlučivanja svaki deo investicionog projekta značajan, finansijski deo se smatra najznačajnijim. Njegov poseban značaj je prouzrokovan time što prvenstveno na osnovu finansijskih pokazatelja interni korisnici donose investicionu odluku, a eksterni korisnici, ako se zanemari relevantnost garancije, donose odluku da li će i kako podržati poslovni poduhvat koji je predmet projekta.

U finansijskom delu investicionog projekta se podaci iskazuju kvantitativno, odnosno brojevima. Osnovna prednost ovakvog iskazivanja je bolje razumevanje, lakša uporedivost i objektivnije iskazivanje stavova i zaključaka.[1] Poznati britanski fizičar Lord Kelvin[2] je izražavao skepsu prema svakoj vrsti analize koja nije utemeljena u brojčanom izražavanju. »Kada ono o čemu govorite možete da izmerite i izrazite brojevima, vi o tome nešto znate; kada ne možete da izmerite i izrazite brojevima, vaše znanje je o tome bledo i nepouzdano.«[3] U kontekstu značaja kvantitativnog izražavanja interesantno je i Porterovo zapažanje po kome može da se upravlja samo onim što može da se izmeri.[4]

Značaj finansijskog dela implicira potrebu da bude sveobuhvatan, odnosno da su u njemu sadržane sve relevantne informacije za donošenje verodostojne ocene. Za finansijski deo investicionog projekta se može reći da sadrži sve relevantne informacije ako su u njemu sadržani podaci koji korisnicima otklanjaju nedoumice po pitanju projekcije: visine ulaganja, načina i uslova obezbeđenja potrebnih sredstava za ulaganje, sintetičkih finansijskih izveštaja, analize bilansnih pozicija, pokazatelja efikasnosti, rezultata i pokazatelja ako u realnom poslovanju dođe do promene kritičnih parametara u odnosu na projektovane vrednosti u investicionom projektu i efekata investicije na vrednost preduzeća.

Shodno potrebi za otklanjanjem navedenih nedoumica, finansijski deo investicionog projekta će detaljno biti objašnjen u sledećim glavama:

- Investiciona ulaganja,
- Izvori finansiranja,
- Sintetički finansijski izveštaji,
- Finansijska analiza,
- Pokazatelji efikasnosti,
- Analiza u uslovima neizvesnosti i
- Procena vrednosti preduzeća.

---

[1] Waters, D., - *Quantitative Methods for Business*, Addison Wesley Longman Publishing Company, New York, 1997, str. 3.

[2] Pravo ime mu je Vilijem Tomson, a ime Lord Kelvin, po kome je nazvana Kelvinova temperaturna skala, je dobio kada je primljen u Dom Lordova (1892. godine).

[3] *Delfin 82/2002*, Menadžer »Delfin« agencija, Beograd, 2002, str. 1.

[4] *Delfin 74/2002*, Menadžer »Delfin« agencija, Beograd, 2002, str. 1.

GLAVA IX
INVESTICIONA ULAGANJA

Početni korak u projekciji finansijskog dela investicionog projekta predstavlja projekcija strukture, visine i dinamike investicionih ulaganja. Dakle, prilikom projekcije investicionih ulaganja je neophodno zadovoljiti namenske, vrednosne i vremenske kriterijume.[5] Namenski kriterijum podrazumeva definisanje vrste ulaganja, vrednosni kriterijum podrazumeva iskazivanje ulaganja u novcu, a vremenski kriterijum podrazumeva definisanje vremenskog perioda kada je ulaganje planirano.

Dijagram 9.1. - *Relevantni kriterijumi za projekciju investicionih ulaganja*

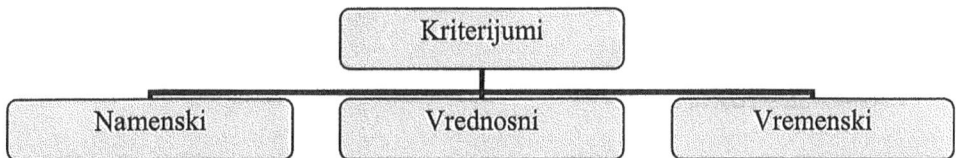

Sa aspekta investicionog odlučivanja, osnovna podela investicionih ulaganja je na:

- stalnu imovinu i
- trajna obrtna sredstva.

Stalna imovina se i sa aspekta računovodstva smatra ulaganjem i obuhvata sredstva[6] čijim će korišćenjem moći da se ostvaruju efekti u dužem periodu od godinu dana, odnosno čiji je vek trajanja ili pravo korišćenja duži od godinu dana. U suštini, pod stalnom imovinom se podrazumevaju ista sredstva (na primer, jedna mašina, jedno koncesiono pravo itd.), tako da se uslovno može reći da su fizički vezana u preduzeću.

Trajna obrtna sredstva predstavljaju vrednosno iskazanu razliku između vrednosti poslovanjem uslovljenih obrtnih sredstava, to jest dela obrtnih sredstava koji će u du-

---

[5] *Priručnik za primenu Zajedničke metodologije za ocenjivanje društvene i ekonomske opravdanosti investicija i efikasnosti investiranja u SFRJ - 3 operativno uputstvo za izradu investicijske studije - programa,* Udruženje banaka Jugoslavije, Beograd, 1988, str. 121.

[6] "Sredstvo je resurs koji preduzeće kontroliše kao rezultat prošlih događaja i od kojeg očekuje priliv budućih ekonomskih koristi", u: Antić, I., Bjelica, V., Brkić, S., i dr., - *Priručnik o primeni kontnog okvira za preduzeća, zadruge i preduzetnike u skladu sa Međunarodnim standardima finansijskog izveštavanja* (drugo izdanje), Privredni savetnik, Beograd, 2006, str. 113.

žem periodu od jedne godine biti vezana u preduzeću, i vrednosti obaveza koje će u istom periodu predstavljati izvor trajnih obrtnih sredstava. Trajna obrtna sredstva su obračunska kategorija, te se računovodstveno ne smatraju ulaganjem, a takođe, tokom trajanja projekta, poslovanjem uslovljena obrtna sredstva i izvori obrtnih sredstava se menjaju (zalihe iz nove nabavke, potraživanje i obaveze iz tekućeg poslovanja, gotovina iz novih priliva), tako da nisu fizički, već su vrednosno vezani u preduzeću.

Shodno iznesenom, **investiciona ulaganja** se sa aspekta investicionog odlučivanja mogu definisati kao ulaganja u stalnu imovinu koja će se tokom godina nalaziti u preduzeću i ulaganja u trajna obrtna sredstva koja će tokom godina biti vezana u preduzeću, a od kojih će se efekti ostvarivati u dužem periodu od godinu dana.

1.   STALNA IMOVINA

Stalna imovina se prilikom **namenskog određivanja** primarno razvrstava u dve sledeće grupe:

- nematerijalna ulaganja i
- osnovna sredstva[7].[8]

Nematerijalna ulaganja predstavljaju ulaganja u nematerijalna sredstva. Po MRS 38, nematerijalno sredstvo predstavlja »sredstvo bez fizičke supstance, koje se može identifikovati, a koje se poseduje radi korišćenja u proizvodnji ili snabdevanja robom i uslugama, u svrhe iznajmljivanja, ili za administrativne namene«.[9] Iako postoji više vrsta nematerijalnih ulaganja, sa aspekta investicionog odlučivanja su najznačajniji: koncesije, patenti i licence. *Koncesija* predstavlja pravni odnos kojim država na određen vremenski period ustupa drugom licu pravo korišćenja prirodnog bogatstva, javnog dobra ili vršenja javne službe. *Patent* je pravo kojim se štiti pronalazak koji predstavlja novo tehničko rešenje određenog problema, koje ima inventivni nivo i koje je primenjivo. Patent se može steći kupovinom od pronalazača ili sopstvenim ulaganjem u pronalazaštvo. *Licenca* je isprava kojom nosilac patenta prenosi pravo korišćenja na drugog.[10]

---

[7] Uvažavajući potrebu za razumljivošću, preporučuje da se u investicionim projektima zadrži naziv "osnovna sredstva", koji je u Republici Srbiji, 2004. godine (uvođenjem MRS i MSFI) u Zvaničnom bilansu stanja, zamenjen nazivom "nekretnine, postrojenja, oprema i biološka sredstva".

[8] Zanemarene su neke stavke stalne imovine koje su irelevantne sa aspekta investicionog odlučivanja u realnu aktivu (na primer, dugoročni finansijski plasmani).

[9] *Međunarodni standardi finansijskog izveštavanja* - Prva knjiga, International Accounting Standards Board, Savez računovođa i revizora Srbije, Beograd, 2004, str. 483.

[10] Antić, I., Bjelica, V., Brkić, S., i dr., - *Op. cit.*, str. 131.

Osnovna sredstva su materijalna, to jest fizički opipljiva sredstva čiji je rok trajanja duži od jedne godine[11] i koje preduzeće pribavlja radi obavljanja poslovne aktivnosti, izdavanja u zakup ili dugoročnog uvećanja njihove vrednosti. Shodno „Pravilniku o Kontnom okviru i sadržini računa u Kontnom okviru za privredna društva, zadruge, druga pravna lica i preduzetnike"[12], osnovna podela osnovnih sredstava u Republici Srbiji je na: zemljište; šume i višegodišnje zasade; građevinske objekte; postrojenja i opremu; investicione nekretnine; i osnovno stado.[13]

Dalje analitičko razlaganje stalne imovine je opredeljeno zadovoljenjem ciljnih karakteristika investicionih projekata, pre svega razumljivosti i relevantnosti.

Kako je broj mogućih nematerijalnih ulaganja mali, a i kako su ona predviđena u malom broju investicionih projekata, u projektima gde je planirano više njih se svako nematerijalno ulaganje pojedinačno prikazuje.

Obzirom na znatno veći broj osnovnih sredstava od nematerijalnih ulaganja, dalje razvrstavanje osnovnih sredstava na uže grupe je znatno složenije i zavisi od:

- oblasti ulaganja,
- roka trajanja i
- visine ulaganja.

Polazni kriterijum za dalje razvrstavanje osnovnih sredstava je *oblast ulaganja* jer na izradi investicionih projekata koji se odnose na značajnije investicije radi tim eksperata (elektro inženjeri, hidro inženjeri i dr.). Svaki od njih ima zadatak da definiše ulaganje u oblasti koju pokriva. Kao što je u okviru sažetka tehničko-tehnološke analize objašnjeno,[14] za sva ulaganja ili grupe ulaganja u okviru konkretne oblasti treba predvideti vrednost, namenu, rok trajanja i godišnji trošak investicionog održavanja. Osim oblasti za koje su zaduženi inženjeri, od značaja mogu da budu ulaganja za čije

---

[11] Iako je po MRS vek trajanja jedini kriterijum za razvrstavanje sredstava na osnovna sredstva i zalihe, preovlađujuće stručno mišljenje je da se nastavi sa praksom koja je postojala pre početka primene MRS u Republici Srbiji, a po kojoj su se sredstva male vrednosti sa dužim rokom trajanja od godinu dana knjigovodstveno vodila kao zalihe. Iako se dosledno ne uvažavaju MRS, ovakav pristup je ekonomski opravdan jer se shodno odredbama Zakona o porezu na dobit Republike Srbije priznaje amortizacija za osnovna sredstva samo ako je pojedinačna nabavna cena osnovnog sredstva u vreme njegove nabavke bila veća od prosečne bruto zarade po zaposlenom u Republici Srbiji.

[12] U nastavku: Pravilnik o kontnom okviru.

[13] *„Službeni glasnik RS", br. 114/2006.* Pored navedenih, Pravilnikom o kontnom okviru je na ovoj grupi konta predviđeno da se iskazuju i sledeća sredstva: ostale nekretnine, postrojenja i oprema; nekretnine, postrojenja, oprema i biološka sredstva u pripremi; i avansi za nekretnine, postrojenja, opremu i biološka sredstva.

[14] Glava III, poglavlje 2.5. (»Grupno iskazana ulaganja, rok trajanja i investiciono održavanje").

je vrednosno definisanje potrebno uključivanje i eksperata ekonomske struke. Tako, na primer, ako značajan deo opreme čine zavisni troškovi nabavke (transport, carina itd.) i ako je u specifikaciji isporučioca opreme godišnji trošak investicionog održavanja određen kao procenat fakturne vrednosti, nabavnu vrednost opreme treba razdvojiti na fakturnu vrednost opreme i zavisne troškove nabavke.

»Na osnovu *roka trajanja* pojedinih ulaganja određuju se amortizacione stope. Tako, na primer, ulaganje u klimatizaciju se može tretirati kao ulaganje u objekat i ne mora se posebno prikazivati pod uslovom da postoji jedinstveni klima sistem na nivou celog objekta i da je vek trajanja takvog rešenja približno jednak veku trajanja objekta (ili da se radi o malim ulaganjima). S druge strane, ulaganja u klima uređaje koji nisu sastavni deo objekta i koji imaju znatno kraći vek trajanja se prikazuju kao ulaganja u mašinsku opremu ili, preciznije, kao ulaganja u klima uređaje.«[15]

Analitičko razdvajanje shodno *visini ulaganja* je vezano za relevantnost iskazivanja određenih ulaganja. Shodno tome, ako su ulaganja male vrednosti ne moraju se zasebno iskazati već u okviru određenih grupa, nezavisno od toga što možda imaju kraći rok trajanja od roka koji je određen za grupu u koju su svrstani. S druge strane, kada se radi o ulaganjima značajne vrednosti koja odražavaju suštinu investicije neophodno ih je zasebno iskazati, čak i kada se radi o ulaganjima koja mogu pripadati istoj grupi sa istim vekom trajanja. Tako, ako preduzeće ulaže u dve tehnološke opreme kao što su sokovi i kafa, ulaganja u tehnološku opremu treba razdvojiti na: tehnološku opremu za proizvodnju sokova i tehnološku opremu za proizvodnju kafe.[16]

[15] Paunović, B., Zipovski, D., - *Poslovni plan - vodič za izradu*, Centar za izdavačku delatnost Ekonomskog fakulteta u Beogradu, Beograd, 2005, str. 172.

[16] *Ibid.*, str. 173.

Dijagram 9.2. - *Primer razvrstavanja stalne imovine uvažavanjem namenskog kriterijuma*

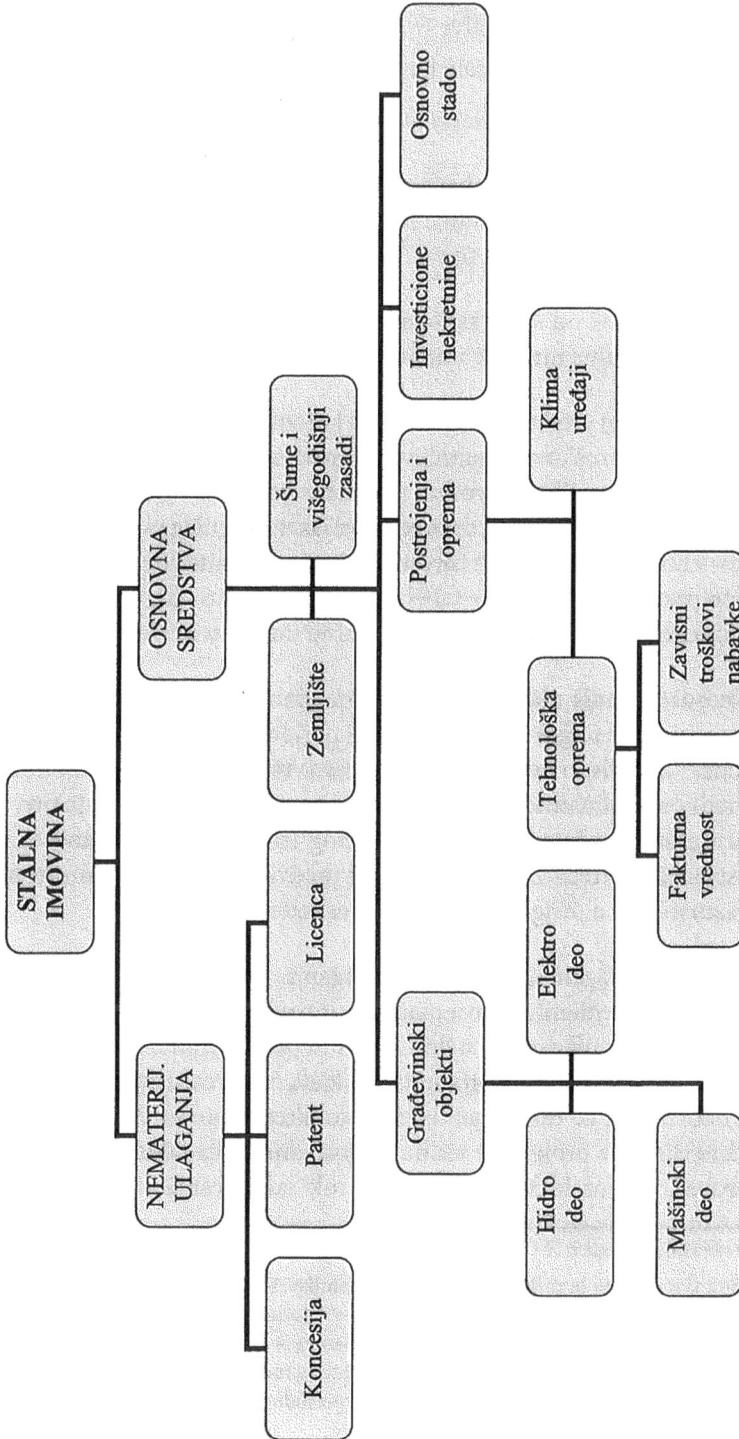

Što se tiče **vrednosnog određivanja**, stalna imovina se vrednuje po procenjenoj:

- nabavnoj vrednosti - u slučaju kupovine; ili
- ceni koštanja - u slučaju stvaranja unutar preduzeća.

Nabavna vrednost se sastoji od nabavne cene stalne imovine i svih zavisnih troškova nabavke i troškova dovođenja u stanje funkcionalne pripravnosti (montaža, registrovanja zakonskog prava, testiranja pravilnog funkcionisanja sredstva i dr.).

Cena koštanja se sastoji od svih rashoda koji se direktno mogu pripisati proizvodnji, odnosno stvaranju stalne imovine unutar preduzeća.

Po MRS 23, u nabavnu vrednost, kao i u cenu koštanja stalne imovine se mogu uključiti (kapitalizovati) i troškovi pozajmljivanja, pod uslovom da se mogu direktno pripisati sticanju, izgradnji ili proizvodnji potrebne imovine.[17] Obzirom na specifičnost kapitalisanja, kao i na mogućnost uporedivosti iskazanih ulaganja u finansijskom delu i u tehničko-tehnološkoj analizi, u investicionim projektima gde je predviđeno kapitalisanje se, po pravilu, izrađuju dve tabele i to: investiciono ulaganje u stalnu imovinu bez kapitalizacije i investiciono ulaganje u stalnu imovinu sa kapitalizacijom.

Vremensko određivanje ulaganja u stalnu imovinu se svodi na projekciju dinamike stvarnih ulaganja koje odgovara vremenskom periodu kada je planirana isplata prema dobavljačima,[18] nezavisno od toga da li će isplatu vršiti investitor ili kreditor. Sumarno iskazane vrednosti u dinamici stvarnih ulaganja vrednosno odgovaraju investicionom ulaganju u stalnu imovinu bez kapitalizovanog iznosa jer kapitalizovani iznos nije posledica stvarnih potreba za ulaganjem, već predviđenih izvora finansiranja, a što je predmet razmatranja u drugim delovima investicionog projekta.

Dinamika stvarnih ulaganja, pored visine ulaganja, zavisi od: terminskog plana realizacije projekta i predviđenih uslova plaćanja dobavljača. *Terminskim planom realizacije projekta*, koji je za ulaganja u stalnu imovinu prezentiran u okviru dijagrama vremenske implementacije,[19] se planiraju rokovi kada će se realizovati pojedina ulaganja, odnosno rokovi kada će dobavljači izvršiti konkretan posao. *Predviđenim uslovima plaćanja dobavljača* se projektuje visina avansa, dinamika fakturisanja, dinamika izmirenja obaveza prema fakturama, visina i rok zadržavanja retenzione kvote u ga-

---

[17] Detaljnije objašnjeno u glavi X ("Izvori finansiranja").

[18] U pojedinim slučajevima je prilikom projekcije dinamike stvarnih ulaganja potrebno uzeti u obzir i vremenski period izmirenja drugih obaveza koje su vrednosno sadržane u ulaganjima, a ne predstavljaju obavezu prema dobavljačima. Tako, kada se planira stvaranje osnovnog sredstva unutar preduzeća, i, s tim u vezi, kada su procenjeni troškovi direktnog rada sadržani u ceni koštanja, za projekciju dinamike stvarnih ulaganja je relevantan podatak o periodu kada je planirana isplata zarada.

[19] Objašnjeno u okviru glave III, poglavlje 1 ("Projekti").

rantnom periodu i dr. U praksi se, naročito kod značajnijih investicija, terminski plan realizacije projekta i dinamika stvarnih ulaganja gotovo uvek razlikuju. Tako, kod izgradnje objekta retko dobavljač gradi bez avansa. Suprotno tome, zbog potrebnog vremena za kontrolu i overu fakture od strane nadzornog organa, kao i ugovorenog perioda od overe do plaćanja fakture, dobavljač tokom realizacije projekta određeno vreme »kreditira« investitora.

2. TRAJNA OBRTNA SREDSTVA

Trajna obrtna sredstva predstavljaju deo investicionih ulaganja čije je namensko, vrednosno i vremensko određivanje znatno kompleksnije nego što je to slučaj sa ulaganjima u stalnu imovinu. Osnovni razlog kompleksnosti treba tražiti u činjenici da su ulaganja u zgradu, opremu itd., često definisana u ponudama dobavljača, dok su sadržajuće kategorije na osnovu kojih se projektuje vrednost trajnih obrtnih sredstava analitičke vrednosti koje je potrebno izračunati. Obzirom na veličine koje je prilikom izračunavanja neophodno poznavati, visina i dinamika angažovanja potrebnih trajnih obrtnih sredstava se može odrediti tek nakon što su završeni tehničko-tehnološki, marketinški i pojedini finansijski delovi investicionog projekta. Naime, za pravilnu procenu potrebnih trajnih obrtnih sredstava treba uvažiti:

- normative, ostale proizvodne troškove, karakteristike proizvodnog procesa i dr. (iz tehničko-tehnološke analize);
- visinu prihoda od prodaje, prosečne dane odložene naplate i dr. (iz plana prodaje);
- prosečne dane odloženog plaćanja i dr. (iz plana nabavke);
- ukupne poslovne rashode i dr. (iz bilansa uspeha), itd.

U nastavku će se dati detaljna objašnjenja svih aspekata ulaganja u trajna obrtna sredstva, uz poseban osvrt na tretman trajnim obrtnim sredstvima predviđen Zajedničkom i UNIDO metodologijom.

Trajna obrtna sredstva se prilikom **namenskog određivanja** razvrstavaju na:

- poslovanjem uslovljena obrtna sredstva i
- izvore obrtnih sredstava.

Poslovanjem uslovljena obrtna sredstva predstavljaju deo obrtnih sredstava koji su tokom godina vezani u preduzeću u cilju održavanja kontinuiteta poslovnog procesa.[20] Preciznije, poslovanjem uslovljena obrtna sredstva predstavljaju prosečna obrtna sredstva koja su u preduzeću vezana tokom veka trajanja projekta i sastoje se iz:

- prosečnog nivoa zaliha,
- prosečnog nivoa potraživanja i
- vezane gotovine.

Zajedničkom metodologijom je predviđeno identično razdvajanje poslovanjem uslovljenih obrtnih sredstava, dok UNIDO metodologijom nije predviđeno da se gotovina vezuje u trajnim obrtnim sredstvima, što je suštinski pogrešan pristup.[21]

Izvori obrtnih sredstava predstavljaju prosečni deo obaveza koje preduzeće tokom godina trajanja projekta odloženo plaća i tako umanjuje iznos potrebnih trajnih obrtnih sredstava. Izvori obrtnih sredstava se prvenstveno sastoje iz:

- prosečnog nivoa obaveza prema dobavljačima i
- prosečnog nivoa obaveza za plate.

UNIDO metodologijom, odloženo plaćanje obaveza za plate nije previđeno kao izvor obrtnih sredstava, što je pogrešno, jer je po karakteru identično izvoru usled »kreditiranja« od strane dobavljača, s tim što je subjekat »kreditiranja« različit.

Zajedničkom metodologijom je amortizacija, koja je trošak koji ne prouzrokuje odliv, predviđena kao izvor obrtnih sredstava. Da je ovakav pristup apsurdan pokazaće se hipotetičkim primerom. Pretpostaviće se da su izvori trajnih obrtnih sredstava inicijalno izračunati na osnovu carinske stope za opremu koja iznosi 7%. U međuvremenu, pre donete investicione odluke, došlo je do porasta carinske stope na 10%, što je zahtevalo korekcije investicione analize, između ostalog, i kod određivanja nabavne vrednosti opreme. Povećanjem nabavne vrednosti opreme povećana je i godišnja amortizacija, a doslednom primenom Zajedničke metodologije i izvori obrtnih sredstava, to jest, zanemarivanjem poslovanjem uslovljenih obrtnih sredstava, povećanjem carinske stope smanjena su potrebna trajna obrtna sredstva.[22]

U narednim tabelama je prikazan ispravan pristup namenskom određivanju poslovanjem uslovljenih obrtnih sredstava i izvorima obrtnih sredstava, kao i pristup predviđen Zajedničkom i UNIDO metodologijom.

---

[20] U praksi se ova definicija koja se odnosi na poslovanjem uslovljena obrtna sredstva često meša sa definicijom trajnih obrtnih sredstava.

[21] Detaljnije objašnjenje neophodnosti vezivanja gotovine u trajnim obrtnim sredstvima je dato u nastavku ove glave, to jest u okviru razmatranja vrednosnog određivanja trajnih obrtnih sredstava.

[22] Greška je očigledno posledica pomešanih pristupa izvorima finansiranja i izvorima obrtnih sredstava. Naime, u preduzećima koja posluju, amortizacija je izvor finansiranja koji može da se upotrebi za finansiranje trajnih obrtnih sredstava, ali ona ne utiče na visinu potrebnih trajnih obrtnih sredstava.

Tabela 9.3. - *Metodološki pristupi poslovanjem uslovljenim obrtnim sredstvima*

Poslovanjem uslovljena obrtna sredstva	Ispravno	Zajednička metodologija	UNIDO metodologija
Zalihe	√	√	√
Potraživanje od kupaca	√	√	√
Gotovina	√	√	

Tabela 9.4. - *Metodološki pristupi izvorima obrtnih sredstava*

Izvori obrtnih sredstava	Ispravno	Zajednička metodologija	UNIDO metodologija
Obaveze prema dobavljačima	√	√	√
Obaveze po osnovu plata	√	√	
Amortizacija		√	

Trajna obrtna sredstva se i kod poslovanjem uslovljenih obrtnih sredstava i kod izvora obrtnih sredstava **vrednosno određuju** po sledećem obrascu:

Vrednosno određene godišnje potrebe za trajnim obrtnim sredstvima = Vrednosno iskazane godišnje potrebe / Koeficijent obrta

Koeficijent obrta se izračunava kao količnik broja dana u godini i broja dana vezivanja, to jest po obrascu:

Koeficijent obrta = 365 / Broj dana vezivanja

Broj dana vezivanja je prosečno vezivanje za proces reprodukcije pojedinih delova poslovanjem uslovljenih obrtnih sredstava i izvora obrtnih sredstava.[23]

Isti generalni pristup vrednosnom određivanju trajnih obrtnih sredstava je predviđen Zajedničkom i UNIDO metodologijom. Jedina razlika je kod izračunavanja koeficijenta obrta, gde je Zajedničkom metodologijom predviđeno da se broj 360 deli sa brojem dana vezivanja, to jest prihvaćeno je da godina ima 360 dana.[24]

U nastavku će se objasniti postupak određivanja vrednosno iskazanih godišnjih potreba i broja dana vezivanja za svaku poziciju, kako poslovanjem uslovljenih obrtnih sredstava, tako i izvora obrtnih sredstava.

---

[23] Paunović, B., Zipovski, D., - *Op. cit.*, str. 179.

[24] "Iako nema objašnjenja zašto je prihvaćeno rešenje po kome godina ima 360 dana, može se pretpostaviti da je ovaj pristup nasleđen iz vremena nerazvijene tehnologije, tako da je u poslovnom planu, pa i u drugim oblastima, lakše bilo deliti 360 sa nekim brojem, nego deliti 365 sa tim brojem«, u: *Ibid.*, str. 179. Detaljnija objašnjenja o problematici prihvaćenog broja dana u godini su data u sledećoj glavi (»Izvori finansiranja«).

Po MRS 2, **Zalihe** su sredstva koja se drže radi prodaje u redovnom poslovanju, u procesu proizvodnje za takve prodaje, ili u obliku osnovnog i pomoćnog materijala koji se troši u proizvodnom procesu ili prilikom pružanja usluga. Mere se po nabavnoj vrednosti/ceni koštanja ili po neto prodajnoj vrednosti, zavisno od toga koja je niža.[25] Sve zalihe se razvrstavaju shodno fazi reprodukcionog procesa u kojima se nalaze na:

- zalihe materijala,[26]
- zalihe nedovršene proizvodnje i
- zalihe gotovih proizvoda.

Zalihe materijala su zalihe materijalnih inputa koje još nisu angažovane (upotrebljene) u proizvodnom procesu i mere se po nabavnoj vrednosti koja, osim nabavne cene, uključuje transportne troškove, carinu, osiguranje i dr. Shodno tome, *vrednosno iskazane godišnje potrebe zaliha materijala* se određuju na osnovu svih troškova koji se direktno mogu vezati za nabavku određenih zaliha materijala, a potrebni podaci se preuzimaju iz plana nabavke.

Vrednosno iskazane godišnje potrebe zaliha materijala =
Svi godišnji direktni troškovi vezani za nabavku zaliha materijala

Kod investicionih projekata gde se ovi troškovi u veku trajanja projekta tokom godina menjanju (na primer, usled povećanja iskorišćenosti kapaciteta) potrebno je izračunati vrednost za svaku godinu kada postoje promene. Ovaj zahtev nije vezan samo za zalihe, već za sve pozicije od kojih zavisi iznos potrebnih trajnih obrtnih sredstava.

Broj dana vezivanja zaliha materijala zavisi od optimalnih zaliha. Pod optimalnim zalihama se podrazumeva onaj nivo zaliha koji obezbeđuje redovan poslovni ciklus uz najniže troškove. Ovakav pristup je u skladu sa načelom kontinuiteta i načelom ekonomije u formiranju zaliha.[27]

Optimalne zalihe materijala =
Stalne zalihe materijala + Zalihe materijala neophodne za redovno poslovanje

---

[25] Stojiljković, S., - "Zalihe", u: - Stojiljković, S., Martić, S. (red), - *Primena međunarodnih računovodstvenih i revizorskih standarda u funkciji harmonizacije sa Evropskom Unijom*, Zbornik radova sa šestog simpozijuma održanog na Zlatiboru od 24-27. septembra 2003., DST, Beograd, 2003, str. 38-39.

[26] Termin "zalihe materijala« je preuzet iz Zvaničnog kontnog plana Republike Srbije, a odnosi se na zalihe svih materijalnih inputa, koji mogu da budu u obliku sirovina, repromaterijala, ambalaže i dr. Inače, zalihe materijala su karakteristična za proizvodna preduzeća, koja su u ovoj knjizi u fokusu posmatranja.

[27] Detaljna objašnjenja optimalnih zaliha kod trgovinskih preduzeća videti u: Lovreta, S., Petković, G., - *Trgovinski markteting*, Ekonomski fakultet u Beogradu, Beograd, 2002, str. 193.

Stalne zalihe, koje se često nazivaju gvozdene zalihe, treba posmatrati kao zalihe koje se koriste samo u slučaju da postoji problem u nabavci. Visina stalnih zaliha materijala treba da odgovara broju dana za koji je potrebno da se izvrši preorijentacija na nove dobavljače i da se konkretna nabavka obavi. Razumljivo, ako preduzeće može potrebne inpute da nabavlja od velikog broja dobavljača, stalne zalihe će biti manje nego kada je potreban duži vremenski period za eventualno preorijentisanje na nove dobavljače.[28]

Zalihe materijala neophodne za redovno poslovanje zavise od optimalne nabavke. Ako je preduzeću optimalno (najniži troškovi) da materijalne inpute nabavlja velikim šleperima kojima se doprema količina inputa potrebna za 15 dana redovne proizvodnje, onda vrednost zaliha materijala potrebnih za 15 dana predstavlja otpimalnu nabavku. Za razliku od stalnih zaliha materijalnih inputa koje se ne menjaju, zalihe neophodne za redovno poslovanje se u preduzeću količinski i vrednosno menjaju u zavisnosti od broja dana koji je protekao od poslednje nabavke (pod pretpostavkom normalnog odvijanja procesa proizvodnje).[29]

Broj dana vezivanja zaliha materijala =
Stalne zalihe materijala + (Zalihe materijala neophodne za redovno poslovanje / 2)[30]

Da bi se gornja relacija bolje razumela pretpostaviće se da preduzeće koje se bavi proizvodnjom sokova drži stalne zalihe ambalaže za 5 dana, a da se optimalna nabavka zaliha za redovno poslovanje obavlja u intervalima od po 10 dana. U momentu nabavke broj dana za koji su obezbeđene zalihe je 15 (5 + 10), dok u momentu koji neposredno prethodi nabavci broj dana za koji su obezbeđene zalihe je 5, odnosno na zalihama je ostao samo stalni iznos. Broj dana vezivanja zaliha ambalaže, koji se izračunava na osnovu prosečnog nivoa zaliha, je prema podacima iz primera sledeći:

Broj dana vezivanja zalihe ambalaže = 5 + (10 / 2) = 10 dana

Zalihe nedovršene proizvodnje su zalihe koje se nalaze u proizvodnom procesu. Ove zalihe se mere po ceni koštanja, što znači da je neophodno izvršiti kalkulaciju troškova. Pod kalkulacijom troškova se podrazumeva skup postupaka pomoću kojih se utvrđuju troškovi po jedinici proizvoda u skladu sa odgovarajućim principima

---

[28] Paunović, B., Zipovski, D., - *Op. cit.*, str. 181.

[29] *Ibid.*, str. 181.

[30] »Prilikom praktične izrade poslovnih planova nastaje problem projektovanja stalnog nivoa zaliha i zaliha za redovno poslovanje jer se podaci neophodni za projektovanje ovih zaliha, po pravilu, ne mogu naći u prethodnim delovima poslovnog plana. Stoga je neophodno u saradnji sa autorima drugih delova poslovnog plana definisati neophodne podatke. Najbolje rešenje je, iako nijedna metodologija to ne predviđa, definisati broj dana vezivanja zaliha u nekim prethodnim delovima poslovnog plana«, u: *Ibid.*, str. 181.

kalkulacije, odnosno ciljevima korišćenja cene koštanja nosioca troškova.[31] Po MRS 2, u cenu koštanja se ne mogu uključiti troškovi neekonomičnog korišćenja materijala, neracionalnog korišćenja proizvodnih kapaciteta, držanja nekurentnih zaliha i svi ostali troškovi koji se ne mogu direktno pripisati dovođenu zaliha u faktičko stanje. Kako je prilikom investicionog razmatranja ove troškove nemoguće predvideti, vrednosno iskazivanje godišnjih potreba zaliha nedovršene proizvodnje se zasniva na pretpostavci da je stvaranje proizvoda uslovljeno svim (redovnim) planiranim godišnjim poslovnim troškovima.

Vrednosno iskazane godišnje potrebe zaliha nedovršene proizvodnje =
Ukupni godišnji poslovni troškovi

ili:

Vrednosno iskazane godišnje potrebe zaliha nedovršene proizvodnje =
Ukupni godišnji troškovi - Godišnji troškovi finansiranja iz spoljnih izvora

Broj dana vezivanja zaliha nedovršene proizvodnje zavisi od dužine proizvodnog ciklusa, to jest od vremena koje protekne od momenta ulaska prvog inputa u proizvodni proces do dobijanja gotovog proizvoda. Informacija o dužini proizvodnog ciklusa se preuzima iz tehničko-tehnološke analize.

Broj dana vezivanja zaliha nedovršene proizvodnje =
Dani trajanja ciklusa proizvodnje

Inače, postoje preduzeća gde ne postoji nedovršena proizvodnja (na primer, trgovinska), a takođe, postoje i proizvodna preduzeća gde se, obzirom na vrlo kratak proizvodni ciklus (na primer, automatizovana proizvodnja flaširanih voda), nedovršena proizvodnja prilikom izrade investicionih projekata zanemaruje.

Zalihe gotovih proizvoda su zalihe proizvoda koji su izašli iz proizvodnog procesa i dostupni su za prodaju. *Vrednosno iskazane godišnje potrebe zaliha gotovih proizvoda* se izračunavaju na isti način kao i vrednosno iskazane godišnje potrebe zaliha nedovršenih proizvoda, to jest uvažavanjem pretpostavke da je stvaranje gotovih proizvoda uslovljeno svim planiranim redovnim poslovnim troškovima.

Vrednosno iskazane godišnje potrebe zaliha gotovih proizvoda =
Ukupni godišnji poslovni troškovi

---

[31] O kalkulaciji troškova detaljnije videti u: Stevanović, N., - *Sistemi obračuna troškova*, Ekonomski fakultet u Beogradu, Beograd, 2003, str. 71-95.

ili:

Vrednosno iskazane godišnje potrebe zaliha gotovih proizvoda =
Ukupni godišnji troškovi - Godišnji troškovi finansiranja iz spoljnih izvora

Broj dana vezivanja zaliha gotovih proizvoda zavisi od mnogo faktora kao što su: broj kupaca, vrsta proizvoda, karakteristika kupaca, dimenzionisanje skladišnih kapaciteta i dr. Preduzeće koje ima svakodnevne porudžbine od velikog broja kupaca, za proizvode koji vremenom gube svojstva zahtevana prilikom prodaje, držaće zalihe gotovih proizvoda za manji broj dana. Praktično, kod ovakvih preduzeća treba zalihe gotovih proizvoda projektovati za svega nekoliko dana (na primer, 3-5 dana).[32]

Kod preduzeća koja imaju mali broj kupaca, koja veću količinu proizvoda naručuju u dužim vremenskim intervalima, broj dana vezivanja se može izračunati na sličan način kao što se izračunava broj dana vezivanja zaliha materijalnih inputa. Dakle, u prvom koraku se odredi stalni iznos zaliha gotovih proizvoda koje služe za adekvatno reagovanje na veću porudžbinu, kao i za premošćavanje eventualnih zastoja u proizvodnji (na primer, kvar mašine). U drugom koraku se određuje prosečni period (izražen u danima) između dve sukcesivne prodaje gotovih proizvoda.

Broj dana vezivanja zaliha gotovih proizvoda =
Stalne zalihe gotovih proizvoda + (Broj dana između dve prodaje / 2)

Potraživanja vezana u obrtnim sredstvima su prvenstveno sredstva kojim preduzeće kreditira svoje kupce. Za *vrednosno iskazana godišnja potraživanja od kupaca* nije dovoljno raspolagati podacima o godišnjem prihodu koji je osnov za stvaranje potraživanja, već je neophodno znati da li će se odloženo plaćanje odnositi samo na neto iznos ili i na fiskalne izdatke. Sve ove informacije su predmet plana prodaje, s tim što je, razumljivo, znatno lakše projekciju izvršiti u preduzećima koja već posluju sa određenim kupcima, ili u preduzećima koja razmatraju investiciju na osnovu potpisanih predugovora u kojima su svi navedeni elementi precizirani.

Pogrešna investiciona odluka usled apstrahovanja, na primer, u Republici Srbiji poreza na dodatu vrednost[33], se može uočiti iz hipotetičkog primera. Pretpostaviće se da se u preduzeću razmatraju dve investicione alternative (A i B) koje bi se finansirale sopstvenim sredstvima, sa vekom trajanja projekta od dve godine i sa istom sadašnjom

---

[32] Paunović, B., Zipovski, D., - *Op. cit.*, str. 184.

[33] Porez na dodatu vrednost je višefazni porez koji se naplaćuje u svakoj fazi prometnog ciklusa, ali tako da „pogađa" samo onu vrednost koja je u toj fazi dodata od strane obveznika i, prema tome, pogađa samo krajnju potrošnju. Detaljnije videti u: Pejović, S., - „Porez na dodatu vrednost - teorijski i praktični aspekti", u: - *Ekonomski anali 160*, Ekonomski fakultet u Boegradu, Beograd, 2004, str. 112.

vrednošću neto priliva iz eksploatacije. Dakle, pod pretpostavljenim uslovima, jedini relevantni faktor za odabir alternative je sadašnja vrednost investicionog ulaganja, to jest preduzeće će se opredeliti za investiciju sa nižom vrednošću ulaganja jer mu ona obezbeđuje viši prinos. Ako je sadašnja vrednost investicionog ulaganja u alternativu A 125 EUR (90 EUR u stalnu imovinu i 35 EUR u trajna obrtna sredstva), a u alternativu B 120 EUR (10 EUR u stalnu imovinu i 110 EUR u trajna obrtna sredstva od kojih se 100 EUR odnosi na finansiranje neto iznosa potraživanja od kupaca), preduzeće će odabrati alternativu B. Međutim, ako je u alternativi B planirano da se celokupni asortiman prodaje kupcima koji zahtevaju i kreditiranje fiskalnih izdataka, odluka će biti pogrešna jer stvarna sadašnja vrednost ulaganja u alternativi B, pod pretpostavkom da je porez na dodatu vrednost 18%, iznosi 138 dinara.[34]

Vrednosno iskazana godišnja potraživanja od kupaca =
Ukupni godišnji prihod od prodaje + Fiskalni izdaci koji su planirani da se kreditiraju

Broj dana vezivanja potraživanja od kupaca je prosečan period za koji preduzeće odobrava odloženo plaćanje svojim kupcima.

Broj dana vezivanja potraživanja od kupaca =
Prosečan broj dana odloženog plaćanja koji se odobrava kupcima

Teorijski, vezivanje obrtnih sredstava u potraživanjima ne mora da bude samo posledica kreditiranja kupaca, već i posledica kreditiranja dobavljača. Ta situacija, koja je predmet razmatranja plana nabavke, se javlja kada investitor avansno plaća proizvod koji nije isporučen, ili plaća rad koji nije izvršen, što računovodstveno iskazano implicira, umesto potraživanja od kupaca, potraživanje za date avanse.[35]

Zbog svega navedenog, kada nije predviđena identična politika preduzeća prema svim kupcima, i kada nije predviđena identična politika od strane svih dobavljača prema preduzeću, najpraktičnije je obrtna sredstva vezana u potraživanjima izračunati u pomoćnoj tabeli gde će sve pozicije analitički biti razložene. U narednoj tabeli su izračunata vezana sredstva u potraživanjima, usvajanjem sledećih pretpostavki:

- godišnji prihod od prodaje proizvoda je 100 EUR,

- godišnja nabavka materijala iznosi 50 EUR,

---

[34] 10 EUR + 10 EUR + 100 EUR x (1+ 18%) = 138 EUR

[35] U specifičnim slučajevima, kao što je, na primer, planirano plaćanje avansa dobavljačima od 20%, 50% plaćanja obaveze po dobijanju materijala, a 30% posle određenog vremena, obaveze prema dobavljačima mogu delom da predstavljaju izvor obrtnih sredstava (za kreditirani iznos), a delom da prouzrokuju potrebu za vezivanjem obrtnih sredstava (za plaćeni avans).

- porez na dodatu vrednost[36] kod prodaje i nabavke iznosi 18%,

- 50% kupaca se kreditira 30 dana za realizovani iznos, a 20% kupaca se kreditira 30 dana za celokupni fakturisani iznos; i

- svim dobavljačima se 10 dana pre dobijanja materijala plaća 20% avansa u koji je uključen i iznos fiskalnih izdataka.

Tabela 9.5. - *Primer izračunavanja vezanih obrtnih sredstava u potraživanjima*

Vrsta potraživanja	Vrednosno iskazane godišnje potrebe u EUR	Koeficijent obrta (365 / Broj dana vezivanja)	Potrebna obrtna sredstva u EUR
Kupci (realizovani iznos)	100 x 50% = 50,00	365 / 30 = 12,17	4,11
Kupci (fakturisani iznos)	100 x 20% x (1 +18%) = 23,60	365 / 30 = 12,17	1,94
Avansi dobavljačima	50 x 20% x (1 + 18%) = 11,80	365 / 10 = 36,50	0,32
UKUPNO			**6,37**

Gotovina (sredstva na žiro računu) vezana u trajnim obrtnim sredstvima su sredstva koja moraju da budu stalno na raspolaganju preduzeću sa ciljem obavljanja poslovanja u kontinuitetu. Kada bi svi prilivi i odlivi mogli da se pouzdano projektuju, preduzeće ova sredstva ne bi ni moralo da vezuje. Međutim, buduće poslovanje je vezano sa neizvesnošću na strani priliva i odliva. Kako se gotovina vezuje zbog potreba budućih isplata, *vrednosno iskazana godišnja potreba za gotovinom* jednaka je godišnjim odlivima. Kako u dužem vremenskom periodu odlivi korespondiraju prilivima (usled, između ostalog, isplate dividendi iz neto priliva), prilikom izrade investicionih projekata, vrednosno iskazana godišnja potreba za gotovinom se izjednačava sa ukupnim prihodima. U osnovi ovog pristupa, koji je predviđen i Zajedničkom metodologijom, zanemarene su naplate fiskalnih izdataka (razlika između bruto i neto iznosa faktura), prilivi od pozajmica i drugi neskladi između prihoda i priliva.

Vrednosno iskazana godišnja potreba za gotovinom = Ukupni godišnji prihodi

Određivanje *broja dana vezivanja gotovine* zavisi od broja kupaca, načina naplate, tržišne pozicije kupaca i dr. Uobičajeno je to period od 3-15 dana, s tim što preduzeća

---

[36] U svim slučajevima je zanemaren vremenski nesklad između momenta fakturisanja i momenta plaćanja poreza na dodatu vrednost. U preduzećima koja su i sa aspekta fiskalnih izdataka u značajnom vremenskom periodu kreditirana od strane kupaca (na primer, bruto iznos fakture u kratkom roku naplaćuju, a porez na dodatu vrednost obračunavaju i plaćaju tromesečno), prilikom izračunavanja izvora trajnih obrtnih sredstava i ovu specifičnost treba uzeti u obzir.

koja deo prihoda naplaćuju u gotovini, kao i preduzeća koja imaju veći broj kupaca, treba da planiraju manji broj dana vezivanja nego preduzeća koja imaju mali broj kupaca sa monopolskim položajem na tržištu. Kako je kod izrade investicionih projekata teško projektovati buduće probleme u vezi sa prilivima, kao i buduće neplanirane odlive, predlaže se da u investicionim projektima u kojima se ne može izvršiti projekcija sa iole prihvatljivom pouzdanošću, period vezivanja gotovinskih sredstava bude 10 dana, a što je predviđeno i Zajedničkom metodologijom.[37]

Izvori obrtnih sredstava po osnovu **obaveza prema dobavljačima** nastaju kreditiranjem preduzeća od strane dobavljača. *Vrednosno iskazane godišnje obaveze prema dobavljačima* se vezuju za sve godišnje troškove kod kojih dobavljači odobravaju odloženo plaćanje, kao i za eventualne kreditirane fiskalne iznose.

Vrednosno iskazane godišnje obaveze prema dobavljačima =
Ukupni godišnji troškovi inputa koji se odloženo plaćaju +
Fiskalni izdaci koji su planirani da budu kreditirani

Broj dana vezivanja obaveza prema dobavljačima je uslovljen politikom od strane dobavljača što je predmet analize plana nabavke.

Broj dana vezivanja obaveza prema dobavljačima =
Prosečan broj dana odloženog plaćanja koji odobravaju dobavljači

Pored obaveza prema dobavljačima i *obaveze prema kupcima* mogu da budu izvor obrtnih sredstava, što je karakteristično kod avansne naplate investitora, kada, umesto potraživanja od kupaca, preduzeće ima obavezu za primljene avanse.

Obzirom na različitu politiku plaćanja zahtevanu od strane dobavljača, kao i mogućeg izvora obrtnih sredstava usled avansne naplate, za svaku različitu poziciju izvora obrtnih sredstava je potrebno izračunati visinu izvora, što je postupak koji se obavlja na identičan način koji je objašnjen kod vezanih obrtnih sredstava u potraživanjima.

Izvori obrtnih sredstava po osnovu *obaveza za **plate*** postoje zato što se, po pravilu, plate isplaćuju jednom mesečno za rad obavljen u prethodnom mesecu. Ove obaveze ne zahtevaju analitičko razlaganje, jer se odnose na ukupne obaveze po osnovu plata.

Vrednosno iskazane godišnje obaveze za plate = Ukupni godišnji trošak plata

Broj dana vezivanja obaveza po osnovu plata = mesec dana

---

[37] Paunović, B., Zipovski, D., - *Op. cit.*, str. 185.

U nastavku, sumirajući do sada izneseno, tabelarno će se prikazati ispravan pristup danima vezivanja i vrednosno iskazanim godišnjim potrebama poslovanjem uslovljenih obrtnih sredstava i izvorima obrtnih sredstava, kao i pristup navedenoj problematici predviđen Zajedničkom i UNIDO metodologijom.

Tabela 9.6. - *Ispravan pristup određivanja vrednosno iskazanih godišnjih potreba/obaveza i dana vezivanja poslovanjem uslovljenih obrtnih sredstava i izvora obrtnih sredstava*

Poslovanjem uslovljena obrtna sredstva		
Vrsta obrtnih sredstava	*Vrednosno iskazane godišnje potrebe*	*Dani vezivanja*
Zalihe materijala	Godišnji direktni troškovi vezani za nabavku materijala	Stalne zalihe + (Broj dana između dve nabavke / 2)
Zalihe nedovršene proizvodnje	Ukupni godišnji poslovni troškovi	Dani trajanja ciklusa proizvodnje
Zalihe gotovih proizvoda	Ukupni godišnji poslovni troškovi	Stalne zalihe + (Broj dana između dve prodaje / 2)
Potraživanja od kupaca	Godišnji prihod od prodaje ili bruto fakturisani iznos - analitički po kupcima	Broj dana odložene naplate
Dati avansi	Godišnji iznos plaćenog avansa	Broj dana između plaćanja i dobijanja robe/izvršenja usluge od strane dobavljača
Gotovina	Ukupni godišnji prihodi	10 (okvirno)
Izvori obrtnih sredstava		
Vrsta izvora obrtnih sredstava	*Vrednosno iskazane godišnje obaveze*	*Dani vezivanja*
Obaveze prema dobavljačima	Ukupni godišnji troškovi inputa ili ukupni fakturisani bruto iznos dobavljača koji se odloženo plaća - analitički po dobavljačima	Prosečan broj dana odloženog plaćanja koji odobravaju dobavljači
Primljeni avansi	Godišnji iznos naplaćenog avansa	Broj dana između naplate i isporuke robe/izvršenja usluge od strane investitora
Obaveze za plate	Godišnji trošak plata	1 mesec

Tabela 9.7. - *Određivanje vrednosno iskazanih godišnjih potreba/obaveza i dana vezi-vanja poslovanjem uslovljenih obrtnih sredstava i izvora obrtnih sredstava predviđen Zajedničkom metodologijom*[38]

Poslovanjem uslovljena obrtna sredstva		
Vrsta obrtnih sredstava	*Vrednosno iskazane godišnje potrebe*	*Dani vezivanja*
Zalihe materijala	Godišnji direktni troškovi vezani za nabavku materijala	Trajanje reprodukcionog ciklusa, izvori i uslovi snabdevanja
Zalihe nedovršene proizvodnje	Ukupan godišnji prihod	Trajanje reprodukcionog ciklusa
Zalihe gotovih proizvoda	Ukupan godišnji prihod	Sezonski karakter, uslovi i mesto prodaje
Potraživanja od kupaca	Ukupan godišnji prihod	Broj dana odložene naplate
Gotovina	Ukupan godišnji prihod	10
Izvori obrtnih sredstava		
Vrsta izvora obrtnih sredstava	*Vrednosno iskazane godišnje obaveze*	*Dani vezivanja*
Obaveze prema dobavljačima	Godišnji direktni troškovi vezani za nabavku materijala	Prosečan broj dana odloženog plaćanja koji odobravaju dobavljači
Obaveze po osnovu plata	Godišnji trošak plata[39]	30
Amortizacija	Godišnja amortizacija	30

UNIDO metodologijom je predviđeno izračunavanje trajnih obrtnih sredstava u šest koraka:

1. Ukupni godišnji rashodi se podele sa 365 kako bi se dobio dnevni trošak;
2. Proceni se očekivani srednji broj dana držanja materijala u skladištu;
3. Proceni se očekivani period proizvodnje;
4. Proceni se srednji broj dana od skladištenja finalnih proizvoda do isporuke;
5. Proceni se srednje trajanje prodaje (od isporuke do plaćanja) i oduzme se od srednje vrednosti trajanja nabavke (od dana prijema materijala do plaćanja) i

---

[38] *Priručnik za primenu Zajedničke metodologije za ocenjivanje društvene i ekonomske opravdanosti inve-sticija i efikasnosti investiranja u SFRJ - 3 operativno uputstvo za izradu investicijske studije - programa*, Op. cit., str. 138-139.

[39] Za ovaj izvor trajnih obrtnih sredstava, koji se u Metodologiji naziva obaveze iz dohotka, je prihvaćeno da je godišnji trošak plata jedini logičan parametar za određivanje vrednosno iskazanih godišnjih po-treba. Da li je ovaj parametar predviđen i Zajedničkom metodologijom je teško zaključiti obzirom da je predviđen neobjašnjiv i nerazumljiv način izračunavanja, i to: Vrednosno iskazane godišnje obaveze iz dohotka = (Ukupan godišnji prihod - Ukupni godišnji troškovi (bez troškova plata)) x % + Godišnji troškovi plata x %. Inače, analizom Metodologije nije ustanovljeno kako odrediti procenat iz prethod-ne formule.

6. Sabere se broj dana od koraka 2 do 5 (ako je rezultat koraka 5 negativan oduzme se od zbira koraka 2 do 4) i pomnoži se sa troškom dnevne proizvodnje (korak 1).[40]

Upoređivanjem ispravnog načina izračunavanja trajnih obrtnih sredstava sa predloženim rešenjima u Zajedničkoj i UNIDO metodologiji se može zaključiti da je u Osnovnim metodologijama ova problematika do te mere vulgarizovana da se nameće pitanje svrsishodnosti primene metodologija koje rezultiraju promašenim vrednostima trajnih obrtnih sredstava. Iznesena konstatacija je prvenstveno posledica nedovoljnog uvažavanja računovodstvenih načela, kako prilikom određivanja vrednosno iskazanih godišnjih potreba za poslovanjem uslovljena obrtna sredstva, tako i prilikom određivanja vrednosno iskazanih godišnjih obaveza za izvore obrtnih sredstava. U navedenom kontekstu posebno treba istaći UNIDO metodologiju koja proklamativno ističe značaj ispravnog određivanja trajnih obrtnih sredstava,[41] ali ne nudi metodološka rešenja za njihovo ispravno izračunavanje. Korišćenje identičnog parametra (ukupnog godišnjeg troška) za vrednosno iskazane godišnje potrebe i obaveze svih pozicija trajnih obrtnih sredstava je svojevrstan nonsens, kako sa aspekta računovodstvenih načela, tako i sa aspekta investicione teorije.

Preciziranje dinamike ulaganja u trajna obrtna sredstva podrazumeva zadovoljavanje kriterijuma koji zahteva **vremensko određivanje** ulaganja. Kod preduzeća u kojima je planiran identičan stepen iskorišćenja kapaciteta, i gde ne postoji sezonskih oscilacija, preciziranje dinamike ulaganja u trajna obrtna sredstva je jednostavno i svodi se na planiranje ulaganja u trajna obrtna sredstva samo u jednom momentu, odnosno u momentu koji neposredno prethodi aktiviranju investicije. Problematika vremenskog preciziranja ulaganja je znatno kompleksnija kod preduzeća koja:

- postepeno planiraju povećanje kapaciteta i/ili
- rade sezonski.

Kako se kod većine investicija tokom veka trajanja projekta *povećava iskorišćenost kapaciteta* (zbog uhodavanja, osvajanja tržišta i sl.), iznos potrebnih trajnih obrtnih sredstava se zbog različitih ulaznih podataka razlikuje po godinama. U praksi se često ova činjenica zanemaruje tako što se potrebna sredstva izračunavaju shodno podacima iz godine kada je predviđena maksimalna iskorišćenost kapaciteta i taj se iznos projektuje u danu koji prethodi aktiviranju investicije. Ovaj pristup je pogrešan jer ne

---

[40] *Priručnik za vrednovanje industrijskih projekata*, UNIDO, Evropski centar za mir i razvoj Univerziteta za mir Ujedinjenih Nacija, Beograd, 1988, str. 32-33.

[41] » ... potrebama za obrtnim sredstvima neophodnim za rad pogona obično se poklanja mala pažnja. Rezultat toga su nerealna očekivanja u pogledu profitabilnosti (pošto su proračuni početne investicije isuviše mali) i riskantno finansijsko upravljanje u fazi kada je projekat postao operativan«, u: *Ibid.*, str. 32.

uvažava koncept vremenske vrednosti novca, obzirom da sredstva angažovana nekoliko godina po aktiviranju investicije ne vrede isto kao sredstva angažovana u danu koji prethodi aktiviranju investicije. Najispravnije je trajna obrtna sredstva računati za sve godine dok se ne ostvari maksimalni stepen iskorišćenja kapaciteta, a onda planirati dinamiku ulaganja trajnih obrtnih sredstava na sledeći način:

- Prvo, neposredno pre početka aktiviranja investicije treba projektovati iznos trajnih obrtnih sredstava koji odgovara ulaznim podacima za prvu godinu;

- Drugo, neposredno pre početka druge i ostalih godina u kojima nije planirano maksimalno iskorišćenje kapaciteta, ali se postepeno uvećava iskorišćenost kapaciteta, treba projektovati dodatna ulaganja u trajna obrtna sredstva; i

- Treće, posle određivanja iznosa trajnih obrtnih sredstava za godinu maksimalnog iskorišćenja kapaciteta, trajna obrtna sredstva za naredne godine ne treba računati, odnosno treba pretpostaviti da se ona ne menjaju.[42]

Za preduzeća koja rade sezonski, pored izračunavanja godišnjih trajnih obrtnih sredstava, treba izračunati i mesečne razlike u angažovanju sredstava. Postupak je identičan kao i izračunavanje trajnih obrtnih sredstava kod postepenog iskorišćenja kapaciteta, s tim što kod ovih preduzeća, mesece prelaska iz operativnog u neoperativan period karakteriše smanjenje potrebnih trajnih obrtnih sredstava.

Zajedničkom i UNIDO metodologijom je predviđeno uvažavanje stepena iskorišćenja kapaciteta kod projektovanja dinamika ulaganja u trajna obrtna sredstva, s tim što konkretan postupak projekcije nije objašnjen. Što se tiče sezonskih oscilacija, UNIDO metodologijom je predviđeno uvažavanje razlika,[43] dok je Zajedničkom metodologijom predviđeno da se ove razlike, uglavnom, zanemare.[44]

Na kraju, potrebno je istaći da adekvatna projekcija visine i dinamike ulaganja svih pozicija trajnih obrtnih sredstava u investicionim projektima omogućava da se u ope-

---

[42] Paunović, B., Zipovski, D., - *Op. cit.*, str. 190-191.

[43] "Obrtni kapital za preduzeća koja rade sezonski (kao što je to u slučaju sa šećeranama) proračunava se nešto drugačije. Godina se podeli na operativni i neoperativni period. Potrebna obrtna sredstva za operativnu fazu se izračunavaju normalno. Za svaki vansezonski period obrtni kapital je potrebno smanjiti pošto postoje samo fiksni troškovi. Preduzeća sa sezonskim proizvodnim programima uvećavaju obrtni kapital u operativnom periodu i smanjuju ga u neoperativnim periodima. Proračun obrtnog kapitala za sezonske firme baziran je na godišnjem obračunu isplata i prihoda«; u: *Priručnik za vrednovanje industrijskih projekata*, Op. cit., str. 154.

[44] »Prikazuju se prosečna obrtna sredstva, što znači, da se u trajanju vezivanja pojedinih elemenata sezona ne uvažava. U slučaju izričito sezonskog karaktera proizvodnje (na primer, poljoprivreda) treba obrazložiti i pokrivanje sezonskih zaliha (na primer, s reeskontnim kreditima u poljoprivredi)«, u: *Priručnik za primenu Zajedničke metodologije za ocenjivanje društvene i ekonomske opravdanosti investicija i efikasnosti investiranja u SFRJ - 3 operativno uputstvo za izradu investicijske studije - programa*, Op. cit., str. 137.

rativnoj fazi, upoređivanjem sa trajnim obrtnim sredstvima iz realnog poslovanja, lakše izvedu zaključci i sprovedu korektivne mere. Ako preduzeće ima predimenzionisane *zalihe*, to jest veće zalihe od projektovanih, osim što bespotrebno vezuje sredstva i stvara oportunitetni trošak, verovatno će imati i veći rashod usled otpisa zaliha (ako je roba duže na zalihama realno je očekivati da će se pre ishabati, polomiti i sl.). S druge strane, manje zalihe u realnom poslovanju nego što je projektovano vezano je za poslovanje "na ivici noža". Eventualni problemi sa dobavljačima ili značajnija porudžbina od strane kupaca, prouzrokovali bi zastoj u proizvodnji ili nepoštovanje rokova, što bi negativno uticalo na imidž i buduće poslovanje preduzeća. Veća *potraživanja* od kupaca od onih koji su definisani politikom preduzeća, povećava rizik nenaplativosti jer je realno očekivati da će se pre naplatiti potraživanja od kupaca koji poštuju dogovorene rokove. Manja potraživanja nego što su uobičajena u grani u kojoj preduzeće posluje implicira potencijalni rizik od preorijentisanja postojećih kupaca na nove proizvođače koji imaju povoljniju politiku odložene naplate. Značajnije obaveze prema *dobavljačima*, kao i manji iznos *gotovine* od projektovanog, impliciraju probleme sa likvidnošću preduzeća. Manji iznos obaveza ukazuje na neekonomično poslovanje zbog ranijeg izmirenja obaveza ili na lošije dogovorene uslove nabavke od projektovanih. Sa istim konotacijama vezanim za neekonomično poslovanje se može posmatrati i veća gotovina na žiro računu od potrebne i projektovane kroz investicioni projekat.[45]

---

[45] Novac treba koristiti ili ćeš ga izgubiti. Ova zakonitost ne važi samo za novac, već i za druge oblike posedovanja, kao što su, na primer, znanje, veština prodaje i dr. Detaljnije videti u: Hopkins, T., - *Kako ovladati veštinom prodaje*, Most-menadžment obuka sistem, Beograd, 2005, str. 25.

GLAVA X
IZVORI FINANSIRANJA

Da bi se bilo koja investicija realizovala neophodno je obezbediti potrebna sredstva za finansiranje ulaganja u stalnu imovinu i u trajna obrtna sredstva. Otuda se pri samoj oceni investicionih alternativa, odnosno prilikom izrade investicionih projekata, moraju predvideti izvori finansiranja. Pod *izvorima finansiranja* se u kontekstu investicionog odlučivanja podrazumeva projekcija porekla sredstava iz kojeg će ulaganja biti finansirana. Važno je napomenuti da kod projekcije izvora finansiranja nije dovoljno ukupna ulaganja razvrstati prema poreklu, već je neophodno predviđene izvore finansiranja strukturirati na svako pojedinačno ulaganje. Naime, kako se različita ulaganja dešavaju tokom različitih vremenskih perioda, analitičko strukturiranje omogućava, između ostalog, da se na pravilan način izračunaju dinamički pokazatelji ulaganja, to jest da se donese ispravna investiciona odluka.

Postoji više vrsta izvora finansiranja, a njihova podela je prvenstveno opredeljena fokusom posmatranja. Sa aspekta postojećeg potencijala preduzeća, što je uobičajeni pristup kod preduzeća koja duže vreme posluju, shodno činjenici da li je poreklo planiranih sredstava za investiranje iz ili van preduzeća, izvori finansiranja se dele na:

- interne i
- eksterne.

Interni izvori finansiranja obuhvataju postojeća finansijska sredstva preduzeća.[46]

Eksterni izvori finansiranja mogu biti mnogobrojni, a mogući modaliteti zavise od razvijenosti finansijskog tržišta. U razvijenim zemljama, alternativni eksterni izvori finansiranja se mogu obezbediti: na bankarskom tržištu, na tržištu novca i kapitala, i zajmovima od strane strateških i finansijskih partnera. *Obezbeđenje sredstava na bankarskom tržištu* je tradicionalan oblik finansiranja investicija iz eksternih izvora, putem kojeg investitor neophodna sredstva obezbeđuje uzimanjem bankarskih kredita. *Na tržištu novca i tržištu kapitala* finansijska sredstva se obezbeđuju emisijom hartija od vrednosti, koje mogu biti: *dužničke* - komercijalni zapisi (rok dospeća do 1 godine) i obveznice (rok dospeća duži od 1 godine); *vlasničke* - dokapitalizacijom od strane postojećih ili novih akcionara; i *hibridne* - konvertibilne obveznice, kredit uz opciju ulaska u vlasništvo preduzeća u

---

[46] Logično, interni izvori mogu da obuhvate i sredstva planirana da se generišu iz budućeg redovnog poslovanja, to jest od momenta izrade projekta do momenta potrebe finansiranja pojedinog ulaganja.

slučaju neizmirenja duga, varanti[47] i dr. *Zajmovi od strane strateških i finansijskih partnera* su po svom karakteru gotovo identični bankarskim kreditima, s tim što zajmodavci nisu banke, već druge institucije (na primer, investicioni fondovi) ili strateški partneri. Dodatna razlika u odnosu na bankarske kredite može da se ispolji u slučaju finansiranja od strane strateških partnera, kada zajam ne mora da sadrži kamatu, već zajmodavac interes u odobravanju beskamatnog zajma može da sagleda u poboljšanju poslovnih odnosa sa zajmoprimcem, koji će nastati kao rezultat aktiviranja investicije.

Dijagram 10.1. - *Izvori finansiranja sa aspekta postojećeg potencijala preduzeća*

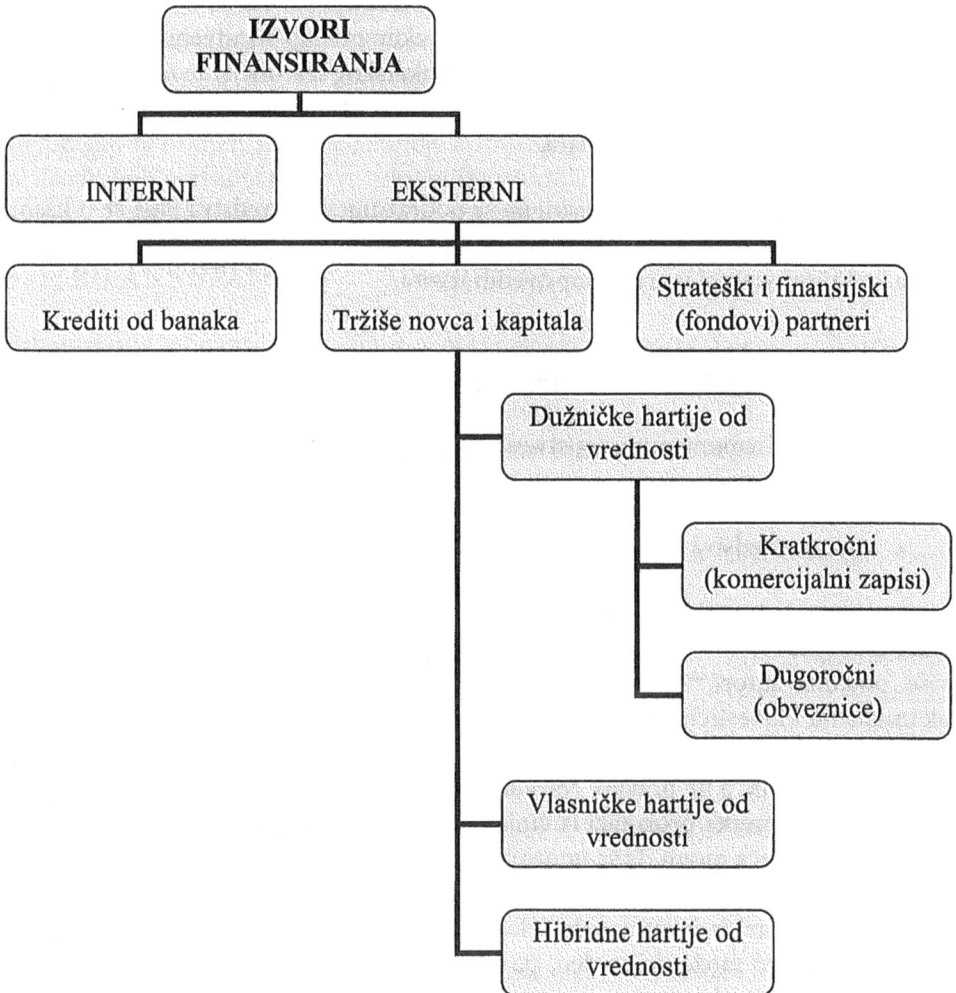

---

[47] Varanti su dugoročne opcije koje su slične kol opcijama jer omogućavaju kupovinu fiksnog broja akcija po unapred određenoj ceni u određenom vremenskom periodu. Ali, za razliku od kol opcija, isključivo ih može emitovati korporacija za svoje akcije. Detaljnije videti: www.hartijeodvrednosti.com

Iako slična prethodnoj, prilikom investicionog odlučivanja se primenjuje drugačija podela izvora finansiranja. Shodno činjenici da li se potrebna sredstva obezbeđuju iz sredstava preduzeća ili iz tuđih sredstava, izvori finansiranja se dele na:

- sopstvena i
- pozajmljena.

Pod *sopstvenim izvorima finansiranja* se podrazumevaju sva sredstva za koja ne postoji obaveza da budu vraćena, tako da pored sredstava iz postojećeg potencijala preduzeća obuhvataju i sredstva koja su planirana da budu obezbeđena dokapitalizacijom od strane postojećih i/ili novih akcionara. Ovakav pristup sopstvenim izvorima finansiranja je najprihvatljiviji za korisnike iz bankarskog sektora jer je za njih značajan podatak o učešću investitora, nezavisno od činjenice da li će učešće biti finansirano od strane postojećih ili novih akcionara.

Pod *pozajmljenim izvorima finansiranja* se podrazumevaju sredstva koja će u kasnijim vremenskim periodima morati da se vrate i obuhvataju sve ostale izvore finansiranja koji nisu svrstani u grupu sopstvenih izvora.

1. SOPSTVENI IZVORI FINANSIRANJA

Kao što je ranije napomenuto, **sopstveni izvori finansiranja** obuhvataju:

- interno finansiranje, to jest novčana sredstva preduzeća; i
- novčana sredstva obezbeđena dodatnom uplatom od strane vlasnika preduzeća.

U investicionoj teoriji je uobičajeno da se osnovnim izvorom *internog finansiranja* smatra akumulacija, koja predstavlja zbir ostvarene neto dobiti i amortizacije. Šta više, pojedini autori,[48] želeći da dodatno istaknu sponu između ova dva pojma, akumulaciju i investiciju tretiraju kao istu stvar posmatranu sa različitih aspekata. Po njima, razlike između akumulacije i investicija su privremenog karaktera, što je, dakle, izuzetak, a ne pravilo. Navedenom pristupu bi mogle da se upute dve zamerke. Prva zamerka proizilazi iz činjenice da sredstva čiji su izvori u osnovnom kapitalu preduzeća mogu da se upotrebe u investicije, iako ne proizilaze iz amortizacije, a takođe, ne moraju da proizilaze iz neto dobiti, već iz uplate vlasnika. Druga zamerka proizilazi iz činjenice da celokupna neto dobit ne mora da se reinvestira u preduzeće, već može da se deo, pa i celokupna neto dobit, isplati vlasnicima. Stoga je ispravnije, dugoročno posmatrano, jer se tada redukuju kratkoročne razli-

---

[48] Na primer, Kljusev Nikola. Videti: Kljusev, N., - *Investicije* (drugo izdanje), Književne novine, Beograd, 1994, str. 79.

ke između neto priliva i neto dobiti, potencijalnim izvorima internog finansiranja smatrati:

- amortizaciju (direktno utiče na neto dobit, ali ne prouzrokuje odliv sredstava),
- osnovni kapital i
- neto dobit koja nije raspodeljena vlasnicima preduzeća, odnosno koja je ostala neraspoređena ili je raspoređena u rezerve.

Sopstveni izvori finansiranja obezbeđeni *dodatnom uplatom novčanih sredstava* od strane vlasnika se prilikom razmatranja investicionih alternativa mogu tretirati hipotetičkim izvorima preduzeća (kao i pozajmljena) jer bi se angažovala, čime bi istovremeno došlo i do povećanja osnovnog kapitala, samo u slučaju pozitivne investicione odluke.

Sa aspekta preduzeća, **osnovne karakteristike sopstvenih izvora finansiranja** su sledeće:

- to su najjeftiniji izvori finansiranja jer njihovo angažovanje ne prouzrokuje rashode,
- to su najsigurniji izvori finansiranja, naročito ako su planirani da se obezbede iz postojećeg potencijala preduzeća;
- visina obaveze prema angažovanim sredstvima nije unapred precizirana već zavisi od ostvarenog rezultata, politike raspodele rezultata i dr.; i
- angažovanje sopstvenih sredstava ne utiče negativno na elastičnost i samostalnost u vođenju poslovne politike, posebno imajući u vidu određena ograničenja u poslovanju i razvoju, koja mogu da budu postavljena od strane kreditora (na primer, zabrana daljeg zaduživanja).

Kako sa aspekta preduzeća ne postoji eksplicitno iskazan **trošak sopstvenih izvora finansiranja**, jedino se može posmatrati oportunitetni trošak, to jest izgubljeni prinos koji bi se ostvario alternativnim ulaganjem u neku drugu poslovnu aktivnost, a koji je iskazan preko diskontne stope.

2. POZAJMLJENI IZVORI FINANSIRANJA

Sam termin "pozajmljeni" ukazuje da se radi o izvoru finansiranja koji se obezbeđuje zajmom u određenom vremenskom periodu uz obavezu vraćanja u kasnijim vremenskim periodima. Iako postoje zajmovi kojima je predviđeno vraćanje ekvivalentnog iznosa pozajmljenom, oni su retki, te se mogu zanemariti. Stoga, **pozajmljeni izvori finansiranja** se mogu definisati kao krediti putem kojih zajmodavac (kreditor - poverioc) pozajmljuje novčana sredstva zajmoprimcu (dužnik - investitor), uz obavezu zajmoprimca da u kasnijim periodima vrati pozajmljeni iznos (glavnicu duga) i plati kamatu. Uobičajeni način kreditiranja je prenos sredstava sa računa kreditora na računu dužnika. Pored toga, kreditor može sam da izmiri obavezu prema dužnikovim dobavljačima, što je način kreditiranja koji se ponekad primenjuje kod takozvanih namenskih kredita za nabavku osnovnih sredstava (stalne imovine).[49]

Postoje razne institucije od kojih se može obezbediti kredit, kao što su:

- poslovne banke,

- bilateralne i multilateralne finansijske institucije (Američka agencija za međunarodni razvoj, Kanadska međunarodna agencija za razvoj, Američka korporacija za privatna ulaganja u prekomorske zemlje, Azijska klirinška unija, Svetska banka, Banka za međunarodne obračune, Evropska banka za rekonstrukciju i razvoj i dr.),

- regionalne finansijske institucije formirane od strane zemalja određenih ekonomskih i drugih integracija koje su u funkciji njihovog razvoja i saradnje (Savet za uzajamnu ekonomsku pomoć zemalja članica: zajedničkog tržišta Centralne Amerike, Karipskog zajedničkog tržišta, Evropske Unije, udruženja Latinsko-Američke integracije, zajedničkog Arapskog tržišta, zemalja Zapadne Afrike i zemalja Centralne Afrike, zemalja članica OPEC-a itd.),

- investicioni fondovi i dr.[50]

Sa aspekta preduzeća, **osnovne karakteristike pozajmljenih izvora finansiranja**, komparativno posmatrane sa osnovnim karakteristikama sopstvenih izvora finansiranja, su sledeće:

- skuplji su jer pozajmljivanje sredstava prouzrokuje rashode,

- teži uslovi pribavljanja,

- visina obaveze i dinamika izmirenja je unapred precizirana[51] i

- smanjena elastičnost i samostalnost u vođenju poslovne politike.

---

[49] Osim pozajmljivanja finansijskih sredstava od strane kreditora, postoji i specifičan način kreditiranja kada dobavljač stalne imovine kreditira investitora omogućavanjem odloženog plaćanja, a za takvu uslugu zahteva od investitora da osim vrednosti stalne imovine plati i kamatu.

[50] O institucijama od kojih se može obezbediti kredit detaljnije videti: *Guidelines for Infrastructure Development Through Build-Operate-Transfers (BOT) Projects*; UNIDO, Unido Publications, Vienna, 1996, str. 186-190.; i Stakić, B., - *Međunarodne finansijske organizacije*, Jugoslavija publik, Beograd, 1998, str. 161.

[51] Osim kod kredita koji sadrže varijabilnu kamatnu stopu. Tako, ako je kamatna stopa vezana za LIBOR, visina obaveze po osnovu kamate zavisi od kretanja navedene referentne kamatne stope.

Osnovi **trošak pozajmljenog izvora finansiranja** je kamata, koja se najčešće definiše kao cena korišćenja kredita.

Pored kamate, preduzeće može da ima i dodatne troškove prouzrokovane pozajmljenim izvorima finansiranja, kao što su:

- *troškovi praćenja (monitoringa) kredita* - određuju se na isti način kao i kamata, odnosno kao određeni procenat od neotplaćenog dela duga;

- *troškovi servisiranja kredita* - plaćaju se jednokratno u momentu odobravanja kredita ili u momentu koji neposredno prethodi ili neposredno sledi uplati finansijskih sredstava od strane kreditora;

- *troškovi garancije* - uobičajeno se plaćaju kvartalno, a iznos se određuje kao procenat neotplaćenog dela duga (preostalog garantovanog iznosa);

- *sudski troškovi stavljanja hipoteke u zalog,*

- *troškovi ovlašćenog procenitelja za procenu hipoteke* i dr.

U Republici Srbiji je do 2006. godine postojala mogućnost da poslovna banka izvrši mimikriju cene korišćenja kredita tako što bi stvarni troškovi zajmoprimca bili viši od ugovorene nominalne kamatne stope.[52] Usled toga, Narodna banka Srbije je 30. juna 2006. godine donela »Odluku o jedinstvenom načinu obračuna i objavljivanja efektivne kamatne stope[53] na depozite i kredite«[54]. Odlukom je, između ostalog, precizirano da ponuda banke koja se odnosi na odobravanje kredita mora jasno i nedvosmisleno da sadrži podatke koji se uključuju u obračun efektivne kamatne stope i to: visinu nominalne kamatne stope, iznos naknada i troškova koje banka obračunava klijentu u postupku izdavanja kredita, i iznos naknada i troškova koji su poznati na dan obračuna i koje banka obračunava klijentu u toku realizacije kredita.

Pored direktnih troškova korišćenja kredita, pozajmljeni izvori finansiranja mogu da prouzrokuju i indirektne troškove, a koji su vezani za smanjenu elastičnost u vođenju poslovne politike zajmoprimca. Naime, prilikom odobravanja kredita je

---

[52] Na primer, snižavanjem nominalne kamatne stope, a povećavanjem troškova monitoringa.

[53] "Efektivna kamatna stopa predstavlja dekurzivnu kamatnu stopu koju plaća dužnik po osnovu odobrenog kredita uzimajući u obzir celokupni neto novčani tok koji ga karakteriše, kao što je isplata glavnice, otplata anuiteta, naknada za obradu kreditnog zahteva, provizija za obradu kredita i dr. Efektivna kamatna stopa inkorporira sve troškove ponuđenog kredita te potencijalni korisnici imaju informaciju o njegovoj realnoj ceni. Za razliku od nje, nominalna kamatna stopa, koja se najčešće iskazuje u uslovima, dovodi u zabludu pri izboru kredita budući da ne uključuje troškove odobravanja kredita."; u: - *Zbornik radova XXXII SYM-OP-IS 2005.* (edit. Vuleta, J., Backović, M.,) Centar za izdavačku delatnost Ekonomskog fakulteta u Beogradu, Beograd, 2005, str. 203.

[54] *„Službeni glasnik RS", br. 57/2006.* Navedena Odluka se može naći i na sajtu Narodne banke Srbije: www.nbs.rs.

uobičajeno da kreditor od zajmoprimca zahteva da veći deo svog platnog prometa obavlja preko poslovne banke koja se javlja kao zajmodavac. Iza ovakvog zahteva, koji poslovna banka opravdava potrebom za monitoringom kredita i aktivnim upravljanjem kreditnim rizikom, u stvari je prikriven motiv za dodatnim prihodom kroz naplatu bankarskih provizija. Preuzeta obaveza zajmoprimca može da prouzrokuje više buduće troškove provizija, alternativno posmatrano sa nekom drugom poslovnom bankom.

Uzevši u obzir značaj i kompleksnost pozajmljenih izvora finansiranja prilikom analize investicionih alternativa, u nastavku će se dati detaljna objašnjenja:

- projekcije obaveza po osnovu pozajmljenih izvora finansiranja i
- računovodstvenog tretmana pozajmljenih izvora finansiranja.

2.1. Projekcija obaveza po osnovu pozajmljenih izvora finansiranja

Projekcija obaveza po osnovu pozajmljenih izvora finansiranja se prvenstveno odnosi na formiranje plana izmirenja osnovnih obaveza prema kreditorima, a koji obuhvata otplatu (vraćanje glavnice duga) i plaćanje kamate. Ova projekcija se kolokvijalno naziva plan amortizacije kredita, za čije je formiranje, pored podatka o nominalnoj kamatnoj stopi, neophodno poznavati:

- dinamiku izmirenja obaveza,
- metod obračuna kamatne stope za pripadajući period i
- metod izmirenja obaveza u fazi otplate.

Dinamikom izmirenja obaveza se preciziraju vremenski rokovi kada zajmodavac ima obavezu otplate i plaćanja kamate.

Da bi se dinamika izmirenja projektovala neophodno je definisati, odnosno prilikom investicionih analiza predvideti:

- period između dva sukcesivna anuiteta (rate) i
- kreditne faze.

Period između dva sukcesivna anuiteta predstavlja vremensku razliku između dva sukcesivna datuma u kojima dužnik izmiruje svoju obavezu. Ovaj period, kao i ostale kreditne uslove, dužnik i poverioc preciziraju ugovorom, a uobičajeno je da se obaveza izmiruje mesečno, kvartalno, polugodišnje ili godišnje.

Od uplate kredita pa sve do poslednje otplate, kredit se, uslovno rečeno, nalazi u jednoj od sledećih *kreditnih faza*:

- moratorijum,
- »grejs« period i
- period otplate.[55]

Moratorijum je period u kojem nije aktivirana obaveza plaćanja prema kreditoru, odnosno to je period kada se kamata obračunava i pridodaje osnovnom dugu. Moratorijum se, po pravilu, odobrava za nabavku stalne imovine visoke vrednosti, to jest kod značajnijih investicija i uglavnom važi do momenta aktiviranja investicije. Na kraju perioda moratorijuma glavnica je uvećana za iznos kamate. Dakle, završetak moratorijuma nije dan kada se plaća prvi anuitet, već je to dan kada kredit prelazi iz faze moratorijuma u "grejs" period, odnosno u period otplate (ako nema "grejs" perioda).[56]

Da bi se na osnovu perioda moratorijuma odredio datum plaćanja prvog anuiteta neophodno je poznavati period između dva sukcesivna anuiteta. Na primer, ako je moratorijum 9 meseci, a posle toga kredit ulazi u fazu otplate i vraća se tromesečnim anuitetima, datum plaćanja prvog anuiteta je 12 meseci (9 + 3) od uplate kredita.

Period moratorijuma se izračunava na sledeći način:

Period moratorijuma =
Završetak perioda moratorijuma - Početak perioda moratorijuma

Završetak perioda moratorijuma =
Datum plaćanja prvog anuiteta - Period između dva sukcesivna anuiteta

Početak perioda moratorijuma = Datum uplate kredita

»Grejs« period[57] je vreme kada se ne otplaćuje glavnica kredita, već se samo aktivira obaveza plaćanja kamate. Kada postoje sve tri kreditne faze, »grejs period« sledi period moratorijuma, a prethodi periodu otplate. U praksi se »grejs« period, kao i moratorijum, uglavnom sreće kod kreditiranja nabavke stalne imovine, s tim što je znatno frekventniji uslov. Stoga se kod kreditiranja nabavke stalne imovine moratorijum može posmatrati kao izuzetak, a »grejs« period kao pravilo. Plaćanje samo kamate je

---

[55] Iako vrlo retko, u praksi je poznata i četvrta faza pod nazivom period korišćenja. To je vremenski period kada se kredit ne kamati i vezan je za slučaj kada finansijska institucija na sva uplaćena sredstva u jednom mesecu kamatu počinje da obračunava od početka narednog meseca.

[56] U praksi se često pravi greška da se datum plaćanja prvog anuiteta određuje na sledeći način: Datum plaćanja prvog anuiteta = Datum uplate kredita + Period moratorijuma.

[57] »Grejs« period se u praksi često meša sa moratorijumom.

karakteristično za početne periode eksploatacije i uslovljeno je potrebom za manjim finansijskim opterećenjem investitora u godinama »uhodavanja«.

»Grejs« period se izračunava na sledeći način:

$$\text{»Grejs« period } =$$
$$\text{Završetak »grejs« perioda - Početak »grejs« perioda}$$

$$\text{Završetak »grejs« perioda } =$$
$$\text{Datum plaćanja prve otplate - Period između dva sukcesivna anuiteta}$$

$$\text{Početak »grejs« perioda[58] } =$$
$$\text{Datum plaćanja prve kamate[59] - Period između dva sukcesivna anuiteta}$$

Period otplate je obavezna kreditna faza i obuhvata vremenski period u kojem se aktivira obaveza vraćanja glavnice. Kod kredita za obrtna sredstva, moratorijum i »grejs« period su vrlo retki, odnosno kredit će se po uplati sredstava odmah naći u fazi otplate. Sličan je slučaj i kod kreditiranja nabavke stalne imovine manje vrednosti (na primer, putnički automobil), koja će se odmah po nabavci poslovno uposliti.

Period otplate se izračunava na sledeći način:

$$\text{Period otplate } =$$
$$\text{Završetak perioda otplate - Početak perioda otplate}$$

$$\text{Završetak perioda otplate = Datum kompletnog izmirenja obaveza prema kreditoru}$$

$$\text{Početak perioda otplate } =$$
$$\text{Datum plaćanja prve otplate - Period između dva sukcesivna anuiteta}$$

Iako vrednosno iskazana kamata za određeni period uvek predstavlja proizvod ostatka glavnice na početku pripadajućeg perioda[60] i kamatne stope za pripadajući period, njena visina zavisi od **metoda obračuna kamatne stope za pripadajući period**. Kamatna stopa za pripadajući period može da se izračunava primenom:

- prostog metoda i
- složenog metoda.

---

[58] U slučaju nepostojanja moratorijuma, početak »grejs« perioda odgovara datumu uplate kredita.

[59] Dakle, to je period kada je u anuitetu, koji predstavlja zbir otplate i kamate, sadržana samo kamata.

[60] Pripadajući period je vremenska razlika između početka i kraja jednog perioda, odnosno to je period za koji se kamata računa.

Prost metod se zasniva na primeni prostog kamatnog računa, kojim se kamatna stopa za pripadajući period dobija kao količnik godišnje kamatne stope i broja kapitalisanja. Kapitalisanje u predmetnom kontekstu predstavlja odnos između godišnjeg i pripadajućeg perioda. U slučaju da se pripadajući period iskazuje brojem meseci (mesečno, 6 meseci itd.) broj kapitalisanja se dobija kao količnik broja 12, kojim se izražava broj meseci u godini, i broja meseci u pripadajućem periodu. Tako, na primer, godišnjoj kamatnoj stopi od 12% odgovara mesečna kamatna stopa od 1%, kvartalna od 3%, a polugodišnja od 6%. U slučaju da se pripadajući period iskazuje u danima, broj kapitalisanja se dobija deobom broja 365, odnosno broja 366 u prestupnoj godini, i broja dana u pripadajućem periodu.

Matematički iskazano, kamatna stopa se u pripadajućem periodu, primenom prostog kamatnog računa, izračunava na sledeći način:

$$Kp = Kg / (Pg / Pp)$$

gde je:
Kp - kamatna stopa za pripadajući period,
Kg - godišnja kamatna stopa,
Pg - godišnji period (365/366; 12, 1) i
Pp - pripadajući period (dani, meseci, godine).

Složen, ili kako se stručno naziva *konformni metod*, se zasniva na primeni složenog kamatnog računa. Pripadajuća kamatna stopa se primenom složenog kamatnog računa izračunava tako što se godišnja kamatna stopa, koja se matematički definiše kao osnova eksponenta, stepenuje eksponentom koji predstavlja recipročan broj kapitalisanja. Kapitalisanje se kod primene složenog kamatnog računa izračunava na isti način kao i primenom prostog kamatnog računa, odnosno kao količnik godišnjeg i pripadajućeg perioda.

Matematički iskazano, kamatna stopa se u pripadajućem periodu, primenom složenog kamatnog računa, izračunava na sledeći način:[61]

$$Kp = (1 + Kg)^{Pp/Pg} - 1$$

gde je:
Kp - kamatna stopa za pripadajući period,
Kg - godišnja kamatna stopa,
Pp - pripadajući period (dani, meseci, godine) i
Pg - godišnji period (365/366; 12, 1).

---

[61] Kamatnu stopu za pripadajući period, primenom složenog kamatnog računa, je najjednostavnije izračunati korišćenjem matematičke funkcije *power*, koja se nalazi u programu »Microsoft Excel«.

Posledice primene prostog i složenog kamatnog računa je najbolje sagledati kroz hipotetički primer. U nastavku će se prikazati pripadajuća kamatna stopa izračunata, kako primenom prostog kamatnog računa (PKR), tako i primenom složenog kamatnog računa (SKR), za jedan mesec, tri meseca, šest meseci, godinu dana i dve godine. U svim slučajevima će se pretpostaviti godišnja kamatna stopa od 12%.

	PKR	SKR
I - za 1 mesec	Kp = 12% / (12 / 1) = 1%	Kp = $(1 + 12\%)^{1/12}$ - 1 = 0,9489%
II - za 3 meseca	Kp = 12% / (12 / 3) = 3%	Kp = $(1 + 12\%)^{3/12}$ - 1 = 2,8737%
III - za 6 meseci	Kp = 12% / (12 / 6) = 6%	Kp = $(1 + 12\%)^{6/12}$ - 1 = 5,8301%
IV - za 1 godinu	Kp = 12% / (12 / 12) = 12%	Kp = $(1 + 12\%)^{12/12}$ - 1 = 12%
V - za 2 godine	Kp = 12% / (12 / 24) = 24%	Kp = $(1 + 12\%)^{24/12}$ - 1 = 25,44%

Komparacijom primenjenih kamatnih računa se može zaključiti da:

- zajmoprimcu više odgovara primena složenog kamatnog računa u slučaju kada je pripadajući period kraći od godinu dana,

- primenjen kamatni račun ne utiče na kamatnu stopu u pripadajućem periodu kada je pripadajući period godinu dana i

- zajmoprimcu više odgovara primena prostog kamatnog računa u slučaju kada je pripadajući period duži od godinu dana.

Pored navedenog, može se zaključiti da su odstupanja između kamatne stope za pripadajući period izračunate primenom prostog i složenog kamatnog računa veća u slučaju kada su periodi kraći (ako se posmatraju pripadajući periodi kraći od godinu dana), odnosno kada su periodi duži (ako se posmatraju pripadajući periodi duži od godinu dana). Tako, prema podacima iz primera, ako se posmatraju samo kraći pripadajući periodi od godinu dana, odnos kamatne stope za pripadajući period primenom složenog kamatnog računa i kamatne stope za pripadajući period primenom prostog kamatnog računa je pri mesečnim anuitetima 0,9489, pri kvartalnim anuitetima 0,9579, a pri polugodišnjim anuitetima 0,9717.

I - za 1 mesec	KpSKR / KpPKR = 0,9489% / 1% = 0,9489
II - za 3 meseca	KpSKR / KpPKR = 2,8737% / 3% = 0,9579
III - za 6 meseci	KpSKR / KpPKR = 5,8301% / 6% = 0,9717

Osnovni razlog uočenih razlika je što se primenom prostog kamatnog računa zanemaruje mogućnost da, ako je period između dva sukcesivna anuiteta manji od godinu dana, primljena kamata može da se plasira do kraja godine, to jest u okviru perioda za koji je određena godišnja kamatna stopa. Analogno iznesenom, primenom prostog kamatnog računa se zanemaruje nemogućnost da, ako je period između dva sukcesivna anuiteta duži od godinu dana, primljena kamata ne može da se plasira na kraju godine, to jest na kraju perioda za koji je godišnja kamatna stopa određena. Navedeni nedostatak prostog se ne ispoljava kod primene složenog kamatnog računa.

Tako, prema podacima iz primera, ako se posmatra pripadajući period od 6 meseci, primenom složenog kamatnog računa se dobija kamatna stopa za pripadajući period od 5,830%, koja, zaista, odgovara godišnjoj kamatnoj stopi od 12%.

$$5,830\%^{62} + 5,830\%^{63} + 0,340\%^{64} = 12\%$$

Primenom prostog kamatnog računa objavljena ili dogovorena godišnja kamatna stopa ne iskazuje stvarnu godišnju cenu korišćenja kredita. Preciznije izneseno, prost kamatni račun je suštinski neispravan. Usled toga, ako predviđeni kreditor primenjuje ovakav metod obračuna kamate u pripadajućem periodu, u investicionim analizama treba izvršiti preračunavanje kojim bi kamatna stopa izražavala stvarnu cenu korišćenja kredita (složen kamatni račun), a koje se vrši primenom sledeće formule:

$$KpgSKR = (1 + KpPKR)^{Pg/Pp} - 1$$

gde je:
KpgSKR - godišnja kamatna stopa dobijena primenom složenog kamatnog računa,
KpPKR - kamatna stopa za pripadajući period dobijena primenom prostog kamatnog računa,
Pg - godišnji period (365/366, 12, 1) i
Pp - pripadajući period (dani, meseci, godina).

Prema podacima iz primera, stvarna godišnja kamatna stopa za kredite gde je pripadajuća kamatna stopa izračunata primenom prostog kamatnog računa iznosi:

I - za 1 mesec $KpgSKR = (1 + 1\%)^{12/1} - 1 = 12,68\%$
II - za 3 meseca $KpgSKR = (1 + 3\%)^{12/3} - 1 = 12,55\%$
III - za 6 meseci $KpgSKR = (1 + 6\%)^{12/6} - 1 = 12,36\%$
IV - za 1 godinu $KpgSKR = (1 + 12\%)^{12/12} - 1 = 12,00\%$
V - za 2 godine $KpgSKR = (1 + 24\%)^{12/24} - 1 = 11,36\%$

Uviđajući mogućnost, kao i praktična iskustva kojim su kreditori samo primenjenim metodom obračuna kamatne stope u pripadajućem periodu prikrivali realnu godišnju

---

[62] Kamatna stopa za prvih 6 meseci.

[63] Kamatna stopa za drugih 6 meseci.

[64] 5,830% x 5,830% = 0,340%; kamatna stopa za sredstva koja su plaćena/naplaćena posle 6 meseci i koje kreditor može da plasira narednih 6 meseci (razlika između godinu dana i perioda između dva sukcesivna anuiteta) po identičnoj godišnjoj kamatnoj stopi, to jest, prema podacima iz primera, po stopi od 12%.

kamatnu stopu, Narodna banka Srbije je »Odlukom o jedinstvenom načinu obračuna i objavljivanja efektivne kamatne stope na depozite i kredite«[65] obavezala poslovne banke da pri obračunu i objavljivanju efektivne kamatne stope moraju primenjivati složeni kamatni račun, to jest primenjivati konformnu metodu.

Dodatna problematika u vezi sa obračunom kamate za pripadajući period je vezana za način kako kreditor računa broj dana u mesecu i broj dana u godini. Ovaj problem je karakterističan za kratkoročne pozajmice, odnosno u kontekstu investicionog odlučivanja kod predviđenog kratkoročnog finansiranja trajnih obrtnih sredstava.

Jelena Kočović navodi da se dani mogu računati na tri načina:

- *računa se da mesec ima 30 dana, a godina 360 dana* - ovaj način se koristi u Nemačkoj, Danskoj, Švedskoj itd.;

- *dani se računaju po kalendaru, a računa se da godina ima 360 dana* - ovaj, takozvani francuski način, se sem Francuske primenjuje u Belgiji, Španiji, Švajcarskoj itd.; i

- *dani se računaju po kalendaru, a računa se da godina ima 365 dana* - ovaj, takozvani engleski način, se primenjuje u Engleskoj, Sjedinjenim Američkim Državama, Portugaliji itd.[66]

Prvi način implicira da se, osim na godišnjem nivou, kamatna stopa može iskazivati i na mesečnom nivou, a što su početkom 21. veka, za kratkoročne pozajmice, primenjivale pojedine poslovne banke u Republici Srbiji. To je za posledicu imalo da je stvarna godišnja kamatna stopa bila manja od ugovorene u mesecima sa 31. danom, a viša u mesecima sa 30, 29 ili 28 dana. Što se tiče računanja da godina ima 360 dana, ovakav pristup pri kratkoročnom finansiranju prouzrokuje stvarnu godišnju kamatnu stopu višu od dogovorene. To je posledica činjenice da se izračunavanje vrši primenom većeg odnosa između pripadajućeg i godišnjeg perioda nego što je stvaran. Tako, ako se pretpostavi da je kredit odobren na 80 dana, da godišnja kamatna stopa iznosi 10%, a da godina ima 365 dana, primenom navedenog pristupa i složenog kamatnog računa, dobija se kamatna stopa za pripadajući period od:

$$(1 + 10\%)^{80/360} - 1 = 2{,}14\%$$

Stvarna godišnja kamatna stopa, koja odgovara faktičkom stanju, to jest da godina ima 365 dana iznosi:

$$(1 + 2{,}14\%)^{365/80} - 1 = 10{,}15\%$$

---

[65] *„Službeni glasnik RS", br. 57/2006.*

[66] Detaljnije videti u: Kočović, J., - Finansijska matematika, Ekonomski fakultet u Beogradu, Beograd, 2001, str. 4-5.

Drugim načinom je predviđeno iskazivanje kamatne stope na godišnjem nivou, s tim što je, pri kratkoročnom finansiranju, obzirom da se računa da godina ima 360 dana, uvek kamatna stopa viša od dogovorene, a što je već objašnjeno u okviru komentara prvog načina.

Treći način je jedino ispravan, s tim što bi i njemu mogla da se uputi primedba za prestupnu godinu, obzirom da tada dolazi do minimalnih razlika, čije je objašnjenje identično komentarima vezanim za računanje da godina ima 360 dana.

Kao i kod obavezujuće primene konformne metode, Narodna banka Srbije je »Odlukom o jedinstvenom načinu obračuna i objavljivanja efektivne kamatne stope na depozite i kredite« obavezala poslovne banke da u ugovoru o kreditu računaju kalendarske dane i da računaju da godina ima 365/366 dana.

Nažalost, ova, kao i ostale odredbe iz Odluke, su obavezujuće samo za bankarski sektor, koji su u Srbiji samo jedan, mada najvažniji kreditor. Stoga, naročito kada je predviđen kreditor izvan bankarskog sektora, metodu obračuna kamatne stope se mora ozbiljno pristupiti. U suprotnom, nesagledavanje realne cene korišćenja kredita može da rezultira pogrešnim odabirom kreditora, pa i lošom investicionom odlukom.

Postoje dva moguća **metoda izmirenja obaveza u fazi otplate** i to:

- metod jednakih otplata i
- metod jednakih anuiteta (rata).

Po *metodu jednakih otplata*, u svakom se anuitetu u kome se vrši otplata vraća identičan iznos glavnice duga. Plan amortizacije kredita u fazi otplate se vrši tako što se u prvom koraku glavnica duga podeli sa brojem anuiteta u kojima će se vršiti otplata i na taj način se dobija iznos otplate glavnice u svakom anuitetu, po obrascu:

$$O = G / n$$

gde je:
O - otplata u jednom periodu,
G - glavnica i
n - broj anuiteta u kojima se otplaćuje glavnica.

U drugom koraku se izračunava kamata množenjem ostatka duga na početku pripadajućeg perioda sa kamatnom stopom za pripadajući period.

I na kraju, u trećem koraku se izračunava anuitet, kao zbir otplate i kamate.

Osnovna karakteristika metoda jednakih otplata je da se anuiteti tokom perioda smanjuju, što je posledica činjenice da se, obzirom da se sa svakom otplatom glavnice smanjuje visina duga, tokom perioda kamate smanjuju.

Po metodu jednakih anuiteta, svaki anuitet (rata) u kome se vrši otplata duga je jednak. Kod metoda jednakih anuiteta, u prvom koraku se izračunava anuitet, po obrascu:[67]

$$A = \frac{G \times (1 + Kp)^n \times Kp}{(1 + Kp)^n - 1}$$

gde je:
A = anuitet,
G = glavnica,
Kp - kamatna stopa za pripadajući period i
n = broj anuiteta u kojima se otplaćuje glavnica.

U drugom koraku se izračunava kamata na identičan način kao i kod metoda jednakih otplata, odnosno množenjem ostatka duga na početku pripadajućeg perioda sa kamatnom stopom za pripadajući period.

U trećem koraku se izračunava otplata, tako što se od anuiteta oduzme kamata.

Razlike između metoda jednakih anuiteta i metoda jednakih otplata prikazaće se kroz hipotetički primer. U primeru će se pretpostaviti da je kreditor dužniku na godinu dana pozajmio 100 EUR, koje treba da vrati u 4 anuiteta, uz kamatnu stopu za pripadajući period od 2%.

Tabela 10.2. - *Plan amortizacije kredita metodom jednakih otplata*

Period	Ostatak duga na početku pripadajućeg perioda	Anuitet	Otplata	Kamata
1	100,00	27,00	25,00	2,00
2	75,00	26,50	25,00	1,50
3	50,00	26,00	25,00	1,00
4	25,00	25,50	25,00	0,50
UKUPNO		**105,00**	**100,00**	**5,00**

---

[67] Anuitet se najjednostavnije izračunava pomoću finansijske funkcije PMT, koja se nalazi u okviru programa »Microsoft Excel«. Kompletan postupak izračunanja anuiteta primenom ove finansijske funkcije objašnjen u: Paunović, B., Zipovski, D., - *Op. cit.*, str. 199-200.

Tabela 10.3. - *Plan amortizacije kredita metodom jednakih anuiteta*

Period	Ostatak duga na početku pripadajućeg perioda	Anuitet	Otplata	Kamata
1	100,00	26,26	24,26	2,00
2	75,74	26,26	24,75	1,51
3	50,99	26,26	25,24	1,02
4	25,75	26,26	25,75	0,51
UKUPNO		**105,04**	**100,00**	**5,04**

Upoređivanjem dva različita metoda se može zaključiti da metod jednakih anuiteta, pod istim uslovima, ima kumulativno veću kamatu od metoda jednakih otplata. Međutim, metod jednakih otplata u početnim periodima ima veće anuitete od metoda jednakih anuiteta, tako da je nepovoljniji za dužnike koji imaju želju da u početnim periodima imaju manje finansijsko opterećenje.

Iz gornjih tabela se mogu ustanoviti i određena pravila kod plana amortizacije kredita, koja autorima finansijskog plana investicionog projekta mogu da predstavljaju kontrolu da je projektovani plan amortizacije kredita dobro urađen, i to:

• kod metoda jednakih otplata su sve otplate jednake,

• kod metoda jednakih anuiteta su svi anuiteti jednaki,

• kumulativni zbir otplata i kamata je jednak kumulativnom zbiru anuiteta,

• kumulativni zbir otplata je jednak glavnici duga na početku perioda otplate i

• u poslednjem periodu je ostatak duga jednak otplati.

Pored projekcije plana amortizacije kredita, prilikom razmatranja investicionih alternativa je neophodno projektovati i ostale obaveze prema spoljnim izvorima finansiranja. Ovaj postupak je jednostavan jer se odnosi na projekciju jednokratnih fiksnih (sudski troškovi stavljanje hipoteke u zalog, troškovi ovlašćenog procenitelja za procenu hipoteke i dr.) i proporcionalnih troškova (troškovi servisiranja kredita), kao i na projekciju višekratnih proporcionalnih troškova (troškovi monitoringa i troškovi garancije) koji se određuju kao procenat od neizmirenog dela duga u određenom vremenskom periodu. Podatak o ostatku duga u određenom periodu se preuzima iz plana amortizacije kredita.

2.2 Računovodstveni tretman pozajmljenih izvora finansiranja

Obezbeđenje pozajmljenih izvora finansiranja, pod pretpostavkom da se razmatrana investicija realizuje, bi predstavljalo poslovnu transakciju koja bi do momenta izmirenja kreditnih obaveza zahtevala potrebna evidentiranja u poslovnim knjigama preduzeća. Stoga je prilikom razmatranja investicionih alternativa navedena evidentiranja potrebno iskazati u projektovanim sintetičkim finansijskim izveštajima.

U **bilansu uspeha** se rashodi po osnovu spoljnih izvora finansiranja iskazuju na rashodnoj strani bilansa uspeha i uključuju kamatu, kao i druge moguće rashode vezane za pozajmljena sredstva.

Najznačajnija specifičnost vezana je za računovodstveno obuhvatanje troškova spoljnih izvora finansiranja u periodu kada sredstvo, zbog kojeg su troškovi nastali, nije u funkciji. Preduzeće, prema MRS 23, može svojom računovodstvenom politikom da se opredeli za primenu: osnovnog postupka i alternativnog postupka. *Osnovni postupak predviđa* da se svi troškovi pozajmljenih izvora finansiranja priznaju kao rashod u periodu u kojem su nastali, bez obzira na način na koji su pozajmljena sredstva upotrebljena. *Alternativni postupak*, koji se, po pravilu, u investicionim analizama primenjuje, dozvoljava da se troškovi pozajmljivanja direktno pripisivi sticanju, izgradnji ili proizvodnji potrebne imovine kapitalizuju[68]. Kapitalizacijom, koja može da se vrši samo do momenta dok se stalno sredstvo ne stavi u funkciju, se uvećava nabavna vrednost stalne imovine i troškovi spoljnih izvora finansiranja se rashoduju kroz amortizaciju. [69]

U **novčanom toku** se, u realnom poslovanju, u prilivima iskazuje uplata kredita, a u odlivima otplata glavnice i plaćanje troškova. U projektovanom novčanom toku se, tokom planiranog perioda ekspolatacije, prikazuju samo planirani odlivi, obzirom da se prilivi po osnovu uplate kredita, po pravilu, dešavaju u investicionoj fazi.

U **bilansu stanja** se iskazuju obaveze po osnovu glavnice duga, dok se obaveze po osnovu kamate za naredni period, to jest nedospele buduće kamate ne prikazuju.[70] Za potrebe finansijske analize (na primer, zbog pravilnog izračunavanja pokazatelja likvidnosti), a predviđeno je i MRS, obaveze se razdvajaju shodno ročnosti dospeća na kratkoročne (period dospeća do 1 godine) i dugoročne (period dospeća duži od 1 godine).

---

[68] Iako se radi o identičnom terminu, kapitalisanje u navedenom kontekstu ima potpuno različito značenje od kapitalisanja kod metoda obračuna kamatne stope u pripadajućem periodu.

[69] Detaljnije o računovodstvenom tretmanu spoljnih izvora finansiranja videti u: *Međunarodni standardi finansijskog izveštavanja - Druga knjiga*, International Accounting Standards Board, Beograd, Savez računovođa i revizora Srbije, Beograd, 2004, str. 1056-1060.

[70] Iako postoje mišljenja pojedinih stručnjaka da je u suprotnosti sa MRS 37 (rezervisanja, potencijalne obaveze i potencijalna imovina), ovakav pristup ne samo da se primenjuje u investicionim analizama, već i u većem broju preduzeća koja primenjuju ostale odredbe MRS i MSFI. Naime, postoje tumačenja da dosledna primena MRS 37 zahteva da se na obavezama prikaže kompletan planirani odliv iz amortizacionog plana, a da se nedospela kamata, obzirom da nije obaveza na dan izrade bilansa stanja, proknjiži u aktivi na kontu aktivna vremenska razgraničenja. Posledično, povećanjem aktive i pasive, pojedina preduzeća u Srbiji su, na primer, zbog kupovine par vozila na lizing, bila pregrupisana iz malih u srednja preduzeća, sa svim potencijalno negativnim konotacijama koje je ovo pregrupisavanje prouzrokovalo (na primer, povećanje troškova usled obavezne revizije finansijskih izveštaja).

GLAVA XI
SINTETIČKI FINANSIJSKI IZVEŠTAJI

Sintetički finansijski izveštaji su izveštaji u kojima su sintetizovani (grupisani) podaci koji su analitički razloženi u prethodnim finansijskim delovima investicionog projekta.

Osnovna karakteristika sintetičkih finansijskih izveštaja je da su sve sadržajuće stavke vrednosno, to jest novčano izražene. Time je omogućen jasniji uvid korisnicima u efekte razmatrane investicione alternative, kako sa aspekta projektovanog rezultata i neto priliva, tako i sa aspekta projektovane strukture sredstava i izvora sredstava.

>*U ekonomiji se ne može upravljati nečim što nema vrednost«.*[71]

U nastavku će se objasniti računovodstveni aspekti svakog od osnovnih sintetičkih finansijskih izveštaja i to, kako sa aspekta MRS i MSFI, tako i sa aspekta važećih zakonskih odredbi u Republici Srbiji.[72] Pored toga, poseban akcenat će se staviti na specifičnosti projekcije osnovnih sintetičkih finansijskih izveštaja u investicionim projektima.[73]

Dijagram 11.1. - *Osnovni sintetički finansijski izveštaji*

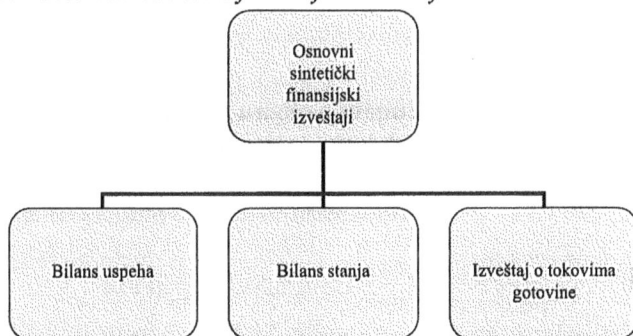

---

[71] Higgins, R. C., - *Analysis for Financial Management*, The University of Washington, 1992.

[72] Obzirom na značaj projektovanih sintetičkih finansijskih izveštaja, za čiju je projekciju neophodno računovodstveno znanje, jasan je značaj računovodstva u kontekstu investicionog odlučivanja. Rasel Faler, profesor sa Državnog univerziteta u Vašingtonu, smatra da ima smisla da neka osoba pohađa kurseve o finansijama i investiranju samo ako poznaje osnove računovodstva. Videti: Fuller, R. J., Farell, J. J. Jr., - *Modern Investments and Security Analysis*, Mc Graw Hill, 1987, str. 131.

[73] Suštinski ne postoje razlike između predviđenih metodoloških rešenja koja su pri projekciji sintetičkih finansijskih izveštaja predviđeni Osnovnim metodologijama i metodologije koja se zagovara u ovom radu. Stoga, specifičnosti projekcije svakog od sintetičkih finansijskih izveštaja, a koje će u nastavku biti prezentirane, treba razumeti kao univerzalna metodološka rešenja koja se koriste pri izradi investicionih projekata.

1. BILANS USPEHA

Bilans uspeha je finansijski izveštaj koji pokazuje prihode, rashode i rezultat koje je preduzeće ostvarilo u određenom obračunskom periodu. Iako se bilans uspeha može izrađivati za bilo koji period, uobičajeni vremenski period za koji se vrši obračun je kalendarska godina. Tada, bilans uspeha pokazuje prihode, rashode i rezultat koje je preduzeće ostvarilo od 1. januara do 31. decembra te godine. U investicionim projektima se, takođe, bilans uspeha izrađuje (projektuje) za period koji obuhvata kalendarsku godinu, osim za prvu godinu (ako početak eksploatacije nije planiran 1. januara) i poslednju godinu (ako kraj veka trajanja projekta nije planiran 31. decembra).[74]

Kako je osnovna informativna uloga bilansa uspeha da pokaže profitabilnost, to jest uspešnost poslovanja preduzeća u određenom vremenskom periodu, jasno je da je najznačajnija pozicija u bilansu uspeha profit[75], ili kako se stručno naziva neto dobitak[76] ili neto dobit.

Neto dobit je obračunska kategorija i izračunava se po sledećem obrascu:

$$Ndob = Uprih - Urash - Pdob$$

gde je:
Ndob - neto dobit,
Uprih - ukupan prihod,
Urash - ukupan rashod i
Pdob - porez na dobit.

Obzirom da se porez na dobit izračunava u okviru finansijskog izveštaja pod nazivom "Poreski bilans", za projekciju neto dobiti u veku trajanja projekta je potrebno izvršiti projekciju: prihoda, rashoda i poreskog bilansa.

1.1. Prihodi

Po MRS 18, **prihodi** su prilivi ekonomskih koristi tokom datog perioda, koji nastaje iz redovnih aktivnosti preduzeća, kada taj priliv rezultira povećanjem kapitala, sem uvećanja koja se odnose na unose vlasnika kapitala.[77] Ovom definicijom nisu obu-

---

[74] Videti objašnjenja vezana za adekvatno definisanje roka trajanja projekta koja su prezentirana u okviru glave II, poglavlje 6 ("Ciljne karakteristike investicionih projekata").

[75] "Profit je vrhunski kriterijum uspešnosti svake organizacije (Peter Drucker)", u: *Delfin 21/1997*, Menadžer »Delfin« agencija, Beograd, 1997, str. 1.

[76] U slučaju negativnog poslovanja, to jest većih ukupnih troškova od ukupnog prihoda, umesto neto dobitka iskazuje se neto gubitak.

[77] *Međunarodni standardi finansijskog izveštavanja - Prva knjiga*, Op. cit., str. 889.

hvaćeni svi mogući prihodi, kao što su, na primer, dividende po osnovu ulaganja u druga preduzeća, lizing, eksploatacija mineralnih ruda i sl., iz razloga što su predmet interesovanja drugih MRS.[78]

Prihodi od prodaje se priznaju shodno fakturisanoj realizaciji, što znači da se prihodom smatra sve što je prodato, nezavisno od toga da li je naplaćeno.

Prihodi se priznaju u neto iznosu jer sadrže samo priliv ekonomskih koristi preduzeća. Iznosi prikupljeni za račun trećih lica, kao što je, na primer, porez na dodatu vrednost, nisu ekonomske koristi preduzeća i ne mogu se tretirati prihodom.

Shodno Pravilniku o kontnom okviru,[79] u Republici Srbiji se svi prihodi iz redovnog poslovanja razvrstavaju na: poslovne prihode, finansijske prihode i ostale prihode. *Poslovni prihodi* se sastoje od: prihoda od prodaje robe, prihoda od prodaje proizvoda i usluga, prihoda od aktiviranja učinaka i robe (prihodi od aktiviranja ili potrošnje proizvoda, usluga ili robe za sopstvene potrebe), promene vrednosti zaliha učinaka (razlika između povećanja i smanjenja zaliha nedovršene proizvodnje, gotovih proizvoda i nedovršenih usluga),[80] prihoda od premija, subvencija, dotacija i sl.; i od drugih poslovnih prihoda (zakupnine, članarine, tantijeme i dr.). *Finansijski prihodi* se sastoje od kamata, pozitivnih kursnih razlika, dividende i dr. *Ostali prihodi* se sastoje od: dobitaka od prodaje nematerijalnih ulaganja, nekretnina, postrojenja, opreme, bioloških sredstava, dugoročnih hartija od vrednosti; viškova, naplaćenih otpisanih potraživanja, prihoda po osnovu efekata ugovorene zaštite od rizika, prihoda od smanjenja obaveza, prihoda od ukidanja dugoročnih rezervisanja, prihoda od usklađivanja vrednosti imovine (pozitivni efekti promene vrednosti sredstava do visine prethodno iskazanih rashoda po osnovu tih sredstava), naknade štete od katastrofe, eksproprijacije i po osnovu ostalih nepredviđenih događaja; i dr.

U investicionim projektima se, po pravilu, projektuju samo prihodi od prodaje. Sam postupak je jednostavan jer su u okviru plana prodaje, za ceo vek trajanja projekta, projektovane neophodne veličine (prodate količine u jedinicama i prosečne prodajne cene po jedinici) na osnovu kojih se vrši izračunavanje prihoda od prodaje. Eventualno, kod specifičnih investicionih projekata, pored prihoda od prodaje, treba projektovati: *prihode od premija, subvencija, dotacija i sl.* - ako su za proizvodnju planiranog proizvoda predviđena državna dodeljivanja; i *prihode od zakupa* - kako se kapacitet planiranog objekta dimenzioniše za punu iskorišćenost kapaciteta, moguće je u godinama kada je iskorišćenost manja, pod uslovom da komunikacioni i drugi uslovi dozvoljavaju, deo objekta iznajmiti drugim preduzećima.

---

[78] Paunović, B., Zipovski, D., - *Op. cit.*, str. 211.

[79] *„Službeni glasnik RS", br. 114/2006.*

[80] U slučaju da je smanjenje zaliha učinaka veće od povećanja, poslovni prihodi se izračunavaju tako što se od svih drugih poslovnih prihoda oduzme vrednost smanjenih zaliha učinaka.

Kao što se iz napomenutog može zaključiti, prihodi od povećanja zaliha učinaka se ne projektuju u investicionim projektima, iako je njihovo povećanje pri postepenom uvećanju iskorišćenosti kapaciteta uslovljeno povećanjem poslovanjem uslovljenih obrtnih sredstava. Ovakav pristup je konzistentan sa pristupom da se izdaci utrošeni u njihovo stvaranje ne smatraju troškovima već inicijalnim ulaganjima u trajna obrtna sredstva. Posledično, u poslednjoj godini veka trajanja projekta se sniřavanjem iznosa zaliha (zbog, uslovno rečeno, prodaje zaliha) ne menja prihod, već se povećana prodaja i naplata samo iskazuje kroz izveštaj o novčanom toku, preko naplate rezidualne vrednosti.[81]

1.2. Rashodi

Za razliku od prihoda, ne postoji poseban MRS čiji su predmet razmatranja isključivo troškovi,[82] već se, u zavisnosti od poslovne aktivnosti iz koje proizilaze, troškovi razmatraju u okviru više MRS. Tako se troškovi materijala razmatraju u okviru MRS 2 - Zalihe; amortizacija stalne imovine u okviru MRS 16 - Nekretnine, postrojenja i oprema; rashodi nematerijalne imovine u okviru MRS 38 - Nematerijalna imovina; itd.

Analogno definiciji prihoda, **troškovi** se mogu definisati kao odlivi ekonomskih koristi tokom datog perioda koji rezultira smanjenjem kapitala preduzeća, osim smanjenja koji se odnosi na raspodelu dobiti vlasnicima ili smanjenja koje je posledica povlačenja iz poslovanja dela kapitala od strane vlasnika. Troškovi se odražavaju kroz odliv sredstava, smanjenje vrednosti sredstava ili povećanje obaveza.

Troškovi se priznaju u visini koja odražava stvarne izdatke preduzeća. Tako, ako je u fakturi dobavljača iskazan porez na dodatu vrednost (ulazni porez na dodatu vrednost) koje preduzeće može da koristi kao odbitnu stavku kod plaćanja poreza na dodatu vrednost (razlika između izlaznog poreza na dodatu vrednost[83] i ulaznog poreza na dodatu vrednost), identično kao i kod prihoda, troškovi se priznaju u neto iznosu. U suprotnom, to jest u slučaju kada iskazani porez na dodatu vrednost preduzeće ne može da koristi kao odbitnu stavku, troškovi se priznaju u bruto fakturisanom iznosu, odnosno sa sadržajućim fiskalnim izdacima.

Pravilnikom o kontnom okviru je u Republici Srbiji predviđeno da se rashodi razvrstavaju na isti način kao i prihodi, to jest na: poslovne rashode, finansijske rashode i ostale rashode. *Poslovni rashodi* se sastoje od: nabavne vrednosti prodate robe, troškova materijala (materijal za izradu, režijski materijal, gorivo i energija), troškova zarada,

---

[81] Paunović, B., Zipovski, D., - *Op. cit.*, str. 211.

[82] Osim već spomenutog MRS 23, čiji su predmet razmatranja isključivo troškovi pozajmljivanja.

[83] Porez na dodatu vrednost fakturisan kupcima.

naknada zarada (po ugovoru o delu, po autorskim ugovorima, nadoknade članovima upravnog i nadzornog odbora i dr.) i ostalih ličnih rashoda (otpremnine pri odlasku u penziju, jubilarne nagrade, prevoz radnika, solidarna pomoć i dr.), troškova proizvodnih usluga (usluge na izradi učinaka, troškovi transportnih usluga, reklama i propaganda i dr.), troškova amortizacije i rezervisanja[84]; i nematerijalnih troškova (reprezentacija, premija osiguranja, platni promet, porezi i doprinosi, i dr.). *Finansijski rashodi* se sastoje od kamata, negativnih kursnih razlika i dr. *Ostali rashodi* se sastoje od: gubitaka po osnovu rashodovanja i prodaje nematerijalnih ulaganja, nekretnina, postrojenja, opreme, bioloških sredstava i materijala; gubitaka po osnovu prodaje učešća u kapitalu i hartija od vrednosti, manjkova, rashoda po osnovu direktnih otpisa potraživanja, rashoda po osnovu obezvređivanja imovine, šteta od nepredviđenih događaja i dr.

Obzirom na potrebu zadovoljavanja ciljnih karakteristika investicionih projekata, kod različitih vrsta investicija je različita struktura prezentiranih rashoda. Kod tipičnog proizvodnog preduzeća se rashodi obično razvrstavaju na:

- troškove sirovina i/ili repromaterijala,
- troškove ambalaže,
- zavisne troškove nabavke materijala,
- troškove plata,
- amortizaciju,
- troškove energenata,
- troškove investicionog održavanja,
- troškove osiguranja,
- troškove marketinga,
- troškove platnog prometa,
- troškove poreza i
- ostale poslovne rashode.

Kako je svaki od navedenih troškova specifičan po svojoj prirodi, kao i u pogledu neophodnih informacija za njihovu projekciju u investicionom projektu, u nastavku će se dati kratak osvrt na svaki od njih.

---

[84] Rezervisanje je obaveza sa neizvesnim rokom dospeća i iznosa. Dakle, to je sadašnja obaveza zasnovana na prošlim događajima, za čije se izmirenje očekuje da će imati za posledicu odliv sredstava iz preduzeća. Detaljnije o rezervisanjima videti u: Lazić, J., „MRS 37 - Rezervisanja, potencijalne obaveze i potencijalna imovina", u: *Primena međunarodnih računovodstvenih i revizorskih standarda u funkciji harmonizacije sa Evropskom Unijom*, Op. cit., str. 246-252. Pravilnikom o kontnom okviru su u Republici Srbiji predviđena rezervisanja za: garantni rok, troškove obnavljanja prirodnih bogatstava, zadržane kaucije i depozite, naknade i druge beneficije zaposlenih i ostala dugoročna rezervisanja (Op. aut.).

Troškovi sirovina i/ili repromaterijala su troškovi materijala koji čine supstancu proizvoda. Kako je osnovna funkcija proizvođačkih preduzeća u transformaciji materijala u gotove proizvode, troškovi materijala su u proizvodnim preduzećima neizbežni elemenat u strukturi cene koštanja.[85]

Troškovi ambalaže su troškovi materijala koji ne čine supstancu proizvoda već omogućavaju da se proizvodima lakše manipuliše, da duže vreme zadrže zahtevana svojstva prilikom prodaje ili da svojim izgledom pospeše prodaju.

Zavisni troškovi nabavke materijala su troškovi koji se javljaju kada se materijal ne nabavlja na paritetu »franko kupac«, tako da iziskuju dodatne troškove (carina, transport i dr.) dok se materijal ne nađe u pogonima proizvođača (kupca materijala).

Potrebni podaci za izračunavanje troškova sirovina, repromaterijala, ambalaže i zavisnih troškova nabavke, koji se računovodstveno posmatrano nazivaju troškovima materijala za izradu, se preuzimaju iz plana nabavke. Zajednička karakteristika svih troškova materijala za izradu je da su varijabilnog karaktera, odnosno da se visina ovih troškova menja shodno promenama obima proizvodnje. Za potrebe detaljnije investicione analize, u investicionim projektima gde je planiran asortiman sa više različitih proizvoda, ili sa više tipova istih proizvoda, potrebno ih je alocirati na nosioce troškova.

Troškovi plata su bruto troškovi zarada u preduzeću. Izračunavanje godišnjih troškova plata se svodi na množenje ukupnog broja zaposlenih u preduzeću, koji su precizirani u okviru analize kadrovskih aspekata investicionog projekta, sa prosečnom planiranom godišnjom neto zaradom i koeficijentom koji odražava odnos između bruto i neto izdataka za platu.

Po MRS 16, **amortizacija** je sistematska alokacija vrednosti sredstava koji se amortizuje, tokom njegovog korisnog veka trajanja. Dakle, nabavna vrednost, to jest cena koštanja u slučaju interne proizvodnje, se putem obračuna amortizacije prenosi na troškove u veku njegove upotrebe.[86] Amortizaciji podležu celokupna osnovna sredstva i nematerijalna ulaganja, osim sredstava koja vremenom ne gube na vrednosti (spomenici kulture, umetnička dela itd.) ili sredstava koja imaju neograničeni vek trajanja (zemljište, šume itd.).

Za izračunavanje amortizacije je neophodno utvrditi:

- osnovicu za obračun amortizacije i
- korisni vek trajanja sredstava.

---

[85] Radosavljević, M., - *Bilansiranje i sistemi obračuna troškova*, Savremena administracija, Beograd, 1976, str. 11.

[86] Brkić, S., - "Obračun amortizacije za poreske i računovodstvene svrhe", u: - *Privredni savetnik 24/2007*, Privredni savetnik, Beograd, 2007, str. 76.

Osnovica za obračun amortizacije je nabavna vrednost/cena koštanja, osim kada postoji jasna politika preduzeća da sredstva koristi u kraćem vremenskom roku od mogućeg (prodaje sredstva i zamenjuje novim) ili da je vrednost na kraju eksploatacije (vrednost otpada) značajna. Tada je osnovica za amortizaciju nabavna vrednost/cena koštanja umanjena za procenjeni iznos gotovine koje bi preduzeće primilo danas, pod pretpostavkom da je sredstvo na kraju svog korisnog veka.[87]

Korisni vek trajanja sredstva je vremenski period (uobičajeno broj godina) u kojem preduzeće očekuje da će koristiti sredstva, ili broj jedinica učinaka (količina proizvoda, pređeni kilometri i sl.) koje preduzeće očekuje tokom korišćenja sredstava. Korisni vek trajanja sredstava je potrebno precizno proceniti da bi vrednosno iskazana amortizacija predstavljala stvarni odraz trošenja sredstva. Tada neće biti izražene razlike između funkcionalne (fizičke) amortizacije, koja odražava stvarno trošenje sredstava, i vrednosne amortizacije, iskazane u poslovnim knjigama preduzeća.[88]

Postoji više metoda za obračun amortizacije, a njihova osnovna podela je na:

- vremenske metode i
- funkcionalni metod.

Vremenski metodi obračuna amortizacije se primenjuju u slučajevima kada je korisni vek trajanja sredstava određen brojem godina. Prema MRS 16 (Nekretnine, postrojenja i oprema) i prema MRS 38 (Nematerijalna ulaganja) mogući vremenski metodi za obračun amortizacije su:

- proporcionalni metod i
- degresivni metod.

Proporcionalni metod se, po pravilu, koristi u investicionim projektima i zasniva se na pretpostavci da se sredstva u toku svog veka trajanja ravnomerno troše, pa su iznosi obračunate amortizacije po ovom metodu jednaki na godišnjem nivou. Primenom ovog metoda se godišnja amortizacija izračunava deljenjem osnovice za amortizaciju sa korisnim vekom trajanja sredstva.

Degresivni metod se zasniva na pretpostavci da je trošenje sredstava izraženije u početnom periodu korišćenja kada se ostvaruje najviše ekonomske koristi, a da se protokom vremena smanjuju efekti korišćenja sredstava. Dodatno, u osnovi primene ovog metoda se nalazi ravnomernost raspodele svih troškova korišćenja sredstava, koji su samo delom iskazani kroz amortizaciju. Stoga, kako starija sredstva prouzrokuju veće troškove

---

[87] *Ibid.*, str. 81.

[88] Vujević, K., "Amortizacija s troškovnog, poreznog i računovodstvenog aspekta", u: *Pomorstvo Prosinac/2005*, Pomorski fakultet u Rijeci, Rijeka, 2005, str. 161.

održavanja, poželjno je da u tim godinama na njih bude alociran manji iznos amortizacije nego u godinama kada su troškovi održavanja manji. Postoji više mogućih varijanti korišćenja degresivnog metoda,[89] a najjednostavniji se zasniva na primeni jedinstvene godišnje amortizacione stope na neotpisanu vrednost sredstava. Tako, kako se vremenom smanjuje sadašnja, neotpisana vrednost, smanjuje se i godišnji iznos amortizacije. Doslednom primenom ovakvog pristupa bi se onemogućila potpuna amortizacija jer bi na kraju svake godine ostala neka vrednost koja se prenosi u narednu godinu. Stoga se ovaj nedostatak, na primer, može rešiti tako što se u godinama kada bi amortizacija primenom degresivnog metoda bila manja od amortizacije da se primenjivao proporcionalni metod, za ostali korisni vek trajanja sredstava primenjuje proporcionalni metod.

Funkcionalni metod se primenjuje u slučajevima kada je vek trajanja sredstava određen u jedinicama učinaka, što je primenjivo kod sredstava gde se učinak može pratiti (oprema u jedinicama proizvodnje, vozila u kilometrima i sl.). Godišnja amortizacija primenom ovog metoda se izračunava množenjem osnovice za amortizaciju sa količnikom ostvarenih jedinica tokom godine i korisnog veka trajanja sredstava.

Preduzeće računovodstvenom politikom određuje metod amortizacije koji će primenjivati, a može da se opredeli i za politiku gde vrednost određenih sredstava, čija fer vrednost može pouzdano da se odmeri, ne odmerava na osnovu nabavne vrednosti, već na osnovu revalorizacije, to jest procene.[90]

Sve do sada napomenuto se odnosi na razmatranje tretmana amortizacije za računovodstvene svrhe (prvenstveno za izračunavanje troškova). Za potrebe obračuna poreza na dobit preduzeća je neophodno odrediti takozvanu poresku amortizaciju, koja se izračunava shodno zakonskim odredbama koje važe u državi gde preduzeće posluje, odnosno planira da posluje. U Republici Srbiji se poreska amortizacija određuje na osnovu preciziranih amortizacionih stopa koje zavise od grupe u kojoj je sredstvo svrstano.[91] Mada retko, razlike između računovodstvene i poreske amortizacije mogu da imaju konotacije i u kontekstu investicionog odlučivanja.[92]

Specifičnost **troškova energenata** je da su delom fiksnog karaktera (gas i nafta za zagrevanje prostorija, struja za osvetljenje itd.), a delom varijabilnog karaktera i opre-

---

[89] Detaljno o degresivnim metodama koji su se primenjivali u praksi videti na: www.premiumsoft.co.rs

[90] Kako se vrednost sredstava prilikom investicionog odlučivanja ne određuje na osnovu revalorizacije, knjigovodstveni aspekti revalorizacije se neće detaljnije razmatrati.

[91] Sva sredstva su raspodeljena u 5 grupa i to: I grupa (zgrade, putevi i dr.) - godišnja amortizaciona stopa 2,5%; II grupa (avioni, automobili, oprema za kancelariju i dr.) - godišnja amortizaciona stopa 10%; III grupa (alati, hladnjače i dr.) - godišnja amortizaciona stopa 15%; IV grupa (oprema za obradu rude, telegrafska i telefonska oprema i dr.) - godišnja amortizaciona stopa - 20%; V grupa (bilbordi, automobili za iznajmljivanje ili lizing i taksi vozila i dr.) - godišnja amortizaciona stopa 25%. Za sredstva iz prve grupe je previđeno izračunavanje amortizacije proporcionalnom metodom, dok je za sredstva od druge do pete grupe predviđeno izračunavanje amortizacije degresivnom metodom.

[92] Detaljnije objašnjeno u nastavku ove glave, poglavlje 1.3. („Poreski bilans").

deljeni su normativima (na primer, potreban broj Kwh za proizvodnju jedinice proizvoda). Izračunavanje fiksnih troškova energenata se svodi na množenje godišnje planiranih fiksnih utrošaka energenata, koji su u okviru tehničko-tehnološke analize iskazani u jedinicama (Kwh, m³ i dr.), sa predviđenom cenom energenata po jedinici. Izračunavanje varijabilnih troškova energenata se vrši množenjem normativa, koji su prezentirani u okviru tehničko-tehnološke analize, sa planiranom proizvodnjom i cenom energenata po jedinici. Kako je pri investicionom razmatranju razlika između proizvodnje i prodaje uslovljena i iskazana kroz vezana trajna obrtna sredstva u zalihama, pri izračunavanju varijabilnih troškova energenata se pretpostavlja da je godišnja proizvodnja i prodaja ista, odnosno potreban podatak se preuzima iz plana prodaje. Jedina razlika može da nastane kod predviđenog, na primer, škarta ili loma, kada je proizvodnja veća od prodaje za proizvode koji neće moći da se prodaju. Neophodni podaci o škartu i lomu se preuzimaju iz tehničko-tehnološke analize.

Troškovi investicionog održavanja obuhvataju sve troškove koji su neophodni da bi sredstva mogla nesmetano funkcionisati, kao što su: troškovi rezervnih delova, ulja i maziva; troškovi za krečenje objekta i dr. Troškovi investicionog održavanja se izračunavaju na osnovu podataka iz tehničko-tehnološke analize, množenjem visine ulaganja u određena sredstva (bez kapitalizacije) sa procentima koji odražavaju godišnje troškove njihovog održavanja.

Troškovi osiguranja se odnose na troškove osiguranja objekta, opreme, vozila i radnika. U redovnom poslovanju se uobičajeno objekti i oprema veće vrednosti osiguravaju od požara i elementarnih nepogoda, oprema manje vrednosti od loma, provalne krađe i razbojništva; vozila od udesa i krađe, a radnici od povreda na radu. Izračunavanje godišnjih troškova osiguranja se po svim navedenim osnovama vrši na osnovu parametara koji su uobičajeni u ponudama osiguravajućih preduzeća, to jest, za troškove osiguranja objekata, opreme i vozila, kao određeni procenat od sadašnje ili nabavne vrednosti; a za osiguranje radnika, množenjem broja radnika sa određenim iznosom.

Troškovi marketinga obuhvataju troškove reklame, propagande i reprezentacije.[93] Troškovi reklame i propagande, to jest troškovi promotivnih aktivnosti, se preuzimaju iz plana prodaje, dok se troškovi reprezentacije određuju u zavisnosti od vrste proizvoda, broja i kvaliteta kupaca itd.[94] Uvažavajući princip relevantnosti, kod investicionih pro-

---

[93] Troškovi reprezentacije se grupno prikazuju sa troškovima reklame i propagande zbog potrebe izrade poreskog bilansa. Razlozi grupnog prikazivanja su objašnjeni u okviru ove glave, poglavlje 1.3. („Poreski bilans").

[94] U praksi se često mešaju troškovi propagande sa troškovima reprezentacije. Najlakši način za utvrđivanje šta se smatra propagandom, a šta reprezentacijom, se zasniva na pravilu da su predmeti ili usluge učinjeni za propagandu namenjeni pod istim uslovima većem broju unapred nepoznatih lica (kalendari, upaljači i dr.), za razliku od predmeta i usluga učinjenih za reprezentaciju koji su namenjeni samo unapred određenim, poznatim licima (ugostiteljske usluge, parfemi i dr.). Detaljnije o troškovima reprezentacije videti u: Negovanović, M., - "PDV na usluge ekonomske propagande", u: - *Privredni savetnik 17 i 18/2006*, Privredni savetnik, Beograd, 2006, str. 81-83.

jekata kod kojih nije neophodna značajna marketinška aktivnost, te su troškovi marketinga mali, ne moraju se prikazivati odvojeno, već grupno u okviru ostalih troškova.

Troškovi platnog prometa obuhvataju troškove koji nastaju plaćanjem usluga platnog prometa, kao i plaćanjem drugih bankarskih usluga. Kako se cenovnik bankarskih usluga razlikuje od visine odliva, vremenskog perioda kada je izdat nalog za plaćanje, visine kupljenih i prodatih deviza itd., najpraktičnije je ove troškove planirati u fiksnom iznosu tokom celog veka trajanja projekta, shodno iznosima koji su uobičajeni za planirani projekat. Obzirom na sve veću konkurenciju između poslovnih banaka, odnos troškova platnog prometa i ukupnog prihoda je poslednjih godina u Republici Srbiji značajno smanjen. Iz tog razloga, uvažavanjem principa relevantnosti, ne bi predstavljalo grešku ako se ovi troškovi u investicionim projektima ne bi zasebno iskazali, već u okviru ostalih troškova.[95]

Pod troškovima poreza[96] se u investicionim projektima smatraju naknade i fiskalni izdaci koji predstavljaju trošak preduzeća. Ovi izdaci se prvenstveno odnose na:

- porez na imovinu,
- naknadu za korišćenje građevinskog zemljišta i
- naknadu za isticanje firme na poslovnom prostoru.

Predmet poreza na imovinu su nepokretnosti (poslovna zgrada, proizvodni objekat i dr.) i visina poreza se određuje shodno sadašnjoj vrednosti objekata, a što je podatak koji se može preuzeti iz dela finansijskog plana gde je izračunata amortizacija.[97] Naknada za korišćenje građevinskog zemljišta i naknada za isticanje firme na poslovnom prostoru je uslovljena lokacijom na kojoj preduzeće posluje, odnosno planira da posluje.

---

[95] Do kraja 20. veka je bankarski sektor Republike Srbije karakterisao oligopolski položaj nekolicine poslovnih banaka. U takvim uslovima su preduzeća troškove platnog prometa, po pravilu, plaćala kao definisani procenat od ukupnih odliva. Kako se pri izradi investicionih projekata prihvata da odlivi korespondiraju prilivima (makar za isplatu dividende ili određeno alternativno ulaganje), a prilivi prihodima, troškovi platnog prometa su se planirali množenjem određenog procenta sa planiranim godišnjim prihodom. Shodno tome, navedeni pristup je imao za posledicu da su se u finansijskim analizama troškovi platnog prometa tretirali varijabilnim, što za sve troškove platnog prometa nije odgovaralo istini.

[96] "Postoji stara izreka u Americi: Pre ili kasnije u životu dve stvari nas ne zaobilaze, smrt i porez", u: Francis, J. C., - *Investments: Analysis and Management* (fourth edition), Mc Graw Hill, 1987, str. 121.

[97] Pojedina imovina ne podleže obavezi plaćanja poreza na imovinu, što je u svakoj državi regulisano zakonskim propisima koje je prilikom investicionog razmatranja potrebno uvažiti. U Republici Srbiji je ova problematika regulisana "Zakonom o porezu na imovinu", kojim je predviđeno da se porez ne plaća za imovinu: u državnoj svojini koju koriste državni organi, diplomatskih i konzularnih predstavništva stranih država prema uslovima reciprociteta, verskih zajednica i tradicionalnih crkava i dr. Za detaljnija objašnjenja o porezu na imovinu videti: - *Informator 7/2007*, Cekos In, Beograd, 2007, str. 12-47.

U **ostale troškove poslovanja** spadaju svi ostali izdaci koji nisu odvojeno prikazani, a odnose se na:

- službena putovanja,
- stručno uzdizanje,
- komunalne obaveze,
- kancelarijski materijal,
- ostale troškove vezane za radnu snagu (prevoz radnika, razni vidovi pomoći, 8. mart i sl.),
- PTT troškovi itd.

1.3. Poreski bilans

Osnovni cilj sastavljanja **poreskog bilansa** je obezbeđenje pouzdane i tačne osnovice za oporezivanje dobiti preduzeća, to jest za utvrđivanje stvarne obaveze preduzeća po osnovu poreza na dobit.[98]

U državama u kojima je izrada poreskog bilansa obavezna (Nemačka, Engleska, Francuska, Italija, Srbija i dr.), obično se ističe njegova dvostruka uloga i to:

- pasivna i
- aktivna.

Pasivna uloga, odnosno fiskalni zadatak poreskog bilansa je da predstavlja dokumentacionu osnovu pomoću kojeg država, uvažavanjem principa ravnomernosti i ravnopravnosti, obezbeđuje novčana sredstva za finansiranje državnih i opšte društvenih potreba.[99] Posmatrajući samo pasivnu ulogu, poreski bilans ne bi ni morao da se izrađuje jer bi preduzeće obavezu po osnovu poreza na dobit moglo da iskaže samo u bilansu uspeha, u iznosu koji bi se dobio množenjem bruto dobiti sa stopom poreza na dobit.

Aktivna uloga, odnosno nefiskalni zadatak poreskog bilansa je da putem zakonskih odredbi, koja su za preduzeća obavezujuća pri izradi poreskog bilansa, država reali-

---

[98] U ovoj knjizi je kompletan postupak izračunavanja poreza na dobit objašnjen kroz poreski bilans. U realnom poslovanju, u Republici Srbiji se kroz poreski bilans utvrđuje samo iznos poreske osnovice putem usklađivanja prihoda, rashoda, kapitalnih dobitaka i kapitalnih gubitaka. Stvarna obaveza po osnovu poreza na dobit, uvažavanjem stimulativnih mera, iskazuje se kroz obrazac pod nazivom „Poreska prijava".

[99] Radovanović, R., - *Računovodstvo preduzeća II*, Savremena administracija, Beograd, 1996, str. 169-170.

zuje svoje ekonomske ciljeve i utiče na strukturu privrede. Putem poreskog bilansa država ostvaruje svoje ciljeve tako što korigovanjem poreske osnovice u odnosu na iskazanu bruto dobit u bilansu uspeha:

- destimuliše preduzeća za obavljanje određenih aktivnosti i
- stimuliše preduzeća za obavljanje određenih aktivnosti.

Pod *destimulisanjem preduzeća za obavljanje određenih aktivnosti* se podrazumeva uvećanje poreske osnovice u odnosu na iskazanu bruto dobit za one rashode koji se računovodstveno smatraju troškom, a istovremeno ih poresko zakonodavstvo ne priznaje. U Republici Srbiji se pri izradi poreskog bilansa ne priznaju, troškovi koji ne mogu da se dokumentuju, pokloni i prilozi dati političkim partijama, kamate zbog neblagovremenog plaćanja poreza, doprinosa i drugih javnih dažbina; rezervisanja za investiciono održavanje osnovnih sredstava, primanja zaposlenih ili drugih lica po osnovu udela u dobiti, obračunata, a neisplaćena otpremnina i novčane naknade zaposlenom po osnovu odlaska u penziju ili prestanka radnog odnosa po drugom osnovu; novčane kazne i penali, troškovi reklame, propagande i reprezentacije, ako prelaze 3% ukupnog prihoda; i drugi rashodi koji su prepoznati kao mogući fiktivni za nezakonitu evaziju, to jest za izbegavanje plaćanja poreza, ili su prepoznati kao društveno štetni.[100]

Od svih napomenutih, uzevši u obzir projektovane rashode u bilansu uspeha, prilikom izrade investicionih projekata jedino treba uvažiti troškove reklame, propagande i reprezentacije, to jest troškove marketinga. Njihovo iskazivanje u poreskom bilansu se svodi na, u godinama kada je predviđena intenzivna marketinška aktivnost, uvećanje opezive dobiti iznad projektovane bruto dobiti za iznos troškova koji je iznad poreski priznatog.

Stimulisanje preduzeća za obavljanje određenih aktivnosti kojim se umanjuje poreska osnovica u odnosu na iskazanu bruto dobit može da bude po različitim osnovama. U Republici Srbiji se putem poreskog bilansa stimuliše: osnivanje koncesionog preduzeća, osnivanje preduzeća u nedovoljno razvijenim područjima, radno osposobljavanje, profesionalna rehabilitacija i zapošljavanje invalidnih lica; ulaganje u osnovna sredstva i druge aktivnosti koje su prepoznate kao društveno korisne.[101] Sve navedeno je, u zavisnosti od projektovanih relevantnih podataka, potrebno uzeti u obzir prilikom izrade investicionih projekata.

---

[100] Babić, S., - "Obračun poreza na dobit preduzeća za 2007. godinu", u: - *Privredni savetnik 3 i 4/2008*, Privredni savetnik, Beograd, 2008, str. 6.

[101] Detaljna objašnjenja o poreskom oslobađanju, odnosno umanjenju obračunatog poreza videti u: - *Informator 4/2008*, Cekos In, Beograd, 2008, str. 59-89.

Značajna karakteristika poreskih bilansa je da se aktivnosti čije se obavljanje stimuliše, odnosno čije se obavljanje destimuliše, razlikuje po pojedinim državama, što je posledica različitih razvojnih prioriteta. Dodatno, kako se tokom godina razvojni prioriteti menjaju, poreski bilansi su podložni stalnim promenama. Stoga je prilikom izrade investicionih projekata neophodno poznavati i uvažiti aktuelne zakonske odredbe, ili odredbe za koje je realno očekivati da će biti važeće u periodu kada investicija bude operativna.

Predmet poreskog bilansa je i usklađivanje računovodstvene amortizacije u bilansu uspeha sa poreski priznatom amortizacijom, po kom osnovu može da dođe i do smanjenja i do povećanja oporezive dobiti u odnosu na iskazanu. Naime, kao što je već objašnjeno, računovodstvenu amortizaciju preduzeće određuje shodno procenjenom veku trajanja sredstava i shodno odabranom metodu amortizacije. Ovaj iznos može da bude manji ili veći od poreske amortizacije, to jest od amortizacije koja se priznaje sa aspekta poreskog bilansa. Razlike između računovodstvene i poreske amortizacije su privremenog karaktera jer se na kraju korisnog veka trajanja bilo kog sredstva, i sa računovodstvenog, i sa poreskog aspekta, sredstvo u celini mora amortizovati. U slučaju da su privremene razlike male, shodno principu relevantnosti, pri izradi investicionih projekata se mogu zanemariti. Međutim, kada su značajne razlike između veka trajanja sredstava projektovanog u investicionim projektima i veka trajanja sredstava priznatog sa aspekta poreske amortizacije, ova odstupanja se pri projekciji poreskog bilansa moraju uzeti u obzir, a što je u skladu sa doslednim uvažavanjem koncepta vremenske vrednosti novca.

Iz svega do sad iznetog se može zaključiti da je izrada poreskog bilansa kompleksna, kao i da je neophodna stručnost autora ovog dela investicionog projekta. Kako to nije čest slučaj, poreski bilans se, po pravilu, zanemaruje prilikom investicionog odlučivanja. Obzirom da je svako ulaganje u realnu aktivu proizvodnih preduzeća povezano sa smanjenjem oporezive dobiti u odnosu na projektovanu u bilansu uspeha, posledica ovakvog pristupa su nedovoljno tačni investicioni projekti, to jest investicioni projekti sa sadržajućim latentnim rezervama.

2. IZVEŠTAJ O TOKOVIMA GOTOVINE

Izveštaj o tokovima gotovine ili kako se još naziva izveštaj o novčanom toku ili »keš flou« je finansijski izveštaj koji pokazuje sve prilive i odlive sredstava koje preduzeće ima u određenom obračunskom periodu. Identično kao i bilans uspeha, izveštaj o tokovima gotovine se može izrađivati za bilo koji period, s tim što je kalendarska godina uobičajeni vremenski period za koji se vrši obračun, kada su u izveštaju prikazani prilivi i odlivi koje je preduzeće ostvarilo od 1. januara do 31. decembra te godine.

U investicionim projektima, projektovani izveštaj o tokovima gotovine odgovara vremenskom periodu za koji su projektovani bilansi uspeha. Dakle, izveštaj o tokovima gotovine se projektuje za period koji obuhvata kalendarsku godinu, osim za prvu godinu (ako početak eksploatacije nije planiran 1. januara) i poslednju godinu (ako kraj veka trajanja projekta nije planiran 31. decembra).

Za razliku od bilansa uspeha čija je osnovna informativna uloga da pokaže profitabilnost preduzeća, na osnovu izveštaja o novčanim tokovima se prevashodno donose zaključci o likvidnosti preduzeća. Sama činjenica da je preduzeće profitabilno ne garantuje i da je likvidno. Tako je, na primer, realno očekivati da preduzeće, povećanjem vremenskog roka u kojem kreditira kupce ili snižavanjem nabavne cene inputa usled skraćenja roka plaćanja dobavljača, poveća prodaju i prihod, kao i da snizi troškove. Primenjenim merama će se povećati dobitak iskazan u bilansu uspeha, ali to ne garantuje dovoljno gotovine za poslovanje i investiranje, već je ta informacija predmet razmatranja izveštaja o tokovima gotovine.

Izveštaj o tokovima gotovine, uvažavajući i vrednosti iz ostalih sintetičkih finansijskih izveštaja, omogućava internim korisnicima procenu kretanja likvidnosti preduzeća u narednom periodu, pa time i osnovu za preduzimanje mera za povećanje likvidnosti, između ostalog, revidiranjem isplata po osnovu dividendi, investicionih ulaganja i dr. Eksternim korisnicima izveštaj o tokovima gotovine omogućava ocenu sposobnosti preduzeća da u budućem periodu izmiruje svoje obaveze prema: dobavljačima, bankama i drugim kreditorima, državi po osnovu plaćanja poreza na dobit i ostalih javnih prihoda, i dr.[102] Uzevši u obzir izuzetan značaj u realnom poslovanju, za izveštaj o tokovima gotovine se kaže da predstavlja »prozor u realnost«. Zato i ne čudi što je ovaj izveštaj isključivi predmet razmatranja jednog MRS (MRS 7).

Najznačajniji podatak iz izveštaja o tokovima gotovine, na osnovu kojeg se može zaključiti o promeni stanja likvidnosti između dva sukcesivna obračunska perioda, uz apstrahovanje ostalih relevantnih faktora koji su tema drugih izveštaja,[103] je neto priliv,[104] koji predstavlja pozitivnu razliku između svih priliva i svih odliva novčanih sredstava u određenom obračunskom periodu. Neto priliv se može izračunati:

- neposredno - direktan metod; i
- posredno - indirektan metod.

---

[102] Guzina, V., - „MRS 7 - Izveštaj o tokovima gotovine", u: - *Primena međunarodnih računovodstvenih i revizorskih standarda u funkciji harmonizacije sa Evropskom Unijom*, Op. cit., str. 44.

[103] Na primer, povećanje obaveza ili potraživanja što je iskazano u bilansu stanja.

[104] U slučaju većih ukupnih odliva od ukupnih priliva, u izveštaju o tokovima gotovine se umesto neto priliva iskazuje neto odliv.

Direktan metod je konzistentan samoj definiciji izveštaja o tokovima gotovine i zasniva se na sučeljavanju svih, s jedne strane, priliva, a s druge strane, odliva finansijskih sredstava.

Po MRS 7, shodno aktivnosti po kojoj osnovi su nastali, svi prilivi i odlivi se razvrstavaju na one koji proizilaze iz: poslovnih aktivnosti, aktivnosti investiranja i aktivnosti finansiranja. *Prilivi iz poslovnih aktivnosti* obuhvataju prilive od prodaje, primljene avanse i ostale prilive iz redovnog poslovanja. *Odlivi iz poslovnih aktivnosti* se odnose na isplate dobavljačima, plaćanje obaveza po osnovu zarada, izmirenja javnih prihoda i ostale odlive iz redovnog poslovanja. *Prilivi iz aktivnosti investiranja* nastaju po osnovu primljene kamate i dividende, povraćaja pozajmljenih (plasiranih) sredstava, kao i prodajom sredstava u koje se u ranijem periodu investiralo, kao što su nematerijalna ulaganja, nekretnine, postrojenja, oprema, biološka sredstva i dr. *Odlivi iz aktivnosti investiranja* nastaju kupovinom akcija i udela, plasmanom sredstava, kupovinom nematerijalnih ulaganja, nekretnina, postrojenja, opreme, bioloških sredstava i dr. *Prilivi iz aktivnosti finansiranja* nastaju po osnovu uzimanja kredita, uvećanja osnovnog kapitala i dr. *Odlivi iz aktivnosti finansiranja* nastaju isplatom dividendi, vraćanjem kredita i dr.[105]

Indirektan metod podrazumeva izračunavanje neto priliva posrednim putem, koristeći se podacima iz bilansa stanja za najmanje dve godine. Neophodne informacije su sadržane u razlici salda pojedinih pozicija u konačnom bilansu stanja u odnosu na početni bilans. Te razlike mogu da budu pozitivne ili negativne, u zavisnosti od toga da li razlike predstavljaju povećanje ili smanjenje vrednosti odnosnih bilansnih pozicija.

Negativno utiče na tok gotovine svako povećanje pozicija aktive (investiranje u stalnu imovinu, povećanje potraživanja, povećanje zaliha) sem gotovine i svako smanjenje

---

[105] U Republici Srbiji, razvrstavanje priliva i odliva je regulisano »Pravilnikom o sadržini i formi obrazaca finansijskih izveštaja za privredna društva, zadruge, druga pravna lica i preduzetnike« (»Službeni glasnik RS«, br. 114/06 i 5/07). Detaljna objašnjenja razvrstavanja svih priliva i odliva, odnosno načina izrade izveštaja o tokovima gotovine shodno Pravilniku, videti u: - *Informator 3/2008*, Cekos In, Beograd, 2008, str. 9-15. Inače, u samom Pravilniku postoje određena, sa stručnog aspekta, nerazumljiva rešenja. Prvenstveno treba istaći nelogičnost da se plaćene kamate iskazuju na odlivima iz poslovnih aktivnosti, iako je kamata posledica potrebe za finansiranjem. Takođe, iskazivanjem samo neto razlika u tokom godine uzetim i vraćenim kreditima (ako je primljen iznos kredita veći od vraćenog, razlika se iskazuje u prilivima iz aktivnosti finansiranja, a ako je manji, razlika se iskazuje u odlivima iz aktivnosti finansiranja), kao i tokom godina kupljenim (naplaćenim) i prodatim (plasiranim) finansijskim plasmanima (razlika, u zavisnosti da li je tokom godine primljen veći ili manji iznos od iznosa koji predstavlja odliv po osnovu finansijskih plasmana se iskazuje u prilivima, to jest u odlivima iz aktivnosti investiranja), osim što se smanjuje informativna uloga izveštaja o tokovima gotovine, ovakav pristup je u suprotnosti sa definicijom samog izveštaja jer u njemu nisu prezentovani podaci o svim prilivima i odlivima tokom obračunskog perioda.

pozicija pasive (smanjenje obaveza, snižavanje vrednosti kapitala zbog isplaćenih dividendi ili ostvarenog gubitka). Analogno iznesenom, *pozitivno utiče na tok gotovine* svako smanjenje pozicija aktive (smanjenje vrednosti stalne imovine usled amortizacije ili prodaje, smanjenje potraživanja i zaliha) sem gotovine i svako povećanje pozicija pasive (povećanje obaveza, povećanje vrednosti kapitala zbog ostvarenog dobitka ili izvršenih dokapitalizacija).[106]

Prikazani računovodstveni tretman nije od velikog značaja prilikom izrade investicionog projekta jer se projekcija izveštaja o tokovima gotovine vrši na potpuno drugačiji način. Sam postupak je baziran na pretpostavci da je razlika između prihoda i priliva, kao i između troškova (umanjenih za amortizaciju, a uvećanih za otplatu kredita i obavezu po osnovu poreza na dobit) i odliva jednaka.[107] Ovakav pristup je posledica činjenice da su kratkoročne razlike između, na primer, prihoda i priliva, već prikazane kroz ulaganja u trajna obrtna sredstva, to jest kroz vezana sredstva u potraživanjima.

Praktično, osim tri razlike, projektovani izveštaj o tokovima gotovine je identičan projektovanom bilansu uspeha. Te razlike se odnose na:

- amortizaciju,
- otplatu kredita i
- rezidualnu vrednost.

Iako je iskazana u projektovanom bilansu uspeha, *amortizacija* je trošak koji ne prouzrokuje odliv novčanih sredstava, pa se ne iskazuje u projektovanom izveštaju o tokovima gotovine.

Otplata kredita, iako nije trošak, prouzrokuje odliv sredstava, pa je neophodno da se projektuje u izveštaju o tokovima gotovine.

Rezidualna vrednost je jednaka očekivanom iznosu gotovine koji će biti stvoren prodajom ulaganja ili oslobođen usmeravanjam na druge projekte usled kraja veka trajanja projekta.[108] Iako ne predstavlja prihod, stvaranje (oslobađanje) gotovine, sa aspekta investicionog projekta, prouzrokuje priliv koji se iskazuje u projektovanom izveštaju o tokovima gotovine. Rezidualna vrednost se sastoji od:

- rezidualne vrednosti stalne imovine i
- rezidualne vrednosti trajnih obrtnih sredstava.

---

[106] Krasulja, D., Ivanišević, M., - *Poslovne finansije*, Ekonomski fakultet Beograd, Beograd, 2001, str. 79.

[107] *Priručnik za pripremu industrijskih studija izvodljivosti*, UNIDO, Evropski centar za mir i razvoj Univerziteta za mir Ujedinjenih Nacija, Beograd, 1988, str. 24-25.

[108] Krasulja, D., Ivanišević, M., - *Op. cit.*, str. 274.

Kako je suština amortizacije da, umanjenjem nabavne vrednosti, stalnu imovinu svodi na sadašnju vrednost koja ne bi trebalo značajno da odstupa od poštene (tržišne ili fer) vrednosti, *rezidualna vrednost* stalne imovine se u investicionim projektima projektuje u iznosu koji odgovara sadašnjoj vrednosti u periodu njene prodaje, to jest njenog oslobađanja. Razumljivo, pretežni deo će biti oslobođen na kraju veka trajanja projekta, ali u slučajevima kada se predviđa prodaja dela stalne imovine pre kraja veka trajanja projekta, rezidualna vrednost će postojati i u godinama kada se očekuje priliv sredstava po osnovu prodaje.

Rezidualna vrednost trajnih obrtnih sredstava se projektuje u iznosu koji je jednak inicijalnim ulaganjima u danu koji neposredno prethodi godini maksimalnog iskorišćenja kapaciteta. Priliv po ovom osnovu se planira na kraju veka trajanja projekta, osim u projektima u kojima je tokom godina planirano smanjenje trajnih obrtnih sredstava (na primer, zbog planiranog smanjenja iskorišćenosti kapaciteta), kada će se deo trajnih obrtnih sredstava osloboditi i u ranijim periodima.

3. BILANS STANJA

Bilans stanja je finansijski izveštaj koji pokazuje stanje sredstava i izvore tih sredstava u tačno određenom momentu. To je kumulativni finansijski izveštaj u kojem su sadržani efekti poslovanja preduzeća od osnivanja do momenta izrade bilansa.[109] Bilans stanja se može izrađivati za bilo koji momenat, a uobičajeni momenat odgovara kraju kalendarske godine, kada bilans stanja pokazuje sredstva i izvore sredstava preduzeća na kraju 31. decembra te godine. U investicionim projektima se bilans stanja projektuje za kraj kalendarske godine. Izuzetak može da bude završni bilansa stanja i to samo ako kraj veka trajanja projekta nije planiran 31. decembra.

Osnovna relacija koja pokazuje odnos strukture sredstava (aktive) i izvora tih sredstava (pasive) je:

$$Aktiva = Pasiva$$

Konvencijalno je mišljenje da u osnovi bilans stanja daje odgovore na sledeća pitanja:

- S čime preduzeće raspolaže - kolika je vrednost sredstava?
- Kolika je visina obaveza?
- Kolika je vrednost preduzeća (razlika vrednosti sredstava i visine obaveza)? [110]

---

[109] Beninga, S. Z., Sarig, O. H., - *Corporate Finance - A Valuation Approach*, Mc Graw Hill, str. 33.

[110] Ross, S. A., Westerfield, R. W., Jordan, B. D., - *Fundamentals of Corporate Finance* (sixth edition), Mc Graw Hill, New York, 2003, str. 23.

Shodno navedenom, relacija bilansa stanja se može iskazati i na sledeći način:

$$Aktiva = Kapital + Obaveze$$

Važno je razumeti da i aktiva i pasiva daju informacije o istoj stvari - sredstvima preduzeća; samo sa različitih aspekata. Obzirom na pogrešnu interpretaciju kod nedovoljno stručne javnosti, posebno treba istaći potrebu za razumevanjem da pasiva pokazuje samo ko je vlasnik sredstava (aktive) preduzeća i ni u kom slučaju ne pokazuje, zanemarivanjem strukture izvora sredstava, operativni potencijal preduzeća.

Prilikom izrade bilansa stanja, MRS, kao i za ostale sintetičke finansijske izveštaje, ne predviđaju univerzalnu formu. U MRS 1 su navedene minimalne pozicije koje bilans stanja treba da sadrži i to: nekretnine, postrojenja i oprema; ulaganje u nekretnine, nematerijalna imovina, finansijska sredstva, ulaganja koja se obračunavaju korišćenjem metoda udela, biološka sredstva, zalihe, potraživanja od kupaca i druga potraživanja, gotovina i gotovinski ekvivalenti, obaveze prema dobavljačima i ostale obaveze, rezervisanja, finansijske obaveze, tekuće poreske obaveze i sredstva, odložene poreske obaveze i odložena poreska sredstva, manjinski interesi iskazani u okviru kapitala, emitovani kapital i rezerve koje pripadaju vlasnicima kapitala manjinskog preduzeća, sredstva koja se drže za prodaju i koja su raspoloživa za prodaju i obaveze prema tim sredstvima. Odluku o tome da li dodatne stavke treba prikazivati zasebno treba zasnivati na proceni prirode i likvidnosti sredstava, funkcije sredstava u okviru pravnog lica, i iznosa, prirode i vremenskog rasporeda obaveza.[111]

Shodno Pravilniku o sadržini i formi obrazaca, u Republici Srbiji se ukupna aktiva primarno razvrstava na stalnu imovinu, obrtnu imovinu i vanbilansnu aktivu;[112] a ukupna pasiva na kapital, dugoročna rezervisanja, obaveze i vanbilansnu pasivu.

Prilikom izrade investicionih projekata, projekcija bilansa stanja se vrši preuzimanjem podataka iz ranije izrađenih analitičkih tabela, kao i iz projektovanog bilansa uspeha i izveštaja o tokovima gotovine. U nastavku će se objasniti postupak izrade:

- bilansa stanja u periodu eksploatacije i
- završnog bilansa stanja.

Bilansi stanja u periodu eksploatacije se projektuju tako što se:

- *stalna imovina* razvrstava na onoliko pozicija koliko je razvrstana u okviru tabele u kojoj su projektovana potrebna ulaganja u stalnu imovinu - vrednost

---

[111] Detaljno o bilansu stanja sa aspekta MRS videti u: *Međunarodni standardi finansijskog izveštavanja - Prva knjiga*, Op. cit., str. 571-576.

[112] Detaljnije razvrstavanje prikazano u glavi I, poglavlje 2 („Vrste investicija").

stalne imovine se preuzima iz tabele u kojoj je izračunata amortizacija, gde je za svaku poziciju iskazana sadašnja vrednost na kraju konkretne godine;

- *obrtna sredstva (bez gotovine)* razvrstavaju na onoliko pozicija koliko su razvrstana u okviru tabele gde su projektovana potrebna ulaganja u trajna obrtna sredstva - vrednost se preuzima iz tabele gde su izračunata potrebna trajna obrtna sredstva i ova sredstva se menjaju shodno dinamici angažovanja trajnih obrtnih sredstava (da ne bi došlo do devijacija kod izračunavanja pojedinih finansijskih pokazatelja u okviru finansijske analize, za projekciju bilansa stanja se ne prepostavlja se da se potrebna trajna obrtna sredstva određene godine angažuju na kraju prethodne, već na početku te godine);

- *gotovina* sastoji od zbira kumulativnog neto priliva (zbir neto priliva od početka perioda eksploatacije do momenta izrade bilansa stanja) i vezane gotovine u trajnim obrtnim sredstvima - vrednost kumulativnog neto priliva se preuzima iz projektovanog izveštaja o tokovima gotovine, a vrednost vezane gotovine iz tabele gde su izračunata potrebna trajna obrtna sredstva;

- *kapital* sastoji iz kumulativne neto dobiti (zbir neto dobiti od početka perioda eksploatacije do momenta izrade bilansa stanja) i visine kumulativno angažovanih sopstvenih sredstava - vrednost kumulativne neto dobiti se preuzima iz projektovanog bilansa uspeha, a kumulativno angažovana sopstvena sredstva iz tabele čiji su predmet izvori finansiranja;

- *obaveze prema dobavljačima i obaveze po osnovu plata* preuzimaju iz tabele gde su izračunata potrebna ulaganja u trajna obrtna sredstva;

- *dugoročne finansijske obaveze* projektuju u iznosu koji će odgovarati neizmirenim obavezama prema kreditorima na kraju naredne godine - vrednosti se preuzimaju iz tabele čiji su predmet izvori finansiranja; i

- *kratkoročni finansijski plasmani* projektuju u iznosu obaveza prema kreditorima koji su planirani da se izmire naredne godine - vrednosti se preuzimaju iz tabele čiji su predmet izvori finansiranja.

Kako se na kraju roka trajanja projekta pretpostavlja da ne postoje osnovna sredstva i zalihe, da su sva potraživanja naplaćena, a obaveze izmirene itd., u **završnom bilansu stanja** je u aktivi iskazana samo gotovina, koja odražava kumulativni neto priliv na kraju roka trajanja projekta, a u pasivi samo kapital, koji odražava zbir kumulativne neto dobiti na kraju roka trajanja projekta i vrednosti ulaganja koja su finansirana iz sopstvenih izvora.

GLAVA XII
FINANSIJSKA ANALIZA

Termin **analiza** je poreklom iz starogrčkog jezika i može se prevesti kao rastvaranje ili raščlanjavanje složenije celine na konstitutivne delove.[113] Nakon raščlanjavanja celine na delove, u nauci je uobičajeno detaljno istraživanje usmereno ka identifikovanju odnosa između konstitutivnih elemenata celine. Otuda, šire tumačenje termina analiza upućuje na isticanje dva postupka i to:

- *postupak dekomponovanja* (kvalitativni aspekt analize), kojim se u zavisnosti od ciljeva analize identifikuju konstitutivni delovi analizirane celine; i

- *postupak komparacije ili upoređivanja* (kvantitativni aspekt analize), kojim se utvrđuju odnosi i relacije između identifikovanih konstitutivnih delova.[114]

Finansijska analiza ili kako se još naziva analiza bilansa je analiza poslovanja preduzeća koja je prvenstveno bazirana na vrednostima iskazanim u bilansu stanja i bilansu uspeha. „Monetarne vrednosti koje se imputiraju pojedinim bilansnim pozicijama imaju, po sebi, malu ili nikakvu analitičku vrednost. Njihovu upotrebljivost za finansijsku analizu treba tražiti prevashodno na relaciji sa drugim bilansnim pozicijama sa kojima stoje u neposrednoj uzročnoj vezi“. Stoga se za finansijsku analizu može reći da se bavi istraživanjem i kvantificiranjem odnosa koji postoje između bilansnih pozicija.[115]

Finansijska analiza može biti raznovrsna, a svrstavanje vrste finansijske analize u određene grupe zavisi od prihvaćenog kriterijuma na osnovu kojeg se vrši grupisanje. Prema vremenu posmatranja, finansijska analiza može biti:

- statička i

- dinamička.

Statička finansijska analiza se bazira na analizi finansijskih varijabli iskazanih u bilansnim pozicijama analiziranog preduzeća u tačno određenom momentu. Upoređiva-

---

[113] Detaljnije o poreklu i značenju reči "analiza" videti na: www.sr.wikipedia.org

[114] Radovanović, R., "Računovodstvena načela, standardi i revizija u funkciji finansijskog tržišta", u: - *Principi trgovanja na berzama i hartijama od vrednosti*, Savezna komisija za hartije od vrednosti i finansijsko tržište, Beograd, 1997, str. 196.

[115] Krasulja, D., Ivanišević, M., - *Op. cit.*, str. 20.

nje se može vršiti sa identičnim bilansnim pozicijama konkurentskih preduzeća, privredne grane u kojoj preduzeće posluje ili sa industrijskim prosekom[116]; planiranim vrednostima ili vrednostima koje se smatraju zadovoljavajućim itd. Iako upoređivanje sa svakim od navedenih standarda ima svoju analitičku vrednost, smatra se da su granski standardi, to jest prosečni finansijsko poslovni uslovi u određenoj privrednoj grani, osnovni kriterijumi za ocenu uspešnosti analiziranog preduzeća.

Van Horn se slaže sa stavom da je upoređivanje vrednosnih pozicija analiziranog preduzeća sa prosekom privredne grane najznačajnije u finansijskoj analizi, ali ističe da treba biti oprezan prilikom iznošenja zaključaka. Naime, moguće je da je u određenom momentu finansijsko stanje i poslovanje čitave industrijske grane slabije od zadovoljavajućeg, pa stanje i poslovanje preduzeća iznad proseka ne mora biti dovoljno za pozitivnu ocenu. Dodatno, po pravilu, industrijske kategorizacije nisu dovoljno precizne, što prouzrokuje da razna preduzeća unutar industrijske grane nisu homogena, pa u prosek može da bude uključeno celokupno poslovanje preduzeća sa mnogostrukim različitim proizvodnim linijama. Takođe, preduzeća se u jednoj grani mogu značajno razlikovati prema veličini. Kako navedene razlike utiču na vrednost pojedinih pokazatelja, najbolje je podeliti kompletnu industrijsku granu na podgrupe da bi se upoređivala preduzeća slične veličine, sa sličnim asortimanom, sličnim brojem zaposlenih i dr. Sve navedeno upućuje na oprez u upoređivanju finansijskih odnosa jednog preduzeća sa odnosima drugih preduzeća iz iste privredne grane.[117]

Dinamičkom finansijskom analizom se ustanovljavaju poslovni trendovi. Ova vrsta finansijske analize se bazira na upoređivanju: istih bilansnih pozicija analiziranog preduzeća kroz različite periode vremena, razlika između istih bilansnih pozicija analiziranog preduzeća tokom određenog vremenskog perioda sa razlikama prosečnih bilansnih pozicija privredne grane u istom tom periodu itd.

Konkretan odabir vrste finansijske analize je uslovljen ciljevima analize. Važno je primetiti da statička i dinamička finansijska analiza ne isključuju jedna drugu. Šta više, najbolju analitičku vrednost imaju rezultati dobijeni ako se obe vrste finansijske analize komplementarno primenjuju. Tada se može dati trenutna ocena finansijskog položaja i aktivnosti preduzeća, ustanoviti pozitivna i negativna odstupanja u odnosu na prethodni period, prosek grane, planirane pokazatelje i dr. Kada se finansijska analiza radi od strane subjekata iz preduzeća, utvrđena negativna odstupanja upućuju

---

[116] Po istraživanju koje je uradio Lev (videti: »Industry Averages as Targets for Financial Ratio, u: - *Journal of Accounting Research Autumn/1969)*, 245 preduzeća iz SAD su u periodu 1947-1966. godine menjala svoja racia približavajući se industrijskom proseku. Otuda, po njegovom mišljenju, industrijski prosek treba koristiti kao osnovni reper pri oceni uspešnosti poslovanja preduzeća. Preuzeto iz: Fuller, R. J., Fareell, J. J. Jr., - *Op. cit.*, str. 205.

[117] Van Horne, J. C., - *Finansijsko upravljanje i politika* (deveto izdanje), Mate, Zagreb, 1992, str. 768.

na istraživanje njihovih uzroka, sa ciljem preduzimanja adekvatnih i pravovremenih aktivnosti za otklanjanje slabosti i unapređivanje poslovanja preduzeća.

Specifičnost finansijske analize u investicionim projektima u odnosu na finansijsku analizu preduzeća koja posluju je što se analiza ne odnosi na prethodno, već na buduće poslovanje. Međutim, sami indikatori i metodologija finansijske analize je ista nezavisno od perioda na koji se odnosi.[118] Eventualne razlike su prvenstveno posledica različite, manje detaljne, strukture projektovanih sintetičkih finansijskih izveštaja u investicionim projektima u odnosu na strukturu stvarnih (zvaničnih) sintetičkih finansijskih izveštaja preduzeća koja posluju.

U okviru finansijskog dela investicionog projekta, finansijska analiza može biti:

- *parcijalna* - obuhvata jedan uži segment poslovnih performansi preduzeća; i

- *kompleksna* - obuhvata više relevantnih performansi preduzeća.[119]

Parcijalna analiza se vrši na osnovu **racio brojeva**, a najpoznatiji metod kompleksne analize performansi preduzeća je **Z test**.

1. RACIO ANALIZA

> *„Racio brojevi su zvezda vodilja menadžmentu preduzeća.*
> *Oni ga usmeravaju pri odabiru najbolje dugoročne strategije*
> *i pri donošenju najboljih kratkoročnih odluka."*[120]

Racio[121] analiza je najznačajniji vid finansijske analize, koja se vrši pomoću racio brojeva. Odnos između dve bilanse pozicije izražen u matematičkoj formuli se naziva racio broj.

Broj mogućih racio brojeva je veliki jer odnos bilo koje dve finansijske pozicije može da ima određenu analitičku vrednost. Međutim, prezentiranje velikog broja racio brojeva u investicionim projektima[122] je suprotno zahtevima za razumljivošću i relevantnošću, kao jednim od osnovnih ciljnih karakteristika investicionih projekata. Naime, osim što bi materijal bio nedovoljno pregledan,[123] zaključci proistekli iz detaljne racio

---

[118] Paunović, B., Zipovski, D., - *Op. cit.*, str. 241.

[119] *Ibid.*, str. 241.

[120] Walsh, C., - *Key Management Ratios*, Prentice Hall, London, 1996, str. 5.

[121] Naziv „racio" potiče od engleske reči „Ratio", koja u prevodu znači odnos.

[122] U jednom investicionom projektu, koji je autor ovog rada imao na uvid, racio analiza je obuhvatila preko 100 različitih racio brojeva.

[123] "Od šume se ne vidi drveće".

analize se ne bi suštinski razlikovali od zaključaka donetim na osnovu analize znatno manje racio brojeva. Stoga se u investicionim projektima preporučuje analiza samo najznačajnijih, koji će se, svaki pojedinačno, u nastavku objasniti.

Racio brojevi se klasifikuju u određene grupe shodno pokazateljima na koje se odnose, i to na:

- pokazatelje likvidnosti,
- pokazatelje aktivnosti,
- pokazatelje finansijske strukture,
- pokazatelje rentabilnosti i
- pokazatelje tržišne vrednosti.

1.1. Pokazatelji likvidnosti

Pokazatelji likvidnosti imaju za cilj da ukažu na sposobnost preduzeća da izmiruje dospele obaveze, uz održavanje potrebnog obima i strukture obrtnih sredstava i očuvanje dobrog kreditnog boniteta.

Najznačajniji pokazatelji likvidnosti su:

- opšti racio likvidnosti,
- neto obrtna sredstva,
- rigorozni racio likvidnosti i
- gotovinski racio likvidnosti.

Zajednička karakteristika svih pokazatelja likvidnosti je da se neophodni podaci za njihovo izračunavanje preuzimaju iz bilansa stanja.

Opšti racio likvidnosti[124] (III stepen likvidnosti - opšta likvidnost) ukazuje na sposobnost preduzeća da u relativno dužem periodu iz gotovine i/ili unovčavanjem drugih vidova obrtnih sredstava izmiruje kratkoročne obaveze.

Opšti racio likvidnosti pokazuje sa koliko je obrtnih sredstava pokriven svaki EUR kratkoročnih obaveza i izračunava se po sledećem obrascu:

$$\text{Opšti racio likvidnosti} = \frac{\text{Obrtna sredstva}}{\text{Kratkoročne obaveze}}$$

---

[124] U stranoj literaturi poznat kao „Current Ratio".

Iako je opšte prihvaćeno da je zadovoljavajući odnos ovog racia 2:1, poređenje op-
šteg racia likvidnosti analiziranog preduzeća sa zadovoljavajućim odnosom ne mora
uvek da opredeli konačnu ocenu likvidnosti tog preduzeća. Naime, ako u strukturi
obrtnih sredstava preovlađuju manje likvidna sredstva, kao što su zalihe i potraživa-
nja sa dužim rokom dospeća, a kratkoročne obaveze dospevaju u bliskoj budućnosti,
moguće je da se preduzeće pri odnosu 3:1 približava stanju nelikvidnosti. Nasuprot
tome, ako u strukturi obrtnih sredstava preovlađuju najlikvidnija sredstva (gotovi-
na), a kratkoročne obaveze dospevaju posle nekoliko meseci, kada se očekuje priliv
gotovine iz redovnih poslovnih aktivnosti, racio od 1:1 može da bude zadovoljava-
jući.

Kao najbolji dokaz da kod prihvatanja zadovoljavajućih repernih standarda treba bi-
ti vrlo oprezan i da, kao što je već napomenuto, pri finansijskoj analizi treba najviše
uvažavati granske proseke, su rezultati jednog velikog istraživanja 178 tekstilnih, pre-
hrambenih, proizvodnih[125] i trgovinskih preduzeća[126] (46 preduzeća iz Evropske Uni-
je - EU; 45 preduzeća iz Sjedinjenih Američkih Država - SAD; 44 preduzeća iz Velike
Britanije - VB; i 43 preduzeća iz Japana). Na osnovu rezultata analize, koja je vršena
na osnovu završnih bilansa preduzeća za 1992. godinu, uočena su manja odstupanja
između prosečnih granskih racia sa različitih geografskih područja, nego što su od-
stupanja granskih racia sa prosečnim raciom u okviru istog regiona.

Tabela 12.1. - *Opšti racio likvidnosti*[127]

Sektor	*SAD*	*VB*	*EU*	*Japan*
Tekstilni	2,5	1,7	1,7	1,7
Prehrambeni	1,1	1,2	1,5	1,3
Proizvodni	1,0	1,1	1,5	1,2
Trgovinski	1,6	1,3	1,0	1,2
PROSEK	**1,5**	**1,3**	**1,4**	**1,3**

Neto obrtna sredstva predstavljaju deo dugoročnog kapitala koji služi za finansiranje
obrtnih sredstava ili deo obrtnih sredstava koji preostaje po pokriću kratkoročnih

---

[125] Autor analize (Ciaran Walsh) je preduzeća iz ove grupe svrstao u "inženjering preduzeća". Međutim,
analizom je utvrđeno da se sva preduzeća koja su svrstana u ovu grupu bave proizvodnom delatnošću,
tako da je termin "proizvodni" prikladniji od termina "inženjering", koji u našem jeziku ima drugačiju
interpretaciju.

[126] U okviru ove grupe su analizirana samo preduzeća sa velikim maloprodajnim objektima, to jest
sa velikim "robnim kućama". Autor analize je ova preduzeća razvrstao u grupu "Stores", što u
doslovnom prevodu znači radnje ili dućani. Kako se radnje ili dućani bave trgovinom, termin
"trgovinski" je najprikladniji prevod za objašnjenje sektora u okviru kojeg ova preduzeća spa-
daju.

[127] Walsh, C., - *Op. cit.*, str. 314.

obaveza. Shodno iznetoj definiciji, neto obrtna sredstva se mogu izračunati na sledeće načine:

Neto obrtna sredstva = Obrtna sredstva - Kratkoročne obaveze

ili

Neto obrtna sredstva = Dugoročni kapital - Stalna imovina

Obzirom na način izračunavanja, očigledna je direktna veza neto obrtnih sredstava i opšteg racia likvidnosti, tako da ne bi predstavljalo grešku ako se neto obrtna sredstva ne bi posmatrala kao zaseban racio, već kao varijanta opšteg racia likvidnosti. U stvari, jedina razlika između ova dva pokazatelja se ogleda u načinu iskazivanja. Dok se opšti racio likvidnosti iskazuje u odnosu, neto obrtna sredstva se iskazuju u apsolutnim vrednostima.

Direktna veza između opšteg racia likvidnosti i neto obrtnih sredstava se najbolje uočava iz sledećih relacija:

Opšti racio likvidnosti > 1 ⇨ Neto obrtna sredstva > 0

Opšti racio likvidnosti = 1 ⇨ Neto obrtna sredstva = 0

Opšti racio likvidnosti < 1 ⇨ Neto obrtna sredstva < 0

Ako je prihvaćen kao zadovoljavajući odnos opšteg racia likvidnosti od 2:1, onda bi zadovoljavajuća neto obrtna sredstva odgovarala iznosu kratkoročnih obaveza ili polovini iznosa obrtnih sredstava.

Rigorozni racio likvidnosti[128] (II stepen likvidnosti - tekuća likvidnost) ukazuje na sposobnost preduzeća da u relativno kratkom roku iz gotovine i/ili unovčavanjem drugih vidova likvidnih obrtnih sredstava izmiruje kratkoročne obaveze. Rigorozni racio likvidnosti predstavlja strožiji test likvidnosti od opšteg racia likvidnosti i za njegovo izračunavanje je neophodno iz ukupnih obrtnih sredstava izdvojiti samo gotovinu i relativno likvidna sredstva, kao što su kratkoročna potraživanja od kupaca i gotovinski ekvivalenti[129], koja preduzeću neposredno stoje na raspolaganju ili će biti raspoloživa u dovoljno kratkom roku za isplatu tekućih obaveza.[130]

---

[128] U stranoj literaturi poznat kao „Quick Ratio" i kao „Acid Test".

[129] Pod gotovinskim ekvivalentima se podrazumevaju takozvane "utržive" hartije od vrednosti, odnosno hartije od vrednosti koje se mogu neposredno unovčiti bez većeg rizika da se njihova vrednost smanji.

[130] Krasulja, D., Ivanišević, M., - *Op. cit.*, str. 24.

Obzirom na strukturu projektovanog bilansa stanja, postupak izračunavanja likvidnih sredstava u investicionim projektima podrazumeva oduzimanje zaliha od ukupnih obrtnih sredstava jer su zalihe vrsta obrtnih sredstava kojima je potreban najduži vremenski period da bi se konvertovale u gotovinu.

Rigorozni racio likvidnosti pokazuje sa koliko je likvidnih sredstava pokriven svaki EUR kratkoročnih obaveza i izračunava se po sledećem obrascu:

$$\text{Rigorozni racio likvidnosti} = \frac{\text{Likvidna sredstva}}{\text{Kratkoročne obaveze}}$$

Smatra se da je odnos likvidnih sredstava i kratkoročnih obaveza 1:1 zadovoljavajući, ali je za procenu stvarnog stanja tekuće likvidnosti potrebno sagledati ročnost kratkoročnih potraživanja i ročnost kratkoročnih obaveza.

Gotovinski racio likvidnosti[131] (I stepen likvidnosti - trenutna likvidnost) ukazuje na trenutnu sposobnost preduzeća da iz gotovinskih sredstava, koja se sastoje iz gotovine i iz gotovinskih ekvivalenata, izmiri kratkoročne obaveze. Gotovinski racio likvidnosti je najstrožiji tekst likvidnosti. Za njegovo izračunavanje je neophodno iz ukupnih obrtnih sredstava izdvojiti samo najlikvidnija sredstva, koja se pri izradi investicionih projekata mogu i posredno izračunati tako što bi se od ukupnih obrtnih sredstava oduzele zalihe i kratkoročna potraživanja.

Gotovinski racio likvidnosti pokazuje sa koliko je gotovinskih sredstava pokriven svaki EUR kratkoročnih obaveza i izračunava se po sledećem obrascu:

$$\text{Gotovinski racio likvidnosti} = \frac{\text{Gotovina}}{\text{Kratkoročne obaveze}}$$

1.2. Pokazatelji aktivnosti

Za pokazatelje aktivnosti se smatra da su kompleksniji od pokazatelja likvidnosti jer su za njihovo izračunavanje potrebni podaci iz bilansa stanja i iz bilansa uspeha.

Brojni pokazatelji aktivnosti se mogu podeliti u dve grupe.

Prva grupa pokazatelja aktivnosti ukazuje na osnovne karakteristike prodajnog i nabavnog procesa. U okviru ove grupe su najznačajniji sledeći pokazatelji:

* koeficijent obrta kupaca i
* koeficijent obrta dobavljača.

---

131   U stranoj literaturi poznat kao „Cash Ratio".

Koeficijent obrta kupaca pokazuje koliko na jedan EUR nenaplaćenog potraživanja od kupaca preduzeće ostvaruje ukupnog prihoda u toku godine i izračunava se po sledećem obrascu:

$$\text{Koeficijent obrta kupaca} = \frac{\text{Ukupan prihod}}{\text{Potraživanja od kupaca na kraju godine}}$$

Pri izradi investicionih projekata se podaci o ukupnom prihodu preuzimaju iz projektovanog bilansa uspeha, a potraživanja od kupaca na kraju godine iz projektovanog bilansa stanja ili iz dela gde su izračunata poslovanjem uslovljena trajna obrtna sredstva.

Kako u samim investicionim projektima, tako i u referentnoj literaturi, se može naći i drugačiji pristup u izračunavanju koeficijenta obrta kupaca. Po tom pristupu se koeficijent obrta kupaca ne izračunava deljenjem ukupnog prihoda sa saldom potraživanja od kupaca na kraju godine, već deljenjem ukupnog prihoda sa prosečnim saldom potraživanja od kupaca, koji predstavlja aritmetičku sredinu potraživanja od kupaca na kraju prethodne i na kraju tekuće godine. Da je, u osnovi, drugačiji pristup pogrešan dokazaće se na hipotetičkom primeru.

Pretpostaviće se da je preduzeće prve dve godine ostvarilo prihod od prodaje od 100 EUR, od čega je na kraju godine 20% ukupnog prihoda ostalo nenaplaćeno, odnosno 20 EUR je iznosilo potraživanje od kupaca. Ukoliko preduzeće naredne (treće) godine vrednosno duplira prodaju, a istovremeno zadrži identičnu politiku prema kupcima, takođe će 20% prihoda od prodaje na kraju godine biti nenaplaćeno, odnosno 40 EUR će iznositi potraživanja od kupaca.

I - Ispravan (predložen) pristup

Koeficijent obrta kupaca u prvoj i drugoj godini = 100 EUR / 20 EUR = 5

Koeficijent obrta kupaca u trećoj godini = 200 EUR / 40 EUR = 5

II - Neispravan pristup

Koeficijent obrta kupaca u drugoj godini = 100 EUR / 20 EUR = 5

Koeficijent obrta kupaca u trećoj godini =

200 EUR / ((20 EUR+40 EUR) / 2) = 200 EUR / 30 EUR = 6,67

Dakle, za razliku od neispravnog pristupa gde je u trećoj godini koeficijent obrta kupaca porastao sa 5 EUR na 6,67 EUR, primenom ispravnog pristupa se koeficijent obrta kupaca nije promenio. Ta konstatacija zaista odražava realno stanje jer preduzeće nije promenilo politiku prema kupcima, obzirom da sve tri godine, od 5 EUR ostvarenog prihoda tokom godine, 1 EUR na kraju godine nije naplaćen.

Na bazi koeficijenta obrta kupaca se može izračunati *prosečno vreme naplate* koje pokazuje prosečan broj dana koji protekne od prodaje do naplate proizvoda i izračunava se po sledećem obrascu:

$$\text{Prosečno vreme naplate} = \frac{\text{Broj dana u godini}}{\text{Koeficijent obrta kupaca}}$$

Prikazan način izračunavanja prosečnog vremena naplate se primenjuje u investicionim projektima kod kojih je planiran ravnomerni prihod tokom godine. Kod preduzeća sa izraženim sezonskim karakterom se prosečno vreme naplate izračunava na drugačiji način, a potrebni podaci se preuzimaju iz tabele gde su analitički iskazana godišnja potraživanja od kupaca i broj dana odložene naplate, koja je formirana za potrebe izračunavanja trajnih obrtnih sredstava. Konkretan način izračunavanja će se prikazati na hipotetičkom primeru.

Pretpostaviće se da preduzeće ima 3 kupca od kojih:

- prvom kupcu prodaje 20% vrednosno iskazane realizacije uz 10 dana odloženog plaćanja,

- drugom kupcu prodaja 30% vrednosno iskazane realizacije uz 20 dana odloženog plaćanja i

- trećem kupcu prodaje 50% vrednosno iskazane realizacije uz 30 dana odloženog plaćanja.

Pored navedenog, dodatno će se pretpostaviti da su navedeni uslovi važe cele godinu.

Ispravno izračunato prosečno vreme naplate iznosi:

20% x 10 dana + 30% x 20 dana + 50 % x 30 dana = 23 dana

Šta će se desiti ako preduzeće ne izračunava prosečno vreme naplate na prikazan ispravan način, već samo na bazi »generalnog« obrasca? Ako preduzeće u prvoj polovini godini ostvaruje 100 EUR prihoda, a u drugoj polovini godine 200 EUR prihoda, apstrahovanjem sezonskih oscilacija bi se dobio pogrešan iznos prosečnog vremena naplate, odnosno:

Ukupan prihod = 100 EUR + 200 EUR = 300 EUR

Potraživanja od kupaca na kraju godine =

200 EUR x 20% x 10 dana / 182,5 dana[132] +

200 EUR x 30% x 20 dana / 182,5 dana +

200 EUR x 50% x 30 dana / 182,5 dana

=

25,21 EUR

Koeficijent obrta kupaca = 300 EUR / 25,21 EUR = 11,90

Prosečno vreme naplate = 365 dana / 11,90 = 30,67 dana

Koeficijent obrta dobavljača pokazuje koliko na jedan EUR neplaćenih obaveza prema dobavljačima preduzeće godišnje nabavlja inpute na kredit i izračunava se po sledećem obrascu:

$$\text{Koeficijent obrta dobavljača} = \frac{\text{Vrednost godišnje nabavke na odloženo plaćanje}}{\text{Dobavljači na kraju godine}}[133]$$

Na bazi prosečnog salda dobavljača se može izračunati prosečno vreme plaćanja koje pokazuje prosečan broj dana koji protekne od nabavke do plaćanja inputa koji se nabavljaju na kredit i izračunava se po sledećem obrascu:

$$\text{Prosečno vreme plaćanja} = \frac{\text{Broj dana u godini}}{\text{Koeficijent obrta dobavljača}}$$

Ista zapažanja data za koeficijent obrta kupaca važe i za koeficijent obrta dobavljača. Dakle, svi neophodni podaci se preuzimaju iz dela gde su prezentirani podaci o potrebnim trajnim obrtnim sredstvima, s tim što se podaci o nabavkama na kredit i uslovima nabavke nalaze u delu čiji su predmet izvori trajnih obrtnih sredstava. Takođe, prosečno vreme naplate se u slučaju sezonskih oscilacija ne može izračunavati shodno »generalnom obrascu«, već se izračunavanje vrši na način koji je konzistentan izračunavanju prosečnog vremena naplate u slučaju sezonskih oscilacija.

Inače, «u literaturi postoje različita mišljenja o tome da li u obrazac za utvrđivanje koeficijenta obrta dobavljača treba uvrstiti ukupne godišnje nabavke na odloženo pla-

---

[132] 182,5 je broj dana u drugoj polovini godine.

[133] Autori koji koeficijent obrta kupaca izračunavaju na osnovu prosečnog salda kupaca, prosečan saldo dobavljača izračunavaju deljenjem vrednosti godišnje nabavke na odloženo plaćanje sa prosečnim saldom dobavljača (aritmetička sredina vrednosti dobavljača na kraju prethodne i na kraju tekuće godine). Identična argumentacija koja ukazuje da je takav pristup pogrešan prilikom izračunavanja prosečnog salda kupaca važi i za izračunavanje prosečnog salda dobavljača.

ćanje ili vrednost ukupnih godišnjih nabavki od svih dobavljača. Zagovornici drugog pristupa ističu da je takav pristup u skladu sa izračunavanjem koeficijenta obrta kupaca. Međutim, takav pristup otvara dileme: Ko se sve smatra dobavljačem? Da li su dobavljači samo oni koji preduzeće snabdevaju sirovinama i repromaterijalom ili su to isporučioci električne energije i pružaoci drugih usluga? Šta je sa porezima i doprinosima? itd.«[134]

Druga grupa pokazatelja aktivnosti ukazuje na efikasnost preduzeća u korišćenju sredstava sa kojima raspolaže. Kako postoji mogućnost razlaganja sredstava sa kojima preduzeće raspolaže na veći broj konstitutivnih delova, u okviru ove grupe postoji veliki broj pokazatelja, kao što su:

- koeficijent obrta sopstvenih sredstava,
- koeficijent obrta ukupnih poslovnih sredstava,
- koeficijent obrta obrtnih sredstava,
- koeficijent obrta stalne imovine i dr.

Koeficijent obrta sopstvenih sredstava pokazuje koliko je preduzeće u toku godine ostvarilo ukupnog prihoda na 1 EUR prosečno angažovanih sopstvenih sredstava i izračunava se po sledećem obrascu:

$$\text{Koeficijent obrta sopstvenih sredstava} = \frac{\text{Ukupan prihod od prodaje}}{\text{Prosečna sopstvena sredstva}}$$

$$\text{Prosečna sopstvena sredstva} = \frac{\text{Sopstvena sredstva na kraju prethodne godine} + \text{Sopstvena sredstva na kraju tekuće godine}}{2}$$

Svaki od ostalih pokazatelja iz ove grupe se izračunava i interpretira na isti način, odnosno izračunava se kao količnik ukupnog prihoda od prodaje i prosečnih (ukupnih, obrtnih itd.) sredstava, a pokazuje koliko je preduzeće u toku godine ostvarilo ukupnog prihoda na 1 EUR prosečno angažovanih (ukupnih, obrtnih itd.) sredstava.

1.3. Pokazatelji finansijske strukture

Pokazatelji finansijske strukture se, takođe, mogu podeliti u dve grupe.

Prva grupa pokazatelja finansijske strukture ukazuje na strukturu izvora sredstava, stepen zaduženosti i karakter zaduženosti, tako da su njihov predmet razmatranja izvori

---

[134] Paunović, B., Zipovski, D., - *Op. cit.*, str. 246.

sredstava preduzeća. Dakle, svi neophodni podaci za izračunavanje ovih pokazatelja su sadržani u pasivi bilansa stanja. Najznačajniji pokazatelji u okviru ove grupe su:

- odnos pozajmljenih i ukupnih izvora sredstava i

- odnos dugoročnih i ukupnih izvora sredstava.

Odnos pozajmljenih i ukupnih izvora sredstava pokazuje koliko je jedan EUR sredstava preduzeća finansiran iz pozajmljenih izvora i izračunava se po sledećem obrascu:

$$\text{Odnos pozajmljenih i ukupnih izvora sredstava} = \frac{\text{Ukupne obaveze}}{\text{Ukupni izvori sredstava}}$$

Ne postoji jasan standard odnosa obaveza u ukupnim izvorima sredstava preduzeća, što je posledica dva potpuno različita zaključka koji mogu proisteći iz visokog udela pozajmljenih u ukupnim izvorima preduzeća.

S jedne strane, visok udeo obaveza u ukupnim izvorima nije preporučljiv jer se povećava rizik da zbog prezaduženosti preduzeće zapadne u ozbiljnu krizu. Kao primer potencijalnih opasnosti se može navesti preduzeće »Boston Chicken«, koje je sredinom 90-ih godina 20. veka, u svetskim razmerama, bilo jedno od uspešnijih preduzeća. Preduzeće je uvećalo godišnji prihod u periodu od 1993. do 1997. godine sa 42,5 na 462,4 miliona dolara, što je predstavljalo prosečno godišnje uvećanje od oko 82%. Nažalost, ovaj rast[135] ne samo da je doveo do opadanja kvaliteta ispod nivoa koji su kupci očekivali, već je prouzrokovao i enorman rast finansijskih troškova usled ogromnog zaduženja. Izgubljena je bitka sa kreditorima, a da bi se sprečilo bankrotstvo, preduzeće je 1998. godine prodalo 178 od 1.143 objekata. I pored toga nije sprečena opasnost od bankrotstva, tako da je preduzeće preuzeto 2000. godine od strane "Mekdonaldsa".[136]

S druge strane, visok udeo zaduženja je opravdan sve dok je kamata na obaveze manja od prinosa na pozajmljena sredstva. U tom slučaju postoje pozitivni efekti eksternog finansiranja na rentabilnost sopstvenih sredstava.

»Jedna od najslađih stvari u biznisu je da tuđim sredstvima uvećavate svoj kapital.«[137]

Inače, struktura kapitala je u mnogo čemu opredeljena i privrednom granom u kojoj preduzeće posluje. Prema istraživanju koje je 2002. godine sprovedeno u SAD, usta-

---

[135] "Rast može stvoriti i uništiti vrednost", u: Đuričin, D., „Postprivatizacioni procesi u preduzeću", u: - *Finansijska tržišta - mesto i uloga u novim uslovima* (VII tradicionalno savetovanje ekonomista održano na Miločeru od 15. do 17.09.1999. godine), Savez ekonomista Srbije i Savez ekonomista Crne Gore, Beograd, 1999, str. 33.

[136] Ross, S. A., Westerfield, R. W., Jordan, B. D., - *Op. cit.*, str. 95.

[137] Scarborugh, N. M., Zimmerer, T. W., - *Effective Small Business Management*, Prentice Hall, 1996, str. 293.

novljeno je da su farmaceutske i kompjuterske kompanije mnogo manje zadužene nego što je to slučaj sa železničkim preduzećima i preduzećima iz avio oblasti. [138]

Odnos dugoročnih i ukupnih izvora sredstava pokazuje koliko je jedan EUR sredstava preduzeća finansiran iz dugoročnih izvora i izračunava se po sledećem obrascu:

$$\text{Odnos dugoročnih i ukupnih izvora sredstava} = \frac{\text{Sopstveni kapital} + \text{Dugoročne obaveze}}{\text{Ukupni izvori sredstava}}$$

Za razliku od racia koji pokazuje odnos pozajmljenih i ukupnih izvora, racio koji pokazuje odnos dugoročnih i ukupnih izvora uvažava činjenicu da kratkoročne i dugoročne obaveze nemaju istu težinu u finansijskoj strukturi preduzeća. Generalno se može zaključiti da veći udeo dugoročnih u ukupnim izvorima implicira veću kratkoročnu likvidnost, a samim tim i manju opasnost od potencijalnog bankrotstva.

Druga grupa pokazatelja finansijske strukture ukazuje na sposobnost preduzeća da iz redovnog poslovanja izmiruje finansijske obaveze. U okviru ove grupe, za čije izračunavanje su neophodni podaci iz bilansa stanja i iz bilansa uspeha, postoji više pokazatelja, od kojih se pri izradi investicionih projekata najčešće koristi **koeficijent pokrića rashoda na ime kamate**. Ovaj koeficijent pokazuje na koliko EUR ostvarenih poslovnog dobitka, 1 EUR otpada na rashode kamate i izračunava se po sledećem obrascu:

$$\text{Koeficijent rashoda na ime kamate} = \frac{\text{Bruto dobitak} + \text{Rashodi kamate}}{\text{Rashodi kamate}}$$

Sa aspekta sigurnosti, razumljivo da je za preduzeće bolje ako je odnos koeficijenta rashoda na ime kamate veći, ali ne postoje nikakvi standardi o visini tog odnosa. Sve zavisi od toga koliko preduzeće može da podnese finansijsko opterećenje, što je uslovljeno: perspektivama budućeg poslovanja preduzeća, tendencijama u pogledu kretanja kamatnih stopa, sposobnošću finansiranja iz novih dugoročnih dugova i sl.[139]

Tabela 12.2. - *Koeficijent pokrića rashoda na ime kamate*[140]

Sektor	SAD	VB	EU	Japan
Tekstilni	5	4	2	2
Prehrambeni	10	6	5	9
Proizvodni	4	6	2	4
Trgovinski	6	10	9	7
PROSEK	**6,3**	**6,5**	**4,5**	**5,5**

---

[138] Brigham, E. F., Houston, J. F., - *Fundamentals of Financial Management* (tenth edition), Thomson South-Western, United States of America, 2004, str. 507-508.

[139] *Ibid.*, str. 39.

[140] Walsh, C., - *Op. cit.*, str. 317.

1.4. Pokazatelji rentabilnosti

Pokazatelji rentabilnosti se razvrstavaju u dve grupe shodno činjenici da li se njihovo utvrđivanje i analiza vrši samo na osnovu bilansa uspeha ili je neophodno korišćenje bilansa stanja i bilansa uspeha.

U okviru *prve grupe pokazatelja rentabilnosti*, koji se izračunavaju samo na osnovu bilansa uspeha, najznačajniji su:

- stopa poslovnog dobitka,
- stopa neto dobitka i
- koeficijent efikasnosti.

Stopa poslovnog dobitka[141] pokazuje učešće poslovnog dobitka u poslovnom prihodu. Pri izradi investicionih projekata se stopa poslovnog dobitka izračunava po sledećem obrascu:

$$\text{Stopa poslovnog dobitka} = \frac{\text{Bruto dobit + Rashodi kamate}}{\text{Ukupan prihod}}$$

Stopa neto dobitka[142] ili kako se još naziva profitna margina pokazuje učešće neto dobitka u poslovnom prihodu. Pri izradi investicionih projekata se stopa neto dobitka izračunava po sledećem obrascu:

$$\text{Stopa neto dobitka} = \frac{\text{Neto dobitak}}{\text{Ukupan prihod}}$$

Koeficijent efikasnosti pokazuje koliko se ostvaruje ukupnog prihoda na 1 EUR ukupnih rashoda i izračunava se po sledećem obrascu:

$$\text{Koeficijent efikasnosti} = \frac{\text{Ukupan prihod}}{\text{Ukupan rashod}}$$

Koeficijent efikasnosti je jedan od važnijih pokazatelja stanja u kome se preduzeće nalazi. »O krizi se, s pravom, može govoriti ako preduzeće po godišnjem obračunu iskaže gubitke u poslovanju. Pretpostavka za definisanje krize u poslovanju bi bila da je koeficijent efikasnosti ispod jedan, što ukazuje da je vrednosti inputa veća od vrednosti outputa.«[143]

---

[141] U stranoj literaturi poznata kao "Margin Before Interest and Tax".

[142] U stranoj literaturi poznata kao "Profit Margin".

[143] Tuševljak, S., - Procena vrednosti preduzeća u krizi, Savremena administracija, Beograd, 1996, str. 14.

Poželjno je da preduzeće ima visok koeficijent efikasnosti, odnosno da je jedna jedinica troškova pokrivena sa što više jedinica prihoda. Međutim, visok koeficijent efikasnosti automatski ne znači i visoku stopa prinosa. Naime, preduzeće koje ima nizak koeficijent efikasnosti, ali obavezno viši od 1, može da ima višu stopu prinosa od preduzeća sa višim koeficijentom efikasnosti, pod uslovom da ima znatno viši koeficijent obrta sredstava.

U okviru *druge grupe pokazatelja rentabilnosti*, koji se izračunavaju na osnovu podataka iz bilansa stanja i bilansa uspeha, najznačajniji su:

- stopa prinosa na poslovna sredstva i

- stopa prinosa na sopstvena sredstva.

Stopa prinosa na poslovna sredstva[144] je vrlo značajan pokazatelj jer ukazuje na efikasnost menadžmenta da iz angažovanih sredstava generiše profit.[145] Stopa prinosa na ukupna sredstva pokazuje koliko je preduzeće ostvarilo neto dobitka na prosečno angažovana ukupna sredstva i izračunava se po sledećem obrascu:

$$\text{Stopa prinosa na ukupna sredstva} = \frac{\text{Neto dobitak}}{\text{Prosečna ukupna sredstva}}$$

$$\text{Prosečna ukupna sredstva} = \frac{(\text{Ukupna sredstva na kraju prethodne godine} + \text{Ukupna sredstva na kraju tekuće godine})}{2}$$

Du Pont sistem analize[146] predviđa rekomponovanje gornjeg (osnovnog) obrasca u takozvanu osnovnu Du Pont formulu. Osnovni smisao daljeg raščlanjavanja je detaljnija finansijska analiza, koja omogućava argumentovanu ocenu finansijske situacije preduzeća u prethodnom periodu i donošenje adekvatnih odluka koje će imati efekte na budući period.[147]

---

[144] Ova stopa se može nazvati i stopa prinosa na ukupna sredstva jer je u finansijskoj analizi uobičajeno da se neposlovna sredstva (tuđa roba primljena u komision, tuđi materijal primljen na doradu, primljene i date garancije i druga jemstva itd.) zanemaruju. Stoga će se u nastavku umesto termina „poslovna sredstva" koristiti termin „ukupna sredstva". Inače, u stranoj literaturi se stopa prinosa na ukupna sredstva obeležava sa ROI, što je skraćenica od naziva na engleskom jeziku („Return on Investment").

[145] Detaljnije o "stopi prinosa na poslovna sredstva" videti: www.investopedia.com

[146] "Ovaj sistem analize je najpre korišćen u Du Pont kompaniji posle Prvog svetskog rata, da bi kasnije bio stalno usavršavan i korišćen u velikom broju kompanija u SAD", u: Krasulja, D., Ivanišević, M., - *Op. cit.*, str. 49.

[147] *Ibid.*, str. 49.

Osnovna Du Pont formula povezuje stopu neto dobitka sa koeficijentom obrta ukupnih sredstava, odnosno:

Stopa prinosa na ukupna sredstva =
Stopa neto dobitka x Koeficijent obrta ukupnih sredstava

$$\text{Stopa prinosa na ukupna sredstva} = \frac{\text{Neto dobitak}}{\text{Ukupan prihod}} \; x \; \frac{\text{Ukupan prihod}}{\text{Prosečna ukupna sredstva}}$$

Na osnovu iznetog obrasca je uočljivo da preduzeće može da uveća stopu prinosa na ukupna sredstva na dva načina, povećanjem profitne margine i povećanjem koeficijenta obrta ukupnih sredstava. Po pravilu, preduzeća koja ostvaruju nisku stopu neto dobitka imaju visok koeficijent obrta sredstava i obratno.[148]

Stopa prinosa na sopstvena sredstva[149] pokazuje koliko je preduzeće ostvarilo neto dobitka na prosečno angažovana sopstvena sredstva i izračunava se po sledećem obrascu:

$$\text{Stopa prinosa na sopstvena sredstva} = \frac{\text{Neto dobitak}}{\text{Prosečna sopstvena sredstva}}$$

$$\text{Prosečna sopstvena sredstva} = \frac{(\text{Kapital na kraju prethodne godine} + \text{Kapital na kraju tekuće godine})}{2}$$

Proširena Du Pont formula dovodi u vezu stopu prinosa na ukupna sredstva sa strukturom izvora finansiranja, odnosno:

Stopa prinosa na sopstvena sredstva =
Stopa prinosa na ukupna sredstva x Multiplikator sopstvenih sredstava

$$\text{Multiplikator sopstvenih sredstava} = \frac{\text{Prosečna ukupna sredstva}}{\text{Prosečan kapital}}$$

$$\text{Stopa prinosa na sopstvena sredstva} =$$
$$\frac{\text{Neto dobitak}}{\text{Prosečna ukupna sredstva}} \; x \; \frac{\text{Prosečna ukupna sredstva}}{\text{Prosečan kapital}}$$

Povezivanjem osnovne i proširene Du Pont formule se stopa prinosa na sopstvena sredstva izračunava po sledećem obrascu:

$$\text{Stopa prinosa na sopstvena sredstva} =$$
$$\frac{\text{Neto dobitak}}{\text{Ukupan prihod}} \; x \; \frac{\text{Ukupan prihod}}{\text{Prosečna ukupna sredstva}} \; x \; \frac{\text{Prosečna ukupna sredstva}}{\text{Prosečan kapital}}$$

---

[148] *Ibid.*, str. 51.

[149] U stranoj literaturi poznata kao ROE (»Return on Equity«).

Analitički iskazana proširena Du Pont formula je značajno analitičko oružje za sagledavanje razloga odstupanja stope prinosa na sopstvena sredstva između različitih preduzeća, kao i u okviru istog preduzeća tokom različitih vremenskih perioda. Iz obrasca sledi da preduzeće može da poveća stopu prinosa na sopstvena sredstva na sledeće načine:

- *povećanjem profitabilnosti poslovanja* - povećanjem profitne margine;

- *efikasnijim korišćenjem ukupnih poslovnih sredstava* - povećanjem koeficijenta obrta ukupnih poslovnih sredstava; i

- *povećanjem zaduživanja* - povećanjem učešća spoljnih izvora finansiranja u ukupnim izvorima sredstava, sve dok je dodatni prinos na pozajmljena sredstva veći od troškova korišćenja tih sredstava.

Dijagram 12.3. - *Stopa prinosa na sopstvena sredstva*

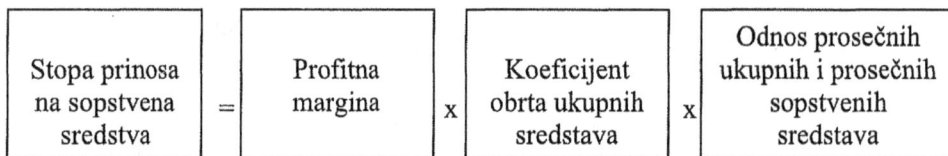

Stopa prinosa na sopstvena sredstva	=	Profitna margina	x	Koeficijent obrta ukupnih sredstava	x	Odnos prosečnih ukupnih i prosečnih sopstvenih sredstava

1.5. Pokazatelji tržišne vrednosti

Pokazatelji tržišne vrednosti se često nazivaju i pokazatelji vlasništva, i njihovo izračunavanje je karakteristično za akcionarska preduzeća.[150]

Svi pokazatelji tržišne vrednosti se dele u dve grupe i to:

- pokazatelji za čije su izračunavanje dovoljni bilansni pokazatelji i

- pokazatelji za čije je izračunavanje, pored bilansnih pokazatelja, potrebno koristiti i informacije sa berze.[151]

U ovom delu će se objasniti samo pokazatelji iz prve grupe, od kojih su pri izradi investicionih projekata najznačajniji:

- neto dobitak po akciji i

- knjigovodstvena vrednost po akciji.

---

[150] Krasulja, D., Ivanišević, M., - *Op. cit.*, str. 54.

[151] Najznačajniji pokazatelji iz druge grupe su objašnjeni u okviru glave XV, poglavlje 2.2. (»Metodi procene vrednosti preduzeća zasnovani na tržišnom konceptu vrednosti«).

Neto dobitak po akciji[152] pokazuje ostvareni neto dobitak po jednoj akciji. Drugim rečima, ovaj pokazatelj ukazuje na raspoloživi neto dobitak po akciji koji se može raspodeliti akcionarima u obliku dividende ili delom akumulirati, što zavisi kako od visine ostvarenog pozitivnog finansijskog rezultata, tako i od politike raspodele rezultata, to jest od dividendne politike.[153] Neto dobitak po akciji se izračunava po sledećem obrascu:

$$\text{Neto dobitak po akciji} = \frac{\text{Neto dobitak}}{\text{Broj akcija}^{154}}$$

Knjigovodstvena vrednost po akciji[155] pokazuje knjigovodstvenu visinu kapitala preduzeća po jednoj akciji. Pod pretpostavkom da dođe do likvidacije preduzeća i prodaje sredstava preduzeća po njihovoj knjigovodstvenoj vrednosti, odnosno pod pretpostavkom da likvidaciona vrednost preduzeća pri prodaji bude ekvivalentna knjigovodstvenoj vrednosti, ovaj pokazatelj pokazuje visinu sredstava koju bi dobio akcionar koji poseduje jednu akciju.[156] Knjigovodstvena vrednost po akciji se izračunava po sledećem obrascu:

$$\text{Knjigovodstvena vrednost po akciji} = \frac{\text{Kapital}}{\text{Broj akcija}}$$

2.   Z TEST

Z test je najpoznatiji metod kompleksne finansijske analize koji se koristi za ocenu stanja određenog preduzeća. Ovaj metod je razvijen 1968. godine od strane Edvarda Altmana i predviđa ocenu stanja preduzeća na osnovu predvidivosti likvidacije. Drugim rečima, stanje preduzeća se ocenjuje kao loše ako performanse preduzeća koje proizilaze iz bilansnih pozicija ukazuju na mogućnost likvidacije, a kao dobro ako se na osnovu performansi preduzeća može predvideti dugoročna egzistencija. Ovaj test se drugačije naziva i »predviđač bankrotstva«, što nije adekvatan naziv jer se primenjuje i kod ocene javnih preduzeća kod kojih je bankrotstvo malo verovatno.

---

[152] U stranoj literaturi poznat kao "EPS"(Earning per Share).

[153] Krasulja, D., Ivanišević, M., - *Op. cit.*, str. 54.

[154] Broj akcija se odnosi samo na emitovane i prodate akcije, odnosno samo na one akcije čiji vlasnik može da stekne pravo na učešće u raspodeli dividende. "Ukoliko preduzeće u strukturi izvora finansiranja ima i preferencijalne akcije, onda se, pre utvrđivanja ovog pokazatelja, preferencijalna dividenda, koja je unapred utvrđena u fiksnom iznosu, oduzima od neto dobitka, kako bi se dobio neto dobitak koji pripada običnim akcionarima", u: *Ibid.*, str. 55.

[155] U stranoj literaturi poznata kao "Book Value".

[156] Krasulja, D., Ivanišević, M., - *Op. cit.*, str. 58.

U osnovi Z testa se nalazi vrednovanje stanja preduzeća na osnovu upoređivanja njihovog Z skora sa unapred određenim standardima.

Izračunavanje Z skora se vrši sledećim koracima:

- izračunaju se racio brojevi,
- množe se racio brojevi sa unapred određenim multiplikatorima i
- sabiraju se multiplikovani racio brojevi.

U nastavku će se prikazati predviđeni racio brojevi i multiplikatori za ocenu otvorenih akcionarskih preduzeća (originalni Z skor) i privatnih preduzeća[157] (Z skor privatnih preduzeća). Različito izračunavanje je posledica činjenice da je originalni Z skor ustanovljen ispitivanjem uzorka koji su činila samo otvorena akcionarska preduzeća sa vrednošću aktive od preko milion američkih dolara. Kako način izračunavanja originalnog Z skora nije bio adekvatan za manja preduzeća koja se nisu kotirala na berzi, kreirana je varijanta Z skora primenjiva za privatna preduzeća.[158]

Tabela 12.4. - *Racio brojevi i multiplikatori u Z testu*

Racio brojevi	Multiplikator kod privatnih preduzeća	Multiplikator kod otvorenih akcionarskih preduzeća
Neto obrtna sredstva / Ukupna sredstva	0,71	1,20
Neraspoređena dobit / Ukupna sredstva	0,85	1,40
Poslovni rezultat / Ukupna sredstva	3,11	3,30
Tržišna vrednost kapitala / Ukupne obaveze		0,60
Knjigovodstvena vrednost kapitala / Ukupne obaveze	0,42	
Prihod od prodaje / Ukupna sredstva	1,00	1,00

Odnos neto obrtnih sredstava i ukupnih sredstava je dobar test za utvrđivanje likvidnosti preduzeća. U preduzećima koja nemaju pozitivnu vrednost neto obrtnih sredstava je opšti racio likvidnosti ispod jedan, to jest preduzeće ne poseduje obrtna sredstva za pokriće kratkoročnih obaveza. Iako su kod objašnjenja opšteg racia likvidnosti[159]

---

[157] Odnosi se na preduzeća koja se ne kotiraju na berzi (po pravilu, takozvana preduzetnička preduzeća).

[158] Detaljnije o Z testu videti na: www.en.vikipedia.org

[159] U okviru ove glave, poglavlje 1.1. ("Pokazatelji likvidnosti").

navedeni primeri koji upućuju na opreznost prilikom davanja zaključaka o rezultatu ovog racia, u praksi su retka preduzeća koja imaju visok udeo neto obrtnih sredstava u odnosu na obrtna sredstva, a koja imaju probleme sa izmirenjem obaveza.

Odnos neraspoređene dobiti i ukupnih sredstava ukazuje na profitabilnost preduzeća, ali i na politiku raspodele rezultata. Preduzeće koje ima visok udeo neraspoređene dobiti u ukupnim izvorima sredstava je preduzeće koje profitabilno posluje jer neraspoređena dobit može da bude iskazana samo u slučaju kada preduzeće ostvaruje pozitivan finansijski rezultat. Dakle, u tim preduzećima se, dugoročno posmatrano, povećava vrednost akcionara, što je osnovni preduslov da bi se za preduzeće moglo reći da ispunjava svrhu svoje egzistencije. Dodatno, ako neraspoređena dobit ne proizilazi samo iz rezultata tekuće godine,[160] visok udeo neraspoređene dobiti ukazuje na visoku stopu prinosa na sopstvena sredstva. U suprotnom, ako su u stanju da alternativnim ulaganjem ostvare veći prinos od prinosa koji bi se ostvario reinvestiranjem u preduzeću u kojem je stvorena dobit, vlasnici će se opredeliti za „isisavanje" dobiti iz preduzeća putem isplate dividende.[161]

Odnos poslovnog rezultata i ukupnih sredstava ukazuje na rentabilnost preduzeća uvažavajući rezultate samo iz redovne poslovne aktivnosti.

Odnos između tržišne vrednosti kapitala i obaveza ukazuje na strukturu izvora sredstava, ali i na tržišnu vrednost jer kapital ne odražava vrednost u poslovnim knjigama, već vrednost tržišne kapitalizacije.[162]

Odnos između knjigovodstvene vrednosti kapitala i obaveza ukazuje na finansijsku strukturu i pokazuje koliko je sredstava finansirano iz sopstvenih izvora ako je 1 EUR sredstava finansiran iz pozajmljenih izvora.

Odnos između prihoda od prodaje i ukupnih sredstava je pokazatelj aktivnosti koji pokazuje koliko je preduzeće na 1 EUR angažovanih sredstava u toku godine ostvarilo EUR prihoda od prodaje.

Iz analize objašnjenih racio brojeva se može zaključiti da Z test ne zanemaruje nijedan relevantni poslovni aspekt preduzeća, obzirom da se za izračunavanje Z skora uvažavaju pokazatelji likvidnosti, rentabilnosti, aktivnosti, finansijske strukture i tržišne vrednosti.

[160] U tim slučajevima je moguće da je neraspoređena dobit iskazana u bilansu stanja samo posledica različitih vremenskih perioda za koji bilans stanja pokazuje stanje i izvore sredstava, i vremenskog perioda kada skupština preduzeća donosi odluku o raspodeli dobiti.

[161] Ponekad, razlog za neisplaćivanje dividende ne mora da bude posledica visokog prinosa u "preduzeću stvaraocu", već nedostatka likvidnih sredstava usled vremenskog nesklada između ostvarenih prihoda i ostvarenih priliva.

[162] Tržišna kapitalizacija preduzeća = Broj akcija preduzeća x Tržišna vrednost jedne akcije preduzeća

Tabela 12.5. - *Ocena Z skora*

Ocena	Rezultat Z skora kod privatnih preduzeća	Rezultat Z skora kod otvorenih akcionarskih preduzeća
Zona sigurnosti	Z > 2,90	Z > 2,99
Siva zona	1,23 < Z > 2,90	1,80 < Z > 2,99
Zona bankrotstva	Z < 1,23	Z < 1,80

Altman je zaključio da preduzeća koja se na osnovu rezultata Z skora nalaze u zoni sigurnosti su zdrava preduzeća, dok preduzeća koja se nalaze u zoni bankrotstva, po pravilu, bankrotiraju. Što se tiče preduzeća sa srednjom vrednošću Z skora, kod njih su najizraženiji nedostaci samog Z testa. Stoga je pitanje da li njihov Z skor odražava realno stanje, pa ih je najbolje svrstati u okviru sive (nedovoljno poznate) zone.[163]

Osnovni nedostaci Z testa je što nije imun na računovodstvene greške, zanemaruje novčani tok, a i nije najprikladniji kod novijih preduzeća koja obično imaju malu ili nikakvu neraspoređenu dobit. Otuda je Z test najbolje razumeti kao model za brzu ocenu finansijskog stanja preduzeća[164] i ako rezultati testa ukažu na potencijalne poteškoće u poslovanju preduzeća poželjno je izvršiti detaljnu finansijsku analizu.

U investicionim projektima primena Z testa, kao i kod Z testa privatnih preduzeća, predviđa da se koristi odnos knjigovodstvene vrednosti kapitala i obaveza. Takođe, kako se u projektovanom bilansu stanja, po pravilu, na kapitalu, iskazuje kumulativna neto dobit od početka eksploatacije, umesto odnosa neraspoređene dobiti i ukupnih sredstava se iskazuje odnos godišnje neto dobiti i ukupnih sredstava. Zbog navedenih specifičnosti, osnovni smisao Z testa u investicionim projektima nije ocena preduzeća poređenjem Z skora sa postavljenim standardima, već praćenje promene Z skora, a time i stanja preduzeća, po godinama trajanja projekta.

Kako se zbog kompleksnosti ne primenjuje u investicionim projektima, samo će se napomenuti da je kao rezultat potrebe za poboljšanjem Z testa, 1977. godine razvijen **ZETA model**. Za razliku od Z testa koji je jednostavan i sadrži 5 racio brojeva, ZETA model je složeniji i njegova primena se zasniva na izračunavanju 7 varijabli, koje ukazuju na: stopu povraćaja na ukupna sredstva, stabilnost rezultata, nivo pokrića rashoda na ime kamate, udeo neraspoređene dobiti u ukupnim sredstvima, nivo likvidnosti, udeo akcijskog u ukupnom kapitalu i visinu ukupnih sredstava.[165] Analizom

---

[163] Van Horne, J. C., - *Op. cit.*, str. 783.

[164] Za izračunavanje Z skora je moguće koristiti i takozvane "Z kalkulatore", čija involvirana softverska rešenja omogućavaju da se dobije Z skor ako korisnik unese samo neophodne podatke za izračunavanje racio brojeva. Jedan od "Z kalkulatora" videti na: www.creditguru.com

[165] Detaljnije o varijablama koje se koriste u ZETA modelu videti u: Fabozzi, F. J., - *Fixed Income Analysis* (second edition), CFA Institute, United States of America, 2005, str. 597.

64 preduzeća koja su bankrotirala, Altman je utvrdio da se ZETA modelom u 95% slučajeva moglo predvideti bankrotstvo na osnovu finansijskih izveštaja preduzeća koji su sadržali podatke godinu dana pre bankrotstva, a u 63% slučajeva na osnovu finansijskih izveštaja preduzeća koji su sadržali podatke pet godina pre bankrotstva.

3. FINANSIJSKA ANALIZA PREDVIĐENA OSNOVNIM METODOLOGIJAMA

U **Zajedničkoj metodologiji** se celokupna finansijska analiza svodi na izračunavanje 18, kako se u Metodologiji nazivaju, pokazatelja efikasnosti i opremljenosti. Predviđeni pokazatelji su prikazani u narednoj tabeli.

Tabela 12.6. - *Pokazatelji efikasnosti i opremljenosti predviđeni Zajedničkom metodologijom* [166]

Pokazatelj	Postupak izračunavanja
Bruto plata po radniku	Trošak bruto plata / Broj radnika
Kvalifikaciona struktura radnika	Broj radnika sa visokim i višim obrazovanjem / Broj radnika
Kapitalna opremljenost radnog mesta	Ulaganja / Broj radnika u najvećoj smeni
Prihod po radniku	Ukupan prihod / Broj radnika
Utrošak energije po jedinici proizvoda	Utrošak energije (u jedinicama) / Količina proizvoda
Energetska intenzivnost	Troškovi energije / Materijalni troškovi
Neto devizni efekat	Devizni priliv / Devizni odliv
Učešće izvoza u ukupnom prihodu	Vrednost izvoza (bez premija) / Ukupan prihod (bez premija)
Pokriće uvoza izvozom	Vrednost izvoza / Vrednost uvoza
Uvozna zavisnost proizvodnje	Uvozni deo materijalnih troškova / Ukupni materijalni troškovi
Troškovi razvoja	Troškovi istraživanja i razvoja / Ukupan prihod
Kratkoročna likvidnost	Kratkoročna potraživanja / Kratkoročne obaveze
Nivo dugoročne zaduženosti	Dugoročni krediti + Dugoročno udružena sredstva na kreditnoj osnovi / Ukupna pasiva
Prosečni trošak sredstava	Kamata na dugoročne i kratkoročne kredite / Sadašnja vrednost ulaganja
Akumulativnost	Neto dobit / Ulaganja
Ekonomičnost proizvodnje	Ukupan prihod / Ukupan rashod
Reproduktivna sposobnost	Neto dobit + Amortizacija / Ulaganja
Sigurnost investicionih ulaganja[167]	Slobodni deo poslovnog fonda + Kamate na dugoročne kredite / Anuiteti dugoročnih kredita

---

[166] *Priručnik za primenu Zajedničke metodologije za ocenjivanje društvene i ekonomske opravdanosti investicija i efikasnosti investiranja u SFRJ - 3 operativno uputstvo za izradu investicijske studije - programa*, Op. cit., str. 172-173.

[167] Ovaj pokazatelj je doslovno preuzet iz Zajedničke metodologije (videti u: *Ibid.*, str. 173.), mada nije jasan ni njegov smisao, kao ni način izračunavanja.

Zajedničkom metodologijom je predviđena statička finansijska analiza jer je predviđeno da se pokazatelji izračunavaju na osnovu podataka iz reprezentativne godine, to jest godine normalnog korišćenja kapaciteta. Dodatno je predviđeno da se izračunati pokazatelji efikasnosti i opremljenosti upoređuju sa identičnim pokazateljima preduzeća iz iste privredne grane. Poželjno je da su pokazatelji razmatranog investicionog projekta bolji od proseka u grupaciji, a svakako, za predlog odluke o realizaciji razmatrane investicije, pokazatelji »sa projektom« trebaju biti bolji od pokazatelja »bez projekta«.

Osnovna zamerka koja bi u vezi finansijske analize mogla da se uputi autorima Zajedničke metodologije je da su socijalni i društveni efekti investicije predmet većeg broja pokazatelja. Nasuprot tome, izračunavanje većeg broja, sa aspekta ekonomske teorije relevantnih pokazatelja, nije predviđeno Metodologijom. Time se nameće pitanje o istinosti proklamovane teze u Metodologiji da je prvenstveno namenjena preduzećima koja posluju u tržišnim uslovima. U svakom slučaju, postoji veliki broj pokazatelja koji očiglednije ukazuju na uspešnost poslovanja preduzeća u tržišnim uslovima nego što su to pokazatelji o visini zarade, utrošku energije po jedinici proizvoda, efektima poslovanja sa aspekta platnog bilansa zemlje itd.

Za razliku od Zajedničke metodologije, sadržaj finansijske analize u **UNIDO metodologiji** nije precizno determinisan, već su samo data kratka objašnjenja za pokazatelje koji se najčešće koriste pri izradi investicionih projekata i to za: opšti i rigorozni racio likvidnosti - *pokazatelji likvidnosti*; koeficijent obrta kupaca i koeficijent obrta zaliha[168] - *pokazatelji aktivnosti*; odnos učešća i duga[169] i dr. - *pokazatelji finansijske strukture*; i stopu neto dobiti, stopu prinosa na prosečna ukupna sredstva i stvorenu gotovinu[170] - *pokazatelji rentabilnosti*.[171]

U Metodologiji je potencirana sloboda autorima finansijskog dela investicionih projekata za prikaz i drugih pokazatelja, a konkretan odabir pokazatelja je prvenstveno uslovljen vrstom investicije.

---

[168] Iako je pri analizi stvarnih bilansa preduzeća koeficijent obrta zaliha jedan od najznačajnijih pokazatelja aktivnosti preduzeća, u ovoj knjizi su izostavljena objašnjenja ovog racia. Naime, za njegovo izračunavanje su potrebni podaci o ceni koštanja realizovanih proizvoda i o vrednosnom stanju zaliha. Obzirom na specifičnost vrednosno iskazanih zaliha u investicionim projektima, a što je detaljno objašnjeno u glavi IX, poglavlje 2 („Trajna obrtna sredstva"), po pravilu, u investicionim projektima se ne izračunava koeficijent obrta zaliha.

[169] "Banke vrlo često odbijaju da finansiraju projekat kod kojeg su zajmovi veći od iznosa koji je investitor spreman da uloži, pa se visina zajma ograničava na 50% od ukupnog ulaganja za investiciju", u: *Priručnik za pripremu industrijskih studija izvodljivosti*, Op. cit., str. 166.

[170] "Važan pokazatelj je veličina stvorene gotovine za godinu dana: neto profit + amortizacija + otplata duga", u: *Priručnik za pripremu industrijskih studija izvodljivosti*, Op. cit., str. 166.

[171] *Ibid.*, str. 165-167.

Za razliku od Zajedničke metodologije, UNIDO metodologiji ne mogu da se upute primedbe na kvalitet predviđenih pokazatelja. Međutim, u UNIDO metodologiji je finansijska analiza krajnje površno razmatrana, tako da u tom segmentnu nije adekvatno pomagalo autorima pri izradi investicionih projekata, a što bi trebalo da bude osnovni smisao svake metodologije.

GLAVA XIII
POKAZATELJI EFIKASNOSTI

Merenje efekata koji se očekuju od eksploatacije razmatranog investicionog ulaganja omogućava da se oceni da li će očekivani efekti nadmašiti potrebna ulaganja. Taj postupak se naziva ocena efikasnosti, odnosno opravdanosti realizacije posmatranog investicionog projekta i služi za donošenje investicione odluke.[172]

Ocena efikasnosti investicionog projekta može biti:

- finansijska (komercijalna) i
- društvena (nacionalna).

Finansijska ocena je najznačajnija ocena kod najvećeg broja investicionih projekata jer se bazira na efektima koje razmatrani projekat donosi investitoru. U okviru finansijske ocene su svi efekti merljivi, tako da se mogu kvantitativno izraziti putem pokazatelja efikasnosti investicionog ulaganja.

Da bi se mogli izračunati pokazatelji efikasnosti neophodno je projektovati **ekonomski tok**.[173] To je pomoćni finansijski izveštaj u čijoj se osnovi nalazi projektovani izveštaj o tokovima gotovine. Stoga se ekonomski tok može definisati kao specifičan izveštaj o tokovima gotovine projektovan sa osnovnim ciljem da se omogući ocena rentabilnosti investicionog projekta.[174]

Projekcija ekonomskog toka se vrši na različite načine što je prvenstveno opredeljeno namenom, odnosno osnovnim korisnicima investicionog projekta. Razlikuju se sledeće vrste ekonomskih tokova:

- ekonomski tok sa aspekta preduzeća,
- ekonomski tok sa aspekta vlasnika i
- ekonomski tok bez zaduživanja.

---

[172] Jovanović, P., - *Upravljanje investicijama*, Grafoslog, Beograd, 1997, str. 82.

[173] Pri praktičnoj izradi investicionih projekata se svi pokazatelji efikasnosti ulaganja, na osnovu kojih se donosi finansijska ocena, izračunavaju i prikazuju u okviru tabele gde je projektovan ekonomski tok.

[174] Brnjas, Z., - *Kako pripremiti biznis plan?*, Privredni pregled, Beograd, 2002, str. 120.

Ekonomski tok sa aspekta preduzeća se izrađuje kada su osnovni korisnici investicionog projekta subjekti van preduzeća, to jest kada je njegova osnovna namena obezbeđenje kredita. Projektovani ekonomski tok se u odnosu na projektovani izveštaj o tokovima gotovine razlikuje u tome što je iz odliva isključena otplata kredita. Iznos otplate kredita se zajedno sa ulaganjima planiranim da se finansiraju iz sopstvenih izvora grupno prikazuje u okviru investicionih ulaganja.

Ekonomski tok sa aspekta vlasnika se izrađuje kada su osnovni korisnici investicionog projekta vlasnici preduzeća, koje prvenstveno interesuje efekat na sopstvena uložena sredstva. Ovaj ekonomski tok je identičan projektovanom izveštaju o tokovima gotovine, a kao investiciona ulaganja se prikazuje samo vrednost koja je planirana da bude finansirana iz sopstvenih izvora.

Ekonomski tok bez zaduživanja podrazumeva analizu razmatrane investicione alternative pod pretpostavkom da se sva potrebna ulaganja finansiraju iz sopstvenih sredstava. Razlika u odnosu na projektovani izveštaj o tokovima gotovine je u tome što ekonomski tok bez zaduživanja ne sadrži odlive koji su prouzrokovani zaduživanjem, kao što su: otplata duga, troškovi kamate, troškovi garancije itd. Investiciona ulaganja se prikazuju u iznosu ukupnih potrebnih ulaganja, koja u odnosu na investiciona ulaganja prikazana u ekonomskom toku sa aspekta preduzeća mogu da budu manja za kapitalizovani iznos, koji je, takođe, posledica zaduživanja.

Za razliku od ekonomskog toka sa aspekta vlasnika i sa aspekta preduzeća, ekonomski tok bez zaduživanja može da se projektuje kada su osnovni korisnici investicionog projekta subjekti izvan, ali i kada su osnovni korisnici subjekti unutar preduzeća.

Ekonomski tok bez zaduživanja izrađen za eksterne korisnike se projektuje kod takozvanih specifičnih studija mogućnosti, kojima je cilj da se kroz manje detaljan prikaz osnovnih investicionih aspekata određenog proizvodnog programa zainteresuju potencijalni investitori, koji bi kasnije, uvažavajući i sopstvene projektovane izvore finansiranja, kroz investicione projekte detaljnije razradili investicionu ideju.[175]

Ekonomski tok bez zaduživanja se izrađuje za interne potrebe kada preduzeće koje raspolaže sopstvenim sredstvima za finansiranje svih potrebnih ulaganja razmatra isplativost delimičnog finansiranja iz spoljnih izvora. Pretpostaviće se da preduzeće razmatra projekat u kojem ulaganja iznose 90 EUR, od kojih 50 EUR može da se finansira iz kredita. Ako preduzeće raspolaže sa 90 EUR, investicionu odluku o strukturi finansiranja bi donelo komparacijom ekonomskog toka bez zaduživanja u kojem bi investiciona ulaganja iznosila 90 EUR, sa zbirom ekonomskih tokova sa aspekta vlasnika, gde bi se jedan ekonomski tok odnosio na konkretan projekat i u kojem bi

---

[175] Detaljnije o specifičnim studijama mogućnosti videti glavu 2, poglavlje 3 ("Podržavajuće studije").

investiciono ulaganje iznosilo 40 EUR, a drugi ekonomski tok na alternativni projekat u koji bi se uložilo preostalih 50 EUR sopstvenih sredstava.

Od navedena tri ekonomska toka, Zajedničkom i UNIDO metodologijom je predviđena izrada ekonomskog toka sa aspekta preduzeća i ekonomskog toka sa aspekta vlasnika, te se oni smatraju osnovnim ekonomskim tokovima. Ekonomski tok sa aspekta preduzeća, pored toga što ukazuje na isplativost ukupnih ulaganja, a time i na ekonomski potencijal investicionog projekta,[176] realnije ukazuje i na osetljivost projekta na neplanirane događaje. Iz tog razloga finansijeri odluku o tome da li će i pod kojim uslovima odobriti zajam donose na osnovu ekonomskog toka sa aspekta preduzeća. Nasuprot tome, ekonomski tok sa aspekta vlasnika ukazuje na stvaran prinos vlasnika, te je ovaj ekonomski tok osnov za donošenje investicione odluke u preduzeću.[177]

Između osnovnih ekonomskih tokova može da postoji konflikt, to jest različiti zaključci mogu da proisteknu kada se efekti investicionog ulaganja ocenjuju na osnovu ekonomskog toka sa aspekta preduzeća i kada se efekti investicionog ulaganja ocenjuju na osnovu ekonomskog toka sa aspekta vlasnika. Pretpostaviće se da se u preduzeću razmatraju dva investiciona projekta (A i B) sa identičnom procenjenom vrednošću ulaganja od 100 EUR i identičnim rokom trajanja projekta od godinu dana. U projektu A će se pretpostaviti da je 20% ulaganja planirano da se finansira iz kredita i da, nakon otplate duga od 20 EUR, preduzeće na kraju roka trajanja projekta ostvaruje 90 EUR neto priliva. U projektu B će se pretpostaviti se da je 50% ulaganja planirano da se finansira iz kredita i da, nakon otplate duga od 50 EUR, preduzeće na kraju roka trajanja projekta ostvaruje 57 EUR neto priliva.

I - Ekonomski tok sa aspekta preduzeća

Godišnji prinos (u %) na angažovana ukupna sredstva u projektu A =
(90 + 20 - 100) / 100 = 10,00%

Godišnji prinos (u %) na angažovana ukupna sredstva u projektu B =
(57 + 50 - 100) / 100 = 7,00%

---

[176] *Priručnik za primenu Zajedničke metodologije za ocenjivanje društvene i ekonomske opravdanosti investicija i efikasnosti investiranja u SFRJ - 3 operativno uputstvo za izradu investicijske studije - programa*, Op. cit., str. 174.

[177] "Sa aspekta preduzetnika, investicioni kriterijum predstavlja finansijski povraćaj investiranog kapitala. Investitor, po pravilu, finansira projekat delimično kroz učešće sredstava, a delimično kroz pozajmljena sredstva. Njegov primarni interes je da zna profitabilnost uloženog kapitala, to jest neto profit posle poreza podeljen sa ukupnim učešćem", u: *Priručnik za pripremu industrijskih studija izvodljivosti*, Op. cit., str. 171.

II - Ekonomski tok sa aspekta vlasnika

Godišnji prinos (u %) na angažovana sopstvena sredstva u projektu A =
(90 + 20 - 100) / 80 = 12,50%

Godišnji prinos (u %) na angažovana sopstvena sredstva u projektu B =
(57 + 50 - 100) / 50 = 14,00%

Društvena ocena se zasniva na efektima koje bi od realizacije investicionog projekta imala cela država. Identično kao i finansijska ocena, društvena ocena se prvenstveno donosi na osnovu merljivih efekata, od kojih su najznačajniji takozvani društveni pokazatelji efikasnosti. Za njihovo izračunavanje je potrebno projektovati društveno ekonomski tok, što je znatno kompleksnije od projekcije ekonomskih tokova.[178] Pored merljivih efekata, pri društvenoj oceni se u obzir uzimaju i efekti koji se ne mogu izmeriti, pa se ne izražavaju kvantitativno, već opisno (kvalitativno).

Dijagram13.1. - *Ocena investicionog projekta*

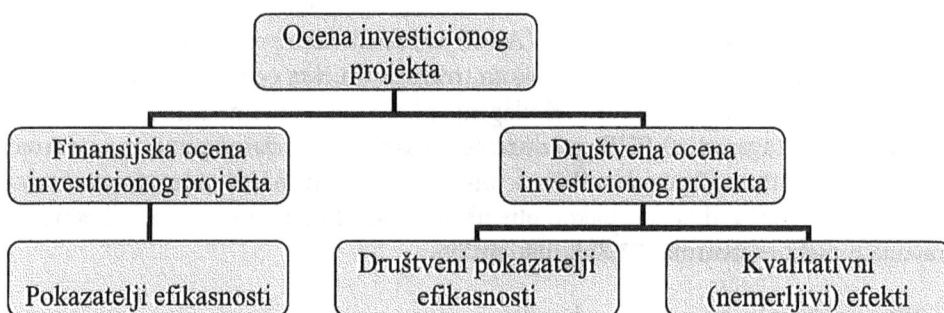

1. FINANSIJSKA OCENA

Brojni pokazatelji efikasnosti ulaganja koji se koriste pri finansijskoj oceni se primarno razvrstavaju u sledeće grupe:

- dinamički pokazatelji efikasnosti ulaganja i
- statički pokazatelji efikasnosti ulaganja.

Kriterijum za primarnu podelu je uvažavanje vremenske vrednosti novca. Vremenska vrednost novca se uvažava pri izračunavanju dinamičkih pokazatelja efikasnosti, a zanemaruje pri izračunavanju statičkih pokazatelja efikasnosti.

---

[178] Objašnjenje postupka projekcije društveno ekonomskog toka prezentirano u okviru ove glave, poglavlje 5 („Društvena ocena").

Suština **vremenske vrednosti novca** se zasniva na činjenici da jedan EUR raspoloživ danas više vredi od jednog EUR raspoloživog sutra, a manje vredi od jednog EUR raspoloživog juče. Snižavanje realne vrednosti istog nominalnog iznosa tokom vremenskog perioda je uslovljeno sa više faktora od kojih su najznačajniji:

- inflacija,
- oportunitetni trošak i
- rizik ulaganja.

Snižavanje realne vrednosti usled *inflacije* je lako razumljivo jer se, na kraju posmatranog inflatornog perioda, za istu nominalnu količinu novca može kupiti manja količina proizvoda nego što se može kupiti pre nego što su proizvodi poskupeli. Kako se investicioni projekti rade u stalnim cenama, prilikom razmatranja investicionih alternativa se faktor inflacije apstrahuje.

U osnovi koncepta *oportunitetnog troška* se nalazi mogućnost preduzeća da raspoloživi novac na različite načine uloži u sadašnjosti sa ciljem njegovog uvećanja u budućnosti. Dakle, novac nije besplatan već ima svoju cenu, koja je pre svega determinisana propuštenim prinosom koji bi se mogao ostvariti ulaganjem u druge mogućnosti. Različita preduzeća mogu da imaju različite mogućnosti ulaganja sa različitim mogućim prinosima. Tada bi i cena novca, to jest oportunitetni trošak bio različit. Pretpostaviće se da preduzeća A i B razmatraju istu investicionu alternativu sa rokom trajanja projekta od godinu dana i u kojoj se očekuje da se na 100 EUR angažovanog kapitala ostvari godišnji prinos od 10%. Ako u istom momentu preduzeće A ima mogućnost da 100 EUR uloži u alternativni projekat sa istim rokom trajanja uz očekivani godišnji prinos od 11%, a preduzeće B u alternativni projekat sa istim rokom trajanja uz očekivani godišnji prinos od 9%, racionalno ponašanje sugeriše prihvatanje projekta od strane preduzeća B, a prihvatanje alternativnog projekta od strane preduzeća A. Naime, identična nominalna vrednost od 110 EUR, za preduzeće A ima manju, a za preduzeće B veću realnu vrednost od visine potrebnih ulaganja. Realna buduća vrednost, iskazana u novčanim jedinicama koji vrednosno odgovaraju momentu izrade investicionog projekta, se naziva **sadašnja vrednost**.

I - Sadašnja vrednost neto priliva razmatranog projekta za preduzeće A

$$110 \text{ EUR} / (1 + 11\%) = 99,10 \text{ EUR}$$

II - Sadašnja vrednost neto priliva razmatranog projekta za preduzeće B

$$110 \text{ EUR} / (1 + 9\%) = 100,92 \text{ EUR}$$

U kontekstu koncepta oportunitetnog troška, razmatranje ne treba ograničiti samo na alternativne proizvodne mogućnosti, već u obzir treba uzeti i ostale alternative u kojima ulaganjem može da se ostvari prinos. Tako, na primer, ako preduzeće može da uloži sredstva u državne hartije od vrednosti sa godišnjim prinosom od 7%, aktiviranje alternativne proizvodne mogućnosti ima smisla samo u slučaju da je očekivana stopa prinosa viša.

Jedna od osnovnih karakteristika svakog investicionog ulaganja je *rizik* da se vrednosti projektovane kroz investicioni projekat ne ostvare u realnom poslovanju.[179] Različiti faktori opredeljuju različite vrste rizika, kao što su: politička nestabilnost i promenljivo zakonodavstvo u državi, finansijska i poslovna situacija preduzeća, itd.[180] Ispravnost donete investicione odluke je u znatnoj meri uslovljeno preciznom kvantifikacijom rizika. Kvantifikacijom rizika, koju treba razumeti kao univerzalnu neophodnost kod svakog investicionog razmatranja,[181] se kao i kod ostalih relevantnih faktora, buduća očekivana vrednost svodi na sadašnju vrednost. Pretpostaviće se da preduzeće razmatra mogućnost ulaganja 100 EUR u dva alternativna projekta (A i B), sa očekivanim godišnjim prinosom od 10% u projektu A, a 6% u projektu B; i procenjenim rizikom ulaganja od 8% u projektu A, a 3% u projektu B.

I - Sadašnja vrednost neto priliva projekta A

$$100 \text{ EUR} \times (1 + 10\%) / (1 + 8\%) = 101,85 \text{ EUR}$$

II - Sadašnja vrednost neto priliva projekta B

$$100 \text{ EUR} \times (1 + 6\%) / (1 + 3\%) = 102,91 \text{ EUR}$$

Na osnovu izračunatih sadašnjih vrednosti alternativnih projekata, preduzeće će se opredeliti za ulaganje u projekat B jer veći potencijalni prinos kod projekta A nije dovoljan da nadomesti veći diferencijalni rizik.

Pored navedenih objektivnih faktora koji se uzimaju u obzir kada se ulaganje posmatra sa aspekta preduzeća, *vremenska preferencija potrošnje* je dodatni relevantni (subjektivni) faktor koji odražava vremensku vrednost novca sa aspekta vlasnika preduzeća. Vremenska preferencija potrošnje se bazira na činjenici da je ljudskoj prirodi svojstveno da se želje i potrebe zadovoljavaju što pre, a da se svako odlaganje zadovoljenja

---

[179] "Svako investiranje skopčano je sa odgovarajućim rizikom. Osnovno pravilo je: veći rizik investiranja mora obezbediti veću stopu povraćaja na investicije i obratno", u: Vlahović, A., „Cena sopstvenog kapitala nakon agresije na SRJ", u: *Finansijska tržišta - mesto i uloga u novim uslovima*, Op. cit, str. 175.

[180] Detaljna objašnjenja vrsta rizika videti u glavi XV ("Procena vrednosti preduzeća").

[181] Bessis, J., - *Risk Management in Banking*, John Wiley & Sons, New York, 2002, str. 11.

želja smatra žrtvom koja ima svoju cenu. Dakle, 1.000 EUR koje mogu da se potroše danas nisu uporedive sa 1.000 EUR koje mogu da se potroše tek za pet godina, čak i pod pretpostavkom da će za 1.000 EUR moći da se kupi ista količina proizvoda.[182]

2.   DISKONTNA STOPA

Diskontna stopa izražava suštinu vremenske vrednosti novca jer se njenom primenom omogućava realno vrednovanje nominalnih vrednosti koje se odnose na različiti vremenski period. Kako su predmet investicionog razmatranja buduće vrednosti, osnovna svrha diskontne stope pri investicionom odlučivanju je realno vrednovanje budućih finansijskih vrednosti ili kako to pojedini autori nazivaju vrednovanje finansijske budućnosti[183].

Diskontna stopa se, shodno faktorima koji se uzimaju u obzir prilikom njenog određivanja, na različite načine definiše. Po Dejvidu Pirsu, vremenska preferencija potrošnje i oportunitetni trošak su osnovni faktori na osnovu kojih se određuje diskontna stopa. »To je stopa po kojoj se diskontuju budući prihodi i troškovi usled vremenske preferencije ili postojanja pozitivne kamatne stope. Tako, ako neko lice na ime kamate dobije 100 $ svake godine, 100 $ u prvoj godini vredi manje nego 100 $ danas, pre svega zbog toga što to lice preferira da ostvari prihod danas (odnosno pre) nego kasnije ili se 100 $ danas može investirati uz godišnju kamatnu stopu r i dobiti: $100 \ \$ \ x \ (1 + r)$ posle jedne godine. Iz tog razloga je pojedincu svejedno da li ima 100 $ sada ili $100 \ \$ \ x \ (1 + r)$ kroz godinu dana. Iz toga sledi da mu je takođe svejedno da li ima $100 \ \$ \ / \ (1 + r)$ sada ili 100 $ sledeće godine«.[184] Diskontna stopa se, uvažavanjem rizika i oportunitetnog troška kao relevantnih faktora za njeno određivanje, definiše kao stopa prinosa koja uz isti rizik može da se ostvari u najboljoj mogućoj alternativi. U kontekstu investicionih projekata, diskonta stopa se definiše kao korektivna stopa kojom se sve nominalne vrednosti koje su relevantne za izračunavanje dinamičkih pokazatelja efikasnosti svode na sadašnje vrednosti.

Sam naziv »sadašnja vrednost« upućuje da bi vrednosti na koje se nominalne vrednosti svode trebale da odgovaraju novčanim jedinicama u sadašnjosti, odnosno u momentu izrade investicionih projekata. Takav pristup implicira da se sve nominalne

---

[182] Cvjetićanin, D., - *Upravljanje portfeljom* (skripta sa seminara za brokere održanog u Banjaluci 2002. god.), str. 2.

[183] "Vrednovanje finansijske budućnosti ima za cilj razumevanje budućih i sadašnjih cena", u: Elton, E. J., Gruber, M. J., Brown, S. J., Goetzmann, W. N., - *Modern Portfolio Theory and Investment Analysis* (sixth edition), John Wiley & Sons, United States of America, 2003, str. 602. Navedeni citat se odnosi na vrednovanje cena hartija od vrednosti na finansijskom tržištu (Op. aut.).

[184] Pirs, D., - *Mekmilanov rečnik - Moderna ekonomija*, Dereta, Beograd, 2003, str. 72.

relevantne vrednosti odnose na budući period, tako da se diskontnom stopom samo buduće vrednosti svode na sadašnju. I pored toga, radi lakšeg razumevanja samog koncepta (svođenje budućih, ali i prethodnih vrednosti na sadašnju vrednost), u nastavku će se sadašnja vrednost odrediti u momentu (danu) koji neposredno prethodi početku eksploatacije. Inače, iz praktičnih razloga (lakše i razumljivije svođenje na sadašnju vrednost neto priliva u veku trajanja projekta), ovakav pristup je uobičajen pri praktičnoj izradi investicionih projekata koji se odnose na ekonomsko nezavisne investicije, a kako se sve nominalne vrednosti, takođe, svode na vrednost u istom momentu, ne remete se zaključci koji iz analize proizilaze.

U vezi primene diskontne stope pri investicionom odlučivanju, tri su ključna pitanja na koje je potrebno odgovoriti i to:

- Na koje se vrednosti primenjuje diskontna stopa?
- Kako se diskontna stopa primenjuje?
- Kolika treba da bude visina diskontne stope?

Kako su prilivi, odlivi i visina ulaganja osnovne analitičke kategorije u projektovanom ekonomskom toku, to su istovremeno i **vrednosti na koje se primenjuje diskontna stopa**. Dakle, diskontnom stopom se svode nominalne vrednosti priliva, odliva i ukupnih investicionih ulaganja, odnosno sopstvenih ulaganja kod ekonomskog toka sa aspekta vlasnika, na sadašnju vrednost.

Primena diskontne stope, koja se uvek određuje na godišnjem nivou, zavisi od toga da li se vrednosti na koje se primenjuje odnose na prethodni ili budući period u odnosu na period za koji se određuje sadašnja vrednost. *Vrednosti koje se odnose na prethodni period* se uvećavaju množenjem nominalnih vrednosti sa faktorom akumulacije $(1 + d)^n$, gde je »d« diskontna stopa, a »n« pripadajući period. Pod pripadajućim periodom se u predmetnom kontekstu podrazumeva vremenska razlika između perioda na koju se vrednost odnosi i perioda za koji se određuje sadašnja vrednost. Kada se pripadajući period ne odnosi na godišnji, već na dnevni nivo, »n« predstavlja količnik pripadajućeg perioda i broja dana u godini, što implicira da se u svim slučajevima sadašnja vrednost izračunava primenom konformne metode. *Vrednosti koji se odnose na budući period* se umanjuju množenjem nominalnih vrednosti sa diskontnim faktorom $(1 / (1 + d)^n)$,[185] gde je, identično kao i kod faktora akumulacije, »d« diskontna stopa, a »n« pripadajući period.[186]

---

[185] Detaljnije o diskontnom faktoru videti na: www.finansije.net

[186] Faktor akumulacije potiče od naziva akumulisanje pod kojim se podrazumeva svođenje sadašnjih vrednosti na buduće vrednosti, a diskontni faktor potiče od naziva diskontovanje pod kojim se podrazumeva svođenje budućih vrednosti na sadašnje vrednosti.

Upoređivanjem postupka svođenja prethodnih i budućih vrednosti na sadašnje vrednosti se zaključuje da je diskontni faktor recipročna vrednost faktora akumulacije.

$$\text{Faktor akumulacije} = \frac{1}{\text{Diskonti faktor}} \quad \Rightarrow \quad \text{Faktor akumulacije x Diskontni faktor} = 1$$

Shodno odnosu između faktora akumulacije i diskontnog faktora, svođenje prethodnih i budućih vrednosti na sadašnje vrednosti se može vršiti i na drugačiji način od opisanog. Tako se prethodne nominalne vrednosti mogu uvećavati deljenjem sa diskontnim faktorom, a buduće nominalne vrednosti smanjivati deljenjem sa faktorom akumulacije. U nastavku, u zavisnosti na period na koji se odnose, nominalne vrednosti svodiće se na sadašnju deljenjem ili množenjem sa faktorom akumulacije.

Dakle, svođenje nominalnih na sadašnju vrednost se vrši po sledećim obrascima:

I - za prethodne vrednosti

$$\text{Vsad} = \text{Vnom} \times (1 + d)^n$$

II - za buduće vrednosti

$$\text{Vsad} = \text{Vnom} / (1 + d)^n$$

gde je:
Vsad - sadašnja vrednost (priliva, odliva, ulaganja),
Vnom - nominalna vrednost (priliva, odliva, ulaganja),
d - diskontna stopa i
n - pripadajući period.

Pri primeni diskontne stope postoje određene specifičnosti koje se odnose na:

- neto prilive (bez rezidualne vrednosti) u toku eksploatacije,

- prilive po osnovu naplate (oslobađanja) rezidualne vrednosti i

- investiciona ulaganja.

Neto prilivi (bez rezidualne vrednosti) u toku eksploatacije predstavljaju pozitivnu razliku između iskazanih priliva i odliva u projektovanom ekonomskom toku. Zajednička karakteristika svih neto priliva iz projektovanog ekonomskog toka je da se odnose na budući period u odnosu na momenat kada se određuje njihova realna vrednost, tako da se sadašnja vrednost izračunava deljenjem nominalnih vrednosti neto priliva sa faktorom akumulacije, to jest množenjem nominalnih vrednosti neto priliva sa diskontnim faktorom.

Kod investicionih projekata posmatranih sa aspekta preduzeća i u kojima nisu izražene sezonske oscilacije se pretpostavlja da se svi prilivi i svi odlivi ravnomerno dešavaju tokom godine, počevši od prvog dana u godini, a zaključno sa poslednjim danom. Uz pretpostavljene identične dnevne neto prilive, sadašnja vrednost godišnjih neto priliva, pojedinačno posmatranih po godinama roka trajanja projekta, se izračunava po sledećem obrascu:

$$SVnpr = \frac{Npr1}{(1 + d)^{1/365}} + \frac{Npr1}{(1 + d)^{2/365}} \cdots + \frac{Npr1}{(1 + d)^{365/365}}$$

gde je:

SVnpr - sadašnja vrednost neto priliva ostvarenih u jednoj godini,

Npr1 - neto priliv za jedan dan koji predstavlja količnik godišnjeg neto priliva i broja dana u godini i

d - diskontna stopa.

Kako su količnici sukcesivnih članova jednaki i odgovaraju vrednosti diskontnog faktora za jedan dan $(1 / (1 + d)^{1/365})$, u obrascu je uočljiva geometrijska progresija, odnosno, pri pojedinačno posmatranim godinama, uočljiva je konačna geometrijska progresija. Ako se sa »a« obeleži sadašnja vrednost neto priliva ostvarenog prvog dana, a sa »b« diskontni faktor koji se odnosi na jedan dan, suma konačne geometrijske progresije, to jest sadašnja vrednost neto priliva za jednu godinu roka trajanja projekta se izračunava na sledeći način:

$$SVnpr = a + ab + ab^2 \ldots + ab^{n-1}$$

Ako se leva i desna strana jednačine pomnoži sa b dobija se:

$$SVnpr \times b = ab + ab^2 + ab^3 \ldots + ab^n$$

Ako se oduzmu ove dve jednačine dobija se:

$$SVnpr - SVnpr \times b = a - ab^n$$
$$\downarrow$$
$$SVnpr \times (1 - b) = a \times (1 - b^n)$$
$$\downarrow$$
$$SVnpr = a \times \frac{(1 - b^n)}{1 - b}$$

Kada se umesto »a« i »b« prikažu realne vrednosti sa kojima su zamenjene, i kada se faktor akumulacije za jedan dan $(1 + d)^{1/365}$ označi sa »c«, primenom gornje formule se dobija:

$$SVnpr = \frac{Npr1}{c} \times \frac{(1 - (1 / c^n))}{(1 - (1 / c))}$$
$$\downarrow$$
$$SVnpr = Npr1 \times \frac{(1 - (1 / c^n))}{c - 1}$$

Ako se gornja i donja strana razlomka pomnože se sa c^n dobija se:[187]

$$SVnpr = Npr1 \ x \ \frac{c^n - 1}{c^n \ x \ (c - 1)}$$

Kada se umesto »c« prikaže realna vrednost sa kojom je zamenjena, dobija se:

$$SVnpr = \frac{Npr1 \ x \ ((1 + d)^{365/365} - 1)}{(1 + d)^{365/365} \ x \ ((1 + d)^{1/365} - 1)}$$

$$\downarrow$$

$$\mathbf{SVnpr} = \frac{\mathbf{Npr1 \ x \ d}}{\mathbf{(1 + d) \ x \ ((1 + d)^{1/365} - 1)}}$$

Primenom gornje formule, uz pretpostavljenu godišnju diskontnu stopu od 10% i godišnji neto priliv od 365 EUR, sadašnja vrednost godišnjeg neto priliva iznosi:

$$SVnpr = \frac{1 \ EUR \ x \ 10\%}{(1 + 10\%) \ x \ ((1 + 10\%)^{1/365} - 1)} = \frac{0,1 \ EUR}{1,1 \ x \ (1,00026 - 1)} = 348,1001312 \ EUR$$

Faktor akumulacije kojim se nominalne vrednosti svode na sadašnju vrednost iznosi:

NVnpr / SVnpr = 365 EUR / 348,1001312 EUR = 1,048548872 ⇨ d = 4,8548872%

gde je:
NVnpr - nominalna vrednost neto priliva,
SVnpr - sadašnja vrednost neto priliva i
d - diskontna stopa.

Izračunati faktor akumulacije se primenjuje za svođenje neto priliva (bez rezidualne vrednosti) u prvoj godini roka trajanja projekta. Za sve ostale godine se svođenje nominalnih na sadašnju vrednost vrši faktorom akumulacije koji se izračunava kao proizvod faktora akumulacije kojim se svode neto prilivi iz prethodne godine i godišnjeg faktora akumulacije. Prema podacima iz primera, za svođenje neto priliva druge godine se koristi faktor akumulacije od 1,1534 (1,04855 x 1,1), za svođenje neto priliva treće godine se koristi faktor akumulacije od 1,2687 (1,1534 x 1,1), itd. Ovakvim pristupom su svi neto prilivi ostvareni tokom pojedinih godina roka trajanja projekta svedeni na vrednost kao da u proseku nastaju sredinom godina.

Izneta formula za svođenje nominalnih na sadašnju vrednost polazi od pretpostavke da je početak eksploatacije projekta planiran početkom kalendarske godine, a kraj

---

[187] Ova formula se koristi u finansijskoj matematici za izračunavanje sadašnje vrednosti niza identičnih uloga. Ta vrednost predstavlja zbir diskontovanih vrednosti uloga procenjen jedan period pre ulaganja prvog uloga. Detaljnije o navedenom videti u: Kočović, J., - *Op. cit.*, str. 107-108.

roka trajanja projekta krajem kalendarske godine. U slučaju da ove pretpostavke nisu konzistentne sa projektovanim početkom i krajem roka trajanja konkretnog investicionog projekta, potrebno je izvršiti određene modifikacije u samoj formuli. Tim modifikacijama se ne menja suština formule, već se faktor akumulacije koji se u formuli odnosi na godišnji period svodi na faktor akumulacije koji se odnosi na stvaran period i koji se može nazvati modifikovani faktor akumulacije.

Kada početak eksploatacije projekta nije planiran početkom godine, modifikovani faktor akumulacije se izračunava stepenovanjem godišnjeg faktora akumulacije eksponentom koji predstavlja količnik pripadajućeg perioda i ukupnog broja dana u godini. Pripadajući period u navedenom kontekstu predstavlja broj dana koji protekne od početka eksploatacije do kraja kalendarske godine. Pretpostaviće se da od početka jedne kalendarske godine do početka eksploatacije protekne 185 dana, što znači da će preduzeće u toj godini proizvoditi samo poslednjih 180 dana. Faktor akumulacije koji se koristi za svođenje ostvarenih neto priliva prve godine na sadašnju vrednost iznosi:

$$(1+4,85\%)^{180/365} = 1,024$$

Kako u prvoj godini prosečan broj dana ne predstavlja prosek cele godine već prosek samo poslednjih 180 dana, potrebno je izvršiti dodatne modifikacije i kod faktora akumulacije kojim se nominalne vrednosti neto priliva u drugoj godini svode na sadašnju vrednost. Modifikovani faktor akumulacije koji uvažava pretpostavku da se ostvareni neto prilivi u drugoj godini dešavaju sredinom godine predstavlja proizvod faktora akumulacije koji bi se primenjivao da je to prva kalendarska godina i faktora akumulacije koji se odnosi na period od momenta kada se određuje sadašnja vrednost do početka druge kalendarske godine. Shodno navedenom, faktor akumulacije za svođenje neto priliva druge godine na sadašnju vrednost se izračunava na sledeći način:

$$(1 + 4,85\%) \times (1 + 10\%)^{180/365} = 1,0990$$

Kako su se modifikovanim faktorom akumulacije projektovani neto prilivi u drugoj godini sveli kao da se u proseku dešavaju sredinom godine, od treće godine se faktor akumulacije izračunava na ranije opisan način (proizvod faktora akumulacije koji se primenjuje za svođenje neto priliva iz prethodne godine na sadašnju vrednost i godišnjeg faktora akumulacije). Dakle, u trećoj godini će se koristiti faktor akumulacije od 1,2089 (1,099 x 1,1) , u četvrtoj godini od 1,3298 (1,2089 x 1,1), itd.

Da bi se kod projekata u kojima *kraj roka trajanja nije planiran krajem kalendarske godine* izračunao modifikovani faktor akumulacije kojim se neto prilivi poslednje godine svode na sadašnju vrednost, prvo je potrebno izračunati faktor akumulacije za pripadajući period. U navedenom kontekstu, pripadajući period odgovara vremenskom periodu od početka one kalendarske godine kada je planiran kraj roka trajanja projekta pa do momenta kada je planiran kraj roka trajanja projekta. Faktor akumulacije za pripadajući period se izračunava stepenovanjem godišnjeg faktora akumulacije eksponentom koji predstavlja količnik pripadajućeg perioda i ukupnog broja dana u godini. Modifikovani faktor akumulacije se izračunava množenjem faktora akumulacije za pripadajući period i faktora akumulacije koji se primenjuje za svođenje neto priliva iz prethodne godine na sadašnju vrednost.

Na osnovu podataka iz prethodnog primera i uz pretpostavku da je projektovani kraj roka trajanja projekta 90 dana pre isteka pete kalendarske godine, faktor akumulacije kojim se neto prilivi iz poslednje godine svode na sadašnju vrednost bi se izračunao na sledeći način:

$$1,3298 \times (1,1)^{275/365} = 1,4288$$

Kod *projekata sa izraženim sezonskim oscilacijama* se modifikovani faktor akumulacije izračunava na sličan način kao i kada početak roka trajanja projekta nije planiran početkom kalendarske godine, s tim što se posmatra više ekonomskih tokova sa različitim neto prilivima i različitim pripadajućim periodima. Pretpostaviće se da preduzeće planira da u prvoj godini ostvari 547,5 EUR neto priliva od čega bi u prvoj polovini godine ostvarivalo 1 EUR, a dugoj polovini godine 2 EUR prosečnog dnevnog neto priliva. Faktori akumulacije i sadašnja vrednost neto priliva bi se izračunali na sledeći način:

$$FA1 = (1 + 4,85\%)^{1/2} = 1,024$$

$$FA2 = (1,1)^{1/2} \times (1 + 4,85\%)^{1/2} = 1,074$$

$$SVnpr1 = 182,5 \text{ dana} \times 1 \text{ EUR} / 1,024 = 178,22 \text{ EUR}$$

$$SVnpr2 = 182,5 \text{ dana} \times 2 \text{ EUR} / 1,074 = 339,86 \text{ EUR}$$

$$NVnpr / (SVnpr1 + SVnpr2) = 547,50 \text{ EUR} / 518,08 \text{ EUR} = 1,0567 \Rightarrow d = 5,67\%$$

gde je:
FA1 - faktor akumulacije za svođenje na sadašnju vrednost neto priliva projektovanih u prvoj polovini godine,
FA2 - faktor akumulacije za svođenje na sadašnju vrednost neto priliva projektovanih u drugoj polovini godine,
SVnpr1 - sadašnja vrednost neto priliva projektovanih u prvoj polovini godine,
SVnpr2 - sadašnja vrednost neto priliva projektovanih u drugoj polovini godine,
NVnpr - nominalna vrednost ukupno projektovanih neto priliva u prvoj godini i
d - diskontna stopa.

Na osnovu izračunatog modifikovanog faktora akumulacije koji se prema podacima iz primera primenjuje za svođenje projektovanih neto priliva na sadašnju vrednost može da se zaključi da je veći nego da su projektovani identični neto prilivi tokom cele godine. Ta konstatacija odražava realno stanje jer je većina nominalnog neto priliva projektovana u drugoj polovini godine kada je njihova sadašnja vrednost manja.

U vezi primene diskontne stope kod određivanja sadašnje vrednosti neto priliva u toku eksploatacije potrebno je uvažiti periode izmirenja kreditnih obaveza iz plana amortizacije kredita. Naime, kada anuiteti u proseku nisu planirani da se plaćaju sredinom godine, sadašnja vrednost neto priliva se izračunava tako što bi se od sadašnje vrednosti neto priliva uvećanog za iznos anuiteta (u ekonomskom toku sa aspekta vlasnika), to jest od sadašnje vrednosti neto priliva uvećanog za iznos kamate (u ekonomskom toku sa aspekta preduzeća), oduzela sadašnja vrednost odliva po osnovu anuiteta, to jest po osnovu kamate.

Ovako izračunata sadašnja vrednost može da bude manja i veća u odnosu na sadašnju vrednost koja bi se izračunala zanemarivanjem perioda izmirenja kreditnih obaveza, što zavisi od toga da li je u investicionom projektu planirano da se većina kreditnih obaveza izmiruje u prvoj ili u drugoj polovini godine. U nastavku će se objasniti oba slučaja na posmatranom ekonomskom toku sa aspekta vlasnika, kada je u odlivima iskazana i kamata i otplata kredita.

I - Anuiteti se otplaćuju u drugoj polovini godine

Pretpostaviće se da neto priliv u prvoj godini, nakon plaćanja anuiteta od 100 EUR, iznosi 365 EUR. Istovremeno će se pretpostaviti da je u investicionom projektu planirano da preduzeće po 50 EUR anuiteta plaća na kraju prve polovine i na kraju cele godine. Plaćanje anuiteta od 50 EUR koje je planirano da se izmiruje polovinom godine se može zanemariti jer se projekcija odnosi na sredinu godine, odnosno u ekvivalentnom periodu kada se pretpostavlja da se u proseku dešavaju ostali prilivi i odlivi. Sadašnja vrednost neto priliva u prvoj godini se prema podacima iz primera izračunava na sledeći način:

$$SVnpra1 = (365\ EUR + 50\ EUR)\ /\ 1{,}0485 = 395{,}78\ EUR$$

$$SVa1 = 50\ EUR\ /\ 1{,}1 = 45{,}45\ EUR$$

$$SVnpr1 = SVnpra1 - SVa1 = 350{,}33\ EUR$$

$$FA1 = 365\ EUR\ /\ 350{,}33\ EUR = 1{,}0419 \quad \Rightarrow \quad d = 4{,}19\%$$

gde je:

SVnpra1 - sadašnja vrednost neto priliva u prvoj godini uvećana za sadašnju vrednost anuiteta koji se ne plaća sredinom godine,

SVa1 - sadašnja vrednost anuiteta koji se ne plaća sredinom godine,

SVnpr1 - sadašnja vrednost ukupnih neto priliva projektovanih u prvoj godini,

FA1 - faktor akumulacije za svođenje na sadašnju vrednost ukupnih neto priliva projektovanih u prvoj godini i

d - diskontna stopa.

II - Anuitet se otplaćuje u prvoj polovini godine

U drugom slučaju će se pretpostaviti identični podaci kao i u prvom, s tim što će se, za razliku od prvog slučaja, pretpostaviti da je u investicionom projektu planirano da preduzeće po 50 EUR anuiteta plaća na početku i na kraju prve polovine godine. Shodno pretpostavkama, sadašnja vrednost neto priliva i faktor akumulacije kojim se nominalne vrednosti svode na sadašnju se izračunavaju na sledeći način:

$$SVnpra1 = (365 \text{ EUR} + 50 \text{ EUR}) / 1,0485 = 395,78 \text{ EUR}$$

$$SVa1 = 50 \text{ EUR} / (1,1)^{1/365} = 49,99 \text{ EUR}$$

$$SVnpr1 = SVnpra1 - SVa1 = 345,79 \text{ EUR}$$

$$FA1 = 365 \text{ EUR} / 345,79 \text{ EUR} = 1,0555 \quad \Rightarrow \quad d = 5,55\%$$

Osnovna razlika između neto priliva po osnovu *naplate rezidualne vrednosti* i ostalih neto priliva u poslednjoj godini roka trajanja projekta je što se rezidualna vrednost ne naplaćuje tokom cele poslednje godine, već na kraju roka trajanja projekta, a delimično i po isteku tog roka. Iz tog razloga su različiti faktori akumulacije koje je potrebno primeniti na posmatrane veličine da bi se svele na sadašnju vrednost.

U okviru rezidualne vrednosti postoje vrednosti za koje je realno očekivati da se naplate na kraju roka trajanja projekta, kao što su zalihe i rezidual stalne imovine, a i u tom momentu se oslobađaju sredstva vezana u gotovini. Faktor akumulacije za te stavke rezidualne vrednosti se izračunava kao proizvod faktora akumulacije koji se primenjuje za ostale neto prilive u poslednjoj godini roka trajanja projekta i faktora akumulacije koji odgovara periodu od pola godine.

Vezana sredstva u potraživanjima od kupaca se neće naplatiti na kraju roka trajanja projekta jer se pretpostavlja ravnomerna prodaja tokom cele godine, što, između ostalog, implicira i prodaju poslednjeg dana roka trajanja projekta. Shodno tome, potraživanja od kupaca iskazana u poslovanjem uslovljenim trajnim obrtnim sredstvima će se naplaćivati od prvog dana po isteku roka trajanja projekta pa sve do onog dana koji odgovara prosečnom broju dana koje preduzeće odobrava kupcima da odloženo plaćaju. Prosečan broj dana koji protekne od kraja roka trajanja projekta do momenta kada preduzeće naplaćuje potraživanje od kupaca se izračunava deljenjem prosečnog broja dana odložene naplate i broja 2. Tako, na primer, ako je planom prodaje projektovano da preduzeće u proseku odobrava 60 dana odloženog plaćanja, onda je 30 dana (60 / 2) prosečan period koji protekne od kraja roka trajanja projekta do naplate potraživanja od kupaca.[188] Faktor akumulacije koji se koristi za svođenje na sadašnju vrednost vezanih sredstava u potraživanjima od kupaca se izračunava kao proizvod faktora akumulacije za rezidualne vrednosti naplaćene na kraju roka trajanja projekta i faktora akumulacije koji se odnosi na period od kraja roka trajanja projekta do prosečnog perioda kada se očekuje naplata potraživanja od kupaca.[189]

U narednoj tabeli, prema podacima iz prethodnog primera, su prikazani faktori akumulacije kojim se na sadašnju vrednost svode nominalne vrednosti neto priliva (bez reziduala), rezidual (bez potraživanja od kupaca) i potraživanja od kupaca; uz pretpostavljenu godišnju diskontnu stopu od 12%, dužinu roka trajanja projekta od 3 godine i uz pretpostavku da u proseku od kraja roka trajanja projekta do naplate potraživanja od kupaca protekne mesec dana.

Tabela 13.2. - *Faktori akumulacije*

Faktor akumulacije za neto prilive u prvoj godini	$365 / 345{,}0236 = 1{,}0579$
Faktor akumulacije za neto prilive u drugoj godini	$1{,}0579 \times 1{,}12 = 1{,}1848$
Faktor akumulacije za neto prilive (bez rezidualne vrednosti) u trećoj godini	$1{,}1848 \times 1{,}12 = 1{,}3270$
Faktor akumulacije za rezidualnu vrednost (bez potraživanja od kupaca)	$1{,}3270 \times (1{,}12)^{1/2} = 1{,}4044$
Faktor akumulacije za potraživanje od kupaca	$1{,}4044 \times (1{,}12)^{1/12} = 1{,}4177$

---

[188] Navedena pretpostavka je bazirana na zanemarivanju eventualno različite politike koje preduzeće po pitanju odložene naplate može da ima sa različitim kupcima. Za potrebe analize se ova pretpostavka može usvojiti jer u proseku odražava realno stanje.

[189] Pogrešno bi bilo da se, analogno iznesenom, na isti način izračunava faktor akumulacije kojim se obaveze prema dobavljačima iskazane u trajnim obrtnim sredstvima svode na sadašnju vrednost. Naime, poslednjih dana roka trajanja projekta se ne nabavljaju novi materijalni inputi, već se za proizvodnju koristi ranije nabavljen materijal, koji je iskazan u zalihama materijala i zalihama nedovršene proizvodnje. Eventualno, u slučaju znatno manjeg broja dana vezivanja zaliha materijala i zaliha nedovršene proizvodnje od dana vezivanja obaveza prema dobavljačima, pri izračunavanja sadašnje vrednosti obaveza treba uvažiti i ovu specifičnost. Tada bi, uvažavanjem specifičnosti kompletnog nabavnog procesa, trebalo odrediti prosečan broj dana koji će proteći od kraja roka trajanja projekta do perioda izmirenja obaveza prema dobavljačima i izračunati sadašnju vrednost obaveza primenom postupka koji je identičan izračunavanju sadašnje vrednosti naplaćenih potraživanja od kupaca.

Investiciona ulaganja sa aspekta preduzeća se svode na sadašnju vrednost uvažavanjem vremenskog perioda kada preduzeće zaista finansira ulaganje. Periodi ulaganja koja su predviđena da se finansiraju iz sopstvenih izvora su već iskazani u ranijim delovima investicionog projekta, to jest u delu gde su vremenski određena ulaganja u stalnu imovinu i ulaganja u trajna obrtna sredstva.[190] Međutim, za ulaganja koja su predviđena da se finansiraju iz kredita, a koja su u predmetnom kontekstu relevantna samo za ekonomski tok sa aspekta preduzeća, ti podaci nisu upotrebljivi jer su u njima iskazani vremenski periodi finansiranja ulaganja, nezavisno od izvora finansiranja. U suštini, preduzeće finansira ulaganja koja su inicijalno izmirena iz kredita u momentima otplate duga. Otuda je za izračunavanje sadašnje vrednosti tih ulaganja potrebno koristiti podatke (tabelu) o predviđenoj amortizaciji kredita. Po pravilu se sopstvena ulaganja finansiraju pre početka eksploatacije, a dug otplaćuje u periodu eksploatacije. Stoga je uobičajeno sadašnja vrednost ulaganja finansiranih iz sopstvenih izvora veća od nominalne vrednosti, a sadašnja vrednost ulaganja finansiranih iz kredita manja od nominalne vrednosti.

Određivanje visine godišnje diskontne stope je, takođe, uslovljeno osnovnom namenom investicionog projekta. Kada je projekat prvenstveno usmeren internim potrebama, diskontna stopa, koja se u navedenom kontekstu može razumeti kao zadovoljavajuća stopa prinosa sa aspekta vlasnika, može da varira u većem intervalu. U diskontnoj stopi su tada sadržani, kako objektivni faktori inflacije, oportunitetnog troška i rizika ulaganja; tako i faktor vremenske preferencije potrošnje[191].

Kada je primarna namena investicionog projekta obezbeđenje kredita, diskontna stopa ne bi smela da bude niža od kamatne stope na pozajmljena sredstva jer pozajmljivanje ima smisla samo ako se po tom osnovu ostvaruje veći prinos od troškova kreditiranja. Kako diskontna stopa utiče na vrednosti pojedinih dinamičkih pokazatelja efikasnosti ulaganja, potreba za njihovim upoređivanjem kod velikog broja investicionih projekata koji se dostavljaju bankarskom sektoru uslovljava neophodnost korišćenja relativno uniformne diskontne stope. Iz tog razloga se u Srbiji, kod većine investicionih projekata kod kojih je osnovna namena obezbeđenje kredita, koristi godišnja diskontna stopa od 10%, a ako se radi o rizičnijim projektima, pa samim tim i skupljim izvorima finansiranja, koriste se i više diskonte stope.[192]

Osnovnim metodologijama je predviđeno da se pri investicionom razmatranju diskontna stopa primenjuje za svođenje nominalnih vrednosti neto priliva i investicionih ulaganja na sadašnju vrednost.

---

[190] Vremensko određivanje ulaganja je detaljno objašnjeno u okviru glave IX ("Investiciona ulaganja").

[191] Sa aspekta vlasnika preduzeća, vremenska preferencija potrošnje može na različite načine da bude kvantifikovana, odnosno jedna osoba, po osnovu "žrtvovanja" sadašnje potrošnje, može da zahteva manji ili veći procenat prinosa od druge osobe.

[192] Paunović, B., Zipovski, D., - *Op. cit.*, str. 262-263.

Kako je Osnovnim metodologijama predviđeno da se samo diskontuju neto prilivi, odnosno samo razlika između godišnje projektovanih priliva, s jedne strane, i godišnje projektovanih odliva, s druge strane, jasno je da metodološkim rešenjima nije uvažena razlika između prosečnog perioda kada se naplaćuju neto prilivi u toku eskploatacije (bez rezidualne vrednosti) i perioda kada se naplaćuje priliv po osnovu rezidualne vrednosti. Šta više, kako je od prve do poslednje godine roka trajanja projekta predviđeno da se nominalne vrednosti svode na sadašnju vrednost deljenjem sa godišnjim faktorom akumulacije,[193] može se zaključiti da su metodološka rešenja Osnovnih metodologija bazirana na pretpostavci da se svi prilivi i odlivi dešavaju na kraju godine. Obzirom na navedeni nedostatak, jasno je da predmet Metodologija nisu ni kompleksniji aspekti pri određivanju sadašnje vrednosti, odnosno specifičnosti faktora akumulacije koje treba primeniti kod projekata sa sezonskim oscilacijama, kao i kod projekata gde se većina anuiteta po osnovu duga plaća u prvoj, odnosno u drugoj polovini godine.

Što se tiče diskontovanja investicionih ulaganja, Metodologijama može da se uputi primedba vezana za projektovani ekonomski tok sa aspekta preduzeća u kojem se sadašnja vrednost ukupnih investicionih ulaganja ne određuje shodno periodima otplate duga, već shodno periodima kada se iz pozajmljenih sredstava inicijalno finansiraju ulaganja.

Metodologijama je predviđeno da se visina diskontne stope prvenstveno određuje na osnovu očekivanih realnih kamatnih stopa na pozajmljene izvore finansiranja, s tim što tako određena diskonta stopa ne bi smela da bude niža od prinosne stope alternativnog projekta.[194]

Za razliku od UNIDO metodologije u kojoj kvantitativno nije precizirana minimalna diskontna stopa, Zajedničkom metodologijom je predviđeno da diskontna stopa ne može biti niža od 8%, a što se može uočiti iz sledećeg citata: "Uzimajući u obzir činjenicu da se celokupni obračun radi na temelju stalnih cena, to se i diskontna stopa za finansijsko-tržišnu ocenu rentabilnosti projekta u celini njegovog veka određuje kao ponderisana aritmetička sredina realnih kamatnih stopa na izvore finansiranja, čiji se minimum definiše kao društveni parametar (8%). Pri tome treba naglasiti da ako je ovako izračunata individualna diskontna stopa veća od 8%, potrebno je uvažavati ovu višu, a ako je individualna izračunata diskontna stopa niža od 8%, potrebno je uvažavati stopu od 8%."[195]

---

[193] Tako, na primer, pri diskontnoj stopi od 10%, faktor akumulacije za svođenje nominalnih neto priliva iz prve godine na sadašnju vrednost = (1+10%) = 1,10; faktor akumulacija za svođenje neto priliva iz druge godine = $(1+10\%)^2$ = 1,21; faktor akumulacije za svođenje neto priliva iz treće godine = $(1+10\%)^3$ = 1,331; itd.

[194] "To je minimalna stopa prinosa ispod koje se investitoru ne isplati investirati", u: *Priričnik za pripremu industrijskih studija izvodljivosti*, Op. cit., str. 172.

[195] *Priručnik za primenu Zajedničke metodologije za ocenjivanje društvene i ekonomske opravdanosti investicija i efikasnosti investiranja u SFRJ - 3 operativno uputstvo za izradu investicijske studije - programa*, Op. cit., str. 175.

3. DINAMIČKI POKAZATELJI EFIKASNOSTI

Dinamički pokazatelji efikasnosti uvažavaju vremensku vrednost novca i u ovu grupu spadaju:

- neto sadašnja vrednost,
- interna stopa rentabilnosti,
- indeks rentabilnosti i
- diskontovani period povraćaja.

Opšte prihvaćena definicija **neto sadašnje vrednosti** je da je to razlika između sadašnje vrednosti ukupnih neto priliva i sadašnje vrednosti investicionih ulaganja[196], koja se izračunava se po sledećem obrascu:

$$NSV = \sum_{i=1}^{n} SVNpr - SVU$$

gde je:
NSV - neto sadašnja vrednost,
n - ukupan rok trajanja projekta iskazan u godinama,
SVNpr - sadašnja vrednost neto priliva i
SVU - sadašnja vrednost ulaganja.

Osnovni nedostatak navedene definicije je što se prvenstveno odnosi na način izračunavanja, a ne i na objašnjenje suštine pojma. Da bi se neto sadašnja vrednost lakše razumela i preciznije pojmovno definisala, izračunavanje ovog pokazatelja će se prikazati kroz jednostavan primer.[197] Pretpostaviće se da preduzeće ima dve alternative za ulaganje raspoloživih 10 EUR. Prva alternativa je ulaganje u poslovnu banku pri godišnjoj kamatnoj stopi od 10%, a druga alternativa je ulaganje u poslovnu aktivnost sa projektovanim neto prilivima od 5 EUR na kraju prve godine, 7 EUR na kraju druge godine, 9 EUR na kraju treće godine i 12 EUR na kraju četvrte godine. Uz diskontnu stopu od 10%, koja je određena uvažavanjem samo oportunitetnog troška, odnosno propuštenim prinosom »žrtvovane« prve alternative, neto sadašnja vrednost ulaganja u poslovnu aktivnost (druga alternativa) se izračunava na način kako je prikazan u sledećoj tabeli.

---

[196] U ekonomskom toku sa aspekta preduzeća se investiciona ulaganja odnose na ukupna ulaganja, a u ekonomskom toku sa aspekta vlasnika na sopstvena ulaganja. U nastavku ove glave će se za ukupna i sopstvena ulaganja koristiti zajednički naziv »ulaganja«.

[197] U primeru će se zanemariti specifičnosti primene različitih faktora akumulacije za različite vrednosti iz ekonomskog toka, a koje su detaljno objašnjene u prethodnom poglavlju (»Diskontna stopa«).

Tabela 13.3. - *Neto sadašnja vrednost ulaganja u poslovnu aktivnost*

Godina	Neto priliv u EUR	Faktor akumulacije	Diskontovani neto priliv u EUR	Kumulativni diskontovani neto priliv u EUR
0 - ulaganje	-10	1,0000	-10,00	-10,00
1	5	1,1000	4,55	-5,45
2	7	1,2100	5,79	0,33
3	9	1,3310	6,76	7,09
4	12	1,4641	8,20	**15,29**

Da bi se pravilno interpretirala neto sadašnja vrednost od 15,29 EUR, prvo će se izračunati krajnje nominalne vrednosti koje bi se ostvarile u obe alternative.

U prvoj alternativi, preduzeće bi ulaganjem u poslovnu banku pri godišnjoj kamatnoj stopi od 10% na kraju četvrte godine raspolagalo sa:

$$10 \text{ EUR} \times (1,10)^4 = 10 \text{ EUR} \times 1,4641 = 14,64 \text{ EUR}$$

Nominalni prinos u prvoj alternativi iznosi:

$$14,64 \text{ EUR} - 10 \text{ EUR} = 4,64 \text{ EUR}$$

U drugoj alternativi, pored priliva od poslovne aktivnosti, preduzeće do kraja četvrte godine može da ostvari dodatni priliv reinvestiranjem sredstava koja su oslobođena do kraja treće godine. Shodno navedenom, preduzeće može da plasira u poslovnu banku po kamatnoj stopi koja je precizirana u prvoj alternativi, odnosno po prinosnoj stopi koja je ekvivalentna diskontnoj stopi, na tri godine 5 EUR ostvarenog neto priliva prve godine, na dve godine 7 EUR ostvarenog neto priliva druge godine i na godinu dana 9 EUR ostvarenog neto priliva treće godine.

Dakle, preduzeće bi ulaganjem u poslovnu aktivnost na kraju četvrte godine raspolagalo sa:

$$5 \text{ EUR} \times (1,10)^3 + 7 \text{ EUR} \times (1,10)^2 + 9 \text{ EUR} \times (1,10)^1 + 12 \text{ EUR} = 37,03 \text{ EUR}$$

Nominalni prinos u drugoj alternativi iznosi:

$$37,03 \text{ EUR} - 10 \text{ EUR} = 27,03 \text{ EUR}$$

Razlika nominalnih prinosa obe alternative iznosi:

$$27,03 \text{ EUR} - 4,64 \text{ EUR} = 22,39 \text{ EUR}$$

Iskazana nominalna razlika između prinosa obe alternative se odnosi na kraj četvrte godine, dok sadašnja vrednost razlike iznosi:

$$22,39 / (1,10)^4 = 15,29 \text{ EUR}$$

Shodno iznetom se može zaključiti da iskazana neto sadašnja vrednost od 15,29 EUR pokazuje koliko će preduzeće više zaraditi ulaganjem u poslovnu aktivnost (druga alternativa) nego ako bi sredstva uložilo u poslovnu banku (prva alternativa). Razlika je iskazana u vrednostima na dan kada se određuje sadašnja vrednost investicionih ulaganja.

Prema tome, *neto sadašnja vrednost* pokazuje razliku (pozitivnu ili negativnu) iskazanu u novčanim jedinicama sadašnje vrednosti, između kumulativnog neto priliva konkretnog ulaganja i kumulativnog neto priliva alternativnog ulaganja u kojem se ostvaruje godišnji prinos na nivou diskontne stope.[198]

Osnovni kriterijum za ocenu međusobno neisključivih investicionih projekata jeste da je njihova neto sadašnja vrednost pozitivna ili u graničnom slučaju jednaka nuli jer se samo tada ostvaruje prinos iznad ili na nivou stope investicionog kriterijuma. Odnos između visine neto sadašnje vrednosti i finansijske ocene međusobno neisključivih investicionih projekata se može uočiti iz sledećih relacija:

Neto sadašnja vrednost > 0 ⇨ Pozitivna finansijska ocena

Neto sadašnja vrednost = 0 ⇨ Neutralna finansijska ocena

Neto sadašnja vrednost < 0 ⇨ Negativna finansijska ocena

Kod međusobno isključivih investicionih projekata se prihvata projekat sa najvećom neto sadašnjom vrednošću, ali obavezno većom ili jednakom nuli.

Iako se neto sadašnja vrednost smatra najznačajnijim pokazateljem efikasnosti, ovaj pokazatelj ima dva nedostatka. Prvi nedostatak je što se očekivana rentabilnost investicionog projekta kvantificira samo u apsolutnom monetarnom izrazu, zanemarujući stopu prinosa, odnosno relativni izraz kvantifikacije. Drugi nedostatak je što na visinu neto sadašnje vrednosti direktno utiče visina diskontne stope. Kompleksnost i mnogobrojnost relevantnih faktora koji utiču na određivanje diskontne stope otežava garanciju pouzdanosti da odabrana visina diskontne stope, a time i neto sadašnja vrednost, objektivno odražava realne pretpostavke.

U investicionim projektima je neto sadašnju vrednost najpraktičnije izračunati kao kumulativni ostatak diskontovanog neto priliva po "pokrivanju" sadašnje vrednosti

---

[198] Paunović, B., Zipovski, D., - *Op. cit.*, str. 266.

ulaganja, uvažavanjem specifičnosti različitih faktora akumulacije koji se koriste za svođenje nominalnih na sadašnju vrednost. Pretpostaviće se da preduzeće razmatra ulaganje u projekat sa sledećim relevantnim parametrima: rok trajanja projekta je tri godine, sadašnja vrednost ulaganja je 100 EUR, od čega je 50 EUR ulaganje u stalnu imovinu, a 50 EUR ulaganje u trajna obrtna sredstva; neto prilivi bez naplate (oslobađanja) rezidualne vrednosti iznose 20 EUR prve, 25 EUR druge i 30 EUR treće godine; ostatak vrednosti stalne imovine je 30 EUR, a 10 EUR trajnih obrtnih sredstava se odnosi na "vezan" iznos u potraživanjima od kupaca, koje će preduzeće u proseku naplatiti mesec dana po isteku roka trajanja projekta. Shodno navedenom, neto sadašnja vrednost se izračunava na način koji je prikazan u narednoj tabeli.

Tabela 13.4. - *Neto sadašnja vrednost projekta (ispravan postupak izračunavanja)*

Period / Vrsta priliva	*Neto priliv u EUR*	*Faktor akumulacije*	*Diskontovani neto priliv u EUR*	*Kumulativni diskontovani neto priliv u EUR*
0 - ulaganje	-100	1,0000	-100,00	-100,00
Prva godina	20	1,0485	19,07	-80,93
Druga godina	25	1,1534	21,67	-59,25
Treća godina	30	1,2687	23,65	-35,61
Rezidual bez potraživanja	70	1,3307	52,61	17,00
Potraživanja u rezidualu	10	1,3413	7,46	**24,46**

U praksi se u investicionim projektima, po pravilu, neto sadašnja vrednost ne izračunava primenom opisanog ispravnog postupka. Dok se u ranijem periodu neto sadašnja vrednost izračunavala diskontovanjem godišnjih neto priliva koeficijentom iz finansijskih tablica, u poslednje vreme se za izračunavanje neto sadašnje vrednosti koristi finansijska funkcija NPV (Net Present Value) koja se nalazi u programu »Microsoft Excell«. Oba načina izračunavanja rezultiraju pogrešnim iznosom neto sadašnje vrednosti, što je prvenstveno posledica pogrešno izračunate sadašnje vrednosti godišnjih neto priliva. Naime, oba načina se baziraju na diskontovanju svih neto priliva uz pretpostavku da se u proseku dešavaju na kraju godine, što podrazumeva zanemarivanje specifičnosti različitih faktora akumulacije koje treba primeniti na različite nominalne vrednosti da bi se pri investicionom razmatranju svele na sadašnju vrednost. Tim zanemarivanjem se omogućava da se sadašnja vrednost neto priliva izračunava po sledećem obrascu:

$$\sum_{i=1}^{n} SVNpr = \frac{Npr1}{(1 + d)} + \frac{Npr2}{(1 + d)^2} \ ... + \frac{Nprn}{(1 + d)^n}$$

gde je:

n - rok trajanja projekta iskazan u godinama,

SVNpr - sadašnja vrednost neto priliva,

Npr1,2...n - neto priliv iz ekonomskog toka u prvoj, drugoj... n - toj godini; i

d - diskontna stopa.

Kao što se može videti u narednoj tabeli, prema podacima iz prethodnog primera bi neto sadašnja vrednost iznosila 21,49 EUR, što je za 2,97 EUR, odnosno za 2,97% u odnosu na visinu ulaganja, manje u odnosu na neto sadašnju vrednost izračunatu primenom ispravnog postupka.

Tabela 13.5. - *Neto sadašnja vrednost projekta (pogrešan postupak izračunavanja)*

Period	Neto priliv u EUR	Faktor akumulacije	Diskontovani neto priliv u EUR	Kumulativni diskontovani neto priliv u EUR
0 - ulaganje	-100	1,0000	-100,00	-100,00
Prva godina	20	1,1000	18,18	-81,82
Druga godina	25	1,2100	20,66	-61,16
Treća godina	110	1,3310	82,64	**21,49**

Prilikom korišćenja funkcije NPV treba se osvrnuti na još jednu nedoslednost koju primena ove funkcije ima pri investicionom odlučivanju. Naime, da bi se programski izračunala neto sadašnja vrednost potrebno je upisati diskontnu stopu i nominalne neto prilive (ili obeležiti ćelije neto priliva iz ekonomskog toka). Kako softversko rešenje podrazumeva diskontovanje i prvog iznosa, odnosno visine ulaganja, navedeni postupak rezultira da sadašnja vrednost ne odražava realnu vrednost u momentu koji neposredno prethodi periodu eksploatacije, već godinu dana ranije.[199]

Opšte prihvaćena definicija **interne stope rentabilnosti**[200] je da je to diskontna stopa koja izjednačava sadašnju vrednost ukupnih neto priliva i sadašnju vrednost ulaganja. Iz iznete definicije sledi da je interna stopa rentabilnosti ona diskontna stopa pri kojoj je neto sadašnja vrednost jednaka nuli.

$$ISR = d \quad \text{pod uslovom:} \quad \sum_{i=1}^{n} SVNpr = SVU \quad \Rightarrow \quad NSV = 0$$

---

[199] Ako se neto sadašnja vrednost izračunava na opisan način, izračunavanje ispravnog iznosa zahteva da se dobijeni iznos pomnoži sa godišnjim faktorom akumulacije. Ovu nedoslednost je moguće prevazići i na drugačiji način, tako što bi se selektovale samo ćelije gde su prikazani neto prilivi iz ekonomskog toka. Tada bi se funkcijom NPV dobila sadašnja vrednost neto priliva, a oduzimanjem ove vrednosti od sadašnje vrednosti ulaganja dobio bi se iznos neto sadašnje vrednosti.

[200] Kao sinonim za internu stopu rentabilnosti se koristi naziv interna stopa prinosa.

gde je:

ISR - interna stopa rentabilnosti,

d - diskontna stopa,

n - ukupan rok trajanja projekta iskazan u godinama,

SVNpr - sadašnja vrednost neto priliva,

SVU - sadašnja vrednost ulaganja i

NSV - neto sadašnja vrednost.

Za opšte prihvaćenu definiciju interne stope rentabilnosti, identično kao i za opšte prihvaćenu definiciju neto sadašnje vrednosti, može da se primeti da u nedovoljnoj meri objašnjava suštinu pojma. Radi boljeg suštinskog razumevanja pretpostaviće se podaci iz primera koji je korišćen za suštinsko objašnjenje neto sadašnje vrednosti.

U drugoj alternativi, odnosno ulaganjem u poslovnu aktivnost pri sadašnjoj vrednosti ulaganja od 10 EUR i ostvarenim neto prilivima na kraju godine od 5 EUR - prva godina; 7 EUR - druga godina; 9 EUR - treća godina; i 12 EUR - četvrta godina; interna stopa rentabilnosti iznosi 59,21%. Shodno iznetoj definiciji može da se zaključi da je, pri diskontnoj stopi od 59,21%, sadašnja vrednost neto priliva 10 EUR, što je identično iznosu sadašnje vrednosti ulaganja, odnosno pri diskontnoj stopi od 59,21% je neto sadašnja vrednost jednaka nuli. Međutim, time nije dat odgovor na pitanje: Šta u suštini pokazuje interna stopa rentabilnosti od 59,21%? Da bi se pružio adekvatan odgovor, najpre je neophodno utvrditi koliko neto prilivi ostvareni po pojedinim godinama nominalno vrede na kraju roka trajanja projekta. Kao što je ranije napomenuto, pored priliva ostvarenih iz redovne poslovne aktivnosti preduzeće može da ostvari dodati priliv reinvestiranjem sredstava koja su oslobođena do kraja treće godine, s tim što će se, za razliku od objašnjenja neto sadašnje vrednosti gde je reinvestirana stopa određena na osnovu moguće stope prinosa u prvoj alternativi, pretpostaviti plasman po kamatnoj stopi koja je jednaka visini interne stope rentabilnosti.

Tabela 13.6. - *Nominalna vrednost projektovanih neto priliva na kraju roka trajanja projekta*

Godina	Neto priliv u EUR	Faktor akumulacije	Nominalna vrednost neto priliva na kraju roka trajanja projekta u EUR
1	5	$1,5921^3 = 4,0356$	20,18
2	7	$1,5921^2 = 2,5348$	17,74
3	9	$1,5921^1 = 1,5921$	14,33
4	12	1,00	12,00
UKUPNO	**33,00**		**64,25**

Shodno podacima iz tabele se može zaključiti da ulaganjem 10 EUR u poslovnu aktivnost (druga alternativa) preduzeće na kraju raspolaže sa 64,25 EUR.

Pod pretpostavkom da se identičan iznos uloži u poslovnu banku (prva alternativa) po kamatnoj stopi ekvivalentnoj visini interne stope rentabilnosti, odnosno prema podacima iz primera pri kamatnoj stopi od 59,21%, preduzeće će na kraju četvrte godine raspolagati identičnim iznosom.

$$10 \text{ EUR} \times (1,5921)^4 = 10 \text{ EUR} \times 6,4250 = 64,25 \text{ EUR}$$

Iz primera se može zaključiti da u konkretnom slučaju diskontna stopa pokazuje koliko bi trebala da iznosi kamatna stopa[201] u poslovnoj banci da bi efekat ulaganja u poslovnu banku (prva alternativa) bio isti efektu ulaganja u poslovnu aktivnost (druga alternativa).

Suština *interne stope rentabilnosti* je da pokazuje prosečnu stopu godišnjeg prinosa koja se u roku trajanja projekta ostvaruje na sadašnju vrednost ulaganja.

Osnovni kriterijum za ocenu međusobno neisključivih investicionih projekata je da je njihova interna stopa rentabilnosti veća od diskontne stope ili u graničnom slučaju jednaka diskontnoj stopi, jer se samo tada ostvaruje stopa prinosa koja je viša ili na nivou stope investicionog kriterijuma. Kako je pri višoj internoj stopi rentabilnosti od diskontne stope neto sadašnja vrednost pozitivna, uočljiva je direktna veza između ovih dinamičkih pokazatelja efikasnosti, a koja se može prikazati kroz sledeće relacije:

$$\text{ISR} > d \Rightarrow \text{NSV} > 0 \Rightarrow \text{Pozitivna finansijska ocena}$$

$$\text{ISR} = d \Rightarrow \text{NSV} = 0 \Rightarrow \text{Neutralna finansijska ocena}$$

$$\text{ISR} < d \Rightarrow \text{NSV} < 0 \Rightarrow \text{Negativna finansijska ocena}$$

gde je:
ISR - interna stopa rentabilnosti,
d - diskontna stopa i
NSV - neto sadašnja vrednost.

Kod međusobno isključivih investicionih projekata se prihvata projekat sa najvećom internom stopom rentabilnosti, pod uslovom da interna stopa rentabilnosti nije niža od diskontne stope.

Za razliku od neto sadašnje vrednosti, interna stopa rentabilnosti ne zavisi od visine diskontne stope, pa se smatra pouzdanijim pokazateljem čiji iznos ne može da se

---

[201] Kako se investicioni projekti izrađuju u stalnim cenama, kada god se spominje kamatna stopa podrazumeva se realna kamatna stopa, odnosno nominalna kamatna stopa uvećana za inflatorni efekat.

ospori objektivnošću odabrane diskontne stope. Međutim, istovremeno se smatra i inferiornijim kriterijumom jer za razliku od visine neto sadašnje vrednosti čiji pozitivan ili negativan predznak direktno opredeljuje investicionu odluku, visina interne stope rentabilnosti dobija puni smisao tek upoređivanjem sa investicionim kriterijumom, to jest upoređivanjem sa diskontnom stopom.

Postoje još dva razloga usled čega je ovaj pokazatelj inferiorniji u odnosu na neto sadašnju vrednost koji su posledica mogućnosti:

- da jedan investicioni projekat ima više internih stopa rentabilnosti i
- da postoje alternativni međusobno isključivi investicioni projekti sa izraženim konfliktom između neto sadašnje vrednosti i interne stope rentabilnosti.

Pri investicionom razmatranju, nominalne vrednosti koje se svode na sadašnju vrednost mogu sa aspekta neto priliva biti pozitivne ili negativne. Po pravilu su odlivi veći od priliva u investicionoj fazi, a prilivi nadmašuju odlive u eksploatacionoj fazi. Međutim, u pojedinim investicionim projektima kretanje neto priliva u fazi eksploatacije ne mora da bude konzistentno sa generalnim pravilom, naročito uzevši u obzir da se u ekonomskom toku sa aspekta preduzeća period ulaganja koja se finansiraju iz kredita određuje na osnovu projektovanog perioda otplate duga, a da se u ekonomskom toku sa aspekta vlasnika odlivi po osnovu otplate duga ne prikazuju u ulaganjima, već imaju isti karakter kao i ostali odlivi. Stoga se može desiti da neto sadašnja vrednost tokom roka trajanja projekta više puta menja predznak, što može da prouzrokuje da **jedan investicioni projekat ima više internih stopa rentabilnosti.**[202]

Pretpostaviće se da vlasnik razmatra ulaganje u projekat u kojem je rok trajanja dve godine, sadašnja vrednost ulaganja je 360 EUR, od kojih će se 300 EUR obezbediti iz kredita, a koji će se u celokupnom iznosu otplatiti na kraju roka trajanja projekta. Projektovani neto prilivi kojima vlasnik može da raspolaže tek na kraju svake godine iznose 155 EUR prve i 200 EUR druge godine. Kako vlasnika interesuje samo prinos na sopstveni kapital, on praktično posmatra ekonomski tok sa aspekta vlasnika u kojem sadašnja vrednost ulaganja iznosi 60 EUR, neto priliv prve godine 155 EUR, a neto odliv druge godine 100 EUR (razlika između 200 EUR neto priliva projekta i 300 EUR odliva po osnovu otplate kredita). Pri pretpostavljenim uslovima postoje dve interne stope rentabilnosti (25% i 33,33%) pri kojima je neto sadašnja vrednost jednaka nuli, tako da je nemoguće odlučiti koju prosečnu godišnju stopu prinosa na sadašnju vrednost ulaganja smatrati relevantnom u postupku vrednovanja.

---

[202] *Priručnik za vrednovanje industrijskih projekata*, Op. cit., str. 46.

Tabela 13.7. - *Neto sadašnja vrednost projekta pri diskontnoj stopi od 25%*

Period	Neto priliv u EUR	Faktor akumulacije	Diskontovani neto priliv u EUR	Kumulativni diskontovani neto priliv u EUR
0 - ulaganje	-60	1,0000	-60	-60
Prva godina	155	1,2500	124	64
Druga godina	-100	1,5625	-64	0

Tabela 13.8. - *Neto sadašnja vrednost projekta pri diskontnoj stopi od 33,33%*

Period	Neto priliv u EUR	Faktor akumulacije	Diskontovani neto priliv u EUR	Kumulativni diskontovani neto priliv u EUR
0 - ulaganje	-60	1,0000	-60	-60
Prva godina	155	1,3333	116,25	56,25
Druga godina	-100	1,7778	-56,25	0

Kod međusobno isključivih projekata postoje alternativni projekti gde visine neto sadašnjih vrednosti i internih stopa rentabilnosti ukazuju na različitu finansijsku ocenu (različit odabir). **Konflikt između interne stope rentabilnosti i neto sadašnje vrednosti** može da nastane kod projekata sa različitim ulaganjem i/ili različitim rokom trajanja, ali i kod projekata sa istom visinom ulaganja i istim rokom trajanja.

Pretpostaviće se da preduzeće razmatra dve alternative (A i B) sa identičnim rokom trajanja od 3 godine, ali *sa različitim visinama ulaganja*. U alternativi A će se pretpostaviti da je ulaganje 25 EUR i da preduzeće na kraju svake godine ostvaruje neto priliv od 15 EUR, dok će se u alternativi B pretpostaviti da je ulaganje 40 EUR i da preduzeće na kraju svake godine ostvaruje neto priliv od 22 EUR. Interna stopa rentabilnosti je znatno viša u alternativi A (36,31%) nego u alternativi B (29,92%), što samo po sebi ne znači da je alternativa A za preduzeće isplativija od alternative B. U ovakvim slučajevima je potrebno izračunati neto sadašnju vrednost za obe alternative uz diskontnu stopu koja odgovara alternativi C, što je alternativa u kojoj postoji mogućnost da se investira manji iznos ulaganja iz alternative A u odnosu na alternativu B. Kao što je napomenuto, alternativa C može da bude proizvodna, ali i svaka druga alternativa koja omogućava ostvarivanje prinosa. Ako se pretpostavi da preduzeće kao treću alternativu ima mogućnost da uloži sredstva u poslovnu banku pri godišnjoj kamatnoj stopi od 10%, onda je 10% diskontna stopa koju kao investicioni kriterijum treba koristiti za izračunavanje neto sadašnje vrednosti alternative A i B.

Tabela 13.9. - *Neto sadašnja vrednost alternative A*

Period	Neto priliv u EUR	Faktor akumulacije	Diskontovani neto priliv u EUR	Kumulativni diskontovani neto priliv u EUR
0 - ulaganje	-25	1,0000	-25,00	-25,00
Prva godina	15	1,1000	13,64	-11,36
Druga godina	15	1,2100	12,40	1,03
Treća godina	15	1,3310	11,27	**12,30**

Tabela 13.10. - *Neto sadašnja vrednost alternative B*

Period	Neto priliv u EUR	Faktor akumulacije	Diskontovani neto priliv u EUR	Kumulativni diskontovani neto priliv u EUR
0 - ulaganje	-40	1,0000	-40,00	-40,00
Prva godina	22	1,1000	20,00	-20,00
Druga godina	22	1,2100	18,18	-1,82
Treća godina	22	1,3310	16,53	**14,71**

Za konflikt projekata *sa različitim rokom trajanja projekta* pretpostaviće sa da, pored alternative A iz prethodnog primera, preduzeće razmatra alternativu C sa istom visinom ulaganja, ali sa rokom trajanja projekta od 6 godina i neto prilivima na kraju svake godine od 9 EUR. Interna stopa rentabilnosti u alternativi C iznosi 27,70%, što je niže od alternative A. Za konačnu ocenu je potrebno izračunati neto sadašnju vrednost za oba projekta uz diskontnu stopu koja se određuje na osnovu očekivanog prinosa po kojem će u varijanti A na tri godine, što je razlika u roku trajanja projekta A i C, moći da se reinvestiraju oslobođena sredstva.

U narednoj tabeli je izračunata neto sadašnja vrednost alternative C, pod pretpostavkom da preduzeće od kraja treće do kraja šeste godine može da uloži sredstva u projekat koji ostvaruje godišnji prinos od 10%.

Tabela 13.11. - *Neto sadašnja vrednost alternative C*

Period	Neto priliv u EUR	Faktor akumulacije	Diskontovani neto priliv u EUR	Kumulativni diskontovani neto priliv u EUR
0 - ulaganje	-25	1,0000	-25,00	-25,00
Prva godina	9	1,1000	8,18	-16,82
Druga godina	9	1,2100	7,44	-9,38
Treća godina	9	1,3310	6,76	-2,62
Četvrta godina	9	1,4641	6,15	3,53
Peta godina	9	1,6105	5,59	9,12
Šesta godina	9	1,7716	5,08	**14,20**

Za konflikt projekata *sa istim rokom trajanja projekta i sa istom visinom ulaganja* pretpostaviće se da preduzeće razmatra dve alternative (D i E) sa rokom trajanja od 3 godine i visinom ulaganja od 9 EUR. Pretpostavljeni neto prilivi ostvareni na kraju svake godine su, respektivno, u alternativi D: 3 EUR, 5 EUR i 6 EUR; a u alternativi E: 6 EUR, 4 EUR i 3 EUR. Iako je interna stopa rentabilnosti viša u alternativi E (24,11%) nego u alternativi D (22,79%), za konačnu ocenu je potrebno izračunati neto sadašnju vrednost obe alternative korišćenjem diskontne stope po kojoj stvarno mogu da se reinvestiraju sredstva koja se oslobode do kraja druge godine. U narednim tabelama je prikazana neto sadašnja vrednost alternative E i D, pod pretpostavkom da je diskontna stopa 10%, odnosno da je 10% moguća stopa prinosa po kojoj će oslobođena sredstva na kraju prve i na kraju druge godine moći da se reinvestiraju do kraja treće godine, odnosno do kraja roka trajanja projekta.

Tabela 13.12. - *Neto sadašnja vrednost alternative D*

Period	Neto priliv u EUR	Faktor akumulacije	Diskontovani neto priliv u EUR	Kumulativni diskontovani neto priliv u EUR
0 - ulaganje	-9	1,0000	-9,00	-9,00
Prva godina	3	1,1000	2,73	-6,27
Druga godina	5	1,2100	4,13	-2,14
Treća godina	6	1,3310	4,51	**2,37**

Tabela 13.13. - *Neto sadašnja vrednost alternative E*

Period	Neto priliv u EUR	Faktor akumulacije	Diskontovani neto priliv u EUR	Kumulativni diskontovani neto priliv u EUR
0 - ulaganje	-9	1,0000	-9,00	-9,00
Prva godina	6	1,1000	5,45	-3,55
Druga godina	4	1,2100	3,31	-0,24
Treća godina	3	1,3310	2,25	**2,01**

U sva tri objašnjena slučaja je uočen konflikt posledica nedostatka interne stope rentabilnosti, koja se izračunava uz pretpostavku da će sredstva, odnosno neto prilivi naplaćeni pre kraja roka trajanja projekta, moći eksterno, to jest u druge alternative, da se reinvestiraju po godišnjoj stopi prinosa koja je jednaka prosečnoj godišnjoj stopi prinosa alternative iz koje proizilaze. Kako uglavnom ta pretpostavka nije realna, a i kako se kod izračunavanja neto sadašnje vrednosti ne uvažava ova pretpostavka, kada postoji konflikt između ova dva pokazatelja odluka se donosi na osnovu visine neto sadašnje vrednosti, koja se, stoga, smatra superiornijim pokazateljem od interne stope rentabilnosti. Izneta konstatacija će se dokazati nominalnim iznosima kojima će preduzeće raspolagati na kraju roka trajanja projekta pod pretpostavkom da se opredeli za alternativu D i pod pretpostavkom da se opredeli za alternativu E.

Ulaganjem u alternativu D preduzeće bi na kraju treće godine raspolagalo sa:

$$3 \text{ EUR} \times (1,10)^2 + 5 \text{ EUR} \times (1,10)^1 + 6 \text{ EUR} = 15,13 \text{ EUR}$$

Ulaganjem u alternativu E preduzeće bi na kraju treće godine raspolagalo sa:

$$6 \text{ EUR} \times (1,10)^2 + 4 \text{ EUR} \times (1,10)^1 + 3 \text{ EUR} = 14,66 \text{ EUR}$$

U vreme nerazvijene informativne tehnologije i nepostojanja adekvatnih kompjuter-skih programa je **izračunavanje interne stope rentabilnosti** bilo komplikovano,[203] pa je i zbog praktičnih razloga neto sadašnja vrednost smatrana kvalitetnijim pokazate-ljem. Informatičkim razvojem je ovaj problem prevaziđen.

U poslednje vreme se interna stopa rentabilnosti najčešće izračunava korišćenjem fi-nansijske funkcije IRR (Internal Rate of Return) programa »Microsoft Excel«. Za nje-no izračunavanje je dovoljno upisati godišnje neto prilive od početka investicione faze pa do kraja roka trajanja projekta. U praksi, obzirom da se interna stopa rentabilnosti prikazuje u okviru tabele gde je projektovan ekonomski tok, uglavnom autori, umesto upisivanja podataka, selektuju red iz ekonomskog toka gde se prva ćelija odnosi na sa-dašnju vrednost ulaganja, a ostale ćelije na nediskontovane godišnje neto prilive. Ova-kav, iako uobičajen način izračunavanja, je manjkav po više osnova, što za posledicu ima netačno izračunatu vrednost ovog pokazatelja. Prva zamerka se odnosi na pretpo-stavku koja je involvirana u sama softverska rešenja finansijske funkcije IRR, koja pod-razumeva da se svi godišnji neto prilivi dešavaju na kraju godine. Time je zanemarena specifičnost različitih faktora akumulacije koje treba primeniti na različite nominalne vrednosti da bi se pri investicionom razmatranju svele na sadašnju vrednost. Druga zamerka opisanom postupku izračunavanja proizilazi iz činjenice da se samo selekto-vanjem sadašnje vrednosti ulaganja i godišnjih neto priliva dobija nova diskontna sto-pa (interna stopa rentabilnosti) kojom se menjaju sadašnje vrednosti neto priliva, dok sadašnja vrednost ulaganja ostaje nepromenjena. Na taj način nije ispravno izračunata interna stopa rentabilnosti jer je smisao ovog pokazatelja da izjednači sadašnju vred-nost ulaganja sa sadašnjom vrednošću neto priliva, što znači da bi se za izračunavanje sadašnje vrednosti oba parametra morala koristiti identična diskontna stopa.

Ispravno izračunavanje interne stope rentabilnosti uz dosledno uvažavanje vremen-ske vrednosti novca zahteva da autori investicionog projekta bolje poznaju moguć-nosti »Microsoft Excela«. Konkretno, internu stopu rentabilnosti treba izračunati ko-rišćenjem aplikacije »Goalseek«, koja se kao opadajući »podmeni« nalazi u okviru »menija« pod nazivom »Tools«.

---

[203] „Neka uhodana i jedinstvena metodologija za iznalaženje interne stope prinosa ne postoji; ona se mo-že dobiti jedino kao rezultat manjeg ili većeg broja pokušaja, odnosno sukcesivnih aproksimacija koje se baziraju pretežno na ličnom saznanju i iskustvu", u: Krasulja, D., Ivanišević, M., - *Op. cit.*, str. 304.

Podaci se u navedenu aplikaciju unose na sledeći način:

- SET CELL - pozove sa na ćeliju u kojoj je iskazana neto sadašnja vrednost, od-nosno u ćeliju u kojoj je u poslednjoj godini iskazan kumulativni diskontovani neto priliv po pokriću sadašnje vrednosti ulaganja;

- TO VALUE - upiše se broj nula ("0") jer je cilj da se utvrdi diskontna stopa pri kojoj je neto sadašnja vrednost jednaka nuli; i

- BY CHANGING CELL - označi se ćelija u kojoj je određena godišnja diskont-na stopa.

Da bi se interna stopa rentabilnosti izračunala na opisan način, godišnja diskonta stopa kojom se sve nominalne vrednosti svode na sadašnju vrednost treba da bude upisana samo u jednoj ćeliji. Ako je diskontna stopa iskazana u više tabela investicionog projekta, u ostalim ćelijama iznos diskonte stope treba da bude »linkovan« na ćeliju u kojoj je upisana.[204]

Za spoznaju koliko su dosadašnja teorijska razmatranja interne stope rentabilnosti i neto sadašnje vrednosti kompatibilna sa donošenjem investicionih odluka u realnom poslova-nju iskoristiće se rezultati više istraživanja sprovedenih u Sjedinjenim Američkim Država-ma u periodu od 1959. do 1981. godine. Sva istraživanja su imala za cilj da utvrde primar-ne pokazatelje na osnovu kojih se u velikim preduzećima donosi investiciona odluka.

Tabela 13.14. - *Najznačajniji pokazatelji pri donošenju investicionih odluka*[205]

Godina	Prosečan računovodstveni prinos	Period povraćaja	Interna stopa rentabilnosti	Neto sadašnja vrednost	Interna stopa rentabilnosti ili neto sadašnja vrednost
1959	34%	34%	19%		19%
1964	30%	24%	38%		38%
1970	26%	12%	57%		57%
1975	10%	15%	37%	26%	63%
1977	25%	9%	54%	10%	64%
1979	14%	10%	60%	14%	74%
1981	10,7%	5,0%	65,3%	16,5%	81,8%

[204] Detaljno objašnjenje opisanog ispravnog postupka izračunavanja interne stope rentabilnosti videti u: Paunović, B., Zipovski, D., - *Op. cit.*, str. 280.

[205] Izvori: 1. Graham, R. J., Harvey, C. R., "Theory and Practice of Corporate Finance: Evidence from Fi-eld" u: Journal of Financial Economics May-June 2001, str. 187-244.; 2. Moore, J. S., Reichert, A. K., „An Analysis of the Financial Management Techniques Currently Employed by Large U.S. Corporati-ons", u: Journal of Business Finance and Accounting Winter 1983, str. 623-645.; 3. Stanley, M. T., Block, S. R., „A Survey of Multinational Capital Budgeting", u: The Financial Review March 1984, str. 36-51. Preuzeto iz: Ross, S. A., Westerfield, R. W., Jordan, B. D., - *Op.cit.*, str. 299.

Na osnovu podataka iz tabele se može zaključiti da se samo pre 50 godina (1959. godine) investiciono odlučivanje u velikim preduzećima u SAD baziralo na najčešće korišćenom statičkom pokazatelju efikasnosti (period povraćaja), odnosno na najčešće korišćenom pokazatelju rentabilnosti (prosečan računovodstveni prinos)[206]. U istom periodu je u manje od petine preduzeća investiciona odluka doneta na osnovu neto sadašnje vrednosti ili interne stope rentabilnosti. U naredne 22. godine je značaj dinamičkih pokazatelja efikasnosti prepoznat, tako da 1981. godine samo manje od petine preduzeća pri donošenju investicione odluke nisu kao primarni pokazatelj koristili neto sadašnju vrednost ili internu stopu rentabilnosti.

Interesantno je zapaziti koliko se interna stopa rentabilnosti češće koristila kao dominantni pokazatelj u odnosu na neto sadašnju vrednost, što je bilo karakteristično i za period kada su postojali objektivni problemi pri preciznom izračunavanju navedenog pokazatelja. Osnovni razlog treba tražiti u činjenici da donosioci odluka u preduzećima često nisu ekonomske struke, tako da im je znatno razumljivija interpretacija projektovanog prosečnog godišnjeg prinosa na potrebna ulaganja od bilo koje interpretacije neto sadašnje vrednosti. Ova argumentacija ni danas nije izgubila na značaju, pa se neto sadašnja vrednost sa stručnog aspekta smatra najkvalitetnijim, a interna stopa rentabilnosti najpopularnijim pokazateljem.

Indeks rentabilnosti[207] ili koeficijent neto sadašnje vrednosti predstavlja odnos između neto sadašnje vrednosti i sadašnje vrednosti ulaganja, a izračunava se po sledećem obrascu:

$$Ir = \frac{NSV}{SVU}$$

gde je:
Ir - indeks rentabilnosti,
NSV - neto sadašnja vrednost i
SVU - sadašnja vrednost ulaganja.

Indeks rentabilnosti pokazuje sadašnju vrednost prinosa iskazanog u procentima sadašnje vrednosti ulaganja koji bi na kraju roka trajanja mogao da se iskoristi za finansiranje drugog projekta. Ako je neto sadašnja vrednost 3 EUR, a sadašnja vrednost

---

[206] U stranoj literaturi poznat kao „Average Accounting Return", koji predstavlja procentualni odnos između prosečnih godišnjih neto profita i prosečnih sopstvenih sredstava u celom veku trajanja projekta. Ovaj pokazatelj se u odnosu na stopu prinosa na sopstvena sredstva, koja je objašnjena u glavi XII, odeljak 1.4. („Pokazatelji rentabilnosti"), razlikuje samo u tome što se pri izračunavanju stope prinosa na sopstvena sredstva, profit i prosečan kapital određuju na godišnjem nivou. Detaljnije o prosečnom računovodstvenom prinosu videti: www.moneyterms.co.uk.

[207] U stranoj literaturi poznat kao indeks profitabilnosti („Profitability Index"). O navedenom pokazatelju detaljnije videti: www.finacnceschoolar.com

ulaganja 5 EUR, indeks rentabilnosti od 60% (3 / 5) pokazuje da bi na kraju roka trajanja projekta od ostvarenog prinosa moglo da se finansira 0,6 projekta čija je sadašnja vrednost ulaganja ista sadašnjoj vrednosti ulaganja razmatranog projekta.

Pri investicionom razmatranju se indeks rentabilnosti, po pravilu, koristi u kombinaciji sa neto sadašnjom vrednošću i često se napominje da je osnovna svrha ovog dinamičkog pokazatelja da ublaži osnovni nedostatak neto sadašnje vrednosti u kojoj je zanemarena relativna kvantifikacija rentabilnosti razmatranog ulaganja.

Kako je sadašnja vrednost investicionog ulaganja uvek pozitivna veličina, razumljivo da predznak (pozitivan ili negativan) indeksa rentabilnosti zavisi od predznaka neto sadašnje vrednosti. Stoga je uočljiva direktna veza između ova dva pokazatelja, odnosno kada je neto sadašnja vrednost pozitivna, jednaka nuli ili negativna, isti zaključak važi i za indeks rentabilnosti.

Diskontovani period povraćaja pokazuje potrebno vreme da se iz sadašnje vrednosti neto priliva nadoknadi (»pokrije«) sadašnja vrednost ulaganja, što se može prikazati na sledeći način:

$$\sum_{i=1}^{n} SVNpr = SVU$$

gde je:
n - broj godina potrebnih da se kumulativna sadašnja vrednost neto priliva izjednači sa sadašnjom vrednošću ulaganja,
SVNpr - sadašnja vrednost neto priliva i
SVU - sadašnja vrednost ulaganja.

Osnovni nedostatak navedenog pokazatelja je što ne uvažava celokupan projektovan ekonomski tok, već samo ekonomski tok do momenta izjednačavanja sadašnjih vrednosti akumuliranih godišnjih neto priliva sa sadašnjom vrednošću ulaganja. Obzirom na moguću disperziju neto priliva do momenta izjednačavanja sa sadašnjom vrednošću ulaganja, s jedne strane, i neto priliva posle tog momenta, s druge strane, ovaj pokazatelj je neadekvatan za ocenu rentabilnosti ulaganja.

Uvažavajući faktor rizika, u prilog diskontovanom periodu povraćaja se navodi da ovaj pokazatelj, na neki način, utiče na visinu diskontne stope jer je teško pobiti argument da je veća verovatnoća da će se određeno ulaganje vratiti (iskazano u sadašnjoj vrednosti) ukoliko je projektovan rok povraćaja kraći, nego u slučaju da se povraćaj uloženih sredstava očekuje posle dužeg vremenskog perioda.[208]

---

[208] Paunović, B., Zipovski, D., - *Op. cit.*, str. 270-271.

Najpraktičnije je za izračunavanje diskontovanog perioda povraćaja koristi kolonu/red iz ekonomskog toka u kojoj je izračunata neto sadašnja vrednost projekta, kao kumulativni ostatak sadašnje vrednosti neto priliva po pokrivanju sadašnje vrednosti ulaganja. Sam postupak se odvija u tri koraka, koji će se objasniti kroz hipotetički primer. Pretpostaviće se da je sadašnja vrednost ulaganja 8 EUR, a da je u ekonomskom toku iskazana sadašnja vrednost godišnjih neto priliva, respektivno, od: 3 EUR, 4 EUR, 4 EUR i 5 EUR

Tabela 13.15. - *Kumulativna sadašnja vrednost neto priliva po pokrivanju sadašnje vrednosti ulaganja*

Godina	*Kretanje neto sadašnje vrednosti u EUR po godinama roka trajanja projekta*
1	- 5 (3 - 8)
2	- 1 (4 - 5)
3	+ 3 (4 - 1)
4	+ 8 (5 + 3)

U prvom koraku se određuje vremenski period od početka eksploatacije pa do kraja one godine kada je poslednji put završetkom godine neto sadašnja vrednost negativna i prema podacima iz primera iznosi dve godine. *U drugom koraku* se, množenjem ukupnog broja dana u godini i pripadajućeg perioda, za godinu kada se obezbeđuje povraćaj određuje potreban broj dana da se neto sadašnja vrednost izjednači sa nulom. U navedenom kontekstu pripadajući period je procenat od ukupne godine potreban da se neto sadašnja vrednost izjednači sa nulom i izračunava se tako što se razlika sadašnje vrednosti godišnjeg neto priliva i neto sadašnje vrednosti na kraju te godine podeli sa sadašnjom vrednošću godišnjeg neto priliva. Prema podacima iz primera broj dana u godini iznosi 91,25 dana.[209] *U trećem koraku* se saberu vremenski periodi određeni u prvom i drugom koraku, što u primeru približno iznosi 2 godine i 91 dan.

Na kraju, da bi se ustanovilo korišćenje pojedinih dinamičkih pokazatelja efikasnosti u praktičnom poslovanju, u narednoj tabeli su prikazani rezultati istraživanja sprovedenog u Sjedinjenim Američkim Državama 1999. godine. U okviru istraživanja je anketirano 392 finansijska direktora manjih i većih preduzeća.

---

[209] ((4-3) / 4) x 365 dana = 25% x 365 dana = 91,25 dana. Iako irelevantno sa aspekta investicionog odlučivanja, opisanom postupku bi mogla da se uputi akademska primedba da dosledno nije uvažena vremenska vrednost novca jer podrazumeva da svaki ostvareni EUR u godini kada se obezbeđuje povraćaj ima istu sadašnju vrednost. Dosledno uvažavanje vremenske vrednosti novca bi zahtevalo da se na osnovu izračunata 365 faktora akumulacije odredi sadašnja vrednost svakog pojedinačnog dana, a što može da se obavi korišćenjem »Microsoft Excela«. Prema podacima iz primera, uz godišnju diskontnu stopu od 10%, potreban broj dana u godini kada se obezbeđuje povraćaj bi iznosio 88.

Tabela 13.16. - *Dinamički pokazatelji koji se koriste pri investicionom odlučivanju*[210]

Vrsta dinamičkih pokazatelja efikasnosti	Procenat preduzeća koji stalno ili uglavnom koriste	Prosečan rezultat (skala od 0-4; 0 - nikad ne koriste 4 - uvek koriste)	Skala kod velikih preduzeća	Skala kod malih preduzeća
Interna stopa rentabilnosti	76%	3,09	3,41	2,87
Neto sadašnja vrednost	75%	3,08	3,42	2,83
Diskontovani period povraćaja	29%	1,56	1,55	1,58
Indeks rentabilnosti	12%	0,83	0,75	0,88

Podaci iz tabele nisu iznenađujući i ukazuju da se u oko tri četvrtine preduzeća investiciona odluka donosi tek po izračunatoj neto sadašnjoj vrednosti i internoj stopi rentabilnosti. Korišćenje ovih najznačajnijih, ali i najkompleksnijih pokazatelja, je izraženije u većim preduzećima u kojima je realno očekivati da raspolažu stručnijim kadrom nego što je to slučaj sa manjim preduzećima. S druge strane, ostala dva jednostavnija pokazatelja se u mnogo manjoj meri koriste, s tim što je procenat preduzeća koja pri investicionom odlučivanju koriste diskontovani period povraćaja znatno veći od procenta preduzeća koja koriste indeks rentabilnosti.

4. STATIČKI POKAZATELJI EFIKASNOSTI

Postoji veći broj statičkih pokazatelja efikasnosti, to jest pokazatelja koji zanemaruju vremensku vrednost novca, a pri investicionom odlučivanju se najviše koriste:

- period povraćaja,
- prosečan period povraćaja i
- recipročan prosečan period povraćaja.

Period povraćaja pokazuje potrebno vreme da se iz vrednosti neto priliva nadoknadi (»pokrije«) vrednost ulaganja, što se može prikazati na sledeći način:

$$\sum_{i=1}^{n} VNpr = VU$$

---

[210] Ross, S. A., Westerfield, R. W., Jordan, B. D., - *Op.cit.*, str. 299.

gde je:

n - broj godina potrebnih da se kumulativna vrednost neto priliva izjednači sa vrednošću ulaganja,

VNpr - vrednost neto priliva i

VU - vrednost ulaganja.

Period povraćaja, pored osnovnog nedostatka da ne uvažava kompletan ekonomski tok, a koji je istaknut kod objašnjenja diskontovanog perioda povraćaja, ima i dodatni nedostatak koji je prouzrokovan karakterom samog pokazatelja, odnosno apstrahovanjem vremenske vrednosti novca. Taj nedostatak se ogleda u nejasnom definisanju početnog perioda od kada se izračunava period povraćaja i naročito je izražen kod ozbiljnijih investicionih projekta u kojima je predviđen duži period ulaganja. Pretpostaviće se da preduzeće planira početak investicione faze početkom 2008. godine, a početak eksploatacije početkom 2011. godine. Ako početkom 2015. godine projektovan neto priliv pokriva visinu ulaganja, period povraćaja iznosi 4 godine od početka eksploatacije, a 7 godina od prvih ulaganja. Kako je uobičajeno da period povraćaja obuhvati i investicionu fazu, ako je većina ulaganja planirana u periodu koji neposredno prethodi početku eksploatacije, ima li ikakvog smisla prihvatiti period povraćaja od 7 godina ili u takvim slučajevima početni period treba odrediti na osnovu perioda kada su ulaganja najveća? Stručno utemeljen odgovor na postavljeno pitanje je teško dati jer je gotovo nemoguće amortizovati nedostatke zanemarivanja vremenske vrednosti novca.[211] Prilikom praktične izrade investicionih projekata se predlaže da se period povraćaja računa od početka eksploatacije, a kod projekata sa dužom investicionom fazom, dodatno treba prikazati i period povraćaja od početka investicione faze.

Van Horn ističe da su nedostaci perioda povraćaja toliko izraženi da su relativizirani svi zaključci koji iz njega proizilaze. Ovaj pokazatelj je više mera nužnosti nego rentabilnosti projekta, odnosno može da bude značajan kod visoko rizičnih projekata u kojima usvojene pretpostavke nemaju dovoljnu dozu pouzdanosti, kao i kod preduzeća sa nedostajućim likvidnim sredstvima. U oba slučaja je investiciona odluka uslovljena potrebom za što ranijim, a time i sigurnijim povraćajem investiranih sredstava.[212]

Izračunavanje perioda povraćaja je gotovo identično kao i izračunavanje diskontovanog perioda povraćaja, s tim što se ne koriste sadašnje vrednosti, već vrednosti iskazane u stalnim cenama.

Pretpostaviće se da preduzeće razmatra investiciju u kojoj je:

- ulaganje 10 EUR, od kojih je 5 EUR ulaganje u stalnu imovinu, a 5 EUR ulaganje u trajna obrtna sredstva;

---

[211] Paunović, B., Zipovski, D., - *Op. cit.*, str. 273.

[212] Van Horne, C. J., - *Op. cit.*, str. 145.

- rok trajanja projekta tri godine,

- vrednost neto priliva, bez priliva od naplate rezidualne vrednosti, po godinama, respektivno, iznosi: 2 EUR, 5 EUR, 7 EUR i 10 EUR; i

- amortizacija stalne imovine je 2 EUR, odnosno vrednost stalne imovine na kraju roka trajanja projekta iznosi 3 EUR (5 EUR - 2 EUR).

Najpraktičnije je za izračunavanje perioda povraćaja koristi kolonu/red iz ekonomskog u kojoj je izračunat kumulativni godišnji neto priliv po »pokrivanju« vrednosti ulaganja

Tabela 13.17. - *Kumulativni neto priliv po pokrivanju vrednosti ulaganja*

Period	Neto priliv u EUR	Kumulativni neto priliv u EUR po »pokrivanju« vrednosti ulaganja
0 - ulaganje	- 10	- 10
Prva godina	2	- 8
Druga godina	5	- 3
Treća godina	7	+ 4
Četvrta godina	18 (10 + 5 + 3)	+ 22

U prvom koraku se određuje vremenski period od početka eksploatacije pa do kraja one godine kada je poslednji put završetkom godine kumulativni neto priliv negativan i prema podacima iz primera iznosi dve godine.

U drugom koraku se, množenjem ukupnog broja dana u godini i pripadajućeg perioda, za godinu kada se obezbeđuje povraćaj određuje potreban broj dana da se kumulativni neto priliv izjednači sa nulom. U navedenom kontekstu pripadajući period je procenat od ukupne godine potreban da se kumulativni neto priliv iz perioda eksploatacije izjednači sa vrednostima ulaganja i izračunava se tako što se razlika vrednosti godišnjeg neto priliva i kumulativnog neto priliva po »pokriću« vrednosti ulaganja na kraju te godine podeli sa vrednošću godišnjeg neto priliva.

Prema podacima iz primera, izračunavanje se vrši na sledeći način:

$$\text{Broj dana u godini} = \frac{(7 - 4)}{7} \times 365 \text{ dana} = 42,85 \% \times 365 \text{ dana} = 156,43 \text{ dana}$$

U trećem koraku se saberu vremenski periodi određeni u prvom i drugom koraku.

Prema podacima iz primera, izračunavanje se vrši na sledeći način:

Period povraćaja = Dve godine + 156,43 dana ≈ Dve godine i 156 dana

Prosečan period povraćaja pokazuje potrebno vreme da se iz prosečnih vrednosti neto priliva nadoknadi (»pokrije«) vrednost ulaganja i izračunava se po sledećem obrascu:

$$Ppp = VU / (\sum_{i=1}^{n} VNpr / n)$$

gde je:
Ppp - prosečan period povraćaja,
VU - vrednost ulaganja,
n - rok trajanja projekta iskazan u godinama i
VNpr - vrednost neto priliva.

Kao što se iz obrasca može uočiti, za razliku od perioda povraćaja, prosečan period povraćaja uvažava celokupan ekonomski tok i zasniva se na pretpostavci da se prosečni godišnji neto novčani tok može prihvatiti kao zadovoljavajuća aproksimacija stvarno očekivanih neto novčanih tokova po pojedinim godinama.

Ovaj pokazatelj pri investicionom razmatranju nema značajnu analitičku vrednost jer je sama pretpostavka na kojoj se zasniva malo verovatna. Naime, čak i ako se zanemari uobičajeno postepeno dostizanje maksimalnog predviđenog iskorišćenja kapaciteta, na prosečnu vrednost neto priliva u velikoj meri utiče priliv po osnovu naplate rezidualne vrednosti, a koji se dešava samo u poslednjoj godini, to jest, preciznije, na kraju, a delom (potraživanja od kupaca) i po isteku roka trajanja projekta. Stoga je uobičajeno prosečan godišnji neto priliv veći od stvarnog godišnjeg priliva koji se ostvaruje do poslednje godine roka trajanja projekta, a znatno manji od stvarnog godišnjeg neto priliva koji se ostvaruje u poslednjoj godini roka trajanja projekta.

Da bi prosečan godišnji neto priliv bio približan godišnjim neto prilivima neophodno je da budu ispunjeni sledeći uslovi:

- da je vek trajanja projekta dovoljno dug da se minimizira ostatak vrednosti stalne imovine, odnosno da najveći deo nabavne vrednosti stalne imovine bude amortizovan;

- da su karakteristike proizvodnog procesa, politika prema kupcima i ostali faktori koji uslovljavaju potrebu vezivanja sredstava takvi da se ne zahteva visok iznos trajnih obrtnih sredstava; i

- da tokom trajanja projekta nema značajnijih oscilacija u iskorišćenosti kapaciteta.[213]

---

[213] Paunović, B., Zipovski, D., - *Op. cit.*, str. 274.

Analogno iznesenom, kada nisu ispunjene zahtevane pretpostavke pri kojima bi godišnji neto prilivi bili jednaki prosečnom godišnjem neto prilivu, period povraćaja i prosečan period povraćaja mogu značajno da se razlikuju. Ta razlika se može uočiti kada se, prema podacima iz prethodnog primera, uporedi stvarni period povraćaja od dve godine i 156 dana sa, u nastavku, izračunatim prosečnim periodom povraćaja od jedne godine i 3 meseca.

$$\text{Prosečan period povraćaja} = \frac{10}{(32/4)} = 1{,}25 = \text{Jedna godina i 3 meseca}$$

Recipročan prosečan period povraćaja pokazuje procentualno izražen odnos između prosečnog godišnjeg neto priliva i ukupnih ulaganja. Sam naziv ukazuje da ovaj pokazatelj predstavlja recipročnu vrednost prosečnog perioda povraćaja, pa se izračunava po sledećem obrascu:

$$RPpp = 1 / Ppp \Rightarrow Rppp = (\sum_{i=1}^{n} VNpr / n) / VU$$

gde je:
RPpp - recipročan prosečan period povraćaja,
Ppp - prosečan period povraćaja,
n - rok trajanja projekta iskazan u godinama,
VNpr - vrednost neto priliva i
VU - vrednost ulaganja.

Sva zapažanja data za prosečan period povraćaja važe i za recipročan prosečan period povraćaja. Dakle, da bi odnos prosečnog godišnjeg neto priliva i ukupnih ulaganja aproksimirao stvarnom odnosu godišnjih neto priliva i ukupnih ulaganja potrebno je da budu ispunjeni svi oni uslovi pod kojima je prosečan godišnji neto priliv približan stvarnim godišnjim neto prilivima. Kako su ove pretpostavke pri investicionom odlučivanju retkost, analitička vrednost ovog pokazatelja je mala.

I prema podacima iz prethodnog primera je odstupanje značajno. Dok stvarni odnos godišnjih neto priliva i ukupnih ulaganja po godinama, respektivno, iznosi: 20%, 50%, 70% i 180%; dotle recipročan prosečan period povraćaja iznosi 80% (32 / 4 / 10).

Obzirom na uočene nedostatke, ne čudi što se pri investicionom razmatranju, u realnom poslovanju, retko koriste prosečan i recipročan prosečan period povraćaja. Nasuprot tome, iznenađujuće je koliko se i u današnje vreme period povraćaja često koristi, što je, između ostalog, potvrđeno i rezultatima već spomenutog istraživanja sprovedenog 1999. godine, a koje je prikazano u narednoj tabeli. Jedino razumno objašnjenje popularnosti perioda povraćaja treba tražiti u činjenici da je najrazumljiviji pokazatelj efikasnosti, što je, izgleda, jači argument od svih drugih argumenata koji-ma se, sa stručnog aspekta, vrednost ovog pokazatelja relativizira.[214]

Tabela 13.18. - *Korišćenje perioda povraćaja pri investicionom odlučivanju*[215]

Procenat preduzeća koji stalno ili uglavnom koriste	Prosečan rezultat (skala od 0-4; 0 - nikad ne koriste 4 - uvek koriste)	Skala kod velikih preduzeća	Skala kod malih preduzeća
57%	2,53	2,25	2,72

5. DRUŠTVENA OCENA

Društveno ocenjivanje razmatranog investicionog projekta je u mnogo čemu slično fi-nansijskom ocenjivanju, s tim što se ocenjivanje ne bazira na efektima koje bi od realizaci-je imalo preduzeće, već na efektima koje bi imala šira društvena zajednica, to jest država.

Od brojnih društvenih efekata najznačajniji su **merljivi efekti**, odnosno efekti koji se kvantitativno mogu izraziti. U okviru ove grupe se razlikuju:

- neposredni učinici projekta i
- posredni učinci projekta.

Neposredni učinici projekta odražavaju efekte koje sam projekat ima na:

- materijalnu osnovu društva,
- platni bilans države i
- zaposlenost.

Da bi se investicionim ulaganjem povećala *materijalna osnova društva* neophodno je da kumulativno ostvareni neto prilivi, uz zanemarivanje transfernih vrednosti, odno-sno onih vrednosti koje država putem fiskalnih prihoda i fiskalnih rashoda preliva u okviru nacionalne privrede, budu veći od potrebnih ulaganja. Za utvrđivanje efekata investicije na materijalnu osnovu društva potrebno je projektovati **društveno-eko-**

---

[214] "Period povraćaja zaslužuje, zaista, puno priznanje, ne zbog svoje savršenosti, već zbog dokazane ot-pornosti. Uprkos kritikama i osudama većine kompetentnih autora koji razmišljaju i pišu o donošenju investicionih odluka, period povraćaja je uspeo ne samo da preživi nego i da se održi relativno visoko na rang listi pokazatelja koji se i danas koriste za ocenu i rangiranje investicionih projekata, kako u ma-lim tako i u velikim preduzećima, koje primenjuju, inače, daleko intelektualnije koncepte za donošenje investicionih odluka", u: Krasulja, D., Ivanišević, M., - *Op. cit.*, str. 315.

[215] Ross, S. A., Westerfield, R. W., Jordan, B. D., - *Op.cit.*, str. 299.

nomski tok[216]. U odnosu na ekonomski tok sa aspekta preduzeća, društveno eko-nomski tok se razlikuje u tome što su projektovana investiciona ulaganja i projekto-vani odlivi umanjeni za iznos onih transfernih vrednosti koje se sa državnog aspekta smatraju fiskalnim prihodima (carine, porezi, doprinosi itd.), a projektovani prilivi umanjeni za iznos onih transfernih vrednosti koje se sa državnog aspekta smatraju fiskalnim rashodima (premije, subvencije, dotacije itd.).[217]

U uslovima nedovoljno razvijene privrede, koja može da se manifestuje tržišnim ce-nama koje su posledica neusklađene ponude i tražnje, potrebno je u društveno-eko-nomskom toku izvršiti i korekciju projektovanih cena inputa i outputa shodno cena-ma koje bi se formirale u uslovima slobodne konkurencije. Kao dobra aproksimacija za realne cene mogu da posluže cene sa razvijenih tržišta, takozvane „svetske cene", koje su određene na osnovu usklađene ponude i tražnje.[218]

Na osnovu projektovanog društveno ekonomskog-toka, mogu se izračunati svi statič-ki i dinamički pokazatelji koji se koriste i pri finansijskom ocenjivanju. Zajedničkom metodologijom je predviđeno da se društvena ocena prvenstveno donosi na osnovu društvenih dinamičkih pokazatelja efikasnosti, za čije se izračunavanje koristi dru-štvena diskontna stopa određena kao zbir prosečne realne kamatne stope na dugoroč-ne inostrane kredite i iskustveno određene premije na rizik od 2%.[219]

Nezavisno posmatran investicioni projekat će pozitivno uticati na *platni bilans drža-ve*[220] ako su kumulativni devizni prilivi veći od kumulativnih deviznih odliva. Utvrđi-

---

[216] U Zajedničkoj metodologiji se naziva „društveno-ekonomski tok I".

[217] U slučaju delimičnog finansiranja iz inostranih izvora, Zajedničkom metodologijom je predviđeno da se, pored ovako izračunatog „društveno-ekonomskog toka I sa aspekta projekta", izrađuje i „društve-no-ekonomski tok I sa aspekta države". Razlika između ovih društveno-ekonomskih tokova je slična razlici između ekonomskog toka sa aspekta preduzeća i ekonomskog toka sa aspekta vlasnika, odno-sno u „društveno-ekonomskom toku I sa aspekta države" se ne iskazuju ukupna ulaganja, već samo ulaganja koja su planirana da bude finansirana iz domaćih izvora. Deo planiran da bude finansiran iz inostranih izvora se iskazuje u odlivima, u godinama kada je planirana otplata duga. Detaljnije o na-vedenom videti: *Priručnik za primenu Zajedničke metodologije za ocenjivanje društvene i ekonomske opravdanosti investicija i efikasnosti investiranja u SFRJ - 3 operativno uputstvo za izradu investicijske studije - programa*, Op. cit., str. 183-185.

[218] U Zajedničkoj metodologiji se ove korekcije sprovode u okviru "društveno-ekonomskog toka", koji se izrađuje na osnovu "društveno-ekonomskog toka I", a u kojem su, kao što je napomenuto, korekcije obuhvatile samo transferne vrednosti.

[219] *Priručnik za primenu Zajedničke metodologije za ocenjivanje društvene i ekonomske opravdanosti inve-sticija i efikasnosti investiranja u SFRJ - 1 metodološki vodič*, Udruženje banaka Jugoslavije, Beograd, 1988, str. 151-152.

[220] "Sistematski, konsolidovani (svodni) pregled svih ekonomskih transakcija između rezidenata jedne zemlje i rezidenata drugih zemalja, za određeni period vremena se naziva platni bilans", u: Kovač, O., - *Platni bilans i međunarodne finansije*, Ces Mecon, Beograd, 1994, str. 11.

vanje efekata investicije na platni bilans zemlje se vrši na osnovu projektovanog **deviznog toka**, u okviru kojeg ulaganja i odlivi uključuju samo vrednosti predviđene da se plaćaju inostranom valutom, a prilivi samo vrednosti predviđene da se naplaćuju u inostranoj valuti. Ako se investicioni projekat odnosi na proizvod koji je deficitaran na domaćem tržištu, odnosno ako bi aktiviranje investicije uticalo na smanjenje ili prestanak uvoza, za potpunu ocenu uticaja investicije na platni bilans je neophodno projektovati **društveni devizni tok**. Za razliku od deviznog toka, u društvenom deviznom toku su u prilivima dodatno iskazani pozitivni efekti supstitucije uvoza.[221]

Učinak na zaposlenost je kao relevantan kriterijum pri društvenoj oceni predviđen Zajedničkom metodologijom i izračunava se deljenjem društvene sadašnje vrednosti ulaganja i broja novozaposlenih radnika. Sa stanovišta društva je prihvatljiviji projekat gde je ovaj pokazatelj niži jer je „cena radnog mesta niža", što upućuje da su sa društvenog aspekta prihvatljiviji radno intenzivniji od kapitalno intenzivnijih projekata.

Prema UNIDO metodologiji merenjem ***posrednih učinaka* projekta** se utvrđuju troškovi i koristi koje prouzrokuje dati investicioni projekat, a javljaju se na onim tehnološkim i ekonomski povezanim celinama koje imaju jasnu i neraskidivu vezu sa razmatranim projektom. Pod tim celinama se, na primer, podrazumeva efekat na dobavljače usled povećanja proizvodnje i potrebe za dodatnim ulaganjima, efekat na kupce usled mogućeg preorijentisanja na za njih povoljnije dobavljače i sl. Sve ove efekte je potrebno kvantitativno izraziti na godišnjem nivou. Njihovim sabiranjem sa neposrednim učincima na materijalnu osnovu društva se dobijaju društveno relevantne vrednosti na osnovu kojih se izračunavaju društveni pokazatelji efikasnosti investicionog projekta, odnosno na osnovu kojih se donosi društvena ocena.[222]

Iako razumljiv smisao, merenje posrednih učinaka projekta je pri investicionom razmatranju kontraverzno jer se svakoj projektovanoj vrednosti može uputiti primedba o pouzdanosti projekcije. Tako, na primer, da bi se utvrdio stvarni efekat realizacije investicije na potencijalne dobavljače, trebalo bi projektovati cenu koštanja predmetnog inputa, koja se od proizvođača do proizvođača razlikuje. Kako se u momentu izrade projekta, po pravilu, znaju potencijalni, a ne i stvarni dobavljači, već na samom startu je svaka projekcija osuđena na nedovoljnu pouzdanost.

Potreba za kvantitativnim izražavanjem indirektnih efekata, kao osnovom za donošenje investicione odluke, je naročito izražena kod ulaganja u zajednička (javna) ili ko-

---

[221] U retkim slučajevima devizni tok može da pokazuje pozitivniji uticaj na platni bilans od društvenog deviznog toka. Ovakva situacija je karakteristična za preduzeća koja kroz investicioni projekat planiraju da deo postojećih izvoznih kapaciteta preusmere u proizvodnju outputa koji bi se prodavali na domaćem tržištu, a istovremeno se ti outputi ne uvoze. Tada bi se društveni devizni tok razlikovao od deviznog toka u tome što bi u odlivima dodatno bili iskazani negativni efekti supstitucije izvoza.

[222] *Priručnik za vrednovanje industrijskih projekata*, Op. cit., str. 79.

lektivna dobra, to jest u dobra koja su na raspolaganju za korišćenje većem broju ljudi (saobraćajnice, vodoprivreda, energetika, zdravstvo, kultura itd.). Za ocenu ovakvih projekata je razvijen poseban metod poznat pod nazivom **Cost Benefit analiza**[223]. „Osnovna ideja Cost Benefit analize je da se uzmu u obzir i izračunaju sve društvene koristi i troškovi jednog projekta i da se na osnovu upoređivanja ukupnih koristi i troškova oceni valjanost, odnosno rentabilnost posmatranog projekta.“[224]

Pri društvenoj oceni se uzimaju u obzir i efekti koje je teško ili nemoguće meriti, pa se ovi **nemerljivi efekti** navode u obliku kvalitativno izražene ocene uticaja projekta na ciljeve društveno-ekonomskog razvoja. Prema Zajedničkoj metodologiji, pod nemerljivim efektima se prvenstveno misli na uticaj projekta na: podizanje tehničko-tehnološkog nivoa društva, ujednačenog regionalnog razvoja, kvaliteta radne i životne okoline, i ekonomsku i vojno stratešku nezavisnost zemlje.[225] Inače, kod investicionih projekata koji se ocenjuju pomoću Cost Benefit analize je predviđeno kvantitativno izražavanje i ovih efekata, odnosno neophodno ih je posebnim postupcima analizirati, procenjivati i novčano izraziti.[226] Međutim, koliko god da su sofisticirani postupci procene i analize, u krajnjoj instanci su osuđeni na visoku dozu subjektivnosti.

Iz do sada iznetog je jasno da je društvena ocena prvenstveno značajna kod projekata kod kojih se koristi i troškovi ne mogu pouzdano kvantitativno izraziti, pa se pri vrednovanju mora koristiti drugačiji pristup (Cost Benefit analiza). Međutim, u Srbiji se društvena ocena, koja je obavezujuća glava u prethodnoj i u studiji opravdanosti,[227] mora dati kod svih objekata za čiju je realizaciju potrebna saglasnost nadležnog ministarstva iz oblasti građevinarstva. Ako se radi o individualnim investitorima kada je društvena ocena sadržana u investicionom projektu isključivo posledica zadovoljenja formalnih potreba, preporučuje se da se pri projekciji društveno-ekonomskog i deviznog toka uzmu u obzir samo društveni efekti neposrednih učinaka projekta, a da se posredni učinci projekta proglase nemerljivim i eventualno opisno prokomentarišu sa ostalim nemerljivim efektima.

---

[223] Na našim prostorima je uobičajeno da se naziv "Cost Benefit analiza" doslovno koristi, mada se može sresti i preveden termin „Analiza troškova i koristi".

[224] Jovanović, P., - *Upravljanje investicijama*, Op. cit., str. 158.

[225] *Priručnik za primenu Zajedničke metodologije za ocenjivanje društvene i ekonomske opravdanosti investicija i efikasnosti investiranja u SFRJ - 1 metodološki vodič*, Op. cit., str. 109.

[226] Jovanović, P., - *Upravljanje investicijama*, Op. cit., str. 171.

[227] Videti: Pravilnik o obimu, sadržini i načinu izrade prethodne studije opravdanosti i studije opravdanosti za izgradnju objekata, u: - „*Službeni glasnik RS*", *br. 80/2005*.

GLAVA XIV

OCENA U USLOVIMA NEIZVESNOSTI

Prethodno prezentovana metoda analize finansijske i društvene isplativosti razmatranog investicionog ulaganja je zasnovana na pretpostavci da se investiciona odluka donosi na osnovu poznavanja budućih događaja. Tako su projekcije koje se odnose na rok trajanja, visinu ulaganja, obim proizvodnje, cene outputa, cene inputa i druge relevantne ulazne veličine, logičan sled pretpostavke o poznatoj budućnosti.[228]

Pretpostaviće se da državni organi usled potrebe za kvalitetnijom zaštitom životne sredine razmatraju investiciju u moderno postrojenje za spaljivanje đubriva. Pri projekciji ulaznih podataka se može pretpostaviti da će budućnost biti slična sadašnjosti, odnosno: broj stanovnika i privredna aktivnost se neće menjati tako da će i količina đubriva biti slična, državni (fiskalni) prihod iz kojeg se planira da se celokupno ulaganje finansira će biti konstantan, cena električne energije (najznačajnijeg inputa) će ostati na sadašnjem nivou, poboljšanje stanja životne sredine će i dalje biti jedan od osnovnih državnih prioriteta itd. U realnosti je moguće da nijedna od polaznih pretpostavki ne odgovara budućem stanju.

Dakle, u praksi je uvek prisutna manja ili veća neizvesnost, tako da pretpostavku o izvesnoj budućnosti treba razumeti kao nužnost pri investicionom razmatranju koja je uvedena radi mogućnosti upotrebe egzaktnog instrumentarija u investicionom odlučivanju.[229]

Ocena u uslovima neizvesnosti je obavezan deo investicionog projekta čija je osnovna svrha da ukaže na rizičnost projekta na nepredviđene okolnosti, odnosno na osetljivost rezultata i opravdanost realizacije investicionog ulaganja ako u budućnosti relevantne vrednosti odstupe od projektovanih. Postoji veći broj metoda koji se koriste za ocenu u uslovima neizvesnosti, a njihova osnovna podela je na:

- statičke metode i
- dinamičke metode.

Statički metodi ocene u uslovima neizvesnosti se zasnivaju samo na podacima iz jedne godine roka trajanja projekta Najpoznatiji metod iz ove grupe je metod prelomne tačke rentabiliteta, koji se još naziva metod praga rentabiliteta ili metod kritične tačke.

---

[228] *Priručnik za vrednovanje investicionih projekata*, Op. cit., str. 113-115.
[229] Jovanović, P., - *Upravljanje investicijama*, Op. cit., str. 132.

Dinamički metodi ocene u uslovima neizvesnosti se zasnivaju na podacima iz celog roka trajanja projekta. Iz tog razloga, za razliku od statičkih metoda, predmet razmatranja dinamičkih metoda mogu da budu pokazatelji efikasnosti ulaganja, odnosno oni pokazatelju na bazi kojih se prvenstveno donosi investiciona odluka. Najpoznatiji metod iz ove grupe je analiza osetljivosti.

Pored navedenih metoda, u literaturi se kao značajan metod ocene u uslovima neizvesnosti spominje i *leveridž analiza*, koja se ne može svrstati u nijednu od napomenutih grupa jer sadrži karakteristike statičkih, ali i dinamičkih metoda.

Dijagram 14.1. - *Metodi koji se koriste u delu investicionog projekta čiji je predmet ocena u uslovima neizvesnosti*

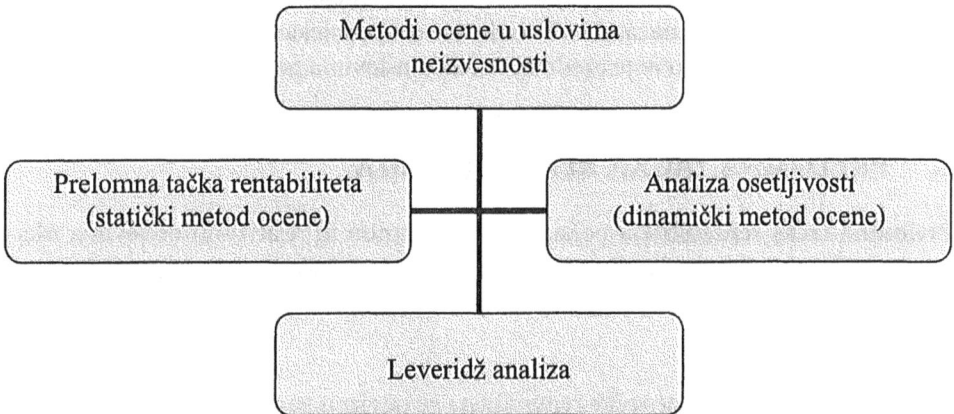

Zajedničkom i UNIDO metodologijom je predviđeno da se za ocenu u uslovima neizvesnosti koristi prelomna tačka rentabiliteta i analiza osetljivosti, dok leveridž analiza nije predviđena.

UNIDO metodologijom je kao dodatni metod ocene u uslovima neizvesnosti predviđena *analiza verovatnoće*.[230] Pod analizom verovatnoće se podrazumeva utvrđivanje procentualne šanse o budućoj vrednosti određenog ulaznog parametra. Pretpostaviće da je aktuelna cena električne energije 4 centa po kWh i da je analizom tržišta utvrđena verovatnoća od 50% da će tokom trajanja projekta cena ostati ista, verovatnoća od 25% da će cena pasti na 3 centa po kWh i verovatnoća od 25% da će cena porasti na 10 centa po kWh. Razumljivo, sve su vrednosti iskazane u stalnim cenama. Na osnovu kriterijuma prosečne očekivane vrednosti, zanemarujući načelo opreznosti, u investicionom projektu treba projektovati cenu električne energije od 5,25 centa po kWh (50% x 4 centa + 25% x 3 centa + 25% x 10 centa). Osnovna zamerka koja u

---

[230] *Priručnik za pripremu industrijskih studija izvodljivosti*, Op. cit., str. 187.

navedenom kontekstu može da se uputi UNIDO metodologiji je da je pogrešan deo investicionog projekta gde je predviđena analiza verovatnoće. Naime, kao što se iz prethodnog primera može zapaziti, na osnovu analize verovatnoće se određuju očekivane vrednosti ulaznih podataka,[231] dok je osnovni cilj dela investicionog projekta čiji je predmet ocena u uslovima neizvesnosti da pokaže rizičnost projekta u slučaju da relevantne vrednosti tokom investicione i/ili tokom faze eksploatacije budu različite u odnosu na vrednosti koje su prihvaćene kao očekivane.

Pored prelomne tačke rentabiliteta, analize osetljivosti i leveridž analize, u nastavku će se objasniti subjektivni kriterijumi na bazi kojih se donosi investiciona odluka, kao i investiciono odlučivanje na bazi realnih opcija. Iako je njihov smisao drugačiji od smisla metoda koji u investicionim projektima treba da ukažu na rizičnost projekta na nepredviđene okolnosti, subjektivni kriterijumi i opcioni pristup pri investicionom odlučivanju su naročito značajni kod visoko rizičnih projekata, te je logično da se razmatraju u okviru »glave« čiji je predmet ocena u uslovima neizvesnosti.

1. PRELOMNA TAČKA RENTABILITETA

Prelomna tačka rentabiliteta pokazuje u apsolutnim ili relativnim brojevima iskazanu veličinu (vrednost ukupnog prihoda, obim proizvodnje, cenu itd.) pri kojoj se ukupni prihodi izjednačavaju sa ukupnim troškovima, odnosno pri kojoj je bruto dobit jednaka nuli.[232]

Primena metoda prelomne tačke rentabiliteta se odvija u par sledećih koraka:

- troškovi se podele na fiksne i varijabilne,
- odabere se godina posmatranja,
- izračuna se vrednosna prelomna tačka rentabiliteta,
- odaberu se parametri koji će se analizirati,
- izračunaju se prelomne tačke rentabiliteta za svaki od posmatranih parametara i
- grafički se prikažu rezultati analize.

Prvi korak u primeni metoda prelomne tačke rentabiliteta je *podela ukupnih troškova na fiksne i varijabilne*. Kako je kod objašnjenja projekcije troškova naznačeno da se

---

[231] Prema podacima iz primera, analiza verovatnoće bi bila predmet plana nabavke, u okviru kojeg bi se objasnio postupak određivanja projektovane cene električne energije.

[232] Paunović, B., Zipovski, D., - *Op. cit.*, str. 282.

pri investicionom razmatranju na nosioce troškova razvrstavaju samo troškovi materijala za izradu[233] i troškovi energenata čija visina zavisi od obima proizvodnje,[234] onda se samo ovi troškovi smatraju varijabilnim, a svi ostali troškovi fiksnim. Inače, metod prelomne tačke rentabiliteta se bazira na pretpostavci o pravolinijskom ponašanju troškova i prihoda.[235] Pod navedenim se podrazumeva da se fiksni troškovi ne menjaju sa promenama obima proizvodnje, dok se ukupni prihodi i varijabilni troškovi proporcionalno menjaju sa promenama obima proizvodnje.

Obzirom da pojedini godišnji poslovni rashodi, koji se sa aspekta investicionog razmatranja smatraju fiksnim, uobičajeno rastu do godine kada se dostiže puni kapacitet (na primer, troškovi platnog prometa), kao i na moguće različite godišnje troškove, kamate u periodima otplate duga, teorijski je moguće da se prelomna tačka rentabiliteta razlikuje u svakoj godini roka trajanja projekta. Uobičajeno su ove razlike male, tako da izračunavanje deset različitih prelomnih tačaka rentabiliteta ne bi imalo relevantnu analitičku vrednost. Zato se prelomna tačka rentabiliteta određuje na osnovu *podataka iz samo jedne, tipske, reprezentativne godine*, što je, po pravilu, jedna od godina maksimalno predviđenog korišćenja kapaciteta. U ovom domenu se može uvažiti načelo opreznosti, tako da se prelomna tačka rentabiliteta odredi na bazi podataka iz prve godine kada je dostignut maksimalni predviđeni kapacitet, jer je tada ostatak glavnice duga, a time i trošak kamate, najveći.

Vrednosna prelomna tačka rentabiliteta pokazuje vrednost ukupnog prihoda pri kojoj je bruto dobit jednaka nuli, odnosno pri kojoj se ukupan prihod izjednačava sa ukupnim troškovima i izračunava se po sledećem obrascu:

$$\text{Vrednosna prelomna tačka rentabiliteta} = \frac{\text{Fiksni troškovi}}{\text{Stopa kontribucione dobiti}}$$

Da bi se izračunala stopa kontribucione dobiti najpre je potrebno izračunati kontribucionu dobit[236], koja predstavlja deo ukupnog prihoda koji preostaje po pokriću varijabilnih troškova i izračunava se po sledećem obrascu:

$$\text{Kontribuciona dobit} = \text{Ukupan prihod} - \text{Varijabilni troškovi}$$

---

[233] Troškovi sirovina, repromaterijala, ambalaže i zavisni troškovi nabavke.

[234] Detaljnije objašnjeno u glavi XI, poglavlje 1.2. ("Rashodi").

[235] »Analiza prelomne tačke pretpostavlja poznavanje funkcije troškova i funkcije prihoda. S obzirom na brojnost i isprepletenost njihovih činilaca, to nije jednostavan zadatak. Ekonomska teorija uglavnom se služi krivolinijskim ponašanjem troškova i prihoda u odnosu na obim aktivnosti, što je za primenu analize prelomne tačke, odnosno analize »troškovi - obim proizvodnje - prihod - rezultat«, skup i spor postupak. Pretpostavka o pravolinijskom ponašanju troškova i prihoda rešava problem jednostavnosti i ažurnosti analize, a dovoljno je pouzdana za kratkoročne projekcije rezultata«, u: Stevanović, N., - *Obračun troškova* (treće izdanje), Ekonomski fakultet Beograd, Beograd, 1993, str. 140.

[236] U literaturi se kao sinonim za kontribucionu dobit koristi naziv marginalna dobit.

Stopa kontribucione dobiti pokazuje koliko se na 1 EUR ukupnog prihoda ostvaruje kontribucionog dobitka i izračunava se po sledećem obrascu:

$$\text{Stopa kontribucione dobiti} = \frac{\text{Kontribuciona dobit}}{\text{Ukupan prihod}}$$

Uzevši u obzir način izračunavanja kontribucione dobiti, stopa kontribucione dobiti se može izračunati i na sledeći način:

$$\text{Stopa kontribucione dobiti} = \frac{\text{Ukupan prihod - Varijabilni troškovi}}{\text{Ukupan prihod}}$$

$$\downarrow$$

$$\text{Stopa kontribucione dobiti} = 1 - \frac{\text{Varijabilni troškovi}}{\text{Ukupan prihod}}$$

Odnos između varijabilnih troškova i ukupnog prihoda se naziva stopa varijabilnih troškova, koja pokazuje koliko od 1 EUR ostvarenog ukupnog prihoda služi za pokriće varijabilnih troškova i izračunava se po sledećem obrascu:

$$\text{Stopa varijabilnih troškova} = \frac{\text{Varijabilni troškovi}}{\text{Ukupan prihod}}$$

Dakle, za izračunavanje stope kontribucione dobiti se može koristiti i sledeći obrazac:

$$\text{Stopa kontribucione dobiti} = 1 - \text{Stopa varijabilnih troškova}$$

Pretpostaviće se da se u preduzeću razmatra investiciona alternativa kojom je predviđena proizvodnja dva različita proizvoda (A i B). U narednoj tabeli je prikazano izračunavanje vrednosne prelomne tačke rentabiliteta pod pretpostavkom da su u investicionom projektu za reprezentativnu godinu iskazani sledeći relevantni podaci:

- prodaje se 20 komada proizvoda A, prodajna cena po jedinici proizvoda iznosi 4 EUR, a varijabilni troškovi po jedinici proizvoda iznose 2,5 EUR;

- prodaje se 5 komada proizvoda B, prodajna cena po jedinici proizvoda iznosi 8 EUR, a varijabilni troškovi po jedinici proizvoda iznose 4 EUR; i

- ukupni fiksni troškovi iznose 20 EUR.

Tabela 14.2. - *Izračunavanje vrednosne prelomne tačke rentabiliteta*

Parametri	Iznos
Ukupan prihod u EUR	$(20 \times 4) + (5 \times 8) = 120$
Varijabilni troškovi u EUR	$(20 \times 2,5) + (5 \times 4) = 70$
Kontribuciona dobit u EUR	$120 - 70 = 50$
Fiksni trošak u EUR	20
Bruto dobit u EUR	$50 - 20 = 30$
Stopa kontribucione dobiti u %	$50 / 120 = 41,67\%$ ili $1 - (70 / 120) = 1 - 58,33\% = 41,67\%$
Vrednosna prelomna tačka rentabiliteta u EUR	$20 / 41,67\% = 48$

Da je vrednosna prelomna tačka rentabiliteta ispravno izračunata može se proveriti izračunavanjem bruto dobiti pri vrednosti ukupnog prihoda od 48 EUR.

Tabela 14.3. - *Bruto dobit pri vrednosti ukupnog prihoda na nivou vrednosne prelomne tačke rentabiliteta*

Parametri	Iznos u EUR
Ukupan prihod	48
Varijabilni troškovi	$70 \times (48 / 120) = 28$
Kontribuciona dobit	$48 - 28 = 20$
Fiksni trošak	20
Bruto (neto) dobit	$20 - 20 = 0$

Nakon izračunate vrednosne prelomne tačke rentabiliteta, u okviru metoda prelomne tačke rentabiliteta se *analiziraju sledeći parametri*:

- stepen iskorišćenja predviđenog kapaciteta,[237]
- prodate količine i
- prodajne cene

---

[237] U praksi se mogu sresti investicioni projekti gde se umesto stepena iskorišćenja predviđenog kapaciteta posmatra stepen iskorišćenja optimalnog kapaciteta. Ovakav pristup je pogrešan jer je osnovni cilj analize u uslovima neizvesnosti da ukaže na osetljivost rezultata u slučaju da realno poslovanje odstupi od predviđenog, odnosno, u navedenom kontekstu, u slučaju da stvarna iskorišćenost kapaciteta odstupi od projektovane.

U zavisnosti od parametara koji se analiziraju, vrednosna prelomna tačka rentabiliteta predstavlja osnovu za izračunavanje:

- kapacitetne prelomne tačke rentabiliteta,
- količinske prelomne tačke rentabiliteta i
- cenovne prelomne tačke rentabiliteta.

Izračunavanje kapacitetne i količinske prelomne tačka rentabiliteta se zasniva na pretpostavci o nepromenljivosti projektovane prodajne cene. Nasuprot tome, izračunavanje cenovne prelomne tačke rentabiliteta se zasniva na pretpostavci o nepromenljivosti projektovanih prodatih količina, odnosno projektovane iskorišćenosti kapaciteta.

Kapacitetna prelomna tačka rentabiliteta pokazuje stepen iskorišćenja predviđenog kapaciteta pri kojem se ukupni prihodi izjednačavaju sa ukupnim troškovima i izračunava se po sledećem obrascu:

$$\text{Kapacitetna prelomna tačka rentabiliteta} = \frac{\underline{\text{Vrednosna prelomna tačka rentabiliteta}}}{\text{Ukupan prihod}}$$

Količinska prelomna tačka rentabiliteta pokazuje obim prodaje iskazan u naturalnim jedinicama pri kome se ukupni prihodi izjednačavaju sa ukupnim troškovima i izračunava se po sledećem obrascu:

$$\text{Količinska prelomna tačka rentabiliteta} =$$
$$\text{Kapacitetna prelomna tačka rentabiliteta x Količina prodatih proizvoda}$$

Cenovna prelomna tačka rentabiliteta pokazuje prodajnu cenu pri kojoj se ukupni prihodi izjednačavaju sa ukupnim troškovima i izračunava se po sledećem obrascu:

$$\text{Cenovna prelomna tačka rentabiliteta} = \frac{\underline{\text{Prodajna cena proizvoda}}}{\text{Ukupni prihodi / Ukupni rashodi}[238]}$$

Na osnovu vrednosti kapacitetne prelomne tačke rentabiliteta, kao i upoređivanjem količinske i cenovne prelomne tačke rentabiliteta sa predviđenim odnosnim veličinama, se donosi zaključak o elastičnosti investicionog projekta u pogledu stepena iskorišćenja kapaciteta, prodatih količina i prodajnih cena.

Shodno iznetim obrascima, u narednim tabelama je prema podacima iz prethodnog primera izračunata kapacitetna, količinska i cenovna prelomna tačka rentabiliteta.

---

[238] Kako se odnos između ukupnih prihoda i ukupnih rashoda naziva koeficijent efikasnosti, cenovna prelomna tačka rentabiliteta se izračunava deljenjem predviđene prodajne cene proizvoda sa koeficijentom efikasnosti.

Tabela 14.4. - *Izračunavanje kapacitetne i količinske prelomne tačke rentabiliteta*

Parametri	Iznos
Kapacitetna prelomna tačka rentabiliteta u %	48 / 120 = 40%
Količinska prelomna tačka rentabiliteta u komadima	Proizvod A 20 x 40% = 8 Proizvod B 5 x 40% = 2
Ukupan prihod u EUR	(8 x 4) + (2 x 8) = 48
Varijabilni troškovi u EUR	(8 x 2,5) + (2 x 4) = 28
Bruto (neto) dobit u EUR	48 - 28 - 20 = 0

Tabela 14.5. - *Izračunavanje cenovne prelomne tačke rentabiliteta*

Parametri	Iznos u EUR
Cenovna prelomna tačka rentabiliteta	Proizvod A 4 / (120 / 90) = 3 Proizvod B 8 / (120 / 90) = 6
Ukupan prihod	(20 x 3) + (5 x 6) = 90
Varijabilni troškovi	(20 x 2,5) + (5 x 4) = 70
Bruto (neto) dobit	90 - 70 - 20 = 0

Opisanim načinom izračunavanja prelomnih tačaka rentabiliteta se utvrđuju posmatrani parametri (kapacitet, prodate količine i prodajne cene) pri kojima se ukupni prihodi i ukupni rashodi celokupno posmatranog investicionog projekta izjednačavaju, pod pretpostavkom da se projektovana posmatrana vrednost svakog proizvoda iz asortimana promeni u identičnom procentu. Kada se asortiman sastoji od više proizvoda, ovakvom načinu izračunavanja može da se uputi primedba da ne pruža pravu informaciju o prelomnim tačkama rentabiliteta pojedinačnih proizvoda. Naime, u investicionom projektu može da se predvidi asortiman sa proizvodima koji imaju različite profitne margine, tako da bi i osetljivost njihovih rezultata na promenljivost posmatranih ulaznih parametara bila različita. Teoretski bi moglo da se desi da se primenom opisanog postupka dobije cena jednog proizvoda kojom se ne pokrivaju ni varijabilni troškovi njegove proizvodnje, odnosno prelomna tačka rentabiliteta bi podrazumevala da se iz profita jednog proizvoda nadoknađuje gubitak drugog. Stoga, pojedini autori smatraju da izračunavanje sve tri prelomne tačke rentabiliteta ima smisla samo kod monoproizvodnih preduzeća, odnosno kod preduzeća čiji se asortiman sastoji samo od jednog proizvoda.[239] U suprotnom, primena metoda prelomne tačke rentabiliteta može da rezultira iskrivljenom slikom faktičkog stanja.

Da bi se otklonio prepoznati nedostatak u investicionim projektima sa različitim predviđenim proizvodima u asortimanu, najadekvatnije je posmatrati nezavisne prelomne

---

[239] Mišljenje jednog od autora koji zastupa takav stav videti u: Stevanović, N., - *Obračun troškova* (treće izdanje), Op. cit., str. 143.

tačke rentabiliteta za svaki pojedinačno posmatrani proizvod, što uslovljava potrebu alokacije ukupnih fiksnih troškova na nosioce troškova, to jest na konkretne proizvode. Adekvatna alokacija fiksnih troškova kojom bi oni vrednosno teretili proizvode zbog kojih su nastali je kompleksno pitanje i u preduzećima koji duži niz godina posluju. Naime, retki su pojedinačno posmatrani fiksni troškovi koji se direktno mogu vezati za određeni proizvod,[240] tako da je neophodno koristiti određene »ključeve« za alokaciju. Pri izradi investicionih projekata je najpraktičnije, za sve fiksne troškove koji se ne mogu direktno povezati samo sa jednim proizvodom, kao »ključ« koristiti ukupan prihod. Takav pristup pretpostavlja da fiksni troškovi terete određeni proizvod srazmerno procentu učešća prihoda tog proizvoda u ukupnom prihodu celokupnog investicionog projekta i izračunava se po sledećem obrascu:

$$FTa,b,c....n = \frac{UFT \times Pa,b,c...n}{UP}$$

gde je:
FTa,b,c...n - fiksni trošak alociran na proizvod a,b,c...n,
UFT - ukupni fiksni troškovi preduzeća,
Pa,b,c...n - prihod proizvoda a,b,c...n i
UP - ukupan prihod preduzeća.

Prema podacima iz primera, fiksni troškovi od 20 EUR bi se alocirali na sledeći način:

Fiksni troškovi proizvoda A = 20 EUR x (20 EUR x 4 EUR) / 120 EUR = 13,33 EUR

Fiksni troškovi proizvoda B = 20 EUR x (5 EUR x 8 EUR) / 120 EUR = 6,67 EUR

Alokacijom fiksnih troškova na konkretne proizvode je omogućeno da se posmatraju dva nezavisna projekta sa individualno posmatranim prihodima, fiksnim i varijabilnim troškovima. Za izračunavanje svih prelomnih tački rentabiliteta se mogu koristiti ranije navedeni obrasci, a dodatno se za izračunavanje količinske i cenovne prelomne tačke rentabiliteta pojedinačnih proizvoda mogu koristiti sledeći obrasci:

$$\text{Količinska prelomna tačka rentabiliteta} = \frac{\text{Fiksni troškovi}}{\text{Prodajna cena proizvoda - Varijabilni troškovi po jedinici proizvoda}}$$

$$\text{Cenovna prelomna tačka rentabiliteta} = \frac{\text{Ukupni rashodi}}{\text{Količina prodatih proizvoda}}$$

---

[240] To može, na primer, da bude amortizacija tehnološke opreme, pod pretpostavkom da se jedna oprema isključivo koristi za proizvodnju jednog, a druga oprema za proizvodnju drugog proizvoda.

Vrednosna, kapacitetna, količinska i cenovna prelomna tačka rentabiliteta su za proizvode A i B, prema podacima iz primera, prikazane u narednim tabelama.

Tabela 14.6. - *Vrednosne prelomne tačke rentabiliteta za proizvode A i B*

Parametri	Proizvod A	Proizvod B
Ukupan prihod u EUR	80,00	40,00
Varijabilni troškovi u EUR	50,00	20,00
Kontribuciona dobit u EUR	30,00	20,00
Fiksni trošak u EUR	13,33	6,67
Bruto dobit u EUR	16,67	13,33
Stopa kontribucione dobiti u %	37,50%	50,00%
Vrednosna prelomna tačka rentabiliteta u EUR	35,56	13,33

Tabela 14.7. - *Kapacitetne i količinske prelomne tačke rentabiliteta za proizvode A i B*

Parametri	Proizvod A	Proizvod B
Kapacitetna prelomna tačka rentabiliteta u %	44,44%	33,33%
Količinska prelomna tačka rentabiliteta u komadima	8,89	1,67
Ukupan prihod u EUR	35,56	13,33
Varijabilni troškovi u EUR	22,22	6,67
Kontribuciona dobit u EUR	13,33	6,67
Bruto (neto) dobit u EUR	0,00	0,00

Tabela 14.8. - *Cenovne prelomne tačke rentabiliteta za proizvode A i B*

Parametri	Proizvod A	Proizvod B
Cenovna prelomna tačka rentabiliteta u EUR	3,17	5,33
Ukupan prihod u EUR	63,33	26,67
Varijabilni troškovi u EUR	50,00	20,00
Kontribuciona dobit u EUR	13,33	6,67
Bruto (neto) dobit u EUR	0,00	0,00

Na osnovu izračunatih prelomnih tačaka rentabiliteta može da se zaključi da je po pitanju prodatih količina, stepena iskorišćenja predviđenog kapaciteta i prodajne cene, profitabilnost proizvoda A osetljivija u odnosu na profitabilnost proizvoda B.

Najpraktičnije je *grafičko izražavanje prelomne tačke rentabiliteta* u programu "Excel", korišćenjem programa "Chart Wizard".[241] U projektima gde je u asortimanu predviđe-

---

[241] Grafičko izražavanje prelomne tačke rentabiliteta se ne primenjuje samo u investicionim projektima, već se često koristi i u realnom poslovanju. Prelomna tačka rentabiliteta "uživa relativno visoku popularnost naročito među višim rukovodstvom, i to zbog jednostavnosti njene upotrebe, mogućnosti relativno lake procene globalnih tokova rentabiliteta u kratkom roku, njene prevashodne usmerenosti na kratkoročno planiranje i kontrolu odnosa troškovi - prihod - rezultat za alternativne obime aktivnosti", u: Stevanović, N., - *Obračun troškova* (treće izdanje), Op. cit., str. 140.

no više različitih proizvoda, može se, za ceo projekat, grafički izraziti samo vrednosna i kapacitetna prelomna tačka rentabiliteta. Za korišćenje ovog programa, na primer, za izračunavanje kapacitetne prelomne tačke rentabiliteta, potrebno je selektovati će-lije sa izračunatim ukupnim prihodima, fiksnim, varijabilnim i ukupnim troškovima; za različite stepene iskorišćenja predviđenog kapaciteta. Prema podacima iz primera, tabelarno prikazani potrebni podaci za grafičko izražavanje, kao i grafički prikaz kapacitetne prelomne tačke rentabiliteta, su prikazani u nastavku.

Tabela 14.9. - *Ukupan prihod, fiksni trošak, varijabilni trošak i ukupan trošak pri različitim procentima iskorišćenja predviđenog kapaciteta*[242]

% predviđenog kapaciteta	Ukupan prihod u EUR	Fiksni trošak u EUR	Varijabilni trošak u EUR	Ukupan trošak u EUR
25,00%	30,00	20,00	17,50	37,50
50,00%	60,00	20,00	35,00	55,00
75,00%	90,00	20,00	52,50	72,50
100,00%	120,00	20,00	70,00	90,00

Dijagram14.10. - *Kapacitetna i vrednosna prelomna tačka rentabiliteta*[243]

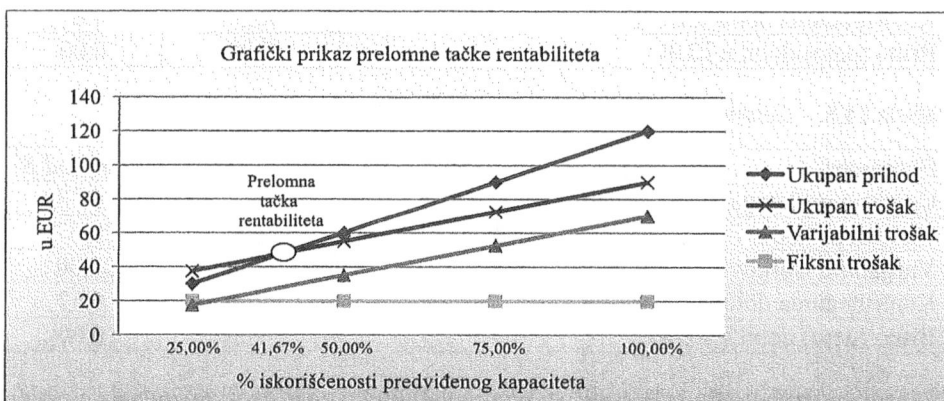

Kada je u asortimanu predviđeno više različitih proizvoda, za svaki pojedinačni proizvod se vrednosna, kapacitetna, količinska i cenovna prelomna tačka rentabiliteta mogu grafički izraziti na identičan način, korišćenjem podataka o ukupnom prihodu, fiksnim, varijabilnim i ukupnim troškovima koji se odnose na konkretan proizvod.

---

[242] Zbog nesavršenosti grafičkih rešenja "Chart Wizard" programa, preporučuje se jednako odstupanje između sukcesivnih posmatranih procenata iskorišćenosti predviđenog kapaciteta (u primeru je 25%). U suprotnom, ukupan prihod, varijabilni troškovi i ukupni troškovi neće biti u obliku prave linije.

[243] Radi bolje vizuelizacije, za označavanje i obeležavanje prelomne tačke rentabiliteta, u grafikonu je iz "Excela" korišćen program "Drawing".

2. ANALIZA OSETLJIVOSTI

»**Analiza osetljivosti** predstavlja računski postupak predviđanja uticaja promena ulaznih podataka na izlazne rezultate jednog modela.«[244]

Suštinski, analiza osetljivosti daje odgovor na pitanje: Šta ako...?

Kako je u investicionim projektima broj ulaznih podataka i izlaznih rezultata mnogobrojan, uvažavajući načelo relevantnosti, primena analize osetljivosti implicira da se na samom početku definišu posmatrane vrednosti, odnosno:

- relevantni ulazni podaci i
- relevantni izlazni rezultati.

Iako je *relevantnost pojedinačnih ulaznih podataka* uslovljena karakteristikama razmatrane investicije, uobičajeno se analizom osetljivosti posmatra uticaj promene:

- visine investicionih ulaganja,
- obima proizvodnje,
- prodajne cene i
- nabavne cene (na primer, sirovina) ili visine pojedinih troškova (na primer, troškovi radne snage), koji su vrednosno dominantni u strukturi cene koštanja.[245]

Nakon definisanja relevantnih ulaznih podataka potrebno je precizirati *koliki treba da bude posmatran intenzitet varijacije promena*. Po ovom pitanju ne postoji opšte prihvaćen stav, što može da se zaključi kako na osnovu pregleda stručne literature koja se bavi ovom tematikom, tako i na osnovu uvida u konkretne izrađene investicione projekte. Po pravilu, najveći broj projekata uvažava rezultate koji su dobijeni marketinškom analizom i u okviru analize osetljivosti posmatraju izlazne rezultate u slučajnu najpovoljnije (optimističke) i najnepovoljnije (pesimističke) varijante, ili posmatraju rezultate u slučaju više mogućih povoljnijih odnosno nepovoljnijih varijanti u odnosu na varijantu koja je kroz investicioni projekat prihvaćena kao očekivana, to jest kao realna. Pored navedenog pristupa, u praksi se sreću i projekti koji potpuno zanemaruju marketing analizu, to jest posmatraju rezultate uvažavajući pretpostavku da se svaka relevantna originalna ulazna veličina može promeniti u identičnom procentu.

---

[244] Jovanović, P., - *Upravljanje investicijama*, Op. cit., str. 135.

[245] Pored navedenih, Zajedničkom metodologijom su dinamika (vreme) izgradnje i vreme uhodavanja proizvodnje, predviđeni kao dodatni uobičajeni najkritičniji ulazni parametri investicije. Detaljnije videti: *Priručnik za primenu Zajedničke metodologije za ocenjivanje društvene i ekonomske opravdanosti investicija i efikasnosti investiranja u SFRJ - 3 operativno uputstvo za izradu investicijske studije - programa*, Op. cit., str. 204.

U investicionim projektima se pod *najznačajnijim izlaznim rezultatima* smatraju rezultati koji predstavljaju osnov za ocenu investicionog projekta. Kao što je ranije napomenuto, to su, pre svega, dinamički pokazatelji efikasnosti ulaganja.[246]

Shodno iznesenom, suština analize osetljivosti u investicionim projektima bi grafički mogla da se iskaže sledećim dijagramom.

Dijagram 14.11. - *Analiza osetljivosti*

Originalne ulazne veličine	→	Originalni dinamički pokazatelji efikasnosti ulagannja
Korigovanje origanalnih ulaznih veličina	→	Korigovani dinamički pokazatelji efikasnosti ulaganja

Upoređivanje procentualnih promena korigovanih i originalnih ulaznih veličina, s jedne strane, sa razlikama između korigovanih i originalnih dinamičkih pokazatelja efikasnosti ulaganja, s druge strane

Postoje dve varijante primene analize osetljivosti i to:

- parametar po parametar analiza i
- scenario analiza.

Parametar po parametar analiza se zasniva na pretpostavci o promenljivosti samo jedne ulazne veličine (parametra), a konstantnosti svih ostalih. Pretpostaviće se da je kroz više parametar po parametar analiza, zanemarivanjem pesimističkih i optimističkih varijanti koje proizilaze iz marketing analize, posmatran uticaj negativnih dešavanja u budućnosti koje bi za posledicu imale da za 20% budu viša investiciona ulaganja i nabavna cena ključne sirovine, odnosno za 20% niža prodajna cena i predviđeni obim proizvodnje. Ako rezultati analize osetljivosti pokažu da bi samo posmatrani hipotetički rast investicionih ulaganja prouzrokovao nezadovoljavajuće dinamičke pokazatelje efikasnosti ulaganja, onda je jasno da je taj parametar najkritičniji i da bi trebalo detaljnije razraditi akcije i mere za sprečavanje značajnijeg rasta investicionih ulaganja od iznosa planiranog kroz projekat.

---

[246] Kako se prilikom izračunavanja dinamičkih pokazatelja efikasnosti ulaganja uvažavaju sve godine (neto sadašnja vrednost, interna stopa rentabilnosti i indeks rentabilnosti) ili pojedine godine u toku roka trajanja projekta (diskontovani period povraćaja), analiza osetljivosti predstavlja dinamički pristup ocene u uslovima neizvesnosti.

Scenario analiza se zasniva na pretpostavci da promena jednog ulaznog podatka prouzrokuje promenu drugog ulaznog podatka. Uobičajeno se scenario analiza primenjuje kod investicionih projekata gde postoji uska povezanost između prihoda i pojedinih kategorija troškova. Pretpostaviće se da je kroz plan nabavke, odnosno kroz analizu i procenu uslova nabavke inputa, ustanovljeno da dugi niz godina prodajna cene pretforme dva puta veća od nabavne cene granulata, kao i da ne postoje indicije da će se u budućem periodu ovaj odnos promeniti. Tada, analiza osetljivosti primenom scenario analize će uz pretpostavljeno snižavanje prodajne cene pretforme od 10% istovremeno podrazumevati snižavanje troškova granulata za isti procenat.

Najbolju vizuelizaciju, odnosno najbolju informativnu ulogu analiza osetljivosti ima u investicionim projektima kada se prikaže u jednoj tabeli u kojoj su, pored vrednosti posmatranih originalnih dinamičkih pokazatelja efikasnosti ulaganja koje odgovaraju realnim pretpostavkama, sadržani i podaci o: posmatranom ulaznom podatku, procentu promene posmatranog ulaznog podatka u odnosu na očekivanu (projektovanu) vrednost i dinamičkim pokazateljima efikasnosti ulaganja koji odgovaraju promenjenoj vrednosti posmatranog ulaznog podatka.

3.   LEVERIDŽ ANALIZA

Ocena investicionog projekta je prvenstveno bazirana na projektovanim godišnjim neto prilivima, koji su, s druge strane, prvenstveno determinisani projektovanim godišnjim neto dobicima. Obzirom na uobičajenu strukturu projektovanih prihoda i rashoda u investicionim projektima u kojima je planirano da se deo ukupnih investicionih ulaganja finansira iz pozajmljenih izvora, projektovana neto dobit se izračunava tako što se od projektovanog poslovnog dobitka oduzmu projektovani finansijski rashodi i projektovan iznos poreza na dobit.

U investicionim projektima je najispravnije leveridž analizom apstrahovati porez na dobit, čija visina ne zavisi samo od bruto rezultata i stope poreza na dobit, već i od specifičnosti koje se uzimaju u obzir prilikom projekcije poreskog bilansa. Dakle, u nastavku, u fokusu posmatranja neće biti projektovana neto, već projektovana bruto dobit. Primenjen pristup ne remeti suštinu leveridž analize jer, u osnovi, preduzeće može da očekuje ostvarivanje pozitivne neto dobiti samo ako je i projektovana bruto dobit pozitivna.

Kako bruto dobit zavisi od poslovnog i finansijskog rezultata, može se zaključiti da je buduća bruto dobit preduzeća neizvesna usled poslovnog i finansijskog rizika. Poslovni rizik odražava neizvesnost po pitanju projektovane bruto dobiti zbog neizvesnosti ostvarivanja projektovanog poslovnog rezultata. Finansijski rizik ne dovodi u pitanje projektovane finansijske rezultate, to jest projektovane finansijske rashode, već odražava neizvesnost ostvarivanja projektovane bruto dobiti usled planiranih fiksnih troškova pozajmljenih izvora finansiranja koji treba da se pokriju iz neizvesnog poslovnog rezultata. Kombinovano dejstvo obe vrste rizika se naziva totalni ili ukupni rizik.

Pod **leveridž**[247] **analizom** se podrazumeva metod za merenje i kvantitativno izražavanje izloženosti preduzeća poslovnom, finansijskom i ukupnom riziku. Leveridž analiza, identično kao i metod prelomne tačke rentabiliteta, uvažava pretpostavku o pravolinijskom ponašanju prihoda i troškova, odnosno pretpostavku o nepromenjivosti projektovanih fiksnih troškova, kao i pretpostavku o proporcionalnoj promeni ukupnog prihoda i varijabilnih troškova shodno promenama obima proizvodnje. Pored toga, za razliku od metoda prelomne tačke rentabiliteta, leveridž analizom se ne dovodi u pitanje ni projektovana prodajna cena po jedinici proizvoda, već se i ona prihvata kao konstantna. Dakle, projektovani obim prodaje je jedina vrednost iz investicionog projekta koja se ne prihvata kao konstantna, tako da je osnovni cilj leveridž analize da utvrdi uticaj na relevantne posmatrane vrednosti u slučaju da godišnji obim prodaje odstupi od projektovanog.

U zavisnosti od vrste rizika na koji se odnosi, razlikuje se:

- poslovni leveridž,
- finansijski leveridž i
- ukupni leveridž.

Poslovni leveridž kvantificira neizvesnost u pogledu očekivanog poslovnog rezultata i pokazuje za koliko će se procenata promeniti poslovni rezultat pod uslovom da se obim prodaje promeni za 1%.

Poslovni leveridž se izračunava po sledećem obrascu:

$$\text{Poslovni leveridž} = \frac{\text{Kontribuciona dobit}}{\text{Poslovna dobit}}$$

Finansijski leveridž kvantificira neizvesnost ostvarivanja bruto dobiti usled planiranog poslovanja sa fiksnim finansijskim troškovima i pokazuje za koliko će se procenata promeniti bruto dobit ako se poslovna dobit promeni za 1%.

---

[247] Leveridž potiče od engleske reči leverage. "U bukvalnom smislu znači dejstvo poluge, zbog čega se u našoj literaturi često sreću nazivi: poslovna poluga, finansijska poluga i kombinovana poluga. Reklo bi se, međutim, da za tako bukvalnim i trapavim prevodima nema neke ozbiljne potrebe s obzirom da je termin leverage opšte prihvaćen u finansijskoj literaturi i ima sasvim određeno i nedvosmisleno značenje", u: Krasulja, D., Ivanišević, M., - *Op. cit.*, str. 59.

Finansijski leveridž se izračunava po sledećem obrascu:

$$\text{Finansijski leveridž} = \frac{\text{Poslovna dobit}}{\text{Bruto dobit}}$$

Za razliku od poslovnog i finansijskog rizika koji se, iako zajednički deluju u istom pravcu, odnose samo na parcijalne rizike, ukupni leveridž kvantificira zajedničko dejstvo jednog i drugog rizika. **Ukupni leveridž** kvantificira neizvesnost ostvarivanja bruto dobiti usled neizvesne poslovne dobiti, kao i usled poslovanja sa fiksnim finansijskih troškovima, i pokazuje za koliko će se procenata promeniti bruto dobitak ako se obim prodaje promeni za 1%.[248]

Ukupni leveridž se izračunava po sledećem obrascu:

Ukupni leveridž = Poslovni leveridž x Finansijski leveridž

Shodno iznetom, suština postupka leveridž analize u investicionim projektima može da se prikaže sledećim dijagramom.

Dijagram 14. 12. - *Leveridž analiza*

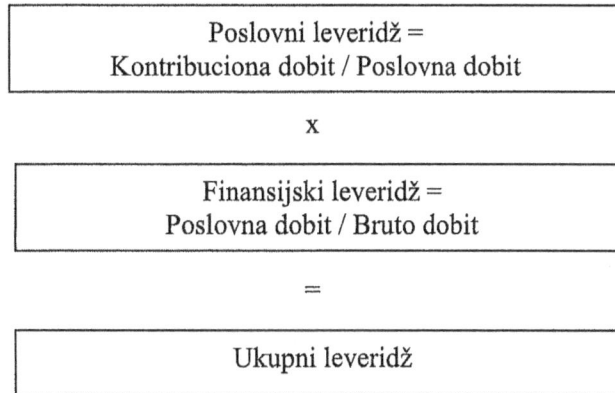

Poslovni leveridž = Kontribuciona dobit / Poslovna dobit

x

Finansijski leveridž = Poslovna dobit / Bruto dobit

=

Ukupni leveridž

Kao što je ranije napomenuto, leveridž analiza se u investicionim projektima ne može svrstati niti u statične niti u dinamične pristupe ocene u uslovima neizvesnosti, obzirom da podrazumeva delimičnu primenu oba pristupa.

Leveridž analizom se izračunava poslovni, finansijski i ukupni leveridž na osnovu podataka iz samo jedne godine, što odražava *statičan pristup ocene u uslovima neiz-*

---

[248] Pod pretpostavkom da se prihvati konstantna stopa poreza na dobit, odnosno da se zanemari poreski bilans, ukupni leveridž istovremeno pokazuje i za koliko će se procenata promeniti neto dobit ako se obim prodaje promeni za 1%.

vesnosti. Stoga se u praksi sreću investicioni projekti gde se leveridži izračunavaju na osnovu podataka iz jedne, po pravilu, tipske, reprezentativne godine.

Međutim, veću informativnu ulogu ima leveridž analiza gde se za svaku godinu u projektovanom roku trajanja projekta izračunavaju sve tri vrste leveridža. Upoređivanjem poslovnog, finansijskog i totalnog leveridža, po godinama trajanja projekta, može da se zaključi o promenama izloženosti preduzeća pojedinačnim vrstama rizika, što odražava *dinamičan pristup ocene u uslovima neizvesnosti*.

Primena leveridž analize prikazaće se na hipotetičkom primeru u kojem su u prvoj godini roka trajanja projekta pretpostavljeni sledeći relevantni podaci:

- 10 komada prodatih proizvoda,
- prodajna cena po jedinici proizvoda iznosi 5 EUR,
- varijabilni troškovi po jedinici proizvoda iznose 3 EUR,
- fiksni poslovni troškovi iznose 10 EUR i
- fiksni finansijski troškovi iznose 2 EUR.

Izračunavanje poslovnog, finansijskog i totalnog leveridža zahteva prethodno izračunavanje neophodnih podataka.

Tabela 14.13. - *Potrebni podaci iz prve godine za leveridž analizu*

Parametri	Iznos
Prodato komada (u jedinicama)	10
Cena po jedinici u EUR	5,00
Ukupan prihod u EUR	50,00
Varijabilni troškovi po jedinici u EUR	3,00
Ukupni varijabilni troškovi u EUR	30,00
Kontribuciona dobit u EUR	20,00
Poslovni fiksni troškovi u EUR	10,00
Poslovna dobit u EUR	10,00
Finansijski troškovi u EUR	2,00
Bruto dobit u EUR	8,00

Tabela 14.14. - *Poslovni, finansijski i totalni leveridž na kraju prve godine*

Vrste leveridža	Iznos
Poslovni leveridž	20 EUR / 10 EUR = 2
Finansijski leveridž	10 EUR / 8 EUR = 1,25
Ukupni leveridž	2 x 1,25 = 2,50

Pretpostaviće se da je naredne (druge) godine, uz ostale identične relevantne podatke, u investicionom projektu planirano povećanje obima prodaje za 50%.

Prema rezultatima leveridž analize, koja proizilazi na osnovu podataka iz prve godine, planirano povećanje obima prodaje od 50% bi trebalo da rezultira:

- povećanjem poslovne dobiti za 100% (2 x 50%),
- većim povećanjem bruto dobiti u odnosu na povećanje poslovne dobiti za 25% (odnos između procentualnog povećanja bruto dobiti i procentualnog povećanja poslovne dobiti od 125%) i
- povećanjem bruto dobiti za 125% (2,5 x 50% ili 100% x 125%).

Da zaključci o pojedinim vrednostima koji proizlaze iz leveridž analize zaista odgovaraju realnim vrednostima potvrđuje se podacima iz naredne dve tabele.

Tabela 14.15. - *Potrebni podaci iz druge godine za leveridž analizu*

Parametri	Iznos
Prodato komada (u jedinicama)	15,00
Cena po jedinici u EUR	5,00
Ukupan prihod u EUR	75,00
Varijabilni troškovi po jedinici u EUR	3,00
Ukupni varijabilni troškovi u EUR	45,00
Kontribuciona dobit u EUR	30,00
Poslovni fiksni troškovi u EUR	10,00
Poslovna dobit u EUR	20,00
Finansijski troškovi u EUR	2,00
Bruto dobit u EUR	18,00

Tabela 14.16. - *Rast relevantnih vrednosti u drugoj u odnosu na prvu godinu*

Parametri	Prva godina	Druga godina	% rasta
Poslovni dobitak u EUR	10	20	(20 - 10) / 10 = 100%
Procentualno povećanje bruto dobiti / Procentualno povećanje poslovne dobiti			((18 - 8) / 8) - ((20 - 10) / 10) = 125%
Bruto dobit u EUR	8	18	(18 / 8) / 8 = 125%

Sva tri leveridža su prema podacima iz druge godine prikazani u narednoj tabeli.

Tabela 14.17. - *Poslovni, finansijski i totalni leveridž na kraju druge godine*

Vrste leveridža	Iznos
Poslovni leveridž	30 EUR / 20 EUR =1,50
Finansijski leveridž	20 EUR / 18 EUR = 1,11
Ukupni leveridž	1,50 x 1,11 = 1,67

Upoređivanjem visine poslovnog, finansijskog i ukupnog leveridža na kraju prve i druge godine može da se zaključi da je na kraju druge godine došlo do smanjenja izloženosti preduzeća riziku da se smanji bruto dobit zbog smanjenja obima prodaje. Nastala situacija je posledica smanjenja poslovnog leveridža usled smanjenja odnosa između kontribucione i poslovne dobiti, kao i smanjenja finansijskog leveridža usled smanjenja odnosa između poslovne i bruto dobiti, to jest relativnog smanjenja dela poslovne dobiti koji služi za pokrivanje finansijskih troškova.

4. INVESTICIONO ODLUČIVANJE NA BAZI SUBJEKTIVNIH KRITERIJUMA

Dosadašnja izlaganja ocene razmatrane investicije su u obzir uzimala samo objektivne kriterijume, odnosno naučno priznate metode koji se koriste prilikom ocenjivanja efikasnosti ulaganja, zanemarujući afinitete i preferencije donosioca odluke. Međutim, u praksi, sudbina razmatrane investicije u mnogo čemu zavisi od subjektivnih kriterijuma osobe koja donosi investicionu odluku, što je posebno izraženo kod visoko rizičnih ulaganja. Pod visoko rizičnim ulaganjima se smatraju ona ulaganja čije se relevantne vrednosti tokom eksploatacije, pa i tokom investicione faze, ne mogu predvideti sa dovoljnom dozom pouzdanosti. To su investicione alternative u kojima je kroz investicionu analizu prepoznato više različitih mogućih stanja (varijante) budućnosti, gde svaka pojedinačna varijanta rezultira različitim relevantnim vrednostima, s tim što se za pojedinačne varijante ne može objektivno odrediti verovatnoća pojavljivanja. Tada, investiciona odluka o realizaciji međusobno neisključivih investicija, odnosno eventualni odabir jedne od više međusobno isključivih investicija, zavisi od subjektivnih kriterijuma.[249]

Obzirom na raznovrsnost individualnih ljudskih psiholoških profila, razumljivo je da je i broj subjektivnih kriterijuma mnogobrojan. U nastavku će se objasniti samo subjektivni kriterijumi koji su najčešće razmatrani u stručnoj literaturi, te se mogu prihvatiti kao najčešće korišćeni prilikom praktičnog odlučivanja. To su:

- minimaks kriterijum,

---

[249] Pod kriterijumom se podrazumeva pravilo za donošenje odluke, odnosno pravilo za izbor jedne od skupa alternativnih akcija.

- maksimaks kriterijum,
- Laplasov kriterijum,
- Sevidžov kriterijum i
- Bernulijev kriterijum.[250]

Radi lakšeg razumevanja, objašnjenja pojedinačnih subjektivnih kriterijuma biće data shodno vrednostima iz hipotetičkog primera. U primeru će se pretpostaviti da donosioc investicione odluke razmatra tri međusobno isključive alternativne investicije (A, B i C), sa tri potencijalne varijante budućih stanja (varijanta I, varijanta II i varijanta III).

U narednoj tabeli su prikazane projektovane neto sadašnje vrednosti koje odgovaraju svakoj od razmatranih alternativa pri svakoj od potencijalnih varijanti budućih stanja.

Tabela 14.18. - *Neto sadašnje vrednosti investicionih alternativa A, B i C*

Alternative	Neto sadašnja vrednost		
	Varijanta I	Varijanta II	Varijanta III
A	6	-2	7
B	-1	9	1
C	2	4	4

Minimaks kriterijum je baziran na pesimističkom stavu po kome investiciona odluka treba da bude doneta upoređivanjem samo ekstremnih minimalnih vrednosti, to jest dešavanju najgorih mogućih stanja za svaku od razmatranih alternativa. Po izdvajanju minimalnih vrednosti odabira se alternativa sa najvećom vrednošću, to jest alternativa sa najvećim zagarantovanim dobitkom, odnosno, ako u svakoj od alternativa postoji varijanta sa negativnom vrednošću, sa najmanjim mogućim gubitkom.

Tabela 14.19. - *Investiciona odluka shodno minimaks kriterijumu*

Minimalna neto sadašnja vrednost	Alternativa A	Alternativa B	Alternativa C
	-2	-1	**2**

Primenom minimaks kriterijuma odabraće se alternativa C.

Maksimaks kriterijum je potpuno suprotan minimaks kriterijumu jer se bazira na optimističkom stavu »sve ili ništa«.[251] Po ovom kriterijumu investiciona odluka treba

---

[250] Detaljna objašnjenja navedenih kriterijuma videti u: Jovanović, P., - *Upravljanje investicijama*, Op. cit., str. 140-153.

[251] *Ibid.*, str. 144.

da bude doneta upoređivanjem samo ekstremnih maksimalnih vrednosti, to jest dešavanja najboljih mogućih stanja za svaku od razmatranih alternativa. Po izdvajanju maksimalniih vrednosti odabira se alternativa koja ima najveću vrednost, to jest alternativa sa najvećim potencijalnim dobitkom.

Tabela 14.20. - *Investiciona odluka shodno maksimaks kriterijumu*

Maksimalna neto sadašnja vrednost	Alternativa A	Alternativa B	Alternativa C
	7	**9**	4

Primenom maksimaks kriterijuma odabraće se alternativa B.

Laplasov kriterijum se naziva po francuskom matematičaru Laplasu koji je postavio »princip nedovoljnog razloga«, koji glasi: ako nema razloga da jedno stanje prirode bude verovatnije nego drugo, tretirajmo ih kao jednako verovatne. Primenom ovog kriterijuma se investiciona odluka donosi tako što se za svaku alternativu odredi prosečna očekivana vrednost, a zatim se odabira alternativa sa najvišom prosečnom očekivanom vrednošću. Za razliku od prethodnih kriterijuma koji podrazumevaju donošenje odluke samo na osnovu pojedinih, ekstremnih vrednosti, Laplasovim kriterijumom se odluka donosi uvažavanjem vrednosti u svim mogućim varijantama budućeg stanja.[252]

Tabela 14.21. - *Investiciona odluka shodno Laplasovom kriterijumu*

Prosečna očekivana neto sadašnja vrednost	Alternativa A	Alternativa B	Alternativa C
	(6 - 2 + 7) / 3 = **3,67**	(-1 + 9 + 1) / 3 = 3,00	(2 + 4 + 4) / 3 = 3,33

Primenom Laplasovog kriterijuma odabraće se alternativa A.

Sevidžov kriterijum je pesimistički pristup baziran na odabiru alternative u kojoj će propušteni dobitak biti najmanji, odnosno donosioc odluke će se najmanje kajati zbog donete odluke. Primena ovog kriterijuma se odvija u dva koraka. U prvom koraku se formira takozvana „matrica kajanja", gde se svakoj alternativi, za svaku varijantu, pridodaju vrednosti koje predstavljaju razliku između rezultata posmatrane alternative i rezultata najpovoljnije alternative posmatrane varijante. Te vrednosti predstavljaju propuštenu dobit zbog neodabiranja najbolje alternative za posmatranu varijantu. Na ovako izračunate vrednosti se, u drugom koraku, investiciona odluka donosi primenom minimaks kriterijuma.

---

[252] To je identičan kriterijum kao i kriterijum prosečne očekivane vrednosti, s tim što se verovatnoće budućih stanja ne procenjuju, već se svakoj od varijanti dodeljuju identične verovatnoće pojavljivanja.

Tabela 14.22. - *Investiciona odluka shodno Sevidžovom kriterijumu*

Alternative	Propuštena neto sadašnja vrednost		
	Varijanta I	Varijanta II	Varijanta III
A	6 - 6 = 0	-2 - 9 = **-11**	7 - 7 = 0
B	-1 - 6 = **-7**	9 - 9 = 0	1 - 7 = -6
C	2 - 6 = -4	4 - 9 = **-5**	4 - 7 = -3

Primenom Sevidžovog kriterijuma odabraće se alternativa C.

Bernulijev kriterijum se zasniva na Bernulijevom principu koji glasi: jednakost gubit-ka i dobitka iskazanog u novcu, ne znači istovremeno i jednakost ekonomskih koristi i nekoristi. To znači da za preduzeće i za pojedinca dobitak jedne određene sume nije isto toliko koristan koliko može da bude štetan gubitak iste te sume. Dakle, u osno-vi Bernulijevog kriterijuma se nalazi averzija prema gubitku jer, slikovito izneseno, „puna kesa nije onoliko dobra, koliko je loša prazna". Bernulijev kriterijum se pri in-vesticionom odlučivanju može primeniti na različite načine, a jedan od njih podrazu-meva primenu u dva koraka. U prvom koraku se, subjektivno, shodno preferencijama donosioca investicione odluke, formira tabela modifikovanih vrednosti, tako što se iz tabele originalnih vrednosti sve negativne vrednosti množe brojem koji odražava od-nos između jedne jedinice dobitka i broja jedinica gubitaka pri kojoj su korist i šteta za donosioca odluke jednaki. Tako, ako je za donosioca investicione odluke identična korist jedne jedinice dobitka i šteta 0,5 jedinica gubitka, tabela modifikovanih vred-nosti bi podrazumevala da se sve originalne negativne vrednosti pomnože sa brojem 2 (1 / 0,5 = 2). Na ovako izračunate vrednosti se, u drugom koraku, odluka dono-si primenom Sevidžovog kriterijuma. U narednoj tabeli je prikazano odlučivanje po Bernulijevom kriterijumu uvažavanjem pretpostavke da je za donosioca odluke ista korist ostvarenih 3 jedinica dobitka kao i šteta ostvarene jedne jedinice gubitka (ori-ginalne negativne neto sadašnje vrednosti su pomnožene sa tri).

Tabela 14.23. - *Investiciona odluka shodno Bernulijevom kriterijumu*

Alternative	Propuštena modifikovana neto sadašnja vrednost		
	Varijanta I	Varijanta II	Varijanta III
A	6 - 6 = 0	(-2 x 3) - 9 = **-15**	7 - 7 = 0
B	(-1 x 3) - 6 = **-9**	9 - 9 = 0	1 - 7 = -6
C	2 - 6 = -4	4 - 9 = **-5**	4 - 7 = -3

Primenom Bernulijevog kriterijuma odabraće se alternativa C.

5. INVESTICIONO ODLUČIVANJE NA BAZI REALNIH OPCIJA

Teorijski i praktični pristup investicionom odlučivanju na bazi realnih opcija je novijeg datuma. Termin »realne opcije« je prvi put uveden 1977. godine od strane Stujarta Majersa, dok je u praktičnom poslovanju, ovaj potpuno nov metodološki pristup investicionoj analizi, počeo šire da se primenjuje od sredine devedesetih godina 20. veka.

Zagovornici opcionog pristupa vrednovanja ističu da su klasični metodi ocenjivanja investicionog ulaganja, obzirom da su bazirani samo na projektovanom diskontovanom novčanom toku čija projekcija uvažava samo direktno merljive efekte investicije, nefleksibilni, te ne mogu biti adekvatni kod pojedinih vrsta investicije. Njihova neadekvatnost se prvenstveno ispoljava kod kapitalnih investicija u kojima, kako investiciona, tako i operativna faza investicionog procesa, obuhvata dug vremenski period, tako da se sve prethodne projekcije o budućim stanjima ne mogu prihvatiti kao dovoljno pouzdane.

U uslovima pune neizvesnosti je neophodno da postoji značajna mogućnost upravljačke fleksibilnosti menadžera, što se primenom klasičnih metoda za ocenu investicionog ulaganja zanemaruje. Naime, »integrišući buduće moguće događaje u jedinstven evalucioni scenario, klasična metodologija ne verifikuje sposobnost izvršnih menadžera da adekvatno reaguju na promenjene ili nove okolnosti«[253].

Dakle, klasični metodi ocenjivanja investicionog ulaganja zanemaruju mogućnost, koja je naročito značajna u nestabilnom i nepredvidivom okruženju, da menadžeri, putem procesa upravljanja, mogu reagovati i menjati tok i parametre projekta, a samim tim i uvećati njegovu vrednost. Drugim rečima, klasični metodi ocenjivanja zanemaruju menadžersku fleksibilnost.[254] »Menadžerska fleksibilnost je diskreciono pravo menadžera da uslovljava donošenje budućih odluka na bazi dodatnih informacija o izvoru neizvesnosti projekta.«[255]

Po pitanju razlike između klasičnog i opcionog pristupa vrednovanju investicionih projekata, bitan je odnos između strategije diversifikacije i fleksibilnosti. Dok klasične metode karakteriše visoka korelacija između rizika i prinosa, dotle metode koje uzimaju u obzir menadžersku fleksibilnost teže da istovremeno smanje rizik velikih gubitaka i povećaju verovatnoću ostvarivanja velikih dobitaka. Tako je, aktiviranjem menadžerskih fleksibilnosti, sa jedne strane, moguće reducirati potencijalne gubitke

---

[253] Marković, G., „Proaktivan pristup evaluaciji strateških kapitalnih projekta u telekomunikacionom sektoru«, u: - *Zbornik radova sa XV telekomunikacionog foruma* „Telfor 2007.", 2007, str. 48.

[254] Đuričin, D., Lončar, D., - *Menadžment pomoću projekata*, Centar za izdavačku delatnost Ekonomskog fakulteta u Beogradu, Beograd, 2010, str. 379-380.

[255] *Ibid.*, str. 380.

u projektima u kojima postoji mogućnost odustajanja nakon prvih ili početnih faza, a sa druge strane, stimulisanje ostvarenja većih dobitaka karakteristično je, na primer, za projekte u kojima postoji mogućnost brzog proširivanja kapaciteta ako se ustanovi da je tražnja za novim proizvodom veća nego što se pretpostavljalo.[256]

Za razliku od klasičnih metoda koji polaze od pretpostavke da neizvesnost, preko visine diskontne stope, umanjuje vrednost projekta, metodi zasnovani na vrednovanju realnih opcija polaze od potpuno suprotne pretpostavke. Naime, vrednost menadžerske fleksibilnosti je najveća u uslovima značajne neizvesnosti okruženja kada menadžeri mogu reagovati na nove informacije i menjati tok projekta. Pored navedenog, menadžerska fleksibilnost najviše dolazi do izražaja kada je neto sadašnja vrednost izračunata klasičnim metoda približna nuli. Naime, u uslovima izuzetno visoke pozitivne neto sadašnje vrednosti menadžerksa fleksibilnost ne utiče na finalnu odluku, dok je u slučaju ekstremno negativne neto sadašnje vrednosti teško pretpostaviti da menadžerske fleksibilnosti mogu dovoljno da uvećaju vrednost projekta i učine ga atraktivnim.[257]

Investiranjem u određeni projekat preduzeće gubi mogućnost ulaganja u neke druge projekte (realne opcije). Klasičnim metodima vrednovanja se u potpunosti ne zanemaruju drugi alternativni projekti, ali se, uvažavanjem koncepta oportunitetnog troška, kroz diskontnu stopu iskazuju samo direktni, trenutno vidljivi efekti alternativnih projekata. Međutim, realizacija alternativnih projekata, u budućnosti, može da rezultira proširenjem investicije, odnosno ostvarivanjem dodatnih efekata koji inicijalno nisu razmatrani, pa, stoga, ni kvantifikovani. Takođe, pojedine investicije su fleksibilnije od drugih, kako po pitanju mogućnosti preorijentisanja na druge poslovne aktivnosti, tako i po pitanju eventualne prodaje ulaganja, koje budućim kupcima alternativno mogu da posluže za raznovrsne namene. Upravo ovi oportunitetni efekti, odnosno fleksibilnost investicije, su predmet opcionog pristupa investicionom odlučivanju.

Vrednost investicionog ulaganja izračunata primenom opcionog pristupa predstavlja neto sadašnju vrednost izračunatu klasičnim metodama umanjena za vrednost ugašenih opcija (zbog mogućih trenutno direktno nemerljivih efekata alternativnih ulaganja) i uvećana za trenutno direktno nemerljive efekte konkretnog ulaganja. Rezultati klasičnog i opcionog pristupa vrednovanja investicionog ulaganja će biti identični samo u slučaju da ne postoje oportunitetne koristi i troškovi realizacije investicije, što je više teorijska nego praktična mogućnost. Pretpostaviće se da preduzeće razmatra dve investicione alternative (A i B) koje imaju jednaku neto sadašnju vrednost (izračunatu klasičnim metodama), s tim što za razliku od alternative B, alternativa A nema mo-

---

[256] *Ibid.*, str. 380.

[257] *Ibid.*, str. 382-383.

gućnost dograđivanja kapaciteta, odnosno ne raspolaže opcijom rasta. Primenom opcionog pristupa, preduzeće će se opredeliti za alternativu B jer je, zbog mogućnosti rasta, ta alternativa vrednija, a samim tim i prihvatljivija u odnosu na alternativu A.[258]

Goran Marković ističe da investiciono odlučivanje na bazi realnih opcija predstavlja značajno poboljšanje klasičnih metoda procene, prvenstveno jer:

- naglašava važnost vremena za donošenje odluke i
- identifikuje, procenjuje i redukuje granice neizvesnosti kapitalnih projekata, svodeći ih u prihvatljive okvire. [259]

U opcionom pristupu se *naglašava važnost vremena za donošenje odluke* jer alternativne opcije ne moraju biti samo druge trenutno moguće alternative, već može da bude i trenutno odlaganje, to jest čekanje pravog trenutka za realizaciju konkretne investicije. Konvencionalne metode ocene polaze od pretpostavke da razmatrana investicija predstavlja šansu koja se javlja sada i nikada više, što u većini slučajeva ne odgovara realnom stanju.[260] Opcioni pristup dozvoljava mogućnost i kasnije realizacije projekta, to jest kasnijeg donošenja investicione oduke, a uzevši u obzir trenutnu visoku neizvesnost, trošak čekanja suštinski može da predstavlja korist za investitora.

Opcija odlaganja, ili kako se još naziva opcija tajmiranja, je diskreciono pravo donosioca odluke da odloži investiranje radi prikupljanja dodatnih informacija o kritičnim izvorima neizvesnosti posmatranog projekta. Odluka o odlaganju rezultira oportunitetnim troškovima, u smislu izgubljenog gotovinskog priliva koji projekat može ostvariti u periodu odlaganja investicije. Razumljivo, ako je oporutunitetni trošak veći od koristi od korišćenja opcije odlaganja, donosioci odluke treba odmah da krenu sa realizacijom projekta.[261]

Iako je kroz investicionu analizu *identifikovana i procenjena visoka neizvesnost*, od celokupnog projekta se ne mora odustati, niti se donošenje konačne investicione odluke mora prolongirati do momenta kada će se raspolagati sa više informacija, to jest do momenta kada će neizvesnost biti manja. Alternativa odlaganju realizacije projekta je donošenje odluke o realizaciji na način da *se granice neizvesnosti redukuju u prihvatljive okvire*. To se može postići sekvencionalnim odlučivanjem, koji predviđa podelu, to jest parcijalizaciju jednog projekta na više manjih, i individualno odlučivanje o svakom pojedinačnom projektu. Sekvencionalno odlučivanje je primenjivo kod

---

[258] Rovčanin, D., „Opcioni pristup vrednovanju kapitalnih ulaganja", u: - *Ekonomski pregled 7/8 2005*, Hrvatsko društvo ekonomista, Zagreb, 2005, str. 544.

[259] Marković, G., - *Op. cit.*, str. 50.

[260] Rovčanin, D., - *Op. cit.*, str. 545.

[261] Đurićin, D., Lončar, D., - *Op. cit.*, str. 383.

investicionih projekata koji ne zahtevaju zaokruženu investicionu celinu, pa se mogu fazno (etapno) razmatrati i realizovati. Tako se, na primer, projekat uređenja okoline može podeliti na projekat izgradnje nasipa, projekat pošumljavanja, projekat izgradnje putne infrastrukture itd. Informacije iz realizacije jednog projekta, odnosno jedne faze uređenja životne okoline (na primer, izgradnje nasipa), mogu da budu značajne za realizaciju ili korekciju ostalih parcijalnih projekata, ili da predstavljaju osnov za donošenje odluke o odustajanju od ostalih parcijalnih projekata.

Kao što se iz navedenog može zaključiti, mogućnost sekvencionalnog odlučivanja se ispoljava kod investicionih projekata koje karakteriše postupak investiranja po fazama, pa se, stoga, menadžerska fleksibilnost posmatra u kontekstu opcije faznog investiranja. Kako je strategija ulaska u svaku novu fazu investicionog projekta opcija koja zavisi od saznanja iz realizacije ranijih opcija, odnosno ranijih faza investicionog projekta, vrednost opcija u kasnijim fazama uslovljena je opcijama u prethodnim fazama. Iz navedenog razloga se ove opcije označavaju kao "opcije na opcije". Tipični projekti kod kojih se javljaju navedene opcije su projekti istraživanja i razvoja novih proizvoda, projekti istraživanja naftnog nalazišta i projekti istraživanja rudnika.[262]

Opcija faznog investiranja može da bude karakteristična i za neinvesticione projekte, kao što je, na primer, projekat akvizicije drugih preduzeća (kada se kupovinom "mete" otvaraju mogućnosti preuzimanja drugih preduzeća)."[263]

Jedna od najznačajnih opcija koja proizilazi iz opcije faznog investiranja je *opcija učenja*, koja predstavlja mogućnost da menadžeri iskoriste saznanja iz realizacije prethodnih faza. Navedena opcija, u raznim relevantnim aspektima, može da ima za posledicu potpuno različita kvalitativna rešenja u odnosu na inicijalnu strategiju o realizaciji te faze projekta.

Opcija napuštanja, koja je, takođe, karakteristična za investicione projekte koji nemaju zaokruženu investicionu celinu, to jest kod projekata koje karakteriše postupak investiranja po fazama, predstavlja diskreciono pravo menadžera da odustane od investiranja u projekat, sa ciljem izbegavanja budućih gubitaka i realizacije likvidacione vrednosti. Kod ovakvih projekata postoji više "kapija" gde se donose odluke tipa nastaviti/odustati, kao što je, na primer, slučaj sa projektom istraživanja i razvoja novog proizvoda.[264]

Pored navedenih, postoji i široka lepeza drugih opcija koja mogu da karakterišu različita investiciona ulaganja. Jedna od značajnih je i opcija prilagođavanja proizvod-

---

[262] *Ibid.*, str. 383.

[263] *Ibid.*, str. 383.

[264] *Ibid.*, str. 383.

nje, koja se razume kao operativna fleksibilnost kojima se može korigovati struktura prihoda ili obim proizvodnje. U okviru ove kategorije, jedne od najznačajnih opcija su: opcija proširenja ili smanjenja kapaciteta u zavisnosti od realizovane tražnje, opcija produžavanja ili skraćenja trajanja proizvodnog procesa u zavisnosti od konkurentnskih poteza na tržištu i opcija prelaska sa jednog na drugi izvor sirovina u zavisnosti od tržišnih uslova.[265]

Univerzalna metoda vrednovanja oportunitetnih koristi i troškova, to jest menadžerske fleksibilnosti projekta ne postoji, što se smatra značajnim nedostatkom opcionog pristupa vrednovanja. Razni modeli za vrednovanje različitih kategorija troškova i koristi predviđaju primenu raznovrsnih kompleksnih statističkih i matematičkih metoda i formula.[266]

Na osnovu iznetog može da se zaključi da je merenje fleksibilnosti projekta primenom opcionog pristupa investicionom odlučivanju slično ideji merenja indirektnih efekata razmatrane investicije koja je predviđena u okviru društvenog ocenjivanja. Iako je smisao ideje logičan i razumljiv, merenje ovih efekata je u znatnoj meri opterećeno subjektivnošću. Stoga, opcioni pristup investicionom odlučivanju ne treba shvatiti kao zamenu za klasične metode investicionog odlučivanja, već kao analitičke dodatke, odnosno metodološka pojačanja koja se mogu koristiti pri oceni onih investicionih projekata gde samo korišćenje klasičnih metoda ocene ne daje adekvatne, to jest nedovoljno pouzdane rezultate.

---

[265] *Ibid.*, str. 383.

[266] Kako su predmet drugih naučnih disciplina, složene matematičko-statističke aparature vrednovanja oportunitetnih koristi i troškova neće biti razmatrane u ovoj knjizi.

GLAVA XV
PROCENA VREDNOSTI PREDUZEĆA

Predmet svih dosadašnjih razmatranja teorijsko metodoloških aspekata suštinskih delova investicionih projekata su projekti čija je primarna namena obezbeđenje kredita, tako da su prvenstveno namenjeni kreditorima koji treba da pozajme sredstva za finansiranje potrebnih ulaganja. Vrednost preduzeća ne spada u opredeljujuće kriterijume na osnovu kojih kreditori donose odluku o odobravanju kredita.[267] Stoga, procena vrednosti preduzeća nije predviđena Osnovnim, a ni drugim metodologijama koje se koriste pri oceni razmatranih investicionih ulaganja.

Procena vrednosti preduzeća je sadržajući ili prateći deo (»zasebna sveska«) onih investicionih projekata koji su usmereni obezbeđenju sopstvenih izvora finansiranja. U kontekstu strukture izvora finansiranja, pod sopstvenim izvorima se podrazumevaju sredstva za koja ne postoji obaveza da budu vraćena, tako da, pored sredstava iz postojećeg potencijala preduzeća, obuhvataju i sredstva koja su planirana da budu obezbeđena dokapitalizacijom od strane postojećih i/ili novih vlasnika.[268] Razumljivo da svaki investicioni projekat koji delimično ili u celini planira da se finansira iz sopstvenih izvora neće sadržati deo čiji je predmet procena vrednosti preduzeća. Po pravilu, procena vrednosti preduzeća je sadržajući deo onih investicionih projekata gde je vrednost predviđenih sopstvenih izvora finansiranja značajna za preduzeće, tako da je potrebno argumentovati korist za postojeće vlasnike da, umesto da naplate dividendu, deo ili celokupan ostvareni profit reinvestiraju u preduzeće, odnosno argumentovati korist za postojeće ili nove vlasnike da kroz dokapitalizaciju povećaju kapital preduzeća.

U pojedinim slučajevima će procena vrednosti preduzeća biti sadržana i u investicionim projektima u kojima je planirano da se najveći deo ulaganja finansira iz pozajmljenih sredstava, to jest u projektima u kojima nije predviđeno značajnije angažovanje sopstvenih sredstava. To su investicioni projekti gde je, sa aspekta preduzeća, visina ulaganja značajna u meri da od efekata ulaganja može da zavisi sudbina preduzeća,

---

[267] Kreditori su znatno više zainteresovani za procenjenu vrednost imovine preduzeća koja može da se ponudi kao garancija za pozajmljena sredstva, ali tu vrednost ne treba poistovećivati sa procenjenom vrednošću preduzeća.

[268] Detaljnije o interpretaciji sopstvenih izvora finansiranja u kontekstu investicionog odlučivanja videti u uvodnom delu glave X ("Izvori finansiranja").

323

tako da je zakonski regulisano da investicionu odluku, na primer, u akcionarskim preduzećima, ne može da donese izvršni (direktor) i upravni menadžment (upravni odbor) preduzeća, već skupština akcionara. U Republici Srbiji je »Zakonom o privrednim društvima« precizirano da skupština akcionara na predlog upravnog odbora donosi odluku o sticanju i raspolaganju imovine velike vrednosti privrednog društva. »U smislu ovog Zakona, smatra se prenos ili više povezanih prenosa čiji je predmet sticanje ili raspolaganje od strane privrednog društva imovine čija tržišna vrednost u momentu donošenja odluke predstavlja najmanje 30% od knjigovodstvene vrednosti imovine iskazane u poslednjem godišnjem bilansu stanja.«[269]

Identično kao i ocena razmatranog investicionog ulaganja primenom ranije opisanih konvencionalnih metodoloških postupaka, procena vrednosti preduzeća se u kontekstu investicionog odlučivanja zasniva na upoređivanju razlika između relevantnih vrednosti »sa projektom« i »bez projekta«. Pri investicionom odlučivanju na bazi procene vrednosti preduzeća, osnovna relevantna vrednost je razlika između vrednosti preduzeća »sa projektom« i vrednosti preduzeća »bez projekta«. Međutim, kako se i procena vrednosti preduzeća primenom metoda diskontovanih novčanih tokova[270] prvenstveno bazira na upoređivanju, s jedne strane, ulaganja, a s druge strane, neto priliva u toku eksploatacije, uočena razlika je pre formalne nego suštinske prirode.

Osnovni argument da investicioni projekti koji su, pre svega, namenjeni obezbeđenju sopstvenih sredstava treba da sadrže i deo gde je investiciona odluka bazirana na diferencijalnim vrednostima preduzeća je da je taj pokazatelj znatno razumljiviji postojećim i/ili potencijalnim vlasnicima nego što je bilo koji pokazatelj koji se koristi pri konvencionalnoj oceni. Naime, nema nijednog razumljivijeg argumenta kojim bi se, na primer, kod donošenja odluke o raspodeli dobiti, postojeći akcionari ubedili da »ostave« profit u preduzeću, nego što je argument da bi posledica takve odluke rezultirala zadovoljavajućim povećanjem vrednosti preduzeća, odnosno većim iznosom sadašnje vrednosti kapitalne dobiti od iznosa sadašnje moguće dividende.

Procena vrednosti preduzeća se zasniva na: razumevanju prošlih, trenutnih i budućih operacija preduzeća; analizi ekonomskog okruženja i privredne grane u kojoj preduzeće posluje, analizi finansijskih informacija preduzeća i primeni prigodnih metoda procene kako bi se došlo do logičnih rezultata procene vrednosti preduzeća.[271] I u ovom domenu je uočljiva sličnost sa investicionim odlučivanjem na bazi konvencionalnih metoda jer skoro sve na čemu se zasniva procena vrednosti preduzeća zasniva se i primena konvencionalnih metoda. U stvari, jedina razlika je u tome što se kon-

---

[269] "Zakon o privrednim društvima (član. 442.)", u: - „Službeni glasnik RS", br. 125/2004.

[270] O metodu diskontovanih novčanih tokova, koji pri investicionom odlučivanju predstavlja osnovni metod procene vrednosti preduzeća, će detaljnije biti reči u nastavku ove glave.

[271] Milenković, N., - Procena vrednosti kapitala (skripta sa seminara održanog u Banjaluci 2004. god.), str. 4.

vencionalne metode ne zasnivaju na prigodnim metodima procene vrednosti preduzeća, već na prigodnim metodima ocene investicionog ulaganja.

Prilikom formiranja strukture ove glave uvažila se činjenica da je procena vrednosti preduzeća kompleksna tematika, koja, obzirom na predmet ovog rada, ne može u celini biti razmatrana. Međutim, da bi se pravilno razumeo postupak procene vrednosti preduzeća za potrebe investicionog odlučivanja, pre toga je potrebno objasniti pojam, koncepte i metode koji se u praksi koriste prilikom procene vrednosti preduzeća. Pored toga, potrebno je kritički se osvrnuti na Zvaničnu metodologiju koja se u Republici Srbiji koristi pri proceni vrednosti preduzeća za potrebe svojinske transformacije ili statusnih promena preduzeća sa društvenim ili državnim kapitalom, naročito zato što se određena rešenja iz Metodologije mogu koristiti i kod procene vrednosti preduzeća za potrebe investicionog odlučivanja. Shodno navedenom, procena vrednosti preduzeća će detaljnije biti objašnjena u okviru sledećih poglavlja:

- pojmovno definisanje i koncepti procene vrednosti preduzeća,
- metodi procene vrednosti preduzeća,
- Zvanična metodologija procene vrednosti preduzeća u Republici Srbiji i
- investiciono odlučivanje zasnovano na proceni vrednosti preduzeća.

1. POJMOVNO DEFINISANJE I KONCEPTI PROCENE VREDNOSTI PREDUZEĆA

Procena vrednosti preduzeća ili kako se još naziva procena vrednosti kapitala je postupak koji rezultira davanjem mišljenja o vrednosti određenog svojinskog interesa u preduzeću na određeni dan, to jest na dan procene.[272]

Obzirom da se sa računovodstvenog aspekta pod kapitalom podrazumeva ukupna vrednost sredstava preduzeća umanjena za obaveze, svojinski interes se u kontekstu procene vrednosti preduzeća odnosi na sopstveni kapital, odnosno na deo vrednosti preduzeća na koji pravo polažu vlasnici.

Kako procena vrednosti preduzeća predstavlja mišljenje procenitelja o vrednosti preduzeća na određeni datum,[273] jasan je izraženi uticaj subjektivnog faktora. Razumljivo je da bi procenitelj pri proceni trebao da teži da procena vrednosti preduzeća ne zavisi od subjekta (kupac ili prodavac) koji je procenitelja angažovao, kao ni od cene procene. »Procena je nezavisno i objektivno mišljenje procenitelja o vrednosti preduzeća

---

[272] Leko, V., Vlahović, A., Poznanić, V., - *Procena vrednosti kapitala* - metodologija i primeri, Ekonomski institut Beograd, Beograd, 1997, str. 4.

[273] Đuricin, D., Lončar, D., - *Op. cit.*, str. 317.

zasnovano na činjenicama i okolnostima predmeta procene, izabranom metodu procene i profesionalnom mišljenju.«[274] [275]

»Vrednost je inače neprecizan pojam, pa postoji više različitih definicija vrednosti od kojih je najčešće korišćena definicija pravične ili fer vrednosti. Ona predstavlja iznos za koji je prodavac spreman da ustupi kupcu vlasništvo nad kapitalom, što istovremeno znači vlasništvo nad preduzećem. Podrazumeva se da je razmena dobrovoljna, kao i da postoji razuman stepen informisanosti o relevantnim činjenicama. Pored toga, pretpostavlja se da je razmena između dve strane hipotetička, to jest da se ne radi o određenom kupcu ili prodavcu.«[276] [277]

Iako postoji više definicija vrednosti, za vlasnike preduzeća, kako buduće, tako i sadašnje, vrednost preduzeća predstavlja sadašnju vrednost budućih koristi. Racionalan kupac će doneti odluku o kupovini preduzeća samo u slučaju da je sadašnja vrednost očekivanih koristi po osnovu vlasništva jednaka sadašnjoj vrednosti (ceni) sticanja tog vlasništva. Analogno iznetom, racionalni prodavac neće doneti odluku o prodaji preduzeća ako je sadašnja vrednost očekivanih koristi veća od sadašnje vrednosti (cene) prodaje tog vlasništva.[278]

Vrednost preduzeća je prvenstveno determinisana **konceptom vrednosti** koji se primenjuje tokom procene. Postoje tri osnovna koncepta vrednosti i to:

- imovinski,

- tržišni i

- prinosni.

---

[274] *Ibid.*, str. 317.

[275] Nažalost, iskustva iz konkretnih procena ukazuju na činjenicu da je ovaj pristup prevashodno teorijski (akademski) i da ne odražava faktičko stanje. Prema svetskom "guru" za procenu vrednosti preduzeća (Ashwath Damodaran), mit je da se vrednovanje preduzeća može razumeti kao postupak objektivnog traženja fer vrednosti. Sve procene vrednosti preduzeća su pristrasne. Jedina pitanja su veličina i smer pristrasnosti (sniživanje ili uvećanje realne vrednosti). Mišljenje Damodarana je da su smer i intenzitet pristrasnosti direktno uslovljeni subjektom koji plaća procenu, to jest subjektom koji je angažovao procenitelja i cenom procene. Detaljnije o navedenom videti u : Damodaran, A., - *Value: More than a number* (skripta sa seminara o proceni o vrednosti preduzeća održanog u Zagrebu 2010. godine), str. 8.

[276] Leko, V., Vlahović, A., Poznanić, V., - *Op. cit.*, str. 10.

[277] Vrednost preduzeća za konkretnog kupca (investitora) se naziva *investiciona vrednost*. Ova vrednost može biti viša i niža od fer vrednosti preduzeća, jer odražava subjektivni odnos investitora prema vrednosti preduzeća i određuje se shodno efektima koje bi od kupovine preduzeća imao konkretan investitor. Efekti, uvažavajući investitorov know-how, konkretan poslovni plan i dr., mogu biti isključivo usmereni na poslovanje konkretnog preduzeća čija se vrednost procenjuje, a mogu biti opredeljeni širim investitorovim interesima (na primer, zaštita od konkurencije i/ili kupovina distributivne mreže za osnovnu investitorovu delatnost).

[278] Đuričin, D., Lončar, D., - *Op. cit.*, str. 317.

Dijagram 15.1. - *Osnovni koncepti vrednosti preduzeća*

```
┌─────────────┐
│  Imovinski  │
│   koncept   │
│  vrednosti  │
└─────────────┘
       │
       ↓
┌─────────────┐
│   Tržišni   │
│   koncept   │
│  vrednosti  │
└─────────────┘
       │
       ↓
┌─────────────┐
│  Prinosni   │
│   koncept   │
│  vrednosti  │
└─────────────┘
```

Imovinski koncept vrednosti odražava statičan pristup kojim se prvenstveno posmatra dato stanje preduzeća i rezultati istorijskih poslovnih operacija. Vrednost se određuje shodno mogućnosti transferabilnosti različitih elemenata strukture sredstava u univerzalno transferabilan surogat - novac, i shodno visini obaveza.[279] U literaturi se ovaj koncept naziva i troškovni jer je visina troškova reprodukcije (zamene) sredstava osnov za određivanje vrednosti sredstava preduzeća.

Tržišni koncept vrednosti se zasniva na vrednosti konkretnog ili sličnih preduzeća koja je u kupoprodajnim transakcijama potvrđena na tržištu.

Prinosni koncept vrednosti odražava dinamičan pristup jer se u prvi plan stavlja potencijal preduzeća za stvaranje profita. Vrednost preduzeća se određuje na osnovu očekivanih budućih rezultata, uvažavajući prosperitetne indicije.

2. METODI PROCENE VREDNOSTI PREDUZEĆA

Uvažavajući različite konceptne pristupe fenomenu vrednosti, jasno je da se vrednosni sistem ne može definisati kao jedna jedinstvena deterministička struktura za svako vreme i za svaku namenu, te će, stoga, u zavisnosti od primenjenih metoda i procenjena vrednost preduzeća biti različita.[280] "Nemoguće je objektivno i razumno

---

[279] Tuševljak, S., - *Op. cit.*, str. 106.

[280] *Ibid.*, str. 102.

raspravljati o metodama vrednovanja, a da to ne dovedemo u vezu sa nekom definicijom vrednosti« - James C. Bonbrihgt.[281] Dakle, pristup vrednosti, odnosno primenjeni koncept vrednosti utiče na izbor metoda procene, a time i na rezultat procene.

Dijagram 15.2. - *Uslovljenost procenjene vrednosti preduzeća od koncepta vrednosti i metoda procene*

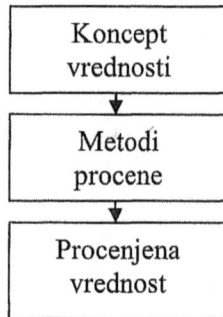

U nastavku će se detaljnije objasniti osnovni metodi procene vrednosti preduzeća, koji su, u zavisnosti od koncepta vrednosti preduzeća na kojem su zasnovani, razvrstani u sledeće grupe:

- metodi procene vrednosti preduzeća zasnovani na imovinskom konceptu vrednosti,
- metodi procene vrednosti preduzeća zasnovani na tržišnom konceptu vrednosti i
- metodi procene vrednosti preduzeća zasnovani na prinosnom konceptu vrednosti.[282]

Pored objašnjenja procene vrednosti preduzeća primenom osnovnih metoda procene, za svaki metod će se objasniti okolnosti kada primena tog metoda daje adekvatne rezultate procene, jer se »svaki od metoda procene može primeniti samo ako su ispunjeni uslovi za njegovu primenu«[283].

---

[281] Preuzeto iz: Rodić, J., - *Poslovne finansije i procena vrednosti preduzeća*, IP Ekonomika, Beograd, 1991, str. 375.

[282] Pored osnovnih metoda procene vrednosti preduzeća koji su zasnovani na tačno određenom konceptu vrednosti, postoje i metodi procene koji su zasnovani na kombinaciji više različitih koncepta vrednosti. To su metod viška prinosa koji se može koristiti kod procene vrednosti manjih preduzeća, metod novčanog toka prodavca koji se može koristiti za procenu vrednosti preduzeća ili radnji u kojima je vlasnik istovremeno i zaposlen itd. Detaljnije o ovim, kao i o drugim metodima procene, videti u: Leko, V., Vlahović, A., Poznanić, V., - *Op. cit.*, str. 15-16.

[283] Milojević-Milošević, S., "Procena vrednosti kapitala", u: - *Industrija 1-2/2003*, Biznis Event Media, Beograd, 2003, str. 105.

2.1. Metodi procene vrednosti preduzeća zasnovani na imovinskom konceptu vrednosti

Metodi procene vrednosti preduzeća zasnovani na imovinskom konceptu vrednosti su bazirani na pretpostavci o hipotetičkoj prodaji sredstava preduzeća. Procenjena vrednost preduzeća predstavlja razliku između procenjene vrednosti koja bi prodajom sredstava mogla da se ostvari i procenjene vrednosti obaveza. Osnovni metodi procene vrednosti preduzeća zasnovani na imovinskom konceptu vrednosti su:

- metod neto aktive i

- metod likvidacione vrednosti.

Metod neto aktive ili kako se još naziva metod neto imovine uvažava neograničeno trajanje preduzeća („going concern" princip), pod čime se podrazumeva da preduzeće nije prinuđeno da prodaje sredstva, kao i da sva sredstva kojima preduzeće raspolaže imaju određenu vrednost za koju mogu da se prodaju potencijalnim kupcima, a koja je određena reprodukcionom vrednošću supstance. To je vrednost koja se određuje na osnovu imovinskog bilansa preduzeća, koji ima za cilj da iskaže imovinu, a time i sopstveni kapital u punom iznosu, što se ostvaruje procenom bilansnih pozicija na bazi vladajućih cena na dan procene.[284] Ovaj metod je pravi reprezent statičkog pristupa u vrednovanju preduzeća jer se vrednost preduzeća određuje samo na osnovu faktičkog stanja raspoloživih sredstava i obaveza.[285]

Metod neto aktive je adekvatan za procenu vrednosti kod kapitalno intenzivnih preduzeća, to jest preduzeća kod kojih je nizak procenat učešća troškova rada u ceni koštanja proizvoda, tako da vrednost u najvećoj meri zavisi od fizičke supstance; i kod preduzeća čije buduće poslovanje ne može da se proceni dovoljno pouzdano, što su, po pravilu, preduzeća koja nemaju jasnu „istoriju dobiti" (dobit raste i opada).[286]

Metod neto aktive se primenjuje u tri koraka. U prvom koraku se pribavlja početni bilans stanja u kojem su iskazane knjigovodstvene vrednosti sredstava i izvora sredstava preduzeća na dan procene. U drugom koraku se procenjuje da li knjigovodstvene

---

[284] Rodić, J., - *Op. cit.*, str. 393.

[285] Pojedini eksperti zastupaju stav da u određenim slučajevima metod neto imovine može da odražava i dinamičan pristup (na primer, videti u: Milenković, N., - *Op. cit.*, str. 63.), što je karakteristično za preduzeća koja u kontinuitetu ostvaruju dobit sa natprosečnim prinosom na angažovana sredstva, kada u vrednost preduzeća treba uključiti i "goodwill", odnosno valorizovati činjenicu da vrednost "biznisa" premašuje vrednost neto aktive. Osnovna zamerka koja navedenom pristupu može da se uputi je da metod neto aktive nije adekvatan za procenu vrednosti preduzeća kod kojih očekivano uspešno buduće poslovanje ukazuje na postojanje "goodwilla" (Op. aut.). Detaljniju argumentaciju stava koji je i u ovoj knjizi prihvaćen videti u: Leko, V., Vlahović, A., Poznanić, V., - *Op. cit.*, str. 80.

[286] Milenković, N., - *Op. cit.*, str. 55.

vrednosti odgovaraju realnoj vrednosti, što ne znači samo upoređivanje sa vrednostima koje odgovaraju ispravnoj primeni računovodstvenih standarda, već, pre svega, upoređivanje sa reprodukcionom vrednošću. U ovom delu je potrebno da učestvuju i specijalisti za procenu vrednosti imovine (objekata i opreme), koji primenjuju sopstvene metodologije za procene, a čije rezultate koriste procenjivači kao bitne elemente u postupku procene prema ovom metodu.[287]

Po pitanju usaglašavanja iskazanih bilansnih pozicija sa realnim vrednostima, Dragan Đuričin i Dragan Lončar, pored ostalog, akcenat stavljaju na vrednovanje:

- potraživanja,
- zaliha,
- investicije,
- date avanse i
- potraživanje po osnovu datih kredita.[288]

Potraživanja se, u zavisnosti od njihove starosti, procenjuju prema revizorskim pravilima korekcije vrednosti potraživanja.

Kod *zaliha* postoje različiti metodi procenjivanja. Pojedini od njih podrazumevaju vrednovanje na sledeći način:

- zastarele zalihe se otpisuju,
- zalihe koje se mogu realizovati se vode po troškovima proizvodnje (u određenim slučajevima se vrednost zaliha bazira na očekivanoj prodajnoj ceni umanjenoj za troškove prodaje i zaradu distributera) i dr.

Investicije uključuju ulaganja u finansijsku aktivu i materijalnu aktivu. Finansijska aktiva (na primer, hartije od vrednosti drugih preduzeća) se uglavnom procenjuju po tržišnoj vrednosti. Za procenu materijalne aktive (zemljište, građevinski objekti, oprema) se, u zavisnosti od konkretnih specifičnosti, mogu koristiti različiti metodi procene (troškovni, tržišni i prinosni).

Dati avansi se obične vode po nominalnoj vrednosti.

Krediti koje je dalo preduzeće se procenjuju tako što se glavnica i kamata, metodom diskontovanja, svode na sadašnju vrednost.

U trećem koraku se izrađuje realni bilans stanja koji ne bi trebao da sadrži latentne rezerve i skrivene gubitke, odnosno sve kategorije sredstava i izvora sredstava bi tre-

---

[287] Leko, V., Vlahović, A., Poznanić, V., - *Op. cit.*, str. 80.
[288] Đuričin, D., Lončar, D., - *Op. cit.*, str. 328.

balo da su realno iskazane. Kapital iskazan u pasivi realnog bilansa stanja predstavlja procenjenu vrednost preduzeća primenom metoda neto aktive.

Metod likvidacione vrednosti se zasniva na pretpostavci da će poslovanje preduzeća biti prekinuto i da će preduzeće biti prinuđeno da proda svoja sredstva. Dakle, likvidaciona vrednost pretpostavlja diskontinuitet u poslovanju preduzeća koji dovodi do prodaje aktive po principu „prodaje pojedinačnih delova", odnosno likvidaciona vrednost kao osnov za procenu znači prestanak važenja „going concern" principa.[289]

Obzirom na pretpostavku na kojoj se zasniva, likvidaciona vrednost predstavlja najnižu vrednost preduzeća, pa se pri proceni može koristiti kao kontrolna veličina vrednosti preduzeća koja je dobijena primenom drugih metoda. „U pitanju je minimalna vrednost preduzeća".[290]

Procenjena vrednost preduzeća primenom metoda likvidacione vrednosti predstavlja razliku između:

- neto likvidacione vrednosti sredstava i
- likvidacione vrednosti obaveza, koji uključuju i troškove likvidacije.[291]

Ovaj metod procene je adekvatan kod preduzeća koja posluju sa gubicima i kada analiza stanja i prinosne moći ukaže da ne postoje perspektive za dalji nastavak poslovanja, odnosno da preduzeće u relativno kratkom periodu ne može izaći iz zone gubitka.[292]

Vrednost preduzeća izračunata primenom metoda likvidacione vrednosti, između ostalog, zavisi i od toga da li je procena data na bazi pretpostavke o:

- redovnoj likvidaciji ili
- ubrzanoj likvidaciji.[293]

Redovna likvidacija pretpostavlja da se imovina prodaje u razumnom roku (6 meseci do godinu dana) kako bi se dobila maksimalno moguća cena, dok ubrzana likvidacija pretpostavlja da se imovina prodaje u maksimalno kratkom periodu.[294]

---

[289] *Ibid.*, str. 319.

[290] *Ibid.*, str. 319.

[291] Milojević-Milošević, S., - *Op. cit.*, str. 112.

[292] *Ibid.*, str. 112.

[293] Usvajanje pretpostavke o redovnoj ili ubrzanoj likvidaciji je, između ostalog, uslovljeno: zakonskim propisima, situaciji u kojoj se preduzeće nalazi, vremenu kada su matičnom preduzeću potrebna sredstva (u slučaju da matično preduzeće likvidira zavisno preduzeće) itd.

[294] Đuricin, D., Lončar, D., - *Op. cit.*, str. 319.

Kako likvidacijom prestaje funkcionisanje preduzeća, za razliku od metoda neto imovine, metod likvidacione vrednosti ne uzima u obzir sredstva koja imaju određenu vrednost samo u slučaju da preduzeće nastavlja sa poslovanjem (na primer, franšiza ili licenca).

„Pri proceni likvidacione vrednosti procenitelj treba da primeni sledeći postupak, to jest sledeće korake: pribavi bilans stanja na dan procene, upotpuni bilans stanja (ukoliko je potrebno) sredstvima koja nedostaju, a pouzdano se zna da pripadaju imovini preduzeća; proceni pojedinačno sve kategorije bilansa stanja, prosuđuje da se sredstva najpovoljnije prodaju, utvrdi bruto likvidacionu vrednost, umanji bruto likvidacionu vrednost za direktne i indirektne troškove, doda dobit ili oduzme gubitak tokom likvidacionog perioda, oduzme likvidacionu vrednost obaveza, diskontuje na sadašnju vrednost prethodne iznose, zavisno od vremena likvidacije; izračuna likvidacionu vrednost kapitala (vrednost likvidacionog ostatka) i sastavi bilans stanja na dan procene."[295]

Na osnovu iznetog postupka može da se zaključi da se primenom ovog metoda procene, vrednost preduzeća ne procenjuje samo na osnovu trenutnog stanja, već se uvažava i budući period, odnosno period do kada se očekuje završetak postupka likvidacije.

2.2. Metodi procene vrednosti preduzeća zasnovani na tržišnom konceptu vrednosti

Procena vrednosti preduzeća uvažavanjem tržišnog koncepta vrednosti se zasniva na logičnoj premisi da je najbolja spoznaja cene po kojoj bi preduzeće moglo da se proda, ona cena koja je konkretnim finansijskim transakcijama potvrđena na tržištu.

Uvažavanjem navedene premise, *vrednost preduzeća za otvorena akcionarska preduzeća*, odnosno za preduzeća koja se kotiraju na finansijskom tržištu, je ekvivalentna tržišnoj kapitalizaciji, a koja se izračunava po sledećem obrascu:

Tržišna kapitalizacija = Broj akcija x Tržišna cena po jednoj akciji

Način izračunavanja tržišne kapitalizacije je uslovljen strukturom osnovnog kapitala preduzeća. Ako se osnovni kapital sastoji samo iz običnih akcija, tržišna kapitalizacija predstavlja proizvod broja običnih akcija i tržišne cene jedne obične akcije. Ako se osnovni kapital sastoji i od drugih vrsta akcija (na primer, prioritetnih), za izračunavanje tržišne kapitalizacije je potrebno sabrati sve proizvode različitih vrsta akcija i njihovih odnosnih, to jest pripadajućih tržišnih cena.

---

[295] Leko, V., Vlahović, A., Poznanić, V., - *Op. cit.*, str. 113.

Kako se tržišna cena akcija na finansijskom tržištu menja iz dana u dan, tržišna kapitalizacija se određuje shodno važećoj tržišnoj ceni na dan za koji se vrši procena vrednosti preduzeća. Pod navedenim se podrazumeva tržišna cena na „zatvaranju berze".

Kod *preduzeća koja se ne kotiraju na berzi* (zatvorena akcionarska preduzeća, društva sa ograničenom odgovornošću i dr.) nije moguće izračunati tržišnu kapitalizaciju primenom prethodno navedenog obrasca jer tako organizovana preduzeća nemaju tržišnu cenu akcija. Izračunavanje vrednosti ovih preduzeća, uvažavanjem tržišnog koncepta vrednosti, se vrši primenom:

- metoda tržišne kapitalizacije uporedivih preduzeća i
- metoda transakcije uporedivih preduzeća.

Metod tržišne kapitalizacije uporedivih preduzeća podrazumeva određivanje vrednosti jednog preduzeća na bazi tržišne kapitalizacije uporedivih preduzeća i adekvatan je kod preduzeća koja imaju slične karakteristike sa preduzećima koja se bave istom delatnošću, a koja se kotiraju na berzi.

Sam postupak primene ovog metoda podrazumeva analizu različitih obeležja (karakteristika) uporedivih preduzeća sa njihovom tržišnom kapitalizacijom. Osnovni cilj analize je da se kod uporedivih preduzeća ustanovi dominantno, ključno obeležje koje u određenoj srazmeri korespondira sa njihovom tržišnom kapitalizacijom. Odnos tržišne kapitalizacije i srazmere ključnog obeležja se naziva multiplikator, što je razlog zašto se u stručnoj literaturi ovaj metod naziva i metod multiplikatora. Po određivanju multiplikatora, vrednost konkretnog preduzeća se određuje tako što se taj multiplikator primeni na konkretno preduzeće. Jednostavno rečeno, ako je analizom uporedivih preduzeća ustanovljeno da je uobičajeno tržišna kapitalizacija za 50% veća od knjigovodstvene vrednosti, odnosno da multiplikator iznosi 1,5 knjigovodstvene vrednosti, pri knjigovodstvenoj vrednosti od 100.000 EUR, procenjena vrednost preduzeća iznosi 150.000 EUR (100.000 EUR x 1,5).

Osnovni problem u primeni metoda tržišne kapitalizacije uporedivih preduzeća proizilazi iz činjenice što se i preduzeća iz iste privredne grane mogu razlikovati po veličini, profitabilnosti, strukturi izvora finansiranja i mnogim drugim karakteristikama. Zbog toga je pitanje da li jedan ili više relevantnih multiplikatora, sa različitim proporcijama uticaja, opredeljuje tržišnu kapitalizaciju uporedivih preduzeća, kao i koliko relevantni multiplikatori jednih preduzeća mogu biti adekvatni pri proceni vrednosti drugih preduzeća.

Nina Milenković navodi da pri primeni metoda tržišne kapitalizacije uporedivih preduzeća treba poći od relevantnog (originalnog) multiplikatora koji je kao dominantan prepoznat kod uporedivih preduzeća. Nakon toga, da bi se ocenilo da li je taj multiplikator adekvatan i kod preduzeća čija se vrednost procenjuje, ili ga je neophodno korigovati naniže ili naviše, potrebno je kvantificirati diferencijalne razlike različitih izvora rizika između uporedivih preduzeća i preduzeća koje se procenjuje. Pri kvantifikaciji diferencijalnih rizika, pored ostalog, treba uzeti u obzir:

- Koliko je diversifikovano poslovanje preduzeća čija se vrednost procenjuje u odnosu na preduzeća sa kojima se poredi?
- Da li su uslovi privređivanja slični?
- Na kom stepenu razvoja je preduzeće u odnosu na izabrana preduzeća sa kojima se poredi?
- Da li preduzeća koja služe za poređenje imaju sličnu veličinu sa preduzećem čija se vrednost procenjuje?[296]

Metod transakcije uporedivih preduzeća podrazumeva određivanje vrednosti jednog preduzeća na bazi cena po kojoj su slična preduzeća kupljena/prodata i adekvatan je kod preduzeća koja imaju slične karakteristike sa preduzećima koja su u bliskoj prošlosti promenili vlasnika, odnosno, u slučaju prodaje manjinskog učešća, sa preduzećima koja su u bliskoj prošlosti značajno promenili vlasničku strukturu.

Prednost metoda transakcije uporedivih preduzeća u odnosu na metod tržišne kapitalizacije uporedivih preduzeća je što se, uvažavanjem tržišnog koncepta vrednosti, vrednost može odrediti i za preduzeća koja, pored toga što se ne kotiraju na berzi, posluju u privrednoj grani gde se i druga konkurentska preduzeća ne kotiraju na berzi. Nedostatak u odnosu na metod tržišne kapitalizacije uporedivih preduzeća je što se vrednost preduzeća na dan procene određuje na bazi transakcija koje su se desile u ranijem periodu, kada je vrednost mogla da bude određena na bazi drugačijih tržišnih uslova, drugačije investicione klime itd. Pored toga, u zavisnosti od motivisanosti učesnika u kupoprodajnim transakcijama, njihovih pregovaračkih sposobnosti i dr., stvarna cena plaćena za kupovinu uporedivih preduzeća može da se razlikuje od njihove realne tržišne vrednosti.[297]

Postupak primene ovog metoda je vrlo sličan sa metodom tržišne kapitalizacije uporedivih preduzeća jer se, shodno kvantifikaciji diferencijalnih rizika, zasniva na korekciji originalnog multiplikatora koji odražava odnos vrednosti po kojoj su preduzeća kupljena/prodata i srazmere obeležja koje je prepoznato kao najznačajnije pri određivanju cena po kojoj su transakcije promene vlasništva obavljene.

---

[296] Milenković, N., - *Op. cit.*, str. 72-73.

[297] *Ibid.*, str. 14.

Procena vrednosti preduzeća primenom metoda uporedivih transakcija, za razliku od metoda tržišne kapitalizacije uporedivih preduzeća, zahteva dodatne korekcije originalnog multiplikatora kojima se kvantifikuje eventualna razlika između fer vrednosti, koja pretpostavlja hipotetičkog kupca, i investicione vrednosti, koja odražava vrednost preduzeća za konkretnog kupca. Kao tipičan razlog za višu fer od investicione vrednosti, to jest od ostvarene kupoprodajne cene, se može navesti odobravanje diskonta kupcu zbog prodaje manjinskog dela vlasništva preduzeća. Analogno iznesenom, tipičan razlog za višu investicionu od fer vrednosti predstavlja zahtevana premija prodavca zbog prodaje većinskog vlasničkog učešća, kada kupac, pored prava na alikvotni deo dobiti, kupovinom stiče pravo da preko izabranih organa samostalno upravlja preduzećem.

Kako procena vrednosti preduzeća primenom metoda tržišne kapitalizacije uporedivih preduzeća, kao i primenom metoda transakcije uporedivih preduzeća, prvenstveno zavisi od relevantnog obeležja, u nastavku će se detaljnije objasniti ključna obeležja koja svojom visinom mogu da opredele procenjenu vrednost preduzeća. To su, pre svega, oni pokazatelji tržišne vrednosti za čije izračunavanje je pored bilansnih pokazatelja potrebno koristiti i informacije sa berze.[298]

Pri proceni vrednosti preduzeća najznačajniji **pokazatelji tržišne vrednosti** su:

- odnos tržišne cene po akciji i neto dobitka po akciji,
- odnos tržišne kapitalizacije i prihoda od prodaje[299] i
- odnos tržišne cene po akciji i knjigovodstvene vrednosti po akciji.[300]

Odnos tržišne cene po akciji i neto dobitka po akciji[301] pokazuje koliko EUR investitori vrednuju preduzeće na osnovu 1 EUR ostvarenog godišnjeg profita. Ovaj odnos se naziva i "multiplikator akcije" jer, na primer, odnos od 20 sugeriše da su investitori koji

---

[298] Osnovni pokazatelji tržišne vrednosti za čije su izračunavanje dovoljni samo bilansni pokazatelji su objašnjeni u okviru glave XII, poglavlje 1.5. ("Pokazatelji tržišne vrednosti").

[299] Shodno »Pravilniku o sadržini i formi obrazaca finansijskih izveštaja za privredna društva, zadruge, druga pravna lica i preduzetnike« (»Službeni glasnik RS«, br. 114/06 i 5/07), u bilansu uspeha, prihodi od prodaje sintetizovano iskazuju prihode od prodaje robe (grupa konta 60) i prihode od prodaje proizvoda i usluga (grupa konta 61).

[300] Svi navedeni pokazatelji su primenjivi kod procene vrednosti preduzeća primenom metoda tržišne kapitalizacije uporedivih preduzeća, kao i kod procene vrednosti preduzeća primenom metoda transakcije uporedivih preduzeća, pod uslovom da su se uporediva preduzeća u momentu prodaje kotirala na berzi. U slučaju da se uporediva preduzeća u momentu prodaje nisu kotirala na berzi, navedeni pokazatelji, respektivno, mogu da se zamene sa: odnos prodate vrednosti preduzeća i ukupnog neto dobitka, odnos prodate vrednosti preduzeća i prihoda od prodaje, i odnos prodate vrednosti preduzeća i knjigovodstvene vrednosti preduzeća.

[301] U stranoj literaturi poznat kao "P/E Ratio" (Price/Earning Ratio).

kupuju akcije određenog preduzeća spremni da plate 20 EUR za svaki EUR godišnjeg profita koji preduzeće stvara.[302] Odnos tržišne cene po akciji i neto dobitka po akciji se izračunava po sledećem obrascu:

$$\text{Odnos tržišne cene po akciji i neto dobitka po akciji} = \frac{\text{Tržišna cena po akciji}}{\text{Neto dobitak / Broj akcija}}$$

Iako se odnos neto dobitka po akciji i tržišne cene po akciji smatra najznačajnijim i najstarijim korišćenim pokazateljem pri vrednovanju akcija, a time i pri vrednovanju preduzeća uvažavanjem tržišnog koncepta vrednosti, ne postoji saglasnost po pitanju načina izračunavanja ovog odnosa. Konkretnije, nesuglasica se manifestuje u različitom pristupu po pitanju iznosa neto dobiti koji bi u imeniocu obrasca trebao da bude sadržan. Najčešće se koristi informacija o poslednjem poznatom iznosu godišnjeg neto dobitka, što je, po pravilu, neto dobit ostvarena prethodne godine.[303] Takvim pristupom se u potpunosti zanemaruje, kako očekivano buduće poslovanje, tako i poslovanje u tekućoj godini,[304] koje, svakako, utiče na tekuću cenu akcije. Kao pokušaj otklanjanja uočenog nedostatka, u literaturi se mogu sresti i drugačiji predlozi, kao što su, na primer, da u imeniocu bude sadržana očekivana prosečna neto dobit iz naredna četiri kvartala, čime se potencira značaj budućeg poslovanja, ili prosek ostvarene neto dobiti u poslednja dva kvartala i očekivane neto dobiti u naredna dva kvartala, čime se uvažava, kako prethodno, tako i buduće poslovanje.

Uobičajena interpretacija visokog odnosa tržišne cene po akciji i neto dobitka po akciji je visoko očekivanje investitora po pitanju budućeg uspešnog poslovanja preduzeća. U mnogim slučajevima ovakav stav predstavlja zabludu, iz razloga što visok odnos može da ukazuje na potpuno suprotnu situaciju, odnosno nezadovoljavajuće poslovanje. To su slučajevi kada preduzeće ostvaruje loš poslovni rezultat, ali raspolaže imovinom koja dominantno utiče na formiranje tržišne vrednosti akcija, posebno kada se u skorijem periodu očekuje prodaja preduzeća. Zato ovaj pokazatelj ima značajnu analitičku vrednost samo u kombinaciji sa drugim relevantnim pokazateljima, od kojih se po značaju izdvaja odnos tržišne kapitalizacije i knjigovodstvene vrednosti. Preciznije, visok odnos tržišne cene po akciji i neto dobitka po akciji ukazuje na očekivanu visoku profitabilnost samo ako je tržišna kapitalizacija preduzeća iznad knjigovodstvene vrednosti preduzeća.

---

[302] www.mvi.rs.

[303] Ovakav pristup je prihvatila i Beogradska berza, što se može ustanoviti na osnovu izračunavanja ovog pokazatelja za konkretna preduzeća na: www.belex.rs

[304] Konstatacija o zanemarivanju poslovanja u tekućoj godini se odnosi na period koji obuhvata poslovanje od početka godine do momenta kada se konkretan odnos izračunava.

Odnos tržišne kapitalizacije i prihoda od prodaje[305] pokazuje koliko su investitori spremni da plate za preduzeće na svaki EUR godišnjeg prihoda od prodaje koji preduzeće stvara. Suštinski, prihodi od prodaje predstavljaju prihode iz redovne poslovne aktivnosti. Ovaj pokazatelj se izračunava po sledećem obrascu:

$$\text{Odnos tržišne kapitalizacije i prihoda od prodaje} = \frac{\text{Tržišna kapitalizacija}}{\text{Prihodi od prodaje}}$$

U osnovi vrednovanja preduzeća primenom odnosa tržišne kapitalizacije i prihoda od prodaje se nalazi pretpostavka da, dugoročno posmatrano, u regularnim uslovima, to jest u uslovima slobodne tržišne konkurencije, postoji određena uobičajena profitna margina u preduzećima koja se bave istom delatnošću. Uvažavajući navedenu pretpostavku, vrednost pojedinačnih preduzeća je opredeljena njihovim tržišnim učešćem, a koje se reflektuje kroz prihode koje preduzeće stvara iz redovnih poslovnih aktivnosti.

Identično kao i odnos tržišne cene po akciji i neto dobitka po akciji, odnos tržišne kapitalizacije i prihoda od prodaje je značajniji pokazatelj u preduzećima gde je tržišna kapitalizacija viša od knjigovodstvene vrednosti, nego što je u preduzećima sa višom knjigovodstvenom vrednošću od tržišne kapitalizacije. To su preduzeća gde se očekuje profitabilno poslovanje u budućnosti, tako da je prinosni koncept vrednosti znatno prikladniji od imovinskog.

Pored nedostatka što se, po pravilu, ovaj pokazatelj izračunava tako što je u imeniocu sadržan prihod od prodaje koji se odnosi na prethodnu godinu, tako da se zanemaruje poslovanje iz tekuće godine i očekivano buduće poslovanje, dodatna manjkavost ovog pokazatelja je što se vrednost preduzeća određuje samo na osnovu jedne kategorije prihoda, zanemarujući sve rashode i ostale kategorije prihoda. Tako, može da se desi da primenom ovog pokazatelja vrednost preduzeća bude potcenjena jer, na primer, iz godine u godinu značajan deo ukupnog prihoda preduzeća predstavljaju finansijski prihodi po osnovu dividendi koje se naplaćuju od zavisnih preduzeća, a koje su kroz ovaj pokazatelj apstrahovane. Mogući su i suprotni primeri. Tako, na primer, preduzeće može da ostvaruje visok prihod od prodaje, ali da zbog viška i/ili neadekvatne radne snage neto rezultat bude nezadovoljavajući. Tada bi procena vrednosti preduzeća zasnovana na visini prihoda od prodaje imala za posledicu precenjenu vrednost jer je realno očekivati da bi budući kupac, po izvršenoj kupovini preduzeća, utrošio značajna sredstva za otpremnine, što je trošak koji se procenom vrednosti preduzeća samo na osnovu jedne kategorije prihoda, takođe, zanemaruje.

---

[305] U stranoj literaturi poznat kao "P/S Ratio" (Price/Sales Ratio).

Odnos tržišne cene po akciji i knjigovodstvene vrednosti po akciji[306] pokazuje koliko su investitori spremni da plate EUR na svaki EUR knjigovodstvene vrednosti preduzeća. Ovaj pokazatelj se izračunava po sledećem obrascu:

$$\text{Odnos tržišne cene po akciji i knjigovodstvene vrednosti po akciji} = \frac{\text{Tržišna cena po akciji}}{\text{Kapital / Broj akcija}}$$

Za razliku od prethodna dva pokazatelja, odnos tržišne cene i knjigovodstvene vrednosti po akciji je znatno relevantniji pokazatelj kod preduzeća kod kojih ne postoje indicije o visoko profitabilnom budućem poslovanju, već je njegova vrednost prvenstveno opredeljena imovinom kojom raspolaže. Dakle, to su preduzeća kojima je imovinski koncept vrednovanja prikladniji od prinosnog. Teorijski, odnos tržišne i knjigovodstvene vrednosti ispod 1 ukazuje da je poslovanje preduzeća u krizi, obzirom da investitori manje vrednuju preduzeće nego što bi ono moglo da proda svoja sredstva, pod pretpostavkom dugoročne egzistencije preduzeća i prodajnim cenama sredstava koje odgovaraju knjigovodstvenoj vrednosti.[307]

U praksi se uobičajeno kapital iz imenioca izračunava tako što se poslednji podatak o visini kapitala (po pravilu, visina kapitala na kraju prethodne godine) uvećava za dokapitalizacije preduzeća, a umanjuje za isplaćene dividende, ako su se desile od momenta kada je poslednja informacija o visini kapitala bila poznata pa sve do momenta kada se izračunava odnos tržišne i knjigovodstvene vrednosti preduzeća. Nedostatak ovakvog načina izračunavanja je što se zanemaruje poslovanje od momenta kada je poslednja informacija o visini kapitala bila poznata pa do momenta kada se konkretan odnos izračunava, što za posledicu može da ima da kapital, a time, posledično, i knjigovodstvena vrednost preduzeća iz imenioca, ne odražava faktičko stanje u momentu kada se izračunava odnos tržišne i knjigovodstvene vrednosti preduzeća. Kapital će biti precenjen ako je preduzeće u tom periodu ostvarilo gubitak, a potcenjen ako je preduzeće u tom periodu ostvarilo dobitak.

Da bi iznošenje zaključaka o vrednovanju preduzeća na bazi tržišnog koncepta vrednosti bilo argumentovano najbolje se poslužiti stvarnim tržišnim podacima. U naredne dve tabele su prikazani podaci o promeni tržišne kapitalizacije (tabela 15.3.), kao i o promeni odnosa tržišne kapitalizacije i knjigovodstvene vrednosti, i promeni odnosa tržišne kapitalizacije i godišnje neto dobiti (tabela 15.4.), u periodu od 07.08.2007. godine do 26.09.2008. godine. Analiza je obuhvatila 45 preduzeća čijim se akcijama

---

[306] U stranoj literaturi poznat kao "P/B Ratio" (Price/Book Ratio) i kao "Price/Equity Ratio".
[307] www.investopedia.com.

kontinuirano trguje na Beogradskoj berzi, što su, uglavnom, najveća preduzeća u Srbiji.[308] [309]

Tabela 15.3. - *Promena tržišne kapitalizacije preduzeća kojima se kontinuirano trguje na beogradskoj berzi u periodu 07.08.2007 - 26.09.2008. godine* [310]

Naziv preduzeća	Neto dobit 2007. godine u 000 dinara	Tržišna kapitalizacija u 000 dinara		% promene tržišne kapitalizacije
		07.08.2007.	26.09.2008.	
Agrobačka	2.440	848.390	565.593	-33,33%
Agrobanka	-2.079.636	22.113.007	8.390.342	-62,06%
AIK banka	4.585.938	93.737.714	35.035.694	-62,62%
Alfa Plam	319.050	4.129.115	1.398.496	-66,13%
Bambi	174.630	9.111.046	4.627.458	-49,21%
Baninini	44.014	3.117.681	2.149.160	-31,07%
Čačanska banka	388.982	13.893.360	5.327.119	-61,66%
Credy banka	-194.722	4.173.289	1.711.860	-58,98%
Dijamant	263.446	21.042.999	8.719.520	-58,56%
Dunav Osiguranje	386.733	71.430.502	15.310.314	-78,57%
Dunav Grocka	-120.595	244.885	111.741	-54,37%
Energoprojekt (konsolidovani)	912.162	27.648.230	10.910.741	-60,54%
Fidelinka	22.461	5.619.853	2.351.134	-58,16%
Fito Farmacija	355.220	4.544.211	1.870.000	-58,85%
Globos Osiguranje	92.611	5.628.382	1.541.295	-72,62%
Ikarbus	-517.058	1.880.854	1.316.216	-30,02%
Imlek	413.261	23.814.865	11.420.213	-52,05%

[308] Akcijama manjih preduzeća se, po pravilu, kontinuirano ne trguje, tako da se njihova cena ne određuje na osnovu "metoda kontinuiranog trgovanja", već na osnovu "metoda preovlađujuće cene".

[309] Podaci o visini kapitala i neto dobiti za preduzeća iz nebankarskog sektora su preuzeti iz zvaničnih bilansa za 2006. godinu (za pokazatelje na dan 07.08.2007. godine), odnosno iz zvaničnih bilansa za 2007. godinu (za pokazatelje na dan 26.09.2008. godine). Kako su poslovne banke, za razliku od preduzeća iz nebankarskog sektora, dužna da izrađuju i objavljuju kvartalne bilanse, podaci o njihovoj visini kapitala su preuzeta iz polugodišnjih bilansa za 2007. godinu (za pokazatelje na dan 07.08.2007. godine), odnosno iz polugodišnjih bilansa za 2008. godinu (za pokazatelje na dan 26.09.2008. godine). Takođe, za odnos tržišne kapitalizacije i neto dobiti (tabela 15.4.) je za poslovne banke korišćena informacija o neto dobiti iz polugodišnjih bilansa. Kako je u tim bilansima prikazana neto dobit za pola godine, u drugoj polovini godini je pretpostavljeno identično poslovanje, tako da je pretpostavljena godišnja neto dobit izračunata množenjem ostvarene polugodišnje neto dobiti sa brojem 2.

[310] Izvor podataka: www.belex.rs

Naziv preduzeća	Neto dobit 2007. godine u 000 dinara	Tržišna kapitalizacija u 000 dinara		% promene tržišne kapitalizacije
		07.08.2007.	26.09.2008.	
Iritel	41.058	1.073.385	478.672	-55,41%
Jubmes Banka	503.234	14.824.920	7.307.990	-50,70%
Komercijalna Banka	2.947.856	116.907.516	44.804.093	-61,68%
Kopaonik	42.356	2.167.853	958.575	-55,78%
Metals Banka	1.003.297	19.392.538	6.796.679	-64,95%
Metalac	69.193	5.610.000	2.800.920	-50,07%
Navip	-109.795	513.796	457.278	-11,00%
Napred	179.646	3.172.693	1.866.290	-41,18%
Planum	18.589	1.035.275	1.615.029	56,00%
Politika	302	5.978.291	1.334.958	-77,67%
Privredna Banka	174.744	12.743.037	2.572.598	-79,81%
Progres	625	2.933.656	1.779.608	-39,34%
Pupin Telekom	53.664	1.053.057	942.457	-10,50%
Putevi Užice	181.076	5.893.446	2.455.603	-58,33%
Radijator Zrenjanin	4.122	1.129.598	311.613	-72,41%
Ratko Mitrović	16.369	677.047	419.125	-38,10%
Soja Protein	1.253.434	24.794.000	8.893.500	-64,13%
Simpo	50.227	4.191.902	953.730	-77,25%
Sunce	38.345	4.738.304	2.283.520	-51,81%
Srbolek	4.224	1.240.641	859.567	-30,72%
Telefonija	51.524	6.420.528	1.853.424	-71,13%
Telefonkabl	23.499	736.440	259.466	-64,77%
Univerzal Banka	493.891	20.442.627	8.101.286	-60,37%
Univerzal Holding	9.243	1.542.308	444.033	-71,21%
Voda Vrnjci	43.725	3.156.528	2.065.018	-34,58%
Velefarm	125.596	11.477.097	7.276.760	-36,60%
Veterinarski zavod Subotica	194.299	3.567.159	1.428.275	-59,96%
Zorka Pharma	444.620	10.431.429	7.135.559	-31,60%

Tabela 15.4. - *Promena odnosa tržišne kapitalizacije i knjigovodstvene vrednosti, i promena odnosa tržišne kapitalizacije i neto dobitka, preduzeća kojima se kontinuirano trguje na beogradskoj berzi u periodu 07.08.2007 - 26.09.2008. godine*[311]

Naziv preduzeća	Tržišna kapitalizacija / Knjigovodstvena vrednost		Tržišna kapitalizacija / Neto dobitak	
	07.08.2007.	26.09.2008.	07.08.2007.	26.09.2008.
Agrobačka	0,95	0,64	60,05	231,80
Agrobanka	1,66	0,54	85,81	5,57
AIK banka	3,53	1,13	26,22	7,41
Alfa Plam	1,46	0,48	13,82	4,38
Bambi	2,52	1,29	37,33	26,50
Baninini	3,80	2,44	14,87	48,83
Čačanska banka	4,02	1,41	31,21	17,15
Credy banka	3,53	1,16	-34,23	-3,82
Dijamant	4,25	1,69	20,04	33,10
Dunav Osiguranje	9,96	2,10	208,41	39,59
Dunav Grocka	0,45	0,27	99,43	-0,93
Energoprojekt (konsolidovani)	4,11	1,49	41,14	11,96
Fidelinka	2,69	0,90	247,52	104,68
Fito Farmacija	2,81	1,02	17,23	5,26
Globos Osiguranje	4,16	0,77	43,94	16,64
Ikarbus	1,46	1,65	-31,77	-2,55
Imlek	3,26	1,12	-260,05	27,63
Iritel	2,64	1,02	16,41	11,66
Jubmes Banka	5,48	1,56	36,49	2,18
Komercijalna Banka	6,86	1,86	64,80	17,49
Kopaonik	1,27	0,55	76,04	22,63
Metals Banka	2,89	0,87	32,96	9,48
Metalac	1,93	1,21	17,13	40,48
Navip	0,64	0,46	-5,28	-4,16
Napred	1,57	0,85	100,60	10,39
Planum	5,79	9,17	67,12	86,88
Politika	1,59	0,34	233,97	4.420,39
Privredna Banka	4,89	0,94	172,59	2.708,00
Progres	0,58	0,35	1.043,63	2.847,37
Pupin Telekom	1,27	1,10	20,86	17,56

[311] Izvori podataka:
- www.belex.rs (za preduzeća iz nebankarskog sektora) i
- www.belex.rs i www.nbs.rs (za poslovne banke).

Naziv preduzeća	Tržišna kapitalizacija / Knjigovodstvena vrednost		Tržišna kapitalizacija / Neto dobitak	
	07.08.2007.	26.09.2008.	07.08.2007.	26.09.2008.
Putevi Užice	4,94	2,31	27,78	13,56
Radijator Zrenjanin	0,86	0,24	200,92	75,60
Ratko Mitrović	0,72	0,42	-4,44	25,60
Soja Protein	4,65	1,36	37,46	7,10
Simpo	0,64	0,14	220,07	18,99
Sunce	1,75	0,78	33,55	59,55
Srbolek	2,15	1,48	125,10	203,50
Telefonija	7,59	1,59	117,02	35,97
Telefonkabl	1,20	0,42	25,16	11,04
Univerzal Banka	4,40	1,50	50,45	8,53
Univerzal Holding	2,91	0,28	151,67	48,04
Voda Vrnjci	3,52	2,19	32,31	47,23
Velefarm	2,54	1,57	103,15	57,94
Veterinarski zavod Subotica	2,54	0,67	106,27	7,35
Zorka Pharma	2,34	1,46	31,64	16,05

Ako se prihvati stav da je «osnovni reprezent tržišne privrede akcionarsko preduzeće čiji je osovni cilj maksimizacija vrednosti preduzeća«[312], i ako se prihvati stav da se »vrednost iskazuje tržišnom cenom akcije«[313], onda se, na osnovu podataka iz tabele 15.3., u posmatranom periodu poslovanje svih analiziranih preduzeća (osim Planuma) može oceniti kao neuspešno. Takođe, na osnovu podataka iz tabele 15.4., uočljivo je da su za većinu preduzeća znatno smanjena očekivanja o budućoj profitabilnosti, a i broj preduzeća za koje se može oceniti da se nalaze u krizi, obzirom da im je tržišna vrednost ispod knjigovodstvene, je porastao sa 7 na 20. Uzevši u obzir ostvarene rezultate u posmatranom periodu, iznete ocene su krajnje paradoksalne jer je u 2007. godini 40 od 45 posmatranih preduzeća ostvarilo profit.

Osnovni nedostatak metoda zasnovanih na tržišnom konceptu vrednosti je što su bazirani na pogrešnoj pretpostavci da tržište realno valorizuje vrednost preduzeća. Ova pretpostavka podrazumeva krajnje efikasno tržište, koje u suštini ne postoji. Kao najbolji dokaz da se izneta konstatacija odnosi i na razvijena finansijska tržišta može da posluži mišljenje Simona Rouza, uglednog britanskog finansijskog novinara i savetnika u više berzanskih transakcija, po kojem zarada na berzi nije posledica stručnosti, već, pre svega, insajderskih informacija, koje su osnovna karakteristika nesavršenih

---

[312] Stephen, F. H., - *The Economic Analysis of Producers Cooperatives*, The Macmillan Press Ltd, United Kingdom, 1984, str. 65.

[313] Van Horne, J. C., - *Op. cit.*, str. 6.

tržišta. „Pretpostavljam da je moguće zamisliti osobu izuzetno nadarenu za berzanske poslove koja se upušta u kockarski rizik kratkoročnih, dnevnih investicija i, pri tome, svaki put nepogrešivo pokupi kajmak. Lično ne poznajem nikoga ko bi bio tako uspešan bez mukotrpno stečenih veza u poslovnim krugovima koje obezbeđuju pristup sočnim pričama koje su uskraćene ostalim smrtnicima«.[314]

2.3. Metodi procene vrednosti preduzeća zasnovani na prinosnom konceptu vrednosti

Metodi vrednovanja preduzeća zasnovani na prinosnom konceptu vrednosti se baziraju na proceni sposobnosti preduzeća da budućim poslovanjem ostvaruje profit, tako da vrednost preduzeća proizilazi iz vrednosti »biznisa«. Primenom ovih metoda procene, procenjena vrednost preduzeća je ekvivalentna sadašnjoj vrednosti gotovine koja se očekuje da ostane na raspolaganju vlasnicima, pod pretpostavkom poslovanja preduzeća u neograničeno dugom periodu.

Kako se vrednost preduzeća uvažavanjem prinosnog koncepta vrednosti zasniva na budućim očekivanim rezultatima, ovi metodi se mogu primenjivati samo kod preduzeća gde se buduće poslovanje može projektovati sa dovoljnom dozom pouzdanosti. Pored navedenog neophodnog uslova, procena vrednosti preduzeća primenom metoda zasnovanih na prinosnom konceptu vrednosti je adekvatna za procenu onih preduzeća kod kojih se u narednom periodu može očekivati zadovoljavajući prinos, tako da ta preduzeća više vrede zbog sinergijskih efekata zajedničkog delovanja aktive koja funkcioniše u preduzećima, komparativno posmatrano sa tržišnom vrednošću nezavisno posmatrane aktive. Dakle, preduzeća gde su ovi metodi procene adekvatni su preduzeća sa prepoznatim sadržajućim „goodwillom", odnosno preduzeća kod kojih osnov za procenu predstavlja iznos novca koji investitor može očekivati da će mu pripasti po osnovu poslovanja preduzeća, nezavisno od toga koliko preduzeće računovodstveno vredi.[315]

Reč „goodwill" je engleskog porekla i označava čuvenost, reputaciju, dobar glas, naklonost. „Goodwill" je neopipljiv, to jest ne proizilazi iz vrednosti fizičke supstance,

---

[314] Rose., S.,. - *Deoničar*, Privredni pregled, Beograd, 1991, str. 13. Rouz je kroz sledeću dosetku ukazao na apsurdnost korišćenje berzanskih informacija kao repere za valorizaciju objektivne vrednosti preduzeća: »Rastavši se sa ovim svetom, Ajnštajn se nađe na nebu. Tamo zateče još trojicu budućih anđela. Veliki naučnik započe razgovor. Zdravo, pozdravi on prvoga. Ja sam Albert Ajnštajn. Znaš li koliki ti je koeficijent inteligencije? 180, odmah dobi odgovor. Sjajno, reče Ajnštajn. Moći ćemo da razgovaramo o mojoj čuvenoj teoriji relativiteta, o mehanici vremena i prirodi svemira. Isto pitanje postavi drugom i dobi odgovor 135. Dobro, reče Ajnštajn. Razgovaraćemo o slikarstvu, muzici i velikanima književnosti. Ajnštajn se zatim okrete trećem i upita: Koliki je tvoj koeficijent inteligencije? 60, glasio je odgovor. Aha, reče Ajnštajn. Pa, kako je danas bilo na berzi?«, u: *Ibid.*, str. 60.

[315] Benninga, S. Z., Sarig, O. H., - *Op. cit.*, str. 89.

već iz vrednosti ostvarenja natprosečnog profita, tako da ga ne može imati novoosnovano, već samo preduzeće koje već duži vremenski period egzistira.[316]

Vrlo je široka lepeza mogućih faktora koji utiču na vrednost „goodwilla". Po Katletu i Olsonu to su: superioran upravljački tim, istaknuti rukovodioci prodaje i organizacije, slabljenje upravljanja i nepovoljan razvoj aktivnosti konkurentskih preduzeća, efikasnost reklame i propagande, poslovna tajna proizvodnog procesa, dobri međuljudski odnosi zaposlenih, značajne kreditne olakšice, odnosno povoljnije kreditno zaduženje od uobičajenog usled uspostavljene reputacije i finansijskog stanja preduzeća; pozitivan imidž u okruženju usled plaćanja doprinosa u dobrotvorne svrhe i/ili učestvovanja u društvenim aktivnostima od strane rukovodioca preduzeća, uspešna udruživanja sa drugim preduzećima, posedovanje strateških lokacija, otkrivanje novih resursa i povoljna regulacija od strane državnih organa.[317] Dakle, uočljiva je široka lepeza internih i eksternih faktora koji utiču na trenutnu vrednost „goodwilla". Međutim, jednom stečen „goodwill", u smislu ostvarivanja uslova koji opravdavaju realnost očekivanja o budućem natprosečnom profitu, nije trajan, već se može izgubiti. Isto tako, preduzeća koja trenutno ne poseduju „goodwill", promenom internih i eksternih uslova, ga mogu steći.

Osnovni metodi procene vrednosti preduzeća zasnovani na prinosnom konceptu vrednosti su:

- metod diskontovanih novčanih tokova i
- metod kapitalizovanja ostvarenog rezultata.

Metod diskontovanih novčanih tokova je osnovni metod procene vrednosti preduzeća zasnovan na prinosnom konceptu vrednosti. Obzirom na veliki broj faktora koji se uzimaju u obzir prilikom budućih projekcija, procena vrednosti preduzeća primenom ovog metoda je najpouzdanija, ali istovremeno i metodološki najkompleksnija.[318]

Postupak procene vrednosti preduzeća primenom metoda diskontovanih novčanih tokova se razlikuje u zavisnosti od toga da li se procena vrši na bazi:

- novčanog toka „posle servisiranja dugova" ili
- novčanog toka „pre servisiranja dugova".

---

[316] Rodić, J., - *Op. cit.*, str. 379

[317] Catlett, G., Olson, M., - Accounting for Goodwill, A. I. C. P. A., New York, 1968. Preuzeto iz: Rodić, J., - *Op. cit.*, str. 379.

[318] Pejić, L, Radovanović, R. Stanišić, M., - *Ocena boniteta preduzeća*, Privredni pregled, 1992, str. 172.

Novčani tok „posle servisiranja dugova" se proračunava tako što se projektovana neto dobit uveća za iznos amortizacije, a umanji za iznos investicije u stalnu imovinu i trajna obrtna sredstva. Dakle, kako se projekcija ovako odabranog novčanog toka zasniva na projekciji poslovnog, ali i finansijskog rezultata, potrebno je projektovati i strukturu finansiranja poslovanja.[319]

Procena vrednosti preduzeća metodom diskontovanih novčanih tokova, uz uvažavanje novčanog toka „posle servisiranja dugova", je vrlo slična konvencionalnoj oceni na bazi diskontovanih novčanih tokova, s tim što postoje određene različite polazne pretpostavke koje uslovljavaju različit metodološki postupak procene. Te razlike se ogledaju u:

- roku trajanja projekta i
- načinu određivanja diskontne stope.

Konvencionalne ocene se baziraju na definisanom *roku trajanja projekta*, dok se procena vrednosti preduzeća metodom diskontovanih novčanih tokova bazira na neograničenom poslovanju preduzeća („goin concern" princip), tako da definisani rok trajanja projekta ne postoji. Iz napomenutog razloga je logično da se kroz postupak procene vrednosti preduzeća ne mogu individualno projektovati svi budući neto prilivi, već samo neto prilivi za odabrani period. Odabrani period za koji se vrši projekcija se naziva projektovani period. „Dužina projektovanog perioda će biti različita od preduzeća do preduzeća, u zavisnosti od osnovne delatnosti, pozicije preduzeća u pripadajućoj grani, postojećeg nivoa iskorišćenja kapaciteta i sl. Pri tome, dužinu projektovanog perioda ne treba direktno povezivati sa periodom ekonomskog života preduzeća, već sa momentom dostizanja stabilnog nivoa dobiti i neto novčanih tokova."[320] Posle projektovanog perioda, za rezidualni period se usvaja pretpostavka o konstantnom iznosu godišnjeg neto priliva ili konstantnoj stopi godišnjeg rasta neto priliva.

Shodno iznetom, jasno je da na vrednost preduzeća utiče sadašnja vrednost novčanih tokova u projektovanom periodu i sadašnja vrednost novčanih tokova u rezidualnom periodu, odnosno vrednost preduzeća se izračunava po sledećem obrascu:

$$VP = SVNPpp + SVNPrez$$

gde je:
VP - vrednost preduzeća,
SVNPpp - sadašnja vrednost neto priliva u projektovanom periodu i
SVNPrez - sadašnja vrednost neto priliva u rezidualnom periodu.

---

[319] Leko, V., Vlahović, A., Poznanić, V., - *Op. cit.*, str. 41.

[320] *Ibid.*, str. 44.

Kako je postupak izračunavanja sadašnje vrednosti neto priliva u projektovanom periodu metodološki identičan postupku koji je detaljno objašnjen pri konvencionalnoj oceni investicionog projekta,[321] u nastavku će se dati objašnjenja samo za izračunavanje sadašnje vrednosti neto priliva u rezidualnom periodu i to u slučaju da se u rezidualnom periodu pretpostavlja:

- konstantan iznos godišnjeg neto priliva ili
- konstantna stopa godišnjeg rasta neto priliva.

Pri *konstantnom iznosu godišnjeg neto priliva u rezidualnom periodu*, suma sadašnjih vrednosti se izračunava po sledećem obrascu:

$$SVNPRrez = \frac{Npr}{FAppp \times (1 + d)} + \frac{Npr}{FAppp \times (1 + d)^2} + \frac{Npr}{FAppp \times (1 + d)^3} \ldots + \frac{Npr}{FAppp \times (1 + d)^n}$$

gde je:
SVNPrez - sadašnja vrednost neto priliva u rezidualnom periodu,
Npr - godišnji neto priliv u rezidualnom periodu,
FAppp - faktor akumulacije za svođenje neto priliva iz poslednje godine
      projektovanog perioda na sadašnju vrednost i
d - diskontna stopa.

Kako su količnici sukcesivnih članova jednaki i odgovaraju vrednosti diskontnog faktora za jednu godinu $(1 / (1 + d))$, i kako se posmatra neograničeni vremenski period, u obrascu je uočljiva beskonačna geometrijska progresija. Ako se NPR zameni sa »a«, $(1 / (1 + d))$ sa »b«, a FAppp sa »c«, prethodni obrazac se može prikazati na sledeći način:

$$SVNPRrez = \frac{ab}{c} + \frac{ab^2}{c} + \frac{ab^3}{c} \ldots + \frac{ab^n}{c}$$

Ako se leva i desna strana jednačine pomnoži sa b dobija se:

$$SVNPRrez \times b = \frac{ab^2}{c} + \frac{ab^3}{c} \ldots + \frac{ab^{n+1}}{c}$$

Ako se oduzme leva i desna strana obe jednačine dobija se:

$$SVNPRrez - SVNPRrez \times b = \frac{ab}{c} - \frac{ab^{n+1}}{c}$$

---

[321] Videti glavu XIII ("Pokazatelji efikasnosti").

Kako je vrednost ab^{n+1} / c nula[322], gornja formula se može prikazati na sledeći način:

$$SVNPRrez \times (1 - b) = \frac{ab}{c}$$

$$\downarrow$$

$$SVNPRrez = (a / c) \times b / (1 - b)$$

Kada se umesto »b« prikaže realna vrednost sa kojom je zamenjena (diskontni faktor za jednu godinu), dobija se:

$$SVNPRrez = (a / c) \times \frac{\frac{1}{1+d}}{1 - \frac{1}{1+d}}$$

$$\downarrow$$

$$SVNPRrez = (a / c) \times \frac{\frac{1}{1+d}}{\frac{1+d-1}{1+d}}$$

$$\downarrow$$

$$SVNPRrez = (a / c) \times \frac{1}{d}$$

$$\downarrow$$

$$SVNPRrez = \frac{a}{d} / c$$

Kada se umesto »a« i »c« prikažu realne vrednosti sa kojima su zamenjene, dobija se:

$$\textbf{SVNPRrez} = \frac{\textbf{Npr / d}}{\textbf{FAppp}}$$

Shodno iznetoj formuli, pri konstantnom neto prilivu se sadašnja vrednost u rezidualnom periodu izračunava tako što se količnik godišnjeg neto priliva iz rezidualnog perioda i godišnje diskontne stope podeli faktorom akumulacije (ili pomnoži diskontnim faktorom) koji se koristio za svođenje neto priliva u poslednjem projektovanom periodu na sadašnju vrednost.

Pri *konstantnoj stopi godišnjeg rasta neto priliva u rezidualnom periodu*, suma sadašnjih vrednosti se izračunava po sledećem obrascu:

$$SVNPRrez = \frac{Npr \times (1+r)}{FAppp \times (1+d)} + \frac{Npr \times (1+r)^2}{FAppp \times (1+d)^2} + \frac{Npr \times (1+r)^3}{FAppp \times (1+d)^3} ... + \frac{Npr \times (1+r)^n}{FAppp \times (1+d)^n}$$

---

[322] Teroijski, ab^{n+1} / c , odnosno Npr / (FAppp $\times (1+d)^{n+1}$) nikad nije "apsolutna nulta vrednost".

gde je:

SVNPrez - sadašnja vrednost neto priliva u rezidualnom periodu,

Npr - godišnji neto priliv iz poslednjeg projektovanog perioda,

r - stopa godišnjeg rasta,

FAppp - faktor akumulacije za svođenje neto priliva iz poslednje godine
projektovanog perioda na sadašnju vrednost i

d - diskontna stopa.

I u ovom obrascu je uočljiva beskonačna geometrijska progresija, s tim što količnik između sukcesivnih članova iznosi: $(1 + r) / (1 + d)$. Za izračunavanje sadašnje vrednosti neto priliva u rezidualnom periodu pri konstantnoj stopi godišnjeg rasta neto priliva će se koristiti identičan metodološki postupak kao i za izračunavanje sadašnje vrednosti neto priliva pri nultoj stopi rasta.[323] Da se ne bi ceo metodološki postupak ponavljao, polazna iteracija iz prethodno izvedene formule će biti sledeća:

$$SVNPRrez = (a / c) \times b / (1 - b)$$

Kada se umesto »b« prikaže realna vrednost sa kojom je zamenjena, dobija se:

$$SVNPRrez = (a / c) \times \frac{\frac{1+r}{1+d}}{1 - \frac{1+r}{1+d}}$$

$$\downarrow$$

$$SVNPRrez = (a / c) \times \frac{\frac{1+r}{1+d}}{\frac{1+d-1-r}{1+d}}$$

$$\downarrow$$

$$SVNPRrez = (a / c) \times \frac{1+r}{d-r}$$

$$\downarrow$$

$$SVNPRrez = \frac{a\,(1+r) / c}{d-r}$$

---

[323] Da bi suma beskonačne geometrijske progresije bila konačan broj se, takođe, mora uvažiti da je ab^{n+1} / c , to jest $(Npr \times (1+r)^{n+1}) / (FAppp \times (1+d)^{n+1})$, nula, što podrazumeva da se radi o konvergentnom nizu (količnici sukcesivnih članova su između -1 i +1). Dok je pri nultoj godišnjoj stopi rasta neto priliva konvergencija niza lako prihvatljiva jer je diskontna stopa uvek pozitivna, pri konstantnoj stopi godišnjeg rasta prihvatanje da je posmatrani deo formule nula podrazumeva da je stopa godišnjeg rasta u rezidualnom periodu manja od diskontne stope. Zato projektovani period minimum treba da obuhvati period kada je stopa godišnjeg rasta neto priliva viša od diskontne stope.

Kada se umesto »a« i »c« prikažu realne vrednosti sa kojima su zamenjene, dobija se:

$$\text{SVNPRrez} = \frac{\text{Npr} \, (1 + r)}{d - r} / \text{FAppp}$$

Dakle, pri konstantnoj stopi godišnjeg rasta neto priliva se sadašnja vrednost neto priliva u rezidualnom periodu izračunava tako što se količnik neto priliva prve godine u rezidualnom periodu (godišnji neto priliv iz poslednjeg projektovanog perioda uvećan za stopu rasta) i razlike između godišnje diskontne stope i godišnje stope rasta podeli sa faktorom akumulacije (ili pomnoži diskontnim faktorom) koji se koristio za svođenje neto priliva u poslednjem projektovanom periodu na sadašnju vrednost.

Deo formule (Npr x (1 + r)) / (d - r), odnosno količnik očekivanog neto priliva u prvoj godini i razlike između godišnje diskontne stope i stope godišnjeg rasta neto priliva se naziva "Gordonov model" i u praksi se često koristi za izračunavanje cene akcija pod pretpostavkom očekivane jednake stope godišnjeg rasta dividende.

Za razliku od načina određivanja *diskontne stope* pri konvencionalnoj oceni, koja u osnovi odražava zadovoljavajuću stopu prinosa sa aspekta postojećih vlasnika, diskontna stopa koja se koristi pri proceni vrednosti preduzeća odražava zadovoljavajuću stopu prinosa sa aspekta hipotetičkih kupaca.

Postoji više metoda kojima se određuje diskontna stopa pri proceni vrednosti preduzeća, a najčešće se koriste:

- CAPM[324] metod i
- metod „zidanja"[325].

Određivanje diskontne stope CAPM metodom je adekvatno za preduzeća čije se akcije kotiraju na berzi i za preduzeća koja posluju na razvijenim finansijskim tržištima. Diskontna stopa se primenom CAPM metoda izračunava po sledećem obrascu:

$$d = \text{SPbr} + \beta \, (\text{SPT} - \text{SPbr})$$

gde je:
d - diskontna stopa,
Spbr - stopa prinosa na ulaganje bez rizika (nerizično ulaganje),
β - beta koeficijent i
SPt - prosečna stopa prinosa na tržištu (berzi).

---

[324] Naziv CAPM potiče od početnih slova engleskog naziva "Capital Asset Pricing Model".

[325] O metodu "zidanja" će detaljnije biti reči u okviru ove glave, poglavlje 3 ("Zvanična metodologija procene vrednosti preduzeća u Republici Srbiji").

Beta koeficijent iz prethodnog obrasca meri specifični rizik, to jest rizik ulaganja (kupovina hartija od vrednosti) u određeno preduzeće u odnosu na rizik ulaganja u ostala preduzeća čije se akcije kotiraju na berzi, a koja posluju na istom tržištu. Beta koeficijent se izračunava shodno odnosu procentualne promene prinosa na hartije od vrednosti posmatranog preduzeća u odnosu na promenu ukupnog tržišnog portfelja za 1%. „Ako pad prinosa tržišnog portfelja od 1% prouzrokuje pad prinosa posmatrane hartije od vrednosti od 2%, ulaganje u takav papir se smatra riskantnim, dok u slučaju da je, pod istim uslovima, generisani pad svega 0,01%, ulaganje u tu hartiju od vrednosti se smatra nerizičnim. Veća osetljivost kretanja prinosa na tržišna kolebanja znače, u okviru ovakvog razmišljanja, veći rizik, i obrnuto."[326]

U slučaju da se CAPM metod primenjuje za procenu diskontne stope u preduzećima koja posluju na tržištima rizičnijih država, diskontnu stopu iz prethodnog obrasca treba uvećati za opšti rizik.

Iako način izračunavanja diskontne stope zavisi od odabranog metoda, zajedničko za sve metode je da je u diskontnoj stopi sadržana zahtevana premija zbog odricanja od nerizičnog ulaganja, zahtevana premija zbog rizika ulaganja u određenu državu i zahtevana premija zbog rizika ulaganja u konkretno preduzeće. Drugim rečima, diskontna stopa koja se koristi pri proceni vrednosti preduzeća predstavlja zbir:

- stope prinosa na ulaganje bez rizika,
- premije za opšti rizik i
- premije za specifičan rizik.

Stopa prinosa na ulaganje bez rizika pretpostavlja da investitori uvek imaju mogućnost da alternativno ulože sredstva u nerizična ulaganja uz jasno determinisanu stopu godišnjeg realnog prinosa. Ova pretpostavka je pre teorijska nego praktična, obzirom da u praksi, niti postoje ulaganja sa nultom stopom rizika, niti postoje ulaganja sa determinisanim godišnjim realnim prinosom. Kako je bankrotstvo države malo verovatno, smatra se da je ulaganje u državne obveznice najbolja aproksimacija nerizičnih ulaganja.[327]

Premija za opšti ili sistemski rizik predstavlja premiju za rizik ulaganja u preduzeće koje posluje ili planira da posluje u određenoj državi. Dakle, to je zahtevana premija zbog rizika koji se ne može kontrolisati od strane preduzeća, već je prevashodno u funkciji makroekonomskog upravljačkog tima. Opšti rizik se može podeliti na:

- *politički rizik* - oslikava političku internu i eksternu političku situaciju i stabilnost, opasnost od moguće eksproprijacije, nacionalizacije, poništenja već završenih transakcija (na primer, privatizacija) i dr.;

---

[326] Cvijetičanin, D., - *Op. cit.*, str. 16.

[327] Leko, V., Vlahović, A., Poznanić, V., - *Op. cit.*, str. 55.

- *komercijalni rizik* - oslikava mogućnost negativne promene kamatnih stopa, opasnost od devalvacije lokalne valute i dr.; i

- *pravni rizik* - oslikava probleme konverzije nekonvertibilne u konvertibilnu valutu, opasnost od uvođenja destimulativnih zakona i sl.[328]

Premija za specifičan rizik predstavlja premiju za rizik ulaganja u određeni privredni subjekt. Visina specifičnog rizika zavisi od finansijske situacije i poslovne klime unutar preduzeća, perspektive privredne grane u kojoj preduzeće posluje itd. U razvijenim zemljama, za procenu specifičnog rizika mogu da posluže ocene agencija koja preduzeća rangiraju prema stepenu rizika.[329] Kao dokaz da je moguć veliki interval specifičnog rizika po pojedinim preduzećima može da posluži Šiltovo uputstvo za grupisanje preduzeća prema premiji za specifičan rizik i to:

- sa premijskom stopom za rizik do 5% su preduzeća koja imaju dobro uhodan posao, atraktivnu proizvodnu orijentaciju, sa razrađenim menadžmentom, veoma jakom pozicijom na tržištu i potpunu izvesnost ostvarenja budućih prihoda;

- sa premijskom stopom za rizik od 6-10% su preduzeća koja se dobro kotiraju na tržištu, sa uhodanim poslom, visokim organskim sastavom kapitala, dobrim poslovnim imidžom, stabilnim i izvesnim budućim prihodima i relativno visokim stepenom mogućnosti tržišnog prilagođavanja;

- sa premijskom stopom za rizik od 11-15% su preduzeća koja posluju u grani sa visoko izraženom konkurencijom, koja imaju razvijen menadžment, sa relativno stabilnim prinosom i predvidivim budućim prihodima i prinosima; i

- sa premijskom stopom rizika od 16%, pa čak i do 30%, su preduzeća sa lošim menadžmentom, mala preduzeća čije je poslovanje zavisno od specijalista, velika preduzeća čije je poslovanje po prirodi ciklično i mala novoosnovana preduzeća."[330]

Ponekad je teško pouzdano projektovati strukturu izvora finansiranja budućih investicionih ulaganja, kao i uslove (metod i rok otplate, realnu kamatnu stopu i dr.) pod kojima će se obezbediti krediti za finansiranje tih ulaganja. U takvim slučajevima se u literaturi preporučuje da se procena vrednosti preduzeća primenom metoda diskontovanog novčanog toka bazira na **novčanom toku „pre servisiranja dugova"**.

---

[328] *Guidelines for Infrastructure Development Through Build-Operate-Transfers (BOT) Projects*, Op. cit., str. 154.

[329] Na primer, videti: www.standardandpoors.com, www.moodys.com. i www.fitchratings.com.

[330] The Financial Planner, Januar, 1982. Preuzeto iz: Rodić, J., - *Op. cit.*, str. 400.

Projekcija novčanog toka „pre servisiranja dugova" se vrši tako što se na projektovanu poslovnu dobit doda amortizacija, a oduzme iznos projektovanog investiranja u stalnu imovinu i u trajna obrtna sredstva, kao i projektovani iznos poreza na dobit. Dakle, projekcijom novčanog toka „pre servisiranja dugova" se potpuno zanemaruju izvori dugoročnog finansiranja, što podrazumeva da se na strani priliva ne projektuju dodatna kreditna zaduženja, a na strani odliva se ne projektuje otplata glavnice i kamata po osnovu postojećih i novih kredita.[331]

Kako je kroz projekciju novčanog toka „pre servisiranja dugova" utvrđen samo poslovni rezultat, za svođenje godišnjih neto priliva na sadašnju vrednost nije dovoljno utvrditi samo cenu sopstvenog kapitala (diskontnu stopu), već je neophodno utvrditi i cenu pozajmljenog kapitala. Preciznije, svođenje na sadašnju vrednost godišnjih neto priliva uvažavanjem novčanog toka „pre servisiranja dugova" se vrši pomoću prosečne ponderisane cene kapitala[332], koja je reprezent cene ukupnog investiranog dugoročnog kapitala, a za čije se izračunavanje koristi sledeći obrazac:

$$PPck = d \times Sk / (Sk + D) + (1 - Spd) \times Cd \times D / (Sk + D)$$

gde je:
PPck - prosečna ponderisana cena kapitala,
d - diskontna stopa,
Sk / (Sk + D) - učešće sopstvenog u ukupnom dugoročnom kapitalu,
Spd - stopa poreza na dobit,
Cd - cena duga i
D / (Sk + D) - učešće duga u ukupnom dugoročnom kapitalu.

U prethodnom obrascu se može se uočiti da je korigovana visina poreza na dobit, obzirom da je inicijalno izračunata visina, samo na osnovu poslovnog rezultata, precenjena. Naime, uvažavanjem da će deo budućih izvora finansiranja biti pozajmljen prouzrokuje istovremeno uvažavanje i posledičnih finansijskih rashoda, a što će uticati i na snižavanje inicijalno određene oporezive dobiti. Obzirom na predviđeni postupak jasno je da procena vrednosti preduzeća bazirana na novčanom toku "pre servisiranja dugova" podrazumeva zanemarivanje poreskog bilansa.

Pri projekciji strukture kapitala u projektovanom periodu se može poći od postojeće strukture, s tim što je potrebno izvršiti određena prilagođavanja u slučaju da se očekuje promena određenih faktora koji su delovali u prošlosti, a koji su uticali na trenutnu strukturu. Cena duga se određuje shodno uobičajenim realnim kamatnim stopama na dugoročne kredite.[333]

[331] Leko, V., Vlahović, A., Poznanić, V., - *Op. cit.*, str. 41.

[332] U stranoj literaturi poznata pod skraćenicom "WACC", od početnih slova engleskih reči: "Weighted Average Cost of Capital".

[333] Leko, V., Vlahović, A., Poznanić, V., - *Op. cit.*, str. 63.

Vrednost preduzeća predstavlja razliku između na opisan način izračunate sadašnje vrednosti novčanih tokova i dugoročnih kredita koji su postojali na dan kada se vrši procena.

Prethodno izložen način procene vrednosti preduzeća uvažavanjem novčanog toka »pre servisiranja dugova« je apsurdan po više osnova, a što je prvenstveno posledica činjenice da je uobičajeno da diskontna stopa bude viša od cene kredita umanjene za stopu poreza na dobit, odnosno da potencijalni investitori zahtevaju viši godišnji prinos od godišnjeg troška korišćenja kredita.

Pretpostaviće se:

- da postojeći dugoročni kredit na dan procene treba izmiriti jednakim otplatama u narednih 5 godina i da je realna kamatna stopa 5% na neotplaćeni deo duga,
- da je učešće dugoročnog kredita 50% u ukupnom dugoročnom kapitalu i da se očekuje da se navedeno učešće ne menja u budućnosti,
- da ulaganje u osnovna sredstva bude na nivou amortizacije,
- da se postojeći iznos trajnih obrtnih sredstava može smatrati uobičajenim,
- da je godišnja diskontna stopa 10% i
- da je godišnja stopa poreza na dobit 10%.

Prosečna ponderisana cena kapitala prema podacima iz primera iznosi:

$$PPck = 50\% \times 10\% + (1-10\%) \times 5\% \times 50\% = 7,25\%$$

Doslednim uvažavanjem predviđenog metodološkog postupka baziranom na »novčanom toku pre servisiranja dugova«, prvo, stvarne godišnje neto prilive[334] treba uvećati za godišnje finansijske rashode. Zatim, obzirom da se uvažavanjem stope poreza na dobit snižava prosečna cena kapitala, sadašnju vrednost tih novčanih tokova treba uvećati za poresko umanjenje po osnovu finansijskih rashoda koje »novčani tok pre servisiranja dugova« i ne predviđa da se projektuju!!!

Kako je predviđenim postupkom nerealno snižena stopa kojom se neto prilivi svode na sadašnju vrednost, a pored toga su i neto prilivi nerealno uvećani, metodološki postupak predviđa amortizovanje ovih nedostataka sniženjem procenjene vrednosti preduzeća za sadašnji nominalni iznos dugoročnih kredita. Time se stvarna sadašnja vrednost po osnovu otplate kredita nerealno uvećava, obzirom da je ostatak duga pla-

---

[334] Prema podacima iz primera, stvarni godišnji neto prilivi predstavljaju razliku između godišnjeg poslovnog dobitka, rashoda kamate i poreza na dobit.

niran da se sukcesivno otplaćuje u narednom periodu, a prema postupku sledi da ga u potpunosti treba izmiriti na dan procene. Dodatno nerazumevanje je zašto se umanjuje vrednost za otplatu postojećih kredita, obzirom da planirana nepromenjena struktura dugoročnog finansiranja podrazumeva da se postojeći krediti otplaćuju novim.

Shodno iznetom, jasno je da procenu vrednosti preduzeća »pre servisiranja dugova« treba posmatrati kao »nužno zlo« u slučaju nedovoljno poznate budućnosti. Međutim, u tom slučaju nije ispunjen osnovni uslov za procenu vrednosti preduzeća metodom diskontovanih novčanih tokova, tako da je najispravnije ovaj metod pri stvarnim procenama vrednosti preduzeća u potpunosti zanemariti.

Metodom kapitalizovanja ostvarenog rezultata se procenjuje vrednost preduzeća uvažavanjem pretpostavke da se postojeće poslovanje može prihvatiti kao stabilno, tako da se u budućem periodu ne očekuju značajnije promene koje bi uticale da poslovanje ne bude u skladu sa postojećim tendencijama.

U zavisnosti od toga da li se buduće poslovanje procenjuje na osnovu postojećeg bilansa uspeha ili na osnovu postojećeg izveštaja o novčanom toku, razlikuje se metod kapitalizovanja neto dobitka i metod kapitalizovanja neto novčanog toka. Razlike između projektovanog neto dobitka i projektovanog neto novčanog toka, a time i između procenjene vrednosti preduzeća u zavisnosti od usvojene relevantne veličine, ne bi smele da budu značajne. Naime, kao što je ranije napomenuto, ove razlike su kratkoročne, to jest u neograničenom dugom roku se ove razlike potiru. Otuda, usvojena pretpostavka da se postojeće poslovanje može prihvatiti kao stabilno, istovremeno podrazumeva da su razlike između neto priliva i neto dobitka minimalne. Teorijski, ispravnije bi bilo projekciju vršiti na osnovu projektovanog neto dobitka, koji je najbolji reprezent poslovanja preduzeća.

Tendencije koje su prihvaćene da reflektuju stabilizovano poslovanje mogu uvažavati ili konstantan iznos godišnje neto dobiti/neto priliva ili konstantnu stopu godišnjeg rasta navedenih veličina, tako da metodologija procene vrednosti preduzeća zavisi od usvojene pretpostavke. Uvidom u stručnu literaturu se može zapaziti da eksperti iz ove oblasti nemaju dilemu po pitanju metodologije procene vrednosti preduzeća primenom metoda kapitalizovanja ostvarenog rezultata. U slučaju da se usvaja pretpostavka o očekivanom konstantnom iznosu rezultata (neto dobit/neto priliv), vrednost preduzeća predstavlja količnik očekivanog rezultata i godišnje stope kapitalizacije. U slučaju da se usvaja pretpostavka o očekivanoj konstantnoj stopi godišnjeg rasta rezultata, vrednost preduzeća se izračunava primenom Gordonovog modela, odnosno kao količnik očekivanog rezultata u prvoj godini i razlike između godišnje stope kapitalizacije i godišnje stope rasta.[335]

---

[335] Na primer, videti: Rodić, J., - *Op. cit.*, str. 408., Milenković, N., - *Op. cit.*, str. 81., Tuševljak, S., - *Op. cit.*, str. 221-222. i Leko, V., Vlahović, A., Poznanić, V., - *Op. cit.*, str. 13-14.

Pored uobičajene zamerke da se procenom vrednosti preduzeća na opisan način ne uvažava pretpostavka o ravnomernom ostvarenju rezultata tokom godine, posebna zamerka proizilazi iz nerazumevanja šta se uopšte smatra stopom kapitalizacije. U ovom domenu su „lutanja" eksperata značajna. Pojedini eksperti stopu kapitalizacije poistovećuju sa prosečnom cenom kapitala. Prihvatanje da se stabilizovani rezultat svodi na sadašnju vrednost deljenjem sa prosečnom cenom kapitala je neispravno jer je stabilizovana tendencija određena na osnovu neto dobiti/neto priliva u kojem nisu uvaženi samo poslovni rezultati, već i struktura finansiranja, kao i obaveze koje iz te strukture proizilaze. Drugi eksperti stopu kapitalizacije razumeju kao stopu prinosa na kapital zahtevanu od potencijalnih investitora. Kako je to uobičajena interpretacija koja se pri proceni vrednosti preduzeća koristi za diskontnu stopu, logično bi bilo prihvatiti da su ti eksperti, stopu kapitalizacije, ispravno, poistovetili sa diskontnom stopom. Međutim, da to i nije baš tako, inače bi umesto naziva"stopa kapitalizacije" koristili naziv „diskontna stopa", uočava se kroz nerazumljive komentare, kao što je, na primer, da se stopa kapitalizacije najčešće razlikuje od diskontne stope usled više faktora, a jedan od njih je očekivani rast prihoda preduzeća.[336]

Upoređivanjem razlika između procene vrednosti preduzeća metodom diskontovanih novčanih tokova i metodom kapitalizovanja ostvarenog rezultata se može zaključiti da je razlika samo u tome što se metodom kapitalizovanja ostvarenog rezultata ne predviđaju posebne godišnje projekcije za određeni (projektovani) period, tako da se celokupni naredni period može posmatrati kao rezidualni period. Šta više, kako se kroz neto dobit ili neto priliv uvažava struktura izvora finansiranja, metod kapitalizovanja ostvarenog rezultata se može posmatrati kao varijanta metoda diskontovanih novčanih tokova »nakon servisiranja dugova«, a ne kao specifičan metod zasnovan na prinosnom konceptu vrednosti.

Pri konstantnom iznosu godišnjeg projektovanog rezultata, uz uvažavanje pretpostavke o ravnomernom ostvarenju rezultata tokom godine, sadašnja vrednost neto rezultata se izračunava po sledećem obrascu:

$$\text{SVNrez} = \frac{\text{Nrez}}{\text{FApg}} + \frac{\text{Nrez}}{\text{FApg} \times (1 + d)} + \frac{\text{Nrez}}{\text{FApg} \times (1 + d)^2} \ldots + \frac{\text{Nrez}}{\text{FApg} \times (1 + d)^n}$$

gde je:
SVNrez - sadašnja vrednost neto rezultata (procenjena vrednost preduzeća),
Nrez - godišnji neto rezultat,
FApg - faktor akumulacije za svođenje neto priliva iz prve godine na sadašnju vrednost i
d - diskontna stopa.

---

[336] Videti: Leko, V., Vlahović, A., Poznanić, V., - *Op. cit.*, str. 14.

Pri ravnomernom ostvarenju rezultata tokom godine, količnici svih sukcesivnih članova iz prethodnog obrasca nisu jednaki, već izneseni zaključak važi samo od druge godine pa nadalje. Kako jednaki količnici sukcesivnih članova odgovaraju vrednosti diskontnog faktora za jednu godinu (1 / (1 + d)), i kako se posmatra neograničeni vremenski period, od druge godine je uočljiva beskonačna geometrijska progresija. Uzevši u obzir faktor akumulacije koji treba primenjivati u prvoj godini,[337] a koji predstavlja količnik nominalne i sadašnje vrednosti neto priliva prve godine, kao i način izračunavanja sadašnje vrednosti reziduala od druge godine,[338] vrednost preduzeća se primenom metoda kapitalizovanja ostvarenog rezultata, uz pretpostavku konstantnog iznosa godišnjeg rezultata, izračunava po sledećem obrascu:

$$\text{SVNrez} = \frac{\text{Nrezd x d}}{(1 + d) \text{ x } ((1 + d)^{1/365} - 1)} + \frac{\text{Nrez / d}}{\text{FApg}}$$

gde je:
SVNrez - sadašnja vrednost neto rezultata,
Nrezd - dnevni neto rezultat, koji predstavlja količnik godišnjeg neto rezultata i broja 365;
d - diskontna stopa,
Nrez - godišnji neto rezultat i
FApg - faktor akumulacije za svođenje neto priliva iz prve godine na sadašnju vrednost.

Pri *konstantnoj stopi godišnjeg rasta projektovanog rezultata*, uz uvažavanje pretpostavke o ravnomernom ostvarenju rezultata tokom godine, sadašnja vrednost neto rezultata se izračunava po sledećem obrascu:

$$\text{SVNrez} = \frac{\text{Nrezd x d}}{(1 + d) \text{ x } ((1 + d)^{1/365} - 1)} + \frac{\text{Nrez (1 + r)}}{(d - r)} \text{ / FApg}$$

gde je:
SVNrez - sadašnja vrednost neto rezultata,
Nrezd - dnevni neto rezultat prve godine, koji predstavlja količnik godišnjeg neto rezultata prve godine (proizvod neto rezultata prethodne godine i stope rasta) i broja 365;
d - diskontna stopa,
Nrez - godišnji neto rezultat prve godine i
FApg - faktor akumulacije za svođenje neto priliva iz prve godine na sadašnju vrednost.

---

[337] Detaljno objašnjeno u okviru Glave XIII, poglavlje 2 ("Diskontna stopa").

[338] Metodološki postupak je identičan objašnjenju izračunavanja sadašnje vrednosti reziduala pri pretpostavci o konstantnom iznosu godišnjeg neto priliva, a koja su prezentirana u okviru ovog poglavlja (u delu čiji je predmet bila procena vrednosti preduzeća primenom metoda diskontovanih novčanih tokova "nakon servisiranja dugova").

Kada se metodom diskontovanih novčanih tokova i metodom kapitalizovanog rezultata procenjuje ukupna vrednost preduzeća, potrebno je izvršiti dodatne korekcije procenjene vrednosti za vrednost neangažovanih poslovnih sredstava i/ili neposlovnih sredstava. »Novčani tok iz vanposlovnih aktivnosti mora eksplicitno uticati na vrednost preduzeća«[339] Vrednost neangažovanih poslovnih sredstava i/ili neposlovnih sredstava se uobičajeno određuje na osnovu metoda zasnovanih na imovinskom konceptu vrednosti. Na taj način se pretpostavlja da, kako ta sredstva nisu u funkciji ostvarenja poslovnog rezultata, logično je da ih preduzeće proda.

Ako se vrednost procenjuje kada postoji stvarna ideja da se proda celokupno ili deo preduzeća mogu se izvršiti i dodatne korekcije. Po Nini Milenković, analizom empirijskih podataka je utvrđeno da u slučaju da se prodaje manjinski deo preduzeća procenjenu vrednost treba umanjiti za 20-25% (diskont za nedostatak kontrole), a u slučaju da se prodaje većinski deo preduzeća procenjenu vrednost treba uvećati za 30-40%. Pored navedenog, u slučaju planirane prodaje preduzeća koje se ne kotira na berzi potrebno je izvršiti dodatna umanjenja za 30-40% (diskont za neutrživost).[340]

Shodno iznetom jasno je da, iako sa metodološkog aspekta najobjektivniji, metodi procene vrednosti preduzeća zasnovani na prinosnom konceptu vrednosti umnogome zavise od budućih projekcija. Zato je uloga procenjivača kod primene ovih metoda znatno veća nego kod primene metoda zasnovanih na imovinskom i na tržišnom konceptu vrednosti, kada je procena vrednosti prvenstveno opredeljena faktorima koji ne zavise od subjektivnosti procenjivača. Mogućnosti procenjivača u »nivelaciji« procenjene vrednosti preduzeća primenom metoda zasnovanih na prinosnom konceptu vrednosti se mogu uočiti iz sledećeg citata. »Procenjivač mora biti upoznat sa zahtevima klijenta u pogledu uloge procenjivača, odnosno da li se od njega očekuje neutralna uloga i objektivnost ili uloga savetnika koji bi trebao da pomogne klijentu da dođe do rezultata procene koji je za njega najprihvatljiviji (najmanja ili najveća moguća vrednost u zavisnosti od toga da li je klijent kupac ili prodavac).«[341]

3. ZVANIČNA METODOLOGIJA PROCENE VREDNOSTI PREDUZEĆA U REPUBLICI SRBIJI

U Republici Srbiji je „Uredbom o metodologiji za procenu vrednosti kapitala i imovine"[342] propisana metodologija za utvrđivanje vrednosti kapitala i imovine u pred-

---

[339] Đuričin, D., Lončar, D., - *Op. cit.*, str. 337.

[340] Milenković, N., - *Op. cit.*, str. 106.

[341] Leko, V., Vlahović, A., Poznanić, V., - *Op. cit.*, str. 23.

[342] U nastavku: Uredba. Kompletan tekst Uredbe, uključujući izmene i dopune videti u: „*Službeni glasnik RS*", *br. 45/2001.* i „*Službeni glasnik RS*", *br. 45/2002.*

uzećima i drugim pravnim licima sa društvenim ili državnim kapitalom. Preciznije instrukcije kojih se prilikom procenjivanja treba pridržavati su prezentirane u „Uputstvu o načinu primene metoda za procenu vrednosti kapitala i imovine i načinu iskazivanja procenjene vrednosti kapitala"[343].

Zakonski propisana metodologija se, osim pri proceni vrednosti, primenjuje i prilikom statusnih promena[344] preduzeća i drugih pravnih lica sa društvenim ili državnim kapitalom.

Uputstvom i Uredbom je dopušteno korišćenje samo tri metoda pri proceni vrednosti preduzeća i to:

- metod korigovane knjigovodstvene vrednosti,
- metod likvidacione vrednosti i
- metod diskontovanih novčanih tokova.

Metod korigovane knjigovodstvene vrednosti je osnovni metod kojim se za potrebe postupka privatizacije procenjuje vrednost preduzeća, a primena ostalih metoda je predviđena samo u slučaju da je korigovana knjigovodstvena vrednost negativna ili ako Agencija za privatizaciju Republike Srbije[345] oceni da izračunata vrednost preduzeća primenom ovog metoda značajno odstupa od vrednosti koja bi se mogla ostvariti prodajom na tržištu.

U članu 3b. Uredbe je precizirano da se korigovana knjigovodstvena vrednost utvrđuje tako što se ukupna aktiva umanjuje za iznos gubitka i ukupnih obaveza.[346] Praktično, korigovana knjigovodstvena vrednost nije ništa drugo nego računovodstveno realno iskazani kapital u pasivi bilansa stanja preduzeća, odnosno to je vrednost kapitala koja je određena uz doslednu primenu važećih računovodstvenih standarda. Razlike između inicijalne visine kapitala (iz bilansa stanja preduzeća) i korigovane visine kapitala je posledica nedozvoljenih latentnih rezervi i skrivenih gubitaka, nezavisno od uzroka njihovih generisanja.

---

[343] U nastavku: Uputstvo. Kompletan tekst Uputstva videti u: *„Službeni glasnik RS", br. 57/2001.*

[344] „Ukoliko se procena vrednosti kapitala preduzeća vrši u postupku utvrđivanja vrednosti kapitala kod statusnih promena, procenjivač je dužan da utvrdi i osnovnu vrednost osnovnih sredstava preduzeća primenom metodologije za procenu vrednosti imovine", u: - *Uputstvo*, I. Uvodne odredbe.

[345] Na sajtu Agencije za privatizaciju Republike Srbije (www.priv.rs) mogu se videti finalne verzije Uredbe i Uputstva, kao i drugi zakonski akti koji su značajni za privatizaciju ili statusne promene preduzeća i drugih pravnih lica sa društvenim ili državnim kapitalom.

[346] Preciznije, Uredbom je definisano da se metodom korigovane knjigovodstvene vrednosti odredi gornji i donji raspon vrednosti preduzeća. Gornji raspon vrednosti preduzeća se izračunava na opisan način, to jest umanjenjem aktive za iznos gubitaka i ukupnih obaveza, a donji raspon se izračunava tako što se gornji raspon vrednosti preduzeća pomnoži sa 0,5, to jest podeli sa 2.

Suštinska zamerka koja bi u ovom domenu mogla da se uputi autorima Metodologije je da su osnovni imovinski metod baziran na „going concern" principu (metod neto imovine) zamenili manje kvalitetnim, sporednim imovinskim metodom (metod korigovane knjigovodstvene vrednosti).[347] Naime, metod neto aktive podrazumeva korekciju bilansa stanja preduzeća, to jest izradu realnog bilansa stanja na dan procene, ne samo na osnovu uvažavanja važećih računovodstvenih standarda, već i na osnovu dodatnih usklađivanja.[348] Čak i ako se apstrahuje činjenica da su zvanični bilansi strukturirani na konceptu istorijskog troška, potreba za dodatnim usklađivanjem je posledica prepoznate činjenice da iako bi, proklamativno, dosledna primena MRS i MSFI trebala da rezultira realno iskazanim pozicijama sredstava i izvora sredstava, mogućnosti primene osnovnih i alternativnih postupaka za evidentiranje pojedinih transakcija, a koje su dopuštene raznim pojedinačno posmatranim međunarodnim standardima, omogućava menadžmentu preduzeća da bilanse ne posmatra kao izvedenu kategoriju, već kao finansijske izveštaje kojima se u određenoj meri može upravljati. Stoga, dosledna primena važećih računovodstvenih standarda može da rezultira finansijskim izveštajima sa, pre svega, sadržajućim dozvoljenim ili, bolje rečeno, teško dokazivim latentnim rezervama, a koje nisu predmet korekcija kroz određivanje korigovane knjigovodstvene vrednosti preduzeća.

Metod likvidacione vrednosti podrazumeva određivanje vrednosti preduzeća na bazi pretpostavke o redovnoj likvidaciji, pod kojom se podrazumeva prestanak rada subjekta privatizacije i prodaja njegove imovine po cenama koje se formiraju u zavisnosti od uslova na tržištu. Procenjena likvidaciona vrednost preduzeća predstavlja razliku između:

- likvidacione vrednosti imovine subjekta privatizacije i
- vrednosti njegovih obaveza uvećanih za troškove postupka redovne likvidacije.

Uputstvom je precizirano da pri utvrđivanju likvidacione vrednosti delova imovine treba imati u vidu funkcionalnost imovine i mogućnost promene namene imovine, kao i dodatne troškove promene namene imovine, dok pri utvrđivanju obaveza i troškova postupka redovne likvidacije treba primeniti princip najviše vrednosti.

Suzana Milojević-Milošević ispravno primećuje da, upoređivanjem sa teorijskim konceptom i međunarodnom profesionalnom praksom u oblasti procene primenom me-

---

[347] Reč „zamenjena" je upotrebljena obzirom da je pre donošenja Uredbe, za preduzeća koja su privatizovanja shodno „Zakonu o svojinskoj transformaciji", „Uredbom o načinu utvrđivanja vrednosti kapitala" („*Službeni glasnik RS*", br. 43/1997.) je za procenu vrednosti preduzeća sa društvenim ili državnim kapitalom, pored metoda likvidacione vrednosti i metoda diskontovanih novčanih tokova, bio predviđen metod neto imovine.

[348] Detaljno objašnjeno u okviru ove glave, poglavlje 2.1. ("Metodi procene preduzeća zasnovani na imovinskom konceptu vrednosti").

toda likvidacione vrednosti, metodološka rešenja predviđena Uredbom i Uputstvom predviđaju nepotpunu tehniku, odnosno nepotpuni postupak. „Konkretno, ne uzimaju se u obzir prihodi koji bi se mogli ostvariti u periodu likvidacije i koji bi trebalo da se diskontuju na dan procene. Na isti način bi trebalo tretirati i realne troškove postupka likvidacije.“[349]

Uredbom je predviđeno da se vrednost preduzeća primenom **metoda diskontovanih novčanih tokova** procenjuje uz uvažavanje novčanog toka „nakon servisiranja dugova“, što podrazumeva neophodnost projekcije svih kategorija priliva i odliva (poslovnih, finansijskih i investicionih).

Kako vrednost preduzeća primenom metoda diskontovanih novčanih tokova predstavlja zbir sadašnje vrednosti neto novčanog toka u projektovanom periodu i sadašnje vrednosti neto novčanog toka u rezidualnom periodu, projektovani period treba da obuhvati vreme čijim završetkom može da se očekuje stabilizovanje godišnjeg neto novčanog toka, odnosno period nakon kojeg se mogu pretpostaviti jednaki godišnji neto prilivi ili jednaka stopa godišnjeg rasta neto priliva. U članu 5. Uredbe je definisano da projektovani period minimum treba da bude 5 godina. Novčani tokovi po pojedinim godinama projekcije se izvode iz prethodno projektovanih pozicija bilansa uspeha i bilansa stanja za svaku od godina projekcije. Projekcije se vrše na realnoj osnovi, bez uključivanja inflacije, pri čemu za svaku poziciju procenjivač treba jasno i precizno da navede pretpostavke i eventualne ograničavajuće uslove na bazi kojih je projekcija izvršena. Projekcije treba da se baziraju na postojećem proizvodnom potencijalu preduzeća uz uvažavanje planiranih mera poslovne politike, očekivanih tržišnih uslova poslovanja, očekivanog razvoja grane i očekivane tržišne pozicije preduzeća.

Uputstvom je precizirano da prilikom izračunavanja sadašnje vrednosti reziduala, stopa godišnjeg rasta novčanog toka u rezidualnom periodu ne može biti viša od 4%.

Obzirom na odabrani novčani tok „nakon servisiranja dugova“, diskontna stopa je jedina relevantna vrednost kojom se očekivani godišnji neto prilivi svode na sadašnju vrednost. Metodologijom je kao adekvatan metod za određivanje diskontne stope, to jest cene sopstvenog kapitala, odabran metod „zidanja“[350], tako da se diskontna stopa određuje kao zbir sledeće tri komponente:

- premije za rizik ulaganja u subjekt privatizacije,

---

[349] Milojević-Milošević, S., - *Op. cit.*, str. 113.

[350] "Metod "zidanja" diskontne stope je, shodno ambijentalnim i sistemskim uslovima, najprihvatljiviji za određivanje cene sopstvenog kapitala kod nas. U definisanju diskontne stope polazi se od stope povraćaja na ulaganja bez rizika, a zatim se shodno zidanju, dodaju prepoznatljivi nivoi specifičnih rizika", u: Leko, V., Vlahović, A., Poznanić, V., - *Op. cit.*, str. 54.

- realne stope prinosa na ulaganje bez rizika i
- premije za ulaganje u Republiku Srbiju.

Agencija za privatizaciju Republike Srbije šestomesečno objavljuje realnu stopu prinosa na ulaganje bez rizika i realnu stopu prinosa na ulaganje u Republiku Srbiju.

Premiju za rizik ulaganja u subjekt privatizacije utvrđuje procenjivač, s tim što je pri proceni ograničen odredbama Uredbe i Uputstva koje regulišu postupak procene ovog rizika. Po Uredbi se premija za rizik ulaganja u subjekt privatizacije utvrđuje kao zbir pojedinačnih stopa rizika koje se procenjuju za sledeće elemente:

- veličina subjekta,
- kvalitet organizacije, rukovodstva i kadrova;
- finansijski položaj,
- proizvodno prodajni potencijal i
- mogućnost pouzdanog predviđanja poslovanja.

U nastavku će se detaljnije objasniti procena rizika za svaki pojedinačni element.

Za procenu rizika po osnovu *veličine subjekta*, osim parametara koji određuju veličinu preduzeća, potrebno je analizirati i konkurentski ambijent. Generalno, kod manjih preduzeća, kao i kod preduzeća koji posluju u izraženim konkurentskim uslovima, je rizik značajniji nego što je to slučaj kod većih preduzeća koja nemaju ozbiljnu konkurenciju. Veliko preduzeće sa monopolskim položajem na tržištu neće ni imati rizik po ovom osnovu.

Za procenu rizika po osnovu *kvaliteta organizacije, rukovodstva i kadrova*, je potrebno analizirati organizacione performanse preduzeća. Kompaktnost rukovodećeg tima, posedovanje jasne misije, vizije, srednjoročnih i dugoročnih planova; dobro poznavanje ambijenta u kojem se posluje, su neki od parametara koji smanjuju rizik u ovom domenu. Pored toga, u slučaju da su preduzeća organizovana na personalnom umesto na sistemskom principu, odnosno da ostvarenje poslovnih rezultata zavisi od specijalizovanog nezamenjivog znanja jednog ili manje grupe stručnjaka, ukazuje na prisustvo „rizika ključnog čoveka".[351]

Najpraktičnije je rizik po osnovu *finansijskog položaja preduzeća* proceniti pomoću rezultata racio analize, gde bi se analiza bazirala na pokazateljima likvidnosti, rentabilnosti i finansijske strukture. Iz svake od grupe pokazatelja se može odabrati jedan

---

[351] *Ibid.*, str. 56.

ili više pokazatelja čija će analiza omogućiti donošenje zaključaka o finansijskom položaju preduzeća. Da bi procena rizika po ovom osnovu bila argumentovana, analiza pokazatelja treba da obuhvati podatke iz višegodišnjih bilansa, čime se, pored ocene trenutnog stanja, omogućava da se po raznim relevantnim osnovama sagleda tendencija u promeni finansijskog položaja preduzeća.

Prilikom procene rizika po osnovu *proizvodno prodajnog potencijala* treba uzeti u obzir širinu proizvodnog asortimana, geografsku diversifikovanost prodaje, karakteristike proizvoda i mogućnosti njihove supstitucije, elasticitet tražnje za konkretnim proizvodom itd. Širi proizvodni asortiman i prodaja u više različitih država umanjuje rizik jer poslovni rezultati ne zavise samo od jednog proizvoda, kao ni od makroekonomskih trendova na tržištu samo određene države. Pored toga, veći broj kupaca, takođe, utiče na smanjenje rizika jer poslovanje preduzeća neće u velikoj meri biti uslovljeno budućim poslovanjem dominantnog kupca.[352]

Procena rizika po osnovu *mogućnosti pouzdanog predviđanja poslovanja* se prvenstveno oslanja na „starost" i kontinuitet u poslovanju preduzeća. Naime, kako se procena budućeg poslovanja značajno oslanja na istorijske trendove, jasno je da je za preduzeća koja duži niz godina stabilno posluju lakše sagledati trendove, eventualna ciklična kretanja, nivo korelacije sa granom i privredom u celini itd.[353] Pored „starosti" i kontinuiteta poslovnih rezultata, na mogućnost predviđanja može da utiče i situacija u okruženju, to jest očekivani smer kretanja privrednih tokova na ciljnom tržištu, jer i pored dugogodišnjeg stabilnog poslovanja, rizik preduzeća može biti visok ako se imaju u vidu očekivane negativne promene u okruženju.

U članu 7. Uredbe je definisano da nabrojani pojedinačni elementi mogu da generišu stopu rizika od najviše 5%, s tim da ukupna stopa rizika ulaganja u subjekt privatizacije ne može da bude manja od 5%. Iz navedenog sledi da je Metodologijom predviđen interval od 5% - 25% u kojem je moguće odrediti premiju po ovom osnovu.

U sledećoj tabeli je prikazan primer izračunavanja premije za rizik ulaganja u subjekt privatizacije, u kojoj su prikazani i parametri koji su analizirani za procenu svakog pojedinačnog elementa rizika.

---

[352] Milojević-Milošević, S., - *Op. cit.*, str. 111.

[353] Leko, V., Vlahović, A., Poznanić, V., - *Op. cit.*, str. 58.

Tabela 15.5. - *Primer procene premije za rizik ulaganja u preduzeće*[354]

Parametri rizika	Specifičan rizik u %	Rizik parametra u %					
		0	1	2	3	4	5
Veličina subjekta							
Broj radnika			•				
Vrednost poslovnih sredstava				•			
Ocena konkurencije		•					
(Zbir / Broj parametara)	1,00						
Kvalitet organizacije, rukovodstva i kadrova							
Organizaciona struktura					•		
Kompaktnost rukovodećeg tima				•			
Strateško planiranje						•	
Specijalizovano znanje jednog stručnjaka			•				
(Zbir / Broj parametara)	2,50						
Finansijski položaj							
Neto obrtni fond						•	
Sopstveni kapital / Ukupan kapital						•	
Stopa poslovnog dobitka			•				
(Zbir / Broj parametara)	3,00						
Proizvodno prodajni potencijal							
Učešće glavnih proizvoda u ukupnom prihodu					•		
Udeo inostranog plasmana u ukupnom prihodu					•		
Udeo najvećeg kupca u ukupnom prihodu					•		
(Zbir / Broj parametara)	3,00						
Mogućnost pouzdanog predviđanja poslovanja							
Starost preduzeća			•				
Stabilnost poslovnih rezultata				•			
Diskontinuiteti u poslovanju		•					
Promena privrednog ambijenta grane					•		
(Zbir / Broj parametara)	1,50						
Ukupna premija za rizik ulaganja u preduzeće	**11,00**						

[354] Sličan format i sadržaj tabele u kojoj je prezentovan proračun stope rizika ulaganja u preduzeće videti u: *Ibid.*, str. 59.

Agencija za privatizaciju Republike Srbije je za prvi šestomesečni period od kada se Metodologija primenjuje (16.10.2001 - 16.4.2002. godine) odredila *realnu stopu prinosa na ulaganje bez rizika*[355] od 4,50%, koja je i danas aktuelna. Da bi se ocenila realnost odabrane stope, uporediće se sa realnim stopama bez rizika koje su sredinom 1997. godine, odnosno par godina pre donošenja Metodologije bile aktuelne u razvijenim zemljama.

Tabela15.6. - *Stopa bez rizika u razvijenim zemljama*[356]

Zemlja	Nominalna stopa bez rizika u %	Projektovana stopa inflacije u %		Realna stopa bez rizika u %	
		1997.	1998.	1997.	1998.
Australija	7,07	1,8	2,9	5,2	4,1
Austrija	5,82	2,2	2,3	3,5	3,4
Belgija	5,72	1,9	2,1	3,7	3,5
Velika Britanija	7,18	2,8	3,2	4,3	3,9
Kanada	6,17	1,9	2,1	4,2	4,0
Danska	6,25	2,4	2,7	3,8	3,5
Francuska	5,57	1,5	1,9	4,0	3,6
Nemačka	5,54	1,7	2,1	3,8	3,4
Italija	6,97	2,1	2,5	4,8	4,4
Japan	2,51	1,2	1,2	1,3	1,3
Holandija	5,51	2,3	2,6	3,1	2,8
Španija	6,24	2,2	2,6	4,0	3,5
Švedska	6,69	0,7	1,7	5,9	4,9
Švajcarska	3,47	0,9	1,4	2,5	2,0
SAD	6,39	2,8	3,1	3,5	3,2
PROSEK	**5,81**	**1,9**	**2,3**	**3,8**	**3,4**

Komparirajući inicijalnu stopu bez rizika određenu od strane Agencije za privatizaciju Republike Srbije sa stopom bez rizika koja je sredinom 1997. godine bila aktuelna u razvijenim zemljama može se konstatovati da je bila, u zavisnosti da li se posmatra projektovana inflacija u 2007. ili 2008. godini, za 0,7%, odnosno za 1,1%, viša od proseka razvijenih zemalja. Obzirom da su u nekim od razvijenih zemalja bile i više stope bez rizika od inicijalne stope koju je Agencija za privatizaciju Republike Srbije precizirala, odabrana stopa se može smatrati objektivnom.

---

[355] U nastavku: stopa bez rizika.

[356] Objavljeno u: The Economist, 28. Juni, 1997., a preuzeto iz: *Ibid.*, str. 55

Kako od inicijalnog objavljivanja Agencija za privatizaciju Republike Srbije nije menjala stopu bez rizika, implicira da se stope nisu menjale ni u razvijenim zemljama. Istinitost implikacije će se proveriti upoređivanjem sa godišnjim realnim prinosom „repera", a koji se može razumeti kao prosečan nominalni godišnji prinos državnih obveznica razvijenih zemalja umanjen za prosečnu visinu godišnje inflacije u tim zemljama, u periodu 2003-2008. godine. Godišnji nominalni prinos je određen na bazi cena sa sekundarnog tržišta, a koje se mogu prihvatiti kao realna očekivanja po osnovu godišnjeg prinosa koji bi u tom momentu mogao da se očekuje sa primarnog tržišta, odnosno u slučaju emitovanja novih državnih obveznica.

Dijagram 15.7. - *Prosečna nominalna stopa prinosa na sekundarnom tržištu u periodu 10.10.2003 - 10.03.2008. godine na državne obveznice razvijenih zemalja u kojima je EUR funkcionalna valuta*[357]

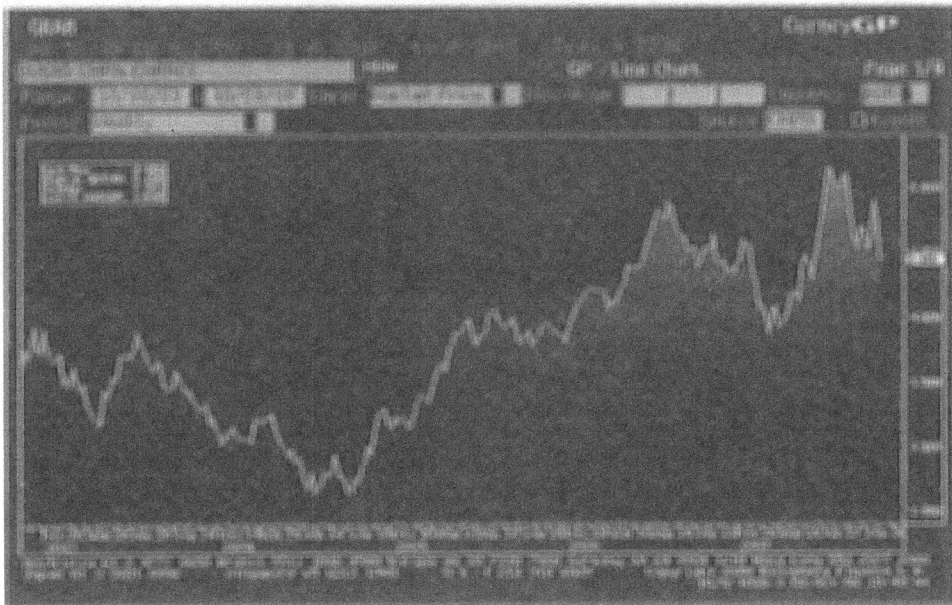

---

[357] Izvor podataka: Informacioni sistem "Bloomberg". Detaljnije o ovom informacionom sistemu videti: www.bloomberg.com.

Dijagram 15.8. - *Prosečna nominalna stopa prinosa na sekundarnom tržištu u periodu 10.10.2003 - 10.3.2008. godine na državne obveznice Sjedinjenih Američkih Država*[358]

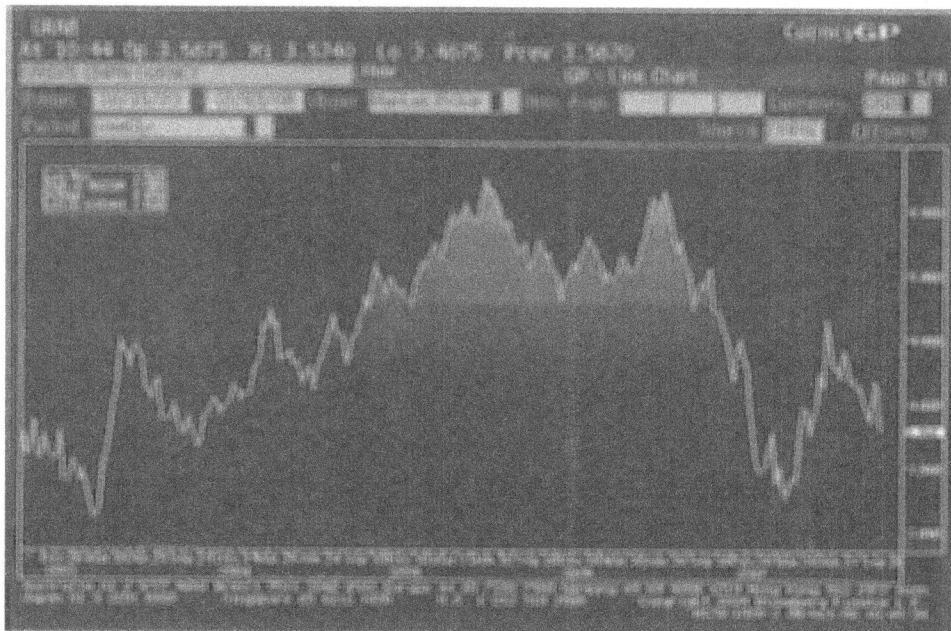

Tabela 15.9. - *Inflacija u zemljama članicama Evropske Unije i u Sjedinjenim Američkim Državama u periodu 2003-2007. godine*[359]

Godina	Inflacija u zemljama članicama Evropske Unije	Inflacija u Sjedinjenim Američkim Državama
2003.	2,0%	1,9%
2004.	2,4%	3,3%
2005.	2,2%	3,4%
2006.	1,9%	2,5%
2007.	3,1%	4,1%
Prosek	**2,32%**	**3,04%**

Uočene razlike u prosečnim nominalnim stopama prinosa na državne obveznice razvijenih zemalja u kojima je EUR funkcionalna valuta i na državne obveznice SAD je posledica različite inflacije u odnosnim zemljama, dok je realna stopa bez rizika, pod pretpostavkom da je inflacija u prvim mesecima 2008. godine na nivou proseka pret-

---

[358] Izvor podataka: Informacioni sistem "Bloomberg".

[359] Izvor podataka: Informacioni sistem "Bloomberg".

hodnih godina, u posmatranom periodu gotovo identična (u SAD 1,44%, a u zemlja-
ma gde je EUR funkcionalna valuta 1,48%). Dakle, primetno je smanjenje stope pri-
nosa bez rizika u periodu 2003-2008. godine u odnosu na raniji period, pa se Agenciji
za privatizaciju Republike Srbije može uputiti primedba da nije aktuelizovala visinu
stope bez rizika promenjenim tržišnim uslovima.

Agencija za privatizaciju Republike Srbije je za prvi šestomesečni period od kada se
Metodologija primenjuje odredila *premiju za ulaganje u Republiku Srbiju* od 7%, dok
je trenutno aktuelna stopa 6%. Da bi se procenila realnost procenjene stope, uporedi-
će se sa stopom rizika (prikazana u narednom dijagramu) određenoj shodno tržišnim
podacima.

Dijagram 15.10. - *Stopa rizika ulaganja u Republiku Srbiju u periodu 12.05.2006 -
07.03.2008. godine*[360]

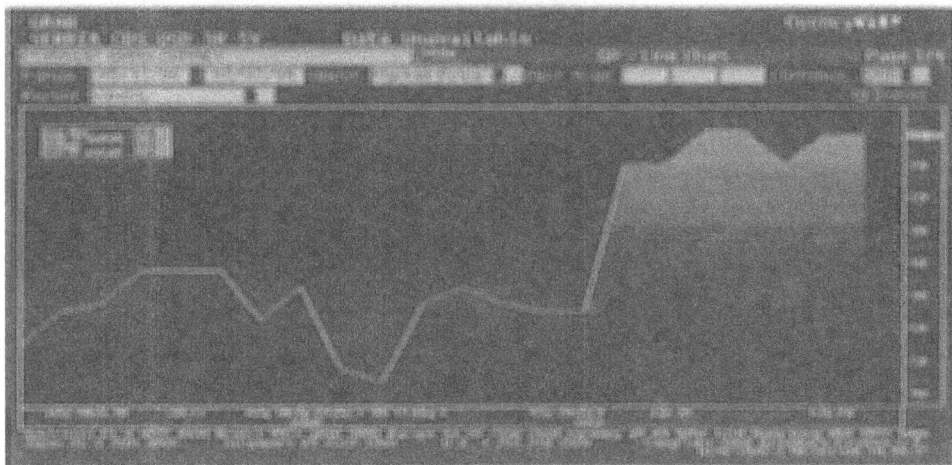

U periodu od 11. avgusta do 9. oktobra 2008. godine došlo je do pada vrednosti har-
tija od vrednosti po osnovu duga poveriocima Londonskog kluba, a time i porasta
godišnjeg prinosa za više od 1%, što je prikazano u narednoj tabeli.

---

[360] Izvor podataka: Informacioni sistem "Bloomberg". Stopa rizika je određena upoređivanjem razlika iz-
među prinosa na hartije od vrednosti po osnovu duga poveriocima Londonskog kluba (garant isplate
ovog duga je Republika Srbija) i prosečnog prinosa na državne obveznice razvijenih zemalja.

Tabela 15.11. - *Godišnji prinos na hartije od vrednosti koje se odnose na dug Republike Srbije prema poveriocima Londonskog kluba u periodu od 11. avgusta do 9. oktobra 2008. godine*[361]

Uporeðivanjem stopa prinosa iz prethodne tabele sa stopama prinosa na državne obveznice razvijenih zemalja u kojima je EUR funkcionalna valuta, uočljivo je da je zahtevana premija zbog rizika ulaganja u Republiku Srbiju porasla od maja 2006. godine do oktobra 2008. godine sa 1,3% na 3,7%. I pored uočenog povećanja, i dalje je ova stopa znatno niža od stope koju je odredila Agencija za privatizaciju Republike Srbije.

Uredbom je regulisano da se primenom metoda diskontovanog novčanog toka, pored osnovne vrednosti preduzeća koja podrazumeva primenu (originalne) diskontne stope izračunate na opisan način, izračunava donja i gornja granična vrednost. Donja granična vrednost se izračunava tako što se originalna diskontna stopa povećava za 5%, a gornja granična vrednost tako što se originalna diskontna stopa snižava za 5%.

Pre nego što se iznesu konačni zaključci o Zvaničnoj Metodologiji procene vrednosti preduzeća treba istaći da se uvidom u konkretne procene može uočiti da se dešava da čak i procenjivači koji ispravno uvažavaju pretpostavku o ravnomernim prilivima tokom godine, i na osnovu toga određuju faktor akumulacije za prvu godinu shodno polugodišnjoj diskontnoj stopi, pogrešno izračunavaju faktor akumulacije koji primenjuju za izračunavanje sadašnje vrednosti reziduala.

---

[361] Izvor podataka: Informacioni sistem "Bloomberg".

Konkretno, umesto da sadašnju vrednost reziduala izračunavaju tako što bi količnik godišnjeg neto priliva iz rezidualnog perioda i godišnje diskontne stope (pod pretpostavkom konstantnog neto priliva u rezidualnom periodu), odnosno količnik neto priliva prve godine u rezidualnom periodu i razlike između godišnje diskontne stope i stope godišnjeg rasta u rezidualnom periodu (pod pretpostavkom konstantne stope godišnjeg rasta neto priliva u rezidualnom periodu), podelili sa faktorom akumulacije (ili pomnožili diskontnim faktorom) koji se koristio za svođenje neto priliva u poslednjem projektovanom periodu na sadašnju vrednost,[362] pojedini procenjivači navedene veličine dele sa faktorom akumulacije koji se izračunava tako što faktor akumulacije koji se koristio za svođenje neto priliva u poslednjem projektovanom periodu uvećavaju za faktor akumulacije koji odgovara polugodišnjoj diskontnoj stopi. Procena vrednosti preduzeća na opisan način, krajnje nerazumljivo, uvažava pretpostavku da se neto prilivi u projektovanom periodu ravnomerno dešavaju tokom godine, a u rezidualnom periodu samo na kraju godine.[363]

Ilustracije radi, kao dokaz iznetih zapažanja, pretpostaviće se da se procenjuje vrednost preduzeća pri projektovanim godišnjim neto prilivima u prve četiri godine, respektivno, od: 2 EUR, 3 EUR, 4 EUR i 5 EUR. Dodatno će se pretpostaviti da je u rezidualnom periodu projektovana stopa godišnjeg rasta neto priliva od 2%. Pri diskontnoj stopi od 10% i ispravnom načinu izračunavanja diskontnog faktora za prvu godinu, sadašnja vrednost neto priliva u projektovanom periodu iznosi 11,24 EUR (videti u narednoj tabeli zbir sadašnje vrednost neto priliva u prve četiri godine).

I - Ispravan način izračunavanja vrednosti preduzeća

Vrednost preduzeća =
11,24 EUR + ((5 EUR x 1,1) / (10% - 2%) / 1,3956) =56,92 EUR

---

[362] Kompletan postupak matematičkog izvođenja koji rezultira primenu ispravne formule je prezentiran u okviru ove glave, poglavlje 2.3. (»Metodi procene vrednosti preduzeća zasnovani na prinosnom konceptu vrednosti«).

[363] Navedeni pogrešan pristup zastupaju i pojedini eksperti, a što se može uočiti iz sledećeg citata: "Ako su izabrani diskontni faktori na sredini godine, eksponent u formuli za obračun diskontnih faktora se uvećava za 0,5 u odnosu na eksponent poslednje godine projekcije, i na osnovu takvog proračuna se obavlja diskontovanje neto novčanog toka u rezidualnoj godini. Na primer, u petogodišnjem projektovanom periodu, diskontni faktor poslednje godine projekcije će se proračunati na sledeći način: DF = 1 / (1+ diskontna stopa)^{4,5}, a diskontni faktor rezidualne godine DF = 1 / (1 + diskontna stopa)^5", u: Leko, V., Vlahović, A., Poznanić, V., - *Op. cit.*, str. 71-72. Inače, izračunavanje sadašnje vrednosti neto novčanog toka u petoj godini korišćenjem eksponenta od 4,5 odgovara uobičajenoj pretpostavci koja se u stručnoj literaturi uvažava, a koja podrazumeva da se neto priliv u prvoj godini svodi na sadašnju vrednost korišćenjem eksponenta 0,5, odnosno deljenjem nominalnih vrednosti sa kvadratnim korenom zbira broja 1 i godišnje diskontne stope. Iako se i u ovom domenu sa akademskog aspekta može uputiti primedba (ispravan način izračunavanja diskontnog faktora, odnosno faktora akumulacije kojim se neto priliv prve godine svodi na sadašnju vrednosti je objašnjen u glavi XIII, poglavlje 2 („Diskontna stopa")), razlika između teorijski ispravno određene stope i stope koja se izračunavana na opisan način je vrlo mala (pri godišnjoj diskontnoj stopi od 10% je razlika 0,026%), tako da se pri praktičnoj proceni vrednosti preduzeća može zanemariti (Op. aut.).

II - Neispravan način izračunavanja vrednosti preduzeća

Vrednost preduzeća =
11,24 EUR + ((5 EUR x 1,1) / (10% - 2%) / 1,4641) =54,79 EUR

Da vrednost preduzeća izračunata na ispravan način zaista odgovara sadašnjoj vrednosti očekivanih neto priliva potvrđuje se upoređivanjem sa podacima iz naredne tabele.

Tabela 15.12. - *Sadašnja vrednost neto priliva prema podacima iz primera*

Godina	Neto priliv u EUR	Faktor akumulacije	Sadašnja vrednost neto priliva u EUR
1	2,00	1,048549	1,91
2	3,00	1,153404	2,60
3	4,00	1,268744	3,15
4	5,00	1,395619	3,58
Sadašnja vrednost u projektovanom periodu			*11,24*
		.....	
56	14,00	198,24	0,07
57	14,28	218,06	0,07
58	14,57	239,87	0,06
59	14,86	263,85	0,06
60	15,16	290,24	0,05
61	15,46	319,26	0,05
62	15,77	351,19	0,04
63	16,08	386,31	0,04
64	16,41	424,94	0,04
65	16,73	467,43	0,04
66	17,07	514,18	0,03
67	17,41	565,60	0,03
68	17,76	622,15	0,03
69	18,11	684,37	0,03
70	18,47	752,81	0,02
71	18,84	828,09	0,02
72	19,22	910,90	0,02
73	19,61	1.001,99	0,02
74	20,00	1.102,19	0,02
75	20,40	1.212,40	0,02
76	20,81	1.333,64	0,02
77	21,22	1.467,01	0,01
78	21,65	1.613,71	0,01
79	22,08	1.775,08	0,01
80	22,52	1.952,59	0,01
81	22,97	2.147,85	0,01

Godina	Neto priliv u EUR	Faktor akumulacije	Sadašnja vrednost neto priliva u EUR
82	23,43	2.362,63	0,01
		.....	
89	26,91	4.604,10	0,01
90	27,45	5.064,51	0,01
91	28,00	5.570,96	0,01
92	28,56	6.128,06	0,00
		.....	
UKUPNO			**56,92**

Na osnovu do sada iznetog se može zaključiti da Zvanična metodologija za procenu vrednosti preduzeća u Republici Srbiji značajno odstupa od teorijskih modela, a time i od međunarodne prakse u oblasti procene. „Ograničenja koja nameću propisi našeg zakonodavstva pri izboru metoda procene i određivanju osnovnih parametara i pretpostavki za primenu izabranog metoda, neposredno utiču na neobjektivnost, odnosno ugrožavaju realnost dobijenog rezultata procene".[364]

Pored iznetih zamerki na odabrani metod korigovane knjigovodstvene vrednosti, kao i na predviđen način primene metoda likvidacione vrednosti, posebna zamerka se može uputiti metodološkim rešenjima za procenu uspešnih preduzeća, gde primena metoda diskontovanih novčanih tokova zahteva korišćenje nerealno visoke diskontne stope (od 15,5% do 35,50%), odnosno zahteva korišćenje diskontne stope koja ne odgovara tržišnim uslovima. Sve navedeno rezultira nižom procenjenom vrednosti preduzeća od realne. Drugim rečima, sve navedeno ukazuje da diskontna stopa, kao merilo oportunitetnog troška ulaganja sredstava,[365] Zvaničnom metodologijom nije adekvatno vrednovana.[366]

Ako se opravdanje za rešenja iz Metodologije može naći u potrebi da se u što bržem periodu izvrši svojinska transformacija srpske privrede, onda se kao problem mo-

---

[364] Milojević-Milošević, S., - Op. cit., str. 106.

[365] Đurićin, D., Lončar, D., - Op. cit., str. 344.

[366] Kao najbolji dokaz da Zvaničnom metodologijom određene diskontne stope ne odražavaju realne vrednosti preduzeća je činjenica da su se krajem 2009. godine na finansijskim tržištima više vrednovale kompanije koje posluju na tržištima zemalja u razvoju nego slične kompanije koje posluju na tržištima razvijenih zemalja. Razlozi ovakvog, na prvi pogled, uočenog paradoksa se možda najbolje mogu spoznati u Damodaranovom odgovoru na postavljeno pitanje: Da li danas uopšte postoji diskont za tržišta u razvoju? "O da, definitivno postoji. Kompanija sa tržišta u razvoju, po svemu jednaka nekoj drugoj sa razvijenog tržišta, trgovat će se po nižim vrednostima i multiplama. Danas vidimo da se kompanije na tržištima u razvoju trguju po višim vrednostima zato što investitori očekuju da će one rasti brže, a taj efekat je snažniji od efekta višeg rizika tržišta na kojem posluju", u: "Intervju Ashwath Damodaran - Tržišta nas iskušavaju", - Banka, Finansijsko poslovni mjesečnik svibanj 2010, Zagreb, 2010, str. 35.

že prepoznati činjenica da postupak procene vrednosti kapitala ili imovine za neke druge svrhe u Republici Srbiji ne reguliše niti država niti neka druga profesionalna institucija.[367] Stoga se u praksi dešava da pojedini procenjivači procenu vrednosti preduzeća za druge svrhe vrše doslednom primenom Zvanične metodologije, što rezultira manjkavostima koje proizilaze iz prepoznatih nedostataka koji su sadržani u Metodologiji.

4. INVESTICIONO ODLUČIVANJE ZASNOVANO NA PROCENI VREDNOSTI PREDUZEĆA

Kako je pri investicionom odlučivanju zasnovanom na procenjenoj vrednosti preduzeća osnovna relevantna vrednost diferencijalna razlika između procenjene vrednosti preduzeća »sa projektom« i procenjene vrednosti preduzeća »bez projekta«, investicija će se realizovati ako je navedena razlika pozitivna, a neće se realizovati ako je navedena razlika negativna.

Primena metoda kojim bi se odredila **vrednost preduzeća »bez projekta«** zavisi od poslovnih projekcija koje odgovaraju pretpostavci da preduzeće neće realizovati razmatranu investiciju. Ako se ne može očekivati dugoročna egzistencija na osnovu postojećih potencijala, adekvatan metod procene je *metod likvidacione vrednosti*. Ako se ne može očekivati zadovoljavajući prinos, ali ipak dovoljan da se ne smanji postojeća imovinska supstanca, tako da preduzeće može biti prodato kupcima koji bi sredstva preduzeća efikasnije uposlili, adekvatan metod procene je *metod neto aktive*. Ako se, i u slučaju da se ne realizuje razmatrana investicija, očekuje zadovoljavajući prinos, adekvatan metod procene je jedan od *metoda zasnovan na prinosnom konceptu vrednosti*.

Metode zasnovane na tržišnom konceptu vrednosti treba zanemariti, odnosno tržišnu vrednost na dan procene treba posmatrati samo kao kontrolnu veličinu procenjene vrednosti preduzeća primenom prinosnog ili imovinskog koncepta vrednosti, jer tržišna cena, pod pretpostavkom da finansijsko tržište realno valorizuje buduća očekivanja, treba da reflektuje ili prinosni ili imovinski koncept vrednosti.

Obzirom da su predmet razmatranja investicionih projekata, s jedne strane, visina ulaganja, a s druge strane, očekivani neto prilivi u toku eksploatacije, to jest poslovni efekti od tih ulaganja, **vrednost preduzeća »sa projektom«** treba odrediti primenom metoda zasnovanih na prinosnom konceptu vrednosti, to jest primenom metoda koja preduzeća valorizuju shodno vrednosti »biznisa«. Preciznije, kako konvencionalne metode ocene podrazumevaju prethodnu projekciju svih relevantnih aspekata inve-

---

[367] Milojević-Milošević, S., - *Op. cit.*, str. 105.

sticije (poslovnih, strukture finansiranja itd.), ispunjeni su svi uslovi da se metodom diskontovanih novčanih tokova »nakon servisiranja dugova« proceni vrednost preduzeća »sa projektom«.

Kada se procena vrednosti preduzeća »sa projektom« i »bez projekta« procenjuje metodom diskontovanih novčanih tokova, u Republici Srbiji, to jest na prostorima nedovoljno razvijenog finansijskog tržišta, diskontnu stopu kojom će se relevantne vrednosti svesti na sadašnju vrednost treba odrediti metodom »zidanja«. Postupak i relevantni parametri koji »metodom zidanja« opredeljuju diskontnu stopu su kvalitetno tretirani Zvaničnom metodologijom, tako da Metodologija u ovom domenu može predstavljati relevantnu polaznu osnovu. Razumljivo, uzevši u obzir osnovnu svrhu Metodologije, a time i sadržajuće prepoznate metodološke manjkavosti, u slučaju da preduzeće ne raspolaže sa društvenim ili državnim kapitalom, stopu bez rizika, kao i premiju za opšti i specifični rizik, treba odrediti shodno realnim vrednostima (uvažavajući tržišne uslove), a ne shodno obavezujućim stopama preciziranim Zvaničnom metodologijom.

Najbolji dokaz sličnosti ocene na bazi konvencionalnih metoda i na bazi procene vrednosti preduzeća (primenom metoda diskontovanih novčanih tokova) je činjenica da ako se u oba slučaja koristi identična diskontna stopa i identičan rok trajanja projekta, razlika između vrednosti preduzeća »sa« i »bez projekta« će biti jednaka visini neto sadašnje vrednosti izračunatoj primenom konvencionalnih metoda.

ZAKLJUČNA RAZMATRANJA

Investicija definisana kao ulaganje u sadašnjosti kojim se odustaje od tekuće potrošnje zbog nade da će posledica tog odustajanja biti povećana buduća potrošnja je osnovni uslov za rast i razvoj svakog preduzeća i društva, a time i globalno posmatrane civilizacije.

Investitor ulaže nadajući se u pozitivne efekte, dok će stvarni efekti biti vidljivi tek u budućnosti. Otuda je *neizvesnost* je jedna od osnovnih karakteristika investiranja, koja je posledica činjenice da pri ulaganju, po raznim relevantnim osnovama, investitor nikada nije siguran koji će se ishod u budućnosti desiti.

Iako su sve *faze* (predinvesticiona, investiciona i operativna) *investicionog proseca* relevantne, poseban značaj se pridaje predinvesticionoj fazi, u kojoj je investiciona odluka finalna rezultanta kompletnih predinvesticionih aktivnosti. Poseban značaj predinvesticione faze proizilazi iz činjenice da je pogrešnu investicionu odluku teško amortizovati kvalitetno odrađenom investicionom i operativnom fazom.

Investiciona odluka se prvenstveno bazira na stručnoj oceni o isplativosti razmatrane investicione alternative, iz koje proizilazi preporuka o njenoj (ne)realizaciji. Stručna ocena i preporuka su sadržane u **investicionom projektu**, koji se definiše kao dokumenat u kojem su na sistematizovani način prezentirani svi relevantni podaci određene investicione ideje i koji predstavlja osnov za donošenje investicione odluke.

Pri izradi investicionog projekta treba težiti da sadržajući podaci, pored toga što treba da budu relevantni, treba da budu u skladu i sa ostalim *ciljnim karakteristikama investicionog projekta*, odnosno treba da budu razumljivi, pouzdani i uporedivi. Ispunjenje ciljnih karakteristika investicionog projekta, naročito kod razmatranja kompleksnih investicija, uslovljava potrebu da pri njegovoj izradi učestvuje veći broj stručnjaka različitog profila. Iako su svi suštinski delovi investicionog projekta međusobno uslovljeni, pojedinačni delovi se mogu sintetizovati shodno zahtevanim strukama autora koji su neposredno odgovorni za njihovu izradu. *Osnovni suštinski delovi investicionog projekta* su finansijski i marketing deo, za čiju su izradu odgovorni ekonomisti, i operativni deo, za čiju su izradu odgovorni inženjeri.

Iako način prezentiranja, kao i odabir podataka koji će biti sadržani u investicionom projektu, zavisi od velikog broja faktora, ipak se može zaključiti da je *forma i sadržina investicionog projekta* prvenstveno opredeljena njegovom osnovnom namenom, koja je, s druge strane, opredeljena osnovnim njegovim korisnicima.

Osnovni korisnici investicionog projekta mogu biti:

- interni subjekti - osobe iz preduzeća; ili
- eksterni subjekti - osobe van preduzeća.

Kada su osnovni korisnici investicionog projekta interni subjekti, pre svih menadžment preduzeća, osnovna namena investicionog projekta je da bude u funkciji rasta i razvoja preduzeća. Tada autori investicionog projekta imaju znatno veću slobodu po pitanju forme i sadržaja, s tim što se podrazumeva da su investicioni projekti manje detaljni nego kada su osnovni korisnici eksterni subjekti.

Kada su osnovni korisnici eksterni subjekti, pre svih kreditori, osnovna namena investicionog projekta je obezbeđenje potrebnih sredstava za finansiranje ulaganja. Po prirodi posla, kreditori uz kreditne zahteve dobijaju veliki broj investicionih projekata. Kada bi dostavljeni investicioni projekti imali raznolike forme nemoguće bi bilo u kratkom roku oceniti koji su projekti najkvalitetniji, odnosno finansiranje kojih projekata je za kreditore najmanje rizično. Zato svaka kreditna institucija unapred zahteva izradu investicionih projekata shodno postavljenim standardima, s tim što su gotovo sve zahtevane forme i sadržine, uz male razlike, zasnovane na **Osnovnim metodologijama za izradu investicionih projekata**, koje su poznate kao:

- metodologija Svetske banke i
- UNIDO (Organizacija Ujedinjenih Nacija za industrijski razvoj) metodologija.

Na prostorima bivše SFRJ se najviše primenjuje „Zajednička metodologija za ocenjivanje društvene i ekonomske opravdanosti investicija i efikasnosti investiranja u SFRJ", koja u suštini predstavlja metodologiju Svetske banke.

Osnovna svrha Osnovnih metodologija je da autorima investicionih projekata predstavljaju primenljivo i usaglašeno pomagalo za što potpunije razmišljanje pri samoj izradi investicionih projekata, koje bi trebalo da rezultira kvalitetnijom investicionom odlukom nego u slučaju da se Osnovne metodologije ne primenjuju. Stoga se metodološka rešenja iz Osnovnih metodologija primenjuju i kod izrade investicionih projekata kada su osnovni korisnici subjekti iz preduzeća, pa se metodološka rešenja iz Osnovnih metodologija mogu posmatrati kao opšte prihvaćeni standardi koji se koriste pri investicionom odlučivanju.

Analizom sadržaja Osnovnih metodologija je ustanovljeno da razlike između njih nisu suštinske, već formalne prirode. Kako su metodologije drugih kreditora zasnovane na Osnovnim metodologijama, a kako se Osnovne metodologije široko primenjuju i kod investicionih projekata namenjenih internim korisnicima, uočljiva je standardizovanost predviđenih metodologija za izradu investicionih projekata, to jest standardizovanost metodoloških rešenja koja se koriste pri investicionom odlučivanju.

Detaljnom analizom Osnovnih metodologija je ustanovljeno da pojedini aspekti Metodologija, a time, implicitno, i standardizovana rešenja koja se koriste pri investicionom odlučivanju, pored toga što su **nedosledni i nedovoljno određeni, sadrže i veći broj suštinskih grešaka.**

Detaljna elaboriranja iznetih zapažanja su prezentirana u ovoj knjizi, a ona se, između ostalog, odnose na:

- nedoslednu primenu koncepta „vremenske vrednosti novca",
- nedovoljno posvećivanje pažnje izračunavanju trajnih obrtnih sredstava,
- nedovoljno potenciranje adekvatnom tretmanu fiskalnih izdataka,
- nedovoljno uvažavanje računovodstvenih standarda i
- nedovoljno posvećenu pažnju pojedinim nefinansijskim aspektima investicionog projekta.

Nedosledna primena koncepta »vremenske vrednosti novca« se ispoljava: kod predviđenog svođenja godišnjih neto priliva u fazi eksploatacije na sadašnju vrednost, usled neuvažavanja izvora finansiranja prilikom izračunavanja sadašnje vrednosti ulaganja i prilikom izračunavanja interne stope rentabilnosti.

Osnovnim metodologijama je predviđeno da se, osim ulaganja, samo godišnji neto prilivi svode na sadašnju vrednost i to korišćenjem diskontnog faktora koji se odnosi za celu godinu. Takav pristup je baziran na nelogičnoj pretpostavci da se svi prilivi i odlivi dešavaju na kraju godine, a i zanemarene su vremenske razlike između neto priliva iz eksploatacije u poslednjoj godini veka trajanja projekta i neto priliva koji se naplaćuju (oslobađaju) po osnovu rezidualne vrednosti. Dosledna primena »vremenske vrednosti novca« bi podrazumevala da se diskontni faktor za prvu godinu, u slučaju pretpostavljenih ravnomernih godišnjih neto priliva, odredi shodno polugodišnjoj diskontnoj stopi, a ako su predviđene sezonske oscilacije, da se odredi shodno diskontnoj stopi koja odražava period kada se u proseku očekuju neto prilivi. Takođe, u knjizi je ukazano da za svođenje na sadašnju vrednost neto priliva iz poslednje godine veka trajanja projekta treba koristiti različite diskontne faktore.

Kako je pri izračunavanju sadašnje vrednosti ulaganja (u ekonomskom toku sa aspekta preduzeća) Osnovnim metodologijama predviđeno da se sva ulaganja vremenski vezuju za periode kada je potrebno izmiriti obaveze prema dobavljačima, očigledno je da se u ovom domenu ne uvažavaju predviđeni izvori finansiranja (sopstveni ili pozajmljeni). Ispravan pristup bi podrazumevao da se periodi ulaganja određuju shodno periodima kada je sa aspekta preduzeća zaista predviđeno finansiranje ulaganja, što za ulaganja koja su predviđena da se finansiraju iz kredita vremenski odgovara projektovanim periodima otplate kredita.

Prilikom izračunavanja Interne stope rentabilnosti, Osnovnim metodologijama je predviđeno da se sadašnja vrednost ulaganja tretira kao konstantna vrednost, što prouzrokuje pogrešno izračunatu vrednost ovog dinamičkog pokazatelja efikasnosti. U knjizi je objašnjen kompletan postupak ispravnog izračunavanja interne stope rentabilnosti, korišćenjem programa »Microsoft Excel«.

Osnovnim metodologijama, pa i, generalno, u investicionoj teoriji, je problematici određivanja *trajnih obrtnih sredstava nedovoljno posvećeno pažnje.* Zato i ne čudi što su najznačajnija odstupanja između projektovanih veličina u investicionim projektima i ostvarenih veličina u realnom poslovanju kod iznosa potrebnih trajnih obrtnih sredstava. Osim što Osnovnim metodologijama predviđeni načini izračunavanja trajnih obrtnih sredstava sadrže očigledne greške, predviđeni načini su do te mere nerazumno uprošćeni da nepobitno rezultiraju pogrešno izračunatim vrednostima.

Koliko je izračunavanje trajnih obrtnih sredstava Osnovnim metodologijama vulgarizovano, najbolje se uočava upoređivanjem sa načinom izračunavanja koji je predložen u ovoj knjizi. Predložen način, potpuno suprotno pragmatičnom pristupu koji je predviđen Osnovnim metodologijama, je kompleksan, zahteva stručnost i značajno angažovanje autora, a sve sa ciljem da i u ovom domenu investicioni projekat ne bude manjkav, odnosno da rezultira kvalitetnom investicionom odlukom.

Nedovoljno potenciranje adekvatnom tretmanu fiskalnih izdataka, između ostalog, ima za posledicu da je u investicionim projektima, po pravilu, pogrešno projektovana visina poreza na dobit. Izračunavanje poreza na dobit nije tretirano Osnovnim metodologijama, tako da autori koji investicione projekte izrađuju po Metodologijama, po pravilu, porez na dobit izračunavaju množenjem projektovane bruto dobiti sa stopom poreza na dobit, zanemarujući poreske podsticaje, umanjenjem oporezive dobiti, kojima države stimulišu preduzeća da investiraju.

Ispravan pristup prezentiran u ovoj knjizi, zasnovan na aktuelnim odredbama Zakona koje u Republici Srbiji regulišu ovu tematiku, ukazuje da se i u ovom domenu zahteva stručnost i značajno angažovanje autora, a sa ciljem da projektovana visina poreza na dobit bude realna, to jest da u investicionom projektu, ni po ovom osnovu, ne budu sadržane latentne rezerve.

Osnovnim metodologijama se po raznim relevantnim aspektima *nedovoljno uvažavaju računovodstveni standardi,* što ukazuje da nije prepoznat njihov značaj u kontekstu investicionog odlučivanja. Pristup izrade investicionih projekata koji je predložen u ovoj knjizi predviđa maksimalno moguće uvažavanje Međunarodnih standarda finansijskog izveštavanja i Međunarodnih računovodstvenih standarda. Primenom predloženog pristupa bi projekcije trebalo da budu pouzdanije, a obzirom da se knjigovodstveno stanje lakše može komparirati sa projektovanim veličinama, omogućila bi se i adekvatnija kontrola i pravovremeno reagovanje u investicionoj i operativnoj fazi.

U Osnovnim metodologijama *pojedinim nefinansijskim aspektima investicionog projekta nije posvećeno dovoljno pažnje*. Ova konstatacija se odnosi kako na marketing analizu, tako i na pojedine aspekte operativne analize (analiza lokacije, zaštita čovekove okoline i zaštita na radu i dr.). Stoga, ne samo da se nameće pitanje o istinitosti proklamovane celovitosti Osnovnih metodologija, već se nameće pitanje o kvalitetu investicione odluke koja proizilazi iz dosledne primene Metodologija. Naime, kako je u finansijskom delu investicionog projekta sublimiran veliki broj ulaznih inputa iz nefinansijskih delova, jasno je da je za kvalitetnu investicionu odluku neophodan adekvatan pristup svakom relevantnom aspektu investicionog odlučivanja. Stoga, a uvažavajući multidisciplinarnost investicionih projekata, u knjizi su razmotreni svi relevantni nefinansijski aspekti investicionog projekta. Predloženi sadržaj i predmet prezentacije u svakom pojedinačnom nefinansijskom delu investicionog projekta bi za posledicu trebao da ima kvalitetniju investicionu odluku, kao i da omogući veću standardizovanost ovih delova investicionog projekta.

U Republici Srbiji je, za ulaganja za čiju realizaciju je neophodno odobrenje nadležnog ministarstva iz oblasti građevine, primenjena metodologija u znatnoj meri opredeljena **„Pravilnikom o sadržini, obimu i načinu izrade prethodne studije opravdanosti i studije opravdanosti za izgradnju objekata"**. Obzirom da su predviđene značajne izmene, aktuelnim Pravilnikom (usvojen 2005. godine) je Zajednička metodologija (usvojena 1987. godine) suštinski prestala da važi. Naime, iako je donošenjem prethodnog „Pravilnika o sadržaju i obimu prethodne studije opravdanosti i studije opravdanosti", Zajednička metodologija u Republici Srbiji formalno prestala da važi 1999. godine, predviđene izmene tim Pravilnikom su bile male, tako da je, u suštini, Zajednička metodologija sve do donošenja aktuelnog Pravilnika bila važeća.

Analizom aktuelnog Pravilnika je ustanovljeno da ne predstavlja kvalitativni pomak u odnosu na Zajedničku metodologiju. Šta više, investiciono odlučivanje, to jest izrada investicionih projekata uvažavanjem Pravilnika je, blago rečeno, apsurdna. Aktuelni Pravilnik je u knjizi kritikovan po više osnova, a najveće nerazumevanje je vezano za:

- stavljanje težišta na kvalitativne pokazatelje i
- suštinske i semantičke greške.

Stavljanje težišta na kvalitativnim pokazateljima, na uštrb kvantitativnih, pri investicionom odlučivanju se povećava subjektivnost. Ovakav pristup bi mogao da bude primenjiv samo u uslovima neograničene raspoloživosti kapitalom, što je u suprotnosti sa osnovnim načelima koja se primenjuju prilikom valorizacije investicionih projekata.

Od većeg broja uočenih *suštinskih i semantičkih grešaka*, posebno treba istaći dve, koje, same po sebi, ukazuju na neadekvatan pristup prilikom pravljenja Pravilnika. Prva se odnosi na predviđeno zanemarivanje trajnih obrtnih sredstava pri investicionom odlučivanju, a druga na pomešane termine ulaganja i troškova.

Potreba da se obuhvate svi relevantni aspekti investicionog odlučivanja uslovila je da se u knjizi ne zanemari problematika **procene vrednosti preduzeća**. Analizom teorijskih modela koji se koriste pri proceni vrednosti preduzeća ustanovljeno je da i ovom domenu postoje greške, prvenstveno pri proceni vrednosti preduzeća metodom kapitalizovanja ostvarenog rezultata (neto dobiti ili neto priliva), koji se bazira na već navedenoj pogrešnoj pretpostavci da se svi prilivi i odlivi dešavaju na kraju godine.

Pored teorijskih modela, u knjizi je posebno analizirana **Zvanična metodologija koja se u Republici Srbiji koristi pri proceni vrednosti preduzeća za potrebe svojinske transformacije ili statusnih promena preduzeća sa društvenim ili državnim kapitalom**, naročito zbog toga što se, u praksi Republike Srbije, dešava da pojedini procenjivači procenu vrednosti preduzeća za druge potrebe, pa i za potrebe investicionog odlučivanja, vrše doslednom primenom Zvanične metodologije. Da je takav pristup pogrešan dokazano je u knjizi ukazivanjem na manjkavosti koje su sadržane u samoj Metodologiji i to kod svakog od Metodologijom predviđenih metoda (korigovane knjigovodstvene vrednosti, likvidacione vrednosti i diskontovanih novčanih tokova) za procenu vrednosti preduzeća. Simptomatično je da sve prepoznate manjkavosti, kod svakog od predviđenih metoda, rezultiraju devalviranjem realne vrednosti preduzeća.

Na samom kraju se može istaći da se od ekonomije kao neegzaktne nauke i ne može očekivati da po svakom aspektu bude u potpunosti determinisana. Međutim, iznetom konstatacijom se ne može opravdati, sa teorijskog aspekta, prepoznata manjkavost investicione teorije. Ključni problem je što se teorijske manjkavosti automatski prenose i na realni sektor, odnosno pri stvarnom investicionom odlučivanju. Manjkavosti nisu male, tako da nisu relevantne samo sa aspekta akademskog elaboriranja, već su takvog nivoa da ozbiljno dovode u pitanje kvalitet investicionog odlučivanja u konkretnim preduzećima. Sve navedeno upućuje da prepoznat značaj investicionog odlučivanja u kontekstu razvojnog procesa nije „ispraćen" adekvatnim metodološkim rešenjima, a time ni adekvatnim investicionim odlučivanjem. Stoga je neophodno da u narednom periodu budu intenzivirani napori za razvoj investicione teorije. Iako je u knjizi ukazano na neadekvatnost metodoloških rešenja u svakom od suštinskih delova investicionog projekta, ipak su najveće manjkavosti prepoznate u finansijskom delu. Uvažavajući navedeno, posebna uloga u budućem razvoju investicione teorije se očekuje od ekonomista. Ako se ova knjiga u najmanjoj mogućoj meri može razumeti kao doprinos »esnafu« u ostvarivanju napomenutog zadatka, odnosno ako u teorijskom i praktičnom smislu rezultira unapređenju metodoloških rešenja kojih se treba pridržavati pri investicionom odlučivanju, a time i kvalitetnijim investicionim odlukama, smatraće se da je osnovni cilj njegove izrade ispunjen.

DODATAK -

Praktičan primer izrade investicionog projekta

INVESTICIONI PROJEKAT PROŠIRENJA PROIZVODNOG ASORTIMANA PROIZVODNJOM JEDNODELNIH PLASTIČNIH ZATVARAČA OD 38 mm

INVESTITOR:

ЕНЕРГОПЛАСТ
Предузеће за производњу и промет пластичних затварача

Autor investicionog projekta:

Energoprojekt Industrija a.d.

juni 2009. godine

SADRŽAJ

1. UVODNI DEO

1.1. Osnovni podaci o investitoru

<u>Naziv</u>: Energoplast, preduzeće za proizvodnju i promet plastičnih zatvarača, društvo sa ograničenom odgovornošću.

<u>Skraćeni naziv</u>: Energoplast (u nastavku teksta će se koristiti skraćeni naziv).

<u>Sedište i lokacija fabrike</u>: Bežanijski put bb, Beograd, Srbija.

<u>Matični broj</u>: 07073258.

<u>Poreski identifikacioni broj</u>: 101831672.

<u>Telefon i faks</u>: +389111 / 617 - 435 i 618 - 489.

<u>Osoba za kontakt, kontakt telefon i funkcija u preduzeću</u>: Marko Aleksić (diplomirani ekonomista), +38163 / 552 - 657, Direktor.

<u>Datum osnivanja preduzeća, datum registracije i poslednje dopune registracije</u>: Preduzeće je osnovano ugovorom o osnivanju 02.11.2000. godine. Registrovano je 16.02.2001. godine kod Privrednog suda u Beogradu sa registarskim brojem 1 - 83 - 00 i sa oznakom i brojem rešenja II Fi 1227/01. Preduzeće od datuma osnivanja nije vršilo dopune registracije.

<u>Vrsta delatnosti</u>: Iako postoji veliki broj delatnosti za koje je Energoplast registrovan, u dosadašnjem poslovanju je obavljana samo osnovna delatnost, to jest proizvodnja ambalaže od plastičnih masa (25220 - šifra delatnosti). Preciznije, isključiva delatnost Preduzeća se odnosila na proizvodnju plastičnih zatvarača od 28 mm (28 mm je prečnik zatvarača).

<u>Vlasništvo i registrovani kapital</u>:

Tabela 1.1. - *Struktura vlasništva*

Naziv vlasnika	*Sedište*	*% vlasništva*	*Registrovani kapital u EUR*
Energoprojekt Industrija a.d.	Bulevar Mihaila Pupina 12, Srbija	40%	400.000
Chartered Oil and Gas Ltd.	PO Box 95, Lord Street, Isle of Man	40%	400.000
International Holding Worldwide Ltd.	PO Box 3175, Road Town, British Virgin.	20%	200.000
UKUPNO		**100%**	**1.000.000**

Najviši organ upravljanja: Najviši organ upravljanja je Skupština preduzeća koju čine predstavnici 3 vlasnika.

1.2. Osnovni podaci o autorima investicionog projekta

Tabela 1.2. - *Autori investicionog projekta*

Preduzeće koje je izradilo investicioni projekat	Šef projekta
Energoprojekt Industrija a.d.	Maša Dimitra, dipl. inž.

Ime, prezime i struka autora	Deo investicionog projekta koje je autor izradio	Preduzeće u kome je autor zaposlen	Potpis autora
Pančo Zipovski, dipl. inž.	Tehnološki	Energoprojekt Industrija a.d.	- - - - - - -
Igor Zipovski, dipl. inž.	Arhitektonsko-građevinski	Energoprojekt Industrija a.d.	- - - - - -
Ana Santo, dipl. inž.	Elektro	Tehnika a.d.	- - - - - - -
Maša Dimitra, dipl. inž.	Mašinski	Tehnika a.d.	- - - - - - -
Slobodan Tufegdžić, dipl. ekon.	Plan prodaje i plan nabavke	Marcet Factor a.d.	- - - - - - -
Dr Ljiljana Vujović, dipl. ekon.	Finansijski plan	Energoprojekt Industrija a.d.	- - - - - - -

1.3. Analiza i ocena razvojnih mogućnosti investitora

1.3.1. Tržišni aspekti dosadašnjeg razvoja

Postojeći asortiman i ciljno tržište: Od osnivanja je Energoplast proizvodio samo dvodelne plastične zatvarače od 28 mm, koje je isključivo prodavao na tržištu Srbije.

Kupci: Energoplast poslednje 4 godine zatvarače prodaje samo proizvođačima mineralnih voda. Pored navedenih kupaca, u periodu 2001-2004. godine su manje količine zatvarača prodate i proizvođačima bezalkoholnih pića i proizvođačima piva.

Ukupan broj kupaca i najveći kupci: Oko 20 proizvođača mineralne vode iz Srbije koristi zatvarače Energoplasta. Od ukupno vrednosno iskazane prodaje Energoplasta u poslednje tri godine, 60% se odnosi na sledeće kupce: Minakva - 25%; Knjaz Miloš - 20%; Vlasinka - 8%; i Heba - 7%.

Učešće na tržištu i glavni konkurenti: Od osnivanja do kraja 2006. godine Energoplast je spadao u brzo rastuće kompanije. U periodu 2003-2007. godine je prosečan godišnji rast prodaje iznosio 50%, a rast tržišnog učešća u prodaji zatvarača proiz-vođačima mineralnih voda iz Srbije je porastao sa 5% (2002. godine) na 38% (2007. godine), koliko iznosi i danas. Glavni konkurenti su tri multinacionalna preduzeća sa proizvodnim pogonima u zemljama u okruženju i to:

- 20% tržišnog učešća Alcoa, američko preduzeće sa pogonom u Mađarskoj;
- 20% tržišnog učešća Bericap, nemačko preduzeće sa pogonom u Mađarskoj; i
- 10% tržišnog učešća Crown Cork, američko preduzeće sa pogonom u Rumuniji.

Proizvod, promocija, distribucija i cena proizvoda Energoplasta i konkurentskih pred-uzeća: Cena je jedini element marketing mixa po kojem se razlikuje proizvod Energo-plasta i proizvod najznačajnijih konkurentskih preduzeća. Naime, zbog carine od 12% na uvoz zatvarača iz Mađarske i Rumunije, cena zatvarača Energoplasta je na tržištu Srbije za 5% niža od cene inostranih preduzeća. Proizvodi različitih proizvođača su sličnog kvaliteta, lična prodaja je osnovni oblik promotivnih aktivnosti, a distribucija se obavlja kratkim kanalima.

Dobavljači i potencijalna ograničenja u snabdevanju: Kompletan potreban reproma-terijal i ambalažu za proizvodnju i prodaju plastičnih zatvarača Energoplast nabavlja od domaćih proizvođača ili od distributera (za tržište Srbije su svi locirani u Beogra-du) inostranih proizvođača. Za svaki potreban input postoji veći broj potencijalnih dobavljača, tako da ograničenja po pitanju kvantiteta i kvaliteta u snabdevanju nisu uočena u prethodnom periodu, a ne očekuju se ni u budućnosti.

Karakteristike privredne grane: Obzirom na vrstu proizvoda, tražnja za zatvaračima je izvedena iz tražnje za finalnim proizvodima u kojima je zatvarač repromaterijal, koja je, s druge strane, prvenstveno uslovljena kupovnom moći stanovništva. Kako je ostvaren značajniji realni rast kupovne moći stanovništva na tržištu Srbije u periodu 2001-2007. godine, u istom periodu je značajnije porasla tražnja za finalnim proizvo-dima kupaca zatvarača. Ovaj pozitivan trend je usled globalne finansijske krize zau-stavljen 2008. godine, tako da je tražnja za finalnim proizvodima kupaca zatvarača, a time i tražnja za zatvaračima, na nivou tražnje iz 2007. godine.

1.3.2. Tehničko-tehnološki aspekti dosadašnjeg razvoja

Instalisani kapaciteti: Godišnji optimalni kapacitet tehnološke opreme (za rad u dve smene) je 400 miliona zatvarača od 28 mm.

Stepen iskorišćenja optimalnog kapaciteta: Kako je u 2007. i 2008. godini proizve-deno oko 250 miliona zatvarača, iskorišćenost godišnjeg optimalnog kapaciteta je oko 62,5%. Iako sezonske oscilacije u prodaji zatvarača postoje, one nisu izražene i u proizvodnji, tako da se prosečna godišnja iskorišćenost kapaciteta može prihvatiti kao uobičajena iskorišćenost kapaciteta tokom cele godine.

<u>Osnovne karakteristike proizvodnog procesa</u>: Osnovni inputi za proizvodnju dvodelnih plastičnih zatvarača su polietilen, boja za zatvarače (masterbatch), podloška, boja za štampu i razređivač. Ceo tehnološki postupak je automatizovan i obavlja se na tehnološkoj opremi koja predviđa primenu metoda presovanja u oblikovanju zatvarača sa podloškom.

<u>Dinamika dosadašnjih investicionih aktivnosti i prosečna starost tehnološke opreme</u>: Najznačajnije investicione aktivnosti su sprovedene neposredno nakon registracije Preduzeća (tokom 2001. godine), kada je u tehnološku opremu i objekat uloženo oko 2.500.000 EUR. Od navedenog iznosa, u tehnološku opremu je uloženo oko 1.000.000 EUR, koja je po kvalitetu i trenutne starosti slična tehnološkoj opremi sa kojom raspolažu konkurentska preduzeća. U periodu 2003-2008. godine se kontinuirano ulagalo u računarsku opremu u iznosu od oko 5.000 EUR godišnje.

1.3.3. Organizacioni aspekti dosadašnjeg razvoja

Dosadašnje poslovanje Preduzeća karakteriše linijski model organizovanja sa posebno izraženom ulogom direktora preduzeća koji se često bavi problemima najnižeg nivoa. Trenutni broj i radna mesta zaposlenih radnika su prikazana u narednoj tabeli.

Tabela 1.3. - *Postojeća radna snaga*

Radno mesto	*Stručna sprema*	*Broj radnika*
Generalni direktor	VSS	1
Proizvodnja		
Šef proizvodnje	VSS	1
Operater	SSS	4
Pomoćnik operatera	SSS	3
Majstor za održavanje tehnološke opreme	SSS	1
Magacioneri	SSS	2
Radnici u pakirnici	SSS	4
Administracija		
Finansijski referent	VSS	1
Menadžer nabavke i prodaje	SSS	1
Knjigovođa	SSS	1
Prateće osoblje		
Obezbeđenje	SSS	3
Sekretar	SSS	1
Spremačica	NK	1
Kafe kuvarica	NK	1
UKUPNO		**25**

1.3.4. Finansijski aspekti dosadašnjeg razvoja

Preduzeće od osnivanja posluje sa pozitivnim finansijskim rezultatom, a pojedini finansijski pokazatelji iz poslednje tri godine su prikazani u narednoj tabeli.

Tabela 1.4. - *Finansijski pokazatelji u periodu 2006-2008. godine*

Pokazatelji	2006.	2007.	2008.
Neto dobit u EUR	300.000	400.000	400.000
Neto priliv u EUR	300.000	400.000	400.000
Udeo pozajmljenih u ukupnim izvorima	44,44%	35,14%	24,32%
Stopa prinosa na ukupna sredstva	8,33%	10,96%	10,81%
Stopa prinosa na sopstvena sredstva	15,00%	18,18%	15,38%

1.4. Ponuda garancije

Preduzeće kao garanciju za traženi iznos kredita nudi objekat sa postojećom tehnološkom opremom. Shodno proceni izvršenoj od strane Građevinskog fakulteta u Beogradu, procenjena vrednost postojećeg objekta i tehnološke opreme, na dan 30.05.2009. godine, iznosi 1.500.000 EUR.

1.5. Rezime

Predmet ovog Projekta je horizontalna diversifikacija Energoplasta, to jest proširenje asortimana Preduzeća **proizvodnjom jednodelnih plastičnih zatvarača od 38 mm**.

Energoplast je početkom 2009. godine sa Knjaz Milošem, Vlasinkom i Hebom **potpisao Predugovore o prodaji jednodelnih zatvarača od 38 mm**. Projektovani plasman i prodajne cene po jednom zatvaraču su prikazane u narednoj tabeli.

Tabela 1.5. - *Prodajne količine i cene precizirane Predugovorima*

Kupac	Prodajna cena po zatvaraču u EUR	Prodaja jednodelnih plastičnih zatvarača od 38 mm u milionima komada		
		2010.	2011.	2012-2019.
Knjaz Miloš	0,01	60	70	80
Vlasinka	0,01	20	25	30
Heba	0,01	10	15	20
UKUPNO		**90**	**110**	**130**

Svi kupci su proizvođači mineralnih voda koji su doneli odluku da zbog niže nabavne cene (za 30%) zamene proizvodni input (jednodelnim umesto dvodelnim zatvaračima koje su do sada koristili), što ukazuje na izuzetan potencijal Projekta. Inače, svi navedeni kupci su već ugovorili nabavku tehnološke opreme koja je prilagođena mogućnosti korišćenja jednodelnih plastičnih zatvarača kao proizvodnog inputa.

Predugovorima su predviđeni identični vremenski periodi **kreditiranja kupaca** od **30 dana**. Kreditiranje se samo odnosi na neto iznos. **Promotivne aktivnosti** će prvenstveno obuhvatiti aktivnosti lične prodaje, a troškovi ostalih promotivnih aktivnosti (nastupi na sajmovima, izrada kataloga i dr.) se na godišnjem nivou procenjuju u visini od 20.000 EUR. **Distribucija** će se vršiti kratkim kanalima, a transport zatvarača će se vršiti transportnim sredstvima kupaca. Otuda su **prodajne cene** prikazane u prethodnoj tabeli date na paritetu »**franko Energoplast**«.

Potrebna ulaganja za realizaciju investicije se odnose na:

- *kupovinu tehnološke opreme* za proizvodnju jednodelnih zatvarača od 38 mm,
- *građevinske radove na objektu* (dogradnja postojećeg objekta za novih 208 m² i manja adaptivna rekonstrukcija postojećih površina objekta) i
- *nabavku viljuškara* za transport paleta sa gotovim proizvodima iz skladišta gotovih proizvoda do transportnih sredstava kupaca.

Na osnovu dobijenih ponuda, Energoplast se opredelio za sledeće dobavljače koji bi realizovali potrebna ulaganja:

- *za tehnološku opremu* - **Crauss Maffei**, jedan od najpoznatijih svetskih proizvođača tehnološke opreme za proizvodnju plastičnih zatvarača;
- *za objekat* - **Energoprojekt**, najveće građevinsko preduzeće iz Srbije; i
- *za viljuškar* - **Clark**, najpoznatiji svetski proizvođač viljuškara.

Energoplast sa svim navedenim dobavljačima ima pozitivno iskustvo u dosadašnjem poslovanju.

U narednoj tabeli je prikazana visina stvarnih ulaganja, određena na osnovu ponuđenih cena odabranih dobavljača.

Tabela 1.6. - *Visina stvarnih ulaganja*

Vrsta ulaganja	*Iznos u EUR*
Tehnološka oprema	800.000,00
Objekat	120.000,00
Viljuškar	30.000,00
UKUPNO	**950.000,00**

Potrebna trajna obrtna sredstva iznose 121.204,29 EUR.

Od ukupnih ulaganja planirano je da se **iz sopstvenih sredstava finansiraju**: kompletna ulaganja u objekat, kompletna ulaganja u nabavku viljuškara, deo ulaganja (240.000 EUR) za nabavku tehnološke opreme (plaćanje prve tranše koja proizvođaču tehnološke opreme treba biti izmirena 31.06.2009. godine).

Iz kredita je planirano da se finansira deo ulaganja za nabavku tehnološke opreme (560.000 EUR), koja se odnose na plaćanje druge tranše (320.000 EUR - 31.10.2009. godine) i treće tranše (240.000 EUR - 31.12.2009. godine) proizvođaču tehnološke opreme. Kao **garanciju** za traženi iznos kredita, Preduzeće nudi postojeći objekat i tehnološku opremu, čija je vrednost od strane Građevinskog fakulteta u Beogradu, na dan 30.05.2009. godine, procenjena na 1.500.000 EUR.

Planirani uslovi kreditiranja su: godišnja efektivna kamatna stopa od 10%, u koju su uključeni troškovi servisiranja i monitoringa kredita, stavljanje hipoteke u zalog i dr.; moratorijum od dva meseca za kreditiranje plaćanja druge tranše proizvođaču tehnološke opreme, »grejs« period godinu dana, i period otplate 3 godine, kada će se, primenom metoda jednakih otplata, glavnica duga vraćati šestomesečnim anuitetima.

Obzirom na planirane uslove kreditiranja, u narednoj tabeli su prikazani izvori finansiranja ukupnih ulaganja sa aspekta Preduzeća. Ukupna ulaganja sa aspekta Preduzeća se u odnosu na ukupna stvarna ulaganja razlikuju, to jest veća su za 5.123,80 EUR. Ta razlika je interkalarna kamata, koja se (zbog moratorijuma) pridodaje osnovici duga i odnosi se na kamatu za kreditiranje u periodu od plaćanja druge tranše proizvođaču tehnološke opreme do početka eksploatacione faze.

Tabela 1.7. - *Izvori finansiranja ukupnih ulaganja sa aspekta Preduzeća*

Vrsta ulaganja	Iznos ulaganja u EUR		
	Kredit	*Sopstvena sredstva*	*Ukupna ulaganja*
Tehnološka oprema	565.123,80	240.000,00	*805.123,80*
Objekat		120.000,00	*120.000,00*
Viljuškar		30.000,00	*30.000,00*
Trajna obrtna sredstva		121.204,29	*121.204,29*
UKUPNO	**565.123.80**	**511.204,29**	**1.076.328,09**
Procenat učešća kredita i sopstvenih sredstava	**52,50%**	**47,50%**	**100,00%**

Tehnološki postupak proizvodnje jednodelnih plastičnih zatvarača od 38 mm podrazumeva primenu **metoda presovanja** korišćenjem sledećih vrsta **repromaterijala**: polietilen visoke gustine, boja za zatvarače (masterbatch), boja za štampu i razređivač. Potrebna **ambalaža** obuhvata: kese, kutije, selotejp, polipropilenske trake, metalne kopče, etikete i palete. Energoplast kompletan predviđeni repromaterijal i ambalažu koristi i kod proizvodnje dvodelnih plastičnih zatvarača, tako da su potrebni inputi planirani da se nabave pod uobičajenim uslovima od dobavljača (domaći proizvođa-či ili distributeri inostranih proizvođača) sa kojima Energoplast ima dugogodišnju uspešnu poslovnu saradnju.

Dosadašnje iskustvo u poslovanju sa dvodelnim zatvaračima ukazuje da će **lokacija** Energoplasta **biti izuzetno povoljna** i za plasman jednodelnih plastičnih zatvarača.

Obzirom na planirane **mere zaštite čovekove okoline i zaštite na radu**, koje se u Energoplastu i sada koriste, aktiviranje investicije **neće negativno uticati** na stanje čovekove okoline, a i minimizirana je opasnost uticaja investicije na zdravlje i bez-bednost zaposlenih.

Planirano je **zapošljavanje 15 novih radnika** čija je struktura prikazana u sledećoj tabeli. Pored povećanja broja zaposlenih, aktiviranjem investicije planiran je i kva-litativni pomak sa aspekta organizacione strukture, to jest prelazak sa dominantno linijskog na dominantno funkcionalni način organizovanja.

Tabela 1.8. - *Broj i kvalifikaciona struktura radnika koji su planirani da se zaposle*

Radno mesto	Stepen stručne spreme	Broj radnika
Šef proizvodnje jednodelnih zatvarača	VSS (VI)	1
Operater	VKV (IV)	3
Pomoćnik operatera	KV (III)	3
Radnik u pakirnici	KV (III)	4
Magacioner	KV (III)	2
Majstor za održavanje opreme za jednodelne zatvarače	KV (III)	1
Finansijski referent	VSS (VI)	1
UKUPNO		**15**

Najznačajniji projektovani finansijski pokazatelji su prikazani u narednoj tabeli.

Tabela 1.9. - *Projektovani finansijski pokazatelji*

Finansijski pokazatelji	Iznos pokazatelja
Prosečna godišnja neto dobit	404.840,75 EUR
Prosečan godišnji neto priliv	455.961,18 EUR
Neto sadašnja vrednost	2.181.878,87 EUR
Interna stopa rentabilnosti	73,20 %
Diskontovani period povraćaja	2 godine i 313 dana

Analiza osetljivosti ukazuje da **rezultati Projekta nisu značajno osetljivi** na manju promenu (± 10%) nabavne cene polietilena visoke gustine i prodajne cene zatvarača.

2. TEHNIČKO-TEHNOLOŠKA ANALIZA

2.1. Prikaz varijanti tehničko-tehnoloških rešenja

U savremenim uslovima je proizvodnja jednodelnih plastičnih zatvarača od 38 mm[1] u potpunosti automatizovana i vrši se u zatvorenim prostorima. Potreban repromaterijal za proizvodnju svih vrsta, to jest svih dimenzija jednodelnih plastičnih zatvarača je univerzalan i sastoji se od:

- polietilena visoke gustine,
- boje za zatvarače (masterbatch),
- boje za štampu i
- razređivača.

Po pitanju mogućih tehnoloških postupaka, jednodelni plastični zatvarači se proizvode primenom metoda brizganja ili primenom metoda presovanja. *Metodom brizganja* se zatvarači izrađuju tako što se plastična masa, u kojoj su u određenoj proporciji sadržani polietilen visoke gustine i boja za zatvarače, ubacuje kroz levak u cilindar mašine za brizganje, gde se plastična masa zagreva do temperature razmekšavanja, a zatim brizga (utiskuje) u kalup oblika zatvarača.

Izrada zatvarača *metodom presovanja* podrazumeva da se rastopljena plastična masa uliva u matricu kalupa, a zatim izlaže pritisku gornjeg elementa kalupa. Sa kvalitativnog aspekta ne postoje veće razlike između zatvarača proizvedenih primenom različitih napomenutih metoda, što se potvrđuje i činjenicom da se u svetskim razmerama oko 50% jednodelnih plastičnih zatvarača proizvodi metodom presovanja, a oko 50% metodom brizganja. Kako je Energoplast i do sada proizvodio dvodelne plastične zatvarače primenom metoda presovanja, poznavanje tehnološkog postupka i dugogodišnja poslovna saradnja sa proizvođačima tehnološke opreme koja je prilagođena primeni ovog metoda su bili opredeljujući faktori da se Energoplast i za proizvodnju jednodelnih plastičnih zatvarača opredeli za primenu **metoda presovanja**.

Predmet ovog Programa je proizvodnja jednodelnih plastičnih zatvarača od 38 mm, čija visina varira od 15 do 25 mm, a težina od 3 do 4 grama (bez težine koja se odnosi na boju za štampu). Uobičajeno je da su teži zatvarači veće visine. Osim toga, teži zatvarači su kompaktniji i sigurniji, a samim tim i kvalitetniji od lakših zatvarača. Shodno potrebama kupaca sa kojima je Energoplast potpisao Predugovore o prodaji, planirano je da jednodelni plastični zatvarači Energoplasta budu **visoki 25 mm**, a **teški** (bez težine koja se odnosi na boju za štampu) **4 grama**.

---

[1] Sa tržišnog aspekta, naziv zatvarača je opredeljen: brojem delova, vrstom materijala od kojeg je napravljen i dimenzijom. Tako, naziv *jednodelni* ukazuje na zatvarač koji se sastoji iz jednog dela, naziv *plastični* ukazuje da je zatvarač napravljen od plastične mase, a naziv *od 38 mm* ukazuje da je prečnik zatvarača 38 mm.

Prilikom **izbora proizvođača tehnološke opreme** analizirane su ponude najznačajnijih svetskih proizvođača tehnološke opreme za proizvodnju jednodelnih plastičnih zatvarača i to:

- Crauss Maffei - nemački proizvođač;
- Neofyton - austrijski proizvođač; i
- Bartolin - italijanski proizvođač.

Tabela 2.1. - *Pregled relevantnih elemenata ponude proizvođača tehnološke opreme*

	Proizvođač		
	Crauss Maffei	*Neofyton*	*Bartolin*
Nabavna vrednost (u EUR)	800.000	820.000	850.000
Godišnji tehnički kapacitet (u zatvaračima)	190.000.000	200.000.000	190.000.000
Godišnji optimalni kapacitet za rad u dve smene (u zatvaračima)	140.000.000	150.000.000	135.000.000
Vek trajanja opreme (u godinama)	10	8	7
Rok isporuke i montaže od momenta ugovaranja (u mesecima)	6	7	8
Godišnji trošak investicionog održavanja (% nabavne vrednosti)	1%	1,2%	1,5%

Nabavna vrednost je data na paritetu „franko kupac", tako da su u vrednost uključeni i svi zavisni troškovi nabavke (carina, transport, montaža i dr.). Pored toga, u nabavnu vrednost svih proizvođača su uključeni troškovi probne proizvodnje od 10.000 zatvarača i predviđena obuka kadrova u trajanju od dva dana.

Kako je skoro po svim relevantnim aspektima bolja od ponude konkurentskih preduzeća, Energoplast se opredelio da prihvati ponudu **Crauss Maffei**. U prilog ispravnosti odabira proizvođača tehnološke opreme za proizvodnju jednodelnih plastičnih zatvarača od 38 mm je i dosadašnje pozitivno iskustvo Energoplasta u poslovanju sa ovim proizvođačem, obzirom da je Crauss Maffei bio proizvođač opreme koju Energoplast koristi u proizvodnji dvodelnih plastičnih zatvarača.

Prilikom **izbora izvođača objekta** (manja rekonstrukcija postojećih i izgradnja novih površina objekta) analizirane su ponude sledećih domaćih građevinskih preduzeća:

- Energoprojekt,
- Montera i
- Gemax.

Osim građevinskih radova, ponuda je obuhvatila izradu kompletne projektne doku-mentacije, kao i obezbeđenje svih potrebnih dozvola.

Kako se radi o renomiranim preduzećima, jedini kriterijum koji je korišćen prilikom odabira je bila cena. Energoplast se opredelio za preduzeće **Energoprojekt** iz razloga što je ponuđena cena ovog preduzeća od 120.000 EUR bila povoljnija od ponuđenih cena Montere (140.000 EUR) i Gemaxa (160.000 EUR). Kao i kod izbora proizvođača tehnološke opreme i viljuškara, u prilog odabira izvođača objekta je i dosadašnje po-zitivno iskustvo sa ovim preduzećem, obzirom da je Energoprojekt kvalitetno izvelo kompletne građevinske radove na postojećem objektu Energoplasta.

Za transport gotovih proizvoda iz skladišta gotovih proizvoda do transportnih sred-stava kupaca planirana je nabavka dizel **viljuškara** od engleskog proizvođača Clark, čije viljuškare Energoplast i sada koristi u poslovanju. Nabavna vrednost na paritetu „franko kupac" je 30.000 EUR, kapacitet dizanja je 2,5 tone, rok trajanja je 10 godina, a godišnji trošak investicionog održavanja je 1% od nabavne vrednosti.

2.2.   Prikaz odabranih tehnoloških rešenja

Proizvodni proces izrade jednodelnih plastičnih zatvarača od 38 mm se odvija u sle-dećim fazama:

- prijem i skladištenje repromaterijala i ambalaže,
- proizvodnja,
- pakovanje gotovih proizvoda i
- skladištenje i isporuka gotovih proizvoda.

Prijem i skladištenje repromaterijala i ambalaže se vrši u skladištima repromaterijala i ambalaže. Pre skladištenja, odnosno pre prijema:

- *za repromaterijal* se vrši kontrola da li poseduje pozitivno mišljenje o kvalitetu od strane ovlašćenje institucije, i merenjem na vagi se kontroliše da li stvarno isporučena količina odgovara količini iz fakture dobavljača; i
- *za ambalažu* se vizuelnim putem kontroliše da li je isporučena ambalaža ade-kvatnog kvaliteta, i brojanjem se kontroliše se da li stvarno isporučena količina odgovara količini iz fakture dobavljača.

Kompletna *proizvodnja* zatvarača je automatizovana i tehnološki proces, osim same proizvodnje zatvarača, obuhvata i pakovanje kesa sa zatvaračima u kutije. Preciznije, tok tehnološkog procesa, koji se u potpunosti obavlja jednom tehnološkom opremom, se odvija sledećim redosledom:

- sušenje polietilena visoke gustine,

- odvajanje metala od polietilena visoke gustine,

- doziranje boje za zatvarače (masterbatch); boja zatvarača zavisi od boje masterbatcha;

- presovanje (formiranje tela zatvarača),

- pneumatski transport do sledeće proizvodne linije,

- hlađenje,

- doziranje razređivača u boju za štampu,

- štampanje,

- pneumatski transport do sledeće proizvodne linije,

- punjenje kesa sa zatvaračima (optimalni kapacitet jedne kese, to jest maksimalni kapacitet kese pri kojem se sa dovoljnom dozom pouzdanosti može pretpostaviti da će kesa pri transportu i manipulaciji ostati u adekvatnom stanju je 2.000 zatvarača) i

- unos kesa sa zatvaračima u kutije (u jednu kutiju se pakuje jedna kesa).

Pakovanje gotovih proizvoda se vrši u pakirnici, gde se primljene kutije sa zatvaračima: prvo, zatvaraju selotejpom; drugo, obmotavaju polipropilenskim trakama; treće, polipropilenske trake se učvršćuju heftanjem sa posebnom vrstom metalne kopče; i četvrto, na svaku kutiju se lepi etiketa na kojoj se nalaze osnovni podaci o proizvođaču zatvarača, kao i podaci o broju i boji upakovanih zatvarača.

Gotovi proizvodi se *odlažu na palete u skladište gotovih proizvoda*. Odlaganje u skladištu na konkretan prostor se vrši shodno nazivu kupaca i shodno boji zatvarača. Po dobijanju naloga od finansijske službe vrši se *isporuka gotovih proizvoda* kupcima, to jest magacioneri viljuškarima utovaruju palete sa zatvaračima u transportna sredstva kupaca, kojima se zatvarači odvoze do proizvodnih pogona kupaca.

Dijagram 2.2. - *Tok proizvodnog procesa*

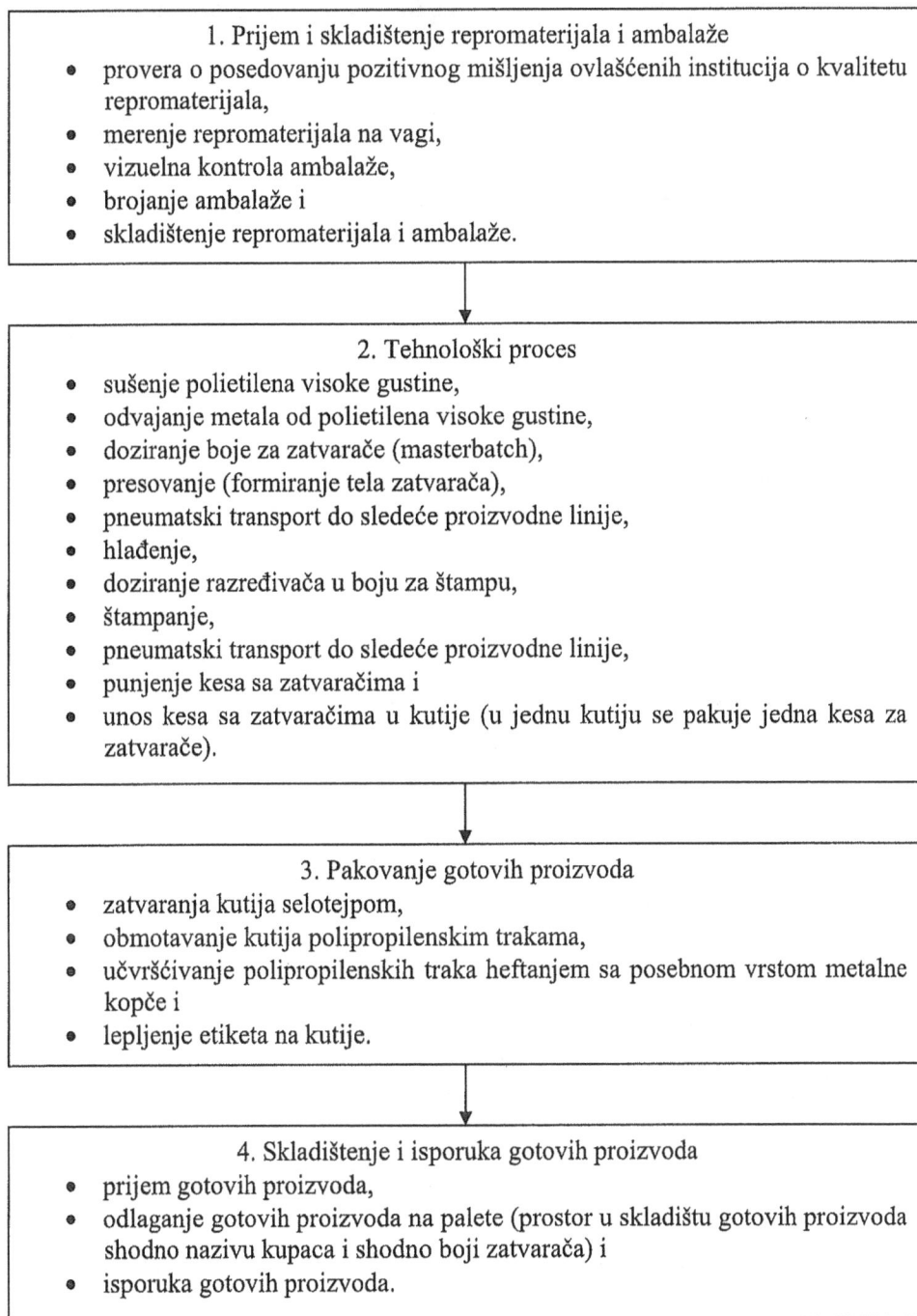

---

1. Prijem i skladištenje repromaterijala i ambalaže
- provera o posedovanju pozitivnog mišljenja ovlašćenih institucija o kvalitetu repromaterijala,
- merenje repromaterijala na vagi,
- vizuelna kontrola ambalaže,
- brojanje ambalaže i
- skladištenje repromaterijala i ambalaže.

↓

2. Tehnološki proces
- sušenje polietilena visoke gustine,
- odvajanje metala od polietilena visoke gustine,
- doziranje boje za zatvarače (masterbatch),
- presovanje (formiranje tela zatvarača),
- pneumatski transport do sledeće proizvodne linije,
- hlađenje,
- doziranje razređivača u boju za štampu,
- štampanje,
- pneumatski transport do sledeće proizvodne linije,
- punjenje kesa sa zatvaračima i
- unos kesa sa zatvaračima u kutije (u jednu kutiju se pakuje jedna kesa za zatvarače).

↓

3. Pakovanje gotovih proizvoda
- zatvaranja kutija selotejpom,
- obmotavanje kutija polipropilenskim trakama,
- učvršćivanje polipropilenskih traka heftanjem sa posebnom vrstom metalne kopče i
- lepljenje etiketa na kutije.

↓

4. Skladištenje i isporuka gotovih proizvoda
- prijem gotovih proizvoda,
- odlaganje gotovih proizvoda na palete (prostor u skladištu gotovih proizvoda shodno nazivu kupaca i shodno boji zatvarača) i
- isporuka gotovih proizvoda.

Proces proizvodnje jednodelnih plastičnih zatvarača **vremenski kratko traje**. Konkretno, oko 10 minuta protekne od ulaska inputa u tehnološki proces do skladištenja gotovih proizvoda.

Proizvodni **škart** (nekvalitetni gotovi proizvodi) repromaterijala je oko 1% od ukupne proizvodnje, dok je škart ambalaže minimalan, pa se u analizi može zanemariti.

Kako se jednodelni plastični zatvarači od 38 mm koriste kao input za proizvodnju proizvoda u prehrambenoj industriji, **kontroli kvaliteta** se mora posvetiti značajna pažnja. Analizom su ustanovljene tri vrste rizika i to:

- biološki,
- fizički i
- hemijski.

Biološki rizik se odnosi na rizik od pojave mirkorganizama na zatvaračima. Osnovni prenosnici mikroorganizama su živa bića, to jest ljudi, glodari i insekti. Pored prenošenja od strane živih bića, širenje mikroorganizama je najčešće posledica neadekvatnog održavanja ventilacionih sistema. Zbog minimiziranja biološkog rizika planirano je:

- *za zaposlene u proizvodnom procesu* - da svakih 6 meseci obavljaju zdravstvene preglede, da tokom rada nose zaštitne maske, odela, slušalice itd.;

- *za glodare i insekte* - da se jednom mesečno kompletan proizvodni deo objekta dezinfikuje 96% koncentrovanim alkoholom; i

- *za ventilacione sisteme* - planirana je redovna zamena i čišćenje filtera, a početkom svakog prvog radnog dana u nedelji, dok su kondenzatori isključeni, planirano je uklanjanje naslaga sa kondenzatora čilera.

Fizički rizik se odnosi na rizik od pojave stranih tela u proizvodnom procesu. Kako se fizički rizik prvenstveno odnosi na tehnološki proces, tehnološka oprema koja je planirana da se kupi imaće instalisane magnetne separatore i mehaničke filtere. Pored toga, smanjenje fizičkog rizika se ostvaruje adekvatnim održavanjem tehnološke opreme, što je planirano da se ostvari primenom sledećih mera:

- svakog radnog dana, na početku prve smene, to jest uz jutarnji servis, treba krpama i 96% koncentrovanim alkoholom detaljno obrisati gornje i donje alate na presi, kao i „staze" kojima se kreću zatvarači;

- na kraju svake smene potrebno je sakupiti zaostalu plastiku i zatvarače sa i oko tehnološke opreme i odložiti ih u kontejnere,

- na početku i na sredini svake radne smene, a po potrebi i češće (ako se primeti da postoji značajna količina nataložene prašine), potrebno je vršiti usisavanje prašine od plastike sa svih spoljnih delova tehnološke opreme; i

- dva puta mesečno, prvog radnog dana prve i treće radne nedelje u mesecu, potrebno je rastvorom sredstva za pranje koje je previđeno za upotrebu u prehrambenoj industriji detaljno obrisati kompletnu tehnološku opremu.

Hemijski rizik se odnosi na rizik proizvodnje proizvoda neadekvatnog hemijskog sastava. Jedan od oblika zaštite od hemijskog rizika je ranije napomenut i odnosi se na činjenicu da se u skladište repromaterijala prima samo repromaterijal koji poseduje pozitivno mišljenje ovlašćenih institucija o kvalitetu. Pored toga, za zaštitu od hemijskog rizika planirano je da se:

- u proizvodnom procesu ne koriste aditivi čijom bi upotrebom moglo doći do hemijske ugroženosti proizvoda,

- za održavanje tehnološke opreme i dezinfekciju proizvodnog prostora koriste samo sredstva koja su dopuštena za korišćenje u prehrambenoj industriji i

- u prostore gde se skladišti repromaterijal, ambalaža i gotovi proizvodi, ne skladište druga sredstva i materijali koji bi mogli da utiču na kvalitet proizvoda.

U narednoj tabeli je prikazana planirana procentualna **iskorišćenost tehničkog i optimalnog kapaciteta tehnološke opreme**, određena uz uvažavanje sledećih podataka: godišnji tehnički kapacitet tehnološke opreme je 190 miliona zatvarača, godišnji optimalni kapacitet je 140 miliona zatvarača, škart gotovih proizvoda je 1% i u Planu prodaje Projekta je predviđeno da se 2011. godine proda 90 miliona, 2012. godine 110 miliona, a od 2013. do 2020. godine po 130 miliona zatvarača godišnje.

Tabela 2.3. - *Predviđena iskorišćenost tehničkog i optimalnog kapaciteta tehnološke opreme*

Pokazatelji	Godina		
	2011.	*2012.*	*2013-2020.*
Proizvodnja u milionima zatvarača	90,9	111,1	131,3
Godišnji tehnički kapacitet u milionima zatvarača	190	190	190
Godišnji optimalni kapacitet u milionima zatvarača	140	140	140
Iskorišćenost tehničkog kapaciteta u %	47,84%	58,47%	69,11%
Iskorišćenost optimalnog kapaciteta u %	64,93%	79,36%	93,79%

Normativi na osnovu kojih se određuje visina varijabilnih troškova, to jest visina troškova koji su direktno uslovljeni obimom proizvodnje, su sledeći:

- od 4 grama težine zatvarača (bez težine koja se odnosi na boju za štampu), 3,94 grama se odnosi na polietilen visoke gustine, a 0,06 grama na boju za zatvarače (masterbatch);

- litar boje za štampu i litar razređivača se troši na 350.000 proizvedenih zatvarača,

- optimalni kapacitet jedne kese je 200.000 zatvarača,

- u jednu kutiju se pakuje jedna kesa sa zatvaračima,

- na jednu kutiju se lepi jedna etiketa,

- u dosadašnjem poslovanju Energoplasta trošak polipropilenskih traki i metalnih kopči je oko 0,03 EUR po kutiji, a trošak selotejpa je oko 0,02 EUR po kutiji;

- 1 kWh električne energije se troši na 200 proizvedenih zatvarača i

- radom viljuškara se troši 1 litar dizel goriva pri transportu (od skladišta gotovih proizvoda do transportnih sredstava kupaca) 50 kutija sa zatvaračima, odnosno pri transportu 100.000 zatvarača.

Od **ostalih proizvodnih troškova** najznačajniji troškovi se odnose na troškove paleta i na troškove električne energije koji ne zavise od obima proizvodnje, već su fiksnog karaktera. Tokom poslovanja (samo za jednodelne zatvarače) treba stalno raspolagati sa 400 *paleta*, a zbog fizičkog oštećenja (tokom transporta do pogona kupaca i u povratku do Energoplasta) svake godine treba zameniti, to jest nabaviti novih 100 paleta. *Fiksni troškovi električne energije* se odnose na energiju koja se koristi za zagrevanje objekta Energoplasta. Razlika između dosadašnjih troškova električne energije koja se koristi za zagrevanje objekta i visine ovih troškova koji će postojati nakon realizacije investicije će na godišnjem nivou iznositi oko 30.000 kWh. Ova razlika je posledica povećanja površine objekta Energoplasta, a time i povećanja prostora koji se zagreva.

2.3. Prikaz odabranih tehničkih rešenja

U narednom dijagramu je prikazana planirana struktura („layout") građevinskog objekta nakon izvršenja planiranih građevinskih radova.

Dijagram 2.4. - *Planirana struktura građevinskog objekta (razmere 1 : 200)*

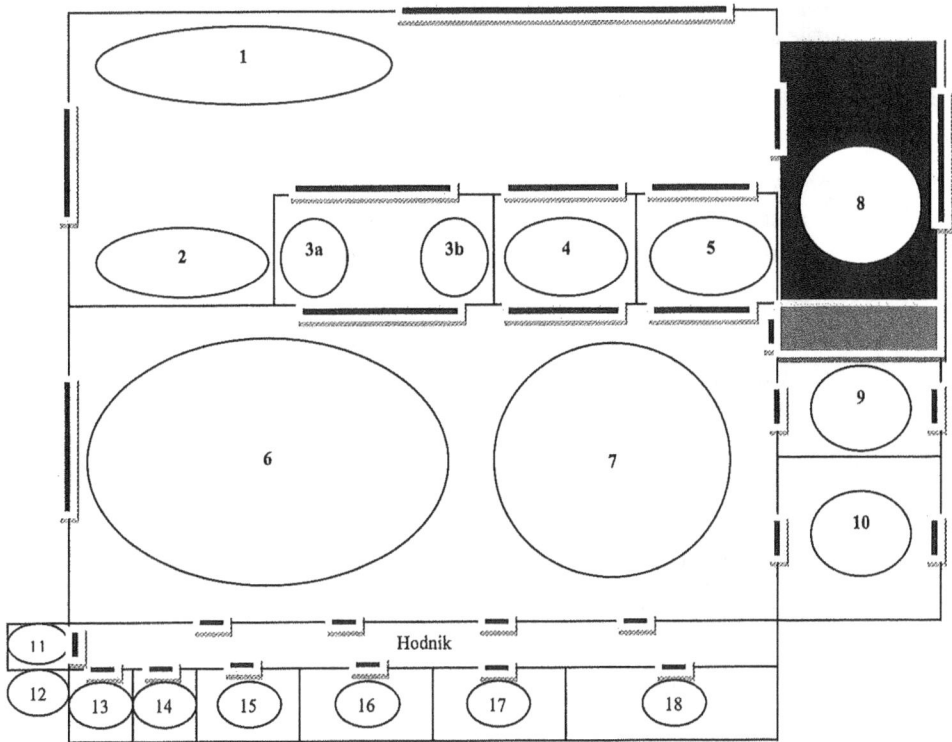

Opis prostora:

1. Skladište gotovih proizvoda dvodelnih plastičnih zatvarača od 28 mm,
2. Skladište gotovih proizvoda jednodelnih plastičnih zatvarača od 38 mm,
3a. Pakirnica jednodelnih plastičnih zatvarača od 38 mm,
3b. Pakirnica dvodelnih plastičnih zatvarača od 38 mm,
4. Skladište ambalaže (bez paleta),
5. Skladište repromaterijala,
6. Proizvodnja dvodelnih zatvarača (50% središnjeg prostora obuhvata oprema),
7. Proizvodnja jednodelnih zatvarača (50% središnjeg prostora obuhvata oprema),
8. Skladište paleta i rezervnih delova, i kontejneri za otpad;
9. Radionica,
10. Kompresorska i akumulatorska stanica,
11. Ulaz,
12. Portirnica,
13. Skladište sredstava za održavanje higijene prostora,
14. Toaleti,
15. Garderoba,

16. Trpezarija,

17. Kancelarije menadžmenta (generalni, tehnički i finansijski direktor) i

18. Kancelarije administracije (finansije i računovodstvo) i kafe kuhinja.

U odnosu na planiranu strukturu prostora, postojeća struktura prostora se razlikuje u sledećem:

- deo prostora pod rednim brojem 8 (u dijagramu obojen u crnu boju) ne postoji, već postoji samo deo prostora (u dijagramu obojen u sivu boju) u kojem se trenutno nalaze kontejneri za otpad i skladište rezervnih delova; i

- trenutno ne postoji ograđen prostor za palete, već se one nalaze u delu gde je nakon aktiviranje investicije koja je predmet ovog Projekta planirano da bude skladište jednodelnih plastičnih zatvarača od 38 mm (prostor u dijagramu označen sa rednim brojem 2).

Uzevši u obzir razliku između planirane i postojeće strukture objekta, **građevinski radovi koji su predmet ovog Projekta** obuhvataju:

- izgradnju novih 208 m² objekta čime će se postojeća površina objekta od 2.655 m² povećati na 2.863 m² (kako je cela konstrukcija objekta prizemna, kompletna površina se odnosi na jednu mernu jedinicu),

- izgradnju dvoje vrata visine 5 metara, od kojih su jedna (otvor na dijagramu u prostoru pod rednim brojem 8 za izlaz iz objekta) dužine 4 metara, a druga (otvor na dijagramu u prostoru pod rednim brojem 8 za ulaz u unutrašnji deo objekta) dužine 2 metra; i

- rušenje postojećeg betonskog pregradnog zida (linija na dijagramu prostora pod rednim brojem 8 koja odvaja prostore obojene u crnu i u sivu boju), tako da će kompletan prostor gde je planirano smeštanje kontejnera za otpad, kao i skladištenje paleta i rezervnih delova, predstavljati jedinstvenu celinu.

Prilikom gradnje koristiće se materijali koji su korišćeni i kod gradnje postojećeg objekta, to jest: noseći zidovi će biti od armirano betonskih blokova, debljine 19 cm; krovna konstrukcija će biti čelična, i vrata će biti metalna, debljine 4 cm.

U novom objektu potrebno je izgraditi sledeće **instalacije**:

- *mašinske* - za potrebe priključenja na postojeći sistem klimatizacije i ventilacije izgradiće se ventilatorske sekcije odsisnog vazduha, mešne sekcije, filterske sekcije sa regenerativnim filterom, sekcije grejača i hladnjaka; i

- *elektro* - za potrebe priključenja na postojeću elektroenergetsku mrežu izgradiće se elektrovodovi koji će biti priključeni na razvodnu tablu koja već postoji u delu objekta koji je u dijagramu obojen u sivu boju.

Potrebno vreme za izvođenje svih radova na objektu, koje je dato i u ponudi svih građevinskih preduzeća, je **4 meseca**. Rok trajanja objekta je **40 godina**, a trošak investicionog održavanja je na godišnjem nivou oko **0,5% nabavne vrednosti**.

Izgradnja hidro instalacija nije predviđena jer u delu objekta koji je u dijagramu obojen u sivu boju već postoji instalisan hidro potrošač (lavabo sa slavinom).

Pored navedenog, nisu predviđeni nikakvi:

- *telekomunikacioni radovi* - u kancelarijama u kojima će biti smešteni finansijski direktor i tehnički direktor već postoje telefoni i mrežno priključeni računari koji se trenutno ne koriste; i

- *saobraćajni radovi* - postojeće spoljne saobraćajnice su u potpunosti usaglašene komunikativnim potrebama buduće izgrađenog prostora.

2.4. Radna snaga povezana sa tehnološkim procesom

Tabela 2.5. - *Broj i kvalifikaciona struktura zaposlenih povezanih sa tehnološkim procesom*

Radno mesto	Stepen stručne spreme	Broj radnika
Šef proizvodnje jednodelnih zatvarača	VSS (VI)	1
Operater	VKV (IV)	3
Pomoćnik operatera	KV (III)	3
Radnik u pakirnici	KV (III)	4
Magacioner	KV (III)	2
Majstor za održavanje opreme za jednodelne zatvarače	KV (III)	1
UKUPNO		**14**

Šef proizvodnje za jednodelne zatvarače je odgovoran za kompletan proces proizvodnje jednodelnih zatvarača. Operater priprema, pokreće i kontroliše tehnološki proces. *Pomoćnik operatera* prima repromaterijal i ambalažu iz magacina repromaterijala i ambalaže, i odnosi kutije sa zatvaračima u pakirnicu. *Radnik u pakirnici* prima kutije sa zatvaračima od pomoćnika operatera, prima ambalažu iz magacina ambalaže, stavlja potrebnu ambalažu na kutiju i odnosi gotov proizvod u magacin gotovih proizvoda. *Magacioner* prima u magacine repromaterijal, ambalažu, palete, rezervne delove i gotove proizvode; izdaje repromaterijal i ambalažu pomoćnicima operatera, izdaje ambalažu radnicima u pakirnici, izdaje rezervne delove majstorima za održavanje tehnološke opreme i viljuškarima odvozi palete sa gotovim proizvodima u transportna sredstva kupaca. *Majstor za održavanje tehnološke opreme* se brine o održavanju tehnološke opreme u adekvatnom stanju.

Poslednjih dvanaest dana 2009. godine planirana je **obuka** svih radnika povezanih sa tehnološkim procesom od čega bi 10 dana obuka bila organizovana od strane sadašnjeg šefa proizvodnje, a 2 dana, uz probnu proizvodnju, obuku bi vršila stručna lica isporučioca opreme. Nakon završetka obuke planirana je provera obučenosti pismenim testom i praktičnom demonstracijom rada. Na osnovu rezultata provere obučenosti, šef proizvodnje ocenjuje nivo obučenosti i generalnom direktoru predlaže potrebne mere. Osim inicijalne provere, to jest provere nakon obuke novozaposlenih radnika, planirana je i kontinuirana provera koja bi se pismenim testom vršila jednom godišnje i bila bi organizovana od strane šefa proizvodnje.

2.5. Grupno iskazana ulaganja, rok trajanja i investiciono održavanje

Tabela 2.6. - *Grupno iskazana ulaganja, rok trajanja i investiciono održavanje*

Vrsta ulaganja	*Iznos ulaganja u EUR*	*Rok trajanja u godinama*	*Godišnji troškovi investicionog održavanja (% nabavne vrednosti)*
Tehnološka oprema	800.000	10	1%
Objekat	120.000	40	0,5%
Viljuškar	30.000	10	1%
UKUPNO	**950.000**		

3. KADROVSKI I ORGANIZACIONI ASPEKTI

3.1. Potrebna radna snaga i način njenog obezbeđenja

Za proizvodnju i prodaju jednodelnih plastičnih zatvarača od 38 mm, koja će se obavljati u dve smene (kao i proizvodnja dvodelnih zatvarača), potrebno **je zaposliti 15 novih radnika**. Svi radnici su planirani da budu zaposleni na neodređeno vreme, a njihova radna mesta i stepen stručne spreme su prikazani u narednoj tabeli.

Tabela 3.1. - *Broj i stepen stručne spreme radnika koji su planirani da se zaposle*

Radno mesto	Stepen stručne spreme	Broj radnika
Šef proizvodnje jednodelnih zatvarača	VSS (VI)	1
Operater	VKV (IV)	3
Pomoćnik operatera	KV (III)	3
Radnik u pakirnici	KV (III)	4
Magacioner	KV (III)	2
Majstor za održavanje opreme za jednodelne zatvarače	KV (III)	1
Finansijski referent	VSS (VI)	1
UKUPNO		**15**

Od navedenih radnika samo će finansijski referent i magacioneri biti istovremeno zaduženi za aktivnosti vezane za dvodelne i za jednodelne zatvarače, dok će svi ostali radnici biti vezani samo za proizvodnju jednodelnih zatvarača. Povećanje poslovnih aktivnosti zbog istovremenog zaduženja vezanog za dvodelne i jednodelne zatvarače imaće: direktor, tehnički direktor, finansijski direktor, menadžer nabavke i prodaje, knjigovođa, sekretar i kompletno prateće osoblje.

Obezbeđenje potrebne radne snage je planirano da se obavi na sledeći način:

- *odabirom radnika na osnovu konkursa* - za sve radnike koji su planirani da se zaposle, uz izuzetak šefa proizvodnje jednodelnih zatvarača; i

- *direktnim dogovorom* - za šefa proizvodnje jednodelnih zatvarača je planiran (već su uspešno završeni pregovori) da se postavi trenutni šef proizvodnje za jednodelne plastične zatvarače preduzeća Alcoa (pogon u Mađarskoj).

Aktiviranjem investicije je planirana i *preraspodela postojeće radne snage*. Sadašnji šef proizvodnje će se postaviti na funkciju tehničkog direktora, sadašnji operater na funkciju šefa proizvodnje za dvodelne zatvarače, a sadašnji finansijski referent na funkciju finansijskog direktora.

3.2. Ključne osobe

U nastavku je priložena biografija ključnih osoba od kojih će zavisiti uspešnost planirane investicije, to jest biografija:

- generalnog direktora,
- tehničkog direktora,
- šefa proizvodnje za proizvodnju jednodelnih plastičnih zatvarača i
- finansijskog direktora.

Funkcija: **Generalni direktor**.

Ime, prezime i datum rođenja: Marko Aleksić, 22.08.1970. godine.

Obrazovanje: Diplomirani ekonomista, diplomirao 1992. godine na Ekonomskom fakultetu u Beogradu.

Poslovno iskustvo: *1993-1998. godine* - finansijski referent u Energoprojektu; *1999-2000. godine* - šef finansijske službe Energoprojekta; i *2001. godine - aktuelno* - generalni direktor Energoplasta.

Posebne reference: Dobitnik 2004., 2006. i 2007. godine nagrade Udruženja proizvođača mineralnih voda iz Srbije za najboljeg menadžera iz oblasti dobavljača proizvođačima mineralnih voda iz Srbije.

Funkcija: **Tehnički direktor**.

Ime, prezime i datum rođenja: Rasim Pejić, 12.04.1974. godine,

Obrazovanje: Diplomirani tehnolog, diplomirao 1998. godine na Tehnološko-metalurškom fakultetu u Beogradu.

Poslovno iskustvo: *2001-2005. godine* - operater u Energoplastu; i *2006. godine - aktuelno*, šef proizvodnje Energoplasta.

Posebne reference: Na osnovu položenih ispita, dobitnik sertifikata najznačajnih proizvođača opreme za proizvodnju plastičnih zatvarača (Crauss Maffei, Neofyton i Bartolin) o izuzetnom poznavanju rada tehnološke opreme za proizvodnju plastičnih zatvarača.

<u>Funkcija</u>: **Šef proizvodnje za proizvodnju jednodelnih plastičnih zatvarača.**

<u>Ime, prezime i datum rođenja</u>: Vladimir Sekulić, 12.08.1962. godine

<u>Obrazovanje</u>: Diplomirani tehnolog, diplomirao 1988. godine na Tehnološko-metalurškom fakultetu u Beogradu.

<u>Poslovno iskustvo</u>: *1989-1999. godine* - operater u Alcoi (pogon u Mađarskoj); i *2000. godine - aktuelno* - šef za proizvodnju jednodelnih plastičnih zatvarača u Alcoi (pogon u Mađarskoj).

<u>Funkcija</u>: **Finansijski direktor.**

<u>Ime, prezime i datum rođenja</u>: Vera Lučič, 22.08.1977. godine.

<u>Obrazovanje</u>: Diplomirani ekonomista, diplomirala 2000. godine na Ekonomskom fakultetu u Beogradu.

<u>Poslovno iskustvo</u>: *2001. godine - aktuelno*, finansijski referent Energoplasta.

3.3.   Organizaciona struktura

U narednim dijagramima su prikazane planirana (nakon aktiviranja predmetne investicije) i postojeća **organizaciona struktura** Energoplasta.

Dijagram 3.2. - *Planirana organizaciona struktura Energoplasta*

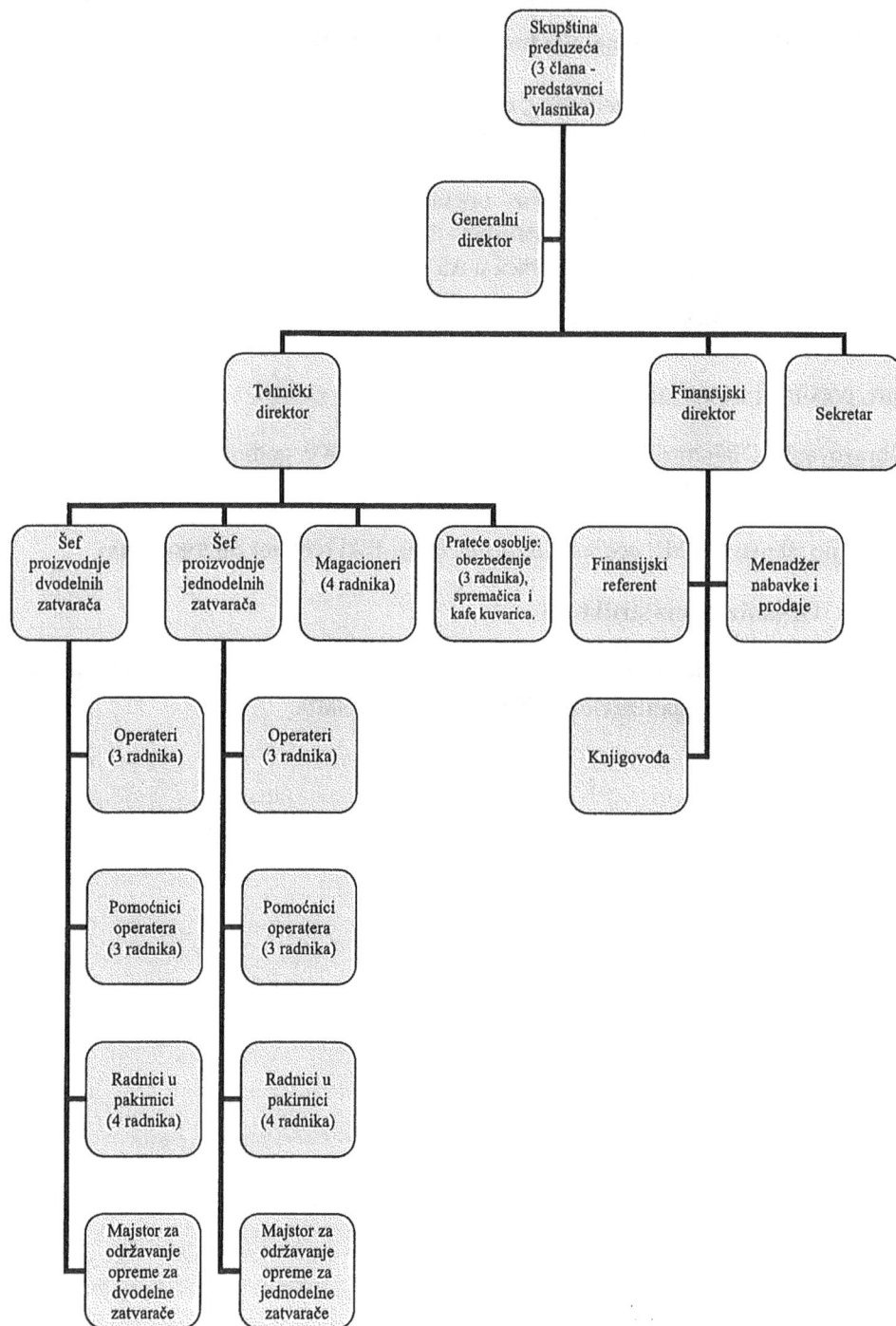

```
                        ┌─────────────────┐
                        │    Skupština    │
                        │    preduzeća    │
                        │   (3 člana -    │
                        │   predstavnci   │
                        │     vlasnika)   │
                        └────────┬────────┘
                                 │
                        ┌────────┴────────┐
                        │    Generalni    │
                        │    direktor     │
                        └────────┬────────┘
         ┌───────────────────────┴───────────────────┬──────────────┐
  ┌──────┴──────┐                            ┌────────┴─────┐  ┌──────┴────┐
  │  Tehnički   │                            │ Finansijski  │  │  Sekretar │
  │  direktor   │                            │  direktor    │  └───────────┘
  └──────┬──────┘                            └──────┬───────┘
```

| Šef proizvodnje dvodelnih zatvarača | Šef proizvodnje jednodelnih zatvarača | Magacioneri (4 radnika) | Prateće osoblje: obezbeđenje (3 radnika), spremačica i kafe kuvarica. | Finansijski referent | Menadžer nabavke i prodaje |

| Operateri (3 radnika) | Operateri (3 radnika) | | | Knjigovođa | |

| Pomoćnici operatera (3 radnika) | Pomoćnici operatera (3 radnika) |

| Radnici u pakirnici (4 radnika) | Radnici u pakirnici (4 radnika) |

| Majstor za održavanje opreme za dvodelne zatvarače | Majstor za održavanje opreme za jednodelne zatvarače |

Dijagram 3.3. - *Postojeća organizaciona struktura Energoplasta*

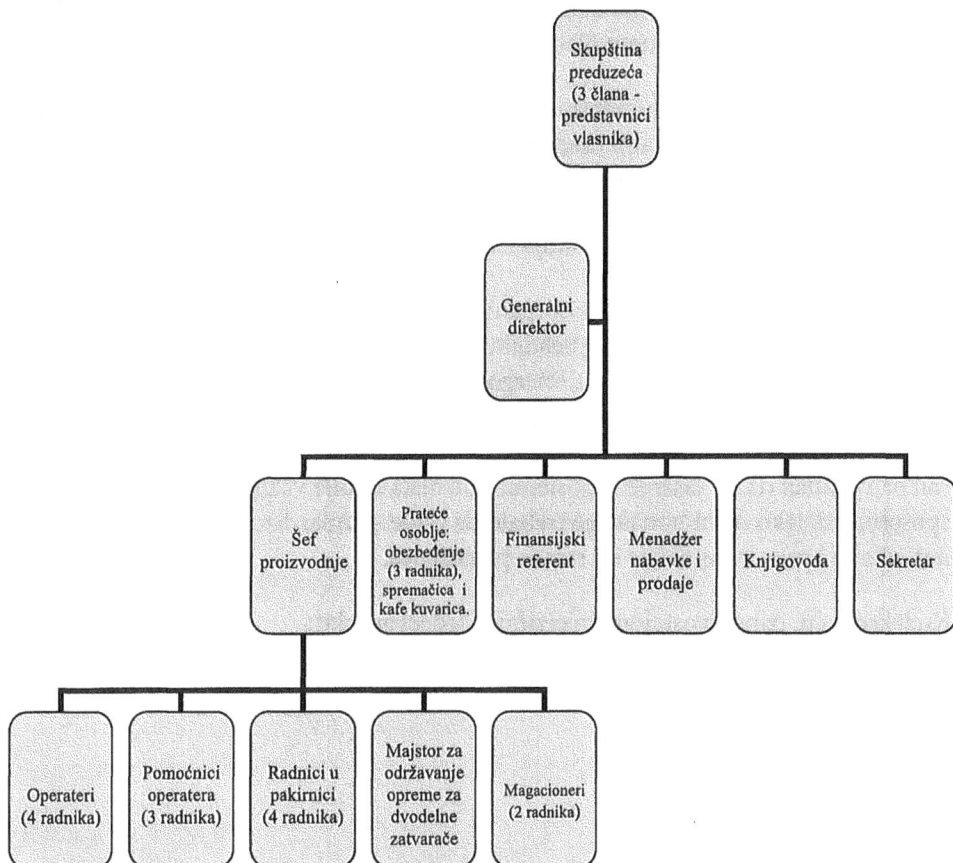

```
                        ┌─────────────┐
                        │  Skupština  │
                        │  preduzeća  │
                        │  (3 člana - │
                        │ predstavnici│
                        │   vlasnika) │
                        └──────┬──────┘
                               │
                        ┌──────┴──────┐
                        │   Generalni │
                        │   direktor  │
                        └──────┬──────┘
```

| Šef proizvodnje | Prateće osoblje: obezbeđenje (3 radnika), spremačica i kafe kuvarica. | Finansijski referent | Menadžer nabavke i prodaje | Knjigovođa | Sekretar |

| Operateri (4 radnika) | Pomoćnici operatera (3 radnika) | Radnici u pakirnici (4 radnika) | Majstor za održavanje opreme za dvodelne zatvarače | Magacioneri (2 radnika) |

Upoređujući planiranu i postojeću organizacionu strukturu može se zaključiti da je realizacijom investicije planiran kvalitativni organizacioni pomak, to jest **prelazak sa dominantno linijskog na dominantno funkcionalni** (sa elementima i divizionog) **način organizovanja**. Za razliku od dosadašnjeg poslovanja koje je karakterisala direktna nadležnost generalnog direktora za rad kompletnog pratećeg osoblja i radnika u finansijama i računovodstvu, planirana organizaciona struktura predviđa međuhijerarhijske nivoe uvođenjem funkcija: tehničkog direktora (pored dosadašnjih radnika iz proizvodnog dela, tehničkom direktoru će neposredno biti odgovorni novi radnici koji su planirani da se zaposle u proizvodnom delu, kao i postojeći radnici iz pratećeg osoblja) i finansijskog direktora (neposredno će mu biti odgovorni svi radnici iz finansija, komercijale i računovodstva). Kao oblik stimulisanja u odnosu na dosadašnju mesečnu neto platu, zbog funkcionalnog napredovanja će se tehničkom direktoru (sadašnjem šefu proizvodnje) i finansijskom direktoru (sadašnjem finansijskom referentu) povećati mesečna neto plata za 200 EUR. Budućem šefu proizvodnje

411

za dvodelne zatvarače (sadašnjem operateru) će postojeća neto plata ostati nepromenjena. Zbog povećanog obima aktivnosti će se knjigovođi i menadžeru za nabavku i prodaju povećati mesečna neto plata za 100 EUR.

Za realizaciju investicije je planiran **projektni model organizovanja**. Rukovodilac projektnog tima biće generalni direktor, a za realizaciju investicije će još biti zaduženi sadašnji šef proizvodnje i postojeća 3 operatera.

3.4. Kodeks poslovnog ponašanja Energoplasta

Kvalitet primenjenih kadrovskih i organizacionih rešenja može biti relativiziran, to jest kvalitativno degradiran, zbog neadekvatnog poslovnog ponašanja zaposlenih. Zato se ovom poslovnom aspektu u Energoplastu posvećuje značajna pažnja. U prilog iznete konstatacije je i ove godine donešen **Kodeks poslovnog ponašanja Energoplasta**, za čije kršenje sadržajućih odredbi je predviđeno sankcionisanje. Kodeks je baziran na spoznaji da ponašanje zaposlenih nije ništa manje važno od njihovog znanja i sposobnosti, tako da bi ponašanje trebalo da bude standardizovano, a ne prepušteno nahođenju i proceni situacije od strane pojedinaca.

Kodeksom su, između ostalog, precizirani sledeći aspekti:

- odnos prema preduzeću,
- odeća i higijena,
- radna disciplina,
- odnos prema kupcima,
- odnos prema kolegama i prema pretpostavljenim,
- telefonska komunikacija,
- pisana komunikacija,
- sastanci i
- prijemi i kokteli.

U *odnosu prema preduzeću* zaposleni u svakoj prilici treba da vode računa da su deo, to jest „ambasadori" preduzeća, tako da uvek treba da ističu lojalnost preduzeću, svoje probleme na poslu rešavaju sa svojim pretpostavljenima, a nikako sa strankama i poslovnim partnerima; i da se o svojim pretpostavljenima, kolegama i saradnicima ne izražavaju negativno pred strankama ili poslovnim partnerima.

Lepo ponašanje počinje i prepoznaje se sitnicama, zato *odeća i higijena* ni u jednom momentu ne smeju biti zanemareni. U navedenom kontekstu predviđeno je: da se na radnim mestima na kojima je propisano obavezno nosi zaštitna radna odeća, obuća i oprema, koja se ne sme nositi van radnog vremena; da muškarci svakodnevno obrijani dolaze na posao, a žene, ako se šminkaju, da to bude diskretno i uredno; da sva odeća i obuća bude čista i uredna, primerena godinama i polu, godišnjem dobu i prilici u kojoj se nosi; i da posebnu pažnju treba posvetiti higijeni ruku i kose.

Po pitanju *radne discipline* potrebno je: da se na posao dolazi na vreme, ne napuštati radno mesto bez najave, poslovne aktivnosti obavljati uz pridržavanje zadatih rokova i utvrđene procedure, ne otvarati tuđe fioke, ormane, stolove, vozila, poštu i dr.; ne ometati druge pri obavljanju poslova (sedenjem po kancelarijama, okupljanjem oko proizvodne opreme itd.), tokom radnog vremena ne obavljati privatne poslove i pridržavati se uputstava za upotrebu opreme i sredstava napisanih na deklaracijama.

Odnos prema kupcima je vrlo značajan jer je svrha poslovanja Energoplasta zadovoljavanje potreba svojih kupaca, tako da je predviđeno da se: uvek uvaži ličnost i potrebe kupaca, sa kupcima uvek nastupa pozitivno, profesionalno, efikasno i ljubazno; ne zaboravi da se pruži povratna informacija o zahtevu, pitanju ili ukazanom problemu od strane kupaca; i ako je došlo do greške ili nesporazuma, kupcu izvine u ime zaposlenog i u ime preduzeća.

Što se tiče *odnosa između kolega i prema pretpostavljenim* predviđeno je: da odnosi između zaposlenih na radnom mestu treba da budu korektni, ali na izvesnoj distanci (izbegavati „intimiziranje" i nekontrolisane odnose jer dovode u pitanje obavljanje posla); da zaposleni međusobno budu tolerantni, da se izbegne subjektivnost pri kritikovanju zaposlenih, da se uputi izvinjenje kolegama ili pretpostavljenima za sve uočene greške i propuste, da se međusobni nesporazumi između zaposlenih rešavaju tako što će ih zaposleni izneti pretpostavljenom i da se zaposleni pretpostavljenom obraćaju samo ako je nešto hitno ili ako treba da podnesu izveštaj (ako zaposleni ima potrebu za razgovor sa pretpostavljenim potrebno je da se prethodno najavi).

Po pitanju *telefonske komunikacije* predviđeno je: da razgovor počinje predstavljanjem, da se ne dozvoli da telefon dugo zvoni, a ukoliko se to dogodi potrebno je izviniti se sagovorniku; da se odgovori na poruku čim zaposleni ima vremena, da se izbegavaju privatni razgovori telefonom, naročito u prisustvu stranke („naučiti" porodicu da zaposlene zovu na posao samo ako je hitno i da takvi razgovori budu kratki); i nastojati da se svaki službeni razgovor završi u prijateljskom i pozitivnom tonu.

Po pitanju *pisane komunikacije*, predviđeno je uvažavanje sledećih opštih principa dobre poslovne komunikacije: za poslovna pisma koristiti memorandum, pismo korektno nasloviti, stil pisanja prilagoditi temi i osobi kojoj se piše, ne pisati predugačka, ni tehnički složena pisma; proveriti stepen poverljivosti sadržaja pisma, proveriti i ispraviti slovne i lingvističke greške, na primljena pisma odgovoriti najkasnije u roku od pet dana, ako se kopija pisma šalje još nekome, osim osobe na koju je naznačeno, to treba jasno naznačiti na dnu pisma; i čestitke, izraze saučešća itd., uvek treba upućivati u pisanoj formi, a ne telefonski.[2]

Za *sastanke* je predviđeno: da se pri zakazivanju sastanaka jasno definišu njegovi ciljevi, da odluku o tome, uz saglasnost menadžmenta (generalni direktor ili šef proizvodnje u postojećoj organizacionoj strukturi, odnosno generalni direktor, tehnički direktor ili finansijski direktor u budućoj organizacionoj strukturi), ko će prisustvovati sastanku[3] donosi organizator sastanka, da se na zvaničnim sastancima vodi zapisnik od strane profesionalnog, za tu priliku određenog lica; da zapisnik sa sastanka treba da bude urađen najkasnije 48 sati nakon sastanka i treba da bude prezentiran organizatoru sastanka, i da se za unapred dogovoren sastanak prisutna lica obuku prikladno i formalno.

Priređivanje *prijema i koktela* je deo marketinške strategije preduzeća i zato organizaciji ovakvih manifestacija treba pristupiti ozbiljno i profesionalno. Predviđeno je: da odluku o tome ko se poziva na prijem ili koktel donosi generalni direktor preduzeća, da pozivnica mora biti potpuna, to jest mora sadržati informacije ko upućuje poziv, kome je poziv upućen, povod, datum, vreme i mesto održavanja; da na početku formalnog dela prijema ili koktela predstavnici preduzeća, po rangu poređani, dočekuju goste (bez pića i cigareta u ruci); da se za svo vreme prijema ili koktela od strane predstavnika preduzeća „zadrži prijatan ton", i da se pokloni, kao prigodan način završetka ovakvih manifestacija, gostima dele na izlazu.

---

[2] Ovi principi su predviđeni, kako prilikom papirne, tako i prilikom elektronske komunikacije.

[3] Shodno postavljenim ciljevima sastanka opredeljuje se i krug ljudi koji se poziva za prisustvovanje.

4. LOKACIJSKI ASPEKTI

Prostor gde je locirana fabrika Energoplasta (Bežanijski put bb) se nalazi u beograd-skoj opštini Zemun i udaljen je 10 km od centra Beograda, a 500 metara od dva pri-ključenja za evropski put E75[4]. Jedno priključenje je za put u pravcu Novog Sada, a drugo priključenje je za put u pravcu Niša.

Lokacija Energoplasta je izuzetno povoljna za proizvodnju i plasman plastičnih za-tvarača, odnosno ne postoje nikakva ograničenja sa sledećih aspekata:

- proizvodnog,
- tržišnog i
- društvenog.

Sa *proizvodnog aspekta*:

- proizvodni proces se neposredno ne oslanja na prirodne izvore niti zavisi od prirodnih uslova,
- postojeći instalisani energetski kapaciteti u Energoplastu su znatno iznad ener-getskih kapaciteta koji će nakon aktiviranja investicije biti potrebni za proiz-vodnju jednodelnih i dvodelnih plastičnih zatvarača i
- postoji velika ponuda adekvatne nezaposlene radne snage za rad u Beogradu, tako da zapošljavanje novih radnika neće predstavljati problem.

Sa *tržišnog aspekta*:

- ne postoje lokacijska ograničenja nabavnog tržišta jer postoji mogućnost teri-torijalno bliske nabavke svih potrebnih inputa (ili od domaćih proizvođača ili od distributera iz Beograda) i
- ne postoje ograničenja prodajnog tržišta jer je Beograd najznačajnija lokacija za plasman proizvoda preduzeća koja će koristiti jednodelne plastične zatvara-če od 38 mm kao proizvodni input (kako ovi proizvođači svojim transportnim sredstvima svakodnevno transportuju svoje proizvode u Beograd, ovim tran-sportnim sredstvima se u povratku u fabrike mogu transportovati jednodelni plastični zatvarači).

Sa *društvenog aspekta*:

- kako je lokacija gde Energoplast već dugi niz godina proizvodi plastične zatva-rače u industrijskoj zoni, i kako je Projektom planirana manja dogradnja objek-

---

[4] E 75 je Evropski put klase A koji spaja sever i jug Evrope, odnosno prostor od Norveške do grčkog ostrva Krit. Preuzeto sa: www.sr.wikipedia.org

ta korišćenjem materijala koji su se koristili i kod gradnje postojećeg objekta, lokacija nije limitirana sa prostornog, estetskog i sektorskog aspekta; i

- kako će se realizacijom investicije ostvariti i određeni makroekonomski ciljevi društva, prvenstveno ciljevi smanjenja broja nezaposlenih i tehnološkog razvoja, tokom eksploatacione faze će moći da se koriste stimulativne mere kojim se u Srbiji pospešuje obavljanje aktivnosti kojima se ostvaruju napomenuti ciljevi.[5]

---

[5] Te stimulativne mere se prvenstveno odnose na smanjenje oporezive dobiti, a što je detaljnije objašnjeno u Glavi 10, poglavlje 10.1.3. ("Poreski bilans").

5. ZAŠTITA ČOVEKOVE OKOLINE I ZAŠTITA NA RADU

5.1.   Zaštita čovekove okoline

Na osnovu odabranih tehničko-tehnoloških rešenja, prepoznati potencijalni uzročnici negativnog uticaja na čovekovu okolinu su:

- čvrsti otpad i
- buka.

Čvrsti otpad se javlja u procesu proizvodnje kao škart, koji je planiran je da se na kraju svake smene sakuplja i odlaže u kontejnere.

Buka nastaje radom tehnološke opreme. Tehnološka oprema će se smestiti u postojećem objektu, koji ima odličnu spoljnu izolaciju.

Analizom potencijalnih negativnih uzročnika na čovekovu okolinu i predviđenih mera zaštite može se zaključiti da **aktiviranje investicije neće negativno uticati na stanje čovekove okoline**.

5.2.   Zaštita na radu

Potencijalni uzročnici koji mogu imati negativan uticaj na zdravlje i bezbednost zaposlenih su:

- požari,
- profesionalna oboljenja i
- povrede na radu.

Kako su repromaterijali koji se koriste kao inputi za proizvodnju zatvarača hemijski proizvodi, koji su po prirodi lako zapaljivi, predviđene su značajne preventivne i interventne mere od **požara**. Ove mere se i sada koriste u Energoplastu.

Preventivne mere se ogledaju u sledećem:

- u skladište repromaterijala se prima samo repromaterijal koji poseduje pozitivno mišljenje o kvalitetu,
- u skladište repromaterijala se ne može skladištiti drugi materijal, proizvodi ili sredstva;
- zabranjeno je pušenje u objektu i dr.

Od *interventnih mera* su najznačajnije sledeće:

- obezbeđen je dovoljan broj različitih vrsta aparata za gašenje požara, čiji se kvalitet od strane ovlašćenih institucija proverava jednom godišnje; i
- svi zaposleni radnici su dužni da jednom godišnje polažu test o poznavanju procedure u slučaju izbijanja požara.

Profesionalna oboljenja mogu nastati usled:

- buke u proizvodnom delu objekta,
- neadekvatne svetlosti,
- neadekvatne temperature,
- gasova koji nastaju radom tehnološke opreme i dr.

Minimiziranje uticaja buke na zaposlene je planirano da se ostvari obavezom zaposlenih koji rade u proizvodnom delu objekta da nose zaštitne slušalice.

Radne prostorije će biti osvetljene svetlošću intenziteta 200-250 luxa, prirodnim i dodatnim veštačkim osvetljenjem. Prozori, svetlosni otvori i drugi elementi osvetljenja će se redovno održavati.

Temperatura u radnim prostorijama će biti između 15° C i 20° C.

Radnici sa hroničnim bolestima se neće zapošljavati na radnim mestima gde mogu nastati posledice po njihovo zdravlje, to jest za rad u proizvodnom delu objekta zapošljavaće se samo radnici koji imaju adekvatno zdravstveno uverenje. Pored navedenog, planirano je da radnici koji rade na proizvodnim operacijama svakih 6 meseci, a ostali radnici jednom godišnje, obavljaju zdravstvenu kontrolu.

Povrede na radu mogu nastati usled:

- neadekvatnog radnog vremena,
- nedovoljne obučenosti radnika,
- nekorišćenja zaštitne opreme,
- strujnog udara i dr.

Svi zaposleni će raditi 8 sati uz korišćenje dnevnog odmora od pola sata.

Radnici povezani sa tehnološkim procesom će pre samostalnog obavljanja operacija provesti 12 dana na obuci, od čega će 10 dana obuka biti organizovana od strane sadašnjeg šefa proizvodnje, a 2 dana od strane stručnih lica isporučioca opreme. Dokaz da su radnici u stanju da samostalno obavljaju tehnološke operacije je pozitivno položen pismeni test i uspešno položena provera praktičnog znanja, a koji su planirani da se obave nakon obuke. Pored inicijalne obuke za radnike koji su planirani da se zaposle, planirana je jednom godišnje kontinuirana provera svih zaposlenih radnika povezanih sa tehnološkim procesom, polaganjem pismenog testa.

Obaveza svakog radnika koji radi u proizvodnom procesu je da tokom obavljanja svojih aktivnosti nosi osnovno zaštitno odelo, koje oblači neposredno pre ulaska u proizvodni deo objekta. Pored toga, radnici koji rade na tehnološkim operacijama su u obavezi da nose i ostalu zaštitnu opremu (zaštitne maske, zaštitne kape itd.)

Sve opasnosti od strujnog udara su vidno obeležene sa „Opasno po život", „Visoki napon" i sl. Jednom godišnje se obavlja merenje otpora uzemljenja i rezultati merenja se vode u posebnoj svesci.

Za potrebe brze intervencije u slučaju povreda na radu, u svim radnim prostorijama su postavljene vidno obeležene kutije prve pomoći.

Na osnovu svega iznetog može se zaključiti da je uz striktnu primenu predloženih mera **minimizirana opasnost uticaja investicije na zdravlje i bezbednost zaposlenih**. Inače, mere za zaštitu i bezbednost koje se trenutno primenjuju, i koje će se u Energoplastu primenjivati i nakon aktiviranja predmetne investicije, prevazilaze važeće zakonske odredbe zaštite na radu u Srbiji i u Evropskoj Uniji.

6. PLAN PRODAJE

6.1.   Asortiman i njegove osnovne karakteristike

Predmet ovog Programa je horizontalna diversifikacija Energoplasta, to jest proširenje asortimana za tip zatvarača koje Energoplast do sada nije proizvodio. Konkretno, **asortiman** koji je predmet ovog Programa se isključivo sastoji od **jednodelnih plastičnih zatvarača od 38 mm.**

Jednodelni plastični zatvarači od 38 mm su namenjeni **reprodukcionoj potrošnji**, a potencijalni kupci su svi proizvođači finalnog proizvoda koji kao input mogu da koriste jednodelne plastične zatvarače od 38 mm. To su:

- proizvođači mineralnih voda,
- proizvođači bezalkoholnih pića,
- proizvođači piva i
- proizvođači mleka i drugih mlečnih prerađevina.

Kao i svaki drugi proizvod koji služi reprodukcionoj potrošnji, povećanje potrošnje finalnih proizvoda kod kojih je jednodelni plastični zatvarač od 38 mm input prouzrokuje povećanje potrošnje jednodelnih plastičnih zatvarača od 38 mm i obratno.

Iako postoji veći broj potencijalnih kupaca, predmet ovog Programa je **proizvodnja za poznate kupce**, to jest za proizvođače mineralnih voda sa kojima je Energoplast potpisao Predugovore o prodaji jednodelnih zatvarača. To su sledeća preduzeća:

- Knjaz Miloš,
- Vlasinka i
- Heba.

Zatvarač je predmet čija je osnovna namena zatvaranje određenog prostora u cilju sprečavanja ili ograničavanja kontakta sadržaja tog prostora sa materijom izvan njega. Pored navedene osnovne funkcije, zatvarač: doprinosi estetskom izgledu celog pakovanja adekvatnim oblikom, bojom, odštampanim znacima i sl.; omogućava da se pakovanje lako otvori, pri kupovini pruža dokaz da pakovanje nije ranije otvarano i omogućava funkcionalnost u konzumiranju. Uzevši u obzir navedene funkcije, zatvarač nema supstitute u drugim proizvodima. Stoga, jednodelnim plastičnim zatvaračima su najznačajniji **supstituti** druge vrste zatvarača (metalni i plutani) i drugi tipovi plastičnih zatvarača (dvodelni, trodelni i dr.). Obzirom na zatvarače koje potencijalni kupci koriste, najznačajniji supstitut je dvodelni plastični zatvarač.

Kako se do sada na tržištu Srbije nije koristio jednodelni plastični zatvarač od 38 mm, ovaj proizvod je u Srbiji u fazi **uvođenja**, dok je na razvijenim tržištima u **fazi rasta**.

Po pitanju **kvaliteta**, nema razlike između planiranog proizvoda Energoplasta i (ino-stranih) konkurentskih jednodelnih plastičnih zatvarača od 38 mm drugih proiz-vođača. U odnosu na najznačajniji supstitut, osnovna razlika između jednodelnih i dvodelnih plastičnih zatvarača je što dvodelni zatvarači, za razliku od jednodelnih, sadrže podlošku, koja omogućava duže trajanje zatvarača, veću sigurnost u obavljanju osnovne funkcije zatvarača, a i podloška ima pozitivna estetska svojstva. Otuda, po pitanju različitih kvalitativnih aspekata, proizvod Energoplasta će biti lošijeg kvaliteta od konkurentskih dvodelnih plastičnih zatvarača.

6.2. Ciljno tržište

Kako su već potpisani Predugovori sa domaćim kupcima koji količinski, od treće go-dine veka trajanja projekta (godina maksimalnog iskorišćenja predviđenog kapacite-ta), »pokrivaju« skoro kompletan optimalni kapacitet planirane tehnološke opreme, ciljno tržište je **tržište Srbije**. U slučaju pozitivnih tržišnih kretanja, kupovinom do-datne tehnološke opreme, postoji mogućnost zadovoljavanja potreba drugih kupaca sa tržišta Srbije, koji u ovom momentu ne razmatraju korišćenje jednodelnih plastič-nih zatvarača od 38 mm kao proizvodnog inputa. Osim toga, dodatnom opremom sa dodatnim kalupima može da se zadovolji i eventualna tražnja za jednodelnim plastič-nim zatvaračima drugih dimenzija.

Što se tiče potencijala inostranog tržišta, u najbližem okruženju se nalaze pogoni naj-značajnijih svetskih proizvođača jednodelnih plastičnih zatvarača i to:

- Alcoa - američko preduzeće sa pogonom u Mađarskoj;
- Bericap - nemačko preduzeće sa pogonom u Mađarskoj; i
- Crown Cork - američko preduzeće sa pogonom u Rumuniji.

Kapaciteti svakog od navedenih pogona su za oko 10 puta veći od planiranog kapaci-teta Energoplasta. Stoga, usled ekonomije obima je njihova cena koštanja niža, a što se reflektuje i na prodajnu cenu. Zbog toga se sa konkurentskim preduzećima može učestvovati u tržišnoj utakmici na tržištu Srbije, dok bi ideja o plasmanu na inostra-nim tržištima bila preambiciozna i nerealna.

6.3. Analiza i procena tražnje

Analiza i procena potencijalne tražnje za zatvaračima baziraće se samo na primarnim potencijalnim kupcima, to jest na proizvođačima mineralnih voda (odnosi se i na slabo mineralnu vodu, koja se kolokvijalno naziva obična flaširana voda) iz Srbije, iako su, što je ranije napomenuto, potencijalni kupci i proizvođači drugih proizvoda.

Prodaja mineralnih voda proizvođača iz Srbije od 2001. do 2007. godine beleži stalan rast, dok je u 2008. godini prodaja na nivou 2007. godine.

Tabela 6.1. - *Prodaja mineralne vode proizvođača iz Srbije u periodu 2000-2008. godine*

Godina	Prodaja mineralne vode u milionima litara	Rast u odnosu na prethodnu godinu
2000.	330,3	
2001.	333,0	0,82%
2002.	415,0	24,62%
2003.	490,0	18,07%
2004.	515,0	5,10%
2005.	539,0	4,66%
2006.	580,0	7,61%
2007.	651,3	12,29%
2008.	650,3	-0,15%

Izvor: Udruženje industrije mineralnih voda (www.mineralwater.rs)

Ukupna prodaja mineralne vode u poslednje dve godine obuhvata prodaju 32 različita proizvođača, s tim što sva tri preduzeća sa kojima je Energoplast potpisao Predugovore spadaju u najznačajnije proizvođače.

Tabela 6.2. - *Prodaja mineralne vode najznačajnijih proizvođača iz Srbije u periodu 2005-2008. godine*

Proizvođač	Prodaja u milionima litara			
	2005.	2006.	2007.	2008.
Knjaz Miloš	**165,2**	**177,5**	**202,3**	**194,1**
Minakva	104,6	119,7	135,4	132,5
Vlasinka	**30,9**	**39,5**	**53,5**	**61,0**
Heba	**47,2**	**42,2**	**44,5**	**41,5**
Vitinka	28,6	30,4	35,0	35,2
Prolom	25,0	27,6	29,8	29,4
Voda Voda	30,0	33,0	29,5	19,4
Palanački Kiseljak	16,7	12,3	10,7	10,6
Ostali	90,8	97,8	110,6	126,6
UKUPNO	**539,0**	**580,0**	**651,3**	**650,3**

Izvor: Udruženje industrije mineralnih voda (www.mineralwater.rs)

Obzirom da poslednje dve godine proizvođači iz Srbije izvoze oko 60 miliona litara, od čega se preko 90% izvozi u države bivše SFRJ, a u istom periodu se od proizvođača iz inostranstva uvozi oko 5 miliona litara (carinski troškovi iznose 12%), potrošnja mineralne vode na tržištu Srbije iznosi oko 595 miliona litara. Kako se oko 99% od ukupne potrošnje mineralne vode na tržištu Srbije odnosi na mineralne vode proizvođača iz Srbije, i kako se oko 91% od ukupne proizvodnje proizvođača iz Srbije plasira na domaćem tržištu, **osnovni parametar za određivanje tražnje** proizvoda proizvođača mineralnih voda iz Srbije je potrošnja mineralnih voda na tržištu Srbije[6].

Sa statističkog aspekta, upoređivanje potrošnje mineralne vode po različitim državama se vrši na osnovu godišnje potrošnje po glavi stanovnika. U Srbiji se poslednjih godina troši nešto manje od 80 litara mineralne vode po glavi stanovnika, što je na nivou zemalja iz okruženja (Slovenija, Hrvatska, Bosna i Hercegovina i dr.), ali znatno niže od pojedinih najrazvijenijih zemalja članica Evropske Unije. Najveća potrošnja mineralne vode u evropskim zemljama je u Italiji (196 litara) i Nemačkoj (157 litara), dok je od ostalih evropskih zemalja najveća potrošnja, preko 100 litara, u Belgiji, Francuskoj, Španiji, Austriji i Švajcarskoj. Dakle, i pored toga što na potrošnju mineralne vode mogu da utiču i drugi faktori (na primer, kvalitet vode iz javnog vodovoda), potrošnja je prvenstveno uslovljena ekonomskom snagom stanovništva. Preciznije, u razvijenijim i bogatijim državama je veća potrošnja mineralnih voda po glavi stanovnika nego što je to u siromašnijim državama.

Uzevši u obzir navedeno, količinska **potrošnja mineralnih voda na tržištu Srbije** opredeljena je sledećim **relevantnim faktorima tražnje**:

- demografskim i
- ekonomskim.

Demografska obeležja koja predstavljaju ključne determinante tražnje su:

- broj stanovnika i
- struktura stanovništva.

Poslednjih godina područje Srbije karakteriše permanentno smanjenje *broja stanovnika*.

---

[6] Zbog nedostatka relevantnih statističkih podataka, svi podaci za Srbiju se odnose na prostor bez Kosova i Metohije.

Tabela 6.3. - *Broj stanovnika u Srbiji po okruzima*

Okrug	Broj stanovnika po popisu iz 2002. godine	Procenjeni broj stanovnika 30.06.2006. godine
Beograd	1.576.124	1.602.861
Severnobački okrug	200.140	195.731
Srednjebanatski okrug	208.456	199.999
Severnobanatski okrug	165.881	158.984
Južnobanatski okrug	313.937	308.706
Zapadnobački okrug	214.011	203.985
Južnobački okrug	593.666	600.204
Sremski okrug	335.901	334.989
Mačvanski okrug	329.625	320.029
Kolubarski okrug	192.204	186.007
Podunavski okrug	210.290	207.217
Braničevski okrug	200.503	195.570
Šumadijski okrug	298.778	293.869
Pomoravski okrug	227.435	221.704
Borski okrug	146.551	138.462
Zaječarski okrug	137.561	129.937
Zlatiborski okrug	313.396	305.072
Moravički okrug	224.772	220.094
Raški okrug	291.230	296.761
Rasinski okrug	259.441	251.352
Nišavski okrug	381.757	378.059
Toplički okrug	102.075	98.230
Pirotski okrug	105.654	100.133
Jablanički okrug	240.923	234.018
Pčinjski okrug	227.690	229.596
UKUPNO	**7.498.001**	**7.411.569**

Izvor: Republički zavod za statistiku Srbije (www.webrzs.stat.gov.rs)

Kao što je iz prezentiranih podataka uočljivo, broj stanovnika ima tendenciju rasta u Beogradu, Južnobačkom okrugu (Novi sad sa okolnim mestima), Raškom i Pčinjskom okrugu. Posebno je značajan rast u gradskim centrima (Beograd i Novi Sad) jer je u tim okruzima, zbog nivoa razvijenosti, potrošnja mineralnih voda po glavi stanovnika veća od potrošnje u ostalim okruzima. U svim ostalim okruzima se smanjuje broj stanovnika, a tendencija opadanja ukupnog broja stanovnika u Srbiji je nastavljena i poslednjih godina. Prema podacima Republičkog zavoda za statistiku Srbije, na teritoriji Srbije je broj stanovnika 1.1.2008. godine procenjen na 7.365.507, što je za oko 46.000 stanovnika manje u odnosu na procenu iz sredine 2006. godine.

Pored broja stanovnika, na tražnju mineralnih voda bitno utiče i *struktura stanovni-štva*. Pod navedenim se, pre svega, misli na strukturu domaćinstava sa urbanog, sta-rosnog i polnog aspekta.

Gradska domaćinstva, koja su dominantni nosioci tražnje mineralnih voda, obuhva-taju 59% od ukupnog broja domaćinstava (oko 2.536.000 domaćinstava).

Stanovništvo najmlađeg (0-19. godina) i najstarijeg uzrasta (60+ godina) najmanje učestvuje u potrošnji mineralne vode, odnosno najznačajniji nosioci tražnje su iz srednjih starosnih grupacija (20-59. godina). U okviru ove grupacije (20-59. godina), veća je potrošnja mineralne vode po glavi stanovnika kod stanovnika muškog pola.

Tabela 6.4. - *Starosna i polna struktura stanovništva Srbije sredinom 2007. godine*

Starosna grupacija	Broj stanovnika			Struktura u %
	Ukupno	Muško	Žensko	
0-19. godina	1.589.090	815.288	773.802	21,53
20-39. godina	1.999.777	1.009.417	990.360	27,09
40-59. godina	2.153.172	1.055.526	1.097.646	29,17
60+ godina	1.639.540	708.726	930.814	22,21
UKUPNO	**7.381.579**	**3.588.957**	**3.792.622**	**100,00**

Izvor: Republički zavod za statistiku Srbije (webrzs.stat.gov.rs)

Kupovna moć stanovništva je izuzetno važan faktor efektivne tražnje svih proizvoda i usluga lične potrošnje, a time i tražnje za mineralnim vodama. Iako postoji veliki broj raznovrsnih faktora koji mogu da utiču na kupovnu moć stanovništva (zaduženost, doznake iz inostranstva, prihodi od kapitala itd.), dugoročno posmatrano, glavni po-kazatelj promena stanja kupovne moći je realan rast bruto domaćeg proizvoda (u na-stavku: BDP).

Tabela 6.5. - *Realan rast BDP u Srbiji u periodu 2001-2008. godine*

Realan rast	2001.	2002.	2003.	2004.	2005.	2006.	2007.	2008.
BDP u %	5,4	3,6	2,8	8,2	6,0	5,6	7,1	6,1

Izvor: Narodna banka Srbije (www.nbs.rs)

Na osnovu podataka iz prethodne tabele se može zaključiti da je Srbija od početka pe-rioda tranzicije imala dinamičan ekonomski rast, po godišnjim stopama realnog rasta BDP od 2,8% do 8,2%. Upoređivanjem, u istom periodu, rasta bruto domaćeg proiz-voda sa rastom potrošnje mineralnih voda na tržištu Srbije potvrđuje se ranije iznet zaključak o uslovljenosti potrošnje mineralnih voda od kupovne moći stanovništva.

Kako se plastični zatvarači mogu koristiti samo u PET bocama, a i kako se zatvarači od 38 mm mogu koristiti kao input samo kod PET boca koje ne sadrže količine manje od jednog litra mineralne vode, pored potrošnje mineralnih voda na tržištu Srbije, **relevantni faktori tražnje proizvoda koji je predmet ovog Projekta** su:

- udeo prodatih PET boca u ukupnom broju prodatih boca mineralne vode i
- struktura količine mineralne vode po pojedinim PET bocama.

Upoređujući kvalitativne aspekte, staklene boce su kvalitetnije od PET boca iz razloga što plastične boce koje se koriste u proizvodnji mineralnih voda: delimično propuštaju ultravioletne zrake, a time snižavaju kvalitet same supstance; posle određenog vremena ispuštaju kompleksne, često toksične molekule i time se u sadržaj supstance unose nezdravi nusprodukti; neadekvatne su sa ekološkog aspekta jer zagađuju životnu sredinu itd. I pored navedenog, *udeo prodatih Pet boca u ukupnom broju prodatih boca mineralne vode* je u Srbiji poslednjih desetak godina rapidno rastao, tako da poslednjih godina iznosi oko 90%. Osnovni razlog za uočeni rast je ekonomski jer je staklena boca skuplja od PET boce. Takođe, u prilog korišćenja PET boca je i praktičnost jer su staklene boce nepogodnije za transport (teže su, lomljive i većeg gabarita). Značajan udeo prodatih PET boca u ukupnom broju prodatih boca mineralne vode je karakterističan i za najrazvijenije države Zapadne Evrope (u Španiji 88%, Italiji 75%, Francuskoj 70% itd.), osim Nemačke u kojoj je zbog rigoroznih ekoloških standarda udeo PET boca samo 30%. Od zemalja u okruženju najveći udeo prodatih PET boca u ukupno prodatim bocama je u Mađarskoj i iznosi 92%.

Po pitanju *strukture količine mineralne vode po pojedinim PET bocama*, na tržištu Srbije postoje boce sa različitim količinama: 0,25 l, 1 l, 1,5 l, 5 l, 10 l itd. Analizom tržišta je ustanovljeno da je: godišnji broj prodatih boca, a time i godišnji broj prodatih zatvarača (pri proizvodnji mineralnih voda u PET bocama škart zatvarača je zanemarljiv), na nivou godišnje prodaje litara mineralne vode; i da prodate PET boce sa količinama koje nisu manje od litar obuhvataju oko 2/3 ukupno prodatih PET boca.

Potencijalno tržište za jednodelnim zatvaračima od 38 mm odrediće se uvažavajući sledeće činjenice: proizvođači iz Srbije poslednje dve godine proizvode oko 650 miliona litara mineralne vode, broj prodatih boca mineralnih voda je ekvivalentan litarskoj iskazanoj prodaji, 90% je udeo prodatih PET boca u ukupnoj prodaji boca mineralne vode, i od ukupno prodatih PET boca u 2/3 može, tehničko-tehnološkim prilagođavanjima, da se koriste jednodelni zatvarači od 38 mm.

Potencijalna tražnja za jednodelnim zatvaračima od 38 mm ≈
650 x 90% x 2 / 3 ≈ 390 miliona

Kada se posmatraju samo preduzeća sa kojima je Energoplast potpisao Predugovore, analizom tržišta ustanovljeno je da, generalno posmatrano, kod ovih preduzeća važe zaključci koji su dati za globalno posmatrane sve proizvođače mineralne vode iz Srbije (kako po pitanju udela prodatih PET boca u ukupnoj prodaji boca mineralne vode, tako i po pitanju procentualnog učešća prodatih PET boca sa količinama koje nisu manje od jednog litra). Zato je potencijalna tražnja ovih proizvođača opredeljena učešćem ovih preduzeća u ukupnoj prodaji mineralnih voda na tržištu Srbije.

Potencijalna tražnja za jednodelnim zatvaračima od 38 mm kupaca sa kojima je Energoplast potpisao Predugovore ≈ (297 / 650) x 650 x 90% x 2 / 3 ≈ 178,2 miliona

Po pitanju *kreditiranja kupaca*, dugi niz godina je karakteristična situacija da proizvođači zatvarača odobravaju proizvođačima mineralnih voda 30 dana odloženog plaćanja (samo za neto iznos), što je identičan period u kojem proizvođači mineralnih voda odobravaju odloženo plaćanje svojim glavnim kupcima (trgovinskim preduzećima). U Predugovorima koje je Energoplast potpisao sa svojim kupcima predviđeni su identični uslovi (samo neto iznos) i vreme (30 dana) kreditiranja.

U narednom periodu se ne očekuju značajnije **promene relevantnih faktora tražnje** koje bi uticale na promenu potencijalne tražnje za jednodelnim zatvaračima kupaca sa kojima je Energoplast potpisao Predugovore. Izneti zaključak je baziran na sledećim pretpostavkama:

- Očekivano manje smanjenje broj stanovnika biće, usled očekivanog rasta domaćeg proizvoda po glavi stanovnika, kompenzovano povećanom potrošnjom mineralne vode po glavi stanovnika, tako da će *ukupna potrošnja mineralnih voda na tržištu Srbije ostati nepromenjena.*

- Iako nisu lošijeg kvaliteta od mineralnih voda najvećih svetskih proizvođača,[7] zbog nedostatka sredstava za adekvatnu promociju i formiranje adekvatne distributivne mreže na inostranim tržištima, očekuje se da *izvoz mineralnih voda proizvođača iz Srbije količinski i teritorijalno ostane nepromenjen.*

- Usled prepoznatog kvaliteta mineralnih voda domaćih proizvođača od strane domaćih potrošača, nižih transportnih i nepostojanja carinskih troškova, *ne očekuje se da se na tržištu Srbije promeni količina uvoza mineralne vode.*

- Obzirom na snagu, proaktivno prilagođavanje tržišnim uslovima, očekuje se da *proizvođači sa kojima je Energoplast potpisao Predugovore u budućnosti zadrže postojeće tržišno učešće na tržištu Srbije.*

---

[7] Više od 50% tržišnog učešća na svetskom tržištu mineralnih voda imaju sledeće četiri kompanije: Nestle, Koka-kola, Danone i Pepsiko.

- I pored uočenih negativnih konotacija sa ekoloških aspekata, *ne očekuje se na ciljnom tržištu, u roku trajanja projekta, promena zakonske regulative koja bi snizila učešće prodatih PET boca u ukupno prodatim bocama mineralne vode.*

- *Struktura prodatih boca će ostati nepromenjena*, odnosno biće na nivou broja prodatih litara, a u 2/3 od ukupnih prodatih PET boca neće biti sadržana količina manja od jednog litra.

Procena tražnje biće bazirana samo na kupcima sa kojima je Energoplast potpisao Predugovore i koji su već ugovorili kupovinu tehnološke opreme koja je potrebna za korišćenje jednodelnih zatvarača kao proizvodnog inputa. Na osnovu količina iz Predugovora, zaključuje se da će se kod ovih kupaca od ukupne proizvedene količine mineralnih voda u PET bocama koja količinski nije manja od jednog litra:

- 2010. godine u oko 51% (90 miliona zatvarača) koristiti jednodelni plastični zatvarači od 38 mm kao proizvodni input,

- 2011. godine u oko 62% (110 miliona zatvarača) koristiti jednodelni plastični zatvarači od 38 mm kao proizvodni input i

- 2012-2019. godine u oko 73% (130 miliona zatvarača) koristiti jednodelni plastični zatvarači od 38 mm kao proizvodni input.

Kao što je ranije napomenuto, stvarna tražnja za jednodelnim plastičnim zatvaračima od 38 mm na tržištu Srbije može biti veća za tražnju od strane proizvođača koji trenutno nisu doneli odluku o korišćenju jednodelnih plastičnih zatvarača, naročito što se njihovim korišćenjem snižava cena koštanja. Međutim, kako su količine precizirane Predugovorima na nivou optimalnog kapaciteta tehnološke opreme koja je planirana da se koristi, ta povećana tražnja nije predmet ovog Projekta, već može biti interesantna samo u slučaju trenutno nepredvidivih okolnosti. Pod navedenim se prvenstveno misli na situaciju da se kod pojedinih kupaca, potpisnika Predugovora, u budućnosti pojave ozbiljni problemi, kada bi se smanjenje planiranog plasmana kod ovih kupaca nadomestilo plasmanom kod drugih kupaca.

6.4. Analiza i procena promocije, distribucije i cene

Obzirom na namenu proizvoda, osnovni oblik **promotivnih aktivnosti** koji primenjuju i koji će u budućnosti primenjivati proizvođači zatvarača je *lična prodaja*. Ovaj oblik promotivnih aktivnosti, direktno obraćanje potencijalnim kupcima, je primenjivao i Energoplast što je rezultiralo potpisanim Predugovorima. Osim navedenog, u budućnosti će se od strane Energoplasta koristiti i drugi oblici promotivnih aktivnosti, pre svih aktivnosti *unapređenja prodaje*, koje obuhvataju nastupe na sajmovima, izradu kataloga i ostalog propagandnog materijala, a sve sa ciljem da se i drugi potencijalni kupci zainteresuju za preorijentisanje po pitanju zatvarača koje će koristiti kao proizvodni input. Takođe, u slučaju potrebe će se primenjivati i *lobiranje*, sa osnovnim ciljem da se potenciranjem zaštite domaćih proizvođača ne snizi carina na uvoz zatvarača jer je to osnovni razlog zašto je na tržištu Srbije niža prodajna cena jednodelnih plastičnih zatvarača Energoplasta od prodajnih cena inostranih proizvođača.

Distribucija zatvarača se na ciljnom tržištu vrši *kratkim kanalima*, odnosno nisu uobičajeni posrednici između proizvođača i kupaca. Po pitanju *organizatora fizičke distribucije*, najekonomičnije je da transportna sredstva prodavaca flaširanih mineralnih voda, u povratku, odnosno nakon isporuke flaširanih mineralnih voda potrošačima ili distributerima, svojim transportnim sredstvima transportuju zatvarače. Stoga se cena zatvarača uobičajeno određuje na paritetu »franko proizvođač zatvarača«. Navedene opšte pravilnosti će biti karakteristične i za distribuciju jednodelnih zatvarača Energoplasta i po pitanju distribucije se ne očekuju nikakve promene u narednom periodu.

Dijagram 6.6. - *Planirana distribucija jednodelnih zatvarača Energoplasta*

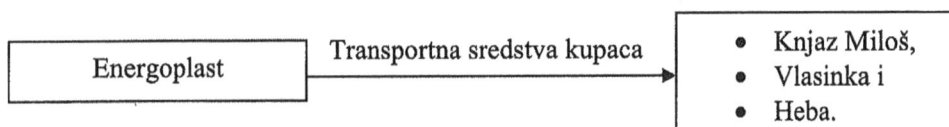

Za analizu **cena** jednodelnih zatvarača od značaja su sledeće činjenice:

- postojeća ponuda jednodelnih zatvarača od 38 mm je isključivo od strane inostranih proizvođača,

- carina sa carinskom evidencijom na uvoz zatvarača iz Mađarske i Rumunije (države gde se nalaze pogoni najznačajnijih proizvođača) iznosi 12% i

- troškovi transporta su zanemarljivi.

Ponuđena neto cena kupcima iz Srbije od strane svih najznačajnijih (inostranih) konkurenata je oko 0,0105 EUR po jednodelnom plastičnom zatvaraču od 38 mm, što je za 5% više od cene koja je precizirana Predugovorima između Energoplasta i kupaca. Neto cena dvodelnih zatvarača, to jest zatvarača koji su do sada koristili kupci sa kojima su potpisani Predugovori, iznosi 0,13 EUR po zatvaraču. U budućnosti, osim ako se ne ukinu carine na uvoz zatvarača, ne očekuju se značajnije promene cena zatvarača.

Na tržištu zatvarača je izražena unificiranost cena, odnosno eventualni mali količinski rabati se odobravaju samo u slučaju veće kupovine. U budućnosti se ni po pitanju unificiranosti cena ne očekuju značajnije promene.

6.5. Analiza i procena ponude

Kako na tržištu Srbije do sada nisu korišćeni jednodelni plastični zatvarači od 38 mm, nemoguće je analizirati ponudu ovog proizvoda u prethodnom periodu.

Što se tiče dvodelnih plastičnih zatvarača, pored Energoplasta i tri ranije navedena multinacionalna preduzeća sa pogonima u okolnim državama, preko 1% tržišnog učešća u prodaji zatvarača proizvođačima mineralnih voda iz Srbije imaju sledeća dva proizvođača iz Srbije: Alfa Plast - Kragujevac i Varbo - Beograd.

Tabela 6.7. - *Procentualno učešće u prodaji zatvarača proizvođačima mineralnih voda iz Srbije u periodu 2006-2008. godine*

Proizvođač	Učešće u prodaji zatvarača proizvođačima mineralnih voda iz Srbije		
	2006.	2007.	2008.
Energoplast	29%	38%	38%
Alcoa	26%	21%	20%
Bericap	25%	21%	20%
Crown Cork	15%	11%	10%
Alfa plast	2%	4%	6%
Varbo	2%	3%	4%
Ostali	1%	2%	2%

Na osnovu podataka iz tabele uočljivo je smanjenje tržišnog učešća inostranih, a povećanje tržišnog učešća domaćih proizvođača. Osnovni razlog za uočenu tendenciju je niža cena zatvarača domaćih proizvođača, što je prvenstveno posledica nepostojanja carinskih troškova. I pored viših cena, učešće inostranih proizvođača je i dalje značajno, pre svega zbog potrebnog vremena da se proizvođači mineralnih voda iz Srbije preorijentišu na nove dobavljače, odnosno zbog potrebnog vremena da domaći proizvođači zatvarača: dokažu kvalitet i stalnost kvaliteta, garantuju obezbeđenje potrebnih količina, to jest garantuju kontinuitet u snabdevanju; i dr.

Razlika u veličini, pa i u ekonomskoj snazi, najznačajnijih inostranih konkurenata i Energoplasta može se uočiti upoređivanjem postojeće prodaje Energoplasta od 250 miliona dvodelnih zatvarača i planiranom prodajom jednodelnih zatvarača u godini punog kapaciteta od 130 miliona zatvarača, s jedne strane, sa prodajom jednodelnih i dvodelnih plastičnih zatvarača u 2008. godini inostranih preduzeća iz pogona u Rumuniji i Mađarskoj,[8] s druge strane, a koji su prikazani u narednoj tabeli.

---

[8] Pogoni u Rumuniji i Mađarskoj su formirani za plasman na tržište Istočne i Srednje Evrope.

Tabela 6.8. - *Prodaja plastičnih zatvarača u 2008. godini od strane najznačajnijih svetskih proizvođača iz pogona u Rumuniji i Mađarskoj*

Proizvođač	Prodaja u milionima zatvarača	
	Dvodelni zatvarači	Jednodelni zatvarači
Alcoa	2.500	1.200
Bericap	2.300	650
Crown Cork	2.200	500
UKUPNO	**7.000**	**2.350**

Relevantni faktori ponude su prvenstveno faktori koji će destimulativno uticati na buduću ponudu i odnose se na:

- postojeću konkurenciju i

- potencijalnu konkurenciju.

Faktori koji će destimulativno uticati na postojeću konkurenciju, odnosno na ponudu najznačajnijih svetskih proizvođača jednodelnih plastičnih zatvarača od 38 mm su:

- potpisani Predugovori između Energoplasta i najznačajnijih kupaca i

- carinska opterećenja.

Obzirom na potpisane Predugovore sa svim kupcima sa tržišta Srbije koji su doneli odluku da zamene vrstu zatvarača (jednodelne umesto dvodelne) koje će koristiti kao proizvodni input, i u navedenom kontekstu preduzeli potrebne aktivnosti (potpisanim ugovorima o kupovini tehnološke opreme koja je prilagođena korišćenju jednodelnih plastičnih zatvarača), nezadovoljene tražnje za jednodelnim plastičnim zatvaračima kod ovih proizvođača mineralne vode neće ni biti.

Obzirom na visok nivo nezaposlenosti, negativan platni bilans i druge faktore koji utiču na potrebu zaštite domaćih proizvođača, nema nikakvih indicija za snižavanje carine na uvoz zatvarača iz inostranstva. Stoga, iako se pojave novi proizvođači mineralnih voda koji donesu odluku o zameni vrste zatvarača koje će koristiti kao proizvodni input, opredeljivanje za inostrane proizvođače biće uslovljeno nedovoljnom ponudom domaćih proizvođača zatvarača, a ne niže prodajne cene. Eventualno, obzirom na politiku pojedinih najvećih svetskih proizvođača mineralnih voda da na svim tržištima nabavljaju zatvarače od istih proizvođača, u slučaju da ta preduzeća kupe pojedina preduzeća mineralne vode iz Srbije, postoji mogućnost da se tim proizvođačima mineralnih voda plasiraju jednodelni plastični zatvarači od strane najznačajnijih svetskih proizvođača plastičnih zatvarača.

Osnovni destimulativni faktor koji će uticati na potencijalnu konkurenciju je ulaganje, koje se javlja kao ulazna barijera. Ulaganje je visoko, prvenstveno zbog činjenice da je Energoplast sa najznačajnijim proizvođačima mineralnih voda iz Srbije potpisao Predugovore, tako da horizontalna diversifikacija postojećih domaćih proizvođača dvodelnih zatvarača, ulazak na tržiše domaćih proizvođača koji do sada nisu prodavali zatvarače ili formiranje pogona u Srbiji od strane najznačajnijih svetskih proizvođača jednodelnih plastičnih zatvarača bi bilo ekonomski neopravdano.

Mogućnost *vertikalne integracije* je jedini stimulativni faktor koji bi mogao da utiče na potencijalnu ponudu, a koji bi imao negativne efekte na poslovanje Energoplasta. Tu se prvenstveno misli na proizvođače mineralnih voda koji bi, zbog snižavanja troškova, samostalno počeli proizvodnju jednodelnih plastičnih zatvarača. Opasnost od vertikalne integracije je mala jer u prethodnom periodu, kako proizvođači mineralnih voda iz Srbije, tako i najznačajniji proizvođači mineralnih voda na svetskom nivou, nisi bili skloni ovakvom obliku integracije.

Na osnovu svega do sada iznetog, po pitanju **procene buduće ponude**, procenjuje se da Energoplast neće imati ozbiljnu konkurenciju. Šta više, u slučaju pojave uvećane tražnje od strane drugih proizvođača mineralne vode iz Srbije, a što nije predmet ovog Programa, realno je očekivati da, kupovinom dodatne tehnološke opreme, tu uvećanu tražnju zadovolji Energoplast.

6.6. SWOT analiza

Tabela 6.9. - *Matrični prikaz SWOT analize*

Snage	Slabosti
<ul><li>potpisani Predugovori o prodaji jednodelnih zatvarača sa najznačajnijim proizvođačima mineralnih voda iz Srbije,</li><li>nabavka najnovije tehnološke opreme za proizvodnju jednodelnih zatvarača,</li><li>pozitivno mišljenje kupaca o dosadašnjem kvalitetu proizvoda Energoplasta,</li><li>dokazani menadžment,</li><li>zadovoljavajuća likvidnost Preduzeća,</li><li>adekvatna lokacija i</li><li>dugoročna uspešna saradnja sa dobavljačima.</li></ul>	<ul><li>pogoni najznačajnijih svetskih proizvođača jednodelnih zatvarača se nalaze u državama iz neposrednog okruženja,</li><li>nedovoljan finansijski potencijal za adekvatan nastup na inostranim tržištima i</li><li>znatno veća realizacija u pogonima iz okruženja (a time i niža cena koštanja) prouzrokuje na inostranim tržištima i nižu prodajnu cenu jednodelnih zatvarača najznačajnijih svetskih proizvođača od prodajne cene Energoplasta.</li></ul>
Mogućnosti	Pretnje
<ul><li>rast bruto domaćeg proizvoda uticaće na povećanje potrošnje mineralne vode stanovnika iz Srbije, to jest na približavanje nivou potrošnje koji je u državama Zapadne Evrope;</li><li>niža cena koštanja jednodelnih zatvarača od dvodelnih (za oko 30%) će uticati na povećanu tražnju za jednodelnim zatvaračima proizvođača iz Srbije, iz razloga što i drugi proizvođači mineralne vode iz Srbije, to jest proizvođači sa kojima Energoplast nije potpisao Predugovore, imaju interes da u budućnosti zamene proizvodni input;</li><li>proaktivno prilagođavanje tržišnim uslovima od strane proizvođača sa kojima je Energoplast potpisao Predugovore uticaće na povećanje njihovog tržišnog učešća, a time i za većim potrebama za jednodelnim zatvaračima od količina preciziranih Predugovorima; i</li><li>negativan platni bilans i visoka stopa nezaposlenosti će uticati na zakonodavnu vlast da, putem carinskih opterećenja, zadrže visok nivo zaštite domaćih proizvođača.</li></ul>	<ul><li>tržište sa visokim nivoom političkog i ekonomskog rizika,</li><li>nepovoljniji bankarski krediti u Srbiji što ima za posledicu veće troškove zaduženja Energoplasta od troškova inostranih proizvođača,</li><li>vertikalna integracija proizvođača mineralnih voda iz Srbije,</li><li>horizontalna diversifikacija proizvodnog programa postojećih proizvođača dvodelnih zatvarača iz Srbije, uvođenjem kapaciteta za proizvodnju jednodelnih zatvarača;</li><li>pojava novih domaćih proizvođača iz Srbije koji se do sada nisu bavili proizvodnjom zatvarača,</li><li>otvaranje pogona u Srbiji od strane najznačajnijih svetskih proizvođača jednodelnih zatvarača,</li><li>pooštravanje zakonske regulative po pitanju zaštite životne sredine, koje će prouzrokovati sniživanje udela prodatih PET boca u ukupno prodatim bocama mineralne vode; i</li><li>ukidanje ili sniživanje carinskih opterećenja na uvoz zatvarača, kao uslov za pristupanje Evropskoj Uniji.</li></ul>

6.7. Projekcija plasmana proizvoda

Na osnovu podataka iz potpisanih Predugovora, u narednoj tabeli je u veku trajanja projekta projektovan plasman jednodelnih plastičnih zatvarača od strane Energoplasta, kao i prodajne cene po jedinici (komadu) proizvoda.

Tabela 6.10. - *Projektovan plasman i prodajne cene*

Kupac	Prodajna cena po komadu u EUR	Prodaja jednodelnih plastičnih zatvarača od 38 mm u milionima komada		
		2010.	2011.	2012-2019.
Knjaz Miloš	0,01	60	70	80
Vlasinka	0,01	20	25	30
Heba	0,01	10	15	20
UKUPNO		**90**	**110**	**130**

Količina prodaje jednodelnih plastičnih zatvarača od 38 mm će se razlikovati tokom perioda godine iz razloga što je tražnja za mineralnim vodama, a time i tražnja za zatvaračima, uslovljena sezonskim oscilacijama. Analizom tržišta ustanovljeno je da je tražnja za mineralnim vodama u Srbiji najveća u letnjim mesecima, za vreme novogodišnjih i verskih praznika (slave, Božić itd.). Posmatrano po pojedinačnim mesecima u godini, tražnja za mineralnim vodama je: *najveća* u januaru, maju, junu, julu, avgustu i decembru; *osrednja* u aprilu i septembru; i *najmanja* u februaru, martu, oktobru i novembru. Obzirom na navedeno, može se prihvatiti da će se u proseku prodaja jednodelnih plastičnih zatvarača od 38 mm dešavati sredinom godine.

Broj dana vezivanja gotovih proizvoda odrediće se uvažavajući odredbu Predugovora kojom je precizirano da će Energoplast, za potrebe reagovanja na veću porudžbinu ili premošćavanje eventualnih proizvodnih zastoja, uvek na „lageru" imati zatvarače čija količina odgovara sedmodnevnim potrebama kupaca; i pretpostavku da će intenzitet prodaje biti sličan kao i u dosadašnjem poslovanju Energoplasta, to jest da će kupci u proseku svakih 6 dana odvoziti zatvarače u svoje proizvodne pogone.

Pored unificirane cene, Predugovorima je za sve kupce predviđen i identičan period **kreditiranja kupaca**, koje iznosi **30 dana**. Kreditiranje se odnosi samo na neto iznos.

Promotivne aktivnosti će prvenstveno obuhvatiti aktivnosti lične prodaje. Troškovi ostalih promotivnih aktivnosti kao što su, na primer, nastupi na sajmovima, izrada kataloga itd., se na godišnjem nivou procenjuju u visini od 20.000 EUR.[9]

---

[9] Odnose se samo na dodatne troškove, odnosno na ukupne troškove nastupa na sajmovima, izradu kataloga i dr., umanjene za troškove ove vrste koji bi postojali u slučaju da se ne realizuje razmatrana investicija, odnosno umanjeni za troškove ove vrste koji bi postojali da Energoplast u budućnosti nastavi da proizvodi samo dvodelne plastične zatvarače.

Distribucija jednodelnih zatvarača Energoplasta će se vršiti kratkim kanalima, tako da prodajna cena neće biti opterećena posredničkim maržama. Što se tiče organizatora fizičke distribucije, transport zatvarača će se vršiti transportnim sredstvima kupaca. Stoga, projektovane **prodajne cene** koje su prikazane u prethodnoj tabeli su date na paritetu »franko fabrika proizvođača zatvarača«, odnosno »**franko Energoplast**«.

7. PLAN NABAVKE

7.1. Specifikacija i opis potrebnih inputa

U zavisnosti od toga da li određeni materijalni input predstavlja sadržajuću supstancu gotovog proizvoda, svi potrebni materijalni inputi koji se koriste za proizvodnju i za plasman jednodelnih plastičnih zatvarača od 38 mm se razvrstavaju u dve sledeće grupe:

- repromaterijal (sadržajuće supstance gotovog proizvoda) i
- ambalaža (nisu sadržajuće supstance gotovog proizvoda).

U **repromaterijal** spadaju:

- polietilen visoke gustine,
- boja za zatvarače (masterbatch),
- boja za štampu i
- razređivač.

Polietilen je hemijski proizvod koji se dobija polimerizacijom etena, to jest tehnološkim procesom kojim se raskida dvostruka veza u molekulu etena. Polietilen se može proizvesti na različite načine, a u današnje vreme se za proizvodnju najčešće koriste specijalni metal-organski katalizatori (jedinjenja titana i aluminijuma). Polietilen je bez ukusa i mirisa, pa je, stoga, pogodan za proizvodnju različitih proizvoda koji spadaju u oblast prehrambene industrije. Sama proizvodnja se zasniva na preradi polietilena primenom različitih tehnika (duvanje, brizganje, ekstruzija, presovanje itd.).

Postoji više vrsta polietilena, koji se, usled hemijskog sastava, prvenstveno razlikuju po gustini. Osnovne dve vrste polietilena su polietilen visoke gustine i polietilen niske gustine. *Polietilen visoke gustine* je kvalitetniji od polietilena niske gustine iz razloga što garantuje veću sigurnost i bolje mehaničke karakteristike gotovog proizvoda.[10] Iz tog razloga se prilikom proizvodnje svih vrsta plastičnih zatvarača, pa i prilikom proizvodnje jednodelnih plastičnih zatvarača od 38 mm, od polietilena visoke gustine pravi telo zatvarača.

Da bi bio kompatibilan sa sastojkom tela zatvarača, *boja za zatvarače (masterbatch)* koja se koristi u proizvodnji jednodelnih plastičnih zatvarača je takođe proizvod koji se dobija od polietilena, s tim što se za njegovu proizvodnju koristi polietilen niske gustine.

---

[10] O polietilenu su korišćene informacije sa sledećih sajtova: www.pesifit.co.yu, www.belplastcompany.com, www.hip-petrohemija.com i www.sr.wikipedia.org.

Boja za štampu je hemijski proizvod koji služi da se na zatvaraču utisne ime kupca zatvarača, to jest ime proizvođača mineralne vode.

Razređivač se zajedno koristi sa bojom za štampu i služi da razredi boju za štampu, odnosno da snizi nivo njene gustine. Korišćenjem razređivača omogućava se adekvatan kvalitet štampe.

U **ambalažu** spadaju:

- kese,
- kutije,
- selotejp,
- polipropilenske trake,
- metalne kopče,
- etikete i
- palete.

U zavisnosti od toga da li se određena ambalaža koristi jednokratno ili se može koristiti više puta razlikuje se:

- *bespovratna ambalaža* - kese, kutije, selotejp, etikete, polipropilenske trake i metalne kopče; i
- *povratna ambalaža* - palete.

Kese su polietilenske, pojedinačne težine od 58 grama, i koriste se kao ambalaža u koje se pakuju jednodelni zatvarači od 38 mm. U Tehničko-tehnološkoj analizi Projekta je precizirano da je optimalni kapacitet jedne kese 2.000 jednodelnih zatvarača od 38 mm.

Kutije su petoslojne, od kartonskog su materijala, štampane su, perforirane i leplje-ne. U kutije se pakuju kese sa zatvaračima. Kako je u Tehničko-tehnološkoj analizi Projekta naznačeno da se u jednoj kutiji nalazi jedna kesa sa zatvaračima, optimalni kapacitet jedne kutije je 2.000 jednodelnih zatvarača od 38 mm.

Dimenzija jedne kutije = 390 mm x 590 mm (visina) x 390 mm

Selotejp služi da bi se zatvorio otvor na kutiji kako ne bi došlo do prosipanje kese sa zatvaračima.

Osnovna svrha *polipropilenskih traka i metalnih kopči* je da predstavljaju dodatnu za-štitu tokom transporta i tokom manipulacije kutijama. Sam postupak korišćenja ovih materijalnih inputa predviđa da se: prvo, polipropilenskom trakom obmota kutija; i

437

drugo, da se obmotane polipropilenske trake učvršćuju heftanjem sa posebnom vrstom metalne kopče.

Etikete su samolepljive i lepe se na kutiji (jedna etiketa na jednu kutiju). Na etiketi je utisnut znak Energoplasta sa osnovnim podacima o ovom preduzeću. Pored toga, na etiketi su sadržani podaci o broju i boji zatvarača koji je upakovan.

Dimenzija jedne etikete = 185 mm x 105 mm

Palete su od drvenog materijala i služe za efikasnije odlaganje i transportovanje kutije sa zatvaračima. Korišćenjem paleta se ubrzava proces utovara i istovara kutija sa zatvaračima. Naime, viljuškarima upakovane kutije, koje se nalaze na paletama, se transportuju i, takođe viljuškarima, u proizvodnim pogonima kupaca istovaruju zajedno sa paletama.

Dimenzija jedne palete = 1.000 mm x 1.200 mm

7.2. Mogućnost nabavke inputa i ocena njihove supstitucije

Projektovana **potreba za repromaterijalom** u veku trajanja projekta određena je uvažavajući podatke iz:

- *Plana prodaje* - projekcija godišnjeg plasmana zatvarača; i
- *Tehničko-tehnološke analize* - od ukupne težine tela zatvarača od 4 grama (bez težine koja se odnosi na boju za štampu), 3,94 grama se odnosi na polietilen visoke gustine, a 0,06 grama na boju za zatvarače; litar boje za štampu i litar razređivača se troši na proizvedenih 350.000 zatvarača, i proizvodni škart gotovih proizvoda, a time i proizvodni škart repromaterijala iznosi 1%.

Tabela 7.1. - *Potreba za repromaterijalom u veku trajanja projekta*

Vrsta repromaterijala	Jedinica	Potrošnja repromaterijala u jedinicama		
		2011.	2012.	2013-2020.
Polietilen visoke gustine	kilogram	358.146	437.734	517.322
Boja za zatvarače (masterbatch)	kilogram	5.454	6.666	7.878
Boja za štampu	litar	257,14	314,29	371,43
Razređivač	litar	257,14	314,29	371,43

Projektovana **potreba za ambalažom** u veku trajanja projekta određena je uvažavajući podatke iz:

- *Plana prodaje* - projekcija godišnjeg plasmana zatvarača; i

- *Tehničko-tehnološke analize* - optimalni kapacitet jedne kese za zatvarače je 2.000 jednodelnih zatvarača od 38 mm; u jednu kutiju se pakuje jedna kesa za zatvarače, na jednu kutiju se stavlja jedna etiketa, potreban broj paleta je 400, s tim što zbog fizičkih oštećenja svake godine treba zameniti, odnosno nabaviti novih 100 paleta; i škart ambalaže je zanemarljiv.

U Tehničko-tehnološkoj analizi, obzirom da se radi o zanemarljivom trošku, nisu količinske iskazane potrebe za selotejpom i polipropilenskim trakama i metalnim kopčama. Stoga će se ovi utrošci u Projektu samo vrednosno iskazati. Prilikom vrednosnog određivanja uvažiće se istorijski podaci iz dosadašnjeg poslovanja Energoplasta (prezentirani u Tehničko-tehnološkoj analizi), na osnovu kojih:

- trošak selotejpa iznosi 0,02 EUR po jednoj kutiji i
- trošak polipropilenskih traka i metalnih kopči iznosi 0,03 EUR po kutiji.

Tabela 7.2. - *Potreba za ambalažom u veku trajanja projekta*

Vrsta ambalaže	Jedinica	Potrošnja ambalaže u jedinicama		
		2011.	2012.	2013-2020.
Kese	komad	45.000	55.000	65.000
Kutije	komad	45.000	55.000	65.000
Selotejp	EUR	900	1.100	1.300
Polipropilenske trake i metalne kopče	EUR	1.350	1.650	1.950
Etikete	komad	45.000	55.000	65.000
Palete	komad	400	100	100

Po pitanju **mogućnosti nabavke repromaterijala**, proizvodnja polietilena, od kojeg se pravi polietilen visoke gustine i boja za zatvarače (masterbatch), poslednjih godina u svetskim razmerama iznosi oko 60 miliona tona godišnje. Resursi polietilena nisu ograničeni, pa bi proizvodnja bila i veća u slučaju veće tražnje. Isti zaključak o većoj potencijalnoj od stvarne proizvodnje važi i za boju za štampu i razređivač, tako da u momentu izrade Projekta ne postoje nikakve indicije o problemima koji mogu nastati u budućnosti po pitanju količinske potrebne nabavke repromaterijala.

Pored potencijalne mogućnosti nabavke od većeg broja inostranih proizvođača, polietilen visoke gustine se može nabavljati i od domaćeg proizvođača (Petrohemija - Pančevo). Boju za zatvarače (masterbatch), boju za štampu i potreban razređivač za proizvodnju jednodelnih plastičnih zatvarača ne proizvode preduzeća iz Srbije, ali na tržištu Srbije (u Beogradu) postoji više distributera najznačajnijih svetskih proizvođača ovih repromaterijala.

Kako na domaćem tržištu postoji veliki broj proizvođača sve ambalaže koja je planirana da se koristi (kese, kutije, selotejp, polipropilenske trake, metalne kopče, etikete i palete), **mogućnost nabavke ambalaže** se ne dovodi u pitanje, odnosno u budućnosti se ne očekuju nikakve restrikcije u nabavci.

Predviđena tehnologija za pravljenje plastičnih jednodelnih zatvarača od 38 mm uslovljava postojanje definisanih inputa, tako da **ne postoji mogućnost supstitucije repromaterijala** sa drugom vrstom inputa. Iako je polietilen naftni derivat, u budućnosti se ne očekuje potreba za zamenom ovog repromaterijala jer je sama proizvodnja polietilena čista i efikasna, odnosno emisija štetnih supstanci je minimalna. Polietilen visoke gustine, boja za zatvarače (masterbatch), boja za štampu i razrеđivač su izuzetno pogodni za reciklažu. U slučaju potrebe, u posebnim uslovima, postoji mogućnost njihovog otapanja i ponovnog korišćenja. Polietilen se može koristiti i kao efikasno gorivo u toplanama i specijalizovanim spalionicama.

Kese, kutije, selotejp, polipropilenske trake, metalne kopče, etikete i palete su univerzalni inputi koji se u svetskim razmerama koriste kao ambalaža pri transportu jednodelnih plastičnih zatvarača. Stoga, po pitanju vrste inputa, **nema mogućnosti za adekvatnu supstituciju drugom vrstom ambalaže.**

Obzirom na materijal ambalaže koje je Energoplast planirao da koristi, polietilenska kesa za zatvarače je kritičan input čiju bi mogućnost supstitucije trebalo razmotriti. Naime, zbog problema sa recikliranjem polietilenskih kesa, poslednjih godina se u razvijenim zemljama upotreba ovog inputa sve više ograničava. Zato se umesto polietilenskih kesa preporučuje korišćenje kesa na bazi: skroba, hidro-biorazgradive plastike, papira i sl. Međutim, pored toga što su kese od ovih vrsta materijala skuplje od polietilenskih kesa, one nisu adekvatne za pakovanje plastičnih zatvarača. Otuda, proizvođači plastičnih zatvarača iz razvijenih zemalja, od alternativnih supstituta, najčešće za pakovanje plastičnih zatvarača koriste foto-biorazgradive kese (između ostalog, foto-biorazgradive kese se koriste i za pakovanje otpada), koje su za oko 50% skuplje od polietilenskih kesa koje su planirane da se kao ambalaža koriste u Energoplastu. Ove kese su takođe na bazi polietilena, ali, usled sadržajućih aditiva, ne emituju metan, tako da kese ne moraju biti zakopane u zemlju da bi se razgradile. Proces razgradnje foto-biorazgradivih kesa, pod uticajem sunčeve svetlosti, započinje posle tri meseca, a završava se nakon dve godine.

7.3.   Analiza i procena uslova nabavke inputa

Jedni proizvođač **polietilena visoke gustine** iz Srbije je Petrohemija iz Pančeva od kojeg je Energoplast i do sada nabavljao navedeni repromaterijal. U slučaju eventualnih problema u nabavci od strane domaćeg dobavljača, alternativni dobavljači su najpoznatiji proizvođači polietilena visoke gustine u svetu, odnosno distributeri iz Srbije sledećih svetskih proizvođača:

- TVK - mađarsko preduzeće;
- Basell Polyolefins - belgijsko preduzeće; i
- Solvay - nemačko preduzeće.

Cena Petrohemije za tonu polietilena visoke gustine je poslednjih godina, na paritetu »franko Energoplast«, varirala od 600-800 EUR (trenutna cena je 700 EUR). Cena inostranih proizvođača je zbog carinskih troškova za 10% bila viša od cene Petrohemije. Analizom tržišta je ustanovljeno da je osnovni relevantni faktor koji je uticao na ponudu bila nafta (što je i logično, obzirom da je polietilen naftni derivat), odnosno da je cena polietilena visoke gustine proporcionalno rasla i opadala shodno procentualnoj promeni cene nafte.

Boja za zatvarače (masterbatch) se na tržištu Srbije nabavlja od distributera sledećih svetskih proizvođača:

- Clariant - multinacionalno preduzeće sa pogonima u Italiji;
- Gabriel Chemie - austrijsko preduzeće; i
- Shullman - belgijsko preduzeće.

Cena za kilogram boje za zatvarače je na paritetu »franko Energoplast«, shodno promeni cene nafte, poslednjih godina varirala u rasponu od 5-7 EUR (trenutna cena je 6 EUR). U cenu su uključeni i carinski troškovi u visini od 5%.

Iako postoji veći broj distributera svetskih proizvođača, na tržištu Srbije se **boja za štampu i razređivač**, zbog boljih uslova nabavke (niža nabavna cena za oko 5%), najčešće nabavlja od distributera Tampoprinta (nemačko preduzeće). Cena je poslednjih godina konstantna i na paritetu »franko Energoplast«, uz uključene carinske troškove od 5%, je iznosila:

- 18 EUR za litar boje za štampu i
- 6 EUR za litar razređivača.

Proizvođači i distributeri svih vrsta repromaterijala vode unificiranu politiku cena, a distribuciju do kupaca vrše svojim transportnim sredstvima. Po pitanju uslova plaćanja, uobičajeno se za nabavku polietilena visoke gustine i boje za zatvarače (masterbatch) odobrava 60 dana, a za nabavku boje za štampu i razređivača 30 dana odloženog plaćanja. Odloženo plaćanje se odnosi samo na neto iznos.

Po pitanju **procene uslova nabavke repromaterijala,** ne očekuju se nikakve promene u narednom periodu. Ova očekivanja su prvenstveno bazirana na pretpostavci da će cena nafte, kao osnovnog relevantnog faktora ponude polietilena visoke gustine i boje za zatvarače (masterbatch), u stalnim cenama, ostati na sadašnjem nivou. Otuda se i sadašnje cene polietilena visoke gustine i boje za zatvarače mogu prihvatiti kao dugoročno realne.

Proizvodnjom **kesa** se bavi veliki broj proizvođača iz Srbije. Pojedini od njih su sledeći: Tim Company, Zorka, Plastic Union, Etplas, Galeb, Ipak, Zrmanja, Širko i FMB. Energoplast je od osnivanja do 2006. godine kese nabavljao od Zrmanje (Nova Pazova), a od 2006. godine kese nabavlja od Tim Company (Banatski Karlovac). Cena je u periodu 2005-2008. godine na paritetu »franko Energoplast« iznosila oko 0,1 EUR po komadu, dok je od početka 2009. godine cena snižena za 20%.

Kutije proizvodi veći broj proizvođača iz Srbije. Energoplast od početka 2007. godine ovu ambalažu nabavlja od Karteksa (Šimanovci), dok su od osnivanja Energoplasta do kraja 2006. godine kutije nabavljane od Avala Ade (Beograd). Cena kutije na paritetu »franko Energoplast« poslednjih pet godina iznosi oko 0,80 EUR po komadu.

Najznačajniji proizvođači **selotejpa** iz Srbije su: Šumadija (Beograd), Korać (Vrbas) i Domytape (Šid). Energoplast selotejp nabavlja od Šumadije i dugi niz godina trošak selotejpa iznosi oko 0,02 EUR po kutiji.

Najznačajniji proizvođači **polipropilenskih traki i metalnih kopči** iz Srbije su: Vuk (Beograd) i Pantović (Užice). Energoplast ovu vrstu ambalaže nabavlja od Vuka i dugi niz godina trošak polipropilenskih traki i metalnih kopči iznosi oko 0,03 EUR po kutiji.

Iako postoji veći broj proizvođača **etiketa** iz Srbije (Grafika - Novi Sad, Dimitrije Davidović - Smederevo, Expo - Novi Sad, Sirius - Niš i dr.), iskustva Energoplasta su da nijedan od njih ne garantuje dugoročan standardni kvalitet. Stoga, poslednje dve godine Energoplast nabavlja repromaterijal od distributera nemačkog proizvođača Zwekform. Cena na paritetu »franko Energoplast«, u koju su uključeni i carinski troškovi od 10%, iznosi 0,03 EUR po komadu.

Broj proizvođača **paleta** iz Srbije je ogroman jer svaka stolarska radionica može da proizvodi ovaj proizvod. Energoplast je do sada nabavljao palete od Bobeks Gradnje (Aranđelovac) i cena na paritetu »franko Energoplast« iznosi 5,20 EUR po paleti.

Proizvođači i distributeri svih navedenih ambalaža vode unificiranu politiku cena, a distribuciju do kupaca vrše svojim transportnim sredstvima. Po pitanju uslova plaćanja, uobičajeno se za nabavku kesa, kutija, etiketa i paleta odobrava 30 dana odloženog plaćanja (samo za neto iznos), dok se selotejp, polipropilenske trake i metalne kopče plaćaju u momentu nabavke, to jest u momentu isporuke od strane dobavljača.

Po pitanju **procene uslova nabavke ambalaže,** u narednom periodu se očekuje promena cene kesa. Naime, značajno sniževanje nabavnih cena kesa tokom 2009. godine je posledica nelojalne tržišne utakmice par proizvođača, što je uslovilo da i ostali proizvođači snize cenu za 20%. Takva politika cena uslovila je da prodajna cena ne pokriva cenu koštanja, pa su određeni proizvođači nestali sa tržišta. Zato se u skorijem periodu očekuje vraćanje cene na nivo iz prethodnih godina, odnosno na cenu od 0,1 EUR po komadu. Postojeće cene ostale ambalaže (kutije, selotejp, polipropilenske trake, metalne kopče, etikete i palete), postojeća distribucija i uslovi nabavke, se mogu prihvatiti kao realni, to jest po svim ovim pitanjima se u veku trajanja projekta ne očekuju nikakve promene.

7.4. Projekcija uslova nabavke inputa

Analizom tržišta je ustanovljeno da ima osnova za tvrdnju da će se u narednom periodu nabavka materijalnih inputa realizovati pod uobičajenim, prihvatljivim uslovima. Dobro razrađen tehnološki postupak, tehnološki uslovljeni materijalni inputi i poznati normativi, omogućuju pouzdanost u planiranju nabavki i održavanju kontinuiteta u snabdevanju. Na tržištu repromaterijala i ambalaže postoji veliki broj potencijalnih proizvođača sa kojima Energoplast dugi niz godina uspešno sarađuje.

Planirano je da se polietilen visoke gustine nabavlja od Petrohemije iz Pančeva, a sav ostali repromaterijal od distributera (svi se nalaze u Beogradu) inostranih proizvođača. Naime, iako carinska opterećenja stimulišu proizvodnju od strane domaćih proizvođača, postojeće stanje hemijske industrije u Srbiji ne uliva nadu u mogućnost da će se u veku trajanja projekta ostali uvozni repromaterijal supstituisati domaćim.

Celokupna ambalaža je planirana da se nabavlja od domaćih proizvođača, osim etikete koja je planirana da se nabavlja od distributera inostranog proizvođača.

Distribucija svih inputa će se vršiti voznim parkom dobavljača.

Procenjuju se sledeći **uslovi plaćanja** materijalnih inputa, koji su karakteristični i za dosadašnje poslovanje Energoplasta, i to: *60 dana odloženog plaćanja* (samo za neto iznos) - polietilen visoke gustine i boja za zatvarače (masterbatch); *30 dana odloženog plaćanja* (samo za neto iznos) - boja za štampu, razređivač, kese, kutije, etikete i palete; i *plaćanje tokom isporuke* - selotejp, polipropilenske trake i metalne kopče.

Broj dana vezivanja zaliha repromaterijala i ambalaže odrediće se uvažavajući dosadašnje poslovanje Energoplasta, odnosno: nabavka (dopremanje) repromaterijala i ambalaže svakih 40 dana; i držanje uvek na „lageru", za premošćavanje eventualnih problema sa nabavkom, zaliha repromaterijala i ambalaže za desetodnevne proizvodne potrebe.

Kako tokom godina nije planirana promena nabavnih cena, u narednoj tabeli je prikazana planirana **nabavna cena svih materijalnih inputa** u celom veku trajanja projekta, određena na paritetu »**franko Energoplast**«.

Tabela 7.3. - *Projekcija nabavnih cena potrebnih inputa*

Vrsta inputa	Jedinica	Nabavna cena po jedinici u EUR
Polietilen visoke gustine	kilogram	0,70
Boja za zatvarače (masterbatch)	kilogram	6,00
Boja za štampu	litar	18,00
Razređivač	litar	6,00
Kese	komad	0,10
Kutije	komad	0,80
Selotejp	EUR/kutiji	0,02
Polipropilenske trake i metalne kopče	EUR/kutiji	0,03
Etikete	komad	0,03
Palete	komad	5,20

8. INVESTICIONA ULAGANJA

8.1. Stalna imovina

U okviru Tehničko-tehnološke analize Projekta precizirana su sva potrebna ulaganja u stalnu imovinu. To su ulaganja u:

- tehnološku opremu - 800.000 EUR;
- objekat - 120.000 EUR; i
- viljuškar - 30.000 EUR.

Dinamika stvarnih ulaganja, koja je prikazana u narednoj tabeli, je projektovana shodno sledećim podacima:

- *za tehnološku opremu* - Odabrani proizvođač tehnološke opreme (Craus Maffei) je u ponudi precizirao da će od momenta ugovaranja do momenta isporuke i montaže proteći 6 meseci. Taj period obuhvata i potrebno vreme za probnu proizvodnju i za obuku radnika. Kako je početak eksploatacione faze planiran početkom 2010. godine, kupovinu tehnološke opreme najkasnije treba ugovoriti krajem juna 2009. godine. Proizvođač tehnološke opreme je u ponudi predvideo da se 30% od ukupne vrednosti plati neposredno nakon ugovaranja (istog dana), 40% nakon 4 meseca, to jest neposredno pre nego što nemontirana oprema bude dopremljena u pogon Energoplasta; i 30% šest meseci nakon ugovaranja, to jest po završetku montaže, probne proizvodnje i obuke radnika.

- *za objekat* - U Tehničko-tehnološkoj analizi Projekta je precizirano da je za izvođenje svih radova koji su svrstani u grupu Objekat potrebno 4 meseca. Obzirom na planirani početak eksploatacione faze, terminski plan realizacije objekta obuhvata period od početka septembra do kraja decembra 2009. godine. Odabrani izvođač objekta (Energoprojekt) je u ponudi predvideo uslove plaćanja po kojima bi radovi bili izvedeni bez avansa, a Energoplast bi mesečne fakture plaćao Energoprojektu na kraju meseca za radove izvršene u tom mesecu. Mesečne fakture bi se plaćale bez zadržavanja retencione kvote, to jest u kompletnom fakturisanom iznosu.

- *za viljuškar* - Odabrani proizvođač viljuškara (Clark) je u ponudi predvideo plaćanje kompletnog iznosa u momentu (danu) kada viljuškar bude isporučen kupcu. Kako Energoplast i u dosadašnjem poslovanju koristi viljuškar ovog proizvođača, nema razloga za posebnu obuku, pa će se viljuškar nabaviti neposredno pre početka eksploatacione faze.

Tabela 8.1. - *Iznos i dinamika stvarnih ulaganja*

Datum ulaganja	Ulaganje u EUR			
	Tehnološka oprema	Objekat	Viljuškar	Ukupno
30. jun 2009.	240.000			240.000
30. septembar 2009.		30.000		30.000
31. oktobar 2009.	320.000	30.000		350.000
30. novembar 2009.		30.000		30.000
31. decembar 2009.	240.000	30.000	30.000	300.000
UKUPNO	**800.000**	**120.000**	**30.000**	**950.000**

Visina ulaganja sa aspekta Preduzeća će u odnosu na visinu stvarnih ulaganja biti veća za kapitalizovani iznos troškova pozajmljivanja u iznosu od 5.123,80 EUR. Kapitalizovani iznos je interkalarna kamata, odnosno kamata koja se odnosi na kreditiranje u periodu koji počinje momentom kada proizvođaču tehnološke opreme treba platiti drugu tranšu ugovorene vrednosti (krajem oktobra se plaća 40% ukupne vrednosti), a završava se početkom eksploatacione faze.[11]

U narednoj tabeli je prikazana visina ulaganja sa aspekta Preduzeća, gde je nabavna vrednost tehnološke opreme uvećana za kapitalizovani iznos.

Tabela 8.2. - *Iznos ulaganja u stalnu imovinu sa aspekta Preduzeća*

Vrsta ulaganja	Nabavna vrednost u EUR
Tehnološka oprema	805.123,80
Objekat	120.000,00
Viljuškar	30.000,00
UKUPNO	**955.123,80**

Na osnovu podataka iz prethodne tabele se može zaključiti da od ukupne nabavne vrednosti stalne imovine koja će biti iskazana u poslovnim knjigama Preduzeća, najznačajniji deo se odnosi na tehnološku opremu, manji deo na objekat, a najmanji deo na viljuškar. Procenti učešća pojedinih vrsta ulaganja u ukupnim ulaganjima sa aspekta Preduzeća su prikazani u narednom dijagramu.

---

[11] Detaljnije objašnjeno u poglavlju 9.1. („Konstrukcija finansiranja").

Dijagram 8.3. - *Procentualno učešće pojedinih vrsta ulaganja u ukupnim ulaganjima sa aspekta Preduzeća*

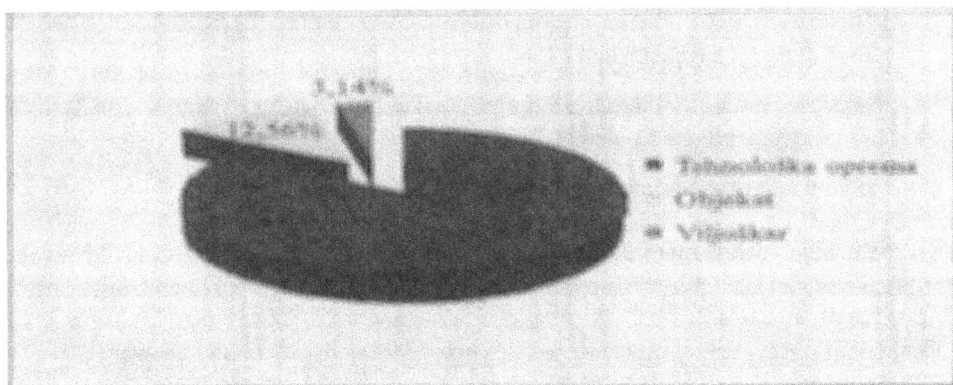

Dinamika ulaganja sa aspekta Preduzeća se u odnosu na dinamiku stvarnih ulaganja razlikuje u tome što za ulaganja koja su planirana da se izmire iz kreditnih izvora (plaćanje druge i treće tranše ugovorene vrednosti tehnološke opreme), momenti ulaganja sa aspekta Preduzeća nisu momenti kada su planirana plaćanja proizvođaču tehnološke opreme, već momenti kada je planirano izmirenje obaveza prema kreditorima.[12]

8.2. Trajna obrtna sredstva

Trajna obrtna sredstva predstavljaju razliku između:

* poslovanjem uslovljenih obrtnih sredstava i
* izvora obrtnih sredstava.

Poslovanjem uslovljena obrtna sredstva predstavljaju prosečna obrtna sredstva koja će u Preduzeću biti vezana tokom trajanja Projekta i sastojaće se iz:

* prosečnog nivoa zaliha repromaterijala,
* prosečnog nivoa zaliha ambalaže,
* prosečnog nivoa zaliha gotovih proizvoda,
* prosečnog nivoa potraživanja od kupaca i
* vezane gotovine.

---

[12] Izmirenje obaveza prema kreditorima, to jest amortizacija kredita (glavnica uvećana za interkalarnu kamatu), je prikazana u poglavlju 9.2. („Projekcija kreditnih obaveza").

447

Izvori obrtnih sredstva predstavljaju prosečni deo obaveza koje će Preduzeće tokom trajanja Projekta odloženo plaćati i sastojaće se iz:

- prosečnog nivoa obaveza prema dobavljačima za polietilen visoke gustine i boje za zatvarače (masterbatch),

- prosečnog nivoa obaveza prema dobavljačima za boju za štampu, razređivač, kese, kutije, etikete i palete; i

- prosečnog nivoa obaveza po osnovu plata.

Svaka pozicija poslovanjem uslovljenih obrtnih sredstava i izvora obrtnih sredstava izračunava se kao količnik vrednosno iskazanih godišnjih potreba i koeficijenta obrta.

Koeficijent obrta se izračunava deljenjem broja 365 sa brojem dana vezivanja.

Obzirom na navedeno, za svaku poziciju poslovanjem uslovljenih obrtnih sredstava i izvora obrtnih sredstava potrebno je izračunati:

- vrednosno iskazane godišnje potrebe i

- broj dana vezivanja.

Za izračunavanje vrednosno iskazanih godišnjih potreba, od prve godine eksploatacije (2010. godine) pa do godine kada je planirano dostizanje maksimalnog predviđenog iskorišćenja kapaciteta (2012. godine), potrebni podaci su preuzeti iz delova Projekta u kojima su iskazani:

- Troškovi (*godišnji troškovi repromaterijala* - vrednosno iskazane godišnje potrebe zaliha repromaterijala; *godišnji troškovi ambalaže* - vrednosno iskazane godišnje potrebe zaliha ambalaže; *godišnji poslovni rashodi* - vrednosno iskazane godišnje potrebe zaliha gotovih proizvoda; *godišnji troškovi polietilena visoke gustine i boje za zatvarače* - vrednosno iskazane godišnje obaveze prema dobavljačima polietilena visoke gustine i boje za zatvarače; *godišnji troškovi boje za štampu, razređivača, kesa, kutija, etiketa i paleta* - vrednosno iskazane godišnje obaveze prema dobavljačima boje za štampu, razređivača, kesa, kutija, etiketa i paleta; i *godišnji troškovi plata* - vrednosno iskazane godišnje obaveze po osnovu plata) i

- Prihodi (*godišnji ukupan prihod* - vrednosno iskazana godišnja potraživanja od kupaca i vrednosno iskazane godišnje potrebe za gotovinom).

Za izračunavanje broja dana vezivanja, potrebni podaci su preuzeti iz:

- Plana nabavke (*stalan iznos zaliha repromaterijala i ambalaže iskazan u danima; i broj dana koji će proći između dve nabavke repromaterijala i ambalaže neophodne za redovno poslovanje* - broj dana vezivanja zaliha repromaterijala i ambalaže; *broj dana odloženog plaćanja koji će odobravati dobavljači polietilena*

visoke gustine i boje za zatvarače - broj dana vezivanja obaveza prema dobavlja-
čima za polietilen visoke gustine i boje za zatvarače; *broj dana odloženog plaća-
nja koji će odobravati dobavljači boje za štampu, razređivača, kesa, kutija, etiketa
i paleta* - broj dana vezivanja obaveza prema dobavljačima za boju za štampu,
razređivač, kese, kutije, etikete i palete) i

- Plana prodaje (*stalan iznos zaliha gotovih proizvoda iskazan u danima; i broj
dana koji će proći između dve prodaje* - broj dana vezivanja zaliha gotovih proiz-
voda; i *broj dana odloženog plaćanja koji će Energoplast odobravati svojim kup-
cima* - broj dana vezivanja potraživanja od kupaca).

Kako se plate plaćaju jednom mesečno za rad u prethodnom mesecu *broj dana veziva-
nja obaveze za plate* je mesec dana. Obzirom na manji broj kupaca, potrebno je vezati
veći iznos trajnih obrtnih sredstava u gotovini. Otuda je određen *broj dana vezivanja
gotovine* od 10 dana.

Tabela 8.4. - *Vrednosno iskazane godišnje potrebe i koeficijent obrta poslovanjem
uslovljenih obrtnih sredstava i izvora obrtnih sredstava*

Poslovanjem uslovljena obrtna sredstva				
Vrsta poslovanjem uslovljenih obrtnih sredstava	*Vrednosno iskazane godišnje potrebe u EUR*			*Koeficijent obrta*
	2010.	*2011.*	*2012.-2019.*	
Zalihe repromaterijala	289.597,56	353.952,76	418.307,72	12,17
Zalihe ambalaže	46.180,00	54.420,00	64.220,00	12,17
Zalihe gotovih proizvoda	644.715,94	722.551,14	801.946,10	36,50
Potraživanja od kupaca	900.000,00	1.100.000,00	1.300.000,00	12,17
Gotovina	900.000,00	1.100.000,00	1.300.000,00	36,50
Izvori obrtnih sredstava				
Vrsta izvora obrtnih sredstava	*Vrednosno iskazane godišnje potrebe u EUR*			*Koeficijent obrta*
	2010.	*2011.*	*2012.-2019.*	
Obaveze prema dobavljačima za polietilen visoke gustine i boju za zatvarače	283.426,20	346.409,80	409.393,40	6,08
Obaveze prema dobavljačima za boju za štampu, razređivač, kese, kutije, etikete i palete	50.101,36	59.212,96	69.884,32	12,17
Obaveze za plate	117.306,00	117.306,00	117.306,00	12,00

Shodno ranije opisanom postupku, u narednoj tabeli su projektovana potrebna trajna obrtna sredstva u veku trajanja projekta.

Tabela 8.5. - *Potrebna trajna obrtna sredstva*

Poslovanjem uslovljena obrtna sredstva			
Vrsta poslovanjem uslovljenih obrtnih sredstava	*Poslovanjem uslovljena obrtna sredstva u EUR*		
	2010.	*2011.*	*2012.-2019.*
Zalihe repromaterijala	23.796,02	29.084,04	34.372,04
Zalihe ambalaže	3.794,58	4.471,65	5.276,91
Zalihe gotovih proizvoda	17.663,45	19.795,92	21.971,13
Potraživanja od kupaca	73.952,34	90.386,20	106.820,05
Gotovina	24.657,53	30.136,99	35.616,44
UKUPNO	**143.863,92**	**173.874,80**	**204.056,57**
Izvori obrtnih sredstava			
Vrsta izvora obrtnih sredstava	*Izvori obrtnih sredstava u EUR*		
	2010.	*2011.*	*2012.-2019.*
Obaveze prema dobavljačima za polietilen visoke gustine i boju za zatvarače	46.616,15	56.975,30	67.334,44
Obaveze prema dobavljačima za boju za štampu, razređivač, kese, kutije, palete i etikete	4.116,79	4.865,49	5.742,34
Obaveze za plate	9.775,50	9.775,50	9.775,50
UKUPNO	**60.508,44**	**71.616,29**	**82.852,28**
Trajna obrtna sredstva			
Razlika između poslovanjem uslovljenih obrtnih sredstava i izvora obrtnih sredstava	*Trajna obrtna sredstva u EUR*		
	2010.	*2011.*	*2012.-2019.*
	83.355,48	**102.258,51**	**121.204,29**

Kako je planirano da se potrebna trajna obrtna sredstva finansiraju iz sopstvenih sredstava, **dinamika stvarnih ulaganja i dinamika ulaganja sa aspekta Preduzeća se ne razlikuju**. Dinamika ulaganja u trajna obrtna sredstva, prikazana u narednoj tabeli, je projektovana uvažavajući opšta načela investicione teorije, to jest: neposredno pre početka investicione faze treba projektovati iznos trajnih obrtnih sredstava koji odgovara ulaznim podacima za prvu godinu; neposredno pre početka druge i ostalih godina u kojima nije planirano maksimalno iskorišćenje predviđenog kapaciteta, ali se postepeno uvećava iskorišćenost kapaciteta, treba projektovati dodatna ulaganja u trajna obrtna sredstva; i nakon određivanja trajnih obrtnih sredstava za godinu maksimalnog iskorišćenja kapaciteta, trajna obrtna sredstva za naredne godine ne treba računati, odnosno treba pretpostaviti da se ona ne menjaju.

Tabela 8.6. - *Dinamika ulaganja u trajna obrtna sredstva*

Period ulaganja	Iznos ulaganja u EUR
31.12.2009.	83.355,48
31.12.2010.	18.903,03
31.12.2011.	18.954,78

9. IZVORI FINANSIRANJA

9.1. Konstrukcija finansiranja

Ukupna stvarna ulaganja predviđena ovim Projektom planirano je da se finansiraju iz:

- *sopstvenih sredstava* - sva ulaganja svrstana u grupu objekat, nabavka viljuškara, trajna obrtna sredstva i plaćanje prve tranše proizvođaču tehnološke opreme; i

- *iz kredita* - plaćanje druge i treće tranše proizvođaču tehnološke opreme.

Druga tranša za kupovinu tehnološke opreme iznosi 320.000 EUR i proizvođaču treba biti plaćena 31. oktobra 2009. godine, dok treća tranša iznosi 240.000 EUR i proizvođaču treba biti plaćena 31. decembra 2009. godine.

Planirani uslovi kreditiranja za kredit od 560.000 EUR su sledeći:

- godišnja realna (nominalna kamatna stopa uvećana za inflaciju) efektivna kamatna stopa, u koju su uključeni i troškovi monitoringa, servisiranja kredita, stavljanje hipoteke u zalog i dr., iznosi 10%;

- za prvu tranšu kredita odobrava se moratorijum u trajanju od dva meseca,

- „grejs" period traje godinu dana,

- period između dva sukcesivna anuiteta (rate) iznosi 6 meseci i

- glavnica duga se vraća u 6 anuiteta, primenom metoda jednakih otplata.

Kako se period moratorijuma odnosi na period kada sredstvo nije u funkciji, kamata za taj period (koja se pridodaje osnovnom dugu) se naziva interkalarna kamata. Za iznos interkalarne kamate se uvećava nabavna vrednost tehnološke opreme.

Interkalarna kamata se primenom složenog kamatnog računa izračunava na sledeći način:

$$240.000 \text{ EUR} \times ((1+10\%)^{2/12} - 1) = 5.123,80 \text{ EUR}$$

Nakon uvećanja za interkalarnu kamatu, nabavna vrednost tehnološke opreme iznosi 805.123,80 EUR, a glavnica duga na kraju perioda moratorijuma, to jest na početku „grejs" perioda, iznosi 565.123,80 EUR.

Uvažavajući do sada izneto, izvori finansiranja ukupnih ulaganja sa aspekta Preduzeća su prikazani u narednoj tabeli.

Tabela 9.1. - *Izvori finansiranja ukupnih ulaganja sa aspekta Preduzeća*

Vrsta ulaganja	Iznos ulaganja u EUR		
	Kredit	Sopstvena sredstva	Ukupna ulaganja
Tehnološka oprema	565.123,80	240.000,00	805.123,80
Objekat		120.000,00	120.000,00
Viljuškar		30.000,00	30.000,00
Trajna obrtna sredstva		121.204,29	121.204,29
UKUPNO	565.123.80	511.204,29	1.076.032,63
Procenat učešća kredita i sopstvenih sredstava	52,50%	47,50%	100,00%

9.2. Projekcija kreditnih obaveza

Tabela 9.2. - *Plan amortizacije kredita*

u EUR

Datum	Glavnica (ostatak duga)	Anuitet	Otplata	Kamata
30. jun 2010.	565.123,80	27.583,04		27.583,04
31. decembar 2010.	565.123,80	27.583,04		27.583,04
30. jun 2011.	565.123,80	121.770,34	94.187,30	27.583,04
31. decembar 2011.	470.936,50	117.173,17	94.187,30	22.985,87
30. jun 2012.	376.749,20	112.575,99	94.187,30	18.388,69
31. decembar 2012.	282.561,90	107.978,82	94.187,30	13.791,52
30. jun 2013.	188.374,60	103.381,65	94.187,30	9.194,35
31. decembar 2013.	94.187,30	98.784,47	94.187,30	4.597,17
UKUPNO	0,00	716.830,52	565.123,80	151.706,72

Tabela 9.3. - *Godišnji iznosi otplate i kamate koji će biti iskazani u bilansu uspeha (samo kamata) i u izveštaju o novačnim tokovima (kamata i otplata)*

u EUR

Godina	Otplata	Kamata
2010.		55.166,08
2011.	188.374,60	50.568,91
2012.	188.374,60	32.180,21
2013.	188.374,60	13.791,52
UKUPNO	565.123,80	151.706,72

Dijagram 9.4. - *Učešće kamate i otplate u godišnjim anuitetima*

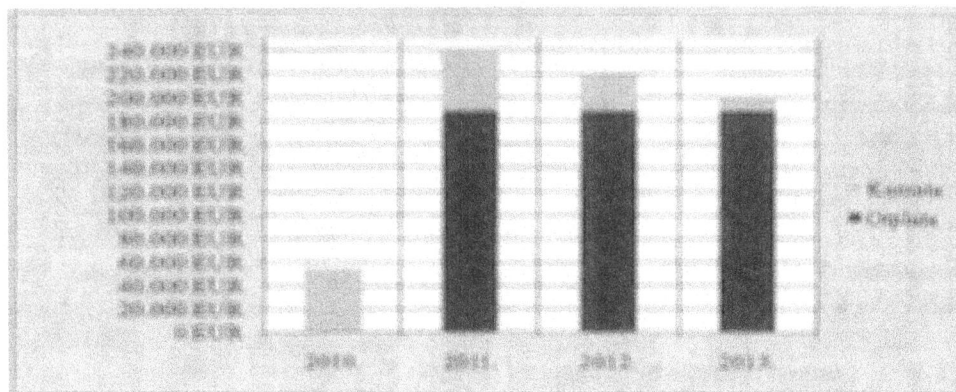

Tabela 9.5. - *Kratkoročne i dugoročne obaveze po osnovu neizmirene glavnice duga koje će biti iskazane u bilansu stanja*

u EUR

Datum	Kratkoročne obaveze	Dugoročne obaveze
31.12.2010.	188.374,60	376.749,20
31.12.2011.	188.374,60	188.374,60
31.12.2012.	188.374,60	0,00

10. SINTETIČKI FINANSIJSKI IZVEŠTAJI

10.1. Bilans uspeha

Da bi se izvršila projekcija bilansa uspeha prethodno je neophodno projektovati osnovne sadržajuće stavke bilansa uspeha, to jest:

- prihode,
- rashode i
- porez na dobit.

10.1.1. Prihodi

Ukupan prihod Projekta se sastoji od prihoda od prodaje jednodelnih plastičnih zatvarača od 38 mm. Projekcija ukupnog prihoda, koja je prikazana u narednoj tabeli, je izvršena na osnovu podataka iz Plana prodaje Projekta o projektovanoj godišnjoj prodaji zatvarača i projektovanoj prodajnoj ceni po komadu zatvarača.

Tabela 10.1. - *Ukupan prihod od prodaje jednodelnih plastičnih zatvarača od 38 mm*

Godina	Prodaja zatvarača u milionima komada	Prodajna cena po komadu u EUR	Ukupan prihod u EUR
2010.	90	0,01	900.000
2011.	110	0,01	1.100.000
2012-2019.	130	0,01	1.300.000

10.1.2. Rashodi

Svi rashodi Projekta se mogu podeliti u dve grupe: poslovni rashodi i finansijski rashodi. Kako je projekcija finansijskih rashoda, odnosno projekcija troškova kamate, izvršena u prethodnoj glavi Projekta, u nastavku će se detaljnije obrazložiti samo poslovni rashodi.

Uvažavajući princip relevantnosti, poslovni rashodi Projekta su razvrstani na:

- troškove repromaterijala,
- troškove ambalaže,
- troškove bruto plata,
- amortizaciju,
- troškove energenata,
- troškove investicionog održavanja,

455

- troškove osiguranja,
- troškove marketinga,
- troškove poreza i
- ostale poslovne rashode.

U naredne dve tabele su projektovani godišnji **troškovi repromaterijala** i godišnji **troškovi ambalaže**. Projekcija obe vrste troškova određena je na osnovu podataka iz Plana nabavke Projekta o:

- godišnjoj potrošnji repromaterijala i ambalaže u jedinicama i
- projektovanim nabavnim cenama po jedinici repromaterijala i ambalaže.

Tabela 10.2. - *Troškovi repromaterijala*

Vrsta repromaterijala	Troškovi u EUR		
	2010.	2011.	2012-2019.
Polietilen visoke gustine	250.702,20	306.413,80	362.125,40
Boja za zatvarače (masterbatch)	32.724,00	39.996,00	47.268,00
Boja za štampu	4.628,52	5.657,22	6.685,74
Razređivač	1.542,84	1.885,74	2.228,58
UKUPNO	**289.597,56**	**353.952,76**	**418.307,72**

Tabela 10.3. - *Troškovi ambalaže*

Vrsta ambalaže	Troškovi u EUR		
	2010.	2011.	2012-2019.
Kese	4.500,00	5.500,00	6.500,00
Kutije	36.000,00	44.000,00	52.000,00
Selotejp	900,00	1.100,00	1.300,00
Polipropilenske trake i metalne kopče	1.350,00	1.650,00	1.950,00
Etikete	1.350,00	1.650,00	1.950,00
Palete	2.080,00	520,00	520,00
UKUPNO	**46.180,00**	**54.420,00**	**64.220,00**

Troškovi bruto plata su određeni na osnovu:

- podataka iz Kadrovskih i organizacionih aspekata Projekta o broju i kvalifikacionoj strukturi radnika koji su planirani da se zaposle na neodređeno vreme,
- uobičajenih neto primanja u Beogradu za radna mesta na kojima je planirano zapošljavanje novih radnika,

- planiranim povećanim mesečnim primanjima pojedinih, trenutno zaposlenih radnika, a koji će nastati kao posledica aktiviranja predmetne investicije; i

- aktuelnim fiskalnim izdacima (oko 71,5%) koji se u Srbiji plaćaju na jednu jedinicu neto primanja radnika zaposlenih na neodređeno vreme.

Tabela 10.4. - *Troškovi bruto plata radnika koji su planirani da se zaposle*

Radno mesto	Broj radnika	Mesečna neto plata po radniku u EUR	Mesečni doprinosi po radniku u EUR	Godišnji troškovi bruto plata u EUR
Šef proizvodnje	1	1.200,00	858,00	24.696,00
Operater	3	300,00	214,50	18.522,00
Pomoćnik operatera	3	250,00	178,75	15.435,00
Radnik u pakirnici	4	250,00	178,75	20.580,00
Magacioner	2	250,00	178,75	10.290,00
Majstor za održavanje opreme	1	350,00	250,25	7.203,00
Finansijski referent	1	400,00	286,00	8.232,00
UKUPNO	**15**			**104.958,00**

Tabela 10.5. - *Povećana bruto plata sadašnjih radnika*

Buduće radno mesto	Povećana mesečna neto plata u EUR	Povećani mesečni doprinosi u EUR	Povećanje godišnjih troškova bruto plata u EUR
Tehnički direktor	200,00	143,00	4.116,00
Finansijski direktor	200,00	143,00	4.116,00
Menadžer nabavke i prodaje	100,00	71,50	2.058,00
Knjigovođa	100,00	71,50	2.058,00
UKUPNO			**12.348,00**

Ukupni godišnji troškovi bruto plata u celom veku trajanja projekta će iznositi:

$$104.958 \text{ EUR} + 12.348 \text{ EUR} = \mathbf{117.306 \text{ EUR}}$$

Godišnji **trošak amortizacije** određen je primenom proporcionalnog metoda, na osnovu podataka o:

- nabavnoj vrednosti stalne imovine sa aspekta preduzeća i

- roku trajanja stalne imovine iskazanog u godinama (podatak prezentiran u Tehničko-tehnološkoj analizi Projekta).

Tabela 10.6. - *Trošak amortizacije*

Vrsta stalne imovine	Nabavna vrednost u EUR	Godišnja amortizaciona stopa u %	Godišnja amortizacija u EUR
Tehnološka oprema	805.123,80	10%	80.512,38
Objekat	120.000,00	2,50%	3.000,00
Viljuškar	30.000,00	10%	3.000,00
UKUPNO	**955.123,80**		**86.512,38**

Troškovi energenata se odnose na varijabilne i fiksne troškove. Varijabilni troškovi (električna energija za rad tehnološke opreme i dizel gorivo za rad viljuškara) se određuju na osnovu normativa koji su prezentirani u okviru Tehničko-tehnološke analize Projekta. Fiksni troškovi električne energije se odnose na povećanje troškova zagrevanja objekta (kao posledica povećanja površine objekta) i takođe su prezentirani u okviru Tehničko-tehnološke analize Projekta.

Tabela 10.7. - *Troškovi energenata*

Vrsta energenata	Troškovi u EUR		
	2010.	2011.	2012-2020.
Električna energija (varijabilni deo)	22.500,00	27.500,00	32.500,00
Dizel gorivo	1.080,00	1.320,00	1.560,00
Ukupno (varijabilni deo)	23.580,00	28.820,00	34.060,00
Električna energija (fiksni deo)	1.500,00	1.500,00	1.500,00
UKUPNO	**25.080,00**	**30.320,00**	**35.560,00**

Troškovi investicionog održavanja su određeni na osnovu podataka prezentiranih u okviru Tehničko-tehnološke analize Projekta, gde su godišnji troškovi investicionog održavanja, za svaku vrstu ulaganja, iskazani u procentima od stvarne visine ulaganja.

Tabela 10.8. - *Troškovi investicionog održavanja*

Vrsta ulaganja	Stvarna ulaganja u EUR	Godišnji troškovi investicionog održavanja (% od stvarnih ulaganja)	Godišnji troškovi investicionog održavanja u EUR
Tehnološka oprema	800.000,00	1%	8.000,00
Objekat	120.000,00	0,5%	600,00
Viljuškar	30.000,00	1%	300,00
UKUPNO			**8.900,00**

Troškovi osiguranja su određeni na osnovu aktuelnih cena osiguravajućih društava za sledeće vidove osiguranja koji su planirani u Energoplastu:

- *za tehnološku opremu* - od požara, elementarnih nepogoda i razbojništva;
- *za objekat* - od požara i elementarnih nepogoda;
- *za viljuškar* - od loma, provalne krađe i razbojništva; i
- *za radnike* - od povreda na radu.

Tabela 10.9. - *Troškovi osiguranja*

Predmet osiguranja	Parametar	Godišnji troškovi osiguranja po parametru	Godišnji troškovi osiguranja u EUR
Tehnološka oprema	Stvarna ulaganja	0,4%	3.200,00
Objekat	Stvarna ulaganja	0,2%	240,00
Viljuškar	Stvarna ulaganja	2%	600,00
Radnici	Jedan radnik	140 EUR	2.100,00
UKUPNO			**6.140,00**

Godišnji **troškovi marketinga** se projektuju u iznosu od 25.000 EUR. Od navedenog iznosa se 20.000 EUR odnosi na promotivne aktivnosti precizirane u Planu prodaje Projekta, a 5.000 EUR na projektovane bruto troškove reprezentacije.[13]

Godišnji **troškovi poreza** se projektuju u iznosu od 4.000 EUR i odnose se na porez na imovinu i naknadu za korišćenje gradskog građevinskog zemljišta.

Ostali poslovni rashodi se na mesečnom nivou projektuju u iznosu od 3.000 EUR, to jest na godišnjem nivou od 36.000 EUR. U ove troškove spadaju svi poslovni rashodi koji nisu zasebno prikazani, kao što su: troškovi za službena putovanja i za stručno uzdizanje, troškovi platnog prometa, komunalni troškovi (voda i čišćenje), troškovi kancelarijskog materijala, PTT troškovi, troškovi vezani za radnu snagu (prevoz radnika, razni vidovi pomoći, 8. mart i sl.) itd.

10.1.3. Poreski bilans

Izrada **poreskog bilansa** na osnovu kojeg se utvrđuje stvarna obaveza preduzeća po osnovu poreza na dobit je u Srbiji precizirana Zakonom o porezu na dobit preduzeća. U zavisnosti od veličine preduzeća, Zakonom su predviđene različite odredbe

---

[13] Troškovi reprezentacije su iskazani u bruto iznosu iz razloga što sadržajući porez na dodatu vrednost, koji se odnosi na ove troškove, Preduzeće ne može da koristi kao odbitnu stavku kod obračuna svoje poreske obaveze.

koje treba primenjivati pri izradi poreskog bilansa. Stoga je pre početka izrade pore-skog bilansa potrebno razvrstati Energoplast po veličini. Energoplast trenutno spada u **srednje preduzeće** jer po dva od tri kriterijuma ispunjava kriterijume za svrstavanje u srednja preduzeća (godišnji prihod od 2,5 do 10 miliona EUR i vrednost poslovnih sredstava od 1 do 5 miliona EUR). Po trećem kriterijumu, broju zaposlenih radnika, Energoplast spada u mala preduzeća jer je broj zaposlenih radnika manji od 50 (u srednjim preduzećima je zaposleno između 50 i 250 radnika). Energoplast će i nakon aktiviranja investicije ostati srednje preduzeće jer ukupan godišnji prihod Preduzeća neće preći 10 miliona EUR, niti će broj radnika preći 250.

Osnovna svrha izrade poreskog bilansa je utvrđivanje oporezive dobiti, to jest dobi-ti koja se množi sa poreskom stopom (u Srbiji 10%) da bi se izračunala obaveza po osnovu poreza na dobit. Po osnovu Projekta, Energoplast će oporezivu dobit umanjiti u odnosu na bruto dobit zbog:

- zapošljavanja novih radnika na neodređeno vreme i
- ulaganja u osnovna sredstva.

Po osnovu *zapošljavanja novih radnika na neodređeno vreme* poreski kredit je jednak iznosu od 100% bruto plata koje su prve godine isplaćene tim zaposlenima. Neiskori-šćeni poreski kredit po osnovu zapošljavanja novih radnika na neodređeno vreme ne može da se prenosi u naredne godine. Bruto plate za 15 radnika koji su planirani da se zaposle u Energoplastu će prve godine iznositi **104.958 EUR**.

Poreski kredit po osnovu *ulaganja u osnovna sredstva* iznosi 20% stvarnih ulaganja u osnovna sredstva, s tim što poreski kredit u jednoj godini ne može da iznosi više od 50% ostvarene bruto dobiti. Neiskorišćeni poreski kredit može da se iskoristi u na-rednih 10 godina. Poreski kredit Energoplasta po osnovu ulaganja u osnovna sredstva će iznositi **190.000 EUR** (950.000 EUR x 20%)

Prilikom projekcije poreskog bilansa, za prvu godinu eksploatacije, uvažiće se odred-ba Zakona o porezu na dobit koja se odnosi na slučaj kada preduzeće može u istoj godini da koristi poreski kredit po oba osnova, a što je slučaj sa Energoplastom. Tada se prvo može koristiti poreski kredit po osnovu bruto plata zaposlenih novih radnika na neodređeno vreme, koji se ne može preneti u naredne godine, a zatim i poreski kredit po osnovu ulaganja u osnovna sredstva. Pri tome, ograničenje korišćenja pore-skog kredita za ulaganja u osnovna sredstva se odnosi na iznos do 50% ukupne bruto dobiti, a ne na preostali iznos posle umanjenja poreskog kredita po osnovu bruto pla-ta zaposlenih novih radnika na neodređeno vreme. Stoga će prve godine Preduzeće iskoristiti 200.117,98 EUR (104.958 EUR za bruto plate zaposlenih novih radnika i 95.159,98 EUR za ulaganja u osnovna sredstva) poreskog kredita, tako da te godine

Preduzeće neće ni imati obavezu po osnovu poreza na dobit. Ostatak poreskog kredita po osnovu ulaganja u osnovna sredstva (94.840,02 EUR) će Energoplast iskoristiti druge godine.

Osnovne pozicije projektovanog poreskog bilansa su prikazane u narednoj tabeli.

Tabela 10.10. - *Poreski bilans*

u EUR

Godina	Bruto dobit	Poresko oslobađanje	Oporeziva dobit	Porez na dobit
2010.	200.117,98	200.117,98	0,00	0,00
2011.	326.879,95	94.840,02	232.039,93	23.203,99
2012.	465.873,69	0,00	465.873,69	46.587,37
2013.	484.262,38	0,00	484.262,38	48.426,24
2014-2019.	498.053,90	0,00	498.053,90	49.805,39

10.1.4. Projektovani bilans uspeha

Shodno projektovanim prihodima, rashodima i porezu na dobit, u narednoj tabeli je projektovan bilans uspeha.

Tabela 10.11. - *Bilans uspeha*

u EUR

Godina	2010.	2011.	2012.	2013.	2014-2019.
Poslovni prihodi					
Prihodi od prodaje	900.000	1.100.000	1.300.000	1.300.000	1.300.000
Poslovni rashodi					
Troškovi repromaterijala	289.597,56	353.952,76	418.307,72	418.307,72	418.307,72
Troškovi ambalaže	46.180,00	54.420,00	64.220,00	64.220,00	64.220,00
Troškovi bruto plata	117.306,00	117.306,00	117.306,00	117.306,00	117.306,00
Amortizacija	86.512,38	86.512,38	86.512,38	86.512,38	86.512,38
Troškovi energenata	25.080,00	30.320,00	35.560,00	35.560,00	35.560,00
Troškovi investicionog održavanja	8.900,00	8.900,00	8.900,00	8.900,00	8.900,00
Troškovi osiguranja	6.140,00	6.140,00	6.140,00	6.140,00	6.140,00
Troškovi marketinga	25.000,00	25.000,00	25.000,00	25.000,00	25.000,00
Troškovi poreza	4.000,00	4.000,00	4.000,00	4.000,00	4.000,00
Ostali poslovni rashodi	36.000,00	36.000,00	36.000,00	36.000,00	36.000,00
Ukupni poslovni rashodi	**644.715,94**	**722.551,14**	**801.946,10**	**801.946,10**	**801.946,10**
Poslovni rezultat					
Poslovna dobit	**255.284,06**	**377.448,86**	**498.053,90**	**498.053,90**	**498.053,90**
Finansijski rashodi					
Rashodi kamate	55.166,08	50.568,91	32.180,21	13.791,52	0,00
Bruto rezultat					
Bruto dobit	**200.117,98**	**326.879,95**	**465.873,69**	**484.262,38**	**498.053,90**
Poreske obaveze iz rezultata					
Porez na dobit	0,00	23.203,99	46.587,37	48.426,24	49.805,39
Neto rezultat					
Neto dobit	200.117,98	303.675,96	419.286,32	435.836,14	448.248,51

Prosečna godišnja neto dobit = 404.840,75 EUR

10.2. Izveštaj o tokovima gotovine

Projektovani izveštaj o tokovima gotovine, koji je prikazan u narednoj tabeli, se u odnosu na projektovani bilans uspeha razlikuje u sledećem: *amortizacija* je trošak koji ne prouzrokuje odliv pa se ne iskazuje u izveštaju o tokovima gotovine; *otplata kredita*, iako nije trošak, prouzrokuje odliv pa se iskazuje u izveštaju o tokovima gotovine; i *rezidualna vrednost*, iako nije prihod, se iskazuje kao priliv u izveštaju o tokovima gotovine. Rezidualna vrednost se sastoji od rezidualne vrednosti stalne imovine (u Projektu iznosi 90.000 EUR i odnosi se na neamortizovani deo, odnosno na sadašnju vrednost objekta na kraju roka trajanja projekta) i rezidualne vrednosti trajnih obrtnih sredstava (u Projektu iznosi 121.204,29 EUR i odnosi se na visinu trajnih obrtnih sredstava potrebnih u godini kada je predviđeno maksimalno iskorišćavanje predviđenog kapaciteta). Ukupna rezidualna vrednost Projekta iznosi 211.204,29 EUR (90.000 EUR + 121.204,29 EUR).

Tabela 10.12. - *Izveštaj o tokovima gotovine*

Godina	2010.	2011.	2012.	2013.	2014-2018.	2019.
Prilivi						
Od prodaje proizvoda	900.000	1.100.000	1.300.000	1.300.000	1.300.000	900.000
Rezidualna vrednost	0,00	0,00	0,00	0,00	0,00	211.204,29
Ukupni prilivi	*900.000*	*1.100.000*	*1.300.000*	*1.300.000*	*1.300.000*	*1.511.204,29*
Odlivi						
Troškovi repromaterijala	289.597,56	353.952,76	418.307,72	418.307,72	418.307,72	418.307,72
Troškovi ambalaže	46.180,00	54.420,00	64.220,00	64.220,00	64.220,00	64.220,00
Troškovi bruto plata	117.306,00	117.306,00	117.306,00	117.306,00	117.306,00	117.306,00
Troškovi energenata	25.080,00	30.320,00	35.560,00	35.560,00	35.560,00	35.560,00
Troškovi investicionog održavanja	8.900,00	8.900,00	8.900,00	8.900,00	8.900,00	8.900,00
Troškovi osiguranja	6.140,00	6.140,00	6.140,00	6.140,00	6.140,00	6.140,00
Troškovi marketinga	25.000,00	25.000,00	25.000,00	25.000,00	25.000,00	25.000,00
Troškovi poreza	4.000,00	4.000,00	4.000,00	4.000,00	4.000,00	4.000,00
Ostali poslovni rashodi	36.000,00	36.000,00	36.000,00	36.000,00	36.000,00	36.000,00
Porez na dobit	0,00	23.203,99	46.587,37	48.426,24	49.805,39	49.805,39
Troškovi kamate	55.166,08	50.568,91	32.180,21	13.791,52	0,00	0,00
Otplata kredita	0,00	188.374,60	188.374,60	188.374,60	0,00	0,00
Ukupni odlivi	*613.369,64*	*898.186,26*	*982.575,90*	*966.026,08*	*765.239,11*	*765.239,11*
Neto priliv	**286.630,36**	**201.813,74**	**317.424,10**	**333.973,92**	**534.760,89**	**745.965,18**

Prosečan godišnji neto priliv = 455.961,18 EUR

10.3. Bilans stanja

Tabela 10.13. – Bilans stanja

Datum	31.12.2010.	31.12.2011.	31.12.2012.	31.12.2013.	31.12.2014.	31.12.2015.	31.12.2016.	31.12.2017.	31.12.2018.	31.12.2019.
Aktiva										
Stalna imovina										
Tehnološka oprema	724.611,42	644.099,04	563.586,66	483.074,28	402.561,90	322.049,52	241.537,14	161.024,76	80.512,38	0,00
Objekat	117.000,00	114.000,00	111.000,00	108.000,00	105.000,00	102.000,00	99.000,00	96.000,00	93.000,00	0,00
Viljuškar	27.000,00	24.000,00	21.000,00	18.000,00	15.000,00	12.000,00	9.000,00	6.000,00	3.000,00	0,00
Ukupna stalna imovina	868.611,42	782.099,04	695.586,66	609.074,28	522.561,90	436.049,52	349.537,14	263.024,76	176.512,38	0,00
Obrtna sredstva										
Zalihe	45.254,05	53.351,61	61.620,08	61.620,08	61.620,08	61.620,08	61.620,08	61.620,08	61.620,08	0,00
Potraživanja	73.952,34	90.386,20	106.820,05	106.820,05	106.820,05	106.820,05	106.820,05	106.820,05	106.820,05	0,00
Gotovina u trajnim obrtnim sredstvima	24.657,53	30.136,99	35.616,44	35.616,44	35.616,44	35.616,44	35.616,44	35.616,44	35.616,44	0,00
Gotovina iz neto priliva	286.630,36	488.444,10	805.868,20	1.139.842,12	1.674.603,01	2.209.363,90	2.744.124,79	3.278.885,68	3.813.646,57	0,00
Ukupna obrtna sredstva	430.494,28	662.318,90	1.009.924,77	1.343.898,69	1.878.659,58	2.413.420,47	2.948.181,36	3.482.942,25	4.017.703,14	4.559.611,75
UKUPNA AKTIVA	1.299.105,70	1.444.417,94	1.705.511,43	1.952.972,97	2.401.221,48	2.849.469,99	3.297.718,50	3.745.967,01	4.194.215,52	4.559.611,75
Pasiva										
Kapital	673.473,46	996.052,45	1.434.284,55	1.870.120,69	2.318.369,20	2.766.617,71	3.214.866,22	3.663.114,73	4.111.363,24	4.559.611,75
Kratkoročne obaveze										
Dobavljači	50.732,94	61.840,79	73.076,78	73.076,78	73.076,78	73.076,78	73.076,78	73.076,78	73.076,78	0,00
Obaveze po osnovu plata	9.775,50	9.775,50	9.775,50	9.775,50	9.775,50	9.775,50	9.775,50	9.775,50	9.775,50	0,00
Deo glavnice duga koji dospeva naredne godine	188.374,60	188.374,60	188.374,60	0,00	0,00	0,00	0,00	0,00	0,00	0,00
Ukupne kratkoročne obaveze	248.883,04	259.990,89	271.226,88	82.852,28	82.852,28	82.852,28	82.852,28	82.852,28	82.852,28	0,00
Deo glavnice duga koji dospeva nakon godinu dana	376.749,20	188.374,60	0,00	0,00	0,00	0,00	0,00	0,00	0,00	0,00
Ukupne obaveze	625.632,24	448.365,49	271.226,88	82.852,28	82.852,28	82.852,28	82.852,28	82.852,28	82.852,28	0,00
UKUPNA PASIVA	1.299.105,70	1.444.417,94	1.705.511,43	1.952.972,97	2.401.221,48	2.849.469,99	3.297.718,50	3.745.967,01	4.194.215,52	4.559.611,75

11. FINANSIJSKA ANALIZA

11.1. Racio analiza

Na osnovu analize bilansnih pozicija, u nastavku je prikazana dinamika kretanja najznačajnijih racio brojeva iz sledećih grupa pokazatelja:

- pokazatelja likvidnosti,

- pokazatelja aktivnosti,

- pokazatelja finansijske strukture i

- pokazatelja rentabilnosti.

11.1.1. Pokazatelji likvidnosti

Pokazatelji likvidnosti, odnosno pokazatelji koji ukazuju na sposobnost preduze
ća da izmiruje dospele obaveze, uz održavanje potrebnog obima i strukture obrtnih
sredstava, se izračunavaju na osnovu podataka iz projektovanog bilansa stanja.

Najznačajniji pokazatelji likvidnosti, čija je dinamika kretanja tokom trajanja projekta
prikazana u sledećoj tabeli, su:

- *opšti racio likvidnosti (III stepen likvidnosti - opšta likvidnost)* - odnos između
  obrtnih sredstava i kratkoročnih obaveza (zadovoljavajući odnos sa teorijskog
  aspekta je 2 : 1);

- *rigorozni racio likvidnosti* (II stepen likvidnosti - tekuća likvidnost) - odnos
  između likvidnih sredstava i kratkoročnih obaveza (zadovoljavajući odnos sa
  teorijskog aspekta je 1 : 1);

- *gotovinski racio likvidnosti* (I stepen likvidnosti - trenutna likvidnost) - odnos
  između zbira gotovine i gotovinskih ekvivalenata, s jedne strane, i kratkoročnih
  obaveza, s druge strane; i

- *neto obrtna sredstva* - razlika između obrtnih sredstava i kratkoročnih obaveza (zadovoljavajućim se sa teorijskog aspekta smatra da vrednost neto obrtnih
  sredstava nije niža od vrednosti kratkoročnih obaveza).

Tabela 11.1. - *Pokazatelji likvidnosti*[14]

Godina	Opšti racio likvidnosti	Rigorozni racio likvidnosti	Gotovinski racio likvidnosti	Neto obrtna sredstva u EUR
2010.	1,73	1,55	1,25	181.611,24
2011.	2,55	2,34	1,99	402.328,01
2012.	3,72	3,50	3,10	738.697,89
2013.	16,22	15,48	14,19	1.261.046,41
2014.	22,67	21,93	20,64	1.795.807,30
2015.	29,13	28,39	27,10	2.330.568,19
2016.	35,58	34,84	33,55	2.865.329,08
2017.	42,04	41,29	40,00	3.400.089,97
2018.	48,49	47,75	46,46	3.934.850,86
2019.				4.559.611,75

11.1.2. Pokazatelji aktivnosti

Pokazatelji aktivnosti se dele u dve grupe od čega:

- prva grupa pokazatelja ukazuje na osnovne karakteristike prodajnog i nabavnog procesa i

- druga grupa pokazatelja ukazuje na efikasnost korišćenja sredstava sa kojima preduzeće raspolaže.

Za izračunavanje obe grupe pokazatelja koriste se podaci iz projektovanog bilansa stanja i projektovanog bilansa uspeha.

U okviru *prve grupe pokazatelja*, najznačajniji su koeficijent obrta kupaca i koeficijent obrta dobavljača, na osnovu kojih se izračunava prosečno vreme naplate od kupaca i prosečno vreme plaćanja dobavljačima koji odobravaju odloženo plaćanje. Kako su u prethodnim delovima Projekta (u okviru Plana prodaje i Plana nabavke Projekta, kao i u delu Projekta gde su izračunata trajna obrtna sredstva) detaljno prezentirani svi neophodni podaci na osnovu kojih se može zaključiti o osnovnim karakteristikama planiranog nabavnog i prodajnog procesa, ovi pokazatelji se u nastavku neće izračunavati.

U okviru druge grupe pokazatelja najznačajniji su:

- *koeficijent obrta ukupnih sredstava* - odnos između ukupnog prihoda i prosečnih ukupnih sredstava; i

---

[14] Kako na kraju roka trajanja projekta u projektovanom bilansu stanja nema kratkoročnih obaveza, za poslednju godinu (2019. godinu) nije moguće izračunati (ne može se deliti sa 0) opšti, rigorozni i gotovinski racio likvidnosti.

- *koeficijent obrta sopstvenih sredstava* - odnos između ukupnog prihoda i prosečnih sopstvenih sredstava.

Koeficijent obrta ukupnih sredstava pokazuje koliko je preduzeće ostvarilo ukupnog prihoda u toku godine na 1 EUR prosečno angažovanih ukupnih sredstava. Koeficijent obrta sopstvenih sredstava pokazuje koliko je preduzeće ostvarilo ukupnog prihoda u toku godine na 1 EUR prosečno angažovanih sopstvenih sredstava. Prosečna (ukupna, sopstvena) sredstva određene godine predstavljaju srednju vrednost između iznosa sredstava (ukupnih, sopstvenih) na početku te godine, to jest na kraju prethodne godine, i iznosa sredstava (ukupnih, sopstvenih) na kraju te godine.

Tabela 11.2. - *Pokazatelji aktivnosti*

Godina	Koeficijent obrta ukupnih sredstava	Koeficijent obrta sopstvenih sredstava
2010.	0,80	1,69
2011.	0,80	1,32
2012.	0,83	1,07
2013.	0,71	0,79
2014.	0,60	0,62
2015.	0,50	0,51
2016.	0,42	0,43
2017.	0,37	0,38
2018.	0,33	0,33
2019.	0,30	0,30

11.1.3. Pokazatelji finansijske strukture

Pokazatelji finansijske strukture se dele u dve grupe od čega:

- prva grupa pokazatelja ukazuje na strukturu izvora sredstava i
- druga grupa pokazatelja ukazuje na sposobnost preduzeća da iz dospelih sredstava izmiruje finansijske obaveze.

Za izračunavanje prve grupe pokazatelja se samo koriste podaci iz projektovanog bilansa stanja, dok se za izračunavanje druge grupe pokazatelja koriste podaci iz projektovanog bilansa stanja i projektovanog bilansa uspeha.

U okviru prve grupe pokazatelja najznačajniji su:

- *udeo pozajmljenih izvora u ukupnim izvorima* i
- *udeo dugoročnih izvora (kapital i dugoročne obaveze) u ukupnim izvorima.*

Tabela 11.3. - *Pokazatelji strukture izvora finansiranja*

Godina	Udeo pozajmljenih izvora u ukupnim izvorima (u %)	Udeo dugoročnih izvora u ukupnim izvorima (u %)
2010.	48,16%	80,84%
2011.	31,04%	82,00%
2012.	15,90%	84,10%
2013.	4,24%	95,76%
2014.	3,45%	96,55%
2015.	2,91%	97,09%
2016.	2,51%	97,49%
2017.	2,21%	97,79%
2018.	1,98%	98,02%
2019.	0,00%	100,00%

Dijagram 11.4. - *Struktura izvora finansiranja*

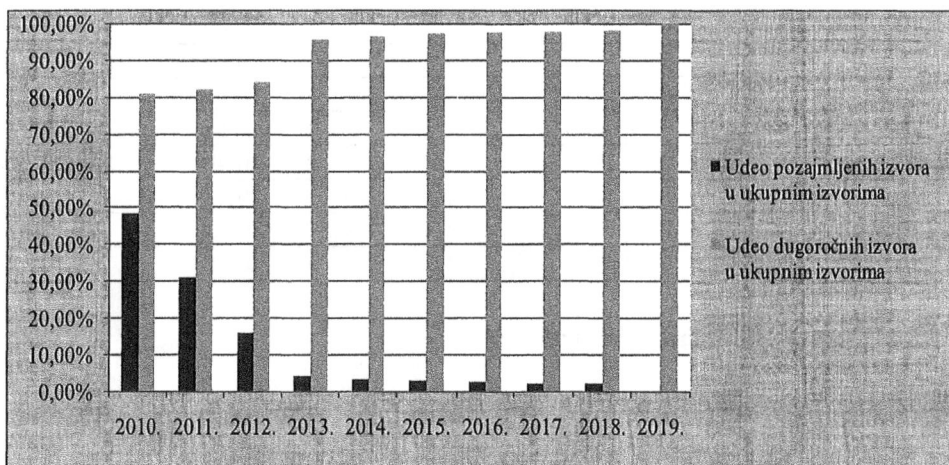

U okviru *druge grupe pokazatelja*, jedan od najznačajnijih pokazatelja je *koeficijent pokrića rashoda na ime kamate*, koji pokazuje na koliko EUR ostvarenog poslovnog dobitka, 1 EUR služi za pokriće finansijskih rashoda, to jest za pokriće troškova kamate.

U narednoj tabeli je prikazan koeficijent pokrića rashoda na ime kamate od početka eksploatacione faze, a zaključno sa 2013. godinom, to jest zaključno sa godinom izmirenja kompletnih kreditnih obaveza.

Tabela 11.5. - *Koeficijent pokrića rashoda na ime kamate*

Godina	Koeficijent pokrića rashoda na ime kamate
2010.	4,63
2011.	7,46
2012.	15,48
2013.	36,11

11.1.4. Pokazatelji rentabilnosti

Pokazatelji rentabilnosti se dele u dve grupe:

- prva grupa pokazatelja se izračunava samo na osnovu podataka iz projektovanog bilansa uspeha i

- druga grupa pokazatelja se izračunava na osnovu podataka iz projektovanog bilansa uspeha i projektovanog bilansa stanja.

U okviru *prve grupe pokazatelja* najznačajniji su:

- *stopa poslovnog dobitka* - odnos između poslovnog dobitka i ukupnih prihoda;

- *stopa neto dobitka* - odnos između neto dobitka i ukupnih prihoda; i

- *koeficijent efikasnosti* - odnos između ukupnih prihoda i ukupnih rashoda.

Tabela 11.6. - *Pokazatelji rentabilnosti koji se izračunavaju na osnovu podataka iz projektovanog bilansa uspeha*

Godina	Stopa poslovnog dobitka	Stopa neto dobitka	Koeficijent efikasnosti
2010.	28,36%	22,24%	1,29
2011.	34,31%	27,61%	1,42
2012.	38,31%	32,25%	1,56
2013.	38,31%	33,53%	1,59
2014-2019.	38,31%	34,48%	1,62

U okviru *druge grupe pokazatelja* najznačajniji su:

- *stopa prinosa na ukupna sredstva* - odnos između neto dobitka i prosečnih ukupnih sredstava; i

- *stopa prinosa na sopstvena sredstva* - odnos između neto dobitka i prosečnih sopstvenih sredstava.

Tabela 11.7. - *Pokazatelji rentabilnosti koji se izračunavaju na osnovu podataka iz projektovanog bilansa uspeha i projektovanog bilansa stanja*

Godina	Stopa prinosa na ukupna sredstva	Stopa prinosa na sopstvena sredstva
2010.	17,75%	37,63%
2011.	22,14%	36,38%
2012.	26,62%	34,50%
2013.	23,83%	26,38%
2014.	20,59%	21,40%
2015.	17,07%	17,63%
2016.	14,58%	14,99%
2017.	12,73%	13,03%
2018.	11,29%	11,53%
2019.	10,24%	10,34%

Dijagram 11.8. - *Stopa prinosa na ukupna sredstva i stopa prinosa na sopstvena sredstva*

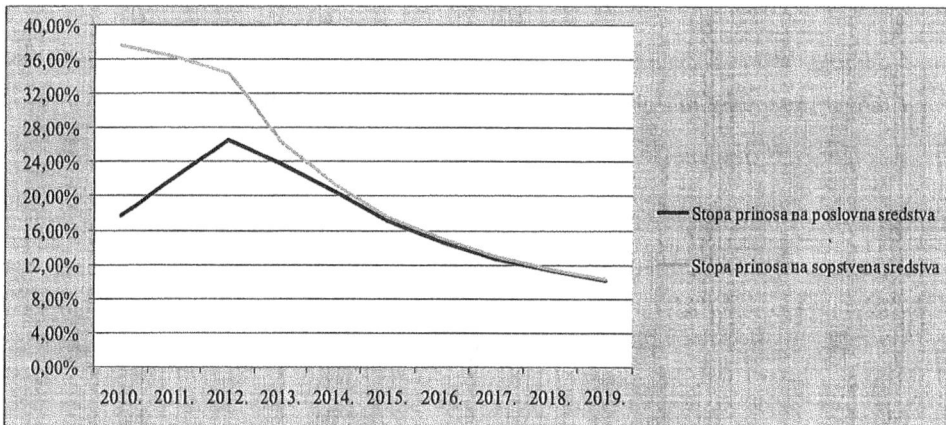

Detaljnija finansijska analiza prezentiranih stopa prinosa na ukupna i na sopstvena sredstva podrazumeva primenu **Du Pont sistema analize**.

Stopa prinosa na ukupna sredstva se dobija množenjem stope neto dobitka i koeficijenta obrta ukupnih sredstava, tako da preduzeće može stopu prinosa na sopstvena sredstva da uveća:

- povećanjem profitne margine i
- povećanjem koeficijenta obrta ukupnih sredstava.

Stopa prinosa na sopstvena sredstva se dobija množenjem stope prinosa na ukupna sredstva sa multiplikatorom sopstvenih sredstava (odnos između prosečnih ukupnih i prosečnih sopstvenih sredstava). Stoga, preduzeće može stopu prinosa na sopstvena sredstva da uveća:

- povećanjem profitne margine,
- povećanjem koeficijenta obrta ukupnih sredstava i
- povećanjem učešća pozajmljenih u ukupnim izvorima finansiranja.

U narednim tabelama prikazan je analitički način izračunavanja:

- stope prinosa na ukupna sredstva i
- stope prinosa na sopstvena sredstva.

Tabela 11.9. - *Stopa prinosa na ukupna sredstva izračunata primenom osnovne Du Pont formule*

Godina	Stopa neto dobitka	Koeficijent obrta ukupnih sredstava	Stopa prinosa na ukupna sredstva
2010.	22,24%	0,80	17,75%
2011.	27,61%	0,80	22,14%
2012.	32,25%	0,83	26,62%
2013.	33,53%	0,71	23,83%
2014.	34,48%	0,60	20,59%
2015.	34,48%	0,50	17,07%
2016.	34,48%	0,42	14,58%
2017.	34,48%	0,37	12,73%
2018.	34,48%	0,33	11,29%
2019.	34,48%	0,30	10,24%

Tabela 11.10. - *Stopa prinosa na sopstvena sredstva izračunata primenom proširene Du Pont formule*

Godina	Stopa neto dobitka	Koeficijent obrta ukupnih sredstava	Odnos prosečnih ukupnih i prosečnih sopstvenih sredstava	Stopa prinosa na sopstvena sredstva
2010.	22,24%	0,80	2,12	37,63%
2011.	27,61%	0,80	1,64	36,38%
2012.	32,25%	0,83	1,30	34,50%
2013.	33,53%	0,71	1,11	26,38%
2014.	34,48%	0,60	1,04	21,40%
2015.	34,48%	0,50	1,03	17,63%
2016.	34,48%	0,42	1,03	14,99%
2017.	34,48%	0,37	1,02	13,03%
2018.	34,48%	0,33	1,02	11,53%
2019.	34,48%	0,30	1,01	10,34%

11.2. Z test

Finansijska analiza primenom Z testa počinje množenjem određenih multiplikatora sa određenim racio brojevima.

Multiplikatori i racio brojevi koji su adekvatni za primenu Z testa analiziranog Projekta su sledeći:

- *multiplikator 0,71* - za odnos neto obrtnih sredstava i ukupnih sredstava;
- *multiplikator 0,85* - za odnos neto dobiti i ukupnih sredstava;
- *multiplikator 3,11* - za odnos poslovnog rezultata i ukupnih sredstava;
- *multiplikator 0,42* - za odnos kapitala i ukupnih obaveza; i
- *multiplikator 1,00* - za odnos prihoda od prodaje i ukupnih sredstava.

Tabela 11.11. - *Multiplikovani racio brojevi*

Godina	Multiplikovani racio brojevi				
	Neto obrtna sredstva Ukupna sredstva	Neto dobit Ukupna sredstva	Poslovna dobit Ukupna sredstva	Kapital obaveze	Poslovni prihod ukupna sredstva
2010.	0,10	0,13	0,61	0,45	0,69
2011.	0,20	0,18	0,81	0,93	0,76
2012.	0,31	0,21	0,91	2,22	0,76
2013.	0,46	0,19	0,79	9,48	0,67
2014.	0,53	0,16	0,65	11,75	0,54
2015.	0,58	0,13	0,54	14,02	0,46
2016.	0,62	0,12	0,47	16,30	0,39
2017.	0,64	0,10	0,41	18,57	0,35
2018.	0,67	0,09	0,37	20,84	0,31
2019.	0,71	0,08	0,34		0,29

Zbrajanjem pojedinačnih multiplikovanih racio brojeva dobija se Z skor. U narednoj tabeli prikazana je dinamika kretanja Z skora od 2010. do 2018. godine.[15]

---

[15] Kako u projektovanom bilansu stanja na kraju roka trajanja projekta nema iskaznih nikakvih obaveza, za poslednju godinu (2019. godinu) nije moguće izračunati (ne može se deliti sa 0) odnos kapitala i ukupnih obaveza, a time ni Z skor.

Tabela 11.12. - *Z skor*

Godina	Z skor
2010.	1,99
2011.	2,88
2012.	4,41
2013.	11,59
2014.	13,63
2015.	15,74
2016.	17,89
2017.	20,08
2018.	22,28

Dijagram 11.13. - *Dinamika kretanja Z skora*

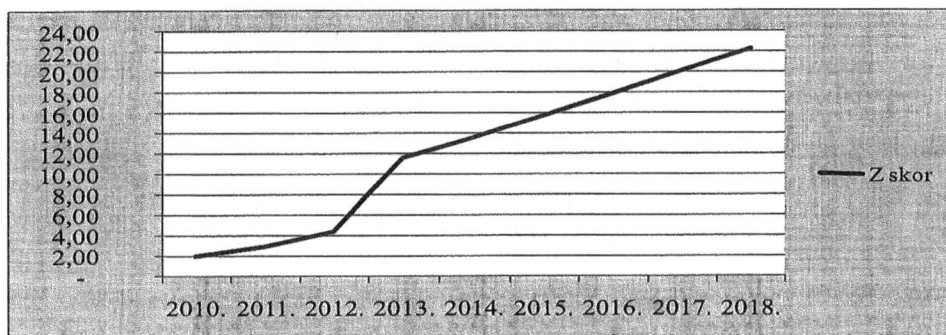

473

12. POKAZATELJI EFIKASNOSTI

Osnovna svrha ovog Projekta je poboljšanje kvalitativnih i kvantitativnih performansi Preduzeća, tako da će ocena efikasnosti Projekta biti fokusirana na finansijskoj oceni, dok će društvena ocena biti zanemarena. Brojni pokazatelji efikasnosti koji se koriste pri finansijskoj oceni, u zavisnosti od toga da li se prilikom njihovog izračunavanja uvažava vremenska vrednost novca, se primarno razvrstavaju u dve grupe: **statičke i dinamičke**. Kako se obe grupe pokazatelja izračunavaju na osnovu **ekonomskog toka**, prvo će se izvršiti projekcija ovog pomoćnog finansijskog izveštaja.

12.1. Ekonomski tok

Kako su osnovni korisnici Projekta kreditori, to jest osnovna namena Projekta je obezbeđenje kredita, finansijska ocena biće bazirana na **ekonomskom toku sa aspekta preduzeća**, čija je projekcija prikazana u narednoj tabeli. Ovaj ekonomski tok se u odnosu na projektovani novčani tok razlikuje samo u tome što je iz odliva isključena otplata kredita koja se, kasnije, zajedno sa ulaganjima planiranim da se finansiraju iz sopstvenih izvora, grupno prikazuje u okviru investicionih ulaganja.

Tabela 12.1. - *Ekonomski tok sa aspekta preduzeća*

u EUR

Godina	2010.	2011.	2012.	2013.	2014-2018.	2019.
Prilivi						
Od prodaje proizvoda	900.000	1.100.000	1.300.000	1.300.000	1.300.000	900.000
Rezidualna vrednost	0,00	0,00	0,00	0,00	0,00	211.204,29
Ukupni prilivi	*900.000*	*1.100.000*	*1.300.000*	*1.300.000*	*1.300.000*	*1.511.204,29*
Odlivi						
Troškovi repromaterijala	289.597,56	353.952,76	418.307,72	418.307,72	418.307,72	418.307,72
Troškovi ambalaže	46.180,00	54.420,00	64.220,00	64.220,00	64.220,00	64.220,00
Troškovi bruto plata	117.306,00	117.306,00	117.306,00	117.306,00	117.306,00	117.306,00
Troškovi energenata	25.080,00	30.320,00	35.560,00	35.560,00	35.560,00	35.560,00
Troškovi investicionog održavanja	8.900,00	8.900,00	8.900,00	8.900,00	8.900,00	8.900,00
Troškovi osiguranja	6.140,00	6.140,00	6.140,00	6.140,00	6.140,00	6.140,00
Troškovi marketinga	25.000,00	25.000,00	25.000,00	25.000,00	25.000,00	25.000,00
Troškovi poreza	4.000,00	4.000,00	4.000,00	4.000,00	4.000,00	4.000,00
Ostali poslovni rashodi	36.000,00	36.000,00	36.000,00	36.000,00	36.000,00	36.000,00
Porez na dobit	0,00	23.203,99	46.587,37	48.426,24	49.805,39	49.805,39
Rashodi kamate	55.166,08	50.568,91	32.180,21	13.791,52	0,00	0,00
Ukupni odlivi	*613.369,64*	*709.811,66*	*794.201,30*	*777.651,48*	*765.239,11*	*765.239,11*
Neto priliv	**286.630,36**	**390.188,34**	**505.798,70**	**522.348,52**	**534.760,89**	**745.965,18**

12.2. Dinamički pokazatelji efikasnosti

Dinamički pokazatelji efikasnosti, odnosno pokazatelji prilikom čijeg izračunavanja se uvažava vremenska vrednost novca su:

- neto sadašnja vrednost
- interna stopa rentabilnosti,
- indeks rentabilnosti i
- diskontovani period povraćaja.

Za izračunavanje svih dinamičkih pokazatelja efikasnosti ulaganja potrebno je odrediti:

- sadašnju vrednost ulaganja,
- sadašnju vrednost priliva i
- sadašnju vrednost odliva.

Sadašnje vrednosti su određene na dan koji neposredno prethodi početku eksploatacione faze, to jest na dan 31.12.2009. godine.

Svođenje na sadašnje vrednosti se vrši diskontnom stopom. U Projektu je određena **diskontna stopa** od 10%, što je na nivou godišnje realne kamatne stope na pozajmljena sredstva.

Da bi se mogla izračunati **sadašnja vrednost ulaganja**, prethodno je potrebno sagledati dinamiku ulaganja sa aspekta Preduzeća, a koja je prikazana u narednoj tabeli. Kao što je ranije napomenuto:

- *za ulaganja koja su planirana da se finansiraju iz sopstvenih izvora* - dinamika ulaganja je identična dinamici stvarnih ulaganja, a koja je prikazana u ranijem delu Projekta; i
- *za ulaganja koja su planirana da se finansiraju iz kredita* - dinamika ulaganja je uslovljena datumima kada je planirana otplata kredita.

Tabela 12.2. - *Dinamika ulaganja sa aspekta Preduzeća*

Datum ulaganja	Visina ulaganja u EUR			
	Tehnološka oprema	Objekat	Viljuškar	Obrtna sredstva
30. jun 2009.	240.000,00	0,00	0,00	0,00
30. septembar 2009.	0,00	30.000,00	0,00	0,00
31. oktobar 2009.	0,00	30.000,00	0,00	0,00
30. novembar 2009.	0,00	30.000,00	0,00	0,00
31. decembar 2009.	0,00	30.000,00	30.000,00	83.355,48
31. decembar 2010.	0,00	0,00	0,00	18.903,03
30. jun 2011.	94.187,30	0,00	0,00	0,00
31. decembar 2011.	94.187,30	0,00	0,00	18.945,78
30. jun 2012.	94.187,30	0,00	0,00	0,00
31. decembar 2012.	94.187,30	0,00	0,00	0,00
30. jun 2013.	94.187,30	0,00	0,00	0,00
31. decembar 2013.	94.187,30	0,00	0,00	0,00
UKUPNO	**805.123,80**	**120.000,00**	**30.000,00**	**121.204,29**

Tabela 12.3. - *Sadašnja vrednost ulaganja sa aspekta Preduzeća*

Datum ulaganja	Visina ulaganja sa aspekta Preduzeća u EUR	Faktor akumulacije / Diskontni faktor	Sadašnja vrednost ulaganja u EUR
30. jun 2009.	240.000,00	1,049	251.714,12
30. septembar 2009.	30.000,00	1,024	30.723,41
31. oktobar 2009.	30.000,00	1,016	30.480,36
30. novembar 2009.	30.000,00	1,008	30.239,22
31. decembar 2009.	143.355,48	1,000	143.355,48
31. decembar 2010.	18.903,03	0,909	17.184,57
30. jun 2011.	94.187,30	0,867	81.640,06
31. decembar 2011.	113.133,08	0,826	93.498,41
30. jun 2012.	94.187,30	0,788	74.218,24
31. decembar 2012.	94.187,30	0,751	70.764,31
30. jun 2013.	94.187,30	0,716	67.471,12
31. decembar 2013.	94.187,30	0,683	64.331,19
UKUPNO	**1.076.328,09**		**955.620,49**

Sadašnja vrednost priliva izračunaće se sabiranjem:

- sadašnje vrednosti priliva od prihoda od prodaje i
- sadašnje vrednosti priliva iz reziduala.

Sadašnja vrednost priliva od prihoda prodaje izračunata je na osnovu pretpostavke (iz Plana prodaje Projekta) da će se u proseku prihodi od prodaje ostvarivati sredinom godina.

Tabela 12.4. - *Sadašnja vrednost priliva od prihoda od prodaje*

Godina	Prilivi od prihoda od prodaje u EUR	Faktor akumulacije	Sadašnja vrednost priliva od prodaje u EUR
2010.	900.000,00	1,048	858.329,09
2011.	1.100.000,00	1,153	953.698,99
2012.	1.300.000,00	1,268	1.024.635,28
2013.	1.300.000,00	1,395	931.486,62
2014.	1.300.000,00	1,535	846.806,01
2015.	1.300.000,00	1,688	769.823,65
2016.	1.300.000,00	1,857	699.839,68
2017.	1.300.000,00	2,043	636.217,89
2018.	1.300.000,00	2,247	578.379,90
2019.	1.300.000,00	2,472	525.799,91
UKUPNO			7.825.017,03

Faktori akumulacije za svođenje na *sadašnju vrednost svih sadržajućih pozicija iz reziduala*, osim potraživanja od kupaca, su određeni na osnovu pretpostavke da će se prilivi po ovom osnovu ostvariti na kraju roka trajanja projekta. Faktor akumulacije za svođenje na sadašnju vrednost potraživanja od kupaca je određen na osnovu pretpostavke da će se u proseku prilivi po ovom osnovu naplaćivati 15 dana nakon isteka roka trajanja projekta (srednja vrednost od perioda kreditiranja kupaca).

Tabela 12.5. - *Sadašnja vrednost priliva iz reziduala*

Pozicije iz reziduala	Iznos u EUR	Faktor akumulacije	Sadašnja vrednost priliva iz reziduala u EUR
Potraživanje od kupaca	106.820,05	2,603	41.032,93
Ostale pozicije	104.384,24	2,593	40.254,62
UKUPNO			81.287,55

Tabela 12.6. - *Sadašnja vrednost ukupnih priliva*

Godina	Sadašnja vrednost ukupnih priliva u EUR
2010.	858.329,09
2011.	953.698,99
2012.	1.024.635,28
2013.	931.486,62
2014.	846.806,01
2015.	769.823,65
2016.	699.839,68
2017.	636.217,89
2018.	578.379,90
2019.	607.087,46
UKUPNO	**7.906.304,58**

Sadašnja vrednost odliva izračunaće se sabiranjem:

- sadašnje vrednosti odliva koji će u proseku nastajati sredinom godina i
- sadašnje vrednosti odliva koji će u proseku nastajati na kraju godina.

Odlivi za koje se može pretpostaviti da će u proseku nastajati sredinom godina su odlivi po osnovu:

- svih poslovnih rashoda,
- poreza na dobit (plaća se akontativno svakog meseca) i
- kamate čiji anuiteti dospevaju sredinom godina.

Tabela 12.7. - *Sadašnje vrednosti odliva koji će u proseku nastajati sredinom godina*

Godina	Odlivi koji će nastajati sredinom godina u EUR	Faktor akumulacije	Sadašnja vrednost odliva koji će nastajati krajem godina u EUR
2010.	585.786,60	1,048	558.664,09
2011.	686.825,79	1,153	595.477,33
2012.	780.409,78	1,268	615.104,15
2013.	773.054,31	1,395	553.915,19
2014.	765.239,11	1,535	498.468,52
2015.	765.239,11	1,688	453.153,20
2016.	765.239,11	1,857	411.957,46
2017.	765.239,11	2,043	374.506,78
2018.	765.239,11	2,247	340.460,71
2019.	765.239,11	2,472	309.509,74
UKUPNO			**4.711.217,16**

Odlivi za koje se može pretpostaviti da će u proseku nastajati *na kraju godina* su odlivi za kamate čiji anuiteti dospevaju krajem godina.

Tabela 12.8. - *Sadašnje vrednosti odliva koji će u proseku nastajati krajem godina*

Godina	Odlivi koji će nastajati krajem godina u EUR	Faktor akumulacije	Sadašnja vrednost odliva koji će nastajati sredinom godina u EUR
2010.	27.583,04	1,100	25.081,71
2011.	22.985,87	1,210	19.001,30
2012.	13.791,52	1,331	10.364,34
2013.	4.597,17	1,464	3.140,71
UKUPNO			**57.588,05**

Tabela 12.9. - *Sadašnja vrednost ukupnih odliva*

Godina	Sadašnja vrednost ukupnih odliva u EUR
2010.	583.745,80
2011.	614.478,63
2012.	625.468,49
2013.	557.055,89
2014.	498.468,52
2015.	453.153,20
2016.	411.957,46
2017.	374.506,78
2018.	340.460,71
2019.	309.509,74
UKUPNO	**4.768.805,22**

12.2.1. Neto sadašnja vrednost

Tabela 12.10. - *Neto sadašnja vrednost*

Datum/Godina	Sadašnja vrednost neto priliva u EUR	Kumulativna sadašnja vrednost neto priliva u EUR
31.12.2009. (sadašnja vrednost ulaganja)	(955.620,49)	(955.620,49)
2010.	274.583,29	(681.037,20)
2011.	339.220,36	(341.816,83)
2012.	399.166,79	57.349,96
2013.	374.430,72	431.780,68
2014.	348.337,49	780.118,17
2015.	316.670,45	1.096.788,61
2016.	287.882,22	1.384.670,84
2017.	261.711,11	1.646.381,95
2018.	237.919,19	1.884.301,14
2019.	297.577,73	**2.181.878,87**

Neto sadašnja vrednost = 2.181.878,87 EUR

12.2.2. Interna stopa rentabilnosti

Interna stopa rentabilnosti = 73,20%

Kako interna stopa rentabilnosti pokazuje diskontnu stopu pri kojoj je neto sadašnja vrednost jednaka nuli, provera ispravnosti izračunate interne stope rentabilnosti je prikazana u narednoj tabeli, u kojoj je izračunata neto sadašnja vrednost pri diskontnoj stopi od 73,20%.

Tabela 12.11. - *Neto sadašnja vrednost pri diskontnoj stopi od 73,20%*

Datum/Godina	Sadašnja vrednost neto priliva u EUR	Kumulativna sadašnja vrednost neto priliva u EUR
31.12.2009. (sadašnja vrednost ulaganja)	(714.084,38)	(714.084,38)
2010.	225.472,86	(488.611,52)
2011.	175.666,03	(312.945,49)
2012.	130.493,10	(182.452,39)
2013.	77.466,76	(104.985,63)
2014.	45.694,13	(59.291,50)
2015.	26.382,94	(32.908,56)
2016.	15.233,02	(17.675,54)
2017.	8.795,26	(8.880,28)
2018.	5.078,22	(3.802,07)
2019.	3.802,07	0,00

12.3.1. Period povraćaja

Tabela 12.12. - *Apsolutna (nediskontovana) vrednost neto priliva*

Datum/Godina	Vrednost neto priliva u EUR	Kumulativna vrednost neto priliva u EUR
31.12.2009. (vrednost ulaganja)	(1.076.328,09)	(1.076.328,09)
2010.	286.630,36	(789.697,73)
2011.	390.188,34	(399.509,39)
2012.	505.798,70	106.289,31
2013.	522.348,52	628.637,83
2014.	534.760,89	1.163.398,72
2015.	534.760,89	1.698.159,61
2016.	534.760,89	2.232.920,50
2017.	534.760,89	2.767.681,39
2018.	534.760,89	3.302.442,28
2019.	745.965,18	4.048.407,46

Period povraćaja =
Dve godine + (399.509,39 EUR / (399.509,39 EUR + 106.289,31 EUR)) godine

Period povraćaja ≈ Dve godine i 288 dana

12.3.2. Prosečan period povraćaja

Prosečan period povraćaja = 1.076.328,09 EUR / (5.124.735,55 EUR / 10 godina)

Prosečan period povraćaja ≈ Dve godine i 37 dana

12.3.3. Recipročan prosečan period povraćaja

Recipročan prosečan period povraćaja =
(5.124.735,55 EUR / 10 godina) / 1.076.328,09 EUR

Recipročan prosečan period povraćaja ≈ 47,61%

13. ANALIZA U USLOVIMA NEIZVESNOSTI

13.1. Prelomna tačka rentabiliteta

Od ukupnog perioda kada je planirano maksimalno iskorišćenje previđenog kapaciteta (2012-2019. godine), primenom načela opreznosti su prelomne tačke rentabiliteta izračunate shodno podacima za godinu kada su troškovi kamate najveći (2012. godine). U nastavku je izračunata vrednosna, kapacitetna, količinska i cenovna prelomna tačka rentabiliteta.

Vrednosna prelomna tačka rentabiliteta pokazuje vrednost ukupnog prihoda pri kojem se ukupni prihodi izjednačavaju sa ukupnim rashodima, a izračunava se deljenjem ukupnih fiksnih troškova sa stopom kontribucione dobiti. U narednoj tabeli su izračunati ukupni fiksni troškovi i stopa kontribucione dobiti.

Tabela 13.1. - *Varijabilni i fiksni troškovi*

Vrsta troškova	Iznos u EUR
Varijabilni troškovi	
Troškovi repromaterijala	418.307,72
Troškovi ambalaže (bez paleta)	63.700,00
Troškovi energenata (za rad tehnološke opreme i viljuškara)	34.060,00
Ukupni varijabilni troškovi	*516.067,72*
Fiksni troškovi	
Troškovi paleta	520,00
Troškovi energenata (za zagrevanje prostorija)	1.500,00
Troškovi bruto plata	117.306,00
Amortizacija	86.512,38
Troškovi investicionog održavanja	8.900,00
Troškovi osiguranja	6.140,00
Troškovi marketinga	25.000,00
Troškovi poreza	4.000,00
Ostali poslovni rashodi	36.000,00
Troškovi kamate	32.180,21
Ukupni fiksni troškovi	*318.058,59*
UKUPNI RASHODI	**834.126,31**

Tabela 13.2. - *Izračunavanje stope kontribucione dobiti*

Ukupan prihod u EUR	1.300.000,00
Varijabilni troškovi u EUR	516.067,72
Kontribuciona dobit u EUR	783.932,28
Stopa kontribucione dobiti (Kontribuciona dobit / Ukupan prihod)	**60,30%**

Vrednosna prelomna tačka rentabiliteta =
318.058,59 EUR / 60,30% = 527.438,63 EUR

Kapacitetna prelomna tačka rentabiliteta pokazuje stepen iskorišćenja predviđenog maksimalnog kapaciteta (130 miliona jednodelnih plastičnih zatvarača od 38 mm) pri kojem se ukupni prihodi izjednačavaju sa ukupnim troškovima, a izračunava se tako što se vrednosna prelomna tačka rentabiliteta podeli sa ukupnim prihodom.

Kapacitetna prelomna tačka rentabiliteta =
527.438,63 EUR / 1.300.000,00 EUR = 40,57%

Dijagram 13.3. - *Kapacitetna prelomna tačka rentabiliteta*

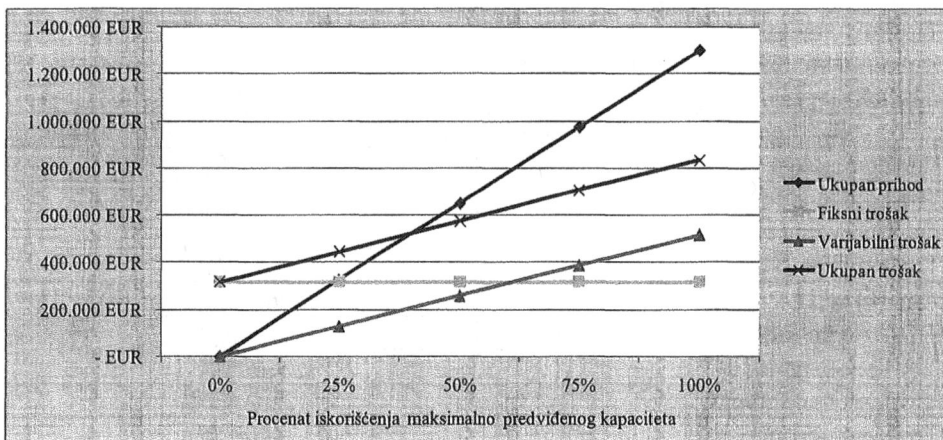

Količinska prelomna tačka rentabiliteta pokazuje broj prodatih zatvarača pri kojem se ukupni prihodi izjednačavaju sa ukupnim troškovima, a izračunava se tako što se kapacitetna prelomna tačka rentabiliteta pomnoži sa planiranom količinom prodatih zatvarača.

Količinska prelomna tačka rentabiliteta =
40,57% x 130.000.000 zatvarača = 52.743.863 zatvarača

Dijagram 13.4. - *Količinska prelomna tačka rentabiliteta*

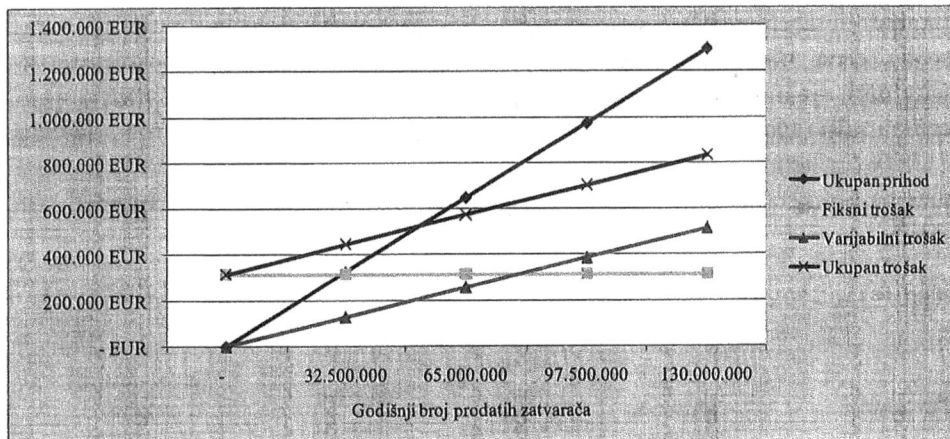

Cenovna prelomna tačka rentabiliteta pokazuje prodajnu cenu jednog zatvarača pri kojem se ukupni prihodi izjednačavaju sa ukupnim troškovima, a izračunava se tako što se ukupni rashodi podele sa planiranom količinom prodatih zatvarača.

Cenovna prelomna tačka rentabiliteta =
834.126,31 EUR / 130.000.000 zatvarača = 0,0064 EUR po zatvaraču

Dijagram 13.5. - *Cenovna prelomna tačka rentabiliteta*

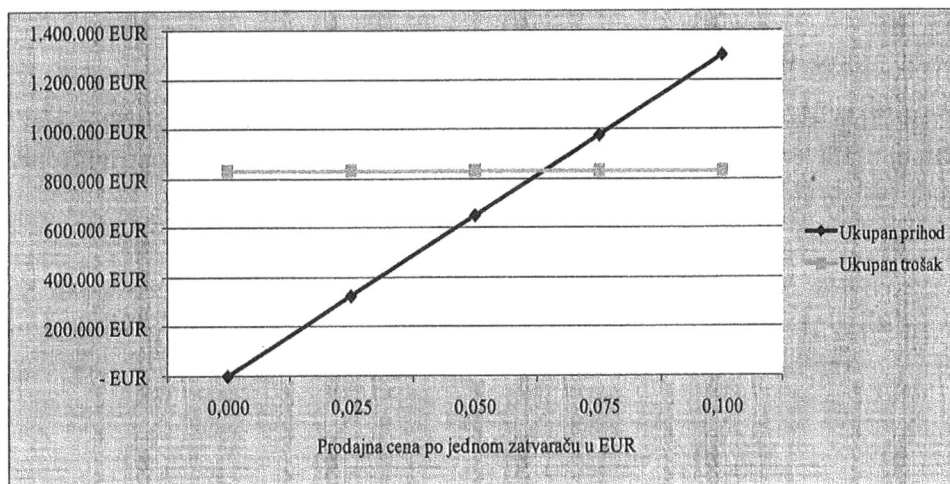

13.2. Analiza osetljivosti

U narednoj tabeli je prikazana analiza uticaja promene najznačajnijih ulaznih parametara (cena polietilena visoke gustine i prodajne cene zatvarača) na promenu najznačajnijih dinamičkih pokazatelja efikasnosti (neto sadašnja vrednost, interna stopa rentabilnosti i diskontovani period povraćaja). Intenzitet varijacije ulaznih podataka je ± 10%. Prilikom analize je primenjena *parametar po parametar analiza*, koja se zasniva na promenljivosti jednog nezavisnog ulaznog parametra, a konstantnosti svih ostalih.

Tabela 13.6. - *Analiza osetljivosti*

Parametar	% promene parametra	Interna stopa rentabilnosti u %	Neto sadašnja vrednost u EUR	Diskontovani period povraćaja
Bazna vrednost	**0%**	**73,20%**	**2.181.878,87**	**2 godine i 313 dana**
Cena polietilena	+10%	67,04%	1.986.627,26	3 godine i 13 dana
Cena polietilena	+5%	70,10%	2.084.253,08	2 godine i 344 dana
Cena polietilena	-5%	76,31%	2.279.504,66	2 godine i 283 dana
Cena polietilena	-10%	79,46%	2.377.130,50	2 godine i 256 dana
Cena zatvarača	-10%	52,12%	1.485.034,35	3 godine i 232 dana
Cena zatvarača	-5%	62,54%	1.833.456,61	3 godine i 70 dana
Cena zatvarača	+5%	84,07%	2.530.301,12	2 godine i 219 dana
Cena zatvarača	+10%	95,14%	2.878.723,38	2 godine i 142 dana

13.3. Leveridž analiza

Za merenje izloženosti preduzeća poslovnom, finansijskom i ukupnom riziku, u narednoj tabeli je tokom trajanja projekta izračunata vrednost godišnje kontribucione, poslovne i bruto dobiti.

Tabela 13.7. - *Kontribuciona, poslovna i bruto dobit*

u EUR

Godina	2010.	2011.	2012.	2013.	2014-2019.
Ukupan prihod	900.000,00	1.100.000,00	1.300.000,00	1.300.000,00	1.300.000,00
Varijabilni troškovi					
Troškovi repromaterijala	289.597,56	353.952,76	418.307,72	418.307,72	418.307,72
Troškovi ambalaže (bez paleta)	44.100,00	53.900,00	63.700,00	63.700,00	63.700,00
Troškovi energenata (za rad tehnološke opreme i viljuškara)	23.580,00	28.820,00	34.060,00	34.060,00	34.060,00
Ukupni varijabilni troškovi	*357.277,56*	*436.672,76*	*516.067,72*	*516.067,72*	*516.067,72*
Kontribuciona dobit	**542.722,44**	**663.327,24**	**783.932,28**	**783.932,28**	**783.932,28**
Fiksni poslovni troškovi					
Troškovi paleta	2.080,00	520,00	520,00	520,00	520,00
Troškovi energenata (za zagrevanje prostorija)	117.306,00	117.306,00	117.306,00	117.306,00	117.306,00
Troškovi bruto plata	86.512,38	86.512,38	86.512,38	86.512,38	86.512,38
Amortizacija	1.500,00	1.500,00	1.500,00	1.500,00	1.500,00
Troškovi investicionog održavanja	8.900,00	8.900,00	8.900,00	8.900,00	8.900,00
Troškovi osiguranja	6.140,00	6.140,00	6.140,00	6.140,00	6.140,00
Troškovi marketinga	25.000,00	25.000,00	25.000,00	25.000,00	25.000,00
Troškovi poreza	4.000,00	4.000,00	4.000,00	4.000,00	4.000,00
Ostali poslovni rashodi	36.000,00	36.000,00	36.000,00	36.000,00	36.000,00
Ukupni fiksni troškovi	*287.438,38*	*285.878,38*	*285.878,38*	*285.878,38*	*285.878,38*
Poslovna dobit	**255.284,06**	**377.448,86**	**498.053,90**	**498.053,90**	**498.053,90**
Finansijski troškovi					
Troškovi kamate	55.166,08	50.568,91	32.180,21	13.791,52	0,00
Bruto rezultat					
Bruto dobit	**200.117,98**	**326.879,95**	**465.873,69**	**484.262,38**	**498.053,90**

Shodno vrednosti kontribucione, poslovne i bruto dobiti, u narednoj tabeli je izračunata vrednost:

- *poslovnog leveridža* (odnos kontribucione i poslovne dobiti) - pokazuje za koliko će se procenata promeniti poslovna dobit ako se ukupan prihod (obim prodaje) promeni za 1%;

- *finansijskog leveridža* (odnos poslovne i bruto dobiti) - pokazuje za koliko će se procenata promeniti bruto dobit ako se poslovna dobit promeni za 1%; i

- *totalnog leveridža* (proizvod poslovnog i finansijskog leveridža) - pokazuje za koliko će se procenata promeniti bruto dobit ako se ukupan prihod promeni za 1%.

Tabela 13.8. - *Poslovni, finansijski i totalni leveridž*

Godina	Poslovni leveridž	Finansijski leveridž	Totalni leveridž
2010.	2,13	1,28	2,71
2011.	1,76	1,15	2,03
2012.	1,57	1,07	1,68
2013.	1,57	1,03	1,62
2014.	1,57	1,00	1,57
2015.	1,57	1,00	1,57
2016.	1,57	1,00	1,57
2017.	1,57	1,00	1,57
2018.	1,57	1,00	1,57
2019.	1,57	1,00	1,57

Analizom podataka iz prethodne dve tabele se može ustanoviti da u pojedinim godinama postoje određena odstupanja između projektovanog procenta promene poslovnog i kontribucionog dobitka, bruto dobitka i poslovnog dobitka, i bruto dobitka i ukupnog prihoda; u odnosu na procente koji proizilaze iz leveridž analize.

Odstupanja su posledica činjenice da se leveridž analiza zasniva na pretpostavci o nepromenljivim fiksnim poslovnim i fiksnim finansijskim troškovima, što u potpunosti ne odgovara podacima iz Projekta. Naime, u Projektu su fiksni poslovni troškovi 2010. godine viši od fiksnih poslovnih troškova u narednim godinama za 1.560 EUR, koji se odnose na troškove paleta. Po pitanju promenljivosti finansijskih troškova, od početka eksploatacione faze Projekta pa sve do kraja 2013. godine se zbog snižavanja neotplaćene visine duga sni.žavaju troškovi kamate, tako da ni ovi troškovi nisu usaglašeni sa pretpostavkom na kojoj je bazirana leveridž analiza.

I pored navedenog, uočena odstupanja su mala, tako da se ne remeti osnovni zaključak koji proizilazi iz leveridž analize, a to je da se od početka eksploatacione faze pa do kraja 2013. godine smanjuje izloženost preduzeća riziku da se smanji bruto dobit zbog smanjenja obima prodaje. Smanjenje rizika je posledica:

- *smanjenja poslovnog leveridža* - zbog povećanja obima prodaje smanjuje se odnos kontribucionog i poslovnog dobitka; i

- *smanjenja finansijskog leveridža* - zbog snižavanja troškova kamate, kao i usled povećavanja poslovnog dobitka do godine maksimalnog iskorišćavanja predviđenog kapaciteta, smanjuje se udeo poslovne dobiti koji služi za pokriće troškova kamate.

14. PROCENA VREDNOSTI PREDUZEĆA

Kako se investiciono odlučivanje na bazi procene vrednosti preduzeća zasniva na diferencijalnoj razlici između vrednosti preduzeća u slučaju da se razmatrana investicija realizuje, s jedne strane, i vrednosti preduzeća u slučaju da se razmatrana investicija ne realizuje, s druge strane, u nastavku su izračunate vrednosti preduzeća „bez projekta" i „sa projektom". Vrednosti preduzeća su u oba slučaja procenjene na dan 31.12.2009. godine, to jest na dan kada su određene sadašnje vrednosti ulaganja, priliva i odliva.

14.1. Vrednost preduzeća „bez projekta"

Energoplast i sa postojećim proizvodnim programom ostvaruje zadovoljavajuće poslovne rezultate, tako da će vrednost preduzeća „bez projekta" biti određena primenom metoda zasnovanih na prinosnom konceptu vrednosti. Kako poslednje dve godine Energoplast godišnje ostvaruje po 400.000 EUR neto priliva, što je na nivou godišnje visine neto dobiti, a i kako nema indicija za promenu rezultata koji će se ostvarivati iz poslovanja sa dvodelnim plastičnim zatvaračima (preduzeća sa kojima su potpisani Predugovori su najavili da neće u budućnosti smanjivati količinu dvodelnih plastičnih zatvarača koje nabavljaju od Energoplasta), vrednost preduzeća „bez projekta" odrediće se primenom obrasca koji se primenjuje u slučaju konstantnog iznosa godišnjeg projektovanog rezultata. Primenjena diskontna stopa, to jest zadovoljavajuća stopa prinosa hipotetičkih kupaca, je određena u visini od 10%.

$$\textbf{Vrednost preduzeća „bez projekta"} =$$
$$\frac{(400.000 \text{ EUR} / 365) \times 0,1}{(1 + 0,1) \times ((1 + 0,1)^{1/365} - 1)} + \frac{400.000 \text{ EUR} / 0,1}{1,0485} = 4.192.275,55 \text{ EUR}$$

14.2. Vrednost preduzeća „sa projektom"

Vrednost preduzeća „sa projektom" predstavlja zbir sadašnje vrednosti neto priliva u projektovanom periodu i sadašnje vrednosti neto priliva u rezidualnom periodu.

Obzirom na definisani rok trajanja projekta, za procenu vrednosti preduzeća „sa projektom" će se uvažiti pretpostavka da će se preduzeće baviti proizvodnjom jednodelnih zatvarača od 38 mm deset godina, što je pretpostavka na kojoj je bazirana i finansijska ocena. Stoga, projektovani period iznosi 10 godina, a **sadašnja vrednost neto priliva u projektovanom periodu** predstavlja zbir:

- sadašnje vrednosti neto priliva Projekta i
- sadašnje vrednosti neto priliva postojećeg proizvodnog programa.

Sadašnja vrednost neto priliva Projekta se bazira na ekonomskom toku sa aspekta Vlasnika. Ovaj ekonomski tok se u odnosu na ranije prikazani projektovani ekonomski tok sa aspekta Preduzeća razlikuje u tome što se otplata kredita iskazuje u odlivima, a u okviru investicionih ulaganja se prikazuje samo vrednost koja je planirana da bude finansirana iz sopstvenih izvora. Otuda, kako je sadašnja vrednost priliva u oba ekonomska toka identična, u nastavku će se izračunati sadašnje vrednosti sledećih sadržajućih stavki ekonomskog toka sa aspekta Vlasnika:

- investicionih ulaganja i

- odliva po osnovu otplate kredita.

Tabela 14.1. - *Sadašnja vrednost investicionih ulaganja koja su planirana da se finansiraju iz sopstvenih izvora*

Datum ulaganja	Visina ulaganja sa aspekta vlasnika u EUR	Faktor akumulacije / Diskontni faktor	Sadašnja vrednost ulaganja u EUR
30. jun 2009.	240.000,00	1,049	251.714,11
30. septembar 2009.	30.000,00	1,024	30.723,41
31. oktobar 2009.	30.000,00	1,016	30.480,36
30. novembar 2009.	30.000,00	1,008	30.239,22
31. decembar 2009.	143.355,48	1,000	143.355,48
31. decembar 2010.	18.903,03	0,909	17.184,57
31. decembar 2011.	18.945,78	0,826	15.657,67
UKUPNO	**511.204,29**		**519.354,82**

Tabela 14.2. - *Sadašnja vrednost odliva po osnovu otplate kredita*

Datum otplate	Visina otplate u EUR	Diskontni faktor	Sadašnja vrednost otplate u EUR
30. jun 2011.	94.187,30	0,87	81.640,06
31. decembar 2011.	94.187,30	0,83	77.840,74
30. jun 2012.	94.187,30	0,79	74.218,24
31. decembar 2012.	94.187,30	0,75	70.764,31
30. jun 2013.	94.187,30	0,72	67.471,12
31. decembar 2013.	94.187,30	0,68	64.331,19
UKUPNO	**565.123,80**		**436.265,67**

Sadašnja vrednost neto priliva Projekta sa aspekta Vlasnika je prikazana u narednoj tabeli.

Tabela 14.3. - *Sadašnja vrednost neto priliva Projekta sa aspekta Vlasnika*

Datum/Godina	Sadašnja vrednost neto priliva u EUR	Kumulativna sadašnja vrednost neto priliva u EUR
31.12.2009. (vrednost ulaganja)	(519.354,82)	(519.354,82)
2010.	274.583,29	(244.771,53)
2011.	179.739,56	(65.031,97)
2012.	254.184,24	189.152,27
2013.	242.628,40	431.780,68
2014.	348.337,49	780.118,17
2015.	316.670,45	1.096.788,61
2016.	287.882,22	1.384.670,84
2017.	261.711,11	1.646.381,95
2018.	237.919,19	1.884.301,14
2019.	297.577,73	**2.181.878,87**

Sadašnja vrednost neto priliva Projekta = 2.181.878,87 EUR

Sadašnje vrednosti neto priliva postojećeg proizvodnog programa u projektovanom periodu su prikazane u narednoj tabeli.

Tabela 14.4. - *Sadašnja vrednost neto priliva postojećeg proizvodnog programa u projektovanom periodu*

Godina	Visina rezultata (neto priliva) u EUR	Diskontni faktor	Sadašnja vrednost rezultata (neto priliva) u EUR
2010.	400.000,00	1,049	381.479,60
2011.	400.000,00	1,153	346.799,63
2012.	400.000,00	1,269	315.272,39
2013.	400.000,00	1,396	286.611,27
2014.	400.000,00	1,535	260.555,70
2015.	400.000,00	1,689	236.868,82
2016.	400.000,00	1,858	215.335,29
2017.	400.000,00	2,043	195.759,35
2018.	400.000,00	2,248	177.963,05
2019.	400.000,00	2,472	161.784,59
UKUPNO	**4.000.000,00**		**2.578.429,67**

Sadašnja vrednost neto priliva postojećeg programa u projektovanom periodu = 2.578.429,67 EUR

Sadašnja vrednost neto priliva u projektovanom periodu =
2.181.878,87 EUR + 2.578.429,67 EUR = 4.760.308,54 EUR

Sadašnja vrednost neto priliva postojećeg programa u rezidualnom periodu =
(400.000 EUR / 0,1) / 2,472 = 1.617.845, 88 EUR

Vrednost preduzeća „sa projektom" =
4.760.308,54 EUR + 1.617.845, 88 EUR = 6.378.154,42 EUR

14.3. Investiciona odluka na bazi procenjenih vrednosti preduzeća

Tabela 14.5. - *Razlika između procenjene vrednosti preduzeća »sa projektom« i procenjene vrednosti preduzeća »bez projekta«*

Vrednost preduzeća	Iznos u EUR
„Sa projektom"	6.378.154,42
„Bez projekta"	4.192.275,55
RAZLIKA	**2.181.878,87**

Kako je razlika između procenjene vrednosti preduzeća „sa projektom" i „bez projekta" pozitivna, realizacija investicije je sa ekonomskog stanovišta opravdana. Iznos razlike između procenjenih vrednosti preduzeća (2.181.878,87 EUR) je identičan iznosu izračunate neto sadašnje vrednosti u okviru finansijske ocene Projekta, što je i logično obzirom da vrednost neto sadašnje vrednosti, a time i visina interne stope rentabilnosti, nije uslovljena odabranim ekonomskim tokom.

15. ZAKLJUČAK

15.1. Zaključna razmatranja

Obzirom na potpisane Predugovore (sa Knjaz Milošem, Vlasinkom i Hebom) o prodaji jednodelnih plastičnih zatvarača od 38 mm, za analizirani Projekat već postoji obezbeđeno tržište. Opasnost od odustajanja od kupovine navedenih kupaca je minimalna jer je svaki kupac već ugovorio nabavku tehnološke opreme koja je prilagođena mogućnostima korišćenja jednodelnih plastičnih zatvarača od 38 mm kao proizvodnog inputa. Kako je cena jednodelnih plastičnih zatvarača za 30% niža od cene dvodelnih plastičnih zatvarača,[17] osnovni razlog zbog kojeg su se kupci opredelili za zamenu proizvodnog inputa je niža cena koštanja, što ukazuje na značajnu perspektivnost daljeg razvoja Projekta.

Pored potpisanih Predugovora, u prilog očekivanja da tokom poslovanja neće biti većih odstupanja od vrednosti koje su kroz Projekat planirane su i sledeće činjenice:

- visina ulaganja (za tehnološku opremu, objekat i viljuškar) je određena na bazi ponuda dobavljača sa kojima je Energoplast uspešno sarađivao i u dosadašnjem poslovanju i

- ulazni inputi (repromaterijal i ambalaža) se koriste i u dosadašnjem poslovanju Energoplasta, tako da se izvori i uslovi nabavke mogu projektovati sa visokim nivoom pouzdanosti.

Kako su kupci kojima je planiran plasman jednodelnih plastičnih zatvarača već doneli odluku o korišćenju ove vrste zatvarača kao proizvodnog inputa, odluka Energoplasta da li će realizovati razmatranu investiciju neće uticati na rezultate postojećeg proizvodnog programa Energoplasta. Stoga je analizirani Projekat sa aspekta Preduzeća nezavistan investicioni projekat, i sve finansijske projekcije se odnose samo na „analizu sa Projektom".

U svim godinama roka trajanja projekta, a što se može zaključiti na osnovu projektovanog bilansa uspeha i projektovanog izveštaja o tokovima gotovine, ostvaruju se značajni iznosi pozitivnog neto rezultata i pozitivnog neto priliva, tako da izmirenje kreditnih obaveza po osnovu planiranog kreditnog zaduženja neće predstavljati značajnije finansijsko opterećenje. Statički i dinamički pokazatelji efikasnosti ulaganja, kao i povećanje vrednosti Preduzeća koje će nastati kao posledica realizacije Projekta, ukazuju na izuzetno povoljne rezultate sa finansijskog aspekta. Analiza osetljivosti ukazuje da čak iako tokom eksploatacione faze Projekta dođe do negativnih odstupanja najkritičnijih vrednosti (viša nabavna cena polietilena visoke gustine za 10% ili

---

[17] Ovi kupci su u dosadašnjem poslovanju koristili dvodelne plastične zatvarače kao proizvodni input.

niža prodajna cena zatvarača za 10%) u odnosu na vrednosti koje su u Projektu planirane, ne remeti se zaključak o ekonomski isplativom Projektu.

15.2. Zaključna ocena

Na osnovu svega do sada iznetog, **ocenjuje se** da je Projekat proširenja postojećeg asortimana Energoplasta, proizvodnjom jednodelnih plastičnih zatvarača od 38 mm, **ekonomski opravdan.**

LITERATURA

PISANI IZVORI

1. Adižes, I., (1979), *Upravljanje promenama*, Prometej, Novi Sad.

2. Alexander, D., Britton, A., Jorissen A., (2003), *International Financial Reporting and Analysis and Management* (fourth edition), Thomson Learning, Great Britain.

3. Andrić, I., (1982), *Sveske*, Svjetlost, Sarajevo.

4. Antić, I., Bjelica, V., Brkić, S., i dr., (2006), *Priručnik o primeni kontnog okvira za preduzeća, zadruge i preduzetnike u skladu sa Međunarodnim standardima finansijskog izveštavanja* (drugo izdanje), Privredni savetnik, Beograd.

5. Babić, S., (2008), "Obračun poreza na dobit preduzeća za 2007. godinu", *Privredni savetnik 3 i 4/2008*, Privredni savetnik, Beograd.

6. Baca, M., (2006), "Upravljanje ljudskim potencijalima u tijelima državne uprave pomoću ekspertskih sustava", *Zbornik radova Pravnog fakulteta u Splitu 1/2006*, Split.

7. *Banka*, Finansijsko poslovni mjesečnik svibanj 2010, Zagreb,

8. Behrens, W., Hawranek, P. M., (1995), *Manual for the Preparation of Industrial Feasibility Studies* (II edition), UNIDO, Vienna.

9. Benninga, S. Z., Sarig, O. H., (1997), *Corporate Finance - A Valuation Approach*, University of Pennsylvania.

10. Berry, T., (2000), *The Book on Business Planning*, Palo Alto Software.

11. Berry, T., Wilson, D., (2001), *The Book on Marketing Plan*, Palo Alto Software.

12. Bessis, J., (2002), *Risk Management in Banking*, John Wiley & Sons, New York.

13. *Biznis (regionalne poslovne novine) 22/2007*, (2007), Press Publishing Group, Beograd.

14. Brigham, E. F., Houston, J. F., (2004), *Foundamentals of Financial Management* (tenth edition), Thomson South-Western, United States of America.

15. Brkić, S., (2007), "Obračun amortizacije za poreske i računovodstvene svrhe", *Privredni savetnik 24/2007*, Privredni savetnik, Beograd.

16. Brnjas, Z., (2002), *Kako pripremiti biznis plan?*, Privredni pregled, Beograd.

17. Collie, P., Dolar, D., (2002), „Globalization, Growth and Poverty Building an Inclusive World Economy", World Bank and Oxford University Press, preštampano u: *South Eastern Europe Journal of Economics 1/2004*, University of Macedonia Press, Greece.

18. Cvetković, M., Hinić, M., (2000), "Fizibiliti studije i razvoj telekomunikacija u Srbiji", *Zbornik radova sa VIII telekomunikacionog foruma "Telfor 2000"*.

19. Cvijetičan, D., (2002), *Upravljanje portfeljom* (skripta sa seminara za brokere održanog u Banjaluci).

20. Ćirović, G., Đalović, M., (2005), „Novi pravilnik o sadržini, obimu i načinu izrade prethodne studije opravdanosti i studije opravdanosti za izgradnju objekata", *Izgradnja 59/2005*, Savez građevinskih inženjera i tehničara Srbije i dr., Beograd.

21. Damodaran, A., - *Value: More than a number* (skripta sa seminara o proceni o vrednosti preduzeća održanog u Zagrebu 2010. godine)

22. Deakins, D., Freel, M., (2003), *Entrepreneurship and Small Firms*, Mc Graw Hill.

23. *Delfin 8/96*, (1996), Menadžer »Delfin« agencija, Beograd.

24. *Delfin 14/97*, (1997), Menadžer »Delfin« agencija, Beograd.

25. *Delfin 16/97*, (1997), Menadžer »Delfin« agencija, Beograd.

26. *Delfin 17/97*, (1997), Menadžer »Delfin« agencija, Beograd.

27. *Delfin 20/97*, (1997), Menadžer »Delfin« agencija, Beograd.

28. *Delfin 21/97*, (1997), Menadžer »Delfin« agencija, Beograd.

29. *Delfin 26/98*, (1998), Menadžer »Delfin« agencija, Beograd.

30. *Delfin 27/98*, (1998), Menadžer »Delfin« agencija, Beograd.

31. *Delfin 35/98*, (1998), Menadžer »Delfin« agencija, Beograd.

32. *Delfin 44/99*, (1999), Menadžer »Delfin« agencija, Beograd.

33. *Delfin 62/2001*, (2001), Menadžer »Delfin« agencija, Beograd.

34. *Delfin 66/2001*, (2001), Menadžer »Delfin« agencija, Beograd.

35. *Delfin 74/2002*, (2002), Menadžer »Delfin« agencija, Beograd.

36. *Delfin 82/2002*, (2002), Menadžer »Delfin« agencija, Beograd.

37. *Delfin 83/2002*, (2002), Menadžer »Delfin« agencija, Beograd.

38. *Delfin 84/2002*, (2002), Menadžer »Delfin« agencija, Beograd.

39. *Delfin 86/2003*, (2003), Menadžer »Delfin« agencija, Beograd.

40. Dimitrijević, B., (2006), „Primena jedne klase anti-covering problema za izbor lokacija radio-difuznih predajnika", *Telfor 2006.*

41. Dixon, R., (1994), *Investment Appraisal - A Guide for Managers* (revised edition), The Chartered Institute of Management Accountants, Great Britain.

42. Drucker, P., (1995), *Menadžment za budućnost - devedesete i vreme koje dolazi*, Poslovni sistem »Grmeč«, Beograd.

43. Drucker, P., (2003), *Moj pogled na menadžment*, Adizes Southeast Europe.

44. Dulanović, Ž., Jaško, O., (2005), *Organizaciona struktura i promene*, Fakultet organizacionih nauka, Beograd.

45. Dulanović, Ž., Jaško, O., (2002), *Organizaciona struktura - metode i modeli*, Fakultet organizacionih nauka, Beograd.

46. Đuričin, D., (1999), „Postprivatizacioni procesi u preduzeću", *Finansijska tržišta - mesto i uloga u novim uslovima* (VII tradicionalno savetovanje ekonomista održano na Miločeru od 15. do 17.09.1999. godine), Savez ekonomista Srbije i Savez ekonomista Crne Gore, Beograd.

47. Đuričin, D., Lončar, D., (2010), *Menadžment pomoću projekata*, Centar za izdavačku delatnost Ekonomskog fakulteta u Beogradu, Beograd.

48. Elton, E. J., Gruber, M. J., Brown, S. J., Goetzmann, W. N., (2003), *Modern Portfolio Theory and Investment Analysis* (sixth edition), John Wiley & Sons.

49. Fabozi, F. J., (2005), *Fixed Income Analysis* (second edition), CFA Institute, United States of America.

50. Filipović, S., (2004), "Ekološki porezi u pojedinim evropskim zemljama", *Ekonomski anali 162*, Ekonomski fakultet u Beogradu, Beograd.

51. Forsyth, P., (2002), *Business Planning*, Capstone Publishing, London.

52. Francis, J. C., (1987), *Investments: Analysis and Management* (fourth edition), Mc Graw Hill.

53. Fuller, R. J., Farell, J. J. Jr., (1987), *Modern Investments and Security Analysis*, Mc Graw Hill.

54. *Guidelines for Infrastructure Development Trough Build-Operate-Transfers (BOT) Projects*, (1996), UNIDO, Unido Publications, Vienna.

55. Guzina, V., (2003), „MRS 7 - Izveštaj o tokovima gotovine", *Primena međunarodnih računovodstvenih i revizorskih standarda u funkciji harmonizacije sa Evropskom Unijom* (red. Stojiljković, S., Martić, S.), Zbornik radova sa šestog simpozijuma održanog na Zlatiboru od 24-27. septembra 2003., DST, Beograd.

56. Haley, C. W., Schall, L. D., (1979), *The Theory of Financial Decisions* (second edition), Mc Graw Hill, Aucklang.

57. Higgins, R. C., (1992), *Analysis for Financial Management*, The University of Washington.

58. Hindle, T., (1993), *Business Terms*, Harvard Business School Press, United States of America.

59. Hopkins, T., (2005), *Kako ovladati veštinom prodaje*, Most-menadžment obuka sistem, Beograd.

60. Howard, D. F., (1987), *Dinamic Planning and Management in the Securities Industry*, New York Institute of Finance, New York.

61. Ilić, G., Radovanović, R., Škarić, K. J., (1994), *Finansijsko računovodstvo*, Savremena administracija, Beograd.

62. Ilić, S., (2001), *Psihologija potrošača - od želje do zadovoljenja*, MK Panonia. Novi Sad.

63. *Informator 7/2007*, (2007), Cekos In, Beograd.

64. *Informator 3/2008*, (2008), Cekos In, Beograd.

65. *Informator 4/2008*, (2008), Cekos In, Beograd.

66. Jakšić, M., (2004), "Vizije, institucije i privredni razvoj", *Ekonomski anali 163*, Ekonomski fakultet u Beogradu, Beograd.

67. Jovanović, M., (1994), *69 Lekcija o menadžmentu*, Megatrend, Beograd.

68. Jovanović, P., (2004), *Menadžment: Teorija i praksa* (četvrto izdanje), Grafoslog, Beograd.

69. Jovanović, P., (1997), *Upravljanje investicijama*, Grafoslog, Beograd.

70. Kahnerman, D., Ripe, M., (2004), »Aspekti psihologije investitora«, *Ekonomisti Nobelovci 1990-2003*. (red. Pelević, B.), Centar za izdavačku delatnost Ekonomskog fakulteta u Beogradu, Beograd.

71. Kaličanin, Đ., (2007), "O hibridnoj generičkoj strategiji: niski troškovi i diferenciranje istovremeno", *Ekonomika preduzeća 7/8 2007*, Savez ekonomista Srbije, Beograd.

72. Kastratović, E., (2007), "Analiza obara investitora«, *Biznis (regionalne poslovne novine) 2/2007*, Press Publishing Group, Beograd.

73. Kljusev, N., (1984), *Investicije* (drugo izdanje), Književne novine, Beograd.

74. Kočović, J., (2001), *Finansijska matematika*, Ekonomski fakultet u Beogradu, Beograd.

75. Kostić, V., (1979), *Osnovi preventivne zaštite od požara* (drugo izdanje), Vatrogasni savez Jugoslavije, Beograd.

76. Kotler, F., (2001), *Upravljanje marketingom* (deveto izdanje), Mate, Zagreb.

77. Kovač, O., (1994), *Platni bilans i međunarodne finansije*, Ces Mecon, Beograd.

78. Krasulja, D., Ivanišević, M., (2001), *Poslovne finansije*, Ekonomski fakultet u Beogradu, Beograd.

79. Kukoleča, S., (1978), *Ekonomika preduzeća* (knjiga I, sveska 1), Savremena administracija, Beograd.

80. Lang, R., Blagojević, S., Gorupić, D. (red.), i dr., (1963), *Investicije u poduzeću*, Informator, Zagreb.

81. Lazić, J., (2003), "MRS 37 - Rezervisanja, potencijalne obaveze i potencijalna imovina", *Primena međunarodnih računovodstvenih i revizorskih standarda u funkciji harmonizacije sa Evropskom Unijom* (red. Stojiljković, S., Martić, S.), Zbornik radova sa šestog simpozijuma održanog na Zlatiboru od 24-27. septembra 2003., DST, Beograd.

82. Leko, V., Vlahović, A., i Poznanić, V., (1997), *Procena vrednosti kapitala - metodologija i primeri*, Ekonomski institut Beograd, Beograd.

83. Longenecker, J. G., Moore, C. W., Petty, J. W., (1997), *Small Business Management: An Entreprenurial Emphasis*, South Western College Publishing.

84. Lovreta, S., Petković, G., (2002), *Trgovinski marketing*, Ekonomski fakultet u Beogradu, Beograd.

85. Lutz, F., Lutz, V., (1951), *The Theory of Investment of the Firm*, Princeton University Press, Princeton.

86. Maister, D. H., (1997) *Upravljanje profesionalnim firmama*, Jugoslovenska asocijacija za naftu i gas - YUNG, Beograd.

87. Malinić, D., (1996), *Divizionalno računovodstvo*, Ekonomski fakultet Beograd, Beograd.

88. Malkiel, B. G., (1982), *Winning Investment Strategies*, Norton & Company, New York.

89. Marković, G., (2007), „Proaktivan pristup evaluaciji strateških kapitalnih projekta u telekomunikacionom sektoru«, *Zbornik radova sa XV telekomunikacionog foruma „Telfor 2007".*

90. Marx, K., (1979), *Kapital* (treće izdanje), Prosveta, Beograd.

91. Masse, P., (1962), *Optimal Investment Decisions*, Prentice Hall, London.

92. McDonald, M., Morris, P., (2006), *Marketing u stripu*, Communis, Novi Sad.

93. Međedović, S., (1986), "Zaštita društvene imovine od požara", *Zaštita od požara 5/6 1986*, Vatrogasni savez Jugoslavije, Beograd.

94. *Međunarodni standardi finansijskog izveštavanja - Prva knjiga*, (2004), International Accounting Standards Board, Savez računovođa i revizora Srbije, Beograd.

95. *Međunarodni standardi finansijskog izveštavanja - Druga knjiga*, (2004), International Accounting Standards Board, Savez računovođa i revizora Srbije, Beograd.

96. *Metodologija izrade investicionog elaborata* (skripta), Fond za razvoj Republike Crne Gore.

97. Mihailović, D., (1999), *Metodologija naučnih istraživanja*, Fakultet organizacionih nauka, Beograd.

98. Milenković, N., (2004), *Procena vrednosti kapitala* (skripta sa seminara održanog u Banjaluci).

99. Milisavljević, M., (1990), *Marketing* (jedanaesto izdanje), Savremena administracija, Beograd.

100. Milojević, D., (2003), *Leksikon bankarstva*, Megraf, Beograd.

101. Milojević, D. S., (2003), "Konceptualni okvir međunarodnih standarda za finansijsko izveštavanje", *Primena međunarodnih računovodstvenih i revizorskih standarda u funkciji harmonizacije sa Evropskom Unijom* (red. Stojiljković, S., Martić, S.), Zbornik radova sa šestog simpozijuma održanog na Zlatiboru od 24-27. septembra 2003., DST, Beograd.

102. Milojević-Milošević, S., (2003), "Procena vrednosti kapitala", *Industrija 1-2/2003*, Biznis Event Media, Beograd.

103. Milošević, M., (1990), "Identifikacija elemenata sistema za klimatizaciju, grejanje i hlađenje", *21. kongres o grejanju, hlađenju i klimatizaciji*, Savez mašinskih i elektrotehničkih inženjera i tehničara, Beograd.

104. Mitrović, Ž., (1996), *Priručnik sistema kvaliteta*, Institut za istraživanje u poljoprivredi, Beograd.

105. Negovanović, M., (2006), "PDV na usluge ekonomske propagande", *Privredni savetnik 17 i 18/2006*, Privredni savetnik, Beograd.

106. Omae, K., (1982), *Kako razmišlja strateg - umetnost japanskog poslovanja*, Privredni pregled, Beograd.

107. Osgood, W. R., Curtin, D. P., (1984), *Preparing Your Business Plan with Lotus 1-2-3*, Prentice Hall.

108. Paunović, B., (1994), *Investicione odluke preduzeća u uslovima grupnog upravljanja*, Ekonomski fakultet u Beogradu, Beograd.

109. Paunović, B., Zipovski, D., (2005), *Poslovni plan - vodič za izradu*, Centar za izdavačku delatnost Ekonomskog fakulteta u Beogradu, Beograd.

110. Pejić, L., Radovanović, R., Stanišić, M., (1991), *Ocena boniteta preduzeća*, Privredni pregled, Beograd.

111. Pejović, S., (2004), "Diferencijacija rezultata institucionalnih promena u Centralnoj i Istočnoj Evropi: uloga kulture", *Ekonomski anali 163*, Ekonomski fakultet u Beogradu, Beograd.

112. Pejović, S., (2004), "Porez na dodatu vrednost - teorijski i praktični aspekti", *Ekonomski anali 160*, Ekonomski fakultet u Beogradu, Beograd.

113. Pečujlić, M., Milić, V., (2003), *Metodologija društvenih nauka*, Vizartis, Beograd.

114. Pirs, D., (2003), *Mekmilanov rečnik - Moderna ekonomija*, Dereta, Beograd.

115. Pokrajčić, D., (2004), "Karakteristike uspešnih preduzetnika", *Ekonomski anali 162*, Ekonomski fakultet u Beogradu, Beograd.

116. Price, R. W., (2000), „Ernst & Young LLP: Outline for a Business Plan", *Entrepreneurship 00/01*, Global Entrepreneurship Institute.

117. *Priručnik za polaganje stručnih ispita radnika koji rade na poslovima zaštite od požara 1* (rec. Jovanović, Ž.), (1984), Poslovna politika, Beograd.

118. *Priručnik za polaganje stručnih ispita radnika koji rade na poslovima zaštite od požara 2* (rec. Redžić, D.), (1985), Poslovna politika, Beograd.

119. *Priručnik za primenu Zajedničke metodologije za ocenjivanje društvene i ekonomske opravdanosti investicija i efikasnosti investiranja u SFRJ - 1 metodološki vodič*, (1988), Udruženje banaka Jugoslavije, Beograd.

120. *Priručnik za primenu Zajedničke metodologije za ocenjivanje društvene i ekonomske opravdanosti investicija i efikasnosti investiranja u SFRJ - 2 operativno uputstvo za izradu predinvesticijske studije*, (1988), Udruženje banaka Jugoslavije, Beograd.

121. *Priručnik za primenu Zajedničke metodologije za ocenjivanje društvene i ekonomske opravdanosti investicija i efikasnosti investiranja u SFRJ - 3 operativno uputstvo za izradu investicijske studije - programa,* (1988), Udruženje banaka Jugoslavije, Beograd.

122. *Priručnik za primenu Zajedničke metodologije za ocenjivanje društvene i ekonomske opravdanosti investicija i efikasnosti investiranja u SFRJ - 4 operativno uputstvo za izradu izveštaja o proveri investicione studije - programa,* (1988), Udruženje banaka Jugoslavije, Beograd.

123. *Priručnik za primenu Zajedničke metodologije za ocenjivanje društvene i ekonomske opravdanosti investicija i efikasnosti investiranja u SFRJ - 5 operativno uputstvo za izradu izveštaja o izvođenju investicionog projekta,* (1988), Udruženje banaka Jugoslavije, Beograd.

124. *Priručnik za primenu Zajedničke metodologije za ocenjivanje društvene i ekonomske opravdanosti investicija i efikasnosti investiranja u SFRJ - 6 operativno uputstvo za izradu izveštaja o praćenju efekata realizirane investicije,* (1988), Udruženje banaka Jugoslavije, Beograd.

125. *Priručnik za pripremu industrijskih studija izvodljivosti,* (1988), UNIDO, Evropski centar za mir i razvoj Univerziteta za mir Ujedinjenih Nacija, Beograd.

126. *Priručnik za vrednovanje industrijskih projekata,* (1988), UNIDO, Evropski centar za mir i razvoj Univerziteta za mir Ujedinjenih nacija, Beograd.

127. Prokopić, B., Ljubičić, V., Trninić, O., Ilić, G., Stevanović, N., (2005), *Priručnik za primenu kontnog okvira za preduzeća, zadruge i preduzetnike u skladu sa MRS,* Cekos In, Beograd.

128. Radosavljević, M., (1976), *Bilansiranje i sistemi obračuna troškova,* Savremena administracija, Beograd.

129. Radosavljević, Ž., (1978), *Armirani beton - knjiga I* (drugo izdanje), Građevinska knjiga, Beograd.

130. Radovanović, R., (1997), "Računovodstvena načela, standardi i revizija u funkciji finansijskog tržišta", *Principi trgovanja na berzama i hartijama od vrednosti,* Savezna komisija za hartije od vrednosti i finansijsko tržište, Beograd.

131. Radovanović, R., (1996), *Računovodstvo preduzeća II,* Savremena administracija, Beograd.

132. Radovanović, R., (1996), *Računovodstvo preduzeća III*, Savremena administracija, Beograd.

133. Radovanović, T., (2003), *Osnivanje i vođenje malog biznisa*, Nacionalna služba za zapošljavanje, Beograd.

134. Rakita, B., (1993), *Međunarodni marketing*, Ekonomski fakultet u Beogradu, Beograd.

135. Revsine, L., Collins, D. W., Johnson, B. W., (2005), *Financial Reporting and Analysis* (third edition), Prentice Hall, United States of America.

136. Rodić, J., (1991), *Poslovne finansije i procena vrednosti preduzeća*, IP Ekonomika, Beograd.

137. Rose., S., (1991), *Deoničar*, Privredni pregled, Beograd.

138. Ross, A. S., Westerfield, W. R., Jordan, D. B., (2003), *Fundamentals of Corporate Finance* (sixth edition), Mc Graw Hill, New York.

139. Rovčanin, D., (2005), „Opcioni pristup vrednovanju kapitalnih ulaganja", *Ekonomski pregled 7/8 2005*, Hrvatsko društvo ekonomista, Zagreb.

140. Sahlman, W. A., (2000) "How to Write a Great Business Plan", Harvard Business Review Jul/August 1997, preštampano u: Price, R., *Entrepreneurship 00/01*, 2000, Dushkin/McGraw-Hill.

141. Samuelson, P. A., (1969), *Ekonomija*, Savremena administracija, Beograd.

142. Scarborough, N. M., Zimmerer, T. W., (1996), *Effective Small Business Management*, Prentice Hall.

143. *"Službeni list SFRJ", br. 50/1987.*

144. *»Službeni glasnik RS«, br. 39/1999.*

145. *"Službeni glasnik RS", br. 45/2001.*

146. *„Službeni glasnik RS", br. 57/2001.*

147. *"Službeni glasnik RS", br. 45/2002.*

148. *"Službeni glasnik RS", br. 47/2003.*

149. „*Službeni glasnik RS*", *br. 125/2004.*

150. "*Službeni glasnik RS*", *br. 80/2005.*

151. "*Službeni glasnik RS*", *br. 101/2005.*

152. "*Službeni glasnik RS*", *br. 34/2006.*

153. "*Službeni glasnik RS*", *br. 46/2006.*

154. "*Službeni glasnik RS*", *br. 57/2006.*

155. "*Službeni glasnik RS*", *br. 65/2006.*

156. "*Službeni glasnik RS*", *br. 114/2006.*

157. "*Službeni glasnik RS*", *br. 5/2007.*

158. Stakić, B., (1998), *Međunarodne finansijske organizacije*, Jugoslavija publik, Beograd.

159. Stamenković, S., Savin, D., Kovačević, M., Petković, G., Kozomara, J., i dr., (2003), *Konkurentnost privrede Srbije*, East West Institute, Beograd.

160. Stephen, F., H., (1984), *The Economic Analysis of Producers Cooperatives*, The Macmillan Press Ltd, United Kingdom.

161. Stevanović, N., (1993), *Obračun troškova* (treće izdanje), Ekonomski fakultet Beograd, Beograd.

162. Stevanović, N., (2003), *Sistemi obračuna troškova*, Ekonomski fakultet u Beogradu, Beograd.

163. Stevenson, H. H., Roberts, M. J., Grousbeck, H. I., (1994), *New Business Ventures and the Entrepreneur*, Mc Graw Hill.

164. Stojiljković, S., (2003), "MRS 2 - Zalihe«, *Primena međunarodnih računovodstvenih i revizorskih standarda u funkciji harmonizacije sa Evropskom Unijom* (red. Stojiljković, S., Martić, S.), Zbornik radova sa šestog simpozijuma održanog na Zlatiboru od 24-27. septembra 2003., DST, Beograd.

165. Šamić, M., (1977), *Kako nastaje naučno djelo*, Svjetlost, Sarajevo.

166. Šarma, R. S., (2004), *Kaluđer koji je prodao svoj ferari*, Mono & Manana, Beograd.

167. Timmons, J. A., (1990), *New Venture Creation: Entrepreneurship in the 1990s*, Irwin.

168. Todorović, J., Đuričin, D., Janošević, S., (2003), *Strategijski menadžment* (četvrto izdanje), Ekonomski fakultet u Beogradu, Beograd.

169. Trićković, V., Hanić, H., (1996), *Istraživanje tržišta* (četvrto izdanje), Ekonomski fakultet Beograd, Beograd.

170. Tuševljak, S., (1996), *Procena vrednosti preduzeća u krizi*, Savremena administracija, Beograd.

171. Twed, D. W., (1969), *How to Plan New Products, Improve Old Ones, and Create Better Advertising*, Journal of Marketing.

172. Van Horne, J. C., (1992), *Finansijsko upravljanje i politika* (deveto izdanje), Mate, Zagreb.

173. Vasiljević, B., (2002), *Osnovi finansijskog tržišta*, Zavet, Beograd.

174. Vlahović, A., (1999), „Cena sopstvenog kapitala nakon agresije na SRJ", *Finansijska tržišta - mesto i uloga u novim uslovima* (VII tradicionalno savetovanje ekonomista održano na Miločeru od 15. do 17.09.1999. godine), Savez ekonomista Srbije i Savez ekonomista Crne Gore, Beograd.

175. *Vreme* broj 868, (2007), NP Vreme, Beograd.

176. Vujanović, N., (1999), *Priručnik kursa za interne provere kvaliteta*, Q Expert International, Beograd.

177. Vujević, K., (2005), "Amortizacija s troškovnog, poreznog i računovodstvenog aspekta", *Pomorstvo Prosinac/2005*, Pomorski fakultet u Rijeci, Rijeka.

178. Walsh, C., (1996), *Key Management Ratios*, Prentice Hall, London.

179. Waters, D., (1977), *Quantitative Methods for Business*, Addison Wesley Longman Publishing Company, New York.

180. *Zbornik radova XXXII SYM-OP-IS 2005* (edit. Vuleta, J., Backović, M.), (2005), Centar za izdavačku delatnost Ekonomskog fakulteta u Beogradu. Beograd.

181. *Zbornik radova: Upravljanje razvojnim i investicionim projektima* (red. Jovanović, P.), (1997), Fakultet organizacionih nauka, Beograd.

ELEKTRONSKI IZVORI

1. www.belex.rs
2. www.belplastcompany.com
3. www.bloomberg.com
4. www.creditguru.com
5. www.crnarupa.singidunum.ac.rs
6. www.ekapija.com
7. www.ekof.bg.ac.rs
8. www.en.wikipedia.org
9. www.fidic.org
10. www.financescholar.com
11. www.finansije.net
12. www.fitchratings.com
13. www.fondrr.hr
14. www.fondzarazvoj.gov.rs
15. www.fzrcg.co.me
16. www.hartijeodvrednosti.com
17. www.hip-petrohemija.com
18. www.iasb.org
19. www.ingokomora.org.rs
20. www.investopedia.com
21. www.inwestserbia.com
22. www.ipsoseoul.org
23. www.mineralwater.rs
24. www.moneyterms.co.uk
25. www.moodys.com
26. www.mvi.rs
27. www.nbs.rs
28. www.novablbanka.com
29. www.pregled.com
30. www.premiumsoft.co.rs
31. www.priv.rs
32. www.sr.wikipedia.org
33. www.standardandpoors.com
34. www.tanjug.rs
35. www.unido.org
36. www.voanews.com
37. webrzs.stat.gov.rs

Štampanje ove knjige omogućio je

ⅢE ENERGOPROJEKT

CIP - Каталогизација у публикацији
Народна библиотека Србије, Београд

330.322.1

ЗИПОВСКИ, Димитраки, 1970-
  Investiciono odlučivanje / Dimitraki
Zipovski. - Beograd : Rad, 2012 (Beograd :
Energoprojekt Energodata). - 509 str. :
ilustr. ; 24 cm

Tiraž 500. - Napomene i bibliografske
reference uz tekst. - Bibliografija: str.
497-509.

ISBN 978-86-09-01050-7

a) Инвестиције - Одлучивање
COBISS.SR-ID 194052876

www.ingramcontent.com/pod-product-compliance
Lightning Source LLC
Chambersburg PA
CBHW082119210326

41599CB00031B/5814